알기쉽고 재미있는

이야기
세계사

신한국사연구회편

太乙出版社

**내신성적+수학능력+대학 본고사+취직 시험
승진 시험+공무원 시험 대비+일반 상식!**

알기쉽고 재미있는
이야기
세계사

신한국사연구회 편

太乙出版社

책 머리에

 인류의 역사는 유구하다. 상고(上古) 이전의 인류 발달사는 지금까지 발견된 각종 화석과 그에 따른 인류문화학적 추론(推論)에 그친다고 할 수 있으나, 고대 문명이 발상(發祥)한 오리엔트 이후의 고대사도 아직 미궁에 싸여 있어 많은 학자들이 연구를 거듭하고 있다.
 그러나 수천 년의 시대가 흐르는 동안 혹은 유적으로, 혹은 기록으로 남겨진 역사의 흔적을 지금 우리는 역사학이라는 학문적 장르로 해서 배우고 연구하고 있다. 따라서 역사학은 방대한 인간사이고 복잡미묘한 문화사이다.
 더구나 세계사는 수많은 인종과 지역적 특수성, 그리고 약육강식의 침략과 약탈, 몰락, 침체, 민족 이동 속에서 흥망성쇠를 거듭해 왔기 때문에 일률적으로 파악하기에는 너무 어렵고 복잡한 학문이다.
 또한 역사는 인간 생활의 족적(足跡)이라 하지만 인간만큼 불가사의한 것은 없다. 그동안 각종 민족, 수많은 영웅들이 때로는 좁은 지역에서, 때로는 대륙을 무대로 삼아 종횡무진으로 눈부신 활약을 하며 역사를 이끌어 왔다.
 동방에서 서방에서, 아니 지구 도처에서 이처럼 헤아릴 수 없는 호걸 재사들이 활약해온 기록을 다 파악하기에는 끝이 없다. 모든 학문이 다 그렇지만 역사만큼 무궁무진하고 폭이 넓은 것이 없다는 뜻이다.
 이 책은 오리엔트 문명 발상에서부터 서양과 동양의 인류사 전개 변천과정, 그리고 중세 이후 현대에 이르기까지 정치, 문화, 사상, 철학, 종교 등 역사 발전 과정을 체계적으로 엮었다.
 특히 세계사를 공부하는 학생들에게 큰 도움이 되리라 확신한다.

엮은이 씀.

☆ 차 례 ☆

1. 고대의 문명
(1) 문명의 시원(始原)
　1) 선사시대 ………………………………………… 20
　2) 고대문명의 발상(發祥) ………………………… 22
　3) 메소포타미아 문명 ……………………………… 24
(2) 이집트문명
　1) 나일강과 피라미드 ……………………………… 30
　2) 파라오의 전성시대 ……………………………… 36
　3) 신생국(新生國)의 등장 ………………………… 42
(3) 성서(聖書)의 무대
　1) 가나안 문명 ……………………………………… 50
　2) 솔로몬과 다비드 ………………………………… 57
　3) 이스라엘의 최후 ………………………………… 65
(4) 제국(帝國)시대의 개막
　1) 오리엔트 중심지역 ……………………………… 71
　2) 왕국 경쟁시대 …………………………………… 76
(5) 오리엔트 후기
　1) 페르시아 제국 …………………………………… 77
　2) 다리우스왕 ……………………………………… 79
　3) 알렉산더 대왕의 승전 ………………………… 81
　4) 헬레니즘 왕조의 흥망 ………………………… 83
(6) 로마제국의 등장
　1) 로마건국의 기원 ………………………………… 90
　2) 침략전쟁 시대 돌입 …………………………… 96
　3) 내란(內亂)의 시대 ……………………………… 100

4) 천하쟁패의 시대 ··· 107
　　　5) 로마 제정시대(帝政時代) ····································· 113
　(7) 그리스도의 세계
　　　1) 팔레스타인 박해 ··· 117
　　　2) 예수 그리스도 등장 ··· 120
　　　3) 그리스도교의 시련과 발전 ································· 126

2. 중국 고대사
　(1) 상고시대
　　　1) 신화와 전설 ·· 133
　(2) 춘추전국시대
　　　1) 주(周)나라 등장 ··· 137
　　　2) 군웅의 쟁패시대 ·· 141
　　　3) 전국시대의 판도 ·· 146
　　　4) 제자백가(諸者百家) ··· 147
　(3) 진의 통일제국시대
　　　1) 진의 시황제(始皇帝) ··· 152
　　　2) 만리장성(萬里長城) ··· 154
　　　3) 항우(項羽), 유방(劉邦)의 각축 ························· 155
　(4) 한왕조(漢王祖)시대
　　　1) 영광과 그늘 ·· 158
　　　2) 한제국 전성기 ·· 161
　　　3) 한제국 쇠퇴기 ·· 164
　(5) 위, 촉, 오 삼국시대
　　　1) 난세의 영웅들 ·· 168
　　　2) 3분천하(三分天下) ··· 175
　(6) 남북조(南北朝) 시대
　　　1) 송왕조 ··· 177
　　　2) 제(齊)왕조 ·· 180

3) 양(梁)왕조 ·· 182
3. 인도의 역사
　(1) 고대 인도사
　　1) 인더스 문명 ·· 188
　　2) 브라만과 베다시대 ······································· 189
　　3) 신흥종교 탄생 ··· 193
　　4) 제국에의 길 ·· 196
　　5) 왕조의 성쇠 ·· 198
　　6) 쿠샨 왕조 성립 ·· 203
　(2) 왕정의 안정과 패망
　　1) 굽타제국의 흥성과 몰락 ······························· 208
　　2) 이슬람의 인도 진출 ····································· 212
　　3) 무굴제국의 흥망 ·· 217

4. 이슬람의 역사
　　1) 사산조(朝)의 페르시아 ································ 224
　　2) 아라비아와 이슬람 ······································ 227
　　3) 예언자 모하메드 ·· 230
　　4) 모하메드 후계자들 ······································ 234
　　5) 우마이야조(朝) 시대 ···································· 241
　　6) 압바스 왕조 시대 ·· 250

5. 중세의 유럽
　(1) 중세 유럽의 전개
　　1) 게르만 민족의 대이동 ·································· 260
　　2) 교황청의 수난 ··· 265
　　3) 중세 유럽의 시련 ·· 270
　(2) 십자군전쟁과 그 시대 유럽

1) 교황권과 황제권 ………………………………………… 275
   2) 십자군 전쟁 ……………………………………………… 279
   3) 중세유럽의 변화 ………………………………………… 285
   4) 중세유럽의 붕괴 ………………………………………… 293

6. 중세 중국의 역사
 (1) 수나라 왕조시대
   1) 수의 남북통일 …………………………………………… 302
   2) 폭군 양제(煬帝) ………………………………………… 305
 (2) 당제국(唐帝國)의 출범
   1) 창업의 기초 ……………………………………………… 310
   2) 당의 영토정책 …………………………………………… 320
   3) 여황제 측천무후의 화(禍) ……………………………… 323
   4) 제2의 측천, 위후 ………………………………………… 331
   5) 현종 45년의 치세 ………………………………………… 336
   6) 수도 장안의 번영 ………………………………………… 340
   7) 반란과 외침 ……………………………………………… 344
   8) 당 제국의 말로 …………………………………………… 348
   9) 5대 10국의 등장 ………………………………………… 355
 (3) 송(宋) 왕조의 등장
   1) 조광윤의 무혈혁명 ……………………………………… 361
   2) 북방 민족과의 항쟁 ……………………………………… 365
   3) 당쟁과 정국불안 ………………………………………… 369
   4) 여진족의 발흥 …………………………………………… 374
 (4) 몽고 대제국 시대
   1) 고원의 기마 민족 ………………………………………… 382
   2) 몽고 제국의 전성 ………………………………………… 387
   3) 원(元) 왕조 발흥 ………………………………………… 392
   4) 원 제국의 황혼 …………………………………………… 397

7. 명·청 시대의 중국
- (1) 대명(大明) 제국의 건국
    - 1) 풍운아 주원장(朱元璋) ················· 404
    - 2) 창업의 기초 ························· 409
    - 3) 영락제(永樂帝)의 위업 ················· 410
    - 4) 제국의 안정시대 ····················· 414
    - 5) 혼돈과 변환의 시대 ·················· 419
    - 6) 명 제국의 황혼 ······················ 423
- (2) 대청 제국의 역사
    - 1) 정복(征服) 왕조의 치세 ··············· 429
    - 2) 제국문화의 전성기 ··················· 435
    - 3) 혼돈과 반란의 시대 ·················· 438
    - 4) 아편전쟁 ···························· 442
    - 5) 내우외환에 무너지는 제국 ············ 447

8. 르네상스 시대의 유럽
- (1) 신의 세계에서 인간의 세계로
    - 1) 개인의 인격개발 ····················· 458
    - 2) 새로운 미(美)의 세계 창조 ············ 466
    - 3) 과학기술의 발달 ····················· 470
- (2) 종교개혁
    - 1) 마루틴 루터 ························· 476
    - 2) 개혁사상의 발단 ····················· 481

9. 근세 유럽의 전개
- (1) 절대 왕조 시대
    - 1) 왕권 신수설(王權神授說) ··············· 492

2) 왕권에 대한 도전 ………………………………… 496
　　3) 청교도 혁명 ……………………………………… 500
　　4) 명예 혁명 ………………………………………… 502
　　5) 루이 14세와 베르사이유 궁전 ………………… 511
　　6) 프로이센의 독일 ………………………………… 515
　(2) 프랑스 혁명
　　1) 파리의 정치 정세 ……………………………… 519
　　2) 혁명의 분위기 …………………………………… 525
　　3) 폭발한 민중의 분노 …………………………… 529
　(3) 나폴레옹 시대
　　1) 황제 나폴레옹 …………………………………… 535
　　2) 황제 공화국 ……………………………………… 541
　　3) 무산된 제국의 꿈 ……………………………… 545
　(4) 산업 혁명 이후
　　1) 산업 혁명의 여진 ……………………………… 551
　　2) 제도의 개혁 ……………………………………… 554
　　3) 왕정부활 후의 프랑스 ………………………… 557
　　4) 영방(領邦) 독일의 변화 ……………………… 565
　　5) 이탈리아의 각성 ………………………………… 569
　　6) 러시아의 몸부림 ………………………………… 573
　(5) 근대(近代)를 향한 발돋음
　　1) 민주제도로 가는 길 …………………………… 579
　　2) 비스마르크의 독일 ……………………………… 582
　　3) 프랑스의 제2제정(帝政) ……………………… 587

10. 미국의 역사
　(1) 앵글로 아메리카
　　1) 신천지의 꿈 ……………………………………… 594
　　2) 반영(反英) 자립운동 …………………………… 599

3) 독립 전쟁 ································· 604
　　4) 합중국의 발전 ···························· 607
　　5) 남북 전쟁 ································· 611

11. 재편성되는 세계
(1) 유럽의 열강들
　　1) 신생 독일의 발언권 ······················ 620
　　2) 영국의 의회 정치 ························· 623
　　3) 프랑스의 공화 정치 ······················ 627
　　4) 황제 반동정치의 러시아 ················· 629
(2) 식민지 분할통치 시대
　　1) 검은 대륙 아프리카 ······················ 635
　　2) 아시아의 무력화 ························· 638

12. 제1차 세계대전
(1) 대전의 발단
　　1) 사라예보 사건 ···························· 644
　　2) 국제 전쟁으로 확대 ······················ 648
　　3) 불타는 전장 ······························ 651
　　4) 전쟁의 장기화 ···························· 657
(2) 전쟁중의 러시아 혁명
　　1) 혁명 분위기 성숙 ························· 663
　　2) 10월 혁명의 봉화 ························· 668
　　3) 1차 대전의 종결 ························· 673
　　4) 국제 평화운동 ···························· 676

13. 전후 세계의 변동
(1) 바이마르 공화국

1) 나찌당의 부상 ·· 684
    2) 히틀러의 등장 ·· 688
  (2) 히틀러의 독일
    1) 독재체제 강화 ·· 693
    2) 히틀러의 세계정책 ·· 698
  (3) 국제연맹의 분열과 재편성
    1) 히틀러·뭇솔리니 접근 ·· 701
    2) 스탈린 체제의 소련 ·· 704
    3) 동맹, 합병의 소용돌이 ·· 707

14. 제2차 세계대전
  (1) 독일의 전격작전 성공
    1) 히틀러의 폴란드 침공 ·· 712
    2) 히틀러의 장기포석 ·· 714
  (2) 히틀러의 패퇴
    1) 전투의 반전 ·· 718
    2) 동맹군의 활약 ·· 722
    3) 히틀러의 최후 ·· 724
    4) 일본의 패망 ·· 727

15. 현대의 세계
  (1) 재편성되는 세계
    1) 동서의 냉전체제 ·· 730
    2) 중공의 등장과 한국 전쟁 ····································· 732
    3) 제3세력 형성 ·· 735
  (2) 다원화 되는 세계
    1) 냉전의 해빙무드 ·· 739
    2) 공산권의 다원화 ·· 742
    3) 서방의 다원화 ·· 745

1. 고대의 문명

(1) 문명의 시원(始原)

1) 선사시대

(가) 지구의 탄생

태초에 우주에는 은하계의 큰 덩어리가 있었다. 그 은하계에서 처음에 태양이 만들어지고, 이 태양의 덩어리에서 몇 개의 작은 덩어리가 떨어져 나가 유성(遊星)이 된다.

우리 지구도 은하계의 한 유성으로 떨어져 나와 태양의 주위를 맴돌게 된다. 우리가 배워온 바와 같이 그것은 자전과 공전이라는 형태의 맴돌기다.

처음에는 뜨거운 가스(gas)체에 불과했던 지구가 차츰 식어지며 엉겨붙어 암석으로 형성된다. 이렇게 만들어진 암석 덩어리는 아직도 뜨거운 불덩어리에 가까웠고 안에서 끊임없이 활화산이 터져나오며 여러가지 모양으로 나타난다. 여기에 파도가 씻고 바람이 불고 지진이 계속되는 가운데 점점 표면이 암석과 흙의 형태로 변질된다. 수십 억 년간 이 과정이 계속되며 지구의 표면은 냉각되어 생물이 존재할 수 있는 여건이 조성된다.

그러다가 지금으로부터 20억년 전에 비로소 생명이 있는 유기체가 발생한다. 이 단세포적인 생명체는 진화의 과정을 거듭하며 기능을 갖게되는 것이다. 이 과정 또한 수억 년을 거듭한다.

차츰 땅과 물에는 거대한 생물이 생성을 되풀이 하다가 마침내 두 발을 사용하여 땅위를 걷는 소위 직립원인(直立猿人)이 출현한다.

지금까지 발견된 화석(化石)으로 미루어 보아 1백 70만 년 전으로 추정하고 있다.

이 직립원인이 발전을 거듭하여 지금부터 30만 년 내지 50만 년 전에 원인(原人)이라 불리워지는 인류의 형태가 출현한다. 이를 인류의 조상이라고 말하기도 한다.

(나)인류의 조상

두 발로 걷는 인간의 형태를 갖춘 화석이 발견됨으로 해서 인류 탄생의 기원을 삼았으나 생존방식에 있어서는 숲속의 동물처럼 무리를 지어 풀이나 나무 열매 혹은 짐승 따위를 식량으로 삼으며 동물들 속에서 살아간 것 같다.

그러나 다른 동물보다 뛰어난 두뇌를 갖고 있어서 자연을 다소나마 지배해가며 생존했고 도구를 만들 줄 알았으며 불을 사용하는 지혜를 가지고 있었던 것이 특징이다.

(다)석기시대

도구의 사용에 따라 인류 최초의 역사를 석기시대와 금속기시대로 구분한다.

또 석기시대를 타제석기(打製石器)로 수렵생활을 하던 때를 구석기시대라 하고 마제석기(磨製石器)로 농경, 목축생활을 하던 때를 신석기시대라 한다.

석기를 생활도구로 사용하기 위하여 가장자리를 깎아내거나 깨부수어 그것을 다듬어 편리하게 만든 방법에 따라 석핵석기(石核石器)와 박편석기(剝片石器)로 나뉘기도 한다.

이 석기의 발굴로 선사시대의 형태와 그 시기, 그리고 지역에 따라 다른 특징을 여러가지로 분석해 인류의 발전과정의 베일을 벗겨내고 있다.

구석기시대는 일반적으로 홍적세(洪積世) 초기로 보며 오늘의 사람과 **비슷한** 특징을 갖고 보잘 것 없는 석기를 사용했으나 후기에는 제법 다듬어진 타제석기를 사용하며 또 화살을 사용하여 수렵채취를 했던 유물이 출토되고 있다.

신석기시대는 지질학상 현세대(現世代) 초기에 해당된다. 구석기가 타제석기를 사용한데 비해 신석기시대는 마제석기를 많이 사용한 흔적이 있고 생활기술을 발전시켜 특색있는 생활문화가 형성된다.

신석기시대의 특징으로는 농업을 영위하고 가축을 길렀으며 토기를 만들어 사용하기도 했고 점차 금속을 다루는 과정으로 들어간다.

2) 고대문명의 발상(發祥)

(가) 오리엔트의 기원

인류문화 발상(發祥)의 오리엔트 무대는 동으로 이란에서부터 서로 소아시아(아나톨리스)를 거치고 이집트에 이르기까지 황량한 사막과 강, 그리고 여러 곳에 산재해 있는 푸른 오아시스와 초원지대다. 이 지역의 기후는 건조하고 강우량도 적으며 밤낮의 기온의 차도 심한 곳이다.

주요 지역으로는 메소포타미아와 이집트이며 그 사이 기름진 들로 연결돼 있는 지중해의 동쪽 해안이 있다. 이 지역에서 수초(水草)를 찾아 생활하는 유목민들은 큰 강 유역이나 지하수 이용이 가능한 곳에 정착하여 마을을 이루고 문화를 창조해 나간다. 그러나 자연과의 싸움은 물론 다른 유목민의 위협 속에서 흥망을 거듭하는 가운데 이주생활이 계속된다. 따라서 생활의 편리를 도모하는 문명 발전이 이루어질 수밖에 없었다.

티그리스와 유프라테스의 두 강은 상류 산악지대의 해빙기에 강물이 급격히 불어나 홍수를 자주 일으켰고, 홍수를 막기 위한 제방을 쌓아야 하고 강우량이 적으므로 관개를 위한 수로를 만드는 작업도 부단히 계속해야 한다. 수로를 만드는 것이 이 지역 왕조들의 가장 큰 사업이기도 했다.

이집트의 경우도 나일강의 수량은 풍부하지만 주위의 농경지가 부족하여 강물로 인한 피해를 줄이는 데에 온갖 방법을 다 동원해야 했다.

고대 오리엔트 역사는 이와같이 사막과 물과 황토와의 끝없는 투쟁 속에서 엮어졌으며, 이로 인한 투쟁에서 더욱 문명이 발전되었던 것이다.

고대 유럽의 푸른 산림이나 초원을 삶의 터전으로 이용하지 않고 그같이 메마른 땅에서 문명의 꽃을 피운 것을 현대의 우리로서는 쉽게 이해되지 않는다.

오리엔트에서 발견된 가장 오래된 유골은 팔레스티나 북부 카르멜로 산의 동굴에서였으나 그 밖의 구석기시대의 유적도 간간히 발견되고 있다.

어쨌든 고대 오리엔트에서는 많은 민족이 영고성쇠를 거듭해 왔다. 인류 최고의 문명이라 할 수 있는 수메르인과 이집트인을 필두로 하여 악카드인, 후르리인, 바빌로니아인, 힛타이트인, 앗시리아인, 캇사이트인, 페니키아인, 헤부루인, 페르시아인, 그리이스인 등 오늘날 일반적으로 잘 알려진 민족이 적지 않다. 이들 민족은 약 3천년 동안 흥망을 되풀이 해온 것이다.

이처럼 고대 오리엔트의 역사는 너무도 오래이고 그 유적과 사료(史料)가 거의 대지 속에 묻혀 있어 구약성서나 그리이스 로마시대의 문헌에서 겨우 엿볼 수 있는 정도다.

(나) 문명의 탄생

세계 최고의 문명이라고 인정되는 메소포타미아의 수메르문명과 이집트의 나일문명은 지금으로부터 대략 5천년 전에 탄생한 것이다.

인류의 과거, 바꾸어 말한다면 인류가 발생하고 나서 현재까지의 전 기간을, 혹은 50만 년이라고도 하고, 혹은 100만 년이라고도 하여, 상상외로 오랜 기간에 걸쳐 있었다는 사실이 근세에 이르러 밝혀지고 있다. 이에 비한다면, 「문명의 탄생」이란 의외로 짧은 것으로서 인류의 과거의 1%에 해당할까 하는 기간에 불과하다는 것을 알 수 있다.

수메르, 나일의 2대 최고 문명의 모태가 된 원시 농촌이 이루어진 시기까지 소급하더라도 지금부터 대략 1만 년 전후로 추정되므로, 인류의 과거의 전 기간을 50만 년이라고 짧게 추산하더라도 그 2%도 안된다. 그 이전의 98% 이상에 해당하는 시기는 인간이 매일매일 먹을 것을 찾아서 자연 속을 방랑한, 이른바 수렵, 채집시대로서 그동안 인류는 살만한 집이 없고 음식을 익혀 먹는 그릇도 없었으며 식량의 저장도 없었다.

이와같이 원시적인 상태가 몇십 만 년 계속된 이후에 농경, 목축의 생산경제가 시작되고, 겨우 5천 년 정도의 경과로 세계최초의 도시문명이 탄생한다. 그후 또 5천 년에 과학문명이 창조된 것이다. 그로부터 다시 2백 년이 못되어 원자력문명이 탄생하여 인류는 우주시대에 접어들게 된 것이다.

3) 메소포타미아 문명

(가) 수메르인

메소포타미아의 남부 바빌로니아에 수많은 수메르인의 도시국가가 성립된 것은 기원 전 3천 년 내지 2천 7백 년의 일로 추정되고 있다. 즉 수메르인은 고대 오리엔트사의 무대에 등장한 최초의 역사적 인간으로서, 인류최고의 도시문명을 발전시키고 또 형성기의 이집트 문명에도 영향을 미쳤던 것이다. 우르, 니푸르, 라가시 등이 중심도시로서 그 번영을 자랑하였으며, 특히 니푸르시의 신 엔릴은 전 바빌로니아의 주신(主神)으로서 여러 도시의 종교적 중심이 되었다.

이들 도시국가에는 일광으로 건조한 벽돌을 사용한 신전과 지규랏이 세워졌으며 그 유적에서 수많은 유물이 발굴되고 있다.

그러면 이와같이 거대한 신전을 건립한 수메르인이란 어떤 민족이었을까. 단적으로 말해서 수메르어를 사용하였던 사람들을 우리들은 수메르인이라고 부르고 있다. 그 언어는 다른 고대 오리엔트의 여러 민족의 언어와는 전혀 다른 특수한 것이다.

그들은 또 인류 중에서도 가장 **일찍이** 상형문자를 쓰기 시작한 민족이다. 이 상형문자는 연대(年代)가 경과되고, 많은 사람의 손을 거치는 동안에 문자의 곡선은 직선으로 변화하여 마침내 설형문자가 이룩되었다.

이것은 마치 고대 중국에서 상형문자로부터 갑골문자를 거쳐 한자가 이룩된 것과 같다.

이 문자의 발달은 신전의 서기에 힘입은 바가 컸다. 왜냐하면 도시의 주민들은 곡식이 익는다든지, 가축이 새끼를 낳는다든지 하면 세**금으로써** 혹은 **제물로써** 신에게 바치기 위하여 신전으로 가져왔다. 신전의 서기들은 그 수량을 기록하고 영수증을 만들어 주고 하였으므로, 문자를 쓰는 일이 자연적으로 발달된 것이다.
 일반적으로 말해서 고대사회는 신전을 중심으로 하여 발달하였으며, 고대문명도 신전에서 발전되어 왔다.
 여기에서 화제를 신전으로 돌려본다. 신전이란 말할 나위도 없이 신의 집이다. 그것은 사람의 집과 완전히 같은 사고방식으로 인식되었다.
 오늘날 일반적으로「신」이라고 하면, 눈에 보이지 않는 추상적인 존재라든지, 혹은 인간을 초월한 절대자라든지, 우리들 인간과는 다른 종류의 존재와 같이 생각하기 쉽다. 그러나 고대 사람들의 경우, 인간과 신과의 사이에 이종(異種)이라는 개념은 없었던 것 같다. 신도 역시 인간과 동일한 감정과 욕망을 가지고 있는 것으로 생각되었다.

(나) 우르의 왕묘(王墓)
 지하에 묻혀 1천이 넘는 민중의 묘에 섞여서 신분이 높은 사람의 커다란 묘가 여럿 발견되었다. 그 가운데 기원 전 3천 년 중기의 것으로 추정되는 굉장히 큰 묘가 있었다. 이 묘를 왕묘로 보고 있다.
 이 묘의 주인의 이름은 유품에 새겨진 설형문자에 의해서 아파르기라고 알려졌으나 과연 그 인물이 왕이었는지는 확실치 않다.
 그러나 그 묘의 주인은 수레에 실려 수십 명 되는 종자(從者)의 호위를 받으며 행렬을 갖추어 벽돌과 돌로 만든 지하 묘실까지 인도된 다음 매장된 것이다.
 이 묘에서 유해와 함께 발굴된 장신구와 수공예품은 대단히 훌륭한 것으로 오늘날 백화점에 진열해도 손색이 없는 것들이다. 특히 금, 은, 동과 같은 금속, 그리고 유리, 옥과 같은 귀한 보석이 사용된 것이다.
 또한 소가 끄는 사륜차(四輪車)와 당나귀가 이끄는 썰매를 단 수레도 발굴되었다. 전쟁의 장면도 그려져 있어 그 규모나 행렬 등 군대조직의 일면을 엿볼 수 있다. 대단한 위엄을 갖춘 것이다.

(다) 제도의 탄생

수메르 민족의 도시국가에 군주가 나타난 시대를 초기왕조라 한다. 기원 전 2천 6백 년 경으로 추산되는 시기다. 이 시대는 남부 메소포타미아에 도시국가가 병립하여 토지 쟁탈전과 패권 다툼이 치열하게 전개되었다.

그 중에 우르와 패권을 다툰 라가시라는 도시국가가 있었다. 우르 제1왕조를 멸망케 한 이 라가시는 수호신을 봉사하는 제도가 있었고 신관장(神官長)이 그 임무를 맡고 있었다. 신관장의 권력은 세월이 흐를수록 강화된다.

또한 집단생활을 시작하면서 집단 전체의 이익을 위해 각자의 행동을 규제하는 제도가 나타난다. 그것은 집단생활을 유지시키는 하나의 법률이고 규범이다. 라가시에서도 국유재산이라고 할 수 있는 토지, 가축, 노예를 관리하는 법이 필요했다. 이 관리를 맡은 신관장이 나중에는 왕위를 차지하게 되고 왕권이 커지면서는 토지, 가축, 노예 등을 자기 소유로 관리 통제하게 된다.

사회정의의 확립을 지향한 왕은 엔시의 병사와 신전 고승(高僧)과의 공모로 신의 보리를 분배하는 것을 금하였다. 한 사람의 여인이 두 사나이를 갖는 1처 2부의 낡은 습관을 타파하고, 또 고아, 과부를 강자의 압박으로부터 지켰다. 고리대금의 폭리를 억제하고, 도량형을 바르게 하고, 경찰력을 강화하여, 도둑질과 살인을 집으로부터 추방하여 라가시에 올바른 질서를 확립하였다는 사실이 기록되어 있다.

관개공사를 위한 무보수 강제노동과 재산의 강탈도 금지되었다. 이 사상이 뒤에 말하는 「함무라비 법전」의 전문과 후문에 반영되어 있는 것은 흥미있는 일이다. 가부장제도를 강화하기 위하여 두 남편을 가지는 것도 엄격히 금하였다.

이와같은 규범과 제도를 정해서 사회와 백성을 통제해 가는 것이다. 이는 곧 통치를 위한 제도의 확립이라 할 수 있다.

(라) 리피트 이슈타르 법전

　바빌로니아 지방에 침입하여 우르 제3왕조를 멸망시킨 아므르 유목민은 수메르, 악카드의 땅에 점차로 정착하여, 점령한 도시의 지배자가 되고, 몇몇 개의 도시국가를 만들었다.
　그 중의 이신, 라르사, 에시눈나의 각 도시국가에서 만들어진 법전이 발견되어, 종래「함무라비 법전」을 세계 최고의 것으로 생각하고 있던 학설이 전복되었다.
　먼저「함무라비 법전」보다 약 100년 전에 씌어진「리피트 이슈타르 법전」을 살펴본다.
　리피트 이슈타르는 이신 왕조 제5대의 왕이었다. 이 법전은 수메르어로 기록되었으며, 또 그 전문에 모든 신이 그를「어진 목자(牧者)로서……수메르인과 악카드인에게 복리를 가져다 주기 위해서 왕위에 앉혔다」고 되어 있는 것을 보면, 아므르인의 지배자들은 노예와 같은 비참한 상태에 있던 수메르, 악카드의 주민을 해방하였다는 자부심을 가짐과 동시에, 피지배자로 전락되기는 하였으나 선진 문명의 담당자였던 이들 선주민에 대해서, 신중한 고려를 공표한 것으로 생각된다.
　대형 점토판에 새겨진 이 법전은 아마도 20란 정도로 구분되어 있었던 것으로 생각되나, 파편으로 발굴된 까닭에 유감스럽게도 그 전모는 밝혀지지 않고 있다.
　이 법전은 전문, 본문, 후문의 3부로 구성되어 있었으며, 현존하는 바로는 법문 38조가 기록되어 있다.
　이 법전의 각 조항은 앞에서 말한「우르 남무 법전」과 비슷하므로, 이 법전이 재래의「수메르 법전」을 계승한 것은 의심할 여지가 없다.
　이보다 약 100년 후에 제정된「함무라비 법전」도 3부로 구성되었으며, 그 조문에 있어서도 유사한 점이 많음을 볼 때,「함무라비 법전」이「리피트 이슈타르 법전」을 표본으로 하여 편집된 것이 확실하다. 그러므로 법제사 면에 있어서도 이 법전은 주목할 만한 가치가 있는 문헌이라 하겠다.
　이들 조문에서 추측할 수 있는 것은, 정복자인 아므르인의 권리와,

피정복 민족인 수메르인이나 악카드인의 권리와의 사이에 아무런 차별이 없다는 것이다. 이 점은「함무라비 법전」과 그 취지를 달리하고 있다.

(마) 에시눈나의 법전

시대적으로 말하면 리피트 이슈타르보다 약간 뒤가 되겠으나, 바그다드의 북동쪽 에시눈나국에서 제정된 법전도 현대 이라크의 고고학자의 손에 의해서 발견되었다. 이것은 수메르어와는 다른 셈어에 속하는 악카드어로 기록된 법전으로서, 전문 61조로 구성되었으나, 최후의 2개 조항은 결손이 심하여 해독이 불가능하다.

이 법전의 특징은 최초에 공정가격을 명시하고 있는 점이다. 고대 오리엔트에서는 물가의 변동에 즈음하여 여러 번 왕이 물가보다 낮은 공정가격을 지시한 사실이 기록에 남아 있다. 오늘날에 있어서도 물가고는 세계의 공통된 현상으로서 사람들이 괴로움을 받고 있지만, 고대에 있어서도 왕은 낮은 물가를 지시하는 것을 선정(善政)이라고 생각하였던 모양이다.

이 법전이「함무라비 법전」과 공통된 점은 셈어로 기록되었다는 점이다. 그 점에 있어서는 민족주의를 엿볼 수 있으나, 내용에 있어서는 반드시 같다고 할 수는 없다. 시대의 차이라든지 지역의 특수성이라든지 각종의 요소가 얽혔을 것이다.

(바) 바빌론 제1왕기

이신, 라르사 등 아무르인이 세운 도시국가들이 군웅할거의 형세로 패권을 다투고 있을 때, 그 국가 중에 역시 아무르인의 왕이 지배하는 하나의 작은 왕조가 있었다. 이신의 북서쪽 유프라테스강 왼쪽 언덕에 있는 바빌론이 그것이다.

도시 그 자체는 옛날에 수메르인들이 건설한 것이었으나, 여기에 아무르인이 침입하여 왕조를 이룬 것은 기원 전 1894년 전후, 이신 라르사시대 중엽의 일이다. 그 바빌론 제1왕조의 시조를 숨 아부왕이라고 하였다.

처음에는 세력이 대단치 않은 왕조였으나 제2대왕 때에, 십파르, 키시 등 주변도시를 차례차례로 정복하여 세력을 확장, 바빌론 제1왕조의 토대를 구축하였다.

제3대왕 때에 동쪽의 산지로부터 엘람인이 저지(低地)로 침입하여 도시국가간의 세력 싸움에 가담하였다. 이 엘람인의 왕은 당시 강성을 자랑하던 라르사 왕조를 멸하였으며, 라르사의 왕위를 계승한 그의 아들 림 신의 대에 이르러서는 당시의 대표적인 유력국가인 이신 왕조를 정복하였다.

엘람인의 손에 의해서 이신 왕조도 종말을 고하게 되었으나, 이 라르사의 왕 림 신이야말로 그후 바빌론 통일 국가를 건설한 함무라비왕에게는 다시 없는 라이벌로서 등장한 인물이다.

(사) 함무라비 제패

함무라비왕의 이름은 「구약성서」(창세기 제14장)에도 아므라벨르 이름으로 전하여지고 있다. 고대 오리엔트에 출현한 수많은 왕후 중에서도 이 함무라비왕의 이름은 지난날 메소포타미아를 통일 제패한 악카드의 사르곤왕과 더불어 이채(異彩)를 띠고 있다.

메소포타미아를 제패한 사르곤의 이름에서는 「싸움의 제왕」이라는 살벌한 전제 군주의 이미지를 느끼게 되나, 함무라비왕은 이와는 전혀 대조적인 존재였다. 양자가 모두 전국시대에 종결을 지었다는 점에 있어서는 비슷한 점이 있는 무장이었으나, 그의 경우는 보다 정략적(政略的)인 제왕이었다. 정의와 태양의 신 샤마시를 신봉하는 함무라비왕은 정의를 기본적인 이념으로 하여 본문 282조로 구성되는 법전을 제정하였다.

(아) 함무라비 법전

고대 오리엔트 사 중에서 함무라비왕의 시대에 만들어진 법전은 고대 오리엔트의 고전이라고 할만큼 빛나는 시대의 상징이다.

함무라비 법전이 법제사의 자료로서, 또 그 시대의 사회생활을 알기 위해서는 없어서는 안될 중요한 문헌임은 두말할 나위도 없다.

함무라비왕 시대는 하나의 전형(典型)을 완성한 시대라 한다. 그것은 곧 왕권의 강화이며 관료기구의 정비를 손꼽는다. 또한 중앙집권적인 통제의 완성이다. 전제군주로서 그 기틀을 확립했던 것이다.

예를 들면 왕조의 지방도시의 총독은 종전에는 어느 정도 독립적인 권력을 갖는 부왕(副王)과 같은 존재였으나 왕 시대의 총독은 사법 재정에 관한 권한이 없고 순수한 행정상 문제만을 처리케 했다. 완전한 행정관리로서의 지위와 권한을 갖게 한 것이다.

신전은 어느 정도의 세력을 유지하고 있었으나 수메르의 도시국가에서 볼 수 있었던 것과 같은 경제와 행정의 중심적인 위치에는 이미 존재하지 않았다. 왕권에 융합되고, 또 그렇게 **함으로써** 생긴 배경하에서, 그 범위내에서만 권력을 행사하는 존재가 된 것이다.

또 재판권에 관해서도 우르 제3왕조까지는 각 도시의 최고 행정 책임자인 엔시(Ensi)의 판결이 종심판결이었으나 함무라비왕은 모든 종심권(終審權)을 자기자신이 장악하고 있었다. 다만 수도 바빌론의 법정에서 왕의 재판을 직접 받을 수 없는 지방민을 위해서는 왕을 대리하는 재판관이 임명되고 지방법정에 출장하여 왕의 이름으로 판결했다. 이러한 재판의 근거가 된 것이 함무라비 법전이다.

(2) 이집트문명

1) 나일강과 피라미드

(가) 나일강 유역

이집트하면 피라미드를 연상할 정도로 거대한 문명의 유적을 남겨 놓고 있다.

어느 민족의 문명이든 그들이 처한 자연환경에 의해 이루어진다고 하지만 이집트문명 역시 나일강이 모체가 되어 이루어진다. 따라서 이집트문명을 나일강의 문명이라고도 말한다.

그리이스의 역사학자 헤로도투스는 「나일강이 범람하여 관개가 되는 토지가 이집트이며 그 강의 물을 마시는 이는 이집트인이다」라고 말하며 이 나일강의 역사적 효용을 다음과 같이 말하고 있다.

『그들은 삽으로 밭이랑을 일구는 노고도, 땅을 깊이 파는 노고도, 다른 인간이 수확에 관해서 애쓰는 어떠한 일을 하는 노고도 하지 않아도 강이 스스로 수량을 더하여 그들의 전답에 물을 대며, 또 그것이 원래의 상태로 감수되면 바로 각자가 전답에 씨를 뿌리고 거기에다 돼지를 풀어 씨를 밟게 하면 그 뒤엔 수확을 기다릴 뿐이다. 그것도 돼지를 이용해서 곡식을 뿌리채 뽑게 한 다음 거두어들이는 것이다.』

이집트인은 이와같이 자연의 혜택을 입고 있었으므로 나일강의 선물을 받는다는 말을 들을 수 있게 되었다.

나일강의 또 하나 중요한 구실은 이집트 유일의 공로(公路)였다는 점에 있다. 전체 길이 6,700킬로에 달하는 이 강은 미시시피강, 아마존강 다음으로 세계 제3의 긴 물줄기를 가지고 있다. 물로 문명이 발달된 곳도 이처럼 긴 강 유역이다.

(나) 사막과 물의 투쟁

나일강변에 문명이 발상되고 나서의 고대 이집트의 유구한 역사는 보통 두 가지로 대별된다.

대략 5천 년 전 파라오가 처음으로 등장하여 통일국가를 이룩한 무렵을 중심으로 하여 그 이전을 선왕조시대, 그 이후를 왕조시대로 부른다. 선왕조시대는 또 문자 이전의 시대이다.

먼 옛날 나일강변으로 이주해온 사람들은 먼저 사막의 요지에 나일의 범람이 남긴 습지를 이용해서 곡물을 재배하는 것을 알았다. 그들은 또 초원에 서식하는 라이언과 표범을 사냥하기도 하고, 또 강변의 소택지에 몰려드는 새, 짐승, 물고기, 파충류를 잡아서 식용으로 쓸 수 있었다.

그러나 이 지대의 건조가 더욱 진척되고 이주와 자연 증가에 의해서 나일강 유역의 인구가 불어남에 따라 사람들은 이제 나일강 물이 범람하고 또 줄어드는 것을 그대로 보고만 있을 수 없었다. 강을 관리하는 것을 연구하기 시작하였던 것이다. 이른바 치수사업이 시작된 것이다.

　사람들은 이 치수사업에 의해서 광대한 농경지를 획득하였을 뿐 아니라 경험에 의해서 기하학, 천문, 역법(曆法) 등의 지식을 연구개발하고 그것을 또 배웠다.

　나일강을 연구하며 그것과 투쟁하면서 이집트문명을 만들어 나갔던 것이다.

　이집트인이 선사시대에서 역사시대로 옮겨갈 즈음하여 문자, 건축, 기타의 면에서 당시의 선진 지방 메소포타미아로부터 어떤 영향을 받았다 해도 **이집트문명의 빼어난 기반**은 이 수백 년, 수천 년에 걸친 나일강과의 싸움에 있었던 것이다.

　농경과 목축에 의한 생산경제가 시작된 것은 메소포타미아보다는 약간 늦게, 기원 전 6천 년 경의 일이었다. 그러나 이집트는 메소포타미아보다는 자연의 혜택이 더 많았다.

　티그리스나 유프라테스강의 홍수가 거칠었으나 나일강의 범람은 정기적으로 일어났고 물의 증감도 움직임도 완만하였다. 농토를 단번에 휩쓸어버리지 않았다는 것이다.

　거기에다 홍수 때 상류에서 비옥한 진흙을 운반해 와 농사짓기에 아주 좋은 토질을 만들어 주었다. 관개 용수만 잘하면 수확이 보장되는 지역이었던 것이다.

　나일강의 치수작업은 커다란 노동력, 대규모적인 공동작업을 필요로 하였으므로 사람들의 집단은 점차로 크게 되었으며, 선사시대 말기에는 상・하 이집트의 각 지방에 수십 개의 소왕국이 건설되었고 다시 이들의 국가는 점차로 통합되어 상・하 이집트의 두 왕국이 되어 최후에는 제1폭포에서 지중해에 이르는 지역에 통일왕국이 건설되었다.

　이 나일 강변의 나라는 지리적으로 거의 고립되어 있었다. 북은 지중해, 남은 폭포에 의해서 차단되었고, 동서는 지질시대에 형성된 석회암의 단구(段丘)와 이에 계속되는 끝없는 사막이 천연의 성벽을 이루고 있다. 따라서 그 안에 강고한 국가가 존재하는 한, 외적의 침입은 곤란하였으니 흥망을 되풀이한 메소포타미아에 비한다면 이곳의 주민은 평화를 즐길 수가 있었다.
　경제적으로도 거의 자급이 가능하였다. 풍부한 농산물, 축산물에 더하여 남방의 뉴비아지방이 금을, 뉴비아와 나일 동안(東岸)의 구릉지대가 석재를, 시나이반도가 동(銅)을 공급하였다.
　이와같이 풍요한 자연적 조건은 고대 이집트인을, 평화를 애호하고 전통을 존중하고 일종의 중화사상을 갖는 민족으로 만드는 데에 큰 영향을 미쳤다.

　(다) 고대 이집트인의 신관(神觀)
　이집트의 심벌과 같은 피라미드도 이집트 역사에 최초부터 있었던 것은 아니다. 기록에는 남아 있지 않은, 이른바 선사시대의 기나긴 세월을 거듭하고 다시 기록에 남아있는 수백 년의 역사적 발전을 경과한 뒤에 비로소 출현한 것이다.
　왕의 거대한 분묘인 피라미드에 이르기까지의 분묘의 변천을, 유적과 기록을 통해서 살펴본다는 것은 매우 흥미있는 일이며 또 이집트의 역사를 이해하기 위해서는 불가결의 과제인 것이다.
　먼 옛날부터 각각 공동체 안에서 지도적 역할을 하는 소수의 사람들이 존재하였던 것은 확실하며, 그러한 사람들의 묘는 공동체의 일반 구성원의 그것에 비해 훌륭하게 만들어졌던 것으로 생각되나, 통일 이전의 시대에 있어서는 특수한 신분을 가진 이의 묘라 하더라도 일반인의 묘가 지하의 수혈(竪穴)을 파고 매장하였던 것에 비해서 그것은 수혈의 내부를 연와로 쌓았을 정도의 차이가 있을 뿐이었다.
　이 시대의 이집트 사회를 상상해 보면 이것은 어느 고대사회에서도 공통된 일이지만, 이집트 역시 씨족제도를 기반으로 하고 있다. 그리고 각 집단은 각각의 토템(totem)을 가지고 있다.
　이집트인은 동·식물, 자연현상 속에 무수한 영혼을 상정(想定)하였다. 그 중에서도 특히 중요한 것을 그들은 신(神)으로서 숭배하였다. 신은 새, 악어, 하마, 개, 고양이, 소 등 동물의 형태로 나타났다.
　동물신이 이집트 본래의 신이며, 인간의 모습을 한 신은 외래의 것으로 생각된다. 동물의 형태를 한 지방신(地方神)이 일반 민중의 숭배를 받았다. 그리고 이들 동물신의 행동은 매우 인간적이었다.

자연과 인생과의 사이에 확고한 선을 긋지 않고 있었던 이집트인은 자연의 현상과 신의 작용과의 사이에도 선을 긋지 않았다. 그러므로 이집트인에게 있어서 세계는 수많은 신과 수많은 인간이 함께 거주하는 곳이었다.

나일 강변의 경관(景觀)은 「신의 시간」인 「영원」에 적합하였다. 영원히 빛나는 태양, 유구히 흐르는 나일, 끝을 알 수 없는 창공(蒼空), 무한한 사막, 기복이 없는 능선(稜線)을 보며 자란 사람들에게는 세계가 마치 정지하고 있는 것처럼 생각되었다.

고대 이집트인이 역사적인 감각이 부족하였던 것은 이 때문이다. 그들은 어느 때부터인가 이 영원의 시간을 신과 공유(共有)할 것을 원하였고, 불사(不死)를 기원하게 되었다.

이러한 때에 또 주위의 풍물이 그들에게 「부활」의 관념을 부식하였다. 겨울에는 가늘어지고 여름엔 굵어지는 나일강, 저녁에 지고 아침에 떠오르는 태양, 대지에 묻혔다가 이윽고 싹트는 종자가 「부활」의 사상을 심어주었다.

그리고 사막의 간단한 묘혈에 매장된 시체가 천연적으로 미이라화하는 현상이 무엇보다도 내세(來世)에의 강한 신앙을 심어주었다.

그들은 현세보다도 내세에 대해서 보다 깊은 관심을 가지고 있었던 것이다.

이집트인이 가장 좋아한 신화의 하나인 「호루스와 세드의 싸움」은 이러한 그들의 심정을 잘 나타낸 것이다.

(라) 왕조의 탄생과 통일국가

자연조건을 활용하며 나일강변에 모여사는 각 씨족들이 연합하여 작은 왕족을 만든 것은 기원 전 3500년 경의 일이다.

이들은 외적의 침략을 막기 위해 군비를 갖추고 대표를 뽑아 왕으로 추대하기에 이른 것이다. 동시에 왕권도 점차 강화된다.

이같은 소왕국이 점차 통합되고 나중에는 두 개의 민족적인 통일

국가가 성립된다. 그러나 소왕국의 영역은 행정단위로 아직 존속되어 40여 주에 이르렀다.

이렇게 구성된 두 개의 통일국가(상·하 이집트)는 기원 전 332년 알렉산더에 의해서 정복될 때까지 3천 년에 가까운 이집트 왕조사가 이루어져 있었다.

당시 조각에 나타난 상이집트의 왕은 백색 왕관을 썼고, 하이집트 왕은 적색 왕관을 쓰고 있었다. 통일 왕조의 왕은 두 왕관을 결합한 이중 왕관을 썼으며 군사적으로나 정치적으로 훌륭한 재간을 갖춘 후루스부족의 족장이 대왕이 되었다. 이를 파라오 대왕이라 불렀다.

(마) 파라오의 이집트

나일 강변에 통일 국가가 탄생한 뒤의 이집트의 역사는 파라오를 중심으로 하여 전개된다. 오늘날 구미 각국에서 왕조시대의 일을 파라오의 이집트라고 부르고 있는 것도 이 때문이다.

기원 전 3세기의 이집트의 신관(神官) 마네트는 파라오의 등장(기원 전 3100년 경)에서 알렉산더 대왕의 도래(기원 전 332년)까지의 대략 3천 년간을 30의 왕조로 나누어서 「이집트사」를 썼다.

이 구분 방법은 지금도 전통적으로 채용되고 있다. 30왕조 중, 이집트가 번영한 시기를 고·중·신왕국 시대로 부르고 혼란의 시기를 중간기로 부르고 있다.

이집트의 역사 전설에 의하면 최초의 파라오를 메네스라고 하였으며 그는 상·하 이집트왕국을 통일하고 그 두 나라의 경계에 새로운 도시를 만들고 멘 노페르(그리이스식으로는 멤피스)라 불렀다고 한다. 메네스왕의 실재를 뒷받침할 만한 사료는 아직 발견되지 않고 있다.

출토된 사료에 의거하는 한, 건국의 주인공으로서 거의 확실한 것은 앞에서 말한 나르메르왕이다.

상이집트의 신전 유적지에서 출토된 이른바 「나르메르의 팔레트」에는 왕명이 나르메르로 되어 있고, 그 업적은 메네스왕의 그것과 거의 같다. 그래서 이들 양자는 동일인이라는 학설이 유력하다.

나르메르왕의 이름이 있는 팔레트(화장판)는 이집트의 통일을 말하여 주는 최고의 역사 기록으로서 유명하다.

길이가 64센티미터나 되는 점판암(粘板岩)으로 만든 화장판은 봉납용(奉納用)으로 만들어졌을 것이라고 한다. 이집트로서는 기념할 만한 건국비이다.

2) 파라오의 전성시대

(가) 피라미드의 출현

이집트의 역사전설에 의하면 제1왕조의 시조는 메네스왕이다.

메네스는 상·하 이집트왕국을 통일하고 양국의 경계점 멤피스에 새 왕도(王都)를 마련하였다고 했다. 그런데 고고학적 증거라고 할 수 있는 앞에서 말한 화장판에서는 왕명이 나르메르로 되어 있었다. 그러나 그 업적은 메네스의 그것과 같다. 그래서 이들 양자는 동일인이라는 학설이 유력한 것이다. 또 통일왕국 완성의 대사업에 종사한 몇 사람의 왕을 메네스라는 이름으로 대표케 하였다는 설도 있다.

어쨌든 이 시대에 이집트의 통일이 완성되었고 그것과 관련하여 왕이 신격화되었으며 이집트 왕조가 개막된 것만은 확실하다. 그것은 지금으로부터 대략 5천 년쯤 이전의 일이었다.

제2왕조에 대해서는 별로 알려진 것이 없으나, 제3왕조가 되면서부터 피라미드 시대가 다가올 전조(前兆)가 나타나게 된다. 그래서 사학자는 제1왕조, 제2왕조를 초기왕조 시대라 하고, 제3왕조부터를 고왕국이라고 한다. 그 전조란 무엇인가?

이른바 계단 피라미드의 출현이다. 이것은 제3왕조의 시조 제세르왕이 수도의 교외 삭카라에 쌓아올린 그 자신의 분묘로서 마스타바를 몇 단 겹쳐서 쌓은 것과 같은 형상을 하고 있었으나 멀리서 보면 피라미드처럼 보이므로 계단 피라미드라는 이름이 붙은 것이다.

공사를 주관한 재상 임호텝은 명성을 얻어 후년에는 건축의 신으로 숭배되었다. 신하가 신으로서 숭배를 받은 것은 이집트에서는 이례적인 일이다.

고왕국 시대로 접어들면서 중앙정권이 안정되었으므로, 파라오는 종전의 마스타바 분묘 대신에 석조의 거대한 피라미드를 영조하게 된 것이다.

제세르왕의 후계자들도 이를 본받아, 계단 피라미드를 만들었다. 1954년 모래 속에서 발견된 세켐케트왕의 피라미드 유구(遺構)도 그 하나인데 근래 이 피라미드는 드물게 미도굴(未盜掘)이라 하여 세인의 관심이 고조되었다. 석관실(石棺室)에는 매장 당시 그대로의 석관이 있었다. 사람들은 피라미드 주인공의 유체가 있을 것을 믿어 의심하지 않았다. 그런데 개관되었을 때 모두가 아연실색(啞然失色)하였다. 속이 텅비었을 뿐만 아니라 처음부터 사용된 흔적도 없었다.

다음 시대, 즉 제4왕조로 접어들자 드디어 진짜 피라미드가 만들어졌다. 문자 그대로 거대한 피라미드였다.

우뚝 솟아있는 3기(基)의 거대한 피라미드의 주인공, 쿠프, 카프라, 멘카우라의 여러 왕 때에 피라미드의 조영은 가장 성하였다. 기원 전 2600년 대의 일이다.

그 중에서도 가장 큰 쿠푸왕의 대피라미드는 완성시의 높이 152미터, 정방형의 전면적 대략 6헥타아르, 기저(基底)의 각변(各邊)은 정확하게 네 방위를 가리키고 있다. 이를 만들기 위하여 평균 2.5톤의 석재가 230만 개나 소요되었다고 전하여지고 있다.

이렇게도 거대한 건조물을 만들 수 있었다는 것은 토목공학의 진보도 큰 역할을 하였거니와, 풍부한 물자 자원과 노동력의 동원이 거국적으로 가능하였기 때문이다.

쿠푸왕의 대피라미드 건설에 막대한 인원과 시간을 요한 것만은 확실하다. 그 피라미드라는 말은 「수직(垂直)의 높이」를 나타내는 이집트어에 유래한다고 하는데, 실제의 높이는 152미터였다.

피라미드를 쌓아올린 석재 한 개의 무게를 평균 **2.5톤**으로 계산하고 전부를 230만 개로 추정한다면 이 대피라미드의 총중량은 6백만톤에 달한다. 특히 놀라운 것은 정방형으로 된 저변의 길이의 정확도이다.

(나) 법등(法燈)의 찬란함

피라미드는 예로부터 식량 저장고 또는 천문 관측소라는 등 여러 가지 설이 있었으나 현재에 있어서는 왕묘(王墓)라는 것이 상식으로 되어 있다. 그러나 일반의 예상과는 반대로 피라미드 시대의 파라오의 유체(遺體)가 확인된 실례는 이제까지 없었으며 설령 파라오가 매장되었다 하더라도 그것만으로써 묘라고 판단해버린다는 것은 지나친 속단이라 하겠다.

외국에서 그 예를 찾아본다면 유명한 로마의 성 베드로 사원의 지하에는 성자의 유해가 있다. 그렇지만 그 위에 세워져 있는 것은 묘가 아니라 틀림없는 사원 건축인 것이다.

피라미드도 마찬가지였다. 그것은 보다 광대한 지역을 포함하는 피라미드 신전의 성탑에 비할 수 있는 것이었다. 이집트인의 사고방식에 의하면 전대의 마스타바 분묘는 파라오의 사후의 「영원한 주가(住家)」였으나 피라미드는 「파라오가 승천하기 위한 계단」이었다.

피라미드 신전에는 모든 시설이 있다. 먼저 경작지대와 서쪽 대지와의 경계에 영전(迎殿)이 있어서 나일의 증수기에는 참배인을 위한 선창으로 되었다. 영전에서 서쪽 대지로 향하여 똑바로 참배로가 뻗었으며 그 끝에 본전이 있다. 본전 저편에는 석벽으로 둘러싸인 성정(聖庭)이 있다. 성정 중앙에 유달리 우뚝 솟아있는 것이 파라오의 피라미드이다. 피라미드의 입구는 북쪽에 있고, 그에 접하여 배전(拜殿)이 마련되었다.

피라미드 신전에는 신전령(神殿領)과 거기에서 일하는 농민 기타의 노동자가 부수되어 있었다. 신관들은 이를 관리하면서 대대로 파라오를 위한 제사를 계승하였다. 스네페르왕과 쿠푸왕의 제사는 2천년 이상이나 계속되었다는 사실이 알려져 있다. 이와같이 오랜 세월동안 법등(法燈)이 끊기지 않았던 것은 그것이 국민 숭경(崇敬)의 중심적인 「신인 왕」을 모시는 신전이었기 때문이다.

고대 이집트인의 피라미드관은 신전에 남아있는 낙서에 잘 나타나 있다. 그것은 그들이 성지를 참배하였을 때 기념으로 써서 남긴 것이다.

『하늘이여, 원하옵건대 호루스의 왕 스네페르의 신전의 지붕에 새로운 유향(乳香)을 뿌려 주시옵소서.』

이것은 신왕국 시대의 한 서기(書記)의 수기이다.

낙서는 이와같이 신전을 찬미하고 파라오를 칭송하는 소리로 넘쳐 흐르고 있다. 그 중에는 자신의 극락왕생을 기원하는 것도 있지만 파라오에 대한 원한의 말은 전혀 볼 수 없다.

오늘날 황폐되고, 혹은 모래속에 묻혀버린 피라미드 신전도, 지난 날에는 높게 쌓인 공물(供物)과 향기로운 공화(共花)에 둘러싸이고 선남선녀가 모여들고 신관들의 독경 소리는 주위에 메아리쳤을 것이다. 중앙에 한결 높이 우뚝 솟은 사면이 빛나는 피라미드의 위용도 주위를 위압하여 햇빛에 빛났을 것이다.

그러나 왕의 권위를 자랑하는 피라미드도, 그리고 「신인 왕」의 지위도, 왕이나 왕족에게 행복만을 주지는 않았었다. 당시의 문서는 왕족들이 다음의 왕위를 노리고 추악한 암투를 거듭하였다는 사실을 전해주고 있다.

(다) 왕권과 수호신

거대한 피라미드의 축조는 현대의 상식으로도 이해하기가 쉽지 않다. 아무리 왕권이 강대하고 왕실의 부가 풍족했다 해도 그렇게 웅대한 건축물을 그 당시에 어떻게 이룩해 놓았을까?

거기에는 무언가 인간의 초능력을 발휘케 하는 심리적 원인이 있었을 것이다. 그것을 이해하는 실마리로서 고대 이집트의 신화를 돌이켜 볼 필요가 있다.

당시 이집트에는 각 씨족마다 수호신이 있었다. 통일국가가 이룩된 후에는 각 씨족의 수호신보다 더 거대한 수호신, 즉 모든 수호신을 지배하는 국가적 수호신이 존재하고 있다고 믿었을 것이다. 통일국가를 이룩하게 한 그 신이 위대한 수호신으로 믿게 된 것이다.

「호루스와 세드의 싸움」을 테마로 한 오시리스신화에 등장한 신이 바로 그것이다.

이 오시리스의 신화는 이집트인의 사생관과 왕에 대한 사고방식

등 많은 것을 가르쳐 준다. 먼저 생각이 미치는 것은 「죽음과 부활」의 문제이다. 이 경우 부활의 전제 조건은 시체를 미이라로 하는 것이다. 아마 이러한 사고방식이 발생한 것은 이집트의 기후 풍토에 원인이 있었을 것이다.

메소포타미아와 마찬가지로 이집트도 건조한 나라이다. 이러한 곳에서는 시체를 방치해 두어도 부패하지 않는다. 자연적으로 미이라가 되어버린다. 언제까지라도 인체의 원형이 보존된다면 언젠가는 소생하지 않을까 하고 생각하는 것도 무리가 아니다.

그러나 역시 살아있는 인간과 미이라와의 사이에는 차이가 있다. 미이라는 말이 없으며, 움직이지도 않는다. 이 양자의 본질적인 차이에 생각이 미친 이집트인은 거기에 「카(ka)」라고 하는 것을 상정하였던 것이다. 「카」는 사람이 태어날 때에 육체에 깃들이고, 죽을 때에는 멀어져버린다. 그런데 이 「카」가 다시 돌아와서 시체에 깃들면 그 사람은 소생한다고 생각하였다.

그러므로 시체는 그때까지 소중히 보존하지 않으면 안된다. 시체에 특수한 가공을 하여 미이라로 만드는 것은 바로 「카」의 귀환에 대비하기 위해서였다.

이 때문에 고대 이집트에서는 미이라 제조기술이 크게 발달하였던 것이다.

그러나 여기에서 특히 주의하지 않으면 안될 일이 있다. 그것은 피라미드 시대에 사후 훌륭한 미이라로서 매장되고 저 세상에서의 행복한 생활이 보장된 것은 왕과 귀족에 국한되었다는 사실이다. 일반 사람들에게까지 사후의 생활이 보장되게끔 된 것은 이집트 사상(史上)에서 제1 중간기라고 부르는 대변혁기(기원 전 22세기 경)를 지난 후의 일이었다.

다음에 호루스의 문제다. 오시리스 신화에서는 이 호루스가 오시리스와 이시스 사이에 태어난 아들로서 부친의 복수를 한 뒤 저 세상의 오시리스의 왕위를 계승할 것을 약속받는다.

이 오시리스와 호루스의 관계는 그대로 전왕(前王)과 현왕(現王)과의 관계에 대비되었던 것이다. 죽어서 피라미드에 매장되는 전왕은 저 세상에서 오시리스와 일체가 된다. 신왕은 그의 아들 호루스로서 이 세상에 군림하는 것이다.

고대 이집트에 있어서의 호루스의 화신(化身)인 왕은 자연과 인간사회를 영원히 조화시키고 정의를 옹호하고, 그러함으로써 이 우주의 질서를 지킬 책임을 부담하고 있었다. 여기에 왕과 백성과의 사이에 상호관계가 존재하고 있었던 것이다.

(라) 문자 사용과 학술의 발달

피라미드 축조에서 보는 바와 같이 이집트문명은 여러 분야에서 선진적 발전을 이루고 있다.

피라미드를 축조하기 위한 건축술, 수학, 물리학, 천문학 등의 이용은 바로 그 지식이 발달되었음을 입증하고 있다.

또한 관료들의 지식과 교양, 그리고 처세술이 뛰어났음을 알 수 있다. 특히 지식계급의 대표인 서기(書記)의 지식은 대단했던 것 같다. 그들의 문자 사용을 우선 들 수 있다.

고대 이집트의 상형문자는 주요한 것만도 6백여 가지이고 모두 합치면 3천 자 가까운 문자를 사용했다. 이들 문자를 모두 기억해 두고 또 복잡난해한 문자의 조합을 습득하여 자유자재로 독서와 필기를 가능하게 했던 것이다.

(마) 파라오 약세와 피라미드 종말

나일강의 관개(灌漑)통제라는 경제적인 욕구와 지리적인 조건이 유리한 이집트는 일찍부터 통일국가를 성립시켰으나 그 목적이 충족된 뒤에는 밑바닥에 잠재하고 있던 지방 세력이 머리를 치켜드는 것은 당연한 이치였다.

유력한 귀족들은 **세력을** 유지시켜 점차로 반독립적인 체제를 갖추어 나가게 된다. 그들은 본거지의 영내에 한결 훌륭한 분묘를 마련하였다.

중앙에 있어서도 정부의 중요한 지위는 왕족에게서 유력한 귀족의 손으로 옮겨지고, 또 세습되는 경향이 생겼다.

따라서 피라미드의 규모는 점차 작아졌고 그 대신 제5왕조 말에서 제6왕조에 걸쳐서는 내부의 방과 통로의 벽에, 죽어서 오시리스신이 될 파라오를 위해서 짧은 주문집(呪文集)이 그려졌다. 이른바 피라미드의 텍스트다.

파라오의 지위도 제6왕조 초기부터 이미 불안정한 상태에 있었다. 초대의 테티왕은 자신의 수행원한테 살해되었다고 전하고 페피 1세의 대에는 하렘(Harem)의 음모사건도 있었으나 미연에 발각된 일도 있었다.

파라오의 명에 의해 단독으로 사건의 신문을 담당한 재상 우니는 「왕은 없고 나만 있을뿐」이라고 묘비명에 적어 영예를 자랑하고 있을 정도다.

파라오는 권위회복과 재정의 확보를 위해 원정을 되풀이했다. 또 유력한 귀족의 딸과 결혼하여 동맹을 맺으며 세력을 만회하려 했으나 급속히 기울어지는 대세는 막을 길이 없었다.

제6왕조 말기 페피 2세의 90년에 걸친 치세의 만년에는 멤피스정부의 지배력은 이미 돌이킬 수 없는 지경에 이르렀고 군웅은 각지에서 세력을 발휘하고 있었다.

이리하여 빛나는 피라미드시대는 종말을 고하고 대신 여기에 6백여 년(기원 전 2200~1570년 경)에 걸친 봉건시대가 도래한다.

3) 신생국(新生國)의 등장

(가) 힉소스의 침범

힉소스(Hyksos)라는 이민족이 이집트를 정복하고 1세기 반 동안이나 지배한 것은 이집트 유사 이래 처음이었다.

이집트의 역사학자 마네트는 그의 저서에서 이렇게 썼다.

『불시에 동방으로부터 혈통이 천한 사람들이 침입하였다. 그들은 이집트에 원정할 정도로 충분한 대담성을 가지고 있었다. 결단코 싸움을 하기도 전에 힘으로써 이집트를 쉽게 점령해버린 것이다.』

그는 또 이민족이 이집트에서 잔학한 행동을 했다는 것, 멤피스에서 통치를 시작하였다는 것, 또 아바리스에 견고한 성채를 쌓았다는 것 등을 기록하였는데 특히 그는 그 이민족을 인종 불명의 집단으로 힉소스라고 불렀다.

「힉」은 성어(聖語)로 「왕」을 가리킨다. 「소스」는 속어로서 「목자(牧者)」이다. 두 말이 결합되어 「힉소스(목자왕)」로 되었다. 그러나 혹자는 그들이 아라비아인이었다고 말하고 있다.

이상은 마네트의 어원설(語源說)인데 그는 당시의 속설을 인용한 것에 불과하며 실제는 「이국인의 지배자」라는 의미의 이집트에서 유래한 것이라고 한다.

로마 시대의 유다인 역사가 요세프스는 이 힉소스를 유다인의 조상이라고 하였다. 그것은 어느 의미에서는 바른 주장이다. 힉소스왕의 이름에 「구약성서」에 나오는 야곱이라는 이름이 있기 때문이다.

그러나 실제로 힉소스가 어떤 민족으로 형성되어 있었던가에 대해서는 학설이 분분하다. 그들이 셈족, 후르리인, 인도유럽어족, 아나톨리아의 선주민 등의 혼성 민족이었다는 학설도 있다.

이 힉소스족에 대한 반격의 봉화불은 상이집트의 테베에서 일어났다. 그러므로 테베방면의 이집트인 호족(豪族)은 이민족인 지배자에 대해서 남몰래 반격의 기회를 노리고 있었던 것이다.

후대의 기록은 테베의 호족 세케넨라와 델터 지방에 거주하는 힉소스왕과의 언쟁을 전해주고 있다, 그것에 의하면 세케넨라는 테베와 하마(河馬)가 서식하는 못을 가지고 있었다. 그런데 그 하마가 소리가 시끄러워 밤낮으로 잠을 잘 수 없노라고 항의해 왔다는 것이다.

테베와 아바리스는 거리가 6백킬로미터나 되니, 이것은 생트집을 잡는 결투장이다. 이에 대해서 세케넨라는 겉으로는 공순의 뜻을 표하였으나 결국 격심한 투쟁 끝에 패사하였다. 1875년 데르 엘 바하리에서 발견된 세케넨라왕의 미이라는 참으로 처참하며, 안면에 수 개의 치명상을 입고 있었다.

기원 전 1570년 경, 테베의 호족 아흐메스는 마침내 힉소스의 근거지 아바리스를 함락하고 힉소스를 국외로 격퇴하였다. 그는 패주하는 힉소스족을 쫓아 팔레스티나에 진출하였으며, 또 남방도 제압하였다. 파죽지세(破竹之勢)로 쳐들어가는 그의 진격에 국내의 반테베 분자도 전부 굴복하였다.

이리하여 그는 제18왕조의 시조가 되었다. 잠자던 사자는 눈을 뜨고, 이집트는 세계제국 건설을 향하여 제일보를 내디딘 것이다.

파라오의 휘하에는 강력한 상비군이 편성되었다. 병사들은 단검, 곤봉, 창, 활, 방패 등으로 무장하고 힉소스를 모방하여 말과 전차를 사용하였으므로 그 기동력은 놀라울만큼 증대되었다.

중왕국 시대의 이집트에는 아직 말(馬)이 없었다. 말을 이집트에 도입한 것은 바로 힉소스였다. 원래 힉소스의 이집트 급습이 성공한 것도 말과 전차의 힘이었을 것이다. 그 전차 전술을 습득한 이집트인에게 힉소스는 또 추방당하게 되었던 것이다.

3대 째의 투트모세 1세는 더욱 판도를 확대하였다. 남방에서는 제4폭포까지를 정복하고, 아시아에서는 북 시리아에서 유프라테스 강변까지 진군하였으나 이집트인은 이 대하가 남으로 흐르는 것을 보고 크게 놀랐다.

나일 강변에서만 살아온 그들은 강은 북으로 흐르는 것으로만 알고 있었기 때문이다. 생환한 병사들은 무용담과 더불어 이국 땅의 풍물을 이야기하였으리라. 유프라테스강도 「거꾸로 흐르는 강」이라 하여 화제가 되었던 모양이다.

메소포타미아의 고대 왕국 역사에는 왕비는 거의 그 모습을 나타내지 않는다. 이와는 대조적으로 이집트에서는 고왕국 시대부터 왕비는 왕과 나란히 군중 앞에 모습을 보였다. 그 사실은 조각과 회화가 가르쳐 주고 있다.

아흐메스왕의 증손녀로 하트셉스트라는 왕녀가 있었다. 그러나 정통의 왕녀라 하더라도 자신에게는 왕위 계승권이 없었으므로 부득이 이복 남매인 투트모세 2세와 결혼하였다.

그의 사후 계자(繼子)인 투트모세 3세가 즉위하였으나 하트셉스트가 잠자코 있을리 없었다. 그녀는 스스로 「상·하 이집트의 여왕」, 「여왕 호루스」라 칭하고 왕의 정장을 착용하였다.

(나) 하트셉스트의 원정

여장부인 하트셉스트 여왕 아래서 투트모세 3세는 약 20년간이나 이름뿐인 왕위에 있으면서 울적한 날을 보내고 있었다. 그러므로 여왕이 사망하자 그의 증오는 일시에 폭발하였다. 전국의 기념비에서 하트셉스트의 이름을 깎아버리도록 명령하였다.

그리고 그는 힘껏 잡아당긴 활시위를 떠난 화살처럼 아시아를 향하여 원정의 길에 올랐다. 역사에 남는 메깃도(Megiddo)의 싸움(기원 전 1480년 경)이란 이때의 일이다.

메깃도의 유적은 오늘날의 이스라엘의 북부에 있다. 이곳은 메소포타미아와 이집트를 연결하는 교통의 요충이었으므로 옛날부터 견고한 성채가 구축되어 있었다. 당시 여기에 웅거하고 있었던 것은 가나안인과 힉소스의 잔존 세력으로서 이집트군이 메소포타미아 방면으로 진출하는 것을 저지하였다.

이에 대해 투트모세 3세는 전차대의 기동력을 이용하여 스스로 선두에 서서 카르멜산의 좁은 고갯길을 넘어 전국을 급습하였던 것이다. 그리하여 막대한 전리품을 획득하였다는 사실을 기록이 후세에 전해주고 있다. 즉 「메깃도의 싸움, 힛타이트와 앗시리아의 조공(朝貢), 크레타섬으로부터 사절 오다」라고 되어있는 것을 보더라도 이집트군의 승리가 오리엔트 전역에 얼마나 커다란 자극을 주었는가를 짐작할 수 있다.

당시 메소포타미아의 북부에서 점차로 세력을 확장한 것이 앗시리아왕국이었다. 그러나 서쪽 이웃에는 미탄니왕국이라는 강국이 버티고 있었다.

그래서 앗시리아왕은 이집트와의 우호 관계를 유지함으로써 미탄니를 견제할 것을 계획하였다. 투트모세 3세의 제2회 아시아 원정 때에는 앗시리아왕은 많은 선물을 그에게 보내왔다. 힛타이트왕이 보낸 소량의 선물과는 매우 대조적이었다.

투트모세 3세는 가나안 지방의 여러 도시국가의 왕자들을 인질로 본국으로 데려와서 이집트식 교육을 시킨 다음 각각 각국의 왕위에 오르게 하였다.

투트모세 3세의 제8회 원정 때에는 힛타이트왕은 신변의 위험을 느꼈던지 은(銀)과 귀중한 석재, 목재 등을 선물로 보냈다. 이집트왕은 시리아 지방에서 전쟁중 코끼리 사냥을 전개하여 120두나 포획하였다고 한다. 상아를 얻기 위해서였다.

그로부터 그는 동으로 진군하여 유프라테스강을 상류에서 건넜으니 이는 전무후무한 사건이었다. 이리하여 이집트왕의 세력 범위는 남은 뉴비아에서, 북은 유프라테스강 상류지역까지 미쳤다.

힉소스왕은 고대 오리엔트사상 처음으로 아시아 대륙과 아프리카 대륙을 정치적으로 연결하였는데 이집트왕이 이를 계승한 것이다.

(다) 아마르나 시대(時代)

고대 오리엔트사에서 곧잘 아마르나 시대가 문제가 된다.

지금으로부터 약 100년 전, 이집트인의 한 농부가 고대문자를 새긴 점토판을 다량으로 발견한 것이 계기가 되어 1891년 영국의 유명한 이집트 학자 윌리엄 플린더즈 피이트리가 본격적인 발굴을 행하였다.

그 후 제1차 세계대전까지는 독일의 발굴대가, 또 제1차 세계대전 후에는 우르를 발굴한 영국의 이집트 탐험협회가 조사를 행하였다. 이 유적은 부근 부락의 이름을 따서 텔 엘 아마르나라고 이름지었다. 그 이래로 거기에서 출토된 점토판은 「아마르나 문서」라고 부르게 되었다.

이 「아마르나 문서」는 놀라운 역사적 사실을 밝혔다. 이 유적이야말로 바로 아마르나시대의 수도 아케트 아톤이었던 것이다. 독일의 발굴대는 이크나톤왕을 비롯하여 미인으로서 유명한 왕비 네페르티티와 왕자들의 두상도 발견하였다. 이 왕비도 미탄니의 왕녀가 아니었던가 하는 설도 있다.

수많은 점토판 속에는 이집트왕이 외국의 왕들과 교환한 서한, 국외에 있는 이집트 총독들로부터 왕에게 보내온 진정, 서한 등, 당시의 국제 정세를 환히 알 수 있는 생생한 사료가 포함되어 있었다. 그 이래로 이 시대는 특별히 「아마르나 시대」라고 부르게 된 것이다.

아마르나 시대의 국제정세는 극도로 동요되어 있었다. 당시 시리아와 가나안 지방(팔레스티나)은 이집트의 세력하에 있어 이집트로부터 파견된 총독이나 이집트에 복속한 제후가 통치하고 있었다.

그러나 이집트왕 이크나톤이 국내 문제에만 몰두하고, 눈을 외국으로 돌리지 않았으므로, 시리아와 가나안 방면의 정세는 날로 이집트에 불리하게 되어갔다. 강국 힛타이트와 앗시리아의 동향도 미묘하였다.

「아마르나 문서」속에는 이 위기를 왕에게 호소하는 각지의 총독과 제후의 서한이 적지 않다.

우르살림(예루살렘)의 총독은 다음과 같은 서한을 이크나톤에게 보냈다.

『하비루는 왕의 전 영토를 약탈합니다. 만약에 사수(射手)들이 금년에 여기에 온다면 「주(主)인 왕」의 영토는 남을 것입니다. 그러나 만약에 사수들이 여기에 오지 않는다면 그때는 우리 「주인 왕」의 영토는 잃게 됩니다.』

참으로 비통한 탄원이었으나 그래도 왕은 총독을 도우려고 하지 않았다. 왕은 전쟁을 싫어하고 오로지 아톤신에게 기원하여 그 가호(加護)에 의해서 국력의 회복을 원하는 평화주의자였다. 그의 시정방침은 시시각각으로 변모하는 국제정세에 적합한 것이 못되었다.

신관, 군벌, 전통을 존중하는 귀족 등 신정부 밑에서 불운하였던 불평분자는 왕의 시정을 규탄하기 위하여 일제히 일어났다. 불만의 소리가 국내에 충만하니, 왕은 더욱 곤경에 몰리게 되었다. 그리하여 이크나톤왕의 만년은 가신(家臣)에게 배반당하고 사랑하는 왕비와도 별거하여 실의 속에서 병사하게 되는 비참한 최후로 끝났다. 종교의 이상은 헛되이 깨어지고 신도(新都)도 겨우 10년간의 번영이 있었을 뿐 그 뒤는 폐허로 화하고 말았다.

그의 서양자 투탄카톤왕(재위 기원 전 1352~1344년)은 아멘 신관의 세력에 못이겨, 즉위 후 곧 테베로 환도하였으며 칭호도 투탄카멘(투트 안크 아멘 : 아멘의 살아있는 상)으로 고쳤다. 테베의 구세력, 더욱이 아멘의 신관들의 권력이 얼마나 강대하였던가를 짐작할 수 있는 것이다.

　(라) 덧없는 왕조

　테베 서쪽의 산중에는 신왕국 시대의 파라오들의 왕능들이 산재해 있다. 이곳을 왕능의 골짜기라고도 한다. 이곳의 많은 분묘들이 도난을 당했으나 투탄카멘왕의 왕묘는 학자들의 공식적 조사가 이루어져 많은 유물이 발견되었다. 이 왕묘를 조사하는 과정에서 여러 사람이 신의 미움을 받아 죽었다는 이야기는 너무도 유명하다.

　어쨌든 투탄카텐왕의 생애는 참으로 덧없는 일생이었다. 10세의 어린 나이로 즉위하여 18세에 사망하였다. 그 생애의 전반은 개성이 강한 이크나톤왕의 슬하에 있었고, 후반은 아멘 신관의 강압에 의해서 타협을 강요당하였다. 이 어린 왕은 의사 표시도 만족하게 하지 못하였으리라. 짧은 치세 기간에 무엇을 하였다는 치적도 전해지지 않고 있다.

　그의 사후, 왕비 안케세나멘은 힛타이트국의 왕자를 남편으로 맞아, 구세력을 억제하려고 계획하였다. 이집트의 사신이 힛타이트왕에게 제의하였다.

　『이집트에서는 금번에 왕이 별세하였습니다. 그러나 왕에게는 왕자가 없습니다. 왕비는 힛타이트왕에게 많은 왕자가 있음을 알고, 그 중의 한 분을 왕비의 남편으로 맞아, 그 분을 이집트의 왕으로 모시고자 합니다.』

　그러나 그 힛타이트 왕자는 이집트에 도착하기 전에 도중에서 반대파에게 암살되고 말았다.

　소년왕 트틴카멘의 뒤를 이어 늙은 아이왕이 즉위하였으나 이집트는 여러 대에 걸친 소극정책의 탓으로 이미 외지의 대부분을 상실하였다. 비축한 국력도 밑바닥이 드러나 버렸다.

　그리하여 장군 하렘하부가 국민의 요망에 응하여 즉위하니 기원전 1305년에 제19왕조가 시작되었다. 이 왕조가 이상으로 삼은 것은 제18왕조의 번영을 다시 찾는 일이었다. 라메스 1세가 재위 겨우 2년에 사망하자, 세티 1세, 라메스 2세의 여러 왕은 실지 회복에 힘썼다.

그들은 여러번 서아시아에 출병하였으나, 남하하는 힛타이트국의 세력과 충돌하여 별 성과를 얻지는 못하였다.

(마) 파라오영광의 최후

테베에서는 아멘 신전의 최고 신관 헤리호르가 주권을 획득하여 제12왕조(기원 전 1090~945년)를 수립하였다. 한편 하이집트의 타니스에도 신정권이 수립, 이와 대립하였으나 양쪽이 다 결정적인 힘을 갖지 못하였다.

약체화한 이집트 군대를 지탱하고, 국토 방위에 기여한 것은 리비아인, 뉴비아인 등의 외인 용병이었다. 그 결과 다수의 용병을 가진 외인 수장(首長)의 세력이 강성하게 되어 그들이 정권을 잡게 되었다. 제22~24왕조(기원 전 945~712년)는 리비아인, 제25왕조(기원 전 712~671년)는 이디오피아인이 세운 왕조이다.

이 무렵 이미 쇠퇴기로 접어든 이집트는 남북이 분열되어 두 왕조가 병립하기도 하였다. 이디오피아인의 정부는 하이집트로 세력을 펴기도 하였으나 때마침 아시아에서 밀어닥친 앗시리아의 대군과 싸워 공방전을 되풀이한 끝에 남방으로 격퇴당하였다.

기원 전 7세기의 중엽, 이집트인은 그리이스인 용병의 도움을 받아, 앗시리아군을 추방하고 간신히 제26왕조(기원 전 663~525년)를 수립하였다.

이 왕조는 델터 지대 사이스에 도읍을 정하였으므로 사이스 왕조라고 부르기도 한다. 경제, 문화가 부흥되고 잠시 동안 평화가 지속되었다. 복고(復古)사상이 흥한 것도 이 시기이며, 많은 기념물이 복구되었다. 그러나 그 운명은 꺼져가는 등불의 마지막 빛과도 흡사한 것이었다.

기원 전 525년, 드디어 파국(破局)은 찾아오고 말았다. 국토는 페르시아의 대왕 캄비세스에 의해서 정복되었으니, 이집트는 일개의 속주(屬州)로 전락되고 말았다.

이리하여「파라오의 이집트」는 영원히 사라져버렸으나 수천년 이래로 육성, 발전되어 그들의 문화는 결코 사멸하지 않았다.

알렉산더 대왕의 등장을 계기로 동지중해 지방의 문화와 융합되어 세계문명의 발전에 공헌하게 된다.

페르시아 제국의 군세(軍勢)에 유린된 이집트를 해방한 것은 알렉산더 대왕의 군대였으나 대왕의 사후, 그의 무장(武將)이 이집트에 왕국을 수립하였다(기원 전 304년). 이것이 프톨레마이오스 왕조이다. 유명한 클레오파트라는 이 왕조 최후의 여왕이었다.

어쨌든 이집트는 페르시아의 캄비세스에게 정복된 이래로, 최근에 이르기까지 2천 수백 년의 긴 기간을 그리이스인, 로마인, 아랍인, 터어키인 등의 이민족에게 예속되는 시대가 계속된 것이다.

(3) 성서(聖書)의 무대

1) 가나안 문명

기원 전 14세기 경 지중해의 가나안 땅안에 사는 민족의 활동은 눈부신 것이었다. 여기서 말하는 가나안 땅은 성서의 이야기가 전개된 지역으로서 오늘의 레바논, 이스라엘, 요르단 지대를 말한다. 이 지역은 지중해에 면하고 있으며 후에 페니키아로 불리게 된다.

가나안의 역사는 기원 전 3천 년 셈족의 이동에까지 거슬러 올라간다. 가나안인은 셈족의 일파였기 때문이다. 아라비아 사막지대를 본거지로 삼았던 셈족이 메소포타미아의 기름진 땅을 향하여 수차에 걸쳐 대이동을 거듭해 왔던 것이다.

(가) 페니키아 도시국가 발흥

북시리아 해안에 우가리트라는 나라가 있었다. 지역적으로는 페니키아인의 각 도시와는 얼마간 떨어져 있었으나 역시 이것도 가나안인이 건설한 도시국가이다. 이곳의 문화, 언어 등이 특색을 가지고 있었다.

우가리트는 상업의 중심지로 일종의 국제도시였다. 따라서 문명이 발전될 수 있었던 것이다. 그 유적이 발굴되어 그 면모를 오늘날 알 수 있게 되었다.

이 외에도 시미라, 비블로스, 시돈, 티루스 등도 알려져 있다.

페니키아는 기원 전 3천 년부터 이미 이집트와 교섭이 있어, 목재, 올리브유, 포도주 등을 수출하고, 이집트로부터는 금과 금세공품, 파피루스 등을 들여왔다. 처음에는 이집트의 지배를 받았으나, 기원 전 12세기에서 11세기에 걸쳐, 이집트 제20왕조의 약체화와 더불어 완전한 독립을 획득하였다.

그들 도시국가 중에서 가장 컸던 것은 티루스이다. 이전에는 티루스보다도 오히려 시돈이 오랜 번영을 자랑하였으나, 기원 전 10세기 초엽부터 티루스가 시돈을 누르고 페니키아에서의 지도적인 지위를 확보하였다.

더구나 이트바알 1세(기원 전 887~856년)의 치세에는 티루스의 영토는, 시돈을 병합하여 베이루트까지 뻗쳤으며 다시 키프로스섬의 일부에까지 미쳤었다. 이 이트바알왕의 딸이 이스라엘의 아하브왕의 왕비 이제벨이다.

티루스의 번영의 양상에 대해서는, 「구약성서 에스겔」제27장에, 그 호화로운 선박, 강력한 군비, 다채로운 상품에 관한 일들이 시적인 표현으로 묘사되어 있다.

페니키아인은 세계 최초의 해양 상업의 국민이다. 따라서 페니키아 여러 도시의 시장에는 내륙 여러 지방의 물산뿐만이 아니라, 지중해의 항구에서 모인 직물, 귀금속, 보석, 가축, 해산물, 무기, 향료 등 모든 종류의 상품이 마치 오늘날의 백화점처럼 진열되어 있었다.

또 페니키아의 특산품으로서는 자색 염료와 자색으로 염색한 의복, 유리 그릇, 상아 세공품, 아마포, 올리브유, 포도주, 레바논 목재 등이 있었다.

가나안 문화에 가장 **일찍이** 영향을 준 것은 이집트인이며, 이미 제5, 제6왕조 시대에 이 방면으로 전해졌다.

앞에서 말한 바와 같이, 기원 전 25세기 경에는 셈족의 일파가 침입하였다. 이른바 가나안인이다.

기원 전 17세기는 힉소스시대이다. 이집트에 침입한 아시아인의 집단은 가나안 지방에서 작전 행동을 일으켰을 것이며, 그 경우, 통상의 중계지로서 경제력을 축적하였던 가나안의 여러 도시가 그 배후에 있었을 것은 충분히 상상할 수 있는 일이다. 힉소스의 왕명(王名)에 가나안계 혹은 셈계의 것이 많다는 사실이 이를 입증한다.

또 힉소스 속에는 후르리인과 인도 유럽어족, 혹은 아나톨리아계의 민족도 포함되어 있었다는 것도 학자들이 인정하는 바이다.

이와같은 혼성 민족의 집단이 성립되었다는 사실도 시리아와 가나안 지방의 역사적, 지리적인 특성을 잘 나타낸다.

이 가나안의 땅은 사막의 유목민들이 주기적으로 이주활동을 하며 농경생활을 시작하는 무대였다. 그들은 사막에서는 부족사회의 단계에 있어서 문화가 낮았지만, 가나안의 비옥한 땅으로 들어와 기성의 도시문명을 어떤 때에는 파괴하고, 어떤 때에는 계승하여 스스로 도시의 주민으로서, 도시국가를 경영하였던 것이다.

가나안 땅에 도시문화의 꽃을 피운 것은 셈족의 일파인 가나안인이었으며, 힉소스, 후르리 등의 침입, 이집트의 지배, 도시간의 항쟁에도 불구하고, 하나의 영속적 문화권을 형성하여 헤브루인의 정착 운동에 무대를 제공하게 된다.

(나) 우가리트의 문자

우가리트의 도시는 퍽 오래 전부터 있었으므로, 악카드의 사르곤 왕이 지중해 방면에 원정하였을 때에도, 아마 이곳을 통과하였을 것이고, 우르 제3왕조와도 접촉이 있었던 것 같다. 토기의 형식에서 메소포타미아의 영향을 발견할 수 있기 때문이다.

그 후, 이 땅은 지중해 방면과 메소포타미아 방면과를 연결하는 중계항의 구실을 하였다. 이집트와의 연락만 하더라도 가나안 지방을 육로로 가기보다 해상을 항해하는 편이 용이하였기 때문이다.

우가리트는 기원 전 15세기에서 기원 전 14세기에 걸쳐서 크게 번영하였다. 「우가리트 문서」에 의하면, 기원 전 14세기 전반기의 왕이었던 니크마드 2세의 시대에는 남쪽 이집트와 동맹을 맺고, 또 북의 힛타이트에도 조공을 바쳤던 것이다.

당시의 이집트는 종교개혁으로 유명한 이크나톤왕의 시대이고, 힛타이트에서는 호방한 슛필룰리우마시왕의 시대였었다.

최근의 학계에서 화제가 되고 있는 「우가리트 문서」의 대부분은 이 시대에 씌어진 것으로 짐작되고 있다. 「우가리트 문서」는 메소포타미아의 기록과 마찬가지로 점토판에 씌여진 것이다.

그 언어의 종류도 많아서 수메르어, 악카드어, 후르리어, 힛타이트어, 이집트어 등에 미치고 있다.

그 중에서 종래 전혀 알려지지 않은 것이 나타났다. 문자는 설형이었으나, 수메르어나 악카드어로서는 의미가 통하지 않았다.

문자에는 표의문자와 표음문자가 있다. 전자는 의미를 가리키고, 후자는 음을 나타낸다. 수메르인이 창조한 설형문자는 상형문자에서 발전한 것으로서 표의문자였다. 이를테면, 태양의 그림으로 된 설형문자는 「태양」을 나타낸다. 수메르어로 태양은 「우투」였으므로 이 문자도 그렇게 읽었다. 그런데, 후에는 그 문자에 「빛나다」라는 의미가 첨가되어 밧바르, 아자크 등으로도 읽게 되었다. 이와같이 표의문자는 대체로 한 자를 몇 가지로 읽게 되는 것이다.

그러나, 이러한 표의문자도, 자국어가 아닌 외국어 등을 나타낼 필요가 생겼을 때에는 본래의 의미와는 관계없이 그 문자에 붙여진 발음만을 이용하는 표음문자로서 사용된다. 수메르어도 그러하였다.

이에 반하여 우가리트에서 발견된 설형문자는, 위에서 말한 것과 같은 경과로 발전된 것이 아니었다. 전혀 새로이, 단순히 발음을 나타내기 위하여 만들어진 표음문자라기보다도 표음기호라고 말할 수 있는 것이었다.

우가리트 문자는 설형문자의 알파베트로서 가장 오래된 것이었다. 이것이야말로 우가리트인이 널리 지중해의 여러 민족과의 통상을 행할 필요에 의하여 발명되었던 것이다.

또 우가리트어는 「구약성서」에 씌어진 헤브루어, 페니키아어와도 밀접한 관련이 있음을 알게 되었다. 예컨대 우가리트의 시(詩)도, 헤브루의 시도, 모두 대구법(對句法)을 즐겨 사용하고 있는 것이 특징이다.

(다) 우가리트의 신화

우가리트 신화에는 다음과 같은 주요한 신의 이름이 나온다. 엘과 그의 아내 아세라, 바알과 그의 아내 아나트, 그리고 다곤 등.

우가리트의 유적에서 바알의 신전과 다곤의 신전은 이미 발굴되었으나, 엘의 신전은 아직 발견되지 않고 있다.

흥미있는 것은, 「구약성서」에도 이들 신의 이름이 빈번히 나타나 있는 것이다. 고대에는 신의 이름을 인명의 일부로 사용한 예가 많다. 「구약성서」에는 엘이라는 문자를 포함한 인명이 많으며, 바알을 포함한 이름도 있다. 이스라엘의 사울의 아들에 에스바알, 손자에는 므립바알이 있었다(역대 상 제8장 33, 34절).

또 다곤신은 「삼손과 델릴라」의 이야기에도 나온다. 삼손이 델릴라라는 여인에게 속아, 힘의 원천인 머리털을 잘려, 사로잡혔을 때, 필리스티아인(성서에서는 블레셋 사람)들이 이를 축하하여 희생을 바쳐 제사를 드린 것이 이 신이었다(사사기 제16장).

이스라엘이라는 명칭에도 엘이 포함되어 있다. 이집트의 메르엔푸타하왕 당시, 델타 지방에는 서방으로부터는 리비아인이, 지중해로부터는 이른바 「바다의 민족」이 침입을 기도하고 있었다.

왕은 그들과 용감히 싸워 이를 격퇴하고, 또 가나안 지방에도 출정하였다.

테베의 메르엔푸타하왕의 매장전(埋葬殿)에서 발견된 전승기념비에는 다음과 같은 문구가 새겨져 있다.

「리비아는 황폐하고, 힛타이트는 진정되었다. 가나안은 여러 악과 더불어 공략되었다. 아슈케론은 약탈되었으며, 게제르는 정복되었다. 야노암은 흔적도 없이 되었다. 이스라엘의 백성은 멸망하여 자손도 없다. 후르는 이집트에게 있어서 과부로 되었다.」

이것은 이제까지 발견된 기록 중 이스라엘이라는 명칭이 나타난 것으로서는 가장 오래된 것이다. 그 다음에 「후르는 이집트에게 있어서 과부로 되었다」의 「후르」는 후르리인에서 유래하며, 당시의 이집트인이 가나안 지방을 그렇게 불렀던 것이다. 이 말의 뜻은, 가나안에는 이미 보호자가 없으니 이집트에 대해서 완전히 무력한 존재가 되었다는 것이다.

이로 미루어 본다면, 이스라엘로 불린 사람들이 가나안 지방에 있었던 것만은 확실하다. 이 시대(기원 전 13세기 후반)의「이스라엘」과, 다비드 왕국 시대(기원 전 10세기)의「이스라엘」이 어떠한 관계에 있었는지는, 중간 시대의 기록이 없으므로 알지 못한다.

그러나 기원 전 13세기에 이 도시국가는 재흥하여, 크레타섬과도 무역 통상을 하였으나, 당시의 우가리트는 이집트(라메스 2세 시대)의 영향을 많이 받고 있었다.

그리하여 마침내 기원 전 1200년 경에 지중해 해상으로부터 내습한 외적에게 멸망되었다. 기원 전 1200년 경이라면, 아나톨리아에서 수백 년에 걸쳐 강대함을 자랑하던 힛타이트 왕국이 서방에서 침입해 온 민족에 의해서 멸망된 때이기도 하다.

(라) 히람왕의 치적

페니키아의 여러 왕 중에서도 가장 유명한 것은 티루스의 아히람 세일 것이다. 그를 보통 히람왕이라고도 부른다.

히람왕은 해안에 가까운 바위섬에 성을 쌓고 저수지를 마련한 다음, 티루스의 중심을 그곳으로 옮겼다. 이리하여 도시국가 티루스는 알렉산더 대왕의 공략을 받을 때까지 페니키아 제일의 요새를 자랑하였다. 그러나 이 사업에 수많은 노예를 사역한 것은 후일에 화근을 남기게 되었다. 왜냐하면 이것이 노예들의 반란의 원인이 되었으며 그것은 또 티루스의 몰락과 관련이 있었기 때문이다.

히람왕은 또 이스라엘의 솔로몬왕과 우호조약을 맺어 공동의 적인 블레셋인(필리스티아인)을 협공하여 성공하였다. 히람은 솔로몬을 위하여 신전 건조용 재목을 조달하여 보냈으며, 한편 솔로몬은 히람에게 식량 등을 제공하였다. 또 티루스의 상인이 이스라엘 왕국을 통과하여 홍해로 나가는 것을 허가하는 한편, 두 국가는 공동으로 상선대를 조직하여 아카바만을 근거지로 하여 홍해, 페르시아만 등의 해안을 비롯하여 멀리 인도 방면에까지 항해하여서 금, 은, 백단, 상아, 원숭이, 공작 등을 수입하였다.

티루스의 상인을 중심으로 한, 두 나라의 상선대는 남서 아라비아와 아프리카의 무역을 독점하게 된 것이다. 이집트의 네코왕 시대에 페니키아인 한노가 아프리카를 항해하였다는 전설도, 이 사실을 근원으로 한 것으로 생각된다.

히람왕은 솔로몬의 사후, 다마스커스로의 통상로를 확보하려고 팔레스티나의 북부 갈릴라야 지방을 이스라엘 왕국으로부터 탈취하였다. 다마스커스는 페니키아 및 팔레스티나 방면과 바빌로니아와의 대상로에 있는 요충이었다.

당시 남서 아라비아에는 셈어족의 사바 왕국이 번영하였다. 「구약성서」가 전하는 「시바의 여왕」의 전설은 사바 왕국과 북부 아라비아와의 조공을 말해주는 것이다.

(마) 페니키아의 알파베트

기원 전 17세기에서 기원 전 16세기에 걸친 기간의 일이었으나 홍해 바다로 튀어나온 시나이 반도의 어느 광산에서 이집트인의 감독 아래 터어키옥(玉)의 채굴에 종사하고 있던 셈어족의 노동자가 이집트의 상형문자를 간소화하여 알파베트를 만들었다.

페니키아의 문자는 이 시나이문자에서 발달한 것이라고 추정하는 학설이 가장 유력하나 이에는 이설(異說)도 있다.

그러면 문자가 아직 없었을 무렵의 페니키아인은 어떻게 하였는가 하면, 처음에는 앗시리아의 설형문자를 차용하였었다. 그러는 동안에 북시리아의 우가리트(현재의 라스 삼라)에서 30의 자모(字母)를 가지는 설형문자의 알파베트가 만들어졌다. 기원 전 15세기 이전의 일이다.

어쨌든 기원 전 12세기 경에는 22문자로 이루어진 페니키아의 알파베트가 완성된 것만은 확실하다.

페니키아인은 알파베트의 창시자라고는 할 수 없어도 그 개량자, 전파자로서 불후의 영예를 가지고 있다.

그리이스문자, 라틴문자, 러시아문자를 비롯하여 아라비아문자, 이디오피아문자, 몽골문자, 그리고 인도, 동남아시아의 여러 문자에 이르기까지 세계에서 사용되고 있는 문자의 대부분은 이 페니키아의 알파베트이거나, 또는 그 원형에서 갖가지의 과정을 거쳐서 발전한 것이다.

2) 솔로몬과 다비드

이스라엘 민족이 아라비아의 사막 지방에서 이동한 셈어족의 일파라는 것은 이미 언급한 바 있다. 셈족의 제3차 아람 이주단이 바로 이스라엘의 선조인 것이다.

이동은 기원 전 15세기에서 기원 전 13세기에 걸쳐 행하여졌으나, 이 이주단은 또 같은 셈어족이면서도 아람족과는 별개의 일파인 헤브루족의 이름을 덧붙여, 아람, 헤브루 이주단이라고도 부른다.

그런데 헤브루족의 일부는 이집트로 이동하였으나, 그로부터 얼마 되지 않아, 이집트의 왕조가 바뀌어 심한 압박을 받게 되었으므로 이집트로부터 탈출하지 않을 수 없게 되었다.

그들은 시나이 반도를 방랑한 뒤에 겨우 팔레스티나에 도달한 것이다. 그리하여 헤브루인들은 이미 거기에 정주하고 있던 동포, 혹은 유목민이었던 동포와 합류하여 여기에 이스라엘민족을 형성한 것이다.

(가) 전설 속의 이스라엘

팔레스티나에 도달하기까지의 이스라엘인들의 발자취는 완전히 전설의 안개 속에 싸여 있다. 확실히 「창세기」나 「출애굽기」는 전설의 보고이며, 귀중한 유산이긴 하나 거기에 포함되어 있는 사실을 추출한다는 것은 매우 곤란한 일이다.

「구약성서」의 기사에는 후대의 가필(加筆)과 편집의 흔적이 많아서 역사학의 사료로서 이를 이용할 때에는 먼저 사료의 분석, 취사선택이라는 매우 복잡한 절차를 거치지 않으면 안된다. 거기에는 상당히 고도의 전문적 지식을 필요로 한다.

그러나 다행하게도 「구약성서」의 사료 비판은 구미 각국의 학자들 손에 의해서 매우 상세하게 되어 있으므로 우리들은 이를 이용하여 이야기를 진행할 수 있는 것이다.

「구약성서」는 헤브루인의 과거 사적에 관한 전승(傳承)을 포함하고 있다. 그러한 의미에서는 가장 오랜 역사서의 하나라 하겠으나 앞에서 말한 바와 같이 후세에 종교적인 의도하에서 정리, 편집된 것인 까닭에 역사로서 그대로는 취급할 수는 없다.

「구약성서」가 다른 성전류(聖典類)와 다른 것은 그것이 일관하여 역사의 의미를 추구하고 있다는 점이다. 즉 헤브루인의 종교사상, 특히 그들과 여호와신과의 계약이라는 것이 개개의 사건을 초월하여 민족사 전체를 지배하고 있다.

따라서 성서의 역사 기술에서 종교적인 편견을 제거한다면 헤브루사의 유익한 사료를 얻을 수 있는 것이다. 더구나 팔레스티나 고고학이 발달된 오늘날에 있어서는 사료로서의 성서의 이용 범위와 가치가 상당히 명확하게 되었다고 할 수 있다.

그런데 「구약성서」의 전체는 「출애굽기」를 기반으로 하여 구성되었다고 하여도 과언이 아닐 것이다. 그리고 이 이야기의 주인공 모세는 「구약성서」를 통해서의 중심 인물이며 민족의 지도자이다.

그의 이름은 이집트어이며 그 땅에서 교육을 받은 인물이라는 것을 알 수 있다. 그는 이집트에 거주하는 헤브루인을 이끌고 시나이 반도로 나와 다음의 정주지를 구하여 가나안의 각 도시에 대한 정찰 행동과 우회 작전을 하여 그 기회를 엿보았다.

이것은 모세의 군사적 재능을 나타낸 것이지만, 그의 가장 중요한 역할은 헤브루인들 사이에서 여호와신에 대한 일신교(一神敎) 숭배를 확립케 하고 그것을 바탕으로 하여 유명한 「십계」라는 규범(規範)을 부여한 사실이다.

그의 계시는 그 후 헤브루인의 역사를 일관하는 초월신에 직결되는 신앙, 윤리, 정치의 토대가 되었다.

모세는 이러한 사업을 이집트와 가나안 사이의 황야에서 이룩하였고 동시에 다른 유목민의 집단도 규합하였던 것이다.
　그 결과 이스라엘이라고 불리는 부족의 연합, 즉 **헤브루인의** 가나안 정주(定住) 초기의 사회 형태가 성립되었다.

　(나) 구약성서
　「구약성서」는 원래가 유다교의 경전이다. 그것이 후에 「신약성서」와 함께 그리스도교의 경전으로 되었다. 이슬람교도 「구약성서」와 인연이 없는 것은 아니다.
　이슬람교의 경전은 코오란이지만 그 「빈우편」(牝牛篇) 초두에는 신의 말이라 하여 「그대(마호메트)에 계시된 것(코오란) 및 그대보다 앞서 계시된 것을 신앙하여야 한다」고 가르치고 있다. 이 「그대보다 앞서 계시된 것」이란 실은 「구약성서」이며 「신약성서」인 것이다.
　따라서 「구약성서」는 한 권의 책임에는 틀림없으나 유다교도가 읽는 경우와 크리스찬이 읽는 경우와 **모슬렘**(이슬람교도)이 읽는 경우와는 그 해석이나 이용법이 3자가 각각 다르다. 또 역사학 연구의 사료로서 이용하는 경우에는 위의 세 경우와는 본질적으로 달리 읽는 방법이 있다.
　「사무엘」을 분석한 학자는 그 속에 10종류에 가까운 다른 사료가 섞여 있다는 것을 지적한다. 그러나 그 가운데서 「사무엘」의 골간(骨幹)을 형성하고 있는 것은 둘이며, 하나는 「조기(早期) 사료」(기원 전 10세기)라고 할 수 있는 것이고, 다른 하나는 「후기(後期) 사료」(기원 전 7~8세기)이다. 실로 3백년의 차이가 있다.

　(다) 사울왕
　이스라엘인 주위의 민족 중에는 이미 왕국을 이룩한 이가 있었으나 유독 이스라엘인만은 **오랫** 동안 단순한 종교 연합적인 부족의 연합으로 그치고 있었다.
　거기에는 원시적 민주정치가 시행되었다. 그러나 민족 공통의 적인 블레셋 사람을 대항하기 위해서는 정치력과 군사력을 집중하지 않으면 안되므로 거기에 적합한 왕정을 갈망하였으며 마침내 그 출현을 보게 되었다.

여호와의 제사인 예언자 사무엘의 지지에 의해서 베냐민 출신의 사울이 왕이 되었다. 이스라엘인의 최초의 왕이 탄생한 것이다. 기원전 1020년 경의 일이다.

(라) 다비드와 블레셋

예언자 사무엘의 지지에 의해서 이스라엘 최초의 왕위에 오른 사울은 무장으로서는 유능한 인물이며 아몬인이나 블레셋 사람과의 싸움에서는 상당한 무훈을 세웠었다. 그러나 반면, 도량이 좁고 질투심이 강하였다. 또 때때로 노이로제에 걸리기도 하였으므로 하나의 민족을 통솔하는 왕으로서의 풍격(風格)에 부족함이 많았다.

사울왕에 대한 기대를 단념한 사무엘은 이를 대신할 인물을 찾고 있었던 바, 베들레헴 마을에 사는 목동 다비드를 발견하였다. 사무엘은 남몰래 그의 머리에 기름을 부었다.

우연한 기회에 사울왕에게 등용된 다비드는 군인으로서도 뛰어난 재능을 가졌으므로 블레셋 사람과의 싸움에서 무훈을 세워 대장으로까지 승진하였다. 그가 블레셋의 거인 골리앗을 투석기(投石器)로 쓰러뜨린 이야기는 너무나 알려진 사실이다.

이 일이 있은 직후에 사울왕의 군대가 개선하였을 때 이스라엘의 여인들은 춤을 추며 「사울이 죽인 자는 천천(千千)이요, 다비드는 만만(萬萬)이로다」고 노래불렀다.

사울왕의 불만의 심정과는 정반대로 이 노래는 크게 유행하여 블레셋의 나라에서도 부를 정도였다. 이와같이 다비드의 명성이 높아짐에 따라 사울은 이를 시기하여 마침내는 다비드를 죽일 것을 도모하게 된다. 그리하여 다비드는 사울에게 쫓기는 몸이 되어 방랑의 길에 오르게 된다.

그 모양을 「사무엘」은 다음과 같이 **기록하였다**(상 제22장).

「그러므로 다비드가 그곳을 떠나 아둘람의 동굴로 도망함에 그의 형제와 아버지의 온 집안이 듣고는 그리로 내려가서 그에게 이르렀다. 또 환난당한 모든 사람과 빚진 사람과 마음이 원통한 사람이 다 그에게로 모였고 그는 그 장이 되었는데 그와 함께 한 사람이 4백 명 가량이었더라.」

 황야를 부하 사람들과 방랑한 끝에 다비드는 마침내 블레셋의 5도시국가 중의 하나인 가트의 왕 아기스에게로 건너갔다. 아기스는 다비드에게 시글락이라는 성읍(城邑)을 주어 살게 하였다(상 제27장).

 (마) 이스라엘 왕국 탄생
 북방에서 사울왕의 군대가 블레셋군의 압박을 받고 있을 때 다비드는 남부에서 그의 세력을 기르고 있었다.
 이스라엘의 결전에서 블레셋의 군대에 참패한 사울왕은 길보아의 산에서 칼로 자살하였다. 그 결과 이스라엘 왕국은 거의 궤멸 상태가 되고 국토의 대부분은 블레셋 사람의 지배를 받게 되었다.
 사울의 아들 에스바알이 요르단강 동쪽에서 즉위하였으나 유명무실한 존재에 불과하였으며 그도 곧 가신에게 암살되고 말았다. 사울의 아들 요나단도 전사하였다.
 사울이 죽었다는 소식을 다비드에게 가져온 소년에 대한 다비드의 태도는 흥미있는 것이었다(사울의 죽음 이후는 「사무엘 하」에 기록되어 있다).
 그 소년은 다비드가 사울의 죽음을 틀림없이 기뻐하리라고 생각하여 숨을 헐떡이며 달려왔을 것이다. 게다가 많은 상(賞)을 기대하였을 터인데, 사실은 생각과는 딴판이었다. 하기야 이 소년도 사울의 죽음만을 알렸더라면 무사하였을 것이다.
 그런데도 이 소년은 자기가 사울을 죽였노라고 보고하였다(하 제1장). 이것이 다비드의 노여움을 샀다. 혹은 표면상의 제스처였을는지도 모르나, 어쨌든 다비드는 그 소년을 부하에게 명하여 죽였던 것이다. 「눈에는 눈」, 「목숨에는 목숨」의 복수이다. 거기에는 그만한 이유가 있었다. 사울은 「신의 사람」에 의해서 신의 명령으로 「기름을 부은 자」였으므로 그를 죽였다는 것은, 즉 신에 대해서 반역의 죄를 범한 것으로 되기 때문이다.
 이리하여 다비드로서는 자신이 신의 명령으로 임명된 「왕」을 쳤다는 오명을 입는 일이 없이 천하의 패권을 장악하는 길이 열리게 된 것이다. 사울이 죽은 뒤의 가나안 땅의 지배자로서 남부에 거주하는 여러 부족은 다비드를 주목하기 시작하였다.

특히 유다 족속의 사람들은 헤브론으로 옮겨 살고 있던 다비드에게 와서 거기에서 다비드에게 기름을 부어 「유다 족속의 왕」으로 삼았다(하 제2장 4절).

이와같이 다비드가 유다 족속의 왕이 된데 대해서 블레셋 사람들과의 사이에 어떠한 양해가 성립되었는지는 성서에 밝혀지지 않았다. 그러나 블레셋 사람으로서는 북부의 이스라엘에 대항하기 위해서 다비드를 통하여 남부의 부족을 이용하려고 하였던 것만은 틀림없다.

그러나 실제에 있어서는 다비드가 왕이 되기에 앞서 블레셋의 세력 범위를 벗어난 헤브론으로 옮긴 것이 블레셋의 지배로부터 독립하는 제일보가 되었던 것이다.

(바) 다비드왕

「사무엘」은 다비드가 헤브론에서 유다 족속 왕으로서 머무른 기간을 7년 6개월이라 하였다(하 제2장 11절).

그동안 북부의 이스라엘과의 전쟁이 계속되어 다비드와 유다 족속은 더욱더 강대해지고 반대로 이스라엘은 점차로 수령들을 잃고 약하게 되었다. 그리하여 이스라엘 단독으로서는 블레셋 사람을 대항하지 못하게 되었다.

이와같은 세력 변화로 말미암아, 이스라엘의 장로들은 드디어 다비드에게 굴복하기에 이르렀다. 그들은 헤브론에 이르러 다비드와 언약을 맺고 그에게 기름을 부어 「이스라엘의 왕」으로 삼았다(하 제5장 3절).

여기에 있어서 다비드는 「유다 족속의 왕」과 「이스라엘의 왕」을 겸하게 되었다. 이것은 진정한 의미에서의 통일국가라고는 말할 수 없다. 오늘날의 말로 한다면 「연방」에 가까운 것일지도 모른다.

그 결합의 꺾쇠는 다비드 그 사람이며 그 점에서 말한다면 다비드

왕국은 「퍼어스널 유니언」(인격에 의한 결합)이었으며, 동일한 왕을 추대하는 연합국가였던 것이다.

(사) 솔로몬의 영광

솔로몬왕은 다비드의 두 번째 아들로 다비드의 명령으로 왕위에 오른다. 다비드의 명령으로 왕위를 이었다는 것은 그만큼 왕위 다툼이 심했다는 뜻이다.

이것은 단순히 다비드의 권위가 강대하였다는 것만이 아니고 궁정 내에 있어서 왕위 계승의 투쟁이 얼마나 격심하였던가를 말해 주는 것이다. 게다가 이러한 궁정 내부의 음모는 반드시 외부의 어떤 부족과의 관련이 있기 마련이었다. 따라서 솔로몬은 즉위 후, 먼저 이들 음모를 제거할 필요가 있었다(열왕기 상 제2장).

그리하여 그는 대외적으로는 애써 평화를 유지하면서 국내의 지배 태세의 강화에 힘쓰지 않으면 안되었다. 이집트 왕녀를 왕비로 맞이한 것 등이 그 일례일 것이다.

솔로몬왕은 이집트 제21왕조 최후 파라오의 왕녀와 결혼하였는데, 그 지참금 대신에 당시 이집트의 영토로 되어 있던 게제르시(市)를 선물받았다.

게제르는 옛날부터 알려진 팔레스티나 최대의 상업 중심지였으나 이것이 이스라엘의 영토로 편입되었다는 것은 의의가 컸다.

솔로몬이 이룩한 대사업은 왕도(王都)의 정비다. 그 첫 사업이 신전의 건조였다. 이 공사에 7년을 요하였다고 한다. 다비드는 「신의 상자」를 황야 유목 시대의 전통을 남겨주는 천막 속에 안치하였다. 그런데 솔로몬은 황금으로 덮은 장대한 신전을 건조하였다.

신전이 완성되자 솔로몬은 「신의 상자」를 여기로 옮기고 여러 부족의 장로들을 모아놓고

『여호와께서 캄캄한데 계시겠다 말씀하셨사오나, 내가 참으로 주(主)를 위하여 계실 전(殿)을 건축하였사오니 주께서 영원히 계실 처소로소이다.』

라는 제문을 읽었다(열왕기 상 제8장 12, 13절).

이리하여 예루살렘 신전은 주 여호와의 일상 주거가 된 것이다. 그리고 신전에는 왕의 관료인 신관들이 임명되었다. 이를 「솔로몬 신전」이라고 부른다.

신전이 완성되자 솔로몬은 다시 13년의 세월을 소비하여 자신이 살 대궁전을 새로 지었다. 여기에는 인접국 페니키아의 부(富)와 기술의 원조가 아무래도 필요하였다. 솔로몬왕과 우호조약을 맺고 있었던 페니키아의 티루스의 히람왕은 목재와 더불어 건축사를 파견하여 주었다.

이 대신전, 이 대궁전에 대한 소문은 각국으로 널리 전파되었다. 「열왕기」는 시바의 여왕의 내방을 기록하였다. 멀리 남아라비아로부터 그를 방문하였다는 전설은 너무나 유명하다. 그녀는 많은 수행원을 이끌고 향료와 다량의 금과 보석을 낙타 등에 싣고 예루살렘으로 왔던 것이다. 이야기는 다르지만 오늘날까지 이디오피아에서는 황제가 솔로몬과 시바의 여왕의 자손이라고 전하여지고 있다고 한다.

솔로몬왕은 새로이 전차대를 만들어 군비를 확장하였는데 그것은 강대한 국력을 과시하기 위한 것이었으며 대외정책의 기본 방침은 평화주의로서 평화를 통하여 무역을 융성케 하자는 데에 있었다.

당시 페니키아의 해상 무역은 전성기였으며 육상에서는 낙타의 사육이 활발하여 사막 지방의 대상(隊商)의 활동도 활발했다.

솔로몬왕은 페니키아 티루스의 히람왕과 우호조약을 맺고 공동으로 상선대를 조직하였다. 항해 경험이 풍부한 페니키아의 선원이 올라탄 상선대가 아카바만 부근의 에지온 게발을 근거지로 하여 활약하였다. 또 같은 히람왕과 공동으로 에지온 게발 부근에서 동광을 채굴하여 그것을 요르단강 계곡에서 정련하였다.

그러나 「솔로몬의 영화」는 내부에 많은 모순을 간직하고 있었다. 첫째는 이스라엘의 부족주의였다. 솔로몬은 이 이스라엘을 지배하기 위해서 영역을 나누어 심복 이를테면 사위를 대관(代官)으로 파견하여 징세와 부역 등의 사무를 관장케 하였다. 이것은 이스라엘의 전통적 부족제도를 해체하여 중앙집권적 관료 조직으로 개편하는 조치였다.

(아) 다비드 왕국의 와해

그런데 이스라엘의 부족주의는 의외로 강고하였고 남부 여러 부족과의 대립의식도 왕성하였다.

게다가 솔로몬 정권이 강행한 방대한 신군비, 즉 다비드 시대의 보병대를 대신하는 전차대와 기병대를 편성, 대토목공사를 위한 다수 노무자의 징발, 점차로 증가하는 궁정이나 지방의 관료에 대한 급여품의 공출 등, 왕실족의 이스라엘측에 대한 의존도가 매우 컸기 때문에 그를 위해서는 재래의 부족 조직을 그대로 이용하는 편이 득책이기도 하였다. 이 모순을 솔로몬 정권은 해결할 수 없었던 것이다.

국내 사정이 이러한 때에 남방의 이집트에서는 제21왕조가 리비아인 용병대의 쿠테타에 의해서 쓰러지고 그 장군 세숑크가 세로이 제22왕조를 일으킨 다음 가나안 지방에 야심을 품기 시작하였다(기원전 10세기 후반).

한편 이스라엘 독립의 주모자 야로베암은 한때 솔로몬 밑에서 강제 노동의 감독을 하고 있었으나, 이윽고 이집트의 세숑크왕에게로 망명하였다. 그리하여 솔로몬왕의 사후, 이스라엘로 되돌아와 독립운동을 지도하여 그것을 이룩하였다. 강성을 자랑하던 다비드 왕국도 여기에서 허무하게 와해되고, 북부의 이스라엘 왕국과 남부의 유다 왕국이 대립하는 시대로 들어가게 된다.

3) 이스라엘의 최후

(가) 유다왕국 탄생

솔로몬왕이 세상을 떠나고 아들 레하베암이 뒤를 이어 왕위에 올랐다(기원 전 930년).

그 무렵 이집트로 망명했던 야로베암도 돌아와 이스라엘 북방 민족의 열렬한 환영을 받았다.

솔로몬이 생존했을 때부터 시달리고 있던 북방 이스라엘 백성들은 레하베암왕에게 세금과 노동의 경감을 탄원했는데 왕은 오만한 태도로 이렇게 대답했다.

『부왕은 너희들의 멍에를 무겁게 하였으나 나는 그 멍에를 더 무겁게 할 것이다. 부왕은 회초리로 너희들을 벌주었으나 나는 이제 전갈로 너희들을 벌줄 것이다.』

이쯤 이르고 보니 북방 이스라엘 백성들의 불만은 폭발하지 않을 수 없었다. 마침내 10개 부족이 반기를 들고 야로베암을 왕으로 세워 이에 대항하였다.

이리하여 다비드, 솔로몬의 2대에 걸쳐 계속된 통일 왕국은 기원 전 925년 경에 마침내 남북으로 분열되었다. 이로부터 북왕국을 이스라엘, 그리고 남왕국을 유다라고 부르게 되었다.

원래 이 남북의 양 지역은 다비드라는 영웅이 묶어서 만든 연합 왕국이었다. 솔로몬의 중앙집권적 반부족주의가 이 묶음을 약화한 것이다.

이스라엘왕 야로베암은 시켐에 도읍을 마련하였으나, 후에 이를 테르사로 옮겼다. 이 북쪽의 이스라엘 왕국은 대외적으로 복잡한 국제 정세와 국내적으로 여러 부족의 전통적인 독립 의식의 영향을 받아 싸움이 끊이지 않고 혁명이 몇 번씩이나 일어나 앗시리아의 사르곤 2세에게 멸망될 때까지 약 2백 년 동안에 아홉 번이나 왕통의 교체가 있었다.

한편 유다 왕국에서는 이와 대조적으로 멸망할 때까지 350년간 여왕 아티리아가 지배한 6년을 제외하고는 다비드의 자손이 일관하여 왕위를 계승하였다. 유다 왕국의 경우, 방비하기에 용이한 지리를 얻고 있었다는 것도 큰 원인의 하나라 하겠다.

이 양국은 상쟁(相爭)을 거듭하고 있었으나 이윽고 동족이 원수로서 싸운다는 것이 무익함을 깨닫고 이스라엘왕 아하브와 유다왕 요샤파테가 동맹을 맺은 것을 계기로 하여 우호관계로 들어갔다.

(나) 이스라엘의 분열

다비드 왕국이 분열된지 약 40년 후인 기원 전 885년, 이스라엘왕 엘라는 음주 중에 무장 시므리에게 암살되었다. 시므리는 왕위에 올랐으나 무장 오므리의 공격을 받아 패색이 뚜렷해지자 궁전에 불을 지르고 자살하였다. 시므리의 왕조는 집권한지 겨우 7일로 궤멸되고 말았다.

한편 또 한 사람의 라이벌을 쓰러뜨린 오므리는 테르사에서 즉위하여 제4왕조를 일으켰다. 그리고 6년이 지난 후에 테르사의 서쪽에 위치한 세멜이라는 사람의 소유인 산을 사서, 그 산 위에 성을 쌓고 도읍을 거기로 옮겨 사마리아라고 명명하였다. 그 이후 이스라엘 왕국은 사마리아 왕국이라고도 부르게 되었다.

오므리왕은 모아브를 침략하여 메샤왕에 대하여 조공(朝貢)의 의무를 강요하기도 하였으나 다마스커스로부터는 심한 압박을 받았었다.

오므리왕은 다마스커스에 대항하기 위한 정책상, 페니키아와의 우호관계를 증진하는 데에 힘을 썼다. 페니키아의 이트바알 1세의 왕녀 이제벨을 아들 아하브의 비로 맞았다. 이제벨은 페니키아의 종교인 바알 숭배를 이스라엘에 도입하였을 뿐 아니라 부호의 사치한 생활과 향락을 상류 계급에 보급시켰다.

오므리왕의 뒤를 이은 아하브왕은 이스라엘의 분열이래 반목을 계속해온 유다 왕국과의 우호를 꾀하여 요샤파테왕과 동맹을 맺었다.

아하브왕은 딸 아타리아를 요샤파테의 아들 요람의 비로 보내어 우호관계를 공고히 하였다.

이러한 동맹을 배경으로 하여 아하브왕은 다마스커스의 하르 하다트 2세를 토벌하여 선왕 때에 체결한 다마스커스와의 불리한 조약을 개정하였다. 당시 아하브왕의 활약상에 대해서는 앗시리아의 샬마네세르 3세가 시리아를 공략하였을 때의 앗시리아측의 기록 속에 남아 있다.

그것에 의하면 이스라엘을 포함한 연합군이 시리아 공략을 저지하려고 궐기하였으나 그 일원으로서 아하브왕은 전차 2천과 보병 1만을 이끌고 카르카르의 싸움(기원 전 853년)에 참가하였다. 아하브왕은 그 후 다마스커스와의 싸움에서 전사하였다.

한편 유다의 요샤파테왕은 군비를 강화하여 블레셋, 에돔 및 일부의 아라비아 부족에 대해서 지배적인 위치에 있었다. 그는 종교 교육에 열심하여 유다의 각 도시에 교사를 파견, 민중에게 율법을 가르치게 하였다.

아하브왕의 사후 모아부의 왕 메샤는 이스라엘을 이반하였다. 메샤왕 비석에 기록된 것을 요약하면 다음과 같다.

『이스라엘왕 오므리와 그 아들은 장기간 모아브를 압박하였으나, 나는 케모시신의 도움을 받고 반격하여 실지를 회복하고, 또 이스라엘의 각 도시를 공략하였다. 케모시의 명령에 따라 네보의 도시를 야습하여 여자를 포함한 주민 7천 명을 죽였다. 나는 성벽을 쌓고 궁전을 세우고 저수지를 팠다. 그밖에 토목공사를 일으켜 이스라엘의 포로들을 사역하였다.』

이 비석은 모아브어로 기록된 유일한 자료이다. 모아브어는 헤브루어에 가까우며 넓은 의미에서 헤브루어의 한 방언이다.

(다) 유다왕국의 멸망

양대국으로부터 간섭과 침략을 받게 된 유다 왕국은 또 내부에서 왕위계승을 에워싸고 분규를 거듭하여 위정자도 민중도 어찌할 바를 모르는 상태가 계속되었다. 이리하여 국력은 혼란 속에서 급격히 쇠약해졌다. 그 사이에 있어서는 카르케미시의 회전(會戰)(기원 전 605년)에서 이집트가 패퇴하는 그러한 일막도 있었다.

요시야의 뒤를 이은 에호아하즈왕은 이집트군의 포로가 되었다. 이러한 정세하에서 다음 왕 여호야김(요시야의 아들)은 이집트의 괴뢰로서 유다왕위에 올랐으나 신바빌로니아왕 네부카드넷자르가 이집트군을 격파하자 이번에는 신바빌로니아에 조공하였다.

그러나 확고한 신념이 없이 동요를 일삼는 여호야김의 태도에 예언자 예레미야는 신랄한 비난을 하였다(예레미아 제22장 18절). 그런데 또 여호야김은 최후에 바빌로니아를 배반하였다. 그리하여 예루살렘은 바빌로니아군에게 포위되고, 기원 전 589년, 적군의 포위 속에서 왕은 죽었다.

그 뒤를 이은 것이 여호야긴이었으나, 즉위 후 3개월에 예루살렘은 함락되었다. 그리하여 여호야긴은 왕모, 왕비 등과 더불어 바빌로니아에 사로잡히는 몸이 되었다. 수천의 유다 사람들도 왕과 행동을 같이 하였다. 이것을 제1회 바빌로니아 포로라고 한다(열왕기 하 제24장 8절 이하).

바빌론의 유적 이슈타르 문에 가까운 건물의 폐허에서 약 3백의 설형문자 점토판이 발견되었다. 그것은 기원 전 595~570년의 것으로서 그 가운데에는 당시 바빌론이 거주한 직인(職人)과 포로들의 식량 배급량을 기록한 것이 있다. 그것에 의하면 배급을 받은 사람들 중에는 유다 사람을 비롯하여 블레셋, 페니키아, 아나톨리아, 이집트, 엘람, 메디아, 페르시아의 각지에서 온 사람들이 있었다.

이들의 이름과 함께 포로의 몸이 된 여호야김과 5명의 왕족의 이름이 발견된 것은 흥미있는 일이다. 「유다국의 왕」이라고 기록된 것으로 보아, 왕으로서 소중한 취급을 받았음을 짐작할 수 있으며 시내의 산보도 자유로 할 수 있었던 것으로 믿어진다. 제1회 포로들이 관대한 취급을 받았다는 증명이 될 것이다.

제1회 포로가 있은 뒤, 유다 왕국 최후의 왕 시드기야(재위 기원 전 597~586년)는 바빌로니아의 괴뢰 정권으로서 즉위하였으나, 그 후 친이집트파의 사주를 받아 바빌로니아를 배반하였다. 반역은 멸망의 길이라고 주장하는 예레미야 일파의 반대도 소용이 없었다.

이리하여 바빌로니아는 징벌군을 유다 왕국으로 파견하였다. 네부카드넷자르의 군세(軍勢)는 유다의 모든 도시를 공략하고, 최후에 남은 요새 견고한 아세카와 라키시도 함락되었다.

마침내 수도 예루살렘이 포위되고, 그로부터 1년 반 동안을 견디었으나, 드디어 함락되었다. 궁전도 신전도 모조리 잿더미로 화해 버렸으며 성벽은 철저하게 파괴되었다. 시드기야왕은 탈출에 실패하여 사로잡혔다.

이번에는 전번의 여호야김의 경우와는 다르다. 시드기야의 죄는 중하였으니, 「열왕기」에 의하면 네부카드넷자르는 시드기야의 아들들을 그의 목전에서 죽이고 시드기야의 두 눈을 빼고 사슬로 결박하여 바빌론으로 끌어갔다고 기록되어 있다(하 제25장 7절). 이것이 제2회 포로이다.

사울왕에서 시작된 이스라엘 민족 왕국의 역사는 여기에서 종말을 고하게 된 것이다. 기원 전 586년의 일이었다.

(라) 유랑하는 민족

네부카드넷자르왕은 예루살렘의 주민 대부분을 바빌로니아로 연행하였다. 그보다 앞서 강제로 이주되었던 유다의 사람들과 구이스라엘 왕국의 사람들을 포함하여 그들은 바빌로니아에서는 상당한 자유와 자치가 허용되어 각자의 직업에 종사하며 생계를 세우고 있었다.

그러나 그들의 망향의 상념은 강하여 오직 귀향할 그날만을 대망하여 여호와의 신앙에 위안을 구하고, 혹은 그 심정을 시가(詩歌)로 달래었다.

「시편」(詩篇) 제137편은 포로 생활의 비애를 읊은 대표적인 작품이다.

바빌론의 여러 강변 거기 앉아서 시온을 기억하며 우리는 울었도다.
그 중의 버드나무에 우리가 우리의 수금(竪琴)을 걸었나니
이는 우리를 사로잡은 자가 거기에서 우리에게 노래를 청하며, 우리를 황폐케 한 자가 기쁨을 청하고, 자기들을 위하여 시온 노래 중 하나를 노래하라 하기 때문이로다.
우리가 이방(異邦)에 있으면서 어찌 여호와의 노래를 부를꼬.
예루살렘아 네가 너를 잊을진대, 내 오른손이 그 재조를 잊을지로다.
내가 예루살렘을 기억지 아니하거나, 내가 너를 나의 제일 즐거워하는 것보다 지나치게 아니할진대, 내 혀가 내 입천장에 붙을지로다……

바빌로니아에서 포로생활을 보낸 이스라엘 민족은 점차로 각자의 출신 부족에 구애되는 감정을 버리고, 그 대표적인 부족인 유다족을

중심으로 단결하였다. 이 무렵부터 그들은 유다의 사람, 즉 유다인으로 불리게 되었다.
 이들 바빌로니아의 포로가, 해방되어 희망자에게 귀국이 허용된 것은 신바빌로니아가 페르시아 제국의 키루스 2세에게 멸망된 기원 전 539년의 일이다.
 포로인 유다인에게 숙원이었던 신전의 재건도 허용되었다. 그러나 여기에도 여러가지로 방해가 있었으며 또 그들의 좋은 이해자였던 키루스 2세가 전사하자, 신전 공사는 난관에 **부딪혔다**. 그렇지만 예언자의 격려와 그들 자신의 불굴의 정신에 의해서 정초(定礎)한지 20년이 지난 다리우스 1세의 치세인 기원 전 515년에 신전은 간신히 낙성하였다. 이것을 제2신전이라고 한다.
 한편 이스라엘의 성벽은 신전이 낙성된 후에도 파괴된 그대로의 모습으로 비바람에 씻기고 있었다. 알타크세륵세스 1세에게 중용된 유다인 느헤미야는 총독의 자격으로 예루살렘에 부임하여 사마리아인을 비롯한 여러 반대자의 방해를 제거하면서, 50일의 단기간에 복구 공사를 완성케 하였다.

(4) 제국(帝國)시대의 개막

1) 오리엔트 중심지역

 고대 오리엔트 중심 지역의 하나인 메소포타미아에서는 기원 전 3천 년대에 수메르인과 셈어족인 악카드인이, 그리고 2천년 대에는 후르리인, 셈어족인, 아무르인 및 인도 유럽어족의 캇사이트인 등이 활약하였다. 그러면 기원 전 1천 년대 들어와서 어떤 민족들이 활약했는지 알아본다.

 (가) 앗시리아의 등장
 고대 오리엔트 지방에서 여러 나라가 흥망을 거듭하고 있는 동안에 메소포타미아의 북부 티그리스강의 상류지방에서 세력을 굳히기 시작한 것이 셈어족인 앗시리아인이었다.

앗시리아라는 명칭은 원래 앗슈르(Assur)신의 이름에서 유래한다. 그것이 도시의 이름이 되고 마침내 나라의 이름이 되었다. 앗슈르시의 유적은 20세기의 초기 독일의 조사단에 의해 발굴되었다.

도시국가로서의 생활을 시작한 앗슈르는 오랜 동안 메소포타미아 남부의 정치적, 문화적 지배하에 있었으나 우르 제3왕조가 붕괴된 후 기원 전 20세기에 독립하여 앗시리아 왕국을 세웠다.

앗시리아의 상인이 아나톨리아 방면과 처음으로 통상을 한 것도 이때의 일이며 바빌로니아의 함무라비왕 시대에는 독립왕국으로서 상당한 세력을 자랑하였던 것으로 짐작된다. 함무라비가 앗시리아왕에게 보낸 서한이「마리 문서」속에서 발견되었다.

그러나 앗시리아가 강국으로서 서아시아 역사의 무대에서 활약하게 된 것은 중왕국(기원 전 1390~1080년) 시대이다. 미탄니 왕국의 속국의 지위에서 벗어나 독립한 앗슈르 우바리트 1세는 소규모이나마 국가적 통일을 달성하였다. 왕은「왕의 무장 근무」라는 명칭 아래, 자유 농민을 중심으로 군대를 조직하여 실전과 정기적인 군사 훈련에 의해서 그 강화를 도모하였다.

앗슈르 우바리트 1세는 이집트의 이크나톤왕과 대등한 입장에서 우호관계를 맺고 있었다.

(나) 앗시리아의 지중해 진출

기원 전 14세기에는 남서아시아의 여러 나라에도 많은 흥망이 있었다. 미탄니 왕국에는 내분이 일어나 왕은 피살되고 미탄니와 후르리의 양국으로 분열되었다. 이 동요를 틈타 힛타이트의 슛필룰리우마시가 시리아를 점령하고 미탄니에는 친힛타이트 정권을 세웠다.

앗시리아도 후르리왕과 우호관계를 맺고 이전에 미탄니에게 빼앗겼던 니네베를 탈환하였다. 이 니네베는 후에 앗시리아의 수도가 된 유명한 도시이다.

앗슈르 우바리트 1세에서 약 90년이 지나서 왕위에 오른 투쿨티 니느르타 1세는 전자에 의해서 시작된 부국강병책을 더욱 전진시켜 바빌론을 공략하고 처음으로 캇사이트 왕조 치하의 바빌로니아를 정복하여 앗시리아의 지배하에 두었다.

이 원정은 바빌론을 중심으로 하는 선진 지역의 부(富)를 지배하고, 아울러 동방 및 남동방의 통상로를 확보하여 서서히 연장되고 있던 북방의 길과 결합케 하자는 의도를 가지고 있었다.

왕은 이 원정 때에 바빌론의 수호신 마르두크의 신앙을 앗슈르로 가져왔다.

이 원정과 바빌로니아 지배는 앗시리아에 부강을 초래하였을 뿐만 아니고 마르두크신의 신앙, 기타 각종의 바빌로니아 문화를 앗시리아인에게 가져다 주었으며 앗시리아의 상, 중류 계급 속에 앗시리아의 토착문화와의 새로운 긴장을 내포하는 복합화(復合化)를 가져다 주었다.

투쿨티 니느르타 1세의 사후, 내분이 끊이지 않아 국력은 몹시 쇠약하니 앗시리아는 다시 바빌로니아의 속령으로 전락하였으며 주변의 통상로는 서방에서는 아람인에게, 동방의 산악 지대에서는 루르인 등에게 빼앗기고 말았다. 그러나 앗시리아 사회는 여전히 넘쳐 흐르는 잠재적 에네르기를 축적하고 있었다.

이때 소아시아의 힛타이트도 본거지를 빼앗기고 그 잔존 세력은 시리아로 도망하였다.

그러나 앗시리아는 티글라트 필레세르 1세의 시대(기원 전 1100년경)부터 다시 융성(隆盛)으로 향하였다. 왕은 바빌로니아로부터 독립한 그의 부왕(父王)의 유업(遺業) 위에 서서 서방으로 향하여 크게 영토를 확장하였다.

그는 먼저 앗시리아 본토의 서방에 침입한 유목민을 무찌르고, 이어서 소아시아 동부의 흑해 연안에까지 진군하여 철의 주산지를 그 손에 넣었다.

왕이 유프라테스강의 중·상류에서 소아시아에 이르는 지역의 원정에 성공하자, 곧 아르와드, 비블로스, 시돈 등 동지중해 연안의 많은 도시가 조공(朝貢)하였다.

이리하여 왕은 시리아, 페니키아의 연안 여러 항시(港市)와, 흑해 연안에서 바빌로니아에 이르는 동서의 대통상로 남·북 두 길을 다 함께 제압한다는 역대 왕의 염원을 이룩하여 앗시리아에는 막대한 부가 흘러들어와서 번영을 누리게 되었다.

(다) 앗슈르나시르팔

기원 전 9세기에 앗슈르나시르팔 2세(재위 기원 전 883~859년)라는 왕이 나타나 잔혹한 정복 정책을 감행하였는데, 그야말로 새로운 앗시리아가 제국 시대를 향하여 다시 한 걸음을 내디딘 전제 군주였다.

님루드에서 발견되어, 현재는 대영박물관에 소장되어 있는 왕의 입상(立像)에는 미소의 그림자도 없으며 거기에는 추호도 연민의 정이나 인정미를 느낄 수 없다. 신과 같은 전능(全能)이 허용된 전제군주의 위엄과 힘과 존대함이 있을 뿐 매부리코와 날카로운 눈은 새를 노리는 맹금(猛禽)을 연상케 한다.

이 앗슈르나시르팔왕은 앗시리아 본토의 북서, 카시아리 산맥의 산악 민족을 토벌하고 타우루스 산록으로 계속되는 북방 통상로를 확보하였다. 또 앗시리아인을 티그리스강 상류에 식민케 하여 영토와 농경지를 확장하였다.

왕은 또 카르케미시 남방 아람인의 나라 비트 아디니를 치고, 다시 오론테스강을 건너 직접 시리아, 페니키아의 여러 도시를 정복하여 다수의 조공국(朝貢國)을 만들었다.

왕은 카루후(현재의 님루드)에 새로운 수도를 마련하여 거기에 포로를 강제 이주케 하였다. 신도에는 자브강으로부터 운하를 끌어, 주변의 농경지에 관개수를 공급하였다.

이리하여 왕은 앗시리아의 직할 영토를 견고히 하고, 확장하고, 그리고 주변의 통상로를 확보함으로써 세계 최초의 제국의 기초를 마련하였던 것이다.

그러나 이 유능한 왕도 남방 바빌로니아에 대해서는 압력을 가할 수는 있었을지언정, 전체를 정복한다는 것은 아직 불가능한 일이었다.

고대의 제국 건설자들의 대부분은 판도를 확대하고, 반란을 진압함에 있어서 피정복자에게 공포심을 부식하는 정책을 취하였다. 앗시리아의 여러 왕은, 특히 그 잔학성으로 알려져 있는데 그 중에서도 앗슈르나시르팔 2세는 유명하다.

(라) 제국의 흥성

앗슈르나시르팔 2세의 아들 샤마네세르 3세는 35년에 걸쳐 통치하였다. 그는 통치 첫 해에「홍수의 유프라테스강을 건너 낙일(落日)의 바다를 향해 전진하여 무기를 바다에 씻었다」고 기록하고 있다.

왕은 자기의 치세 기간에 서방에서는 시리아 전역과 팔레스티나, 남동방에서는 바빌로니아 북부에 앗시리아의 패권을 확립하였다.

그리고 유프라테스강의 중·상류 유역의 카르케미시 등의 신종국(臣從國)을 차례로 제압, 직접 지배지역을 넓혔다.

여기에서 앗시리아의 통치조직에 관하여 설명할 필요를 느낀다. 앗시리아왕은 그 광대한 영역을 속주제(屬州制)와 신종왕제(臣從王制)의 이원적인 조직에 의해서 지배하였다.

앗시리아 본토는 왕의 직할지로 하였다. 수도의 궁정에는 전제 군주를 중심으로 하여 최고 군사령관인 탈타느와,「궁정의 얼굴」,「대주배관(大酒盃官)」등의 고관을 비롯하여 수많은 관료가 왕의 수족으로 일하였다. 속주(파카투)의 장관은 왕의 대관(代官) 또는 주태수(州太守)로서, 군정(軍政) 양권을 장악하였다.

(마) 앗시리아의 멸망

용장 앗슈르나시르팔 치세의 말년에 제국내의 광범한 지역에 대한 스키타이인의 침공 약탈로 앗시리아 제국의 군사 행정기구는 본래의 기능을 상실해가고, 그의 사후 왕위계승으로 말미암은 내분이 계속되어 제국의 기능이 마비된다.

그때 제국내 선진지인 바빌론에서 총독이 반란을 일으켰고 이어서 왕이 죽은 직후에 바빌로니아 최남부의「바다의 나라」의 총독인 나보폴랏사르가 반란을 일으켜 기원 전 626년 바빌론에 입성하고 새 왕조를 창건한다.

이것이 신바빌로니아 왕조이며 칼데아 왕국이라고도 부른다. 이후 연합군을 만들어 몇 세기에 걸쳐 고대 오리엔트 전 지역을 압도해 오던 대제국 앗시리아를 아주 멸망시켜 버렸다.

그리하여 앗시리아에 눌려지내던 여러 나라는 해방되고 신바빌로니아(또는 칼데아), 메디아, 리디아, 이집트의 4강국 분립의 한 시기가 열린다.

2) 왕국 경쟁시대

(가) 신바빌로니아 왕국

나보폴랏사르는 매년 전쟁을 거듭하여 영토를 확장하면서 앗시리아 잔존세력을 모두 섬멸해버린다. 그 과정에서 동방의 산지에 웅거한 메디아왕 캬사레스와 동맹이 성립되고 시리아의 권익을 수중에 넣으려 하였다.

시리아의 권익을 에워싼 강적은 이집트였다. 제26왕조의 네코왕이 인솔하는 이집트군은 앗시리아의 패잔군을 이끌고 유프라테스 상류 지방의 도시 하란에 자립잡은 앗시리아 최후의 왕 앗슈르 우바리트 2세를 지원하기 위해 출정했지만 신바빌로니아에 의해 결국 격퇴당하고 만다.

나보폴랏사르의 뒤를 이은 네부카드넷자르시대는 비록 1세기를 채우지 못한 신바빌로니아 시대의 황금기라 할만큼 세력이 안정되고 오리엔트 상업의 이권을 장악하였다.

(나) 마지막 이집트

이집트가 앗시리아의 속박에서 벗어나 독립을 회복한 것은 기원 전 650년의 일이다. 그리이스인 용병의 원조를 받고 델터에 주둔하고 있던 앗시리아인 수비대를 축출하여 이집트 제26왕조를 창건한다. 나일강 강구에 가까운 사이스에 도읍을 정하여 사이스왕이라고 불리는 그가 나일의 계곡과 상류를 향해 진격하고 상·하 이집트의 통일을 실현했던 것이다.

(다) 리디아

리디아는 힛타이트 왕국이 멸망된 후 소아시아 서부 연해지방에 잔존해 있던 힛타이트계의 한 민족으로 밝혀지고 있는데 그들은 헤르모스강 유역의 기름진 땅에 정착하고 기원 전 8세기 경부터 헤라클레스왕조와 기게스(Gyges)를 시조로 하는 메룸나데스왕조의 통치하에서 점차로 번영하였다.

물산으로는 사금 외에 이렇다 할 것이 없었으나 동방과 에게해를 연결하는 통상로의 요점을 차지하였다는 지리(地利)에 의해서 부강한 나라가 된 것이다.

(라) 메디아 왕국

메디아 왕국을 건설한 메디아인과 고대 오리엔트의 주역인 페르시아인을 포함하여 이란민족이라고 한다.

이란민족은 인도 북서의 산협으로 갠지스강과 인더스강의 기름진 땅에 들어가 베다문화를 창조한 인도의 아리아민족과 더불어 아주 오랜 시대, 기원 전 3천 년대에 북방의 남러시아의 스텝에서 반농(半農) 반목(半牧)의 공동생활을 영위하고 있었다.

이땅은 이란계의 메디아인, 페르시아인, 스키타이인의 활동무대로 기마술이 뛰어났으며 기병전술도 능했다. 이들 가운데 먼저 오리엔트의 기병술을 익힌 메디아인이 왕국을 수립한 것이다.

(5) 오리엔트 후기

1) 페르시아 제국

메디아인과 같은 시기에 이란 고원으로 침입하여 정주한 페르시아인은 메디아인과 마찬가지로 10여 부족으로 나누어져 있었으며 아케메네스 가문 출신을 왕으로 추대하고 있었다.

기원 전 531년 키루스 2세가 나타나 메디아를 거꾸러뜨리고 페르시아인의 자유와 독립을 회복했을 뿐만 아니라 이집트를 제외한 오리엔트 세계를 순식간에 **정복해버림으로써** 고대사의 최후이며 최대 제국의 기초를 마련했다.

그는 오리엔트 4강국 중 3왕국을 멸망시켜 페르시아 대제국을 탄생시킨 것이다.

(가) 키루스왕의 업적

리디아 왕국을 점령한 키루스왕은 소아시아 에게해안과 흑해안의 그리이스 식민지를 정복하여 이 방면에 두 개의 주를 설치한 다음 말을 돌려 동방에 있는 이란고원 정복의 길에 오른다.

그리하여 기원 전 545년에서 539년에 이르는 7년 동안에 카스피해 남동의 히르카니아, 파르티아, 그 남동으로 연속되는 드랑기아나, 아라코시아, 지금의 메르브를 중심으로 하는 마르기아나, 지금의 발크를 중심으로 하는 박트리아의 여러 지방을 정복하여 페르시아 영토에 편입하고 주를 두었다.

왕은 다시 중앙 아시아로 진출하여 옥소스강(암 다리아강)을 건너 약사르네스강(시르 다리아강)까지 진격, 이 강의 선을 따라서 요새를 마련하고 수비대를 배치하였다.

키루스왕의 최후의 과업은 비옥한 초승달지대를 점거한 바빌로니아 왕국의 정복, 혹은 해방이었다. 왜냐하면 바빌로니아 국민의 광범한 층이 왕국의 현실과 유리된 존재인 나보니두스왕에 대해서 실망하고 있었기 때문이다.

바빌론은 싸워보지도 못하고 키루스에 항복하고 말았다. 마침내 키루스왕은 세계의 수도 바빌론을 정복하고 세계의 왕, 위대한 왕의 칭호를 듣게 된 것이다.

(나) 이집트 침공과 왕제의 반란

키루스왕이 마지막 이집트 정복을 이루지 못한 채 죽자 그 아들 캄비세스 2세가 부왕이 훈련한 군대를 이끌고 이집트 원정의 길에 올랐다.

가나안 지방을 종단하여 나일강의 델타지대에 침입한 페르시아군은 이집트왕 아흐메스가 인솔한 이집트군을 무찌르고 델타의 정점에 위치하는 수도 멤피스를 **함락함으로써** 오리엔트세계 통일의 과업을 대체로 달성된 셈이었다.

그러나 서쪽으로 더욱 영역을 넓히고자 리비아사막으로 진출시킨 5만 명의 부대가 **모랫바람으로** 전멸당했고 왕 자신이 진두에 서서 이디오피아를 원정했으나 병참선이 지나치게 긴 탓으로 무참히 실패로 돌아갔다.

이때 본국으로부터 왕제 바르디아가 난을 일으키고 왕위를 **빼앗았**다. 캄비세스는 귀국길에 오르다가 죽은 것으로 전해진다.

기록에 의하면 캄비세스에 불만을 품은 본국의 사람들이 반란에 가담하여 캄비세스를 몰아낸 것으로 되어 있다. 그러나 바르디아도 또 다른 반란에 의해 죽고 캄비세스의 다른 동생 다리우스가 왕위를 계승한다.

2) 다리우스왕

(가) 대제국 건설

키루스왕의 웅지를 이어받은 다리우스도 영토확장의 꿈을 실현해 나간다.

그의 최초의 원정은 아라코시의 반란을 진압하기 위한 동정(東征)이었다. 이때 왕은 인더스강 지류인 카불강의 유역(지금의 아프카니스탄 동부)에 이르고 다시 카불강을 내려와 서인도에 침입, 간다라지방과 인더스강 계곡 판잡지방을 제국의 영토로 편입한다.

이어서 홍해를 북상하여 이집트에 도달하는데 성공한다. 그리고 이집트의 네코왕이 만든 나일강과 홍해바다를 연결하는 운하를 재개

할 것을 명령한다.

　기원 전 514년 경에는 서방으로 친정하여 보스포러스 해협을 건너 트라키아(발칸반도 동남부)를 우회하여 남러시아의 스키타이인을 치려 하였다.

　곧 도나우강에 다리를 놓게하여 스키타이인을 깊이 추격하였으나 스키타이인의 초토전술에 의한 후퇴작전 앞에 병참선의 계속 진격이 불가능하여 결국 철수하고 만다. 그러나 유럽의 일각 트라키아를 제국 영토로 병합하고 또 마케도니아로 하여금 페르시아의 종주권을 인정케 했는데 이는 그리이스와의 전쟁을 위한 것이라 믿어진다.

　어쨌든 이로인해 페르시아제국 영토는 북으로 아랄해, 카스피아해, 카프카스산맥을 거쳐 흑해에 이르는 선, 북서는 발칸반도의 동남부, 남서는 이집트의 남부 유비아까지, 남은 페르시아만에서 시리아사막의 북변을 거쳐 홍해까지, 동은 인더스강에서 박트리아를 거쳐 약사르데스강을 연결하는 선까지 광대한 영역을 지배하게 된다.

　아시아, 아프리카, 유럽에 걸친 웅대한 제국을 건설한 것이다.

(나) 유다교단 성립

　키루스대왕의 사업을 계승하여 그것을 완성시킨 다리우스는 백성의 구원을 받을 수 있는 신전 건립에 뜻을 두고 거대한 사업을 시작한다.

　마침내 다리우스 통치 제6년 봄에(기원 전 515년) 제2의 신전이라 불리는 신전이 건립된다.

　그러나 예루살렘의 성벽공사는 집요한 방해를 받아서, 좀처럼 완성단계에 이르지 못했다. 구약성서에 의하면 페르시아왕 아르타크세루스의 시대에 이르러 동왕을 섬기고 있던 느헤미야가 유다의 총독으로 임명되어 예루살렘으로 부임하고 진두지휘하여 성벽공사를 완성했다 한다(느헤미야 제2장).

　이때부터 유다교가 성립된 것으로 본다. 그 이후 모세의 율법이 제2신전에 있어서의 제의(祭儀)의 중심이 되었다.

　동시에 신전에서 제의를 진행하는 것은 제사(祭司)이므로 여기에 새로운 제사 조직이 마련되었다. 그전엔 유다국왕이 존재했으나 이번에는 페르시아제왕이 지배했으므로 정치적 권력은 페르시아 국왕이 소유하고 있지만 단지 유다인은 종교적 자유만 갖게 된 셈이다. 다시 말해 종교적으로만 신전 공동체로서 생존이 허용된 것이다.

(다) 페르시아 종합문화

여러 나라를 통합하게 된 페르시아는 그 문화도 혼합되어 새로운 문화를 창출해낼 수 있는 여건이 마련된 것이다. 결국 사방 문화를 끌어모아 종합문화가 이루어진 셈이다.

바빌로니아, 시리아, 이집트 등 이란 고원 일각, 기마민족의 나라보다 훨씬 역사도 오래이고, 문화수준이 높은 나라를 정복하여 웅대한 페르시아 문화를 성립해낼 수 있었다고 볼 수 있다.

그것은 종교, 언어, 미술 등 대제국으로서의 풍모를 자랑할 수 있는 문화가 수립되어 있었다는 사실이 각종 발굴사례에서 나타나고 있다.

3) 알렉산더 대왕의 승전

(가) 마케도니아 왕국 발흥

다리우스왕 이후 페르시아 내부가 반란의 빈발 등으로 소란하고 그리이스의 폴리스도 전쟁에 몰두하고 있을 동안에 그리이스 북부에서 세력을 확대하고 있던 마케도니아는 그 틈을 교묘히 이용하고 있었다.

기원 전 359년 마침 페르시아에서는 아르타크세륵제스 2세가 사망할 무렵이었는데 마케도니아에서는 필립 2세가 군대의 추대로 왕위에 올랐다.

그는 마케도니아뿐만 아니라 그리이스인이나 페르시아인일지라도 전쟁을 좋아하는 사람들은 모으고 있었다 한다.

마케도니아 군대는 귀족으로 편성되는 기병대와 민중으로 이루어지는 보병대가 있었는데 필립왕은 이들의 용감한 연합부대를 이끌고 동으로 남으로 크게 영토를 확장해 나갔다.
 마케도니아군은 다시 남하하여 테베군과 아테네군을 주체로 하는 그리이스군을 격파하였다. 이후에도 그리이스의 통일을 촉진하기 위한 아시아 원정이 계속되었다.
 보통 우리는 그리이스라고 하지만 이것은 이탈리아인이 부른 명칭으로서 그리이스인 자신은 자기들을 헬레네스, 그리이스 본토를 헬라스라고 칭했다. 이 헬라스의 총회가 때마침 코린트에서 개최되었다(기원 전 337년).
 이 석상에서 마케도니아왕 필립 2세는 페르시아의 지배하에 있는 아나톨리아의 그리이스인의 해방과 민주 정체의 수립을 목적으로 하는 전 헬라스의 전쟁의 절대 주권을 가지는 총수로 선출되었다.
 그런데 헬레네스 중에는 마케도니아왕의 지휘하에 들어가는 것을 달갑지 않게 생각하는 이가 있어 왕은 왕녀의 결혼식 연회장에서 암살되고 말았다(기원 전 336년).

 (나) 페르시아의 최후
 필립 2세의 왕위는 왕자 알렉산더(알렉산드로스 3세)가 이어받았다.
 그는 16세 때에 내란을 진압하여 최초의 무공을 세웠다고 한다. 그 후 사절로서 아테네로 가, 그리이스 문화를 직접 목격하고 크게 느끼는 바가 있었다고 한다.
 부왕의 사후, 마케도니아군의 추대를 받아 왕위에 올랐다. 그리하여 헬라스 총회를 초청하였던 바 스파르타를 제외한 전 헬라스의 폴리스 대표가 집합하여, 부왕 필립 2세에게 부여하였던 지위를 마케도니아의 신왕 알렉산드로스 3세에게 부여할 것을 결의하였다.
 알렉산드로스 3세는 기원 전 334년 봄, 마침내 헬라스 연맹군의 총수로서 보병 3만, 기병 5천의 대군을 이끌고 헬레스폰토스를 건너 아시아 대륙에 상륙하였다. 그리하여 페르시아군을 무찌르고 그리이스인의 폴리스(식민지)를 방해하였다.
 그가 최초로 아테네의 아테나여신에게 바친 전리품에는 알렉산드로스와 스파르타를 제외한 헬라스인이 이를 봉헌(奉獻)하노라는 첨서(添書)가 붙어 있었다.

그후부터는 오직 싸움의 연속이었다. 헬라스군 진격의 경로는 사르데스, 밀레투스, 할리카르낫소스와 이오니아의 여러 도시를 거쳐, 아나톨리아의 중부에서 겨울을 넘겼다.

다음해 11월, 킬리키아 동단의 잇소스의 싸움에서는 페르시아왕 다리우스 3세의 군을 거의 전멸시켰다. 다리우스왕 자신은 간신히 목숨만을 건져 도망하였으나 왕모, 왕비와 왕녀는 사로잡히는 바가 되었다.

그 다음해 즉, 기원 전 331년은 마침내 세계의 수도 바빌론에 입성한 해였다. 그의 득의양양한 모습은 상상하고도 남음이 있다.

이집트를 출발한 헬라스군은 북상하여 시리아를 거쳐, 유프라테스강을 건너고, 티그리스강을 넘어, 10월 1일에는 모술에 가까운 가우가멜라에서 페르시아군과 접전, 다음날 아침 아르벨라의 점령으로 끝난, 아르벨라의 결전에서 페르시아군에게 궤멸적인 타격을 주었다.

다리우스 3세는 산중으로 도망하였으나 부하인 박트리아 총독에게 살해되었다.

바빌론에 입성한 뒤에는 수사, 페르세폴리스를 차례로 공략하였다. 그리하여 왕년에 페르시아왕이 아테네에 방화한 복수로서 아테네의 미기(美妓) 타이스의 손으로 왕궁에 불을 놓게 했다. 이에 페르시아 제국은 황제를 잃고 수도가 불타니, 제국 2백년의 역사는 종지부를 찍게 되었다.

4) 헬레니즘 왕조의 흥망

마케도니아 왕위에 올라 세계사에 일대 변혁을 일으킨 알렉산더가 활약한 시기는 불과 12년 간이었다. 그는 33세의 나이로 생애를 마친 것이지만 동방 제패를 이룩하고 찬란한 시대를 역사에 남긴 인물이다. 특히 대철학자 아리스토텔레스를 스승으로 모시고 지혜와 사상,

그리고 근본을 배운 사실도 그를 대영웅으로 만든 바탕이 되었을 것이다.
　어쨌든 그의 대사업에 의해서 동서의 교통은 물론, 문화교류에 큰 공을 남겼고 인간 존중의 사상도 크게 떨치게 되었다.

(가) 대제국의 분열

　대영웅이었던 알렉산더가 기원 전 323년 갑자기 죽자 제국은 분열의 조짐이 보이기 시작한다. 3개 대륙에 뻗친 대제국의 지배자가 유언 한 마디 없이 죽었다는 것이 그 원인이었다.
　제국내의 각처에 근거를 가진 야심만만한 무장들, 다시 말해 후계자를 노리는 자들의 세력다툼이 시작돼서 이후 40년 간은 이른바 후계자 전쟁이라는 비극적 역사가 전개된다.
　알렉산더가 마케도니아인 및 그리이스인, 그리고 페르시아인이 서로 일치단결해서 대제국의 실현을 이루어야 한다는 이상을 가지고 있었지만 각처의 무장들에게는 그런 사상이 계승되지 못했던 것이다.
　결국 무장들은 서로 피비린내 나는 대립, 전쟁을 계속하여 자기 세력 확장에만 혈안이 되었다. 이 가운데 대왕의 혈통을 이어받은 가족은 모두 제거되는 수난을 당한다.
　이런 과정을 겪으면서 제국은 3개의 왕국으로 분열된다. 그 하나가 이집트와 남시리아를 차지한 프톨레마이오스, 그리고 아시아 지역을 차지한 셀레우코스, 또 하나는 마케도니아와 그리이스의 일부를 차지한 안티고노스 왕조가 그것이다.
　이 국가들은 한결같이 전제 군주국이었지만 그 지배권의 민족구성, 지리적 환경, 관습같은 것이 각각 달랐으며 뒤에 로마한테 멸망되기까지 헬레니즘 국가시대로 존속한다.

(나) 셀레우코스 왕조

　3개의 헬레니즘 왕조 가운데서 가장 광대한 아시아 지역을 차지한 것은 셀레우코스 왕조였다.

이 왕국은 소아시아 연안에서부터 흑해에 걸쳐 그리이스인 도시들이 많았고 아시아인 도시들도 많았으며 알렉산더가 새로 건립한 도시도 있었다.

민족은 그리이스인을 비롯해 셈인, 이란인 등 언어, 생활양식, 일상의 관습이 각기 다른 여러 종족이 포함되어 있었다.

거기에다 서아시아, 소아시아에는 기원이 오랜 신전령(神殿領)이 많았다.

이곳에는 중심부의 마을에 신전이 있고 신관(神官)이나 신에게 딸린 여자 노예들이 신전 일대에서 살았으며 농노들은 그 주변의 토지를 경작하고 있었다.

이밖에 성채로 에워싼 큰 저택에 살며 광대한 토지를 소유하고 있는 호족(豪族)들이 독립의식을 가지고 할거하고 있었다.

한편에서는 아르케니아, 프리기아, 폰토스 캅파도키아 등 역사가 오래된 왕족들도 아직 건재해 있었고 좀처럼 다른 민족에 동화되지 않는 유다인도 있었다.

셀레우코스왕은 이렇게 복잡한 아시아 지역을 페르시아 시대처럼 장군을 파견해서 지배하고, 재무관을 파견해서 세금을 징수했다.

또 알렉산더의 시책을 본따서 그리이스나 마케도니아의 도시, 또는 군대에 의한 식민시(市)를 건설하여 요충지로 삼았다.

이런 도시건설 사업면에서는 3개의 헬레니즘 왕국 중 셀레우코스 왕조가 가장 활발했다. 그중 그리이스인 도시는 메소포타미아, 소아시아, 시리아 등지에 굉장히 많았다. 대표적인 것이 셀레우코스가 최초로 건설한 티그리스강 유역의 셀레우케이야와 셀레우코스 왕조의 시리아왕국 수도가 되었던 안티오케이아를 들 수 있다.

그러나 지방 호족들의 독립의지를 **꺾지** 못했고 유다인의 민족적 반항을 막지 못해 자치를 허용하며 나중에는 시리아 북부와 그리이스 동부만을 지배하는 소국으로 전락했다가 기원 전 63년에는 로마에 멸망했다.

(다) 인도 불교와 교류

셀레우코스 왕조로부터 분리 독립한 나라들 가운데 하나가 동방의 박트리아 왕국이다. 이 왕국은 기원 전 3세기 말에 박트리아와 소그디아나의 사트라프였던 디오도투스가 먼저 분리를 꾀하다가 완전 독립하여 그리이스계의 왕국을 수립했다.

이 지방에는 비옥하고 넓은 토지가 많았고 중국 및 인도와의 교역에 의해 번성한 수도 박트리아는 지상의 낙원으로 알려져 있었다.

이 왕국의 경우는 다른 헬레니즘 국가들과 달리 그리이스인과 이란인과의 협조가 잘 되었고 이런 의미에서는 알렉산더대왕의 이상주의적인 정신을 가장 잘 계승한 왕국이었다.

이들은 기원 전 2세기 초에 인더스강 유역으로 원정해서 여기서도 그리이스인과 인도인에 의한 공동사회 실현을 이룩했다. 인더스강 유역의 도시경영에 노력했다는 증거이다.

유명한 간다라 미술은 바로 이 무렵에 시작되었다. 또한 그리이스인들도 점차 인도화되었던 것이다.

간다라 미술이 불상의 얼굴, 헤어스타일, 옷 소매 등이 그리이스 조각을 닮았는데 처음에는 혼합미술의 성격이었으나 나중에는 차차 인도화된 것이 바로 그 증거이다.

어쨌든 불상을 인간화해서 표현한 데에 공헌한 것은 인도에 남아 있던 그리이스인들이고 그들의 작품은 후세에 불교 미술에 지대한 영향을 끼쳤다.

(라) 이집트속의 그리이스

제2의 헬레니즘 군주국이면서 3개 왕국 가운데 가장 번영했던 왕국은 이집트다.

나일강 유역에 살고 있던 7백만 내지 8백만 이집트인은 오랜 역사를 배경으로 해서 고유한 전통을 가지고 있었는데 헬레니즘 전제국으로서 행정적인 기초를 확립한 것은 프톨레마이오스 2세였다.

알렉산더대왕의 부하로서 나일강 유역의 사트라프로 임명되어 있다가 기원 전 305년 왕국을 세운 프톨레마이오스 1세의 뒤를 이어 기원 전 283년 왕위에 올라 중앙집권제의 기틀을 정리하고 국토개발을 강력히 추진해서 유사이래 처음보는 대단한 번영을 이룩한 것이다.
　이때 그리이스인들은 이집트 각지에 살고 있었으나 3개의 그리이스 도시에 집중해 있었다. 나일강 어구의 알렉산드리아시, 프톨레마이오스시, 그리고 델터지대의 나우크라티스였다.
　특히 알렉산드리아시는 도시정리가 잘 되었고 항구에는 창고가 즐비하여 지중해 무역의 요충지로 발전했다. 또한 제왕의 큰 왕묘, 도서관, 박물관, 천문대, 해부학 연구소, 동물원 등 충실한 학술기관도 있었다.

(마) 페가몬과 로도스

　페가몬은 소아시아 서부 해안의 비옥한 카이쿠스강 유역 평야에 자리잡고 있었다. 곡물 생산 외에 목축업, 양피지 생산, 직물 생산 등이 아탈로스 왕조의 지배하에 행해지고 있었다.
　이 작은 왕국은 아크로폴리스에 장대하고 화려한 궁전과 극장을 건설했고 문화의 보호자로서 미술사상 대단히 중요한 위치를 차지하고 있었다.
　로도스도 헬레니즘의 국가들 중 하나로 동서무역의 요지라는 이점 때문에 부강해져 강력한 해군을 가지고 있었으며 미술사에서도 많은 업적을 남기고 있다.

(바) 마케도니아의 그 후

　알렉산더가 죽은 후 분열 독립한 3개의 왕국이 전제군주국이라는 점에서는 같았지만 당초부터 국가로서 가장 확실한 기반을 가지고 있는 국가는 역시 마케도니아였다.
　여기에는 용감하고 충성스럽고 또 자주성을 가진 알렉산더의 농민들이 흩어져 살고 있어서 민족국가라고 할만했다. 그러나 후계자들이 할거해 있어서 장차 누가 여기에 왕조를 수립할지 예측할 수가 없었다. 따라서 날로 국력이 쇠퇴해가고 있었다.
　따라서 작은 도시국가들이 그나름의 세력을 가지고 있었는데 이때 뜻밖의 사건이 발생한다. 작은 도시국가에 불과했던 스파르타의 반란이다.

스파르타는 일찍부터 시민간의 평등이 가장 철저히 실현되어 있던 곳인데 기원 전 4세기 이후에는 토지의 소유권이 소수의 부유층에 집중되고 빈부의 차이가 격심해지고 있었다.

기원 전 3세기 중엽에는 젊은 왕 아기스 4세가 모든 부채를 말소시키는 동시에 토지를 재분배하려는 움직임을 보여 우선 모든 차용금 증서를 태워 없애는 데에는 성공했지만 토지를 재분배하는 단계까지는 가지 못하고 그만 반대파의 손에 살해되었다.

그의 미망인과 결혼한 클레오메네스 3세가 아기스 4세의 뜻을 이어받아서 먼저 반대파를 추방하고 차용금 증서들을 태워 없애고 토지의 재분배를 단행했다. 또한 왕은 일부 헬로트들까지 해방시켜 주는 등 당시 사정으로는 혁명적 사건을 이루어낸 것이다.

그러나 스파르타의 그와같은 혁명운동이 주위의 도시국가들에 전파될까봐 겁을 먹은 폴리스의 과두주의자들이 마케도니아에 제압을 의뢰해 결국 실패하고 만다.

(사) 각종 신앙의 성행

폴리스의 쇠퇴는 곧 올림포스의 신들도 몰락해 가는 과정을 밟는다.

원래 그리이스의 신들은 공적(公的)인 것이었기 때문에 개인의 행복이나 영혼의 구제를 바라는 사람들에게 만족을 주는 것이 아니었다.

헬레니즘 시대에 접어들어서는 사적인 종교단체가 도처에서 결성되었는데 수호신, 조상신, 무사이(학예의 신들), 운명의 신 같은 것들이 숭상되고 있었고 **마술과** 점성술도 유행했다. 또 영혼의 불사나 내세를 주장하는 오르피교 같은 종교가 성행하게 되었다.

거기에다 동방과의 교류에 의해서 오리엔트의 신들이 그리이스인 사이에 전파되고, 이집트의 프톨레마이오스 왕조에서 시작된 비술의 종교 사라피스까지 널리 유포되어 있었다.

이 종교의 명칭은 고대 이집트의 신 오시리스와 아피스가 합쳐져서 그리이스화한 것이다. 이 사라피스가 일부 그리이스인들에게는 하계(下界), 부(富), 풍요 외에도 항해의 신으로 숭상된 것이다. 물론 이 신이 이집트에까지 전파된 것은 아니다.

오히려 이집트의 여신 이시스(생산의 신) 신앙이 새로운 생명과 내세의 행복을 약속하는 것으로 널리 유포되어 있었고 마리아 숭배에도 영향을 끼쳤다.

그밖에 페르시아의 미트라, 소아시아의 키베레신(神), 앗티스신 등이 행복과 구원을 바라는 사람들에게 전파되어 있었다.

(아) 일어나는 서방세력

그무렵 헬레니즘 문화는 크게 변화되면서 새로운 국면에 접어든다. 헬리니즘 왕국들 가운데 어느 나라도 역사의 중심이 될만큼 힘의 의욕이 없이 각기 자기들 보존에만 급급하고 있었다. 그런 가운데 기원 전 2세기로 접어들자 헬리니즘 왕국들이 쇠퇴하는 증상이 뚜렷이 나타난다.

넓은 토지를 차지하고 있던 셀레우코스 왕조는 박트리아와 파르티아가 분열 독립함에 따라 시리아왕국으로 축소되고 프톨레마이오스 왕조도 기원 전 3세기 말에는 이집트인 반란에 국력이 쇠퇴한다.

페르가몬과 로도스는 아직 경제적인 번영을 유지하고 있었지만 정치적 세력은 보잘 것 없었고 마케도니아도 여전히 민족국가의 틀속에 안주하고 있었으며 그리이스의 2개의 동맹체는 무의미한 대립항쟁을 반복하고 있을 뿐 역사의 무대에서 빛을 잃고 있었다.

바로 이때 서방에서는 로마의 정력적인 활약과 성장이 무섭게 진행되고 있었다. 그것을 마케도니아에서도 두렵게 생각하고 있었다.

사실 이탈리아에서는 이 무렵 로마가 이미 반도를 통일하고 카르타고를 정복해서 시실리아를 병합시키고 아드리아해를 건너 일리리아 해안(지금의 알바니아)까지 세력을 뻗치고 있었다.

이처럼 로마가 그리이스반도에 손을 뻗치게 된 직접적인 동기는, 마케도니아가 카르타고의 명장 한니발과 동맹을 맺고 로마에 대항했기 때문이다. 그러나 한니발은 기원 전 202년「자마의 싸움」에서 패하고 마케도니아는 로마국의 침공을 받고 패했다.

그리이스반도는 이제 마케도니아의 압박에서 해방되었으나 로마의 새로운 압제를 받지 않으면 안되게 되었다. 이미 그리이스의 어떤 나라도 어떤 동맹도 자유와 독립을 유지할 힘이 없는 상태였던 것이다.

어쨌든 알렉산더가 죽은 후 1세기 만에 헬레니즘 왕국들은 이미 멸망의 길에 들어선 것이다. 이는 곧 로마인의 동지중해 정복사로 이어진다.

이제 서방의 새로운 실력자가 어떻게 성장했는가를 살펴보자.

(6) 로마제국의 등장

1) 로마건국의 기원

왕정시대에 이르기까지의 로마 초기 역사는 아직 명확하게 밝혀져 있지 않다. 유명한 트로이가 함락된 때를 호머는 서사시에서 다음과 같이 쓰고 있다.

(가) 건국설화

트로이의 영웅 아에네아스는 그의 아버지와 아들을 데리고 탈출해서 그리이스를 거쳐 이탈리아로 향했지만 도중에 폭풍을 만나서 카르타고까지 표류했다. 이곳의 여왕 디도(Dido)가 아에네아스한테 반해서 그를 환대하고 유혹했으나 그는 신의 명령에 따라 이탈리아로 떠나서 라티움에 상륙하여 도시를 건설하고 정착했다.

그 아에네아스로부터 16대 째의 왕에 누미토르라는 자가 등장했다. 그런데 그의 아우 아물리우스가 형의 왕위를 빼앗았을뿐 아니라 형의 딸 레아 실비아를 베스타의 무녀로 만들어버렸다.

베스타의 무녀는 평생을 처녀로 지내지 않으면 안 되므로 레아 실비아한테서 아이가 생겨나지 못하게 예방한 것이었다.
 그런데 레아 실비아는 물을 길으러 숲속에 갔을 때 군신(君神) 마르스의 눈에 띄어 겁탈당해서 쌍둥이 남자 아이 로물루스와 레무스를 낳았다. 그러나 아물리우스가 이 두 아이들을 상자에 넣어서 티베르 강에 띄워 보냈다.
 상자가 어느 기슭에 닿자 거기 있던 이리 한 마리가 쌍둥이에게 젖을 먹여 주었다. 그러다가 얼마 후 양치는 사람이 나타나서 이리를 쫓고, 쌍둥이를 데려다가 키워 주었다.
 뒤에 쌍둥이는 그들의 신분을 알게 되어 아물리우스를 죽이고 할아버지 누미토르를 다시 왕위에 앉힌 다음 새로운 도시 로마를 건설하기 시작했다. 이때 로물루스는 로마를 팔라틴언덕에 세우자고 주장하고 레무스는 아벤틴언덕에 세우자고 엇갈린 주장을 내세워 다투던 끝에 로물루스가 레무스를 죽여 버렸다. 그후로 로물루스는 카피톨리누스언덕을 피난처로 정하고 각지에서 도망해 오는 자들을 수용했으므로 인구가 급격히 증가했다.
 그러나 여기에는 여자들이 없어서 여러 가지로 불편했다. 이에 로물루스는 북쪽 이웃에 살고 있던 사비니인들을 제례(祭禮)에 초대하고 정신없이 구경하는 사비니 처녀들을 계획적으로 약탈했다. 노한 사비니인들은 그들의 왕 타티우스 지휘하에 로마로 쳐들어왔지만 약탈당한 사비니 처녀들이 중간에서 화해를 성립시켜 이때부터는 타티우스와 로물루스가 함께 로마를 통치하게 되었다.
 이 전설을 그대로 믿을 수는 없으나 어느 정도를 역사가들은 참조하여 로마사를 정리하고 있다.
 대체로 기원 전 1천년 경 인도유럽어족의 일파가 북쪽에서 남하하여 이탈리아 각지에 정착했다. 그 가운데서 라틴인이라고 불리는 무리는 이탈리아반도 중부의 서부 연안 라티움(지금의 라치오 남반부)에 정착했고, 다른 무리는 라티움 북방이나 동방 또는 동남방의 산악지대에 정착했다.
 로마 건국전설에 등장한 사비니인은 바로 이 산악종족의 하나이다.

(나) 공동체의 도시형성

로마인은 라틴의 일파인데 팔라틴언덕에 모여살고 있었다. 팔라틴 언덕의 북쪽 가까이 있는 퀴리누스언덕에 취락을 형성하고 있던 것이 사비니인이다.

언제쯤인지 확실하지는 않지만 이 두 취락이 합동해서 하나의 공동체를 이루어 도시를 건설했다.

그래서 두 개의 언덕 사이에 있는 카피톨리누스언덕을 그리이스의 아크로폴리스에 해당하는 성채로 사용하고, 또 그 밑의 평지를 시민공동의 광장으로 이용했다.

이러한 공동체의 결성이 로마시의 기원이라고 믿어진다.

(다) 귀족과 평민으로 구성

기원 전 510년 경 이후 공화정 기의 로마 사회는 여러가지 면에서 그리이스의 폴리스 사회와 공통점을 가지고 있다. 즉 양쪽 다 노예 위에 자리잡은 시민단의 공동체였다는 점을 비롯해서 1년 임기의 관리를 선발했다든지 기타 여러가지 면에서 제도상의 유사점을 지적할 수 있다. 그러나 공화정 시대를 일관한 로마의 특색은 한 마디로 말해서 귀족, 명문의 세력이 그리이스의 경우보다 훨씬 더 강했고 아테네풍의 민주화 코오스를 밟지 않았다는 것이다.

로마의 귀족은 소(小)가족이 여럿 모여서 씨족을 구성하고 있었다. 씨족 가운데에는 혈연에 의한 씨족원 외에 시민권이 없는 거류외인과 같이 유력자의 보호를 필요로 하는 피보호인이나 노예가 포함되어 있었다. 귀족의 세력이 강했던 이유는 토지나 가축을 많이 가지고 있었기 때문이기도 하지만 그보다도 피보호인들을 많이 가지고 있었기 때문이다.

유력한 씨족은 그들의 씨족만으로도 외국과 전쟁을 할 수가 있었다. 그 예의 하나가 기원 전 479년 에트루리아인과 싸워서 패배한 파비우스 씨족인데 이때 파비우스 씨족의 씨족원은 306명, 피보호인은 4천 명이었다 한다. 이 귀족을 파트리키우스라고 부른다.

그외의 일반 평민은 플레브스다. 귀족이 재산있는 유력자인데 반해서 이 평민은 가난한 사람이었을 것이라고 생각할지 모르지만 처음부터 그런 것은 아니었다. 하지만 그 기원에 대해서도, 그 실태에 대해서도 학설이 구구한데, 귀족의 주체를 재산있는 명문으로 보고 평민의 주체를 중소(中小) 농민으로 보고, 이 농민측에 상인과 수공업자를 포함시키면 공화정 초기의 역사의 움직임은 이해하기 쉽다. 귀족과 평민 사이에는 통혼(通婚)이 금지되고 있었다.

귀족은 왕정시대부터 정치적 발언권이 강한 장로회(원로원)를 구성하여 그때부터 이미 지도적인 역할을 맡은 사람들이었으니까 신분의 차별도 그때에 이미 시작되었을 것 같다. 귀족은 그 후에도 새로운 씨족을 받아들였는데 공화정이 시작될 무렵에 이주해 온 사비니인 앗티우스 클라우수스 1족을 귀족으로 받아들인 다음에는 이상 더 받아들이지 않았다.

이처럼 공화정의 귀족은 신분을 폐쇄하고 정권을 독점했는데, 평민의 협력이 없이는 견디어 나갈 수 없었다. 특히 에트루리아계의 왕을 추방한데 대해 반발하는 에트루리아측의 반공(反攻)이나 다른 라틴인 도시의 적대 행위에서 로마를 지키기 위해서는 평민의 협력이 절대로 필요했다. 앞에 말한 파비우스 씨족의 경우는 더욱 그랬을 것이다.

하지만 평민측에서는 귀족에 대한 불만이 확대되고 있었다. 이 불만을 억제하고 평민을 어떻게 해서든 도시 국가 로마의 시민 공동체의 일원으로 붙잡아 두기 위해 그야말로 유례가 드문 로마인의 탁월한 정치적 지혜가 발휘되었다.

대담한 타협에 의해서 공동체의 결합을 지속시켜 나가는 유례 드문 정치적 처분은 로마에서 이때부터 시작되어 거의 1천년 이상의 역사를 헤아리게 된다.

(라) 전투력 향상

이무렵 로마는 에트루리아와 전쟁 상태에 있었는가 하면 중부 이탈리아 산악지대에 사는 종족들이 라티움에 진출하지 못하도록 저지하지 않으면 안되는 처지에 있었다.

특히 강적으로 믿어지는 것은 에트루리아였다. 그들은 그리이스에서 시작된 중장비의 보병으로 해서 로마 기병들의 개별적 전투방식을 위압하고 있었다.

중장비 보병의 밀집 방진에 의한 전투는 그리이스에서 기원 전 7백년 경에 생겨난 전술로서 가슴, 무릎, 머리 등을 갑옷으로 가리고 왼손에는 둥근 방패를 든 중장비 보병들이 가로로 길게 늘어서서 적진에 돌입, 처음에는 긴 창을 쓰고 나중에는 단검을 쓰는 전법이다. 이런 전열은 으레 여럿이기 마련이다. 그래서 제1파에서 누가 쓰러지면 제2파에 있던 병사가 나가 빈곳을 메우고 해서 적을 밀고나가는 집단적인 박력있는 공격 방법이었다. 이런 전술에 의해 아테네군은 마라톤에서, 스파르타군은 플라타이아에서 페르시아의 대군을 격파할 수 있었다.

이러한 전투에서는 소수의 정예(精銳), 즉 귀족인 기사의 영웅적 개별 전투에 의해서 승패가 판가름나지 않고 다수의 중장비 보병이 어느 정도로 일치 단결해서 싸우느냐 하는 것이 중요하다. 따라서 이 전술에 의해 승리하기 위해서는 보병 개인의 무기(武技) 연마보다도 집단적 훈련이 더 필요해진다.

이러한 집단적 훈련은 자기 나라를 생활 공동체로 생각하고 자기 몸을 바쳐 나라를 지키려 하는 시민적 정신이 강렬하지 않으면 성공하기 어렵다.

그런데 이러한 시민적 정신은 고대의 경우 목숨을 바쳐 공동으로 지켜야 할 토지 재산을 소유한 농민들에 의해 강화되어 있었다. 로마도 에트루리아에 대항하다 보니 중장비 보병 전술을 채용하게 되었는데 이에 따라 토지 재산을 소유한 농민의 협력과 동원이 필요해졌다. 평민 계급에는 차재(借財)때문에 고통을 겪는 가난한 사람들도 있었지만 평민의 대부분은 중소(中小) 토지 소유 농민이었으므로 귀족은 평민에게 어느 정도 양보해서라도 로마 시민 공동체의 결합을 꾀하지 않으면 안 되었다.

로마의 역사는 형태상의 변화는 있을지언정 항상 소수의 귀족이 지도해 나갔다는 것을 그 특징으로 하고 있는데 보병 전술이 전투의 주체를 이루게 되면서부터 귀족은 국가 방어의 중핵이 된 토지 소유 농민을 제편으로 끌어들이고 또 그들과의 동맹에 의해 정권을 유지하게 되었다. 로마 보병의 무장은 그리이스의 경우와 마찬가지로 로마에서도 원칙적으로 자기 부담이었기 때문에 경제적으로 무장 능력이 있는 농민이 항상 어느 선까지는 확보되어 있지 않으면 안 되었다. 그래서 귀족은 평민에게 양보하는 한편 평민 사이에 빈부의 차이가 심해지지 않도록 주의하고, 또 가난한 시민이 늘지 않도록 주의하지 않으면 안 되었다. 이런 것이 공화정 시대를 일관한 로마 사회사의 중요 과제였다.

(마) 연이은 승리

귀족과 평민 사이에서 새로운 실력자로 등장하게 된 것이 이른바 노빌레스(소위 유명인)이다. 공화정 말기까지 약 3백년 동안 새로운 귀족은 실질적으로 정권을 장악하고 있었다.

그동안 로마는 형태상의 변화는 조금 있었으나 사실은 귀족의 강력한 지배가 계속된 것이므로 귀족을 쓰러뜨리고 민중의 정치를 행한 아테네 등 그리이스의 폴리스와는 비록 같은 고대사회이긴 해도 정치적 상황은 전혀 달랐다고 할 수 있다.

그러나 노빌레스의 정권도 일반 로마시민을 소홀히 다루지는 않았다. 국가 방위의 중핵을 이루고 있던 것이 농민이고, 로마시민 공동체를 유지하는 데에는 이 농민이 절대 불가결의 요소였으므로 노빌레스는 이들 중소 토지 소유 농민과 동맹을 맺고, 그들의 이익을 늘 고려해 주었다.

그런 것이 가장 잘 나타나 있는 것이 민회에서 행해진 투표방법이다. 로마의 민회로는 평민회, 병원회 등이 있었는데 이 시대에 가장 중요했던 것은 병원회이다.

여기서는 각종 정무관(政務官) 선거라든지 법안 심의 같은 주요 정무를 처리했다. 물론 원로원에서 먼저 처리된 것이 뒤에 병원회에 제출되는 상태였지만 법적으로는 병원회가 최고 의결기관이었다.

따라서 집정관이란 요직이 평민에게 개방되고 그 뒤로도 다른 중요한 관직도 차례차례 평민에게 개방되었다. 그리하여 독재관에는 기원 전 356년, 호구조사관에는 기원 전 351년, 각각 평민출신이 선임되고, 기원 전 366년에 처음 마련된 법무관에는 337년부터 평민이 선임되었다.

이와같이 내부체제를 정비한 로마는 다시 영토를 확장해가고 있었다. 전부터 아페닌산맥의 남부 고지 삼니움에 살고 있던 삼니테인은 줄곧 위협적인 존재였는데 캄파냐의 카푸아가 이 삼니테인의 위협에 견디다 못해서 로마에 구원을 청했다.

이에 로마가 삼니테인을 공격해서 벌인 싸움이 제1차 삼니테전쟁(기원 전 343~341년)이다. 이 전쟁의 결과로 카푸아와 로마가 동맹을 맺자 이에 위험을 느낀 라틴인 도시들이 동맹을 맺고 로마에 대항했지만 기원 전 338년에 로마가 모두 승리를 거두었다.

이때 로마는 라틴인 도시동맹을 해체시키고 각 도시와 개별적으로 내용이 다른 조약을 맺고 라티움을 모두 지배하게 된다.

그후 로마는 라틴인과의 전쟁 및 3차에 걸친 삼니테인과의 전쟁에서 완전히 승리하고 마침내 중부 이탈리아의 패자로 군림하게 되었다.

2) 침략전쟁 시대 돌입

(가) 카르타고 전쟁

얼마 후 로마는 국운을 건 대전쟁에 돌입하게 된다. 포에니전쟁이 바로 그것이다.

카르타고는 기원 전 8세기 경에 포에니인, 즉 **페니키아인**이 북아프리카의 투니스에 건설한 식민지다.

카르타고는 일찍부터 상업무역으로 치부하고 강력한 해군을 가지고 있어서 기원 전 6세기 경에는 서부 지중해의 가장 강력한 나라가 되어 있었다. 그들은 시칠리아섬의 그리이스인 식민지를 지배하고 사르데냐, 코르시카, 이베리아 동남부 해안 및 북아프리카 서반부 등지에 많은 식민지를 건설하여 지배하고 있었다.

이 전쟁에서 로마는 여러 차례에 걸친 패전에도 불구하고 최후에는 승리를 거둠으로써 이탈리아의 패자에서 지중해의 패자로 비약하게 된다. 이 포에니 전쟁은 3차로 나뉘는데 유명한 한니발이 등장한 것은 제2차 전쟁 때의 일이다.

(나) 명장 한니발의 승전

수차의 전투에서 승리와 패전을 거듭하며, 그러나 아직도 먹고 먹히는 싸움이 계속되는 가운데 명장 한니발이 등장한다.

25세에 이미 장군의 위치에 오른 한니발은 그 부친의 진영에서 태어나 전지(戰地)에서 성장하는 동안에 부친 하밀카르한테서 로마에 대한 적개심을 물려받았다.

그는 원주민으로 편성된 용병대를 맹렬히 훈련시키는 한편, 로마와 동맹을 맺고 있던 이베리아 동해안의 도시 사군툼의 내분에 개입, 8개월 동안 포위 공격을 가해 함락시켰다. 이것이 기원 전 218년 봄의 일인데, 이때 제2차 포에니 전쟁의 막이 오른 것이다.

이 전쟁은 한니발 전쟁이라고 불리기도 한다. 그만큼 전쟁 자체가 한니발의 손에 좌우되고 있었다. 이때에는 카르타고 내에 친로마파가 있어서 한니발의 전쟁 의도에 제재를 가했을 뿐더러 로마 시민 가운데서도 반전(反戰) 기운이 만만치 않았으나 한쪽은 한니발, 다른 한쪽은 원로원의 결의에 의해 드디어는 고대의 가장 규모가 큰 전쟁이 일어난 것이다.

한니발은 알렉산더와 비교되는 명장이다. 이 싸움에서 그는 아주 대담한 전략을 세웠다. 해군은 이미 로마쪽이 훨씬 우세하므로 바다를 건너 이탈리아에 침공할 수는 없었다. 이에 그는 육로로 북이탈리아에 침입, 로마가 정복한지 얼마 안된 켈트인을 포섭하고 로마의 동맹자들을 해방시킨다는 전략을 세웠다.

이 때문에 유명한 알프스를 넘는 강행군이 시작되었다. 위에서는 원주민이 적의에 차서 굴려내리는 바위들이 위협했고, 밑에서는 얼어붙은 계곡의 만년설(萬年雪)이 죽음의 손짓을 하고 있었다. 강행군이 시작된 것은 10월 말께였지만 이때 벌써 눈발이 날리기 시작했다.

　행렬은 보병 5만, 기병 9천, 코끼리 40……. 이것이 피레네 산맥과 알프스 산맥을 넘어, 기원 전 217년에는 에트루리아의 트라시메누스 호반에서 로마의 집정관 가이우스 플라미니우스 지휘하의 로마군을 포위 섬멸하고 집정관 플라미니우스까지 전사시키고, 다음 해에는 로마군 10만을 칸네에서 다시 포위 섬멸했다.
　그처럼 서전(緖戰)에서 양차에 걸쳐 로마 대군을 포위 섬멸한 한니발의 탁월한 전술이 그를 동서 고금의 유례 드문 명장으로 등장시킨 것이다.
　전투에 앞서 적에 관한 정확한 정보를 수집하고, 복병(伏兵)과 책략을 종횡으로 구사한 두뇌의 플레이도 중요했지만 잡다한 용병들의 충성을 집중시켜서 15년간의 이탈리아 원정 기간 중 어떤 고난이 있어도 탈주자가 전혀 없었다는 것은 그가 어떤 인물이었던가를 짐작하게 해 준다.
　그리고 당대의 **로마인들**이 한니발이란 말만 들어도 떨었을 만큼 그의 잔학성은 적에게 두려움을 주었지만 부하들과는 같이 어울려 자고 먹고 할만큼 우애가 깊고 가까이했다. 병졸 하나하나가 다 그의 친구였다.

　(다) 한니발의 최후
　전쟁이 장기화할수록 사태는 한니발에게 불리해졌다. 한니발이 칸네에서 크게 이겼다는 소식이 사방에 퍼졌을 때 마케도니아의 필립포스 5세와 시칠리아의 시라쿠사가 카르타고와 동맹을 맺었지만 별로 도움이 되지 않았고 이탈리아 반도 내에서는 카르타고나 한니발에게 호의를 보이는 도시가 전혀 없다시피 했다.
　이에 기원 전 207년 이베리아 반도에서 하스드루발이 지원군을 이끌고 고립 무원상태의 한니발을 도우러 왔다. 중간에 그의 밀서가 뜻밖에도 로마의 손에 들어갔기 때문에 로마군의 매복 작전에 말려들어 전멸했다. 이제 한니발은 이탈리아 남부로 몰리기 시작했다.
　한편 로마측에서는 경제적으로도 정치적으로도 카르타고에게 대단히 중요한 이베리아 반도로 투쟁의 무대를 옮기려고 처음부터 애쓰고 있었다.

로마측의 이런 소망이 이루어진 것이 기원 전 206년이다. 개선장군 스키피오 아프리카누스는 여론을 조종하여 스스로 총사령관의 직위에 올라서 갑작스럽게 한니발의 본국 카르타고를 공격, 크게 승리하여 항복을 받았다.

그러나 이탈리아 반도에서 급히 철수한 한니발이 귀국하자 카르타고는 최후의 결전을 준비했다. 역전의 노병 1만 5천을 중핵으로 하고 코끼리 80마리를 포함한 전병력을 투입해서 기원 전 202년 자마에서 로마군을 맞이했다.

이 싸움에서 병력은 양쪽이 비슷했다. 이때 한니발은 80마리의 코끼리를 앞에 내세우고 있었지만, 보병들은 서로 포위하려고 가로로 늘어서 있었다. 갑자기 로마의 기병이 열세의 카르타고 기병을 격파하고 적진 깊숙히 침입, 카르타고군 주력의 배후에서 포위 공격을 개시했다.

한니발이 앞서 칸네 싸움에서 사용한 전법을 로마군의 스키피오가 빌어 써서 싸움에 이긴 것이다.

항복한 카르타고는 이베리아 반도를 비롯해서 해외의 식민지 일체를 로마에 넘겼을 뿐만 아니라 함대는 20척만을 남기고 로마에 넘겼고 그후 50년간 매년 2백 탤런트의 배상금을 지불하게 되었다.

이 패전에 의해서 명장 한니발의 인기가 폭락했을 것은 뻔한 이치다. 하지만 기원 전 196년에는 최고 정무관으로 선출되었다가 친로마파의 음모 때문에 위험이 닥치는 것을 예감하자 해외로 도주했다.

시리아왕국의 안티오코스 3세한테 간 한니발은 시리아왕국과 마케도니아왕국이 연합해서 이탈리아를 공격하게 하려고 애를 썼다. 그러나 오히려 시리아왕국이 이탈리아한데 멸망당하여 한니발은 다시 소아시아로 도주해서 비티니아라는 작은 왕국에 의탁했다. 그러나 기원 전 183년 로마의 손이 여기까지 뻗치자, 한니발은 여기서 파란에 찬 그의 생애를 자살로 끝냈다.

3) 내란(內亂)의 시대

(가) 노예반란

시칠리아섬 중앙부에 가까운 마을 엔나에서 에우누스라는 시리아 태생 노예는 입에서 불을 토해내는 요술을 부리는가 하면 예언을 하는 신통력을 갖고 있었다.

기원 전 135년, 주인의 학대에 못견딘 노예들은 시리아의 여신한테서 미래의 왕으로 지명받았다고 공언하는 에우누스의 지휘아래 엔나를 습격해서 점령하고 반란의 기치를 든다.

이 노예들의 집회에서 에우누스는 왕으로 선출되고, 자신이 「안티오코스왕」이라고 자칭하고 반란을 일으킨 노예들을 「시리아인」이라고 불렀다. 뒤이어 에우누스는 왕에게 어울릴 옷을 입고 다수의 친위병을 호위로 삼고 요리인을 특별히 지정하고 자문을 위한 회의를 설치하고 왕녀를 정하는 등 명실공히 왕의 행세를 시작했다.

바로 그 무렵 시칠리아섬의 서남부 방면에서도 또 하나의 반란이 일어났다. 지휘자는 시리아 서북방의 킬리키아 출신 클레온인데, 목장에서 일하던 노예였다. 노예 제도에 기초를 둔 농업과 목축은 이 섬에서도 성했으므로, 2개의 반란은 많은 수효의 노예들에 의해 급격히 확대되었다. 그리고 클레온이 에우누스의 왕위를 인정, 그 밑에 들어가서 합류하자 시칠리아는 섬 전체가 반란의 소용돌이에 휩쓸렸다.

에우누스는 무차별 보복이나 약탈을 제재하는 정도의 사려 분별이 있었다. 그리고 엔나에서 사로잡힌 자들은 거의 다 죽였지만 무기 제조에 도움이 되는 자들만은 죽이지 않고 묶은 채 일을 시켰다 한다. 이 소동을 틈탄 도시의 무산자들이 약탈을 시작했다. 처음에 일을 대수롭지 않게 생각했던 로마 당국은 얼마 안 되는 병력을 보냈다가 오히려 노예측이 싸움에 이겨서 기세가 더 당당해지는 꼴불견을 당했다. 그러다가 기원 전 133년에서 132년에 걸쳐 집정관이 직접 대군을 지휘하여 반란을 진압했다.

이 시칠리아의 반란이 로마나 아테네의 라우레이온 은산이나 델로

스섬 등지에 파급, 여러 곳에서 반란이 일어났지만 모두 즉시 진압되었다. 또 페르가몬 왕국의 경우는 기원 전 132년 아리스토니코스란 자가 일반 노예와 빈민들을 동원하여 반란을 일으키고 「태양국 시민」(헬리오폴리테스)이 지배하는 세계를 꿈꾸었다. 이런 사건들은 먼저 시칠리아에서 반란이 일어났다는 뉴우스가 전해지면서 발생한 것이 사실이지만 그들 사이에 무슨 통일된 조직 같은 것이 있었던 것은 아니다.

노예 반란은 기원 전 104년부터 4년간에 걸쳐 시칠리아에서 또 한 번 일어났고, 이탈리아에서도 검노(劍奴) 스파르타쿠스의 반란이 일어나는 등 하층부의 항거가 계속된다.

(나) 지배층의 개혁운동

수차의 전쟁의 승패속에서 로마의 풍부한 토지는 황량해졌고, 따라서 밭을 갈거나 가축을 몰고 다니는 것은 외국에서 데려온 노예들 뿐이었다. 강력한 로마군의 핵심을 이루었던 농민을 이제는 농장에서 볼 수 없었다.

그때 재무관 티베리우스 그락쿠스는 로마를 유지하기 위해서는 국력의 근원이었던 자작농(自作農)을 증가시켜야 한다고 생각한다. 그러자면 광대한 토지를 차지한 자들의 희생이 필요하다. 물론 반대파의 저항이 있을 것을 각오하고 그 계획을 추진하기로 결심하고 133년 호민관에 입후보하여 당선되었다.

그가 제출한 토지 개혁법은 로마 공유지의 1인당 점유면적을 5백 유게라(125헥타)로 제한하되, 미성년자에게도 성인몫의 반에 해당하는 250유게라까지 허용하고 그 이상을 점유한 사람한테서는 초과분을 몰수해서 토지없는 로마 시민에게 분배해 주자는 것이었다. 이 개혁안을 실시하기 위해서는 토지 분배 위원 3인을 선정하고 분배된 토지의 양도는 금지하기로 하자는 조목도 첨가되어 있었다. 당시에는 장기간에 걸친 점유에 의해 공유지와 사유지의 구별이 어려웠고, 또 동맹시가 조약에 의해 로마 공유지를 점유하고 있는 경우도 있었으므로 이 계획의 실행은 매우 어려울 것으로 예상되었으나 계획 자체는 결코 과격한 것이 아니었다. 원로원 의원 중에서도 이를 지지하는 양심파가 있었다.

  법안을 트리부스 회의에 제안해서 성립시키는 것은 호민관의 직권이다. 그러나 이처럼 중대한 개혁안을 원로원에 일단 알리지도 않고 곧장 민회에 제출한 것은 큰 모험이었다. 과연 원로원은 깜짝 놀라서 거부권을 발동시켰다. 테베리우스는 그의 목적을 관철하기 위해 수단을 가리지 않았다. 때마침 이 개혁안을 성립시키려고 지방에서 많은 사람들이 와 있는 것을 이용한 티베리우스는 「신성 불가침」인 호민관 옥타비우스의 파면을 민회에 제의, 이 전례없는 동의에 35개 트리부스 전부가 찬성하여 티베리우스는 그의 2가지 목적을 동시에 달성했다. 이해에 토지 분배는 티베리우스 자신과 그의 장인 압피우스, 그의 아우 가이우스 그락쿠스를 위원으로 해서 즉시 실행에 옮겨졌다.

  그러나 티베리우스 자신은 뿌린 씨를 그의 손으로 거두어야 했다. 페르가몬은 왕국이 앗탈로스 3세의 유언에 의해 로마에 유증(遺贈)되어 있었는데 테베리우스는 이때 토지를 분배받은 시민의 영농 자금으로 그 왕국의 현금을 나눠준다는 법안을 민회에서 통과시켰다. 이런 문제는 외교적 안건에 속하는 것으로 원래 원로원의 관할이었으므로 이를 민회에서 통과시킨 것 역시 전례가 없는 일이었다. 이렇게 해서 티베리우스는 2차에 걸쳐 전례가 없는 일을, 즉 「제도 위반」을 범했다. 이때에도 원로원이 격분했을 것은 당연하다.

  그런데 티베리우스는 험악해진 반대파의 움직임에 대응하기 위해서 다음해에 다시 전례가 없는 일을 저질렀다. 즉 호민관의 직위에 거듭 선임되려 했던 것이다.

  때마침 호민관을 선출하기 위한 민회가 열린 카피톨언덕의 「신의」(信義)의 신전에서 원로원도 열리게 된 것은, 티베리우스에게 대단히 불행한 일이었다. 반대파의 급선봉 스키피오 나시카와 원로원의 일부가 규합, 손에손에 돌과 곤봉을 들고 티베리우스와 그의 일파 3백여 명을 타살하여 시체들을 티베르강에 내버렸다. 왕정을 전복시킨 후로 내분에 의한 유혈 살륙이 행해진 것은 로마에서 이때가 처음이었다.

(다) 시민권(市民權) 전쟁

기원 전 1백 년 여섯 번째로 집정관이 된 마리우스는 그가 양성한 병사들을 퇴역시키고 퇴역군인 1인당 1백 유게라(약 25헥타)의 토지를 분배해 주어 북아프리카나 시칠리아, 아카이아, 마케도니아, 코르시카 등지에 식민시켰다. 군대한테 토지를 분배해서 토지소유 농민으로 만드는 이런 마리우스 개혁은 그뒤로 술라, 폼페이우스, 케사르 등 여러 장군들에 의해 답습된다.

그 결과로 군대는 로마의 국가에 대해서가 아니라 군대를 양성한 장군 개인에게 충성을 바치는 사병(私兵)으로 바뀌어 간다. 공화정 말기의 내란이 무력에 의한 내전의 성격을 띠게 된 직접적인 원인도 바로 이것이다.

그러나 이 내란기에는 로마 장군들 간의 대립 항쟁이 계속되고 있었는데 이 두 가지가 항상 밀접한 관계를 갖는 복잡한 혼란기였다. 그처럼 내란과 깊은 관계를 가진 최초의 대외 전쟁이 이른바 이탈리아 동맹시 전쟁이라는 시민권이 초래한 전쟁이다.

동맹시의 문제는 가이우스 그락쿠스가 죽은 후 방치되어 있었지만 문제 자체는 오히려 더 심각해져 있었다. 그런데 원로원의 앞잡이로 활약해서 가이우스 그락쿠스를 몰락시킨 리비우스 드루수스의 아들이 기원 전 91년 호민관으로 당선되었다. 그는 과거의 개혁파가 성공하지 못한 일, 즉 모든 이탈리아인에게 로마 시민권을 부여하자는 제안을 했으나 다시 원로원의 반대에 부딪쳤다. 그뿐만 아니라 그가 자택에서 급사하여「암살」이란 소문이 퍼졌다. 이때 그의 개혁안에 기대를 걸고 있던 중남부 이탈리아의 동맹시들이 무기를 들고 로마에 반항, 독립 국가를 건설하려 했다(기원 전 90년).

이에 로마에서는 집정관을 비롯해서 마리우스나 술라 등이 출동하여 반란을 진압하려 했으나 군사적으로는 로마가 열세에 몰려 있어서 결국은 동맹시의 모든 이탈리아인들에게 로마 시민권을 부여하기로 양보한다고 공고(公告)하기에 이르렀다. 이것이 기원 전 90년에서 89년의 일이다.

동맹시의 반항은 결국 그후에 수그러지고 시민권은 이탈리아인 전체에 부여되었다. 이것으로 분열은 일단 모면한 셈이었다.

(라) 대학살 사건

그 무렵 소아시아의 북동방에서는 폰토스 왕국의 미트리다테스 6세가 주목할만한 활약을 하고 있었다. 페르시아인의 피를 이어받고 그리이스 문화를 숭상하는 이 인물 때문에 로마는 수십 년간이나 고통을 겪었다. 그리이스 동맹시들도 헬레니즘 왕국들도 로마 앞에서는 쉽게 굴복했었지만 이 벽지의 왕만은 실로 끈기있게 저항했다.

그가 흑해를 지배하고 소아시아에서 사방으로 세력을 확장하고 있는 사이 로마 원로원이 방관한 것은 큰 실책이었다. 이제는 그 댓가를 치를 날이 온 것이다. 기원 전 88년 미트리다테스 6세는 서방으로 진출, 로마의 속주 아시아에서 과중한 세금에 허덕이던 주민들로부터 열렬한 환영을 받았다. 뒤이어 에페소스에 진입해서 로마인과 그 일파를 단 1명도 남기지 말고 찢어 죽여라 하는 명령을 내렸다. 이 살류 명령에 의해서 희생된 이탈리아인의 숫자는 8만 명이었다 한다.

거기서 미트리다테스의 부하들은 그리이스로 진출, 아테네에서는 친폰토스 정권의 지도하에 민주정이 부활하게 하는 동시에 그곳을 폰토스 해군의 군사 기지로 삼았다.

(마) 사병들의 로마진입

그 무렵 나이 많은 마리우스에 비해 훨씬 더 많은 공적을 세운 술라가, 기원 전 88년 집정관에 당선되고, 문제의 미트리다테스를 토벌하기 위한 군사 지휘권을 도맡았다. 즉시 그는 군대를 인솔하여 캄파니아의 작은 도시 노라로 떠났다.

귀족인 이 술라에 대해서 마리우스를 중심한 반대파가 심상치 않은 움직임을 보인 것이 이때의 일이다. 즉 마리우스파의 호민관 술피키우스가 민회에 새로운 법안을 제출, 통과시켰던 것이다.

이 법안에서는 이미 미트리다테스 전쟁에 출동한 술라의 군사 지휘권을 마리우스에게 양도시키고 또 이탈리아 동맹시 전쟁의 결과로 새로이 로마 시민권을 획득한 시민들을 기존 트리부스 35개에 분산 소속시킨다는 것이 주요 내용으로 되어 있었다.

이 소식을 듣게 된 술라는 캄파니아의 노라를 공략하다가 중지하고 군사들을 로마로 진군시켰다. 로마의 장군이 로마의 군대를 지휘해서 로마로 진격하기는 이것이 처음 일이다. 마리우스의 병제 개혁에 의해서 군대가 장군의 사병으로 변화했다는 것이 이제 실증되고 있었다. 게다가 이 사병들의 타도 대상은 아이러니칼하게도 마리우스와 그 일파였다. 아무튼 내란은 이제 내전으로 바뀐 셈이다.

(바) 스파르타쿠스 반란

폼페이우스가 아직 이베리아 반도에 원정 중이던 기원 전 73년에 남이탈리아의 캄파니아 지방에서 다른 또 하나의 소동이 일어났다. 앞서 말했듯이 로마인은 에트루리아한테서 노예들에게 진짜 칼싸움을 시켜 유혈극을 시키는 악취미를 물려받았다. 이 악취미 때문에 검노(劍奴)를 많이 거느린 자가 있었는가 하면 그 유혈극이 특별히 크게 유행한 캄파니아의 카푸아에는 검노 양성소까지 있었다.

바로 이 카푸아의 양성소에서 비인도적인 학대에 못이긴 검노 78명이 탈출, 근처의 농원이나 목장에서 탈출한 노예들과 함께 반란을 일으켰다. 리이더는 트라키아 출신 스파르타쿠스였다.

이들 스파르타쿠스 반란군의 중심 세력은 검노 양성소에서 무술을 훈련받은 직업적 검투사(劍鬪士)들이었으므로 과거의 다른 노예 반란군에 비해 훨씬 더 강력했다. 진압하러 나선 로마군이 수차에 걸쳐 전멸당하는 소동이 일어났다.

전승(傳承)에 의하면 스파르타쿠스는 인격적으로나 전략적으로나 뛰어난 인물이었던 듯하다. 더구나 그는 부하 노예들에게 약탈 행위를 억제시키고 주로 무기를 획득하는데 주력했다. 그가 이탈리아에서의 새로운 사회 건설을 꿈꾸는 대신 노예들이 각자의 고향으로 무사히 돌아가게 원한 것도 현명한 일이었다. 그러나 여러 차례에 걸쳐 로마군을 격파하고 북이탈리아로 진출했을 때에는 알프스를 넘어 갈리아나 트라키아로 돌아갈 수도 없는 처지였다. 이때 스파르타쿠스가 다시 남하한 것이 실패의 주요 이유가 됐다.

로마 당국은 기원 전 72년 말경 법무관 크랏수스에게 반란 진압을 위임했다. 이때 스파르타쿠스는 레기움까지 남하해서 시칠리아섬으로 건너가려 했으나 해적들의 도움을 받지 못해 실패했다.

기원 전 72년, 재산 많기로 유명한 법무관 크랏수스는 로마군을 지휘, 스파르타쿠스 반란군을 맹추격하여 우선 아푸리아에서 반란군의 리더 스파르타쿠스 이하 그 주력을 전멸시키는데 성공했다.

하지만, 그것으로 반란이 완전 진압된 것은 아니었다. 한때 로마의 빈민까지 합쳐 12만이 넘었던 반란군은 그들의 리더 스파르타쿠스가 쓰러진 아푸리아의 싸움에서 거의 다 흩어지고 포로 6천여 명의 책형에 처해진 십자가들은 압피아가도에 즐비했으나 나머지 5천 명은 다시 북쪽으로 이동하고 있다가 이베리아 반도에서 세리토리우스를 토벌하고 귀국 중이던 폼페이우스가 이 반란군의 잔여세력을 전멸시킨다. 폼페이우스의 두번 째 개선인 셈이다.

(사) 카틸리나 모반

폼페이우스가 아직 이탈리아로 돌아오기 전인 기원 전 63년, 로마시는 카틸리나라는 야심가의 음모 사건으로 벌컥 뒤집혔다. 문제의 카틸리나란 사내는 그래도 명문 출신의 원로원 의원으로 행세하면서 아직 시집도 안간 자기의 딸을 범했는가 하면 자기 형제를 죽인 일도 있고 주색에 빠져 재산을 탕진하는 등 못하는 짓이 없었다.

기원 전 65년에는 당시의 집정관을 암살하려다가 발각되었지만 재산가 크랏수스의 도움을 받아서 처벌을 모면한 일도 있었다.

이 사내가 기원 전 63년에는 자신의 한없는 방탕벽 때문에 빚진 것을 말소시키기 위해 우선 권력을 잡으려고 대규모적인 차재(借財) 말소 계획안을 내걸고 집정관에 입후보했다. 이에 키케로가 아직 기사 출신 신인(新人)임에도 불구하고 채권자들인 기사들과 원로원의 지지를 얻어 집정관에 **당선됐다.**

카틸리나는 기원 전 62년의 집정관을 선출하려는 63년 가을의 선거에도 입후보했으나 워낙 평판이 나빠서 다시 낙선했다. 이것이 반국가 음모 사건의 직접적인 실마리가 됐다.

자신이 합법적으로 권력을 장악할 수 없음을 깨달은 카틸리나는 에트루리아를 중심으로 해서 각처에 식민하고 있는 술라의 부하들을 비롯, 불평 분자들을 기반으로 하여 무력 봉기할 것을 계획했다. 먼저 각처에서 소동을 일으키고 수도 로마시에는 정계의 유력자들을 대량 살해하는 동시에 시가 전체를 불태워 없애고, 천하를 호령해 보겠다는 큰 음모였다.

4) 천하쟁패의 시대

(가) 3두정치(三頭政治) 시작

기원 전 62년 말 카틸리나 음모를 사전에 진압한 집정관 키케로의 인기는 절정에 이르렀다. 또한 당대 일류의 부호 크랏수스가 건재해 있는 로마에 돌아온 폼페이우스는 태연하게 부하들을 해산시켰다.

이때 미트리다테스 토벌권을 뺏기고 소환당한 루쿨루스는 은퇴하고 있었으나 아직도 만만치 않은 세력을 유지하고 있었고 케사르는 상승할 기회만을 노리고 있었다.

원로원에서 폼페이우스는 그의 군대에 토지를 분배해 줄 것과 그가 동방에서 행한 시책의 승인을 요구했다. 그러나 폼페이우스의 세력 확대를 겁내고 있던 원로원은 이 당연한 요구를 거부했다. 이때 원로원을 배후에서 조종한 것이 루쿨루스였다.

문자 그대로 사면초가, 궁지에 몰려 있는 폼페이우스에게 손을 내민 것이 케사르였다. 케사르는 전부터 폼페이우스의 명성을 자신의 세력 확대에 이용하려고 기회만을 노리고 있었던 것이다. 이제 케사르는 한 손에 폼페이우스를, 다른 한 손에 재산가 크랏수스를 잡고 기원 전 60년, 집정관에 입후보했다. 케사르는 이때 키케로를 포섭하는 데에는 실패했다. 이렇게 해서 제1회 3두정치란 것이 성립되었다.

집정관에 오른 케사르는 앞서 폼페이우스가 거부당한 요구를 다시 원로원에 제출했다. 그러나 원로원은 또 거부했다. 케사르는 그것을 민회에 회부했다. 이때 그의 동료이긴 하나 원로원파에 속하는 비불루스가 공공연히 반대하고 나서자, 케사르는 폼페이우스의 부하 노병들을 동원 반대파를 회의장에서 몰아내고 마침내 제안을 통과시켰다.

이에 의해 폼페이우스의 부하들은 토지를 분배받게 되었을 뿐더러 이탈리아에 남아 있던 유일한 공유지인 캄파니아의 카푸아 일대 옥토를 분배받은 2만 명의 빈민(3명 이상의 자녀를 거느린 자들이었다)은 케사르에게 갈채를 보냈다. 케사르는 이렇게 해서 폼페이우스와 민중의 마음을 사로잡는가 하면 속주민(屬州民)에 대한 착취 행위를 억제하는 법안이라든지 **원로원, 민회**의 결의 기록을 공개하게 하는 규정도 민회에서 통과시켜 더욱더 민중의 환심을 샀다.

이 기간에 원로원은 가만히 있었을 뿐이다. 케사르는 다시 집정관의 임기가 끝난 후 5년 동안이라는 장기간을 북방의 알프스 남쪽의 갈리아와 일리리아의 총독으로 부임하겠다는 제안을 민회에서 통과시켰다. 그리하여 이듬해에는 이 두 속주를 발판으로 케사르의 갈리아 정복이 시작된다.

(나) 갈리아 정복

케사르가 갈리아에서 모두 8년간에 걸쳐 행한 싸움에 대해서는 그 자신의 「갈리아 전기」에 상세히 얘기되어 있다. 지금의 북이탈리아, 프랑스에서 벨기에까지의 갈리아 가운데 북이탈리아와 지중해 연안지방은 이미 로마의 속주로 되어 있었으나 케사르는 처음부터 그의 임지 저쪽에 있을 광대한 갈리아인(켈트인) 세계에 진출할 생각을 가지고 있었다. 이미 갈리아의 북동방으로 진출하기 시작한 게르만인의 움직임도 갈리아를 더 방치할 수 없다는 것을 암시하고 있었다. 갈리아인은 지중해 연안의 그리이스인 도시에서 영향을 받고 있어서 문화적으로 미개한 상태에 있지는 않았다. 그들의 국제(國制)는 귀족정치이고, 신관(神官)이 폭넓게 활약하고 있었던 것이 특색으로 되어 있었으나 지중해 동부에 진출한 켈트인의 경우와 마찬가지로 강력한 국가 조직을 형성하지는 못하고 여러 부족으로 분열되어 있었다.

　케사르는 우선 3년 동안을 켈트인이나 라인강을 건너오는 게르만인과 싸워야 했다. 그런 다음 기원 전 55년에는 라인강 중류에 가교(架橋)를 놓고 건너가서, 게르만인들에게 무력 시위를 해 보이고, 또 해협을 건너 브리타니아(영국)에 가서 정찰을 했다. 케사르는 그 다음해에도 브리타니아에 건너갔으나 정복하기 곤란하다는 것을 깨닫자 2, 3개월 만에 철수했다. 그 다음해(기원 전 53년)에는 게르만인과 함께 북부 갈리아의 반란을 진압하고 라인강을 건너왔다.

　(다) 클레오파트라와의 로맨스
　세력을 확장한 케사르는 이후 폼페이우스와의 경쟁에서 그를 물리치고 한 손에 전권을 움켜 쥔 케사르는 이집트의 알렉산드리아에 상륙한다. 이때 유명한 클레오파트라와의 로맨스가 전개된다.
　이집트는 프톨레마이오스 지배이래 왕가 내부의 분쟁과 원주민의 끊임없는 반항운동으로 줄곧 약화되고 있었다.
　그 결과 벌써부터 로마의 속국이나 다름없어 병합(倂合)은 시일 문제로 되어 있었다. 이 무렵 프톨레마이오스 13세와 그의 누이 클레오파트라가 왕조 자체의 기묘한 전통에 의해 남매간이면서 부부로 함께 왕위에 올라 왕과 여왕으로 되었다. 이것은 케사르가 여기 상륙하기 3년 전(기원전 51년)의 일인데 곧 두 사람은 사이가 나빠졌다. 이에 알렉산드리아 시민이 왕을 편들고 여왕 클레오파트라는 궁지에 몰려 있었다. 이때 나타난 것이 케사르다.
　클레오파트라는 헬레니즘적 교양을 갖추고 재색을 겸비한, 또 여왕다운 기품과 요부의 매력을 겸비한 뛰어난 여자였다. 이 여자가 알렉산드리아의 왕궁에 있던 케사르의 발아래 무릎을 꿇고 보호를 애원하자 원래 여자에 대해서는 약한 케사르가 「여자의 애원을 들어주지 못하는 건 남자의 수치」라고 결론, 그녀를 왕위에 다시 앉히기 위해 행동하기 시작하였다. 기원 전 48년에 걸쳐 전개된 「알렉산드리아 전쟁」은 바로 클레오파트라의 왕위를 회복시켜 주려 한 케사르와 이에 반대한 알렉산드리아 시민 사이의 전쟁이다.

유명한 알렉산드리아 도서관은 바로 이 싸움 때에 불타버렸다 한다. 여기서도 케사르는 승리를 거두고, 클레오파트라의 왕위를 회복시켜 주었다. 그런 다음 케사르는 전에 모반을 일으켜서 부왕(父王) 미트라다테스를 죽인 파르나케스가 반란을 일으킨 시리아로 급히 떠났다. 뒤에 남은 클레오파트라는 몇 달 뒤 케사르의 아이를 낳았다. **사람들은 이 아이를 카이사리온이라 불렀다.**

소아시아에 간 케사르는 제라에서 파르나케스군을 격파하고 압도적인 승리를 거두었다. 로마 원로원에는 「왔다, 보았다, 이겼다」하는 세 마디로 된 유명한 보고서를 보냈다.

그것으로 동방은 완전히 평정되었으나 서방에서는 소(小)카토를 비롯한 원로원파의 일부가 누미디아왕 유바의 보호하에 재기를 꾀하고 있었다. 그러나 기원 전 46년 4월 탑소스의 싸움에서 원로원파의 주력은 괴멸했고, 우티카를 수비하고 있던 소카토는 그 소식을 받자 자살하고 말았다.

(라) 케사르의 암살

케사르는 천하를 손아귀에 쥔 이후 10년간 독재관, 3년간의 호구감찰관을 겸임, 사실상 독재권력을 행사하고 있었다.

그 기간에 그는 새로운 시 김니지 카르타고나 코린트 등에 약 8만명을 이주시키고 곡물을 무상으로 급여받는 이들을 32만에서 15만명으로 제한하는 조치를 취한다.

또 역법을 개정하는 등 문화사업에도 힘썼고 거의 백만 시민에 가까운 로마시의 도시계획을 추진하고 새로운 광장이나 의사당을 건립하는 등 토목사업과 간척사업에도 힘썼다. 특히 로마시에 대도서관을 건립하기 위한 계획은 어마어마했다.

어쨌든 케사르는 무장으로서 또 정치가로서 그 탁월한 재능에 의해 천하를 통일하고 제왕이나 다름없는 1인 독재의 위치를 장악했다.

이처럼 독재권력을 행사하던 그는 왕정에 관심을 갖게 된다. 기원 전 44년 초 동방에서 위협을 가해오기 시작한 파르티아에 원정을 준비하고 있을 무렵 왕이라는 칭호에 더욱 미련을 갖는다.

이때 부르트스 중심의 암살음모가 진행된다.

부르트스의 어머니 세르빌리아는 소카토의 누이에 해당하는데 케사르의 젊은 날 애인이었다. 결혼한 사이는 아니었으나 세르빌리아의 아들 부르트스를 자기 아들로 믿고 있었다.

파르티아 원정을 3일 앞둔 기원 전 44년 3월 15일, **일찍이** 폼페이우스가 세운 석조극장의 부속건물에서 원로원 회의가 열리게 되었다. 이 회의에서는 이탈리아 외에 다른 속주에서 케사르를 왕으로 부르게 한다는 제안이 결의에 붙여지기로 예정되어 있었다.

이 회의 직전 그를 탄원하던 한 사람이 케사르의 옷을 잡는 순간, 이 신호로 해서 부르트스 일파가 단검으로 케사르를 찔렀다.

단검을 휘두르는 부르트스를 본 케사르는 그의 옛 애인의 아들일 뿐 아니라 그가 평소에 사랑하던 아들 부르트스에 대해 「내 아들아, 너마저…」하면서 얼굴을 소매로 가리고 폼페이우스의 입상(立像) 밑에 쓰러졌다.

(마) 제2회 3두정치

케사르는 세 번 결혼했지만 적자가 없었다. 클레오파트라가 낳은 카이사리온은 물론 서자였다. 케사르는 죽기 전 유서에서 그의 양자 겸 상속인으로 가이우스 옥타비아누스를 지정했는데 그때 나이 18세였다. 그가 급히 해외유학을 중단하고 귀국했다.

옥타비아누스가 등장한 뒤로 약 1년 동안은 안토니우스와 옥타비아누스 및 키케로 등 3인이 대립해서 언론, **또는** 무력을 빌어 권력 쟁탈전을 벌였다.

그중 키케로는 그의 뛰어난 변설로 안토니우스를 압도하고 옥타비아누스와는 타협에 의한 공존을 꾀했다.

그러나 기원 전 43년 옥타비아누스는 안토니우스와 손을 잡고 케사르의 부하였던 레피두스와 그의 군대를 로마에 끌어들이는 등 소동을 피우며 제 스스로 집정관이 되고 케사르 암살범들에 대해 이미 취해진 사면령을 취소했다.

그런지 몇 달 뒤 북이탈리아의 보노니아에서 옥타비아누스, 안토니우스, 레피두스 3명이 회담을 갖고 국가 재건 3인 위원회를 조직했다. 이로써 제2회 3두정치가 시작된다. 그리고 당대 제일의 지식인이라 불렸던 키케로가 64세의 나이로 추격자의 손에 살해된다.

(바) 안토니우스의 사랑의 종말

키케로가 죽은 후 옥타비아누스와 안토니우스의 세력경쟁이 은밀히 진행된다. 그러나 케사르를 암살한 부르트스 일파를 소탕한 안토니우스의 인기가 갑자기 오르고 그는 다시 파르티아를 침공할 생각을 갖는다.

이때 클레오파트라와 안토니우스의 사랑이 시작된다. 클레오파트라는 전에 케사르를 따라 로마에 왔다가 암살사건 후 귀국했었는데 파르티아를 침공하려 할 때 다시 안토니우스를 찾아온 것이다.

그녀는 주홍색의 돛을 달고 은으로 된 노를 젖게 하며 부속물도 온통 황금으로 장식한 배에 타고 와서 안토니우스를 놀라게 했다. 그리고 기막힌 화술과 요염한 매력으로 안토니우스를 사로잡았다.

클레오파트라의 사랑의 포로가 되어버린 안토니우스는 파르티아 원정을 포기하고 클레오파트라를 따라 알렉산드리아로 갔고 밤낮을 가리지 않고 그녀의 품안에서 보냈다.

그 사이에 옥타비아누스의 인기가 올라가고 군사면에서도 제1인자가 된다. 이제 로마는 옥타비아누스와 안토니우스가 정상을 다투게 된 것이다.

기원 전 33년 안토니우스가 클레오파트라와 결혼을 하고, 죽은 후에는 자기의 시신을 알렉산드리아로 운반하여 클레오파트라 곁에 묻히기를 원한다는 유언이 로마에 알려지자 시민을 격분하게 한다.

마침내 옥타비아누스는 이집트의 클레오파트라에 선전포고를 하게 된다. 이 싸움에서 클레오파트라는 패하고 안토니우스는 자살로 끝난다.

이를 두고, 로마를 배반한 안토니우스와 동방의 요염한 여왕 클레오파트라의 사랑의 비극이라 한다. 「없는 것은 오직 흰 눈 뿐」이라 할만큼 번영을 누린 알렉산드리아의 호화스런 왕궁 안에서, 안토니우스는 자기 몸에 스스로 칼을 찔렀고, 클레오파트라는 독사에 물려 죽었다는 말이 전해졌을 때 로마시민은 남녀노소가 모두 기뻐 날뛰며 거리의 광장을 메웠다 한다.

5) 로마 제정시대(帝政時代)

(가) 아우구스투스 황제

아우구스투스(존엄한 자)란 악티움해전의 승리자 옥타비아누스에게 원로원이 바친 존칭이다.

그는 천성적인 카멜레온식 변신을 거듭하여 로마 원로원과 민중의 갈채를 받으며 초대 로마황제로 실권을 장악한다.

그때 로마제국의 영토는 지중해를 중심으로 그 주위에 광범하게 퍼져 있었다. 총면적 9백만 평방킬로미터, 총인구는 약 7천만 명, 이를 방위하기 위해서 30만 상비군이 배치되어 있었다.

그중 반 가량은 정규군단으로서 이탈리아 및 속주의 로마 시민권 소유자들로 편성되었다. 복무기간은 20년, 군단 병력은 약 6천 명이었는데 보병을 중심으로 하고 약간 기병을 포함시키고 있었다. 군단의 숫자는 아우구스투스황제 시대의 초기에 18개, 그 뒤로 28개까지 늘었다.

그밖에 근위대 9천 명은 이탈리아인들이었다. 복무기간 16년의 이 근위병은 급료가 많고 정치적으로도 중요한 역할을 맡는 등 특수한 위치에 있었다.

그는 제1대 황제로서 전권을 장악하고 영화를 누리다가 기원 전 14년 8월 19일 76세로 세상을 떠났다. 케사르처럼 아우구스투스도 신(神)으로 봉안되었다.

(나) 폭군 네로 등장

네로는 4대 황제 클라우디우스의 뒤를 이어 나이 불과 17세로 제5대 황제에 올랐다.

그의 어머니 소아그립피나는 클라우디우스의 4명의 후비 중 하나로 클라우디우스가 세상을 떠나자 즉시 근위대를 동원하여 아들을 황제로 즉위시킨 것이다.

　네로는 근위대장 부루스와 철인(哲人) 세네카가 후견인이었으므로 순조롭게 치세를 시작했다.

　부루스나 세네카는 네로의 어머니 소알그립피나가 추천한 인물이었지만 헬레니즘 왕국의 여자들처럼 정치에 깊이 개입하는 데에는 반대했다.

　네로는 그 어머니처럼 매사에 감정적이고 자제심이 약한 황제였다. 취미는 스포츠, 음악, 문예였다 한다.

　어머니 소아그립피나는 아들 네로가 후견인들과 한 패가 되어서 제 어미의 말에 귀 기울이지 않게 되자 지금까지 소홀히 다루었던 선황제의 다른 아들 부리타니쿠스와 가까이 했다. 그러자 네로는 곧 부리타니쿠스를 독살해 없애버린다.

　이 무렵 네로의 친구 오토가 매일 자기 아내 폼파이아의 미모를 자랑했다. 이 폼파이아는 네로를 충동질해서 그리스도 교도들을 박해하게 했는데 그녀는 덕성스럽지 못한 점 외에는 여자로서 갖추어야 할 것을 모두 구비한 대단한 여자였다. 네로보다 5~6년 위였던 그녀와도 많은 잡음과 사건을 남긴다.

　(다) 네로의 패륜과 학정

　네로는 나이 어린 후비 옥타비아와의 성생활에서 뭔가 불만이 있던 것을 폼파이아와 결혼으로 해소시키려했다. 그리하여 우선 폼파이아의 남편 오토를 스페인의 한 속주 총독으로 내보내 놓고 그녀와 결혼하려 했다.

　그러나 어머니 소아그립피나가 강력히 반대했다. 소아그립피나는 아들 네로를 폼파이아한테 뺏기지 않으려고 아들이 취해 있을 때에는 화장을 요란하게 하고 다가가서 키스를 퍼부으며 갖은 교태를 부렸다. 이들 모자간에 불륜을 저지를 위험한 순간이 한 두 번이 아니었다 한다.

　이에 네로의 후견인이었던 세네카는 모자간의 불륜을 막고 또 네로의 재혼을 막기 위해 해방 노예 여자 아쿠테를 동원했다. 이 신분 낮은 여자는 이미 네로의 첩 노릇을 했는데 네로를 생각하는 진심은 폽파이아나 소아그립피아와 비교가 안 될 만큼 극진했다. 네로가 자살할 때에 그 뒷처리를 맡게 되는 것도 이 노예 출신 아쿠테다.

그러나 세네카의 계획도 아쿠테의 애정도 이를 바로잡지는 못했다. 네로와 폽파이아는 자기네가 결혼하기 위해서 소아그립피나를 모살(謀殺)하기로 했다. 해방 노예 출신인 해군 사령관이 악역을 맡아서 소아그립피나를 나폴리에 초대, 뒤집히기 쉬운 보우트에 태워 아무도 모르게 익사시켜 없애려 했으나 실패했다. 그러자 다음에는 그녀의 집을 습격해서 참살해 없앴다. 59년의 일이다.

이때 네로는 세네카의 지혜를 빌려서, 소아그립피나는 황제의 목숨을 노리다가 살해되었다고 공표하여 원로원과 일반의 의혹을 풀어주었다. 이듬해 네로는 옥타비아와 이혼하기 위해서 그녀가 노예와 간통했느니 어느 군인과 간통했느니 하는 터무니 없는 죄를 씌워 살해했다. 옥타비아의 이때 나이는 불과 22세.

이렇게 해서 네로는 폽파이아와 재혼하고 이제는 다시 치세에 주력하려 했다. 그러나 62년에는 후견인의 한 사람 부루스가 병들어 죽는가 하면, 또 하나의 후견인 세네카는 폽파이아의 미움을 사면서 네로한테 신망을 잃어 곧 은퇴했다. 이에 네로의 상담 상대는 폽파이아 외에 새로운 후견인으로 기용된 간신배 티겔리누스뿐이므로 네로의 치세는 이제 걷잡을 수 없이 혼란에 빠졌다.

이때 지나친 낭비로 인해 큰 구멍이 난 국가 재정을 메우기 위해 유력자들을 처형, 추방 또는 재산 몰수하는 소동이 잇달았는데 희생자 가운데에는 전에 네로를 즉위시키기 위해 애를 쓴 해방 노예 팔라스도 끼어 있었다.

게다가, 64년에는 로마시의 한 번화가에서 원인 불명의 불이 일어나 로마시의 태반을 쑥밭으로 만드는 불상사가 일어났는데 이 화재와 함께 행해진 그리스도 신자 박해는 극에 달했다.

이 무렵 후비의 위치에서 명실공히 황제의 후견인 노릇을 하던 폽파이아가 65년에 아무 이유없이 죽었다. 이 여자가 죽은 원인에 대해서는 그때나 지금이나 구구한 억측뿐이다.

그해에 원로원 의원 피소의 음모가 사전에 폭로됐다. 이 사건에는 전에 황제의 후견인이었던 세네카와 그의 조카로서 시인이기도 한 루카누스 및 네로의 친구이면서 소설 「쿠오바디스」의 주인공으로 되는 페트로니우스도 관계되어 있었다.

인생의 무상과 무욕을 중요하게 여긴 스토아 **철학자이면서** 무역으로 큰 재산을 모으기도 했던 세네카는 이때 목욕탕에서 혈관 속에 독약을 주사해 넣고, 그의 생명이 소멸되어 가는 상황을 서기에게 필기시키다가 죽었다.

그의 조카 루카누스 시인은 그의 작품 「파르살리아」 중에서 한 병사가 죽어가는 대목을 외우며 죽었다. 이때에는 음모에 관계된 동료들을 배반한 원로원 의원들이 있는 한편, 해방 노예 여자 에피카리스처럼 혹독한 고문을 당해 죽을 때까지 동료들의 이름을 밝히지 않은 여자도 있었다.

정치에 싫증이 난 네로는 그리이스 문화에 관심을 기울이고, 스포츠나 예술의 콩쿠우르를 베풀었다. 그 자신이 극장의 무대에 가수로 섰을 정도이고, 66년 말부터 그 이듬해까지 그리이스 각지의 명소 고적을 탐방하기도 했다. 그리이스의 4대 제전이 이때에 다시 개최되어 네로가 전차 경주에서는 졌으나 씨름에서 이겼다는 에피소드도 전해진다.

이 폭군의 재위 기간은 별로 길지 못했다. 68년 갈리아총독 빈데쿠스가 반란을 일으켰다. 그는 얼마 안 가서 싸움에 패하고 목숨을 잃었지만 반란은 각처의 군대에 파급되고, 네로는 실각하고, 이스파니아의 타라코넨시스총독 갈바가 제6대 로마 황제로 등장했다. 근위대는 네로를 더 이상 돌보지 않았고 원로원은 그를 공적(公敵)이라고 선언했다.

네로는 로마시내에서 탈출했으나 더 살 생각을 갖지는 않았다. 68년 6월 9일 네로는 자기 시체의 처리를 해방 노예 여자 아쿠테에게 부탁하고 칼로 제 목을 찌르고 죽었다.

(7) 그리스도의 세계

1) 팔레스타인 박해

(가) 유다민족의 신앙

 로마제국의 영광은 곧 수많은 피지배 민족의 굴욕과 수난의 역사였다. 로마의 가혹한 착취와 박해 속에 신음해온 피압박 민족의 아픔은 실로 엄청난 것이었다. 따라서 로마의 역사는 피압박 민족의 좌절과 반항의 역사라 할 수 있다.
 이스파니아, 갈릴리, 게르마니아, 북아프리카, 소아시아, 시칠리아, 동방의 나라들 등이 바로 그것이다. 그 가운데서 좌절과 절망을 딛고 새로운 희망으로 저항을 계속해온 민족이 유다민족이다.
 유다민족은 기원 전 2세기 말 경 다비드의 지도하에 이스라엘 통일왕국을 건설하고 그 다음 왕 솔로몬 시대에는 이른바 「솔로몬의 영화」를 누리기도 했다.
 그러나 솔로몬의 영화가 압정을 초래했고 그가 죽자 왕국은 남북으로 분열된 후 앗시리아, 이집트, 바빌로니아 등의 침입이나 지배를 받게 되었다. 또 국내적으로는 분열이 심하고 부유한 지배층에 시달렸다. 그러는 가운데도 유일신 여호아에 대한 신앙을 갖고 있었다.
 그들은 로마의 혹독한 지배속에서도 메시아가 와서 그들을 해방시키고 세계를 지배할 것이라고 굳게 믿고 있었다.
 이무렵 유다인 정복에 관계된 로마의 장군들은 폼페이우스, 안토니우스, 크랏수스, 케사르 등이었다.
 그러나 로마는 유다 남쪽 이두메아의 토호인 헤롯에게 통치를 위임했다. 헤롯은 잔인하면서도 실행력이 있는 사내인데 자주 바뀌는 로마의 **실력자에게 아첨해서 자기의 지위와 통치영역을 확보했다.**
 그 후에도 헤롯은 로마가 지배하는 동맹국 왕의 위치에서 충성을 바치고 그 댓가로 차차 영토를 넓힌 끝에 로마로부터 대왕소리를 듣기도 한다.
 그러나 유다교에 대한 탄압은 그도 범하지 않았다. 예루살렘의 신전의 개축도 사제들한테 맡겨두고 간섭하려 하지 않았다. 물론 헤롯도 유다인이었기 때문이었을 것이다.

(나) 세례 요한

요한은 원래 유다의 유서깊은 제사(祭司) 가문에서 태어난 사람이었다. 그의 경건한 부친은 황야 종단쪽에 공감하고 있었다 한다. 그리하여 부친은 요한을 사해 연안의 황야 종단에 보내서 종교교육을 시켰다.

뒤에 요한은 교단에서 독립하여 같은 황야에서 금욕적인 생활을 했다. 얼마 후에는 그곳을 떠나 한 사람의 예언자로서 군중 앞에 등장했다. 이때는 로마 황제 티베리우스 15년, 기원 전 28년이다. 장소는 요르단 하류.

요한의 설교 중심은 「회개하라, 천국이 가까왔으니」였다. 그리고 그의 설교를 듣고 회개한 사람들에게는 「회개의 밥티스마」를 베풀었다. 이 밥티스마는 요르단의 강물로 세신(洗身)해 주는 것이었다. 당시에 황야 종단 사람들은 매일 몇 번이건 자기의 손으로 세신했으나 요한은 죄를 회개한 사람들에게 단 1회의 세신을 베푼 것이 특이한 점이다.

이 요한의 밥티스마는 갑자기 확대돼서, 불과 몇 주일만에 요한의 주위에는 그의 독자적인 의식과 단식과 기도의 형식을 따르는 제자들의 공동체가 형성되었다. 이렇게 요한 밑에 모인 사람들 속에는 예루살렘에서 온 제사나 율법학자, 바리새인, 병사, 수세인(收稅人) 등 각계 각층의 사람들도 있었지만 대개는 갈릴리에서 「아무 하 아레츠(땅의 인민)」라 하여 유다인의 천대를 받던 이민족이거나 근처의 가난한 사람들, 또는 메시아의 강림에만 희망을 걸고 있던 사람들이었을 것이고, 예루살렘 신전을 존중하지 않는다 해서 유다인의 증오를 받던 사마리아인들도 포함되어 있었다. 이처럼 요한의 제자들은 가난한 사람들, 또는 학대받는 사람들이었다.

요한의 가르침은 부유한 지배층이 좋아할 수 없는 것임은 두말 할 나위도 없다.

그는 예루살렘에서 제자나 율법학자들에게 준엄한 말로 회개를 재촉하고 그들을 「어둠의 아들」들이라고 한 것이나 수세인들에게 부당한 징세를 꾸짖거나 병사들에게 권력의 남용을 추궁한 것이, 부유한 지배층에게 달갑게 들릴 리가 없었다. 그의 밥티스마 운동이 나날이 확대된 것은 특히 로마나 헤롯 왕조에게는 위협적이었다.

게다가 요한이 갈릴리와 페레아의 영주 헤롯 안티파스 앞에 나가 아무 두려움 없이 그의 회개를 촉구하자 그들의 대립은 더욱 격화되었다.

(다) 살로메와 요한의 죽음

안티파스는 회개는 커녕 예언자 요한을 체포해서 사해 동쪽 연안의 마카이루스라는 음산한 요새에 가두었다. 그러나 당장 처형하지는 못했다. 요한의 말속에 들어있는 진실을 알고 있는 안티파스는 오히려 요한을 두려워 하면서, 다른 한편으로는 가끔 요한을 옥에서 끌어내어 얘기를 듣기도 했다.

안티파스의 우유부단한 태도에 왕비 헤로디아는 불만을 느꼈다. 그녀는 요한을 몹시 증오하면서 어떻게든 죽일 생각을 갖고 있었다. 침실에서 왕한테 몇 번 얘기했으나 헛일이었다.

이러던 차에 기회가 왔다. 안티파스의 탄생일에 국내의 고관이나 유력자들 외에 로마의 군인들도 초대되었다. 이때의 연회에는 주로 남자들 뿐이었지만 주인은 손님들의 흥을 돋우기 위해 여자들을 불러들여서 춤을 추게 했다. 이 여흥에 왕비나 왕녀가 등장해서 춤을 추는 것이야말로 손님들에 대한 특별 서어비스였다.

일찍이 페르시아왕 크세륵세스가 연회를 베풀었을 때에는 이런 특별 서어비스가 있었다 한다. 한쪽에서 몇 사내가 자기네 처의 자랑을 떠들어댔다. 왕이 제일 큰 소리로 떠들었다.

『내가 평소 쓰고 있는 그릇은 칼데아의 여자다. 보고 싶지 않나?』

한 신하가 대답했다.

『물론이오이다. 기왕이면 알몸을 보여주시기 바라나이다.』

왕은 와스티를 불러냈으나 이 여자는 말을 듣지 않았다. 왕은 분통이 터져서 왕비의 목을 잘라내어 쟁반에 담아서 손님들에게 구경시켰다.

헤로디아에게는 전남편과의 결혼에서 낳은 살로메란 예쁜 딸이 있었다. 안티파스가 그의 탄생일 연회에서 이 살로메의 춤을 보고 싶어하자, 그녀는 와스티와 반대로 쾌히 승낙하고 나서, 알몸에다 엷은 베일만을 살짝 감은 요염한 모습으로 춤추었다. 손님들보다도 색광 안티파스 자신이 도취해서 그 의붓딸을 가까이 불러 놓고 물었다.

『네가 원하는 건 다 주마. 나라의 땅을 반으로 갈라 달라 해도 갈라 주겠다.』

살로메는 부지런히 모친 헤로디아에게 갔다오더니 땅도 싫고 돈도 싫고 오직「밥티스마 요한의 머리」를 달라고 했다.

안티파스는 순간 창백해져 가지고 말을 못했으나 약속을 어길 수는 없었다. 그의 명령으로 옥중의 요한은 목이 잘리고 그의 머리는 쟁반에 담겨 왔다. 안티파스는 외면하고 있었고, 병사한테서 쟁반을 받은 살로메는 모친의 방으로 달려갔다.

이때 마카이루스 요새에서는 요한의 제자들이 머리없는 스승의 시체를 인수받아 사마리아의 수도 세바스테에 갖다 묻었다. 이곳은 안티파스의 영역이 아닌데다가 요한의 제자가 많았기 때문이다.

1891년 오스카 와일드가 프랑스어로 써 낸 희곡「살로메」는 이 사건을 제재로 한 것이다.

헤로디아는 사건 당시에 미운 요한을 없앤 것만으로 기뻐했겠지만 안티파스는 그날부터 요한의 유령이 밤마다 복수하러 나오는 악몽에 시달렸다. 그뿐만이 아니다. 요한이 살아났다는 소문이 퍼지기 시작했다. 하지만 이것은 예수 그리스도에 관한 소문이었다.

2) 예수 그리스도 등장

예수의 탄생에 대한 확실한 기록은 없다. 다만 베들레헴의 어느 마굿간에 있는 구유에서 태어났다는 전설적인 이야기가 전부일 뿐이다.

어쨌든 그는 갈릴리 중남부 산악지대에 있는 나자레란 작은 마을에서 성장하여 거의 30세 때까지 생활했다 한다. 부친 요셉을 일찍 여의고 아버지의 직업에 따라 목공일을 했다. 가족으로는 어머니 마리아 외에 4명의 형제와 여러 자매가 있었다. 특별히 학교 교육은 받지 못했고 특정의 교파나 교단과도 관계하지 않았고 오직 신앙이 두터운 유다교의 평신도로서 구약성서를 가까이 하고 유다교 회당에 드나들었다 한다.

그리스도는 요한의 세례를 받고 전도 생활에 뛰어들었지만 요한처럼 황야에서 외치지 않고, 갈릴리 호수의 서북쪽 연안에 있는 마을과 마을로 돌아다니며 집안에서나 호숫가의 언덕에서나 물위에서나 또 평지나 산위나 초원에서 그를 따르는 군중에게 설교했다. 그는 또 요한처럼 신의 무서운 심판에 대해 얘기를 해서 사람들이 겁을 먹고 회개하게 하지는 않았다. 그가 행한 설교의 중심 **제목**은 「때는 왔다. 신의 나라가 가까와졌다. 회개하고 복음을 믿으라」는 것이었고, 그가 말한 회개는 유다인이 오래 기다린 「신의 나라」가 도래했다는 기쁜 소식을 믿는 것과 관계 깊은 것이었다.

그는 황야 종단처럼 예루살렘 신전 중심의 예배에는 반대하고 내면적인 신과의 교섭을 중히 여겼다. 그러나 황야 종단처럼 제사 중심이거나 계율을 엄수하는 봉쇄적인 교단 같은 것은 구성하지 않았다.

그의 복음은 모든 사람들에게 개방되어 있었다. 그리고 황야 종단의 계율이 「빛의 아들들」이라는 같은 신자끼리만 사랑하고 반대로 「어둠의 아들들」인 적을 증오하게 한 것과는 달리 그리스도는 적까지도 사랑하라고 가르쳤다.

예수 그리스도 자신은 결혼하지 않았지만 요한이나 황야 종단 사람들 같은 금욕가는 아니었고, 오히려 결혼을 축복하고 세상 사람들과 자유롭게 어울리고 먹고 마셨다. 그의 설교 스타일도 완전히 대중적이고 이해하기 어려운 곳은 전혀 없다.

그는 또 간질, 경풍, 중풍, 광기 등 악귀가 그 원인인 것같이 알려져 있던 여러 가지 병에 걸린 사람들을 낫게 해 주었다. 그의 기적을 행하는 능력은 회개할 것을 설교하는 그의 인격을 전폭적으로 신뢰하게 해 주었고, 더구나 그의 기적은 연민(憐憫)의 정에서 우러나오는 것이지 무슨 자랑이나 남을 현혹시키려는 수단은 아니었다.

이렇게 해서 예수의 명성은 갑자기 높아지고 많은 사람들이 그를 따랐다. 예수는 그 속에서 12인의 제자를 추려내어 그의 전도에 도움이 되게 했다. 바로 이 무렵 세례 요한의 머리는 쟁반에 담겨서 살로메와 그 모친의 손에 넘어갔던 것이다.

(가) 골고다 언덕의 십자가

예수는 정치와는 초연한 채 이스라엘 사람들에게 전도를 사명으로 하고 제자들에게도 이방인한테 가지 말라고 가르쳤다. 그러나 그는 이방인도 구원을 받을 수 있다고 가르쳤다.

예수의 인기가 높아지자 유다교의 지도층인 사드카이인이나 바리새인 측의 증오가 더해져서 드디어는 반감을 사고 적대시되었다. 게다가 신전에서 장사꾼들을 몰아내자 사드카이인들은 대제사의 권한이 유린당하고 신전의 수입이 줄었다고 격분하고, 바리새인들은 자기네가 울법을 묵묵히 지킨 일이나 위선적인 태도를 비난당했다고 분노했다.

그런 가운데 한 때는 예수를 메시아로 보고 큰 기대를 걸었던 민중도 실제 그가 말하는「신의 나라」라는 것이 로마의 지배를 벗어난 현실의 국가가 아니라 정신적인 것에 불과하다는 데에서 환멸을 느끼고 차차 그에게서 떨어져 나가기 시작했다.

이 무렵의 유다 영역은 완전히 로마의 속주로 개편되어 기원 전 26년 빌라도를 총독으로 맞이하고, 그의 공포 정치에 시달리고 있었다. 이 총독 빌라도는 이후 신약 성서의「4복음서」에서 로마측의 대표적인 관헌으로 등장된다.

한편, 민중의 폭동이 두려워서 감히 예수에게 손을 못대던 사드카이인과 바리새인들은 이제 그에게서 민중이 차차 떨어져 나가는 것을 보자, 행동을 개시했다. 그들은 12제자 가운데서 가룟 유다를 포섭하고 예수를 체포하기로 결정했다.

예수는 12제자와「최후의 만찬」을 끝내고, 가룟 유다의 안내를 받고 온 신전 경비대에 무저항으로 체포되었다.

그날 밤 예수는 최고 평의회의 심문에서 독신죄(瀆神罪)를 범한 것으로 판정되고, 사형을 언도받았다. 그러나 유다인에게는 판결권이 있었을 뿐 그 집행권은 없었으므로, 이튿날 아침 예수는 총독 빌라도한테 인도되었다.

그러나 유다인들이 빌라도에게 제출한 예수의 죄목은 독신죄가 아니라 예수 자신이 「유다인의 왕」이라고 자칭했고, 민중을 현혹시켰고, 로마에 납세할 것을 거부했고, 또 반란을 꾀했다는 정치적인 것이었다. 즉 독신죄로는 총독의 마음을 움직일 수 없을 테니까 예수를 갑자기 정치범으로 둔갑시켰던 것이다.

총독 빌라도는 인도된 예수를 접견했다. 그리고 예수가 자기 변호를 하지 않는 것을 이상하게 생각한 끝에 이건 유다인들의 음모임에 틀림없다고 단정했다.

이에 빌라도는 그날이 마침 유월절(踰月節)이기 때문에 죄수 1명을 특사할 수 있다는 관례를 내세우고 예수를 방면하려 했다. 그러나 대제사를 비롯한 지도층의 선동을 받은 민중은 예수를 십자가에 못박으라고 일대 소동을 피웠다.

빌라도는 로마 병사들이 장난삼아 만든 가시로 된 관을 쓴 예수를 유다인들 앞에 끌고 나가서 「봐라 이 사람을!」하며 그 참혹하고 우스꽝스러운 벌로 민중의 욕구를 일단 충족시켜 주고 사태를 무마하려 했다. 그러나 유다인들은 「로마 황제의 적인 이 사내를 용서해 준다면 당신은 충신이 아니다. 우리들에게는 오직 로마 황제 한 분이 있을 뿐 저런 왕은 없다」고 빌라도의 급소를 찔렀다. 이에 빌라도는 예수를 십자가에 못박은 것이다.

골고다는 예수가 십자가에 못박혀 죽은 예루살렘 교외의 언덕이다.

(나) 그리스도 교단 성립

예수가 십자가에 못박혀 죽은지 3일째 되는 날 무덤에 묻힌 예수가 부활한다. 이는 상식으로나 과학적으로는 설명될 수 없는 일이지만 교회에서는 이를 그렇게 확신하고 있다.

또한 예수가 체포될 때 도망쳤던 제자들이 회개하고 전도를 시작했으며 따라서 많은 사람들이 예수를 구세주로 믿고 이를 예배하는 교단으로 그리스도 교회가 성립된다.

최초로 예루살렘에서 시작된 그리스도 교단은 사도(使徒)라고 불리게 된 베드로, 요한, 예수의 형제로 죽은 뒤 입신(入信)한 야곱 등을 중심으로 해서 이루어진 것이다. 그러나 아직 유다교와 분리되지 않은 채 신전예배나 율법을 엄수하고 있었다.

그무렵 스테파노라는 순수하고 열렬한 신도가 유다교를 격렬히 공격하다가 민중의 분노를 사고 돌에 맞아 타살된다. 이 사건을 계기로 해서 그리스도교에는 유다인과 유다교에 의한 대대적인 박해가 가해지게 되었다.

이에 그리스도교는 팔레스타인 밖으로 퍼져나가기 시작하여 시리아의 안티오키아에서는 그리스도를 믿는 사람들은 크리스찬으로 부르게 되었다.

이후, 그리스도 신자를 지칭하는 말로 크리스찬이 쓰여지게 된다.

(다) 사도 바울의 회개와 전도

바울은 유다인으로 부친 때부터 로마 시민권을 얻어 부유한 가문이었고 그리스적 교양도 갖추었으나 예루살렘에 가서 유다교의 율법을 공부했다. 젊은 시절에는 그리스도교를 박해하는데 앞장 섰다가 회개하고 예루살렘에 가서 베드로와 야곱을 만나 개종한 뒤 그리스도교를 전도하기 시작한다.

바울은 소아시아 서부, 마케도니아, 그리이스 등 꽤 넓은 지역을 순회했다. 10여 년 동안 각 도시의 유다교 회당에 가서 예수를 구세주라고 설교했는데 처음에는 많은 반대와 불신에 **부딪혔지만** 굴하지 않고 계속했다.

바울의 전도여행은 아테네에도 미쳤다. 그는 아크로폴리스 언덕에 이어져 있는 아레오파고스 언덕에서 스토아나 에피쿠루스 학파의 철학자들을 비롯한 많은 시민들을 상대로 「알려져 있지 않은 신」, 즉 그리스도교의 신을 소개했다.

바울은 유다인에게나 그리이스인에게 한결같이 그리스도교를 전도하면서 전 세계의 모든 민족을 이 종교 하나 속에 포함시키려 하고 또 이 종교를 세계 종교의 위치로 끌어올리기 위해 사력을 다한 것이다.

(라) 네로의 그리스도교 학살

64년, 그해 7월 로마에 대화재가 발생하여 시가의 태반이 불탔을 때의 일이다.

네로는 이때 로마시 남방의 해안도시 안티움의 이궁(離宮)에 있었는데 곧 귀환하여 이재민 구호 및 시가재건에 주력했다. 그러나 평소에 그의 행동이 거칠어서 시가가 불타고 있을 때 이궁의 발코니에서 바라보며 트로이 멸망의 시를 읊었다거나, 새로운 시가지를 건설하기 위해 구시가를 일부러 태웠다는 등의 소문으로 민중이 폭동을 일으키려 했다.

네로가 정말 그러했는지는 확실하지 않지만 그런 소문을 잠재우기 위해서 측근의 조언에 따라 방화의 혐의를 그리스도 신자들한테 뒤집어 씌웠다. 그리고 십자가에 못박아 죽이기도 하고, 불에 태워 죽이기도 했으며, 심지어는 짐승의 껍질을 뒤집어 씌워 맹견한테 물려 죽게 하기도 했다.

또 네로는 이런 학살의 장면을 관람시키기 위해 민중에게 정원을 개방하고, 경마를 개최하기도 했고, 우스꽝스런 복장을 하고 설치기도 했으며 자신이 전차(戰車)를 타고 달리기도 했다.

폭군 네로의 악명을 더욱 유명하게 한 이 박해는 그리스도교 신앙 때문에 전개된 것이라기 보다 단순히 대화재에 의한 민중의 소요를 진정시키기 위한 수습책에 불과했다.

이 정치적 제단 위에 올려진 그리스도 신자들은 당시에 비밀리에 모여서 예배를 행하고 일반 로마인과는 교제하지도 않았으므로 음모를 꾸미고 마술을 행하고 사람 고기를 먹고 근친상간을 일삼기도 한다고 로마인한테서 오해받고 있었다.

그 결과 모든 그리스도 신자는 로마의 전통과 미풍양식을 해치는 공적이라 해서 대부분의 로마인이 전부터 그들을 증오하거나 멸시하고 있는 상태를 이제 네로가 정치적으로 이용한 것이다.

이 얘기는 50여 년 뒤 역사가 타키투스가 기록해서 남긴 것이고 다른 기록에서는 로마의 화재와 그리스도 신자 박해가 아무 관계없는 것 같이 얘기되어 있기도 하다. 그러나 대화재가 있었다는 것과 그리스도 신자 박해가 행해졌다는 것만은 틀림없는 사실이다.

이 사건 때에 베드로가 박해를 피하기 위해 로마 교외로 나갔을 때, 아침 안개 속에서 그리스도를 만나자 「주여, 어디로 가시나이까 (도미네 쿠오바디스)?」라고 물었다. 답은 「로마에 가서 십자가에 못박히겠다」는 것이었다. 이에 베드로는 자기 잘못을 뉘우치고 발길을 돌려 로마에 가서 십자가에 못박혀 순교한다.

3) 그리스도교의 시련과 발전

네로의 그리스도교 박해는 종교 자체를 부정하는 것이라기보다 로마시 화재에 따른 우연적인 박해였을 뿐이다. 로마시 외에 다른 곳에서는 거의 박해가 없었던 것이다.

따라서 그리스도교 전도는 초대 사도들이 죽은 뒤에도 활발하게 전개되어 로마제국 전역에 광범위하게 전파되고 있었다.

바울 등의 초대 사도들이 개척한 시리아, 소아시아, 그리이스, 그리고 수도 로마에 이르기까지 주요 도시나 농촌에 수많은 교회가 세워지고 있었다. 신도들의 수도 급격히 늘어났고, 2세기 초에는 남부 갈리아, 북아프리카, 이스파니아까지 이르렀고 180년 경에는 지중해 연안에 있는 로마제국 속주 전역에 전파되었다.

3세기에는 페르시아제국 안에까지 전파되어 4세기 초의 교회 회의에는 브리타니아와 게르마니아에서까지 사교(司敎)가 참석했다. 또한 안드레는 스키타이인에게, 토마스는 인도에 전도했다고 기록되어 있다.

(가) 그리스도교 보호자들

그리스도교를 박해할 때 그 부당성을 호소하고, 그리스도의 입장을 변명하는 이론가들, 혹은 변증가들도 나타났다. 대표적인 사람은 그리이스 철학을 피력하다가 그리스도교로 개종한 뒤 같은 신자 6명과 함께 순교한 유스티누스, 그의 제자 타티아누스, 사르데스의 사교(司敎) 멜리토, 아테나고라스 등을 들 수 있다.

그들은 세상이 그리스도 신자들에게 행한 중상 모략, 즉 사람 고기를 먹느니 근친상간을 하느니 하는 말은 모두 근거없는 것이라고 해명하고, 그리스도교는 로마 제국에 대해서 해로운 존재가 아니라 오히려 유익한 종교이기 때문에 박해할 이유가 하나도 없다고 주장했다. 그 증거로는 그리스도교가 전파된 후 오히려 로마 제국은 더 강대해지지 않았느냐고 반문하였다.

그러자 180년 경 켈수스란 사람이 그리스도교를 이교(異敎)로 몰고 황제들의 그리스도 신자 박해를 정당하게 보는 저서「진실의 가르침」이란 저서를 냈다.

이 저서는 약 70년 후 유명한 플라톤 철학자 오리게네스한테서 반박을 받았다. 오리게네스는 켈수스를 반박하는 글에서「전 로마 제국이 참된 신을 한결같이 예배한다면 신은 우리들을 위해 싸워서 많은 적을 물리칠 것이다」하여 신의 가호를 믿고 로마의 신들이나 황제의 신격화를 전면적으로 부정하였다.

몬타누스파에 가담하고 있던 북아프리카의 테르툴리아누스 역시 중요한 호교가로 손꼽힌다. 당시의 다른「호교론」(護敎論. 197년 집필)에서 그리스도 신자들은 재판 또는 형벌 과정에서 부당한 대우를 받고 있다고 주장하고 로마의 황제가 어째서 신이냐고 까지 공박했다.

(나) 카톨릭교회 탄생

처음의 신자들은 거의가 중산층 이하에 속한 수공업자, 상인, 노예들이었으나 2세기 경에는 부유한 사람이나 신분이 높은 계층에서도 그리스도교의 신자로 입교하는 사람이 많았다. 처음에 부인과 노예들의 교라고 공박당했던 그리스도교는 나날이 그 교세가 확장되어간 것이다.

특히 그리스도교는 신자의 계급을 따지지 않고 서로 형제 자매로 부르고 2~3세기에는 교회의 장로나 집사같은 지위에 노예들도 선출되고 있었다. 교회 안에서는 사회적 신분이나 계급의 구별이 없었던 것이다.

교세가 확장됨에 따라서 그 조직도 정리되어 신도는 우선 성직자와 평신도로 나뉘었다. 성직자의 경우는 사교(司敎), 장로, 집사로 구분되었다. 사교는 교회를 지도하고 예배나 예전(禮典)을 주재하고 교회 내의 재판도 맡았고, 장로는 예배나 목회관계의 일에서 사교를 돕고, 집사는 교회 내의 재정을 비롯한 사무를 맡아 보았다.

교회와 교회간의 유대는 2세기 말 경부터 차차 지역별로 형성돼서 먼저 지방 교회 회의란 것이 생겨났고, 3세기 중엽에는 로마 제국의 각 속주별로 지방 교회 회의가 열렸다. 이때는 속주의 수도에 해당하는 도시에서 교회를 이끌고 있는 사교가 회의 의장으로 되어 해당 속주 내의 교회 전체를 대표하고 통제하게 되었다.

사교들 중에서도 로마, 알렉산드리아, 안티오키아 등지의 사교가 특히 유력했다. 더구나 로마 교회의 경우는 제국 전체의 수도에 자리잡은 교회로서 사도 베드로와 바울이 순교한 곳에 있다는 전통을 가지고, 또 베드로를 초대 사교로 정하고 있었기 때문에 로마 사교의 권위는 단연 압도적이었고, 이에 로마 교황(법왕)을 낳는 기틀이 마련되어 있었던 셈이다.

교회 조직이 정비됨에 따라서 법적인 형식을 취하게 되어 신앙 조례, 서례, 성찬 등의 예전(禮典)이 정해졌다.

예배의 날로는 유다교의 안식일(토요일) 대신에 그리스도가 부활한 날을 「주님의 날」로 정했는데 이날은 태양신 미트라의 날이었으므로 그후 일요일로 불리게 되었다.

그리고 그리스도가 탄생한 날이라고 얘기되는 **크리스마스**도 원래는 미트라교의 불패(不敗) 태양신이 탄생한 날이다. 또 유다교의 유월제와 오순절(五旬節)은 각각 부활제와 성령 강림제(祭)로 바뀌었다.

 그 무렵 이단자 마르키온이 그의 견해에 잘 어울리는 문서만을 모아 경전(經典)을 편찬했으므로 그리스도 교회측에서는 올바른 경전을 편찬할 필요에서 2세기 말 경에 착수, 유다교가 가지고 있는 성서(구약성서)와는 별도로「새로운 계약」의 책이라 하여「신약성서」를 편찬하고 이를 그리스도교의 경전으로 정했다.

 여기에 포함된 문서는 일정하지 않지만 대체로 사도 및 사도의 제1 제자가 남긴 저서로 제한되었으며 2세기 이후의 이단적 문서가 끼어들지 않도록 하기 위해서 오늘날과 같은 27서(書)가 정경전(正經典)으로 공인된 것이 4세기의 일이다.

 이렇게 해서 온 세계를 포괄하는 유일한 정통교회라는 의미를 가진 카톨릭교회와 신약성서가 성립된 것이다.

 (다) 계속된 시련과 극복

 3백 년에 걸친 박해와 순교가 거듭되는 가운데도 끊임없이 전파되어 4세기에는 경전을 만들게 되며 카톨릭교회가 탄생되어 합법적 종교로 공인되는 과정에 있었으나 3세기 중엽에 또다시 모진 박해와 시련을 받아야 했다.

 3세기 중엽, 내우외환 때문에 로마 제국이 일대 위기에 처해 있던 시기에 데키우스가 국가재건을 위한다는 구실과 로마 전통 및 종교를 부흥시킨다며 전국에 칙령을 발표한다. 로마 시민권 소유자는 누구나 로마의 신들에게 바친 고기와 술을 먹게 한 것이다.

 이 칙령은 원래 그리스도교를 탄압하기 위해서 발표된 것은 아니지만 전대(세베루스조)에 유행한 시리아계, 외래종교보다 오랜 로마의 종교를 부흥시키고 국민의 단결을 도모하는 것이었다.

 그러나 그리스도 신자들이 이 칙령에 따르지 않았기 때문에 용서없이 체포, 투옥, 혹은 처형되었다. 이때의 박해는 지금까지의 국지적 우발적 박해와는 달리 거국적이고 전면적인 것이었다.

 이 박해는 데키우스의 뒤를 이은 다른 황제들에 의해서 한층 더 강화되었다. 그리스도 신자의 집회나 묘지 참배는 일체 금지되고 묘지와 교회도 접수되었다.

　그리스도 신자로서 신분이 높은 자들은 일체의 사회적 지위를 박탈하고, 재산을 몰수하고, 개종하지 않는 자는 모조리 처형하였다. 귀부인들도 그리스도 신자라면 재산을 몰수 후에 추방당하고, 서민들도 마찬가지였다.

　이 무렵의 박해에서 로마교회 사교 식스투스 2세나 카르타고 사교 키프리아누스 등이 순교했고, 평신도들도 많이 순교하는 한편, 순교나 다른 처벌을 두려워한 끝에 개종하는 자들도 많았다.

　이 개종자들의 경우는 황제의 칙령대로 로마의 신들을 섬기고 그 증명서를 받는 자, 그 밖의 다른 신을 섬기는 자, 관리에게 뇌물을 바치는 자 등 별별 사람이 다 있었다.

　그러나 253년 부제(父帝) 발레리아누스와 함께 즉위한 갈리에누스 황제 때부터 약 50년간 그리스도교는 박해를 면했고, 그 뒤 로마 제국 내의 모든 종교를 태양신 중심의 일신교로 통합하려 한 아우렐리아누스 황제 때에도 박해를 면했다.

　이런 가운데 그리스도교는 그늘에서 퍼져 나가고 있었다.

2. 중국 고대사

(1) 상고시대

　광활한 국토와 10억이 넘는 인구를 가진 중국의 5천년 역사는 많은 수수께끼 속에서 전개되어 왔다. 은나라 왕조로부터 시작하여 청나라 왕조가 무너질 때까지의 3천년 역사도 온통 경이와 불가사의 속에 진행되어 온 역사이다. 지구의 무대 위에서 위대한 역사를 창출해낸 중국의 5천년 사는 태고에서부터 현재에 이르기까지 독창적이고 전통적인 것이라는데 더 큰 역사적 의의가 있다.

　그러나 중국 민족의 기원에 관해서는 저마다 학설이 달라 확실한 고대인들의 실상을 알지 못한다.

　일반적으로 중국 민족은 몽골계 인종, 즉 몽골로이드를 대표하는 것이다. 그러나 체질에 있어서 화북지방 화남지방 사이에 그 차이가 심하다. 화북인이 장신인 반면에 화남인은 평균키가 작고 두개골의 형태도 같지가 않다. 이런 간단한 사실로만 보아도 본래 중국 민족에 북방으로부터 침입한 몽골계 퉁구스의 영향이 컸다고 보는 견해도 적지 않다.

　또한 중국 고대 민족은 사막과 화남의 밀림지대를 피하여 화북의 널찍한 황토지대에서 집단생활을 시작한 것으로 알려지고 있다. 따라서 황토민족이라고 말하는 경우도 있다.

　화북이라고 하면 대체로 북은 카르칸을 정점으로 하고, 남은 친링산맥 및 회양산지를 저변으로 하는 커다란 3각형 지대이다.

　그 지역 안에는 황하(黃河)의 중류, 하류 및 그 두 개의 큰 지류인 편수이강 유역과 산뚱반도를 포함하고 있다.

　이 지역은 황토가 넓게 덮여있는 것이 특징이다.

　이 지대에서 사람들은 토담집을 만들거나 벼랑에 굴을 파서 주거지를 삼았던 것이다.

　황하는 이 황토가 녹아서 섞여 흐르는 강이며, 황해는 다시 그 강물이 흘러들어가는 바다이다. 이 지역에 사람들은 생활의 터전을 만들었던 것이다.

　후일 전국시대에 오행설이 만들어졌을 때 황색은 토덕(土德)을 나타낸다 하여 이를 방위(方位)에서 중앙으로 삼았고 그들의 전설적인 최초의 지배자를 황제(皇帝)라고 칭한 것도 지극히 자연스러운 것이라고 할 수 있다.

또한 화북의 황토지대에서 고대 중국문화 유적이 발견되고 있는 것이 이를 증명하고 있다.

어쨌든 화북의 황토지대에 근면한 중국 민족이 정착하고 서서히 농경생활을 시작하였던 것이다.

1) 신화와 전설

(가) 삼황오제(三皇五帝)

중국의 역사는 삼황오제(三皇五帝)라는 성인시대의 전설로부터 시작된다.

상고시대는 사람의 수보다 동물(특히 맹수)이 더 많아 이들을 이겨내는 지혜가 필요했고 나무 열매, 풀 열매, 조개같은 날것들을 먹고 살았기 때문에 이런 것들을 관리하는 방법을 가르치는 지혜로운 사람, 불을 관리하거나 농경법을 가르치는 사람 등이 존경받았던 것이다.

따라서 이와같은 것을 지도하는 지혜로운 사람을 성스러운 왕으로 삼았다는 전설적 인물이 삼황(천황, 지황, 인황, 또는 복희, 신농, 수인)이다.

그러나 최초로 중국 역사를 기록한 사마천(司馬遷)은 오제(五帝)의 치세로부터 「사기」(史記)를 쓰기 시작했다.

사기에서 사마천은 삼황설은 신빙성이 없다 하여 제외해 버리고 오제본기(五帝本紀)로 부터 시작한다.

오제란 황제, 전욱, 제곡, 제요, 제순을 말한다.

황제는 염제와 파천의 들에서, 또 치우와 탁록의 들에서 적과 싸워 격파한 뒤 천자(天子)의 위에 올랐다. 황제의 뒤를 이어 즉위한 전욱과 제곡은 특기할만한 치적이 없고 요와 순의 사적만을 기록하고 있다.

오제 이하 하(夏)왕조, 은(殷)왕조의 전설도 여러가지로 신성화되고 미화되어 숭상되었으며 도가(道家)의 가르침의 시조로 숭배되고 있다.

(나) 요순(堯舜) 시대

중국 고전에 요순시대의 기록으로 요전(堯典), 순전(舜典)이 있다. 공자가 썼다는 상서(尙書)가 그것이다. 이 속에는 황제(黃帝)와 같은 괴기한 초인간적 성격은 자취를 감추고, 전부가 인간적이며 높은 인격의 소유자가 자연의 덕망에 의해서 중국 전토에서 추대되어 제왕이 되었다는 식으로 기록했다.

예컨대 요(堯)는 그 인격에 의해서, 동족뿐만 아니라 천하 만민을 교화하였고 사방에 사람을 파견하여 천문을 관측하게 하고 지방에 적합한 역(曆)을 편찬케 하였다는 기록이 있고 노년에 이르러서는 신하에게 명하여 민간의 현자(賢者)인 순(舜)을 추천케 하였다. 그리고 순에게 시련을 주어 실험하고 자기 딸을 주어 사위를 삼고 아들 대신 제위를 물려 주었다.

순 또한 대홍수를 다스린 뛰어난 인물 우(禹)에게 자기 아들을 제치고 양위하였다. 현자에게 제위를 물려준 상속법을 유교에서는 높이 찬미하고 있으나 한편에서는 부계사회(父系社會)가 성립되기 전 여계(女系) 씨족사회의 상습관습이라고 한다.

이와같은 기록은 고대 중국의 중요한 부족의 조상신을 인간화한 것이었다. 천상에서 내려온 제왕 아래 고대 각 부족의 조상신들이 백관으로서 이를 모시고 직책을 다한 이는 상을 받고 실패한 이는 처벌을 받는다는 것이 묘사된 것이다.

이러한 대제국이 실제로 존재했다는 것은 믿을 수 없는 것이지만 역사의 전형으로 중요한 의의를 가지고 있다. 다시 말해 덕(德)에 의한 이상적 계승이 이루어졌다는 것이다.

(다) 독자적 문자 사용

이미 갑골문자의 흔적이 발견되어 연구되고 그 실체가 학계에 알려져 있다. 한자(漢字)의 조상인 갑골문자는 한 글자가 하나의 관념을 나타내는 표의문자(表意文字)로서 물체를 사실적으로 쓴 상형문자가 그 대부분을 차지하고 있다.

갑골문자가 상형문자로서는 원시적인 그림문자적인 것과 기호화(記號化)하여 발음부호로 사용한 것과 여러 종류의 성질의 것이 혼합되어 있으므로 한자로서는 가장 오래된 형태로서 대부분 은나라 혹은 고대 중국인이 고안한 것으로 믿어진다. 이로서 은왕조와 같은 고대 왕조가 실재하였다는 것을 증명한다고 중국인은 자랑하고 있다.

(라) 전설적 왕조

은나라의 시조는 설(契)씨였다. 설의 어머니가 어느날 목욕을 나갔다가 제비가 떨어진 알을 삼키고 잉태하여 설을 낳았다 한다. 설씨의 어머니 유융씨는 산뚱성의 양산 부근에 있었던 씨족이다. 이것이 은나라 개국신화인데 이와같은 신화는 새를 토템으로 하는 동북 아시아의 부족 사이에 여러가지로 전해지고 있다.

은의 시조인 설로부터 14대 째의 탕왕시대에 하(夏)왕조를 멸하고 새왕조를 세운다. 탕왕 이전은 모두 신화와 전설의 시대이다.

설은 제순시대에 치수(治水)의 명을 받은 하(夏)의 우(禹)를 도와 황하의 수리에 성공하였고, 사도(내무장관)라는 요직에 취임하였는데 백성의 교화에 공이 컸으므로 영지(領地)가 수여되었다. 이것이 후일의 은나라가 되는 상(商)나라의 기원이라고 한다.

또 제3대의 상토(相土)는 마차를 발명하였으며 제7대의 왕해(王亥)는 우차를 고안하여 백성에게 커다란 이익을 주었다고 전해지고 있다. 이들은 고대 중국의 제왕들이 백성에게 필요한 기술을 개발한 훌륭한 인물이었다고 하는 성인 유용 기술발명 전설의 전형인 것이다. 근대의 사회민족학자는 미개 씨족 가운데 나타나는 문화 영웅 전설이라고 이름짓고 있는데 과연 중국적인 형태라고 말할 수 있는 것이다.

탕왕은 국력이 충실해짐에 따라 하를 멸할 것을 결심하고 수도를 상(商)으로부터 산뚱성 차오현의 「박」으로 옮겼다. 그는 이윤(伊尹)이라는 어진 재상을 기용하여 국정을 일임하였으나 자기 자신 또한 유덕한 사람으로서 천하의 인망이 그에게 집중되었다.

그 무렵 뤄양에 도읍을 정하고 있던 하의 걸왕(桀王)은 백성을 괴롭히는 대단한 폭군이었다. 하왕조는 동방에 곤오, 위, 고라는 3국과 동맹을 맺고 있었다. 탕왕은 먼저 위와 고를 멸하고, 곤오를 격파한 다음 그 여세를 몰아 걸왕을 쳤다.

걸왕은 탕왕의 군세를 유융의 언덕과 명조(鳴條)의 들에서 맞아 싸웠으나 대패하여 걸왕은 뤄양으로 돌아가지 못하고 동맹국인 곤오로 도망쳤다. 그러나 그후 곤오국도 탕왕에게 멸망되었으므로 걸왕은 다시 안후이성의 남소로 망명하지 않으면 안 되었다.

싸움에 이긴 탕왕은 사람들이 하의 토지신을 모신 사당을 다른 곳으로 옮겨버리자고 주장한 데에 반대하고, 걸왕의 자손된 이를 기용하여 기(杞)나라를 세우게 하였다. 재상인 이윤(伊尹)이 이 사실을 제후에게 알리자, 제후는 모두 탕왕의 관대한 처사에 경복하였다고 전하여지고 있다. 탕왕은 천자의 위에 올라 스스로 무왕이라고 칭하였다.

탕왕의 사후 그 장남인 태정(太丁)이 일찍 죽었으므로, 왕위는 차남인 외병(外丙)으로, 다시 삼남인 중임(仲壬)에게로 계승된 후에, 장남의 아들인 태신(太申)에게로 전하여졌다. 이와같이 왕위가 형에게서 아우에게로 계승되고 아우가 없을 때에 비로소 아들에게로 전해지는 형제 상속 제도의 예는 그 이후 은왕조의 제도에도 자주 나타난다. 장남에게서 장남에게로 계승되는 직계의 장남 상속 제도가 확립된 것은 은왕조 말기의 일이다.

이와같은 형제 상속의 형태는 실은 은왕조에게서 볼 수 있는 독특한 제도이며, 주왕조에서는 처음부터 장남 상속 제도가 확립되어 있었다는 것과 비교한다면 근본적으로 차이가 있는 것이다.

(2) 춘추전국시대

1) 주(周)나라 등장

　은나라가 황하 하류에서 문명을 이루어 가고 있을 때 아득한 서쪽 땅 싼시성 위수와 경수 유역의 황토고원에서도 농경민족이 일어나고 있었다. 이 부족을 일컬어 주부족이라 하며 그 세력이 점차 커져 주나라를 세우게 된다.

　(가) 개국설화
　주씨 부족들 사이에는 천신(天神)의 아들 후직(后稷)이 농경을 가르치고 있었다. 전설에 따르면 후직의 어머니 강원(姜嫄)이 어느날 들에 나갔다가 거인의 발자국을 보고 그것을 밟아 보았는데 산기가 있었고 1년이 지난 후 아들을 낳았다.
　강원은 불길한 생각이 들어 골목길에 아이를 버렸는데 웬일인지 짐승들이 피해 지나갔다. 다시 숲으로 옮겼다가 개천의 얼음 위에 버렸는데 이번에는 새들이 날아와 날개로 감싸주었다. 할 수 없이 다시 집에 데려와 길렀고 후에 이름을 기(棄)라 하였다.
　기는 어려서부터 삼(麻)이나 콩을 즐겨 심었다. 기가 심은 곡물이 잘 자라므로 사람들은 이를 본뜨게 되었다. 주의 농경은 이렇게 시작되었다는 것이다.
　그 무렵 같은 황토 고원에는 난폭한 유목민이 살고 있어 주족(周族)의 부락은 그들의 습격을 자주 받게 되었다. 그리하여 주족은 「빈」이란 땅으로 옮기고 고공단보의 시대에는 위수의 상류에 있는 기산(岐山) 산록의 주원(周原)으로 옮겨 거기에서 자기들의 도시국가 건설에 착수하였던 것이다. 고공단보는 주왕조에 있어서의 건국시조로 받들어지고 대왕이라고 불리었다.

　(나) 성군 문왕(文王)
　고공단보의 뒤를 이어 총명한 군주 계력이 주의 세력을 확장하였고 또 계력의 아들 창(昌)이 계승하였다. 이가 곧 주의 문왕이다.

문왕은 천성이 인자하고 현인을 잘 대우하였으며 여러 부족국가 사이에 분쟁이 일어나면 모두가 그에게 와서 처리를 부탁하였다 한다.

오늘날 **중국인이** 성인군자로 이상화시키고 있는 문왕의 치적은 중국 상고사의 중요 부분을 차지한다.

어쨌든 주위의 만족을 정벌하고 다시 동으로 진군하여 우라는 나라를 정복하였다. 우는 황하의 협곡을 내려와 화북의 평원으로 나아가는 곳으로서 황하의 중요한 도선장인 맹진(孟津)의 북쪽에 위치한다.

우국의 정복은 주로서는 황하의 도선장을 확보하여 은의 도읍을 향하여 진격할 태세가 정비되었다는 것을 의미한다.

또 문왕 때에 주는 산록의 주원에서 위수 강변의 풍읍(豊邑)으로 도읍을 옮겼다. 지금의 서안(西安) 남서쪽 교외에 풍수라는 지류가 있는데 그 서쪽 언덕에 위치하고 있었다.

문왕은 현자를 잘 대우하였기 때문에 유능한 인재가 많이 모여들었다. 강태공도 그런 인물이었다.

문왕이 어느날 사냥을 나갔다가 위수강가에서 홀로 **빈낚시를** 물에 드리우고 있는 노인을 만났다. 말을 나누다 보니 큰 인물이었다. 문왕은

『저의 선친 태공은 주나라에 성인이 나타나 번영케 할 것이라 했는데 그대야말로 태공(太公)이 오랫동안 기다렸던 성인임이 분명합니다.』

이렇게 말하고 그를 군사(軍師)로 삼았다. 태공이 대망하던 성인이라 하여 그 이름도 태공망이라 불렀다.

태공망은 본명이 여상(呂尙)이라 했다. 그의 선조는 하왕조의 시조인 우의 치수를 도와 그 공로로 여(呂)라는 영지(領地)를 받았고 여씨로 **불려졌으나** 본래의 성은 강(姜)씨였다.

그가 후에 주의 무왕(武王 : 문왕의 아들)을 도와 목야(牧野)의 싸움에서 은을 물리쳤다.

(다) 주왕조의 중흥

그뒤 성왕(成王)시대에 동방 대원정을 마쳤으며 주왕조의 기초는 더욱 확고한 위치에 들어선다. 그다음 강왕, 소왕, 목왕의 시대엔 더욱 눈부신 발전을 이룩하게 된다.

강왕 시대는 평화가 계속되어 40년이나 전쟁이 일어나지 않았다고 전하여지고 있지만 청동기의 명문(銘文)에서 이해한 바로는 전혀 전쟁이 없었던 것은 아닌 것 같다. 동방 제국의 경영이 제후에 의해서 착착 진행되면서도 한편으로는 우라는 장군이 군사를 이끌고 귀방(鬼方)을 정벌한 사실이 기록에 남아 있다.

이 귀방이란 것은 은대(殷代)의 갑골문 속에도 나와 있는 북서쪽의 유목민으로서 「시경」에는 험윤이라는 이름으로 등장하고 있다. 이 부족은 또 견융이라고도 불리고 있으며 후세의 흉노와 같은 종족이라고 생각되고 있는 것이다.

그런데 「소우정」이라는 청동기의 명문에 의하면 우장군은 이 귀방을 전후 2회에 걸쳐 정벌하였으며 제1회 때에는 13,081명의 적을 포로로 한 외에 말, 소, 양 등 다수의 전리품을 가지고 개선하였다.

다음 소왕의 치세에는 주의 세력이 남방을 향하여 크게 신장하였다. 전설에 의하면 소왕이 남방 각지를 순유(巡游)하고 한수이(漢水)강을 건널 때, 왕에게 원한이 있는 자의 계략으로 아교로 붙인 배를 타게 되어 중류에서 배가 분해됨으로써 익사하였다고 한다. 전설의 진위는 어떻든 간에 소왕의 남방 정벌에 대해서는 금문자료(金文資料)에 의해서도 확인할 수가 있다.

즉 「종주종」(宗周鐘)에 의하면 소왕은 지난날 문왕과 무왕이 경영하였던 남방 각지를 순유하였다. 그 결과 남방과 동방의 26개 국이 복종의 뜻을 표명하고 소왕에게 알현의 예를 취했다고 기록하고 있다.

이와같이 성왕에서 강왕, 소왕의 치세에 걸쳐, 주왕조의 세력은 더욱 남방을 향하여 전개되었던 것이다. 최근까지도 당시의 주왕조의 유물이 발견되고 있다.

(라) 주왕조의 낙조(落照)

홍성했던 주왕조도 유왕(幽王) 때에 이르러 대지진이 일어나 기산(岐山)이 무너지고 경수(涇水), 위수, 낙수(落水)의 세 강물이 말라 버린 대이변이 발생한다.

그러나 유왕은 그러한 일에는 관심이 없다는 듯 외면을 하고 포사(褒似)라는 여성만을 총애하여 정치를 게을리하였다.

포사는 포의 사람이 자기가 범한 죄를 계속 속죄하는 의미에서 왕의 후궁으로 바친 여인인데 이 여인은 그 출생부터가 요사스러운 일화에 얽혀 있었으며 평소에 웃지를 아니하였다. 왕은 어떻게 하여서라도 포사를 웃게 하려고 여러가지로 애써 보았으나 헛일이었다.

유왕은 일찍부터 봉화대와 큰 북을 만들어 외적이 침입하였을 때에는 이것으로써 급변을 제후에게 알리도록 하였다. 어느 때 장난삼아 봉화를 울렸더니 제후는 모두 유왕에게로 급히 달려왔으나 적의 모습은 없었다. 너무나 어이없어하는 제후들의 모습을 보고 포사는 처음으로 소리높이 웃었다.

유왕은 포사를 기쁘게 하기 위하여 그 이후로는 자주 봉화를 올렸다. 제후는 그럴 때마다 집합하였으나 언제나 적이 없기 때문에 마침내는 믿지 않게 되고 또 봉화를 울려도 모이지 않게 되어버렸다.

유왕은 또 포사가 낳은 백복(伯服)을 위하여, 왕후인 신후(申后)가 낳은 의구를 태자의 자리에서 폐하고, 신후마저 물리치고 그 대신 포사를 왕후의 자리에 앉히려고 하였다. 이로 말미암아 신후의 아버지 신후(申侯)는 유왕을 크게 원망하였다.

신후는 마침내 견융(犬戎) 등과 손을 잡고 군사를 일으켜 유왕을 치게 되었다. 유왕은 변을 알리고자 봉화를 올렸으나 여러 번 속은 제후들은 아무도 오지를 않았다. 신후 일파는 왕을 여산 산록에서 죽이고 포사를 사로잡아 주의 재보를 모두 탈취하였다. 기원 전 771년의 일이다.

이리하여 제후는 신후와 더불어 원래의 태자인 의구를 세워 평왕(平王)으로 모시고 융(戎)의 침입을 피하여 동방의 낙읍(洛邑 : 成周)으로 수도를 옮겼다. 이를 주실(周室)의 동천이라고 말한다.

이때 서주(西周)시대는 막을 내리고 마침내 춘추전국시대라는 동주(東周)의 역사가 전개된다.

2) 군웅의 쟁패시대

 제후의 도움을 얻어서 성주로 천도한 주왕조가 의지한 것은 정(鄭)의 세력이었다. 정이란 나라는 원래 서주의 수도 가까이 있었으나 주왕실의 동천 때에 함께 동으로 옮겨 허난성 신정현의 땅에 자리잡고 주왕실의 재흥에 진력했다.
 이 지역은 상공업이 발전한 곳으로 원주민들과 원만한 타협을 이룬 정(鄭)의 무공(武公)은 국력을 기르기에 힘썼으나 다음의 장공(莊公) 때에는 그 세력이 번성하여 토지 문제로 말미암아 주왕조와의 사이에 분쟁이 일어났다.
 주의 천자 환왕(桓王)은 기원 전 708년, 군사를 이끌고 정을 쳤으나 정의 군사에게 패하고 환왕 자신도 어깨에 부상을 당하였다. 지난날 천하의 왕이었던 주왕조의 원수(元首)가 열국과 대등한 입장에서 교전을 하고 또 열국이 천자를 향하여 활을 쏘는 것을 서슴지 않았다.
 동주의 왕조는 이미 천하를 통일할 왕자로서의 권위를 상실하였다고도 말할 수 있는 것이다.
 이와는 대조적으로 정은 그 세력이 더욱 강성하여 춘추시대 초기에는 제후 중에서도 가장 **일찍** 두각을 나타내었으나 장공의 사후에는 상속의 싸움이 일어나 국력은 점차로 쇠약해졌다.
 따라서 그때까지 각지에 소규모로 흩어져 있던 정치세력이 점차 지방세력으로 군림하게 되었다는 사실이다.
 이를 「사기」에 12제국으로 기록하고 있다. 12제국이란 노(魯), 제(齊), 진(晋), 진(秦), 초(楚), 송(宋), 위(衛), 진(陳), 채(蔡), 조(曹), 정(鄭), 연(燕)을 말하는데 여기에 주와 오를 포함하여 14개국으로 불리기도 한다.

(가) 관포지교(管鮑之交)

제(濟)의 환공(桓公)은 가장 **일찍**이 패자로서 이름이 알려진 사람이다. 그것은 관중(管仲)이 보좌한 공이 크기 때문이다. 관중은 환공의 형인 소백(小白)의 신하였기에 환공이 소백과 다투었을 때에는 관중은 항상 환공을 괴롭혔던 것이다.

소백의 사후, 관중은 환공의 포로가 되었으나 관중의 소시적부터의 친구로서 그의 인물을 높이 평가하고 있었던 포숙아(鮑叔牙)가 그를 재상으로 등용하도록 열심히 권하고 자기는 관중의 아래에서 일하였다.

관중은 젊어서부터 가세가 빈곤하여 포숙아에게 자주 폐를 끼쳤었다. 그러나 포숙아는 조금도 꺼리지 않고 일생을 통하여 변함없는 우정을 지속하였다. 후세에 「관포지교」(管鮑之交)라고 일컬어 교우의 모범으로 삼아온 것은 이 두 사람의 사적에서 유래한 것이다.

관중은 대정치인으로서 산업을 장려하여 백성의 부(富)를 도모하고 이를 국가의 기초로 삼았다. 제염업이나 양잠업은 산뚱지방의 특수한 산업인데 그의 보호에 의해서 크게 발달된 것이다.

「곡물창고가 가득하여야 예절을 알고 의식이 풍족하여야 비로소 영예와 치욕을 안다」고 한 것은 정치의 경제적 기초를 주장한 그의 유명한 말이다.

환공은 이와같은 국력을 발판삼아 북으로 산융(山戎)을 토벌하여 연나라를 구하고 남으로 주왕에게 공물을 바치지 않는 것을 택하여 초(楚)를 정벌하였다.

(나) 초(楚) 문공(文公) 득세

환공이 죽은 후 제는 갑자기 **쇠잔한다.** 이 틈을 타서 초가 재차 북진하여 중원을 침입, 황하유역의 제국을 압박하기 시작한다.

그 무렵 은인(殷人)의 자손 송(宋)의 양공(襄公)이 제의 환공의 유업을 계승하여 초의 북상군을 격퇴하려 한다.

기원 전 638년 겨울 11월에 송의 양공은 홍수(泓水)강을 끼고 초군과 대치하였다.

송의 군사가 진을 다 쳤을 때 초군은 강을 건너왔다. 공자(公子) 목이(目夷)가 「적은 강세이고 아군은 약세이니 강을 다 건너기 전에 치자」고 진언했으나 양공은 이를 받아들이지 않았다. 초군이 도강을 끝내었으나 아직 진이 정비되지 않았다.

목이가 또 공격할 것을 권하였으나 양공은 듣지 않았다. 마침내 초군의 진행이 갖추어진 뒤에 공격하였으나 송군은 대패하고 양공 자신도 부상당한다. 송의 양공은 이로 인해 사망하게 되었다.

이때 양공의 행동이 어리석은 처사라 하여 후에 송양지인(宋襄之仁)이란 말이 생겨났다.

제의 환공이 사라지고 송의 양공도 쓰러져 중원은 통일이 없어지고 남방으로부터 초(楚)가 침입을 준비하는 위험한 정세가 펼쳐진다. 이때 나타난 것이 춘추 제2의 패자 진(晋)의 문공(文公)이다.

문공은 재정을 정비하고 군정을 다스리며 백성한테 인자하여 진나라는 치적이 오르고 패업의 기초가 이루어졌다. 마침 주왕실에 내란이 일어났으므로 이를 다스림과 동시에 제후간의 분쟁을 해결하기도 하여 점차 제후들 사이에 두각을 나타내기 시작하였던 것이다.

그 무렵 남방 초의 세력은 더욱 강대해지더니 중원의 제국은 그 압박을 받아 노(魯), 위(衞), 정(鄭), 진(陳), 채(蔡) 등은 모두 그 깃발 아래로 들어가고 제(濟), 송(宋) 등은 그 침략에 괴로움을 당하고 있었다.

기원 전 633년, 초는 송을 공략하여 그 도읍을 포위하였으므로 송은 위급을 진(晋)에 고하였다. 문공은 새로이 삼군을 편성하여 초에 가담한 조(曹)와 위(衞)를 치고 이를 구원하려는 초의 군사와 문공이 인솔하는 진(晋), 제(齊), 진(秦)의 연합군이 성복에서 회진한다. 싸움은 진(晋)의 대승으로 끝난다.

(다) 장왕의 패업 완성

진(晋)의 문공이 중원의 패자로서 군림하고 있을 무렵 진(秦)에서는 명군으로 유명한 목공(穆公)이 나와 중원의 인재를 발탁하여 국세를 떨치고 있었다.

기원 전 627년 목공은 문공이 사망한 기회를 틈타서 진(晋)을 넘어 정(鄭)나라로 침략을 시도한다. 진(秦)은 이 싸움에서 치명적인 패배를 당하여 목공도 중원에 대한 야심을 단념하고 다만 서융의 패왕으로서의 지위에 만족할 수밖에 없었다.

이 싸움으로 진과 진의 두 나라는 우호관계를 회복하지 못하고 전쟁을 되풀이하고 있었으므로 그 동안에 남방의 초나라는 더욱 강대해진다.

초는 양자강과 한수이강 유역에 걸친 대국이지만 산업이나 문화는 뒤떨어진 나라였다.

「춘추」에서는 이를 형인(荊人), 또는 형만이라고 지칭했으며 중원의 여러 나라로부터는 풍속 습관이 다른 남방의 야만족으로 취급되고 있었다.

춘추시대의 초엽, 초에 무왕(武王)이 나타나 주의 일족이 세운 수(隋)나라를 쳤으며(기원 전 710년), 다음의 문왕(文王) 때에 처음으로 영에 축성(築城)하고 한수이강을 건너 허난(河南)성 남부에 있던 신을 멸망하였다. 신은 원래 초를 진압하기 위하여 주왕조에 의해서 남방에 세워진 나라였다.

제(齊) 환공, 진(晋) 문공의 패업이 무너진 뒤, 초는 재차 북상을 시도하여 양쯔강에 가까운 작은 나라 몇 개를 멸망시켰다. 그리하여 명군 장왕(莊王)의 시대에 이르러 초는 마침내 그 패업을 완성하였던 것이다.

(라) 오월동주(吳越同舟)

춘추시대의 말기, 진(晋), 초(楚)가 패권을 다투고 있을 무렵 양쯔강 하류지방에 오(吳)와 월(越) 두 나라가 강대해져서 중국 남동의 지배세력으로 등장하였다.

오나라는 옛날 주(周)왕족의 한 사람이 남동 땅으로 와서 세운 나라라고 전해지고 있으나 확실치는 않다. 처음에는 쟝쑤성 우시에 있었으나 후에 쑤조우로 옮겼다.

월나라는 동남이(東南夷)의 제부족이 통합되어 이루어진 나라이다. 그 본거지는 저쟝성 회계이며 하왕조의 자손이라고 칭하였으나 오와 마찬가지로 단발, 문신(文身)의 연해족(沿海族) 출신임에는 틀림없다.

오, 월의 땅은 해변에 가까워서 어개(魚介)나 소금의 수익이 있는 데다가 농업에도 적당하여 중원의 진보된 생산 기술이 전해지자 이내 번영을 가져왔다.

진(晉)에서는 적국 초의 세력을 꺾는 수단으로서 신공(申公)을 남방 오에 파견하여 진보된 전거(戰車) 전법을 가르쳤다고 한다. 그것은 오왕 수몽의 때였으니 그때부터 오는 발흥하여 진(晉)이 계획한 대로 초의 일대 강적으로 등장하게 되었다.

오는 다시 합려 때에 초에서 망명하여 온 오자서(伍子胥)를 등용하여 정치, 군사를 개혁하고 더욱 강성하게 되었다. 기원 전 506년에는 채(蔡), 당(唐)의 두 나라와 더불어 초로 쳐들어갔다.

오군은 회수의 강구에서 배를 버리고 상륙하여 초군을 격파하고 바로 초의 수도 영으로 쳐들어갔다. 초의 소왕(昭王)은 불에 타는 나무를 코끼리로 하여금 끌게 하여 오의 군진으로 달리게 하는 등 수비에 힘썼으나 마침내는 성을 탈출하여 운몽택(雲夢澤)으로 도망쳤다.

오군이 영에 입성하자, 오자서는 초의 평왕(平王)의 묘를 파헤치고 그 시체를 꺼내어 3백 번이나 매질을 하여 부형의 원한을 풀었다고 한다. 초는 진(秦)에게 원군을 청하여 소왕은 간신히 귀국할 수가 있었다.

오의 대군이 초의 수도를 점령하여 크게 기세를 올리고 있을 때 오의 인접국인 월이 그 기회를 타고 오의 수도에 쳐들어갔다.

급보에 접한 오왕은 즉시 귀국하여 왕위를 노리고 있던 아우 부개(夫槪)와 싸워 이기고 수도를 탈환하였다. 그 후 오의 군사는 종종 초군을 격파하였으므로 초는 수도를 북방인 약으로 옮겨 겨우 나라를 안정시킬 수가 있었다.

이로부터 오, 월 두 나라의 격렬한 공방전이 시작된다. 이 싸움은 오랜 기간 밀고 밀리기를 계속하다가 오왕 부차(夫差)와 월왕 구천(句踐)의 사투끝에 기원 전 473년 월의 결정적 승리로 종말을 맺는다.
 이 싸움이야말로 춘추로부터 전국으로 변천하는 계기가 되는 대승부였다. 또한 오와 월 두 나라가 상대를 불구대천의 원수로 여기며 싸운 것을 후에 오월동주라 표현하였다.

3) 전국시대의 판도

 어느 때를 기준으로 춘추시대와 전국시대로 구분할 것인가에 대하여는 여러 이론이 있다. 산서(山西)의 대제후였던 진(晉)이 그 영토의 대부분을 조, 한, 위로 3분할 당하고 이 3국이 주위의 월왕으로부터 제후로 봉한다는 승인을 얻은 해, 즉 기원 전 403년을 전국시대의 시조로 하는 것이 통설이다.
 이 대사건의 발단은 실은 춘추 말기 하극상의 세태속에서 비롯된 것이었다.

(가) 칠국(七國)의 칠웅(七雄)
 작은 나라들이 합병되거나 속주가 되고 옛 지배자가 새로운 지배자에게 그 지위를 물려주는 전국시대가 되면서 중국 역사의 주역이 춘추시대와는 달라져 있었다.
 그 중에서도 가장 중요한 활동을 한 것이 7개국이다. 연(燕), 제(齊), 한(韓), 위(魏), 조(趙), 초(楚), 진(秦)이 그것이다.
 춘추시대부터 계속해서 그 지위를 유지한 것은 진(秦)과 초 두 나라뿐이며 진(晉)은 분열되어 한, 위, 조의 3국이 되었고 제는 그 군주의 계통이 바뀌었다. 연은 새로이 하북(河北)의 한 구석에 일어난 세력이다.
 이 7개국을 전국의 7웅(七雄)이라고 한다.
 전국시대의 정치적 국면은 대체로 이 7국의 움직임에 따라 전개되었다. 그리고 그 주요한 계기는 서방의 진(秦)에 대해서 다른 6개국이 갖가지 형태로 대항하는 데에 있었다.
 춘추시대의 형세가 초를 중심으로 하는 남북의 대립에 있었다고 한다면 전국시대의 형세는 진(秦)을 중심으로 하는 동서 대립에 있었다고 말할 수 있을 것이다.

어쨌든 진은 춘추시대부터 강국이었으며 목공(穆公)은 서융(西戎)의 패자라고 일컬었다. 효공(孝公) 때에는 유명한 상앙(商鞅)을 등용하여 정치를 개혁하고 부국강병을 도모하였다.

군공(軍功)이 있는 자에게는 높은 벼슬을 주고, 군공이 없는 이는 왕족이라도 그 지위를 빼앗도록 하였으니 이는 낡은 귀족의 세력을 억제한 것으로서 다른 나라로부터 병합한 영토를 직할령으로 편입한 사실과 더불어 왕실의 권위와 통제력을 강화하는 데에 유용하였던 것이다.

(나) 진용초재(晉用楚材)

전국시대는 곧 실력 경쟁의 시대다. 그것은 곧 재능이 문벌보다 앞섰다는 이야기다. 그때까지 예(禮)에 의해서 유지되고 있던 낡은 계급적 질서가 무너졌다는 의미도 있다.

정치 외교부문에 있어서는 더욱 실력 위주로 등용되었고 예를 들면 소진, 장의, 범주같은 책사(策士), 설객(說客)은 그 모두가 아무런 문벌도 배경도 없이 다만 자신의 재능과 지혜만으로 활동하여 성장한 사람들이다.

따라서 예(藝)와 능력을 갖춘 자는 자유로이 그 활동의 무대를 향토 이외의 땅에서도 구하였다. 자유자재로 자기의 능력을 인정해 주는 나라를 택해 활동하였다는 이야기이다. 진용초재(晉用楚材), 곧 초나라 재목을 진나라에서 쓴다는 말이 이때 만들어진 것이다.

4) 제자백가(諸者百家)

전국시대로 들어와 개인의 지능이 존중되고 계급제도가 파괴되자, 그때까지 특별한 신분에게만 독점되어 있던 지식이나 기술은 널리 개방된다. 특히 지식생활 면에서는 낡은 전통적 권위가 상실되고 개인의 자유로운 사상철학이 많은 학설로 이룩되어 발표된 것이다. 이를 총칭하여 제자백가라 한다.

(가) 공자(孔子)의 등장

공자는 그의 어머니가 이구(尼丘)에서 기도를 드려 태어났다 한다. 그 때문인지 머리의 정상이 이구와 비슷하고 가운데가 우묵했다. 이름은 구(丘), 자를 중니(仲尼)라고 했다. 출생 후 부친은 이내 사망하였으며 모친도 공자가 어렸을 때 사망하여 청년시대의 공자의 환경은 극히 고난스러웠다 한다.

공자는 소년시절부터 혼자의 힘으로 자신의 길을 개척하고 자기 인격 형성에 대한 노력도 진지했고 열렬했다.

30세에 이르자 그의 인격과 학문은 주위에서 존경을 받게 되었으며 부근의 국읍으로부터 그를 찾아와 학문을 닦은 문하생이 많았다 한다.

학자로서 공자의 명성이 높아지자 노나라(공자의 탄생국)의 정공(定公)은 그를 초빙하여 중도(中都)라는 읍의 읍장으로 임명하고 1년 후에는 다시 사공(司空 : 건설 상공장관)에 임명하였다.

그 무렵 그는 외교관으로서도 활약하였다. 노는 진(晋)과 접근하여 제(齊)와의 사이가 원만치 못하였으므로 기원 전 5백 년 노후(魯侯)는 제(齊)를 방문, 협곡이란 곳에서 제의 경공과 회합, 평화 협정을 체결하였다.

이때 제(齊)는 무기를 가진 병사를 회장에 넣어 노후를 위협하려 하였으나 공자는 의연한 태도로 이를 못하게 하고 마침내 회의를 유리한 방향으로 이끌어 제에게 빼앗겼던 땅을 반환케 하였던 것이다. 이때 공자는 53세였다.

다음해 공자는 대사구(법무장관)에 임명되어 중요한 국정에 참여하게 되었다. 그러나 노나라의 실권을 장악하고 있는 3환의 성벽을 파괴하는 문제로 뜻이 맞지 않아 공자는 기원 전 498년 노나라를 떠나 위(衛)나라로 갔다. 이로부터 14년에 걸친 공자의 망명 유랑생활이 시작된다.

이 망명의 길을 따르는 이는 염옹, 자로, 자공, 안회 등의 이른바 선진의 제자들이다. 그들은 위(衞)나라에서 진(陳)나라로 향하는 도중 광인(匡人)에게 구류당하였으며 송(宋)나라에서는 사마 환퇴에게 살해당할 위험도 겪었다.
 정(鄭)나라에서는「상가집 개와 같다」는 혹평을 받기도 하였다.
 공자가 그 생애를 통하여 가르친 제자는 3천 명에 달했다 한다. 그 중 6예(六藝)에 통달한 준재는 72명이었다고 사기에서 전한다.

  (나) 맹자(孟子)의 왕도정치
 맹자는 공자의 손자인 자사의 문하에서 유가(儒家)의 학문을 닦은 사람이다. 노(魯)의 남부에 위치한 추(鄒)에서 태어났다. 맹자도 공자처럼 천하를 두루 섭렵하며 학문을 가르쳤다.
 맹자가 각국으로 유세 선전하며 활동한 것은 기원 전 320년 무렵, 양(梁)으로 갔을 때부터 시작된다. 맹자의 기본사상은 인의(仁義)이다.
 천하 질서의 근본인 인의예신(仁義禮信)을 사랑하는 항심(恒心)은 경제적 안정(恒産) 위에서 비로소 생긴다. 이 물심양면을 안정시키는 데에 맹자의 왕도정치론이 있다.

  (다) 법가(法家)의 사상
 인간 고유의 성질을 악(惡)으로 보고 이를 후천적으로 외부로부터 예(禮)에 의해서 억제하지 않으면 안된다는 사고방식은 결국 예보다는 법에 의해서 이를 규제하는 것이 적당하다고 하는 사상으로 발전한다.
 순자의 학파에서 법가가 태어나 성장했다. 법가의 학자를 대표하는 이사(李斯), 한비(韓比)도 순자의 문인이었다.

  (라) 순자(荀子)의 성악설
 맹자가 제(齊)를 떠나가고 직하의 학사들도 대개는 분산한 뒤에 제로 온 사람이 순자(荀子)이다. 순자는 이름을 황(況)이라고 한다. 조(趙)나라 사람으로서, 노사(老師)로서 숭앙을 받아 제주(祭酒)로 재임하였으나 후에 초(楚)로 가서 춘신군(春申君)의 빈객이 되었다.
 순자의 학문 계통은 이를 공자의 제자인 자하로부터 이어받았다고도 하며 또 자유에게서 계승하였다고도 한다. 하여간 공자 사상의 일면을 계승하여 예(禮)를 존중하였던 것이다.
 그의 주장에 의하면 사람은 나면서부터 욕망을 가지고 있다는 것이다. 욕망이 있기에 무엇인가를 구한다. 그리고 구하는 바에 한이 없으므로 거기에서 싸움이 일어나고 세상은 난세가 된다. 선왕(先王)은 이와같이 세상이 흩어짐을 미워하여 예를 마련하고 욕심을 기름과 동시에 이를 억제하도록 하였다. 이것이 예가 일어난 연유이다. 이러한 사고방식에 의하면 인간의 본성은 이를 방임해 두면 서로가 욕심을 따라 싸우게 된다는 것이다.

(마) 묵자(墨子)의 박애주의
 공자의 문하가 유가(儒家)의 학풍을 선전하고 있을 때에 유묵(儒墨)이라고 유가와 병칭되어 이에 대항하는 커다란 세력을 이룬 것이 묵가이다.
 묵가는 묵자를 그 시조로 한다. 묵자는 이름을 묵적이라고 하며, 송의 대부였다.「묵자」속에 나타나는 인물 등으로 미루어, 그의 연대는 대체로 공자가 세상을 떠난 무렵부터 맹자가 태어난 시기에 걸쳐 있는 것으로 짐작된다.
 묵자도 노에서 태어나 공자의 학문을 배웠으나, 그 후 점차로 이에 의문을 갖게 되었다. 유가의 설에서는 가족에 대한 사랑이야말로 순수한 것이니 그것을 출발점으로 하여 점차로 주위의 사람에게 그 사랑을 확대하여야 한다고 하였으나 그래서는 결국 가족이나 친척에게 미치는 것이 고작이 아닌가. 또 유가가 제창하는 예악은 번잡하고 필요 이상으로 거드름을 피우는 형식주의로서 지배계급에게는 고마운 일일는지 모르나 생활에 쫓기고 있는 하층계급으로서는 소용없는 것이 아닌가. 이 전란의 세태에 있어서는 보다 소중한 진지한 생활방식, 사고방식이 있어야 하지 않겠는가. 이리하여 묵자는 유가와 헤어져 그 자신의 사상을 형성하였다.

묵자는 가족애를 중심으로 하는 유가의 입장을 별애(別愛, 차별적인 사랑)라고 하여 이를 부정하고, 무차별 평등한 사랑, 그의 말로 표현한다면 박애를 주장하였다.

그는 또 학대받는 서민을 구하는 실천활동이야말로 소중하다고 주장한다. 거기에는 가족이라든지 국가라든지 하는 제한은 없다. 그것은 인간은 평등하다고 하는 그의 확고한 사상에 기초를 두고 있다.

(바) 도가(道家)의 서민사상

한대(漢代) 이후 유가와 대립하여 근세까지 중국의 2대 사상을 형성한 것이 도가이다.

유가가 지배자의 학문이고 지배자의 사상을 대표하는 것이라고 한다면 도가는 서민의 학문이며 서민의 사상을 대표하는 것이라고 할 수 있다.

도가의 기원은 확실하지 않다. 일반적으로 도가의 시조는 노자(老子)라고 한다.

(사) 장자(莊子)의 무위철학

전국(戰國)의 중기 노자의 철학을 계승한 것은 장자이다. 장자는 이름을 주(周)라 하며 송나라 사람으로 맹자와는 거의 같은 시대의 사람이지만 서로 알지 못했던 것 같다.

그의 저서라고 하는 「장자」는 그중의 내편(內篇) 7편만이 그의 저작이고 그 외는 그의 제자에 의해서 첨가된 것이라고 한다.

장자는 농촌의 생활을 사랑하여 도시로 나가기를 원하지 않아 당시 유명하던 직하(稷下)에도 가지 않았다. 그는 망국 송(宋)의 백성으로서 영고성쇠의 무상함을 통절히 느끼고 있었다. 무력(無力)이야말로 최대의 힘이라고 하는 무(無)의 철학이 그에 의해서 완성되었다.

(3) 진의 통일제국시대

1) 진의 시황제(始皇帝)

 기원 전 221년 처음으로 진에 의해 통일국가가 출현된다. 실제로 한(漢)족을 주체로 한 중앙집권적 통일국가가 이룩된 것은 처음의 일이다.
 이 대업을 이룬 것은 진왕조(秦王朝)이고 진의 시황제(始皇帝)는 제1대 황제가 된다.

 (가) 통일정책
 기원 전 238년 22세가 된 시황제는 진의 정책에 따라 성년(成年) 의식을 거행하고 친히 정치를 펴나간다.
 먼저 시황제는 동방의 6국에 대해서 군사적으로 서서히 이들을 침략하여 각개 격파의 방책을 취하는 일면 정치적으로는 6국이 연합하여 진에 대항하는 이른바 합종(合從)정책을 방지함과 동시에 6국의 지배자 그룹 내부의 부패를 이용하여 그 나라의 대신이나 장군을 매수하고 군주와 신하의 사이를 이간하는 방책을 썼다. 이러한 방책이 모두 성공한 것이다.
 통일 후에는 치안을 우선 확립하고 중앙집권 체제를 더욱 견고히 했다. 또한 전국에 흩어져 있는 성채를 모두 파괴하여 무장을 해제시키고 군웅 할거의 거점을 완전히 없애버렸다. 무기 또한 모두 수습하여 함양에 옮겨 두었다.
 그리고 왕의 칭호를 바꾸어 황제로 칭하는 조치를 취한다.

 (나) 분서갱유(焚書坑儒)
 시황제는 전제정치를 강화하기 위한 첫 조치로 사상의 통일을 기한다. 민간학자들이 법교(法敎)제도를 비방하고 그로 인해 지방세력이 중앙에 대항하는 것을 막는다는 정책에서 나온 것이다.
 따라서 의약, 복서(卜筮), 농업 등 실용적인 서적을 제외하고는 민간에 소장되어 있는 시경, 서경은 물론 제자백가의 서적을 모조리 수집하여 소각시켜 버린 것이다.
　이것이 곧 시황제의 사상탄압으로서 악명높은 분서갱유 정책이다.

　(다) 아방궁 축조
　기원 전 212년 헨양의 궁전이 너무 작다 하여 위수 남안의 상림원(上林苑)이라는 정원 속에 대규모의 궁전을 건설할 것을 계획하고 먼저 전전(前殿)인 아방궁을 건립한다. 동서가 5백 보(약 700미터), 남북이 50장(약 120미터)이나 되고 이 궁전에는 1만 명이 앉을 수 있으며 지붕은 높이 5장의 기를 세울 수가 있는 황제의 상징인 대궁을 건립한 것이다.
　궁전의 주위에는 회랑(回廊)을 만들었으며 이를 통하여 남산으로 갈 수 있었다. 남산의 정상에는 문을 세웠다. 또 이중의 도로를 만들어 아방궁에서 위수를 건너 함양에 자유로 왕복할 수 있는 대규모 궁전이었다.

　(라) 여산능(驪山陵)
　아방궁과 함께 유명한 것이 시황제의 **여산능**인데 시안의 동쪽에 있는 린퉁현 부근에 지금도 그 웅대한 모습을 남기고 있다. 능은 이중의 방분으로 되어 저변은 동서가 480미터, 남북이 5백 미터, 높이가 78미터이다. 그 바깥쪽에는 또 담이 있고 사면에는 문이 있었다고 한다.
　현궁은 위에는 천문성신(天文星辰)의 도상을 그리고, 아래에는 수은으로 백천, 5악 9주의 지리를 표시하고 명주로 일월을 만들고 물고기 기름으로 초를 만들고 금은으로 부안의 형상을 만들고 곽은 구리로 만들었으며 부장의 보물은 진기를 극하였다고 한다.

　(마) 무산된 불사(不死)의 꿈
　시황제의 통일사업과 남북에 걸친 출병, 그리고 수많은 토목사업으로 백성의 부담은 너무나 컸다. 따라서 농민의 불만과 소요는 잠재되고 있었다.

이러한 백성의 괴로움은 외면한 채 자신의 **불로장생**으로 제국과 더불어 영원히 살고자 했다.

이때 동방의 바다 가운데 봉래산이 있는데 거기에 **불로불사(不老不死)**하는 선인(仙人)이 살고 있다는 미신을 믿는 시황제는 불사약을 자기도 얻어 영생불사할 생각을 갖는다.

이리하여 기원 전 215년에 연의 방사 노생(盧生)이란 사람의 말을 듣고 불사의 선약을 구해오도록 했으나 물론 실패했다.

기원 전 210년에는 자신이 평원진이라는 곳까지 갔었으나 여기서 병을 얻어 귀경 도중 죽었다. 향년 50세였다.

2) 만리장성(萬里長城)

(가) 흉노(匈奴)

전국시대 말기에 중국의 북방에 해당하는 현재의 몽골고원에는 대체로 유력한 민족이 있었다. 동부 몽골에 있었던 동호(東胡)와 서부 몽골에 있었던 월지와 또 그 중간에 있었던 흉노가 그것이다.

그들은 유목생활을 하고 있었으나 서방의 스키타이의 강한 영향을 받아 강력한 기마민족으로 발전해 있었다.

그들은 중국 민족이 동이, 서융, 남만, 북적이라고 부르는 주변의 여러 민족 중에서 항상 대립적인 민족이었다. 따라서 중국 민족과 자주 충돌했고 또한 항상 위협을 느끼고 있었다.

(나) 흉노정벌과 장성 축조

진(秦)이 중국을 통일하고 나서 기원 전 215년에 시황제는 북변을 순행하였으나 그때 연의 노생은 「진(秦)을 멸망하는 자는 호(胡)이니라」하는 도참이 있다고 하였다. 호란 흉노를 가리키는 것이다.

이 예언에 충격을 받았다기보다는 실제의 정세를 판단한 결과라고 생각되지만 시황제는 장군 몽념으로 하여금 병사 30만을 이끌고 흉노를 토벌케 하였다(기원 전 214년).

중국 고대사 155

　몽념은 그 조부인 몽오, 아버지인 몽무와 더불어 진의 장군으로서 명성이 있으며 몽념 자신도 제를 공략하여 무공이 있었다.
　몽념은 시황제의 명을 받아 흉노를 무찌르고 이를 오르도스로부터 추방하고 황하에 연하여 34개의 현성을 마련하여 이에 수비병을 두고 다시 유목민이 기마로 침입하는 것을 막기 위하여서 지세를 이용하여 길게 연결된 장벽을 쌓았다. 이것이 유명한 만리장성이다.
　이 장성은 그 후에도 여러 왕조에 의해서 연장 축조되어 오늘의 모습으로 이룩된 것이다.

3) 항우(項羽), 유방(劉邦)의 각축

　시황제가 죽은 뒤 제위를 계승한 2세 황제는 어리석은 폭군으로서 백성을 더욱 착취했다. 아직 미완성된 아방궁 조성을 독려하고 무사 5만 명을 징집하여 궁술을 습득케 하는 등 권력을 종횡무진으로 남용했다.
　식량을 무작정 거두어들이고 수도의 주위 3백 리 이내의 백성들에게는 자기가 지은 곡물을 먹지도 못하게 하였다. 장정이나 인부의 징발도 더욱 격심해지고 형벌도 갈수록 엄격해졌다.
　착취와 압박에 견디다 못한 백성들의 불만은 점차로 진에 대한 반항운동으로 전개된다. 진승과 오광을 지도자로 하는 농민봉기가 마침내 폭발되기에 이른다. 물론 성공할 수는 없었다.

　(가) 반란의 성공
　항우는 초나라 귀족의 후예로서 그 출신부터가 진에 반항할 소지를 가지고 있었다. 그는 강소의 하상(下相)이란 곳 출생으로 대대로 초의 장군으로 임명된 명문의 자손이었다.
　그의 조부는 바로 진의 왕전에게 포위되어 자살한 항연(項燕)이다. 항우는 신장이 8척, 힘은 능히 정(鼎)을 들어 올리는 장사였다 한다.
　소년시절부터 숙부인 항량(項梁)의 밑에서 서도를 배웠으나 글은 이름만 쓸 줄 알면 된다고 말하고 무술을 연마하여 큰 뜻을 품었다.

나중에 항량이 진왕조 타도의 중심인물이 되었을 때 그 밑에서 활동하게 된다.

그무렵 유방이 패(沛)에서 군사를 이끌고 항량의 휘하로 들어온다.

유방은 항우와 달리 농민출신이었다. 그는 강소성 북부의 패(沛) 현 사람으로 그의 어머니가 못가에서 쉬고있을 때 뇌명(雷鳴) 속에서 용을 느껴 잉태하였다고 전해진다.

유방이 항량의 진영에 참가한 것은 그가 40세 때의 일이다. 항량이 세력을 키워 반란군을 지휘하며 진왕조 타도의 싸움을 벌이다가 진중에서 죽고 송의(宋義)가 상장군이 되었을 때 그 밑에서 항우는 차장군으로 **활약하였다.** 그러나 얼마 후 상장군 송의의 우유부단함에 분통이 터져 송의를 목베고 스스로 상장군이 되어 연승의 공로를 세운다.

유방 또한 진(秦)군을 측면 공격하여 대승을 거두고 모신(謀臣) 장량의 도움을 얻어 남양과 무관(武關)을 점령한다.

(나) 유방의 출병

진제국이 멸망된 후 항우는 강남에 9개 군(郡)을 영토로 하고 팽성에 도읍을 정하여 서초(西楚)의 패왕이라고 칭하였다. 또 공로가 있는 장군들에게 봉토(封土)를 분배하여 도합 19의 왕국을 마련하였다.

유방은 항우와의 약속대로 관중(關中)의 왕이 되어야 할 것임에도 불구하고 항우는 이를 인정하지 않았다. 다만 파촉과 한중(漢中)의 왕으로 명했다.

유방을 한왕이라 부르는 것은 이 때문이다. 유방은 항우의 위약에 분개하였으나 당장 싸운다면 불리하다 생각하여 은인자중하고 한중에 머물기로 한다. 이때 장량(張良)의 계략을 채택하여 「촉의 잔도」를 **불태워버림으로써** 중앙 진출의 야심이 없다는 것을 보이고 한동안 형세의 변화를 관망한다.

그무렵 제(齊)에서 전영의 난이 일어난다. 또 조(趙)에서도 진여가 난을 일으켜 항우의 지배체제를 동요시켰다.

한의 대장군 한신(韓信)은 이 호기를 틈타서 군사를 일으킬 것을 유방에게 전하였다. 한신은 원래 항우의 부하였으나 그 재능을 인정해 주지 않아 유방한테 와서 대장군에 임명된 유능한 부하였다. 마침내 항우와 유방의 격돌이 시작된 것이다.

한의 유방과 초의 항우 싸움은 3년에 걸쳐 진행되었다. 그리하여 초에서는 지난날의 동맹국 전부가 멸망되고 또 떨어져 나가고 백성도 피폐의 극에 달하여 전력은 밑바닥이 들어났다. 항우는 전쟁을 더 지탱할 수가 없게 된 것이다.

군세가 약하고 식량이 떨어진 항우는 해하(垓下)에서 마침내 유방의 한군에 포위되고 만다.

(다) 사면초가(四面楚歌)

해하는 높고 험한 언덕이다. 한군은 몇 겹으로 진을 쳐서 엄중히 포위하였다. 겨울밤이 깊었는데 사방의 한군 진영에서 들려오는 노래소리가 모두 초의 민요였다. 초군의 사기를 떨어뜨리기 위한 노래소리였다. 이른바 사면초가였다.

더는 지탱할 수 없는 지경에서 항우는 마침내 탈출하여 남으로 달렸다. 도중에서 길을 잃어 동성(東城)에 도착했을 때는 따르는 부하가 겨우 28명 뿐이었다. 항우의 최후였다.

(라) 한고조(漢高祖) 탄생

마침내 항우는 죽는다. 유방의 한군의 승리였다. 이제 새로운 질서를 수립할 임무가 승리자인 유방에게 주어진다.

기원 전 202년 2월, 유방은 여러 왕의 추대에 의하여 범수(范水)의 북방 조주(曹州)에서 황제의 위에 오른다. 후에 고황제라 불리워진 한고조의 탄생이다.

(4) 한왕조(漢王祖)시대

고조가 황제의 위에 올랐을 때 한제국은 진제국만큼 철저한 중앙집권의 통일국가가 아니었으나 그런대로 무리도 적어서 오히려 이 제국을 자자손손에게 전할 수 있었던 것이다.

즉 기원전 202년 고조가 황제가 되고 나서 기원 8년 유자영(孺子嬰)이 왕망에게 황제의 위를 빼앗길 때까지 14대, 220년간 이 제국은 계속되었다. 그것은 오로지 고조의 비범한 정치적 수완에 의한 것이었다. 그리고 그것이 물이 낮은 곳으로 흐르는 것처럼 매우 자연스러운 형태로 이루어졌던 것이다.

1) 영광과 그늘

(가) 한신과 팽월의 죽음

통일 후 논공행상에 있어서 한신은 가장 **일찍이** 회북(淮北) 땅에 초왕(楚王)으로 책봉되고 팽월은 양왕으로서 원래의 위나라 땅에 책봉되었다. 이 두 사람은 그 전공이 발군하고 또 그 병력도 많았기 때문이다.

이어서 한(韓)의 왕족이었던 한신(韓信)(초왕 한신과는 다른 사람)을 한왕(韓王)으로 봉하고, 반(番)의 군주였던 오예(吳芮)를 장사왕(長沙王)으로 봉하고, 노관(盧綰)을 연왕(燕王)으로, 월왕구천의 자손인 무제(無諸)를 민월왕으로 각각 봉하였다. 회남왕(淮南王) 영포(英布), 조왕(趙王) 장오(張敖) 등은 전쟁 중의 지위를 그대로 보존하였다.

이러한 제왕들 중에서, 고조가 가장 경계한 이는 초왕 한신이었다. 한신은 군인으로서 천재였을 뿐 아니라, 큰 뜻을 품은 인물이었다. 게다가 그는 한(漢)이 초(楚)와 한창 대결하고 있을 때 유방의 장군이긴 하였으나 반 독립상태로, 일종의 캐스팅 보우트를 쥐고 있었다.

제(齊)의 사람 괴통은, 이때 한신을 향하여 유방, 항우와 더불어 천하를 3분할 것을 권하였다. 그것은 한신이 유방의 신임을 중히 여겼기에 실현되지 않았지만, 이미 천하가 통일된 후에 있어서는 한신의 인물과 실력이, 고조에게 있어서는 가장 위험한 것으로 느껴진 것도 또한 부득이한 일이라 하겠다.

한신의 실각은 의외로 빨랐다. 그는 전국시대의 관습대로 많은 사졸을 거느리고 영토내 각지를 순회하였는데, 이를 보고, 한신이 모역을 계획하고 있다고 고조에게 밀고하는 이가 있었다.

고조는 제후에게 진(陳)에 집합할 것을 명하고, 한신이 와서 영접하자 무사로 하여금 그를 포박케 하였다. 고조도 이 공신을 벌할 수는 없어 초왕에서 회음후(淮陰侯)로 강등시켰다.

왕위를 빼앗긴 한신의 심정이 편할 리는 없다. 그는 병이라 칭하고 조정에도 출사하지 않았다.

기원전 197년, 조(趙)의 재상이었던 진희가 대(代)에서 모반을 하였을 때 고조는 이를 친정(親征)하였는데, 한신이 그가 부재중임을 틈타서 진희와 내통하여 장안에서 군사를 일으켜 왕궁을 습격하려고 하였다.

그러나, 한신의 계획은 그 하인의 밀고로 탄로나 버렸다. 상국(相國) 소하(蕭何)는 한신을 속여 입조(入朝)케 하고, 여후(呂后)는 무사에게 명하여, 이를 포박, 자락궁의 종실(鍾室)에서 이를 참하였다. 명장의 최후는 참으로 비참하였다.

양왕 팽월의 실각도 진희의 모역과 관계가 있다. 고조가 친정할 때, 팽월에게도 출병을 명하였으나, 팽월은 자신이 출병하지 않고, 부하를 대리로 파견하여 크게 고조의 노여움을 샀다. 그리하여 고조는 팽월을 포박하여 그 왕위를 박탈하였으며, 여후는 후환을 없애는 것이 좋다 하여, 드디어 이를 참하였다. 그 살점을 소금에 절여서 제후에게 나누어 주었으니 참으로 잔혹을 극한 일이었다.

(나) 공신들 제거

한신과 팽월이 주살되고 나니 가장 불안을 느낀 것은, 두 사람과 지위를 같이한 회남왕 영포였다. 그는 두 사람과 같은 운명이 자기에게도 오게 될 것을 예기하고 이를 앞질러 군사를 일으켰다(기원 전

196년).

　영포는 맹장이었으므로 그 군세는 한때 왕성하여 이를 친 유가(劉賈)조차도 전사하였으나 결국 대세를 움직일 수는 없었다.
　고조가 친정하여 이를 무찌르니 영포는 강남으로 도망하였으나 토착민에게 살해되었다. 다른 제왕도 거의 비슷한 운명을 맞았다.
　조왕 장오는 고조의 딸인 노원공주를 취하고 있었으나 그 신하 중에 고조의 암살을 도모하는 이가 있었으므로 그 지위를 빼앗겼다.
　한왕(韓王)인 한신은 침입한 흉노를 막아 싸웠으나 흉노의 세력이 강대하여 결국 이에 항복하였고, 후에 침입한 흉노와 함께 다시 침입하였을 때 전사하였다.
　연왕 노관(盧綰)도 진희의 반란에 통모하였다는 혐의를 받고 두려운 나머지 흉노로 도망쳐 그곳에서 사망하였다. 그 봉토(封土)를 유지한 것은 장사왕 오신(오예의 아들)뿐이었다. 이는 아마 그 토지가 머나먼 남쪽에 있었고 그 세력도 작았으므로 문제가 되지 않았을 것이다.
　고조는 개인으로서는 너그럽고 인자한 성격이었다고 한다. 그런데도 불구하고 그의 여러 공신에 대한 **태도**는 준엄하다기보다는 오히려 각박하였다. 한신이 진에서 포박당하였을 때에
『약은 토끼가 죽고 나니 공을 세운 양견은 무용하다 하여 죽음을 당하게 되고 높이 나는 새가 없게 되면 양궁(良弓)은 소용이 없다 하여 감추어지고 적국이 없어지면 충신이 멸망된다는 속담이 있다. 이미 천하가 평정되었으니 나는 죽게 되는구나.』
라고 탄식하였는데 그것은 그대로 후세의 비평이기도 하다.
　그러나 천하를 지배하는 이에게는 천하의 질서를 유지할 의무가 주어진다. 천하의 질서를 유지하기 위해서는 중앙의 권력을 확립하지 않으면 안 된다. 이 방침에 배반하는 이는 단호히 배제하지 않으면 안 된다.
　한의 건국 초기 봉건 제왕은 모두가 난세의 영웅이라 할 수 있는데 그러한만큼 또 신중치 못한 태도가 많아 중앙에서 본다면 분에 넘치는 행동이 많았다. 고조가 유씨의 장래의 안정을 위하여 그들의 과실

을 탓하여 이를 멸망시킨 것도 정치가로서는 불가피한 조치였다고도 할 수 있다.

다만 고조의 정책은 어디까지나 철저할 뿐 관용이란 것이 없었다. 고조는 하층계급의 출신이어서 다른 제왕과 신분에 있어서 거의 차이가 없었고 또 그 사자(嗣子)는 성격이 온후할 뿐 영기(英氣)가 없어 통치자로서의 자격을 갖추지 못하였다. 고조가 자기 생전에 제왕의 처분을 단행하여 유씨의 안전을 보장하려고 한 것도 부득이한 일이었을는지 모른다.

고조는 기원 전 195년 4월에 사망하였다. 53세였다. 그의 재위는 천하통일 후 겨우 8년이었으니 한왕에 책봉된 때부터 셈하여도 12년에 불과하다.

2) 한제국 전성기

(가) 오초 7국의 난

이 시대 최대의 고민은 중앙정부의 권력이 아직 확립되지 못하고 지방의 제왕이 중앙의 명령에 충분히 복종하지 않은 것이었다.

이와같이 중앙정부의 권력이 약하고 지방 제왕의 세력이 강한 것은 진의 통일 이전으로의 역전이나 다름 없었다. 그러한 고민은 머지않아 지방 제국이 연합하여 반란을 일으키는 사태로 나타난다. 오왕 유비를 중심으로 초, 조, 교동, 교서, 치천, 제남 등 7국이 연합하여 난을 일으킨 것이다. 이 난은 겨우 3개월 만에 평정되었다.

그러나 오초 7국의 난은 한왕조에게 커다란 의의가 있는 내란이었다. 고조의 건국이래 비교적 약하였던 중앙의 권위는 이 난의 진정과 더불어 확고부동하게 된 것이다.

그때까지 강대한 세력을 가지고 중앙에 대항하였던 제왕은 모두 멸망했기 때문이다. 그리고 남은 것은 중앙에 순종하게 되었던 것이다. 완전히 중앙집권 국가가 되었기 때문에 결국 진의 시황제가 뜻하였던 통일사업이 한왕조에 이르러 실현된 셈이다.

(나) 왕조 황금시대

경제(6대)가 재위 16년만에 사망하고 그의 아들 철(徹)이 17세에 즉위하니 그가 7대 무제(武帝)이다.

고조가 천하통일을 이루고 나서 60년이고 경제가 오초 7국의 난을 평정한지 13년 째 되는 그 무렵부터 한왕조의 권위는 확립되었으며 계속된 평화로 백성의 생활도 풍요해지고 국고도 화폐와 곡식으로 가득 찼다.

무제는 부조(夫祖)의 노력에 의해서 축적된 국력이 이 청년 군주에게 맡겨진 것이다.

무제는 실로 타고난 행운아였다. 경제의 번영을 토대로 한 반세기에 걸친 무제의 통치기간은 정치적으로나 군사적으로나 또 문화적으로 중국 고대사상 가장 빛나는 시대가 된 것이다.

무제는 즉위 후 제왕의 국가를 약화시키는 정책을 썼다. 즉 기원전 127년 추은령(推恩領)을 공포하여 제왕, 제후의 영토를 그들의 자제에게 분할케 했다.

그 명분은 조정의 은덕을 널리 제왕, 제후에게 미치게 한다는 것이었으나 그 의도는 제왕, 제후의 영토를 세분하여 그 세력을 약하게 하는 데에 있었던 것이다. 그리고 중앙정부는 제왕에게 저택을 주어 수도 장안에 있게 하고 영토로부터의 조세 수입을 주었으나 정치 자체는 중앙에서 임명하는 국상의 임무로 하였다. 결과적으로 그때까지의 봉건 귀족은 궁정 귀족으로 변모한 것이다.

중앙의 정치기구에 있어서도 천자의 전제적인 경향이 강화되었다. 천하의 대권을 일신에 집중코자 하는 무제에게 있어서는 승상 등 국사를 처리하는 관직은 귀찮은 존재였으므로 이를 사임케 하고 또는 사형에 처하기도 하였으며 그 대신 천자의 비서역에 해당하는 궁중의 상서(尙書), 중서(中書)의 지위를 높이고 그들을 통하여 황제의 의사를 전하게 하였다.

또 지방행정 면에 있어서도 무제는 몇 개의 군(郡) 위에 하나의 주(州)를 마련하고 주에는 자사(刺史)라는 감찰관을 두어 지방관리와 지방호족에 대한 감시와 단속을 맡게 하고 중앙의 명령 관철과 봉건적 질서의 안정을 도모하였다.
 행운과 능력을 겸하여 가진 독재군주 무제는 그 강대한 권력을 국내외로 발휘하였다. 흉노와 서역에 대한 원정, 한반도, 남월, 서남이에 대한 경영은 모두 성공하였다. 그 결과 무제의 치세에 증가된 군의 수효는 28에 달하였다고 한다. 한의 강역(疆域)은 대체로 이 무렵에 확정되었다.

 (다) 유교적 사상통일
 정치체제가 안정되고 사회질서가 확립됨에 따라 학문과 지식도 중하게 여기게 된다.
 무제는 천하에 명하여 현량한 학자와 선비를 추천케 하고 친히 이들을 접견하여 정치와 학문에 관한 의견서도 제출케 하였다.
 기원 전 136년에는 오경(五經)박사를 두어 태학(太學)에서 강의하게 하였다.
 오경박사는 「시경」, 「서경」, 「역경」, 「예기」, 「춘추」를 각각 전문으로 하는 학자이다. 또 지방의 수재를 소집하여 박사 밑에서 제자원(弟子員)으로서 배우게 하고 매년 시험을 실시하여 그 결과에 의해서 관리를 채용하기로 하였다.
 한시대에 한정된 일은 아니지만 관리는 권력과 재력과의 중심적인 존재이다. 이에 등용되고자 하는 이는 다투어 유학을 배우게 되었다. 이리하여 유학은 국가가 공인하는 학문의 지위에 놓이게 되었으며 다른 학파는 이에 대항할 수 없게 되었던 것이다.
 무제 이후 2천 년이나 계속된 중국의 봉건사회 속에서 유교의 사상은 **여러가지로** 변화하였으며 가지각색의 유파를 낳긴 하였으나 일반적으로 말하면 그것은 **봉건적 지배계급**에 의하여 일관화하여 존경되었고 정통사상으로 인정되어 왔던 것이다.

3) 한제국 쇠퇴기

(가) 외척의 폐해

외척의 전횡이 표면화되기 시작한 것은 후한의 제4대 화제(和帝) 때부터이다. 그가 즉위할 때 나이 겨우 10세였으니 황태후가 섭정하게 되면서 외척이 정치의 실권을 잡게 된다.

두황후는 광무제 공신 두융의 증손이다. 두황후가 정치에 대하여 친정오빠인 두헌에게 상의하게 되니 정치의 실권은 저절로 외척의 수중으로 옮아가게 되었다.

두헌은 흉노를 쳐서 크게 무찌르니 그 공에 의해서 대장군에 임명되었으며 그의 세력은 더욱 강성해졌다. 그의 일족은 모두 고관으로 임명되고 조정은 그의 일당으로 가득 찼다. 반고(班固) 등도 그의 심복이었다. 두헌의 아우 두경의 횡포는 격심하였으니 그의 노예로서 주인의 위광(威光)을 빌어 남의 재물을 빼앗고 부인을 겁탈하는 이까지 있을 정도였다고 한다. 그리고 그의 교만함은 마침내 제위를 엿보기까지에 이르렀다.

화제는 소년이었지만 이러한 사정을 잘 알고 있었다. 그러나 거의 두씨 일당의 손에 독점된 정부 안에서는 일당의 수령을 처분하는 일도 실각시키는 일도 불가능에 가까웠다. 이 경우에 있어서 황제가 자기의 충실한 부하로서 명령을 내릴만한 근신은 오직 순수한 궁내관인 환관(宦官)뿐이었다.

(나) 쿠데타 성공

다행으로 구순령(鉤盾令)인 정중은 충실하고 민첩한 **사람이었다.** 화제는 그와 상의하여 **쿠데타를** 계획하고 성문을 닫은 다음 두헌의 일당을 주살하니 두헌 자신은 자살하였다(92년). **쿠데타는** 성공한 것이다. 정중에게는 그 공으로 대장추(大長秋)의 지위가 부여되고 또 후에는 열후로 책봉되어 환관이 열후에 책봉되는 선례를 만들었다.

화제가 죽고 그 아들 상제가 즉위하였으나 이내 죽고 그의 사촌형인 안제가 즉위하였다.

　이 두 황제의 치세 기간에는 화제의 황후 등씨가 칭제하니 황후의 친정 오빠인 등줄이 권력을 장악하였다. 등씨도 또 광무제의 공신이었던 등우의 손자이다. 그는 두헌과 한 가지로 대장군에 임명되었으나 두씨의 전철을 밟지 않기 위하여 항상 근신하였다. 양진 등은 그의 추천에 의해서 등용된 명신이다.

　등태후가 죽고 안제가 친정을 하게 되자 등줄의 형제들이 폐위의 계획을 꾸미고 있다고 안제에게 밀고한 이가 있었다. 그것이 사실이었는지는 명확하지 않지만 오랫동안 태후에게 억압당하고 있던 반동의 감정도 작용하였음인지 황제도 등씨의 일족을 벌하였다. 등줄은 이 문제에는 관계가 없었으나 좌천된 후 분격한 나머지 단식을 하고 죽었다.

(다) 환관들의 등장

　외척 등씨의 일족이 정부에서 일소되자 이에 대신하여 등장한 것이 안제의 황후였던 염씨의 일족이다. 특히 황후의 오빠인 염현은 금군(근위병)의 사령관이 되어 그 권세는 매우 강성하였다. 황태자도 황후의 소생이 아니었던 까닭에 물리침을 당하고 말았다.

　안제가 죽으니(125년), 염현 등은 안제의 종제인 북향후(北鄕侯)를 옹립하였다. 이가 소제(小帝)인데 즉위한지 얼마 안 되어 죽었다.

　환관인 손정(孫程) 등은 일찍부터 정통인 황태자가 아무런 죄도 없이 염황후의 소생이 아니라는 이유만으로 폐위된 것을 분격하였으나, 일이 이에 이르자 동지들과 공모하여 궁중에서 갑자기 정변을 일으켜 황태자를 맞아서 황제의 위에 오르게 하였다. 이가 순제(順帝)이다.

　순제는 즉위하자 바로 염현과 그 일족을 주살하였다. 환관의 단결은 이리하여 또 유력한 외척을 타도하였던 것이다.

　순제의 재위는 비교적 길어서 20년에 달하였다. 황후 양씨(梁氏)의 아버지 양상, 오빠 양기가 이 시대에 가장 권력을 휘두른 귀족이었다.

순제가 죽고(144년), 그의 아들 충제(冲帝)가 즉위하였으나 다음 해에 죽었다. 양기는 방계에서 어린 질제(質帝)를 맞아 황제로 옹립하였다. 물론 자기들이 정치를 마음대로 하기 위해서였다.

그러나 8세의 어린 황제는 의외로 총명하여 어느 때 조회의 석상에서 옆에 있는 신하에게 눈으로 양기를 가리키면서 이는 발호장군이다라고 말한 일이 있었다. 양기는 이 말을 들은 후부터 황제를 미워하여 마침내 이를 독살하고 다시 방계의 황족을 맞아 천자로 하였다. 이가 환제(桓帝)이다.

환제 때에 양기의 세력은 절정에 달하였다. 그의 20년에 걸친 집정 기간에 양씨의 일족으로부터는 7후(侯), 3황후, 6귀인, 3부마(駙馬), 2대장군을 내놓았으며, 그 밖에 조정의 요직에 있는 이가 57명에 달하였다고 한다.

또 관청의 모든 부문에 자기의 심복을 배치하여 상세한 정보를 입수하였다. 사방으로부터 헌납되는 물품 중 가장 좋은 것은 양기에게로 바쳤다. 또 관리로서 새로운 직무에 임명된 이는 먼저 양기에게 인사를 하고 그 다음에 궁중으로 향하는 것이 관례가 되었다. 방계 **출신 황제의 권위가 약하고 외척의 권위가 얼마나 강하였던가를 짐작케 하는 것이다.**

그러나 그들의 손에 의해서 옹립된 황제이기는 하지만 이러한 권력과 부의 독점은 천자로서의 명분을 가진 청년 황제의 반감과 증오를 면할 수가 없었다. 환제는 선초, 구언 등의 환관과 피로써 맹세하고 양기를 제거할 계획을 세워 금군의 군사를 풀어 양기의 저택을 포위하였다. 양기는 자살하고 그렇게도 권세를 자랑하던 양씨도 드디어 멸망하였다(159년). **쿠데타**는 또 성공하였다.

이때 양씨와 연고가 있다는 이유로 면직된 관리의 수효는 3백에 달하니 조정은 한때 비다시피 되었다고 한다. 또 몰수한 양기의 재산이 1억 전을 넘었으므로 그것으로써 제실의 지출에 충당하여 천하의 조세의 반을 감하였다고 한다.

양씨의 권력과 부가 얼마나 컸던가를 짐작케 하는 일이다.

(라) 환관의 횡포

환관의 지위와 권세는 확고하여지고 정치에 대한 발언권이 커져서 갖가지 폐해를 초래하였으니 마침내는 후한의 왕조를 멸망케 하는 유력한 원인이 되었다.

무엇보다도 환관은 대개가 형벌을 받은 인간이다. 그렇지 않은 이는 천한 계급의 출신들이다. 따라서 환관 전체를 통하여 볼 때에는 갖가지의 악덕을 몸에 지닌 이가 많았다. 게다가 그들은 불구자 특유의 콤플렉스(열등감)가 있기 때문에 동물의식이 매우 강하고 그 단결은 아주 강고하였다. 그래서 그들은 황제를 자기들의 로보트로 만들어 그 권력을 확립하자 그들 자신이 몰아낸 외척인 귀족들보다도 한층 더 악랄하게 그들의 욕망을 만족시키게 되었다.

환관의 수많은 비행 중에는 **폭력으로써 유부녀나 처녀를 탈취하여** 제 마음대로 하는 일이 있었다. 환관은 성적 불능자인만큼 이것은 참으로 이해하기 어려운 사실이다.

환관은 또 자기들의 세력에 아부하고 추종하는 이에게 관직을 주어 그 도당의 세력에 의해서 권력과 이익을 지키려 하였다. 당시 관리가 되려면 귀족 출신 이외는 군의 효렴(孝廉)으로 선정되든지 오부(五府)의 속관으로 징명(徵命)되든지 두 길에 한정돼 있었는데 그 추천을 담당하는 지방관은 환관의 위세를 두려워하였으므로 환관에게 연고가 있거나 그 입김이 닿는 이에게 우선권을 주었던 것이다.

그러나 환관의 이러한 비행과 횡포에 대하여 저항하는 운동도 있었다. 태위 양병(楊秉)이 환관 후참의 포악한 행위를 상주하여 후참은 두려운 나머지 자살하는 일도 있었다.

(마) 실패한 쿠데타

환제가 죽고(167년), 영제가 12세의 어린 나이로 즉위하였다. 두무가 두황후와 상의하여 환제의 종제를 옹립한 것이다. 두무는 대장군에 임명되고 외척의 권위에 의해서 조정에 호령하였다. 진번도 태부에 임명되었다. 이응, 두밀 등 반(反)환관당의 강경파 인사도 다시 조정에 복직되었다.

이러한 사실은 환관들로 하여금 공포에 떨게 하였으며 경계심을 촉구하기에 충분하였다. 한편 두무, 진번 등도 또한 근본적으로 환관의 횡포를 누르고 궁중을 숙청하기 위해서는 이를 모조리 제거하는 수밖에 도리가 없다고 결심하게 되었다. 이리하여 환관의 수뇌인 조절, 왕보 등을 일망타진하려는 **쿠데타**의 계획은 이루어졌다.

그러나 그 계획은 사전에 누설되었다. 조절, 왕보 등은 영제를 받들어 그 명에 의하여 전번을 잡아 죽이고 두무를 자살케 하였다. **쿠데타는 역쿠데타에** 의해서 실패로 돌아간 것이다. **쿠데타**에 직접 관여하지 않은 이응, 두밀 등도 하옥되어 죽었다.

그들이 제거되거나 탄압당하여 저항이 궤멸되고 반(反)환관의 소리가 침묵하게 되었을 때 천하의 민심은 한나라 제실을 떠나게 된다. 한의 제실은 이제 정치의 부패와 백성이 고통의 근원인 환관에게 둘러싸인 허수아비에 불과했기 때문이다.

이리하여 전면적으로 백성의 지지를 잃은 한왕조는 그대로 붕괴의 내리막길로 접어든 것이다.

전한(前漢)의 고조가 한나라를 창건하고 장안에 도읍을 정한지 4백년, 광무제가 한왕조를 재건한지 2백년 만에 한제국은 쇠망의 어둠 속에 묻혀져 가고 있었다.

(5) 위, 촉, 오 삼국시대

1) 난세의 영웅들

한나라 왕실이 외척과 환관들의 권력투쟁 속에서 허수아비가 되어가고 있을 때 지방에서는 소귀족들이 권력을 독점하고 지방정부에 압력을 가하니 무력한 백성들만 고통을 당하고 있었다.

지금까지 힘이 되었던 지방 소도시의 시민적 유대도 끊어지고 도시 그 자체도 허물어져 의지할 곳이 없었다. 따라서 백성은 중앙정부에도 지방정부에도 희망을 잃고 새로운 자위의 방법을 모색하지 않을 수 없는 지경이 되었다.

(가) 황건적의 난

이 무렵 불교가 서역으로부터 유입된다. 그러나 불교가 중국사회에 뿌리를 박기는 아직 시기가 일렀다.

그러나 불교 정신을 모방한 새로운 종교집단이 만들어졌으나 그 신앙은 전통적 중국의 토속신 숭배와 불교적 교의(敎義)가 혼합된 것이었다. 정부의 부패에 지친 백성들은 자연히 이같은 신흥종교에 관심을 갖고 모여들었다.

그것이 이른바 태평도(太平道)라는 것이었다. 하북(河北)의 거록에 본거지를 둔 장각(張角), 장보(張寶) 형제가 일으킨 이 신흥종교는 삽시간에 수십만에 이르게 된다.

이 교의 상보부조의 정신은 허탈에 빠진 민중의 마음을 사로잡기에 충분했다.

신봉자가 늘어나자 각지에 지부를 두고 군대조직을 모방하여 계급을 만들고 36의 방(方)으로 편성하였다. 방이란 장군에 해당하는 것이었다.

그 세력이 확장되면서 자연히 국가질서와 마찰이 일어나게 된다. 마침내 장각은 혁명을 일으킬 것을 결심한다.

『한(漢)의 천하는 망했다. 이제 새로운 토덕(土德)인 황색의 천하가 도래한다. 태세는 바로 갑자(甲子), 천하는 대길이다.』

이렇게 선포하고 36방과 결의하여 같은 날 군사를 일으킨다. 이들이 황색 수건을 머리에 둘렀으므로 이를 황건적(黃巾賊)이라 부른다. 기원 전 184년, 후한 12대 영제 말기의 일이다.

중국 전역에서 일제히 봉기한 황건적은 지방의 관리들을 죽이고 각 성을 점령하여 파죽지세로 휩쓸었다.

조정에서는 크게 놀라 토벌군을 파견하는 한편, 의용군을 모집하고 지방호족의 협력을 구하였다.

토벌령을 받은 지방의 장군(유력자)들은 정부군에 자진 가담하여 목숨을 걸고 싸우는 황건적의 저항에 고전하면서도 각처의 봉기 농민을 격파하여 자신의 군권을 강화하고 확대하였다.

신흥종교를 내걸고 농민을 혁명군으로 결속시켰던 장각은 이내 죽었으며 그 당파도 토벌군에게 타격을 받아 조직이 붕괴되었으나 그러나 한 번 폭발한 봉기의 불길은 좀처럼 꺼지지 않고 그 후 20년 동안 중국 각처에서 농민끼리 결속한 폭발을 계속하여 도시와 농촌을 완전히 황폐케 하였다.

(나) 동탁(董卓)의 전횡

황건적의 난이 평정된 후 국정의 질서는 회복할 수 없는 지경에 이르렀다. 황건적 토벌에 공이 큰 지방의 호족들은 중앙 귀족의 무능과 부패해버린 관료를 신뢰하지 않았고 중앙정부 또한 여전히 권력투쟁에 영일이 없었다.

어리석은 천자 영제가 죽고 진류왕이 이었으나 여전히 환관들과 외척인 하(何)씨의 결투가 전개된다. 이 결투에서 외척 하씨의 대표 하진(何進)과 환관 2천 명이 몰살되는 사건이 일어나는데 그무렵 지방 장군 가운데 하나인 동탁이 강한 군대를 이끌고 중앙에 군림하기 시작한다.

동탁은 서쪽 변경인 양주(涼州), 지금의 깐쑤성 태생의 무장이다. 이 지방은 당시 티베트족 즉 강족(羌族)을 비롯하여 북서방의 이민족이 한민족과 섞여 살고 있었다. 강족은 이 무렵 가장 강대한 세력을 가지고 항상 한민족과의 투쟁을 일삼았으며 호전적이고 잔인한 민족이었다.

동탁은 이 강족과 군대를 부하로 가지고 있었으며 이와는 별도로 상시성의 흉노 군대를 지휘하는 맹장 여포(呂布)를 새로이 부하로 맞았으니 그의 기병부대는 용감함에 있어서나 전투 경험에 있어서나 한민족 출신의 정규병을 훨씬 능가하였다.

동탁은 이 기회에 자기의 권력을 확보하려고 여러 장수를 모아 의논한 끝에 진류왕을 폐하고 그 아우를 천자로 옹립하였다. 이가 후한 왕조 최후의 천자 헌제(獻帝)이다.

동탁은 그 천성이 잔인무도한 인물이다. 이러한 이를 수도로 끌어

들여 권력을 쥐게 하였으니 무사할 리가 없다. 그는 범죄인을 수색한다는 명목으로 군사를 풀어 귀족 부호의 집에 침입케 하여 닥치는 대로 금품과 부녀자를 약탈하였다.

심지어는 매장한지 오래지 않은 영제의 능묘를 파헤쳐서 묘 안의 보물을 약취해갔다. 이리하여 뤄양의 시민은 공포 속에서 떨게 되었다.

동탁의 포악한 행동에 중원의 여러 장군들은 가만히 앉아 바라볼 수만은 없었다. 동방의 여러 군벌은 연합군을 조직하여 뤄양을 포위, 공격하였다.

동탁은 중과부적으로 뤄양과 그 주변 2, 3백 리를 불태우고 황제와 수백만의 주민을 강제로 이끌고 장안으로 옮겼다. 남녀노소의 시민은 이 강행군에 견디지 못하여 낙오되고 죽는 이가 수없이 많았다.

사서는 「시체는 쌓여 노상에 가득하다」고 쓰고 「뤄양의 도읍은 닭과 개 소리도 들을 수 없는 황량한 들판으로 되었다」고 기록하고 있다.

장안에 도착한 동탁은 여기에서도 대약탈을 감행하여 전 군대를 30년간 지탱할 수 있는 식량, 금 3만 근, 은 9만 근을 서방 요새로 운반하여 농성의 준비를 시작하였으니 이처럼 너무나도 무모한 행동으로 말미암아 어느날 외출한 노상에서 부하 여포의 손에 살해된다.

(다) 간웅 조조(曹操)

동탁이 장안에서 여포에게 피살되고 그 부하가 티베트와 흉노계로 갈라져 싸움으로써 장안을 온통 짓밟게 되자 이 군사를 평정, 흡수하고 지방으로 탈출한 헌제를 자기 진영으로 맞아들여 제실(帝室)의 권위를 등에 업고 천하를 호령코자 했던 신흥 군벌의 장군이 있었으니 그가 곧 조조다.

조조는 155년 한고조의 고향에 가까운 패(沛)나라의 초(楚)에서 태어났다. 그의 조부 조등은 환관의 거두로서 후한 말기의 정계에 권력을 휘두른 인물이다. 입신출세를 위하여 스스로 생식력을 끊고 환관이 되어 후궁으로 들어간 조등에게 자식이 있을리 없다.

조조의 아버지 조숭은 조등의 양자였다. 후한의 환관들 중에는 양자에 의해서 권력과 재력을 자기 한 대에 그치지 않고 호족으로서 영속시키고자 하는 이가 있었다.

출생의 유래가 분명치 않은 채로 대환관의 가문에 양자로 들어온 조숭은 환관이 되지 않고 양부가 남긴 막대한 재물을 동원하여 국방장관에 해당하는 태위의 벼슬을 사서 관료귀족으로서의 격식을 얻으려 하였다.

그러나 아무리 재산이 있어도, 또 어떠한 대관의 지위에 올랐어도 출신이 환관의 양자이어서는 가문을 자랑하는 귀족과 학자들 틈에서 행세를 할 수가 없다.

환관의 양자를 아버지로 둔 조조는 이 치욕을 짊어지고 세상에 태어났으며 이 콤플렉스를 일생동안 지니지 않으면 안 되었다.

그러나 그는 뛰어난 지모와 책략으로 모든 어려움을 극복하고 대권을 잡는데 성공한다. 특히 용병술이 뛰어나 천하를 요리하는 실력자로 한 시대를 주름잡는다. 나중에 위왕(魏王)으로서 천하를 통일할 야망을 갖는다.

(라) 손권(孫權)의 오나라 정복

후한 말기 현재의 항주(杭州) 남방 첸탕강(錢塘江)에 임한 지방에 손(孫)씨라는 토호가 일어났다.

전국시대의 전술가 손자(孫子)의 후예라고 한다. 황건적의 난이 양자강 북부에 미쳤을 때 토호 손견(孫堅)은 향리의 청년을 이끌고 정부군에 가담하여 공을 세우니 중앙에까지 그 이름이 알려지게 되었다. 또 동탁의 난에 있어서는 관병으로서 동탁의 군사를 무찔러 용맹을 천하에 떨쳤다.

그의 아들 손책(孫策)은 영토를 양자강 하류 일대로 확장하였다. 그는 호담한 성격으로 전장에서는 언제나 앞장을 서는 것이었다. 이 호방한 태도가 그에게는 화근이 되었다.

북방에서 조조가 황하를 끼고 혈전을 벌이고 있을 때 손책은 그가 없음을 틈타서 조조의 본거를 습격하고 후한의 천자를 맞아 패업을 성취하려는 대담 무쌍한 계획을 세웠다. 그러나 비밀리에 출진을 준비하고 있는 동안에 불행하게도 자객의 습격을 받아 중상을 입었다.

위중한 병상에서 손책은 급히 아우 손권(孫權)을 불러 후사를 부탁하였다.

『나는 이러한 남방의 용사를 이끌고 북방으로 진출하여 결전을 하려고 마음먹었으나 이러한 모험이 네게는 불가능하다. 그러나 이미 확보한 영토를 보전하고 신중히 내정을 다스리는 점에 있어서는 네가 나보다도 적임이다.』

그의 나이 겨우 26세였다. 당시 그가 정복한 오나라의 영토는 북은 조조의 위와 접경하고, 서는 형주에 군림하고 있던 유표의 정권과 접경하였었다.

(마) 유비(劉備)와 도원결의(桃園結義)

유비(劉備)는 현재의 북평(北平) 남서쪽에서 태어났다. 전한의 경제 아들로서 중산왕(中山王)에 책봉된 유승(劉勝)의 자손이라 한다.

일찍 아버지를 잃고 홀어머니 밑에서 학문을 닦다가 협객의 무리에 뛰어들고 황건적 토벌에 가담하여 공을 세운다.

그러다가 비슷한 환경의 관우(關羽), 장비(張飛)를 알게 되고 그들은 서로 뜻이 맞아 어느날 복숭아꽃이 만발한 화원에서 술을 나누며 형제의 의를 맺는다.

황건적 토벌 때의 공로로 유비는 조그마한 군벌의 장령이 될 기회를 얻었다. 천하 비상의 발판을 얻은 셈이다. 이때부터 시세의 흐름에 따라 결의형제인 아우 관우, 장비와 함께 웅비의 뜻을 펼치기 시작한다.

(바) 제갈공명(諸葛孔明)

유비는 비교적 하층계급 출신이었으므로 그의 부하로 관우, 장비, 조운(조자룡)과 같은 용장은 있었으나 귀족사회에 통할 수 있는 참모가 없었다.

당시 지방에 할거한 군웅의 휘하에는 지난날 귀족사회에서 문재로서 알려진 명사들이 참모로 포섭되어 있었다. 표면상으로는 완전히 군벌 무력경쟁의 세계로 된 듯 하였으나 한편으로는 귀족적 명사가 중용되어 정보의 수집과 외교면의 뒷거래를 담당하고 있었다.

이러한 정세 아래서 유비가 그러한 임무를 감당해낼 인재를 구하고 있던 중, 샹양의 교외에 제갈량(諸葛亮)이라는 명사가 은거하고 있다는 사실을 알게 되었다. 제갈량을 유비에게 소개한 이는 제갈량의 친우인 서서라는 사람이었다.

제갈량, 공명은 지금의 산뚱성 칭따오의 서쪽 낭야에서 태어났다. 형, 제갈근은 오(吳)의 대신이 된 덕행이 높은 위인으로서 손권(孫權)의 신임이 두터운 사람이었다.

제갈량은 생후 얼마 안 되어 아버지를 여의고 백부인 제갈현(諸葛玄)의 슬하에서 자랐으나 그 백부가 당시 형주의 장관이었던 유표의 비호를 받고 있었던 까닭에 그도 형주에서 살게 되었으며 백부가 죽은 후에는 샹양 부근의 시골로 은퇴하여 유유자적하며 「맑은 날 밭 갈고 비 오는 날 글을 읽는」생활을 즐기고 있다가 유비의 세 차례 방문을 받고 유비진영에 뛰어들어 나중에 군사(軍師)가 된다.

제갈량을 얻은 유비는 「물고기가 물을 얻었다」고 기뻐하며 그 이후 일생을 통해서 「서로 진심을 터놓고 사귀어」 허다한 고난을 무릅쓰고 촉(蜀)나라의 건설에 힘쓰게 되었던 것이다. 후세에 매우 친밀한 교제를 일컬어 「수어지교」(水魚之交)라고 말하는 것은 여기서 비롯된 것이다.

당시 유비는 약간의 부하를 이끌고 있었지만 한 뼘 영토도 아직 가지지 못한 객장(客將)이었으니 과연 장래가 어떻게 될 것인지 아무도 예측할 수 없는 때였다.

그러한 신분에 있으면서 일류의 명사 공명을 끌어내어 부하로 삼았으니 유비를 돕기로 결단을 내린 공명도 물론 비범한 인물이거니와 유비 역시 무엇인가 신기한 매력을 갖춘 인물이었음에 틀림없다. 공명은 유비에게 적당한 근거지를 마련할 필요가 있다고 권하여 촉을 취할 계책을 제시하였던 것이다.

2) 3분 천하(三分天下)

그무렵 화북(華北)의 중원은 조조가 100만의 대군을 이끌고 또 천자를 등에 업고 제후를 호령하고 있었고 양쯔강 하류의 오(吳)에는 손권이 부자 3대에 걸쳐 할거하며 튼튼한 기반을 확보하고 있었다.

그리고 나머지 땅인 무한(武漢) 3진(三鎭)의 지방은 천하의 중앙으로 모두가 이를 손에 넣으려고 호시탐탐 노리고 있었다.

그러나 세인의 관심에서 벗어난 곳은 익주, 즉 촉(蜀)의 땅이었다. 이곳은 사방이 산으로 둘러싸여 외부와 격리되어 있지만 성내가 넓은 땅이어서 자급자족이 가능한 곳이었다.

제갈공명은 이 촉을 공략하여 사천성의 곡창인 성도평야의 중심지 성도(成都)를 도읍으로 삼고 다시 명장으로 무한 삼진에 근거를 정하게 하였다가 시기를 보아 북상하여 장안을 입수한다면 한의 제실의 회복을 할 수 있을 것이라고 유비에게 권한다. 이 말에 따라 유비는 촉의 땅에 근거를 삼게 된다. 이리하여 천하는 3분되고 군권도 세 사람의 손에 장악되어 대결을 계속한다.

(가) 한제국의 최후

220년 위의 조조가 죽고 아들 조비(曹丕)가 뒤를 계승하자 헌제에게 강요하여 황제의 위를 물려받는 형식을 취해서 뤄양에서 정식으로 위(魏)의 황제가 되었다. 이가 문제(文帝)이다.

221년에는 유비가 제위에 올라 스스로 한제(漢帝)라 칭하고 국호를 촉한(蜀漢)이라 하였다.

손권도 그 다음 해에 오왕(吳王)이라 칭하고 229년에는 오제(吳帝)라 칭하였으며 도읍을 지금의 남경(南京)으로 옮겨 이 땅을 건업(建業)이라 불렀다.

이리하여 한제국은 전후 4백 년의 긴 역사에 종지부를 찍고 역사에서 사라졌으며 천하는 이제 위, 오, 촉의 삼국시대가 열린 것이다.

이때부터 통일황제권을 놓고 3국이 끊임없는 각축전을 전개하게 된다.

(나) 삼국의 쟁패

3분된 세 세력 가운데 가장 강한 나라는 위였다. 오나 촉이 단독으로 위에 대항하여 승리하기는 거의 불가능한 일이었다.

오는 양쯔강 하류, 곧 강남지방에 세력을 확보하고 있었으나 아직 곡창지대로 개발되기 전이어서 역시 단독으로 천하를 취할 실력이 없었다.

위는 우선 그 영토가 오, 촉을 합친 것보다 넓고, 또 한제국 이전부터 개발해 온 화북의 땅을 중심으로 안고 있는만큼 물자도 풍부했다.

따라서 오와 촉이 연합하여 위의 위협을 막고 있었으니 조조 생존시에 적벽대전이 그 한 예이다.

세 나라 사이에 영토를 두고 먹고 먹히는 싸움은 이후 계속되었다. 조조와 유비, 손권이 죽고 그 후대에 이르기까지 3분된 천하의 쟁패는 이미 소설「삼국지」로 그려내어 오늘날까지 읽혀지고 있다.

(6) 남북조(南北朝) 시대

서진(西晉)의 왕족과 귀족이 남으로 피난하여 삼국시대의 오(吳) 나라의 옛도읍 건업에 도읍을 정하여 건강(建康)이라 개칭하고 동진의 왕조를 세우니 이로부터 강남의 땅은 눈부신 개발이 이루어지고 한(漢) 문명이 여기에서 꽃피우게 된다. 이것은 중국 역사상 일대 변화였다.

그다음 그 동진이 멸망한 후 송(宋), 제(齊), 양(梁), 진(陳)의 한인 네 왕조가 교체하여 건강에 도읍하고 그 영토도 동일하게 양쯔강 유역 이남이었으므로 역사에서는 오(吳), 동진과 이 4왕조를 합하여 6조(六朝)라고 부른다.

6조는 그때까지 변방이었던 양쯔강 유역을 풍요한 경작지로 만들었을 뿐 아니라 그 문화의 중심지로 바꾸어 놓았다.

화북에서는 5호 16국 시대를 거쳐 북위(北魏)가 화북을 통일한 것은 강남의 송조(宋朝) 무렵이니 그 이후를 남북조 시대라고 한다. 즉

6조의 후반은 남조라고 총칭한다.

1) 송왕조

유유(劉裕)가 세운 송왕조는 후대 조(趙)씨의 남송과 구별하여 남조송, 혹은 유송(劉宋)이라고 한다.

유유는 재위 3년만에 60세에 죽으니 시호를 무제(武帝)라고 하였다. 그 뒤를 17세의 태자가 계승하니 이가 소제(小帝)이다. 공신 중에서 단도제, 서연지, 부량, 사회의 4명이 선임되어 후견의 역할을 하였다. 그런데 소제는 방탕한 자식으로 자라서 부친의 상중에도 가무음곡을 즐기고 여색에 탐닉하여 아이를 낳게 하는 등 호사스런 생활에만 빠졌으므로 4명의 대신은 합심하여 즉위 3년 째에 이 천자를 폐하여 죽이고 형주에서 그의 아우 유의룡을 맞아 즉위케 했다.

이가 송조에서는 명군이라는 이름을 들은 문제(文帝)이다. 그와같은 나이의 형제인 유의진은 이 소동에 말려들어 대신들에게 살해되었다.

즉위한 문제는 조정의 정치를 전단하는 4명의 대신을 미워하였다. 그 중에서 단도제는 단순한 무인에 불과하였으므로 이를 포섭하여서, 부, 사의 3대신을 죽이고 조정의 인사 대이동을 단행하여 천자가 정치를 전단할 수 있는 남조식 정부를 조직하였다. 이로부터 송조에서 가장 긴 30년에 걸친 문제의 시대가 시작된다.

(가) 원가(元嘉)의 치세

건국 초기에 송조정은 피비린내 나는 혼란을 계속하였으나 문제의 치세 30년은 비교적 평화가 계속되어 국력도 충실하고 남조 문운의 꽃이 핀 때였으므로 당시의 연호를 따라서 「원가(元嘉)의 치세」라 칭한다.

송의 창업주는 동진 정치의 극단적인 난맥이 나라를 망친 원인이었음을 목격하여 알고 있었던만큼 즉위 후에도 검약으로써 궁중생활을 영위하고 긴축함과 아울러 위엄으로써 관계를 숙정하였다.

문제도 이 기풍을 계승하여 검소하게 하여 부의 축적을 도모하고 백성의 부담을 경감하는 일에 힘썼다. 또 지방장관의 임기를 종래 3년이었던 것을 6년으로 고쳐 하급관리와 민간의 실정을 지실함으로써 치적을 올리도록 노력케 하는 등 국력이 점차로 충실하였다.

이 모처럼의 「원가(元嘉)의 치세」를 엉망이 되게 한 것이 있었으니 그것은 북방으로부터 탁발씨의 북위가 침입하여 송의 양쯔강 북안의 영토를 황폐케 한 일이었다. 당시 북위는 신흥의 기세를 몰아 남하하여 전에 무제 유유가 정복하였던 허난의 송 영토를 침입한 것이다.

처음에 송은 단도제 등 무장의 힘으로 조금씩 후퇴는 있었지만 큰 실패가 없이 지탱할 수 있었으나 이 사람이 무인으로서 송왕조에 없어서는 아니 될 인물이라고 인정되게 되니 거기에 질투와 시기가 조성되었다.

마침내 위험인물이라고 인정을 받은 단도제는 아무런 증거도 없이 또 재판도 하지 않고 일족과 더불어 사형을 당하고 말았다. 황제가 대신들을 허수아비로 만들고 출신이 비천한 측근자를 중심으로 한 「결단이 빠른」 정치를 전단하는 데서 발생하기 쉬운 가장 나쁜 결점이 여기에 드러난 것이다. 이윽고 송은 중대한 위기에 직면하게 되었다.

(나) 왕실의 타락

송의 정치는 처음부터 측근정치이고 비밀주의였는데 효무제(孝武帝)에 이르러서는 더욱 심했다. 정책의 결정을 담당하는 것은 궁중의 비서관실 중서(中書)이며 거기에 근무하는 이는 출신이 비천한 이른바 한인(寒人)이었다.

효무제는 사치를 좋아하고 유락을 일삼았으므로 무제와 문제 2대에 걸쳐 축적한 중앙의 재물을 당대에 완전히 탕진해 버렸다.

효무제의 말년에는 건강 방면 일대에서 2년에 걸친 흉작으로 곡가가 폭등하여 백성이 열의 예닐곱은 굶어죽는 실정이었음에도 중앙에서는 이를 구제할 방법조차 없게 되어 있었다고 한다. 시기심이 강하고 결단력이 강하여 사람을 사람으로 여기지 않던 효무제가 죽었을 때 대신들은 한숨을 내쉬고 「오늘 비로소 횡사를 면하였다」고 주연을 베풀었다고 한다.

그런데 새로 즉위한 천자는 겨우 16세밖에 안 되었는데도 나쁜 점만 선제를 닮아 더할 나위 없이 오만한 성질이었다.

대신들이 방심을 해서는 아니 되겠다는 생각이 미쳤을 때는 이미 늦었다. 종조부인 유의공을 비롯하여 유원경, 심경지 등의 노장군이 차례차례로 죽음을 당하였다. 새 황제는 또 아우들을 죽이고 다시 세 사람의 숙부도 죽일 셈으로 궁중에 유폐하였으나 그 중의 한 사람 유욱이 부하를 시켜 황제의 측근자 중의 불평자와 결탁하여 후원에서 야유에 여념이 없는 소년 황제를 습격하여 **죽였다**. 유욱이 그의 어머니 태후의 명으로 즉위하였으니 이가 명제(明帝)이다. 죽은 황제 유자업은 전폐제(前廢帝)라고 칭한다.

명제는 즉위한 다음날에 폐제와 동복인 왕과 공주를 죽였다. 피살된 공주 초왕은 지난날 폐제에게

『그대와 나는 남녀의 구별은 있을망정 다같이 선제의 자식인데 그대는 후궁에 수만의 여인을 거느리고, 나는 남편이 한 사람밖에 없다니 이렇게 불공평한 일이 어디에 있소.』

하고 항의하여 결국 30명의 미남 시종을 두었다고 한다. 송왕실에 있어서 도의의 퇴폐함은 짐작하고 남음이 있는 일이다.

(다) 송왕조 멸망

때마침 전 폐제의 아우 유자훈이 형(전 폐제)에 반발하여 강주에 거병하고 있었던 바 명제가 즉위한 후에도 계속 반항, 스스로 황제라 칭하였다. 명제는 심유지 등을 파견 강주를 함락하고 유자훈을 죽였으며 그의 형제 13명도 아울러 죽였다.

효무제의 황후는 당시 태후가 되었으나 명제를 독살하려다 발각되어 도리어 죽음을 당하였다.

명제는 또 시기심이 강하여 효무제 이상으로 종실과 대신을 죽였다. 형의 아들들을 죽인 다음에는 자기의 형제들을 의심하여 죽이기

시작하였다. 그 중에서 두뇌가 좀 부족한 유휴범만이 죽음을 면하였으니 명제가 죽고 10세의 태자 욱이 즉위하자, 그가 후견인으로 지명되었다. 그런데 새 황제의 측근은 휴범을 중앙에서 멀리하여 강주자사로 내보냈으므로 휴범은 노하여 군사를 일으켰다. 반군의 세력이 강대하여 수도에 육박하였으나 분전하여 반군을 무찌르고 휴범을 쓰러뜨린 것이 장군 소도성이었다.

새 황제는 즉위하자마자 유전적인 잔학성을 발휘하여 무궤도한 행동을 자행하였다. 마침내 소도성 등 대신들이 공모하여 이를 죽였으니 시호가 없으므로 이를 후폐제(後廢帝)라 한다. 그리고 아우 유준(劉準)이 11세로 즉위하니 이가 곧 송나라 최후의 황제 순제(順帝)이다.

2) 제(齊)왕조

(가) 제위찬탈

소도성도 북방으로부터 흘러온 장군의 아들이다. 한의 공신 소하(簫何)의 자손이라고 자칭하였으나 확실치는 않다. 송은 일족이 골육상잔을 일삼은 결과 11세의 소년 황제만이 고립하여 남게 되었으니 조정의 전권을 한 손에 장악한 소도성이 역성혁명을 할 것은 이미 시간문제로 되었다.

순제가 즉위한지 3년 째 소도성은 상국(相國)에 임명되고 제공(齊公)으로 책봉되는 절차를 거쳐 선양의 형식으로 제위를 강탈하였다 (479년).

그가 국호를 제라고 정하니 이가 제왕조의 고제(高帝)이다. 그는 죽기 전에 태자를 훈계하여 다음과 같이 말하였다고 한다.

『송왕실이 만약에 골육상잔을 하지 않았더라면 타성이 감히 이를 대신하지는 못하였을 것이다. 그대도 깊이 명심할지어다.』

피비린내 나는 골육상잔 속에서 송, 제의 혁명은 평화로운 선양의 형식으로 진행되었으나 그 다음날에는 순제와 그 일족이 노소를 막론하고 모조리 죽음을 당하였다. 선양 뒤의 전왕조에 대한 박해는 이와같이 왕조가 바뀔 때마다 그 잔학성을 더하게 되었다.

　이렇게 하여 제위를 빼앗은 소도성도 재위 3년으로 죽으니 장자 무제가 즉위하였다. 무제의 재위중에는 비교적 무사하였으나 그가 즉위한지 11년만에 죽고 그의 장손 소업(昭業)이 20세로 즉위하자 곧 변조를 초래하였다. 탕아로 자란 그는 전 2대의 황제가 일조유사시에 대비하여 축적한 재물을 물 쓰듯이 탕진하였다. 그 황후도 황제에 못지 않은 탕부(蕩婦)여서 자기 방을 밤새도록 개방하여 남녀로 혼잡을 이루었다고 한다.

　유탕 청년 황제의 종조부뻘인 소란이 대신들과 도모하여 소행이 불량한 청년 황제를 폐하여 죽이고 그 뒤를 15세의 아우 소문(昭文)으로 하여금 즉위케 하였으나, 이도 3개월 후에는 폐하고 소란 스스로가 즉위하였다. 이가 제왕조 제5대의 명제(明帝)이다.

　명제는 초대 고제의 조카로서 말하자면 방계에서 나와 종가를 빼앗은 결과가 되었으므로 종가의 부활을 두려워한 나머지 고제, 무제의 자손을 제거하고자 동족의 대량 살육을 감행하였다.

　고조와 무제의 아들, 손자, 증손까지 살해된 이가 29명, 기타 왕실로서 죽음을 당한 이의 수효는 부지기수였다. 유모 품에 안겨서 형장으로 끌려간 유아도 있었다. 궁정도 의원이 독약을 준비하여 기다리고 수십 개의 관이 미리 마련되어 있었다고 한다.

　불교신도였던 명제는 살육을 행하기에 앞서 불전에 분향을 하고 눈물을 흘리며 기원하였다고 하나 아무리 참회를 한다하더라도 살육자의 마음에는 불안이 더할 뿐이다. 항상 마음에 두려움을 품고 신변에 위험을 느끼고 있던 명제는 자신의 소재를 비밀에 붙이고 있었다. 죽음의 병상에 누웠을 때는 대신들은 아무도 그의 병을 알지 못하였다고 한다.

　(나) 제왕조의 살육전

　살육 황제의 뒤를 이은 아들 동혼왕(東昏王)은 천성이 암우한 일면 그 행동은 음학 무도하고 상궤를 벗어난 악동이었다. 심야에 북을 치며 가로에 나가 난폭한 행동을 했다. 시민은 가게 문을 닫고 환자,

산부 외에는 교외로 난을 피하였다.

　호사한 궁전을 장식하기 위해서는 금은을 민간에게서 징발하고 사원(寺院)에서 약탈하는 것도 서슴지 않았다. 어느 누각의 벽에는 남녀가 교합하는 그림을 그리게 하였다. 여관(女官)의 방에는 자물쇠를 잠그고 외부와의 교섭을 차단하였으므로 외유중에 불이 나서 황제가 돌아왔을 때에는 여관들이 모조리 불타 죽는 참사도 일어났다.

　그가 하는 정치라고는 다만 측근자의 말을 믿고 종실이나 대신이나 장군을 주살하는 일밖엔 없었다. 이러한 일을 되풀이하는 동안에 빛나는 무공을 세운 소의도 죽었다. 소의의 아우 소연은 복수의 일념에 불탔다.

　북위 효문제의 남침군을 물리친 무공에 의해서 이미 움직일 수 없는 군권을 장악하고 샹양(喪陽)의 일선에 주둔하고 있던 장군 소연은 기회를 놓칠세라 부패의 극에 달한 왕조의 숙청이라는 명분을 내세우고 동혼왕의 아우 소보융을 받들어 만여의 군사, 천여의 말, 삼천의 배를 정비하여 양쯔강을 내려와서 건강성을 포위하였다. 성중에 농성한 동혼왕의 군사는 20만이나 되었으나 그들의 마음은 이미 동혼왕을 이반하였던 까닭에 19세의 음탕한 폭군은 침실로 침입한 부하 병졸에게 피살되었다.

　소보융이 대신 제위에 오르니 이가 제나라 최후의 황제, 화제이다. 그러나 황제란 명목뿐 전 실권은 대신 소연의 수중에 있었다. 제왕조는 그후 1년도 견디지 못하였다.

3) 양(梁)왕조

(가) 무제(武帝)

제왕조는 전대의 송왕조의 역사를 그대로 되풀이한 것이었다.

　제의 화제(和帝)를 옹립한 무인 출신의 대신 소연은 그 다음해(502년) 화제로 하여금 제위를 양위케 하고 스스로 천자의 위에 오르니 이가 양(梁)의 무제(武帝)이다.

　양왕조 4대 56년, 그 중의 48년이 무제의 치세이다. 39세에 즉위하여 86세의 고령에 이르기까지 장기간의 통치였다.

양의 혁명은 송, 제의 혁명만큼 참혹한 살육을 수반하지는 않았다. 제의 살인 황제 명제의 다섯 아들은 죽였으나, 제왕실 몰살이라는 살육행위는 하지 않았다.

신하 중에는 전대의 예에 따라 전조의 왕실을 제거할 것을 주장하는 이도 있었으나 무제는 이 말을 받아들이지 않았다. 그의 천성이 이를 허락하지 않았겠지만 또 제와 양은 다 같은 소씨로서 동족의 피가 흐르고 있다는 동족 친근감이 전조 유족에 대한 관대한 처분으로 나타난 것이라 할 수 있다. 그는 반대로 제왕조의 종실 중, 재능이 있는 이는 신뢰하여 임용함으로써 그 재능을 양(梁)을 위하여 발휘케 하였다.

(나) 멸망의 징조

양무제는 장군 출신이었으나 자신이 문화인인 까닭에 당시의 군인 사회에 공통이었던 교양 없고 조잡한 풍습에 대하여 혐오감을 품고 정치면에서 무신들을 소외하는 정책을 취하였다. 그리고 공을 이루고 이름을 얻은 장군들에게는 귀족사회에 가입하여 풍요한 생활에 동화(同化)할 것을 권하였으나 이것이 그들에게 있어서는 반갑지 않은 호의가 아닐 수 없었다.

무제는 동시에 군대의 권력을 삭감하는데 유의하였다. 동진에서 시작하여 송, 제 시대에 걸쳐 여러 번 내란이 일어났으나 이것은 지방에 강력한 군영이 있었기 때문이다.

동진 시대에는 양쯔강 상류의 형주가 송, 제 시대에는 강주가 여러 번 반란의 책원지(策源地)가 되었다. 양무제는 이 점을 염려하여 분할통치의 정책을 취하였다.

형주의 병력은 옹주(雍州), 상주(湘州)로 나뉘고 강주의 병력을 **영주로 나눈 것 등이 그 예이다.**

다시 북조와의 국경 전선에 무수한 주를 두어 군사를 배치하였으나 병력이 세분되는 것은 중앙에서 통제하기에 저항이 적어서 쉬우나 일조 유사시에는 힘이 되지 않는다는 결점을 면할 수가 없었다.

유력한 군단이 배치된 요지에는 황자 혹은 황손을 왕으로 봉하여 병마의 권한을 관장케 하였다. 그렇지만 이것이 반드시 무제가 희망한 것처럼 황실의 울타리가 되어 중앙을 돕는 구실을 다하지 않았다는 것을 뒤에 가서 알게 되었다.

무제의 최초 태자는 소명태자(昭明太子)인데 「문선」(文選)의 편자로서 후세까지 유명한 사람이다. 불행히 그는 일찍 죽었다. 그 뒤에 누구를 태자로 세울 것인가 무제는 크게 망설였으나 결국 태자와 동복인 아우 소강(簫綱)을 태자로 책립하였다. 무제의 재위 기간이 길었던 까닭에 그 사이에 어렸던 적손(嫡孫)들이 성장하여 조부 무제의 조치를 원망하는 동시에 숙부들에 대해서 반감을 품게 되었다.

무제는 쌍방의 환심을 살 필요를 느끼고 자기의 아들 소역, 소기 등과 함께 소찰 등을 왕으로 봉하고 요지에 주둔하여 병권을 통솔케 하였다. 그러나 그들이 서로 반목하고 있었으므로 송, 제 시대와 같이 일족이 반란을 일으켜서 대사에 이르게 한다는 폐해는 피할 수 있었다 하더라도 동시에 유사시에 의지할 힘이 되지는 못하였다.

이리하여 양무제 일대 동안에 남조에는 종래의 종치추세에 대해서 심각한 반성이 요구되고 거기에 따라서 커다란 전환이 일어나고 심히 남조답지 않은 남조로 변질되어 왔던 것이다. 그것은 동시에 남조의 종말이 멀지 않았음을 말하는 전조이기도 하였다.

(다) 후경(侯景)의 난

양의 노황제 때 북방의 동위(東魏)장군 후경이 항복해 왔다. 후경은 양에 들어와 난을 일으켰으나 몇 차례 싸움끝에 토벌당했다.

이 과정에서 남조문화의 태양같은 존재였던 무제가 건강에서 비운의 죽음을 당하고 다음의 쟝링의 원제도 10만 권의 책과 더불어 멸망하였다.

남조문화는 하루 아침에 북방 무인에 의해 유린을 당한 셈이다.

건강에서는 후경 토벌에 전공을 세워 세력이 강성해진 장군 진패선(陣霸先)이 경쟁 군벌을 쓰러뜨리고 원제의 아들 소방지를 받들어 제위에 오르게 하였다(555년). 이가 경제(敬帝)이며 그때 나이 13세였다.

 이윽고 선양의 형식으로 제위를 빼앗은 진패선이 제위에 오르고 국호를 진(陣)이라고 하니 이가 무제(武帝)이다(557년). 양의 경제는 양위 후 전례와 다름없이 죽음을 당하였다.

 무제가 즉위할 당시 진의 영토는 전대에 비하여 매우 협소하였다. 양쯔강 상류에서는 촉이 서위에게 점령되었으며 중류에는 후량(後梁)이라는 서위의 괴뢰정권이 있고, 하류에는 북제(北齊)의 영토가 양쯔강 대안까지 뻗쳐 있었다. 게다가 국내에도 토호들의 할거정권이 반독립적인 상태로 중앙과 대립하고 있었다.

 진(陣)무제는 재위 2년에 죽고 3대가 계속되었으나 진 최후의 천자 후주(後主)가 즉위한 뒤로는 국세가 갑자기 기울어지기 시작하였다. 후주는 어리석은 군주는 아니었으나 건강에 도읍한 황제 중 가장 부패한 생활을 하였다는 점에서 유명하다.

 양(梁)의 뒤를 이은 진(陣)왕조는 황폐화한 건강을 겨우 30년 동안에 다시 3백 이상의 대사(大寺)가 즐비한 불교도시로 부흥하고 장식하였으나 이 재건의 남조문화 도시도 남하한 수(隋)의 대군에게 유린되어 남조는 마침내 종말을 고하게 된다(589년).

3. 인도의 역사

(1) 고대 인도사

1) 인더스 문명

세계 4대 문명 발상지의 하나인 인더스문명은 이집트의 제1왕조와 거의 같은 시기의 가장 오래된 인류문명으로 인정되고 있다. 5천 년의 긴 역사를 가진 이 문명은 아직도 베일에 가려진 채 극히 일부만 그 유적이 발굴되고 있다. 그러나 아직도 그 발굴작업은 부단히 계속되고 있다.

지금까지 발굴작업에서 드러난 인더스문명의 특색은 메소포타미아의 도시국가 시대의 유적에서 보듯 언덕위에 세워진 성채와 성벽에 싸인 시가지와 그 주변의 농경지, 방목지로 이루어진 점이다.

그러나 인더스문명의 모헨조다로, 또는 그곳과 기본형태가 같은 하랍파 등 여러 도시의 유적을 메소포타미아의 그것과 비교하여 볼 때 유독 다른 점은 성벽 내부의 도시계획이 정연하게 이루어진 점, 그리고 일반 시민의 주택으로 보이는 많은 집들이 벽돌로 지은 비교적 훌륭한 구조를 가지고 있다는 점이다.

정연하게 구획정리를 했고 급수시설과 배수시설의 완비, 계획적 공사의 진행 등은 인더스문명의 높은 수준과 많은 경험이 축적되어 있었다는 사실 등이다.

이로 미루어 볼 때 그 지역에는 강력한 중앙집권적인 제도가 수립돼 있었다는 것을 짐작할 수가 있다.

또한 넓은 지역에서 발견된 인장(印章)의 상형문자가 모두 같은 양식이며, 그리하여 주민들이 같은 문자를 사용하고 있었다는 것도 알 수 있다.

그들은 스스로 실을 뽑아 옷을 만들어 입었다는 것과 그 재료로 양털과 무명실을 사용한 것도 밝혀졌다.

보리, 밀을 주식으로 한 식량이며 깨, 콩, 대추, 야자열매 등을 식용했고 사냥과 고기잡이도 성해서 금속제의 낚시바늘도 사용했고 그물도 많이 발견되고 있다.

현재 이 지방은 사막이다. 그러나 당시에는 벽돌을 굽는 연료로 장작은 무제한 쓸 수 있을만큼 주위에 숲이 울창했던 것 같다. 관개 설비의 유적으로 보면 수량(水量)도 풍부했던 것 같다.
 이러한 문명은 어느날인가 서쪽에서 침입해온 새로운 이민족 앞에 멸망된 것으로 밝혀지고 있다. 그것은 비참한 것이었다.
 모헨조다로에는 남녀노소의 유골이 길거리나 집안에 흩어져 있었다. 뿐만 아니라 그 유골에는 무기에 의한 상처 자국이 그대로 남아 있었다.
 이것은 외적의 침입에 의한 대량 학살이 자행되었다는 사실을 웅변으로 말해주고 있는 것이다. 이 살육을 자행한 침입자들은 누구였을까.
 여기에서 많은 의문에 **부딪힌다.** 처음에 인더스문명을 이룩한 사람들이 누구인가 하는 의문, 그리고 그것을 파괴한 인간들은 어느 민족인가 하는 의문이 동시에 남는다.
 아득한 옛날 아메리카 신대륙에서 백인 침략자들이 잉카 문화를 순식간에 짓밟아 버리고 스페인 신부 손으로 마야 문화의 비밀을 간직한 기록들이 영원히 사라져간 것처럼 아마도 우수한 무기를 사용하는 야만인의 침입 앞에 인더스문명은 비극적 최후를 마친 것이 아**닐까?**
 아무튼 유물에서 발견된 생활용구와 같은 것이 아직도 인도 민족이 사용하고 있음을 볼 때 적잖이 그 문명이 전수된 것으로 짐작할 수도 있다.

2) 브라만과 베다시대

(가) 아리아족 등장
 인도 역사는 아리아인이 등장하면서부터 시작된다. 오늘날 인도 문화의 핵심을 이룬 그들은 장신(長身), 장두(長頭)에, 눈이 크고, 코가 곧고 길며, 입술이 두텁고, 입이 크며, 살갗이 희고, 비교적 균형잡힌 체격을 그들 스스로는 아리아, 즉 고귀한 민족이라고 자랑한다.
 이들 인도에 침입한 유목민족은 후에 페르시아제국을 세운 고대 이란 민족과 밀접한 관계가 있으며 이들은 원래 같은 언어, 종교 밑에 공동생활을 한 때 영위한 것 같이 보인다.
 이들 아리아인이 인도라는 광막한 무대에 등장하기 전 시대에는 어디서 살고 있었을까? 그 시원을, 혹은 볼가강변의 광막한 초원지대라고도 하고, 혹은 발트해 연안의 북부 독일 지방이라고도 하고, 근년에는 코카서스산맥 북방지대라는 설이 유력하게 대두되고 있으며 그밖에 갖가지 이유로 많은 이설이 있으나 그중 어느 설이 옳다고 단정할 만한 확증은 아직 없는 것 같다.

(나) 베다의 비밀

 새로운 땅에 정착한 아리아인은 아마 기원 전 1천 년 경까지는 「베다」의 종교, 곧 브라만교를 성립시킨 것으로 보인다.
 베다는 고대 인도의 종교 문헌으로 원래는 「지식」을 뜻하며 특히 종교적인 지식, 나아가서 그러한 종교적인 지식을 수록한 브라만교의 성전을 가리키게 되었다.
 예로부터 인도인의 생활을 규제한 것은 민족이나 국가, 법률, 도덕이 아니라 종교에 기반을 둔 철학적인 사변(思辨)이었으며 그 모든 것의 원천인 베다를 빼놓고는 인도의 역사도, 문화도, 생활도, 이해할 수가 없으며 논할 수조차 없는 것이다.
 베다의 문헌은 약 1천 년의 세월에 걸쳐 이루어진 것으로 그중 가장 오래된 「리그베다」는 기원 전 1천 5백 년에서 1천 년 전후의 수백 년 간에, 나머지 문헌도 그 주요부분이 기원 전 5백 년 경에는 이미 성립된 것으로 보인다. 즉 그 상한(上限)은 인더스문명 이후에, 그 하한(下限)은 붓타(佛陀) 탄생 이전에 성립된 것으로 추정되고 있다.
 이 문헌은 주로 스승에게서 제자로 구전되고 전승되어 왔으나 놀랍게도 그 글귀 하나, 말 하나에 어긋남이 없이 옛모습을 간직하고 있는 종교 문헌이며 동시에 신화, 철학, 의학, 천문학, 역사, 문학을 담고 있는 세계의 기서이다.

(다) 신화 속의 신(神)들

「베다」의 종교, 즉 브라만교는 다신교(多神敎)이다. 고향 땅에 있을 때부터 밝게 빛나는 신(神)들이 하늘에 있다고 생각했던 아리아인들은 건조한 지방인 이란을 거쳐, 편잡 즉 오하 지방(五河地方)에 정착하면서부터 인도의 웅대한 자연에 접하여, 혹은 두려워하고, 혹은 그 은혜로움을 찬미하여 자연 현상에 신성을 부여하고 새로운 신격(神格)을 창조하며 독자적인 신화를 엮어나갔다. 자연신을 찬미하며, 아울러 가족의 번영을 기원한 종교적 서정시, 찬가를 집대성한 것이 10권, 1028수의 노래로 결집된 「리그베다」이다.

여러 신들은 처음에는 하늘, 땅, 물, 불, 비, 바람, 해, 번개 등 자연이나 자연현상의 위력을 의인시(擬人視)한 자연신이었으나 신화가 발달해 감에 따라 인문신이 끼어들고 더욱 미래신화, 세계신화의 양상이 가미되어 다채롭게 변천해 갔다.

(라) 아리아인 정착지

인도 서북방에서 편잡 지방에 이주해 온 아리아인은 단기간에 집중적으로 이동한 것이 아니라 가족, 가축을 거느린 부족 전체가 마치 조수를 따라 밀물이 천천히 스며들듯이 장기간에 걸쳐 여러 차례 되풀이해서 이동한 것이었다.

그리고 편잡 지방에 정착한 아리아인은 기원 전 10세기 경부터 다시 동쪽을 향해 이주를 개시해서 갠지즈강 상류의 기름진 평원을 점거해 갔다. 이 지방의 기름진 땅과, 몹시 덥고 강우가 많은 기후는 농업생활에 가장 알맞아서 그들은 목축, 수렵생활을 떠나 본격적으로 농경생활에 들어갔다. 정복한 원주민을 노예로 사용해서 노동력도 풍족하고 농업 생산도 증대했다. 그들은 새로운 마을을 건설했고, 사제(司祭)를 중심으로 씨족제 농경 사회를 확립했다. 「베다」성전이 최종적으로 편찬된 곳도 이곳이었으며 따라서 이 지방은 후세 브라만 문화의 성지로 지목되고 있다.

그들의 편잡 침입은 무력에 의한 정복이었다. 그러나 그후의 갠지즈강 상류, 북부 인도의 중원(中原)에의 진출은 반드시 무력에만 의존하지 않았다. 그것은 평화적인 진출이었으며, 그 바탕에는 주술(呪術)이 큰 역할을 했다.

인도의 원주민들은 주술을 중요시하고 두려워했다. 거기다 브라만의 굉장한 주술을 목격하고는 무서워하고 존경하고 무릎을 꿇어 귀의했다. 이러한 평화적인 진출의 가능성과 결부시켜 볼 때, 아리아인 사회에서 브라만의 지위가 가장 윗자리를 차지하고 있는 연유를 쉬 짐작할 수가 있을 것이다.

(마) 브라만 문화

브라만은 「베다」의 성전을 연구하고 신 앞에 희생을 바치고 조상, 정령(精靈), 신에 기도를 드리고 여러 종교적인 국가 행사를 주관하는 승려인데 제사나 복잡한 의식을 어김없이 행하기 위해서는 「베다」에 정통하고 천체(天體)의 현상을 알 필요가 있었다. 따라서 브라만은 승려인 동시에 당시의 천문학, 역산학, 수학의 연구자였다.

홍수나 가뭄과 더불어 태양의 은혜로움과 고마운 비를 주는 자연이나 자연 현상을 신으로 숭배하며 오로지 신을 섬기고 신에 기원함으로써 오곡의 풍성한 결실을 기대하던 고대 인도인은 신의 뜻을 전하며 천문, 수리, 측량의 지식을 구사하는 브라만을 「인간인 동시에 신」으로 모시며 그 신비스러운 영감에 절대적인 존경을 보냈다.

당시 인도에서는 왕도 사회적인 권위에서는 브라만의 밑에 있었다. 인도적인 농촌의 씨족제 조직이 확립된 사회에서는 국왕의 세속적인 권력도 종교적인 권위 밑에 종속돼 있었던 것이다.

브라만은 그 특권을 유지하기 위해서 종교적인 의식을, 다른 계급의 사람들로서는 알 수가 없게 더욱 더 복잡하게 만들고 아리아인 사회의 도덕, 관습, 습관, 법률까지도 신의 가르침이라 규정했다. 결혼의식에 있어서도 브라만은 성화를 피우고 파과(破瓜)의 의식까지 행했다.

브라만은 3천여 년의 인도 역사를 통해 그 부동의 특권을 유지하며 변함없이 산스크리트어를 사용하고, 인도 문화의 주류로서 종교를 통해 인도 사회의 통일을 유지해 오고 있다.

또한 브라만은 천문학의 연구자였으며 그 지식은 비교적 정확했던 것 같다. 천문학은 점성술과는 떼어 놓을 수 없는 관계가 있다. 천문학은 원래 철따라 제삿날을 정확히 측정할 필요에서 실지로 별을 관측하며 날을 정하고 모든 길흉을 점친 데서 비롯됐다.

3) 신흥종교 탄생

기원 전 6세기 경 갠지즈강 상류에 정착한 아리아인은, 그 후 다시 동쪽으로 진출해서 갠지즈강 중류에 자리잡고 사회적, 문화적 큰 변혁을 겪었다.

우선 전통적인 원주민과 혼혈(混血)이 성해서 당연히 별종의 새로운 민족이 형성됐다. 그들은 전통적인 풍습, 의식, 신앙을 지키지 않고 자유로운 입장을 취했고. 속어(俗語)를 사용하고, 베다 문화를 무시하고 브라만교의 문화를 그리 중요시 않게 됐다.

이러한 경향은 물질적 생활이 향상되고, 새로운 도시가 발생함으로써 더욱 강조됐다. 그들이 정착한 갠지즈강 중류 지방은 상류 지역보다도 더 기름져서 소출이 많고 물자가 풍성했다. 따라서 차차 상공업이 발달하고 수많은 도시가 성장하여 사회생활의 중심이 되었다. 즉 도시국가가 나타난 것이다.

이 도시국가를 유지해 가기 위해서는 브라만의 주술이나 성전(聖典)의 암송이나 제사보다는 더 현실적인 힘이 필요해서 자연 브라만 지상주의가 흔들리게 됐다.

상공업이 발달되고 생활 물자가 풍부해짐에 따라 이 시대에 화폐 경제가 현저하게 진전돼서, 고고학적으로 가치가 있는 이 시대의 화폐가 지금도 많이 발견되고 있다.

화폐 경제의 진전은 자연히 도시에 막대한 부력을 쌓게 하여 도시의 경제적 실권을 잡은 사람이 곧 사회적 패자로 등장하게 된다.

한편 도시국가의 대립 경쟁 과정에서 도시는 발전하고 경제 생활은 향상되고 국가는 틀이 잡혀간 반면, 일반 시민들은 자유나 평등 사상에 눈을 뜨고, 혹은 술과 여자를 쫓는 향락 생활에 취하여 기강이 문란해지고 윤리 도덕이 퇴폐하고, 죄악의 소용돌이는 도시 생활을 쓸었다. 그 결과 브라만교의 전통이나 교의는 맥을 못쓰고 그 여파로 쾌락론을 위시해서 갖가지 학설이 일어났다.

원시불교 경전에 보면 이러한 학파가 62개라 했고 자이나교의 문헌에는 더 많은 이단제파(異端諸派)를 전하고 있다. 후세에 전하는 유물론, 회의론, 쾌락론, 운명론, 적취설(積聚說), 전변설(轉變說), 윤회설, 그리고 수행법(修行法)으로는 유가행(瑜伽行)이나 고행(苦行) 등이 다 이 시대의 기운을 타고 성장했다.

이상과 같이 기원 전 6세기 후반에 새로운 종교 운동이 일어날 기운이 익어서, 그 기름진 토양에 뿌리를 내리고 종래 있어온 브라만 계급의 권위와 「베다」의 존엄성을 거부하는 새로운 종교개혁 운동이 두 크샤트리아 출신에 의해 추진되었다. 하나는 바르다마나에 의해 창시된 자이나교이고, 다른 하나는 그보다 좀 늦게 고타마 싯다르타가 창도한 불교였다.

(가) 자이나교

자이나교는 지나, 즉 승자(勝者)의 종교란 뜻이다. 교조 바르다마나는 마하비라, 즉 위대한 영웅, 큰 용사라 불리고 있으며 불교 경전에 나오는 육사외도(六師外道)의 한 사람인 니간타 나타붓타는 곧 이 마하비라를 가리키는 말이다.

나타족 출신의 크샤트리아였기 때문에 나타붓타, 즉 나타족의 아들이라 부른 것이다.

그는 불교의 고타마와 같은 시대, 같은 지방에서 활약하였으며 고타마보다 좀 일찍 난 것은 확실하다. 그 연대가 여러 설이 있어 확정지을 수가 없다. 어떻든 기원 전 4백 년 대에 활동한 것만은 틀림없다.

바르다마나는 30세(혹은 31세)에 출가하여 12년 간에 걸친 고행 끝에 완전한 지혜를 깨달아 자이나가 되고 마하비라로서의 명성과 많은 신자를 얻고 30여 년 간의 포교 활동 끝에 72세에 세상을 떴다.

그는 고대의 애니미즘을 계승하여 동·식물이나 자연현상에도 영혼의 존재를 인정했으며 깨끗한 영혼을 지키며 정신적인 자율성에 의한 해탈을 위해 살생을 금하는 등 엄격한 계율을 세우고 금욕과 고행을 중요시했다.

이러한 고행을 통한 해탈의 경지는 자연 세속을 떠나서 염세적이 되며 이런 점은 불교와 성격이 비슷하다. 뿐만 아니라 불교와 함께 당시의 최대 강국인 마가다의 시수나가국의 빔비사라왕과 그 아들 아자타샤트루의 보호를 받아 교세가 급격히 퍼지고 특히 상업과 공업에 종사하는 계급에 교도가 많았다.

(나) 싯다르타의 불교

기원 전 6세기 중엽에 지금의 네팔 국경 가까운 중인도 히말라야산 기슭의 룸비니에서 고타마 싯다르타는 샤카족의 카필라 성주 정반왕의 아들로 태어났다.

싯다르타는 장성함에 인생의 무상함을 깨닫고 29살에 출가하여 해탈의 길을 찾았다. 당시 인도에서는 세력이 있는 큰 나라가 작은 나라를 병탐하고 있었으며 젊은 날의 싯다르타 왕자도 인생의 무상과 함께 어쩌면 자기 부족의 운명을 민감하게 예감하고 있었는지 모른다. 왜냐하면 샤카족은 싯다르타 생존 중에 과연 코살라국에 의해 멸망당했기 때문이다.

7년 간의 수도 끝에 싯다르타는 35세 되던 12월 8일에 우주의 진리를 깨쳐 붓다가 되었다. 붓다는 「진리를 깨달은 사람」 곧 「각자」를 말하며, 그를 또 석가모니라고 하는 것은 「샤카족의 성자」란 뜻이다. 불교도 자이나교와 같이 윤회설과 **비관론을** 시인하고 그 해탈을 목적으로 한다.

4) 제국에의 길

(가) 페르시아 침공

아리아인이 갠지즈강 중류에 진출하여 도시국가와 영역국가가 일어서고 불교, 자이나교 등 새로운 종교 세력이 등장하여 변혁을 겪을 무렵, 서쪽에서는 페르시아에서 그리이스, 마케도니아의 세력 교체가 한창 진행되고 있었다.

페르시아는 분리 항쟁하고 있는 오리엔트 세계의 여러 민족을 정복하여 처음으로 통일을 이룩한 동양적인 전제국가였다. 이 페르시아제국을 세운 키루스 대왕은 대업을 이루자, 이번에는 동방으로 방향을 돌려 인도 서북부에 침입을 시도했으나 별 재미를 보지 못했다.

그러나 3대 째인 다리우스 1세와 다음 대인 크세륵세스의 대에 와서는 기어이 성공하여 서북 인도 지방을 페르시아의 판도 안에 편입했다. 현재까지의 사학자들의 연구 결과로는 인더스지역의 정복을 대개 기원 전 518년의 일로 잡고 있다.

이 다리우스 시대의 페르시아제국의 영역은 인더스강 하구에서 그 서쪽과 북쪽의 더 상류지역, 그리고 인더스강의 동쪽에 해당하는 라지푸타나의 사막 지대로까지 포함됐다.

이 영토는 크세륵세스왕의 치세하에서도 유지됐으며, 기원 전 480년에 행한 크세륵세스의 그리이스 원정에는 아시아 여러 나라에서 징발되어간 군대 안에 인도인의 보병과 기병도 페르시아인의 지휘하에 종군한 기록이 남아 있다.

페르시아에 의한 인도의 지배권은 1세기나 계속되었다. 이러한 페르시아와의 교류는 문화적으로나 사회적으로 적지않은 영향을 인도에 끼쳤을 것으로 짐작된다.

그중에서도 통화제도(通貨制度)의 확립을 들 수 있다. 다리우스왕이 서북 인도를 병탄한 것은 빔비사라왕과 그 아들의 치하에 있던 마가다가 영역국가로 발전한 것과 거의 동시대였다.

(나) 알렉산더의 침입

페르시아에 뒤이어 쳐들어온 것은 페르시아를 정복하고 오리엔트를 서방세계의 지배하에 둔 마케도니아의 알렉산더 대왕의 군대였다.

그것은 붓다 시대에서 좀 내려온 기원 전 327년에서 325년에 걸친 세 해 동안의 일이다.

당시 북서 인도에는 여러 왕국이 결합한 것도 아니고, 연합한 것도 아닌, 그런 상태에서 뿔뿔이 흩어지고 어울려 다투고 있었다. 따라서 알렉산더가 이끄는 마케도니아의 군대는 인도민족의 결합된 저항을 별로 받지 않았다. 그들 중에는 도리어 끼리끼리 증오하고 이웃을 미워한 나머지 침략자인 알렉산더를 맞아들이고 도와 주는 왕까지 있었다.

기원 전 327년 알렉산더 대왕은 카이버 협곡에 사는 인도의 여러 부족을 정복하면서 동쪽으로 진격하여, 기원 전 326년 봄에는 인더스강을 건너 편잡 지방에 들어갔다.

우선 간다라 지방을 정복하고 다시 동쪽으로 나가 히다스페스, 즉 지금의 젤룸강변에서 포루스왕을 격파했다.

이 포루스왕만은 침략자를 맞아 완강하게 대항했다. 그는 2백여 마리의 코끼리를 포함한 강력한 군대를 젤룸강 언덕에 배치하여 알렉산더를 괴롭혔다.

폭풍우가 치는 밤, 어둠을 타고 강을 건넌 알렉산더는 마케도니아의 기병대를 돌격시켜 적의 좌우를 압박하며 코끼리 부대를 중심으로 한 인도군을 포위하는데 성공, 이를 분단 공격하여 결정적인 승리를 얻었다.

싸우고 싸우다 칼은 부러지고 화살은 떨어져 군대는 뿔뿔이 흩어지고 코끼리는 **쓰러져** 아무도 따르는 자가 없는데도 포루스왕만은 몸에 아홉 군데 상처를 입고 쓰러져 사로잡힐 때까지 저항했다.

포루스와의 전쟁 결과 마케도니아군의 사기가 떨어졌다고 한다. 이미 먼 원정 길에 지친 병사들은 인도 **깊숙히** 진격하는 것을 거부하게 됐다. 뿐만 아니라 동쪽 갠지즈강 지방에서는 기병 8만, 보병 20

만, 전차 8천 대, 코끼리 6천 마리를 대기시킨 대군이 기다리고 있다는 소문이 돌았다.

알렉산더는 회군할 수 밖에 없었다. 돌아가는 길에서는 토착민들의 치열한 저항을 받고 알렉산더 자신도 중상을 입었다. 이러한 저항은 이민족의 침략을 겪고 나서 비로소 인도인 사이에 민족적 자각이 싹튼 것이라고나 해석할까?

어쨌든 알렉산더의 인도 원정은 전후 3년에 걸쳐 행해졌으나 원정에서 돌아간 대왕이 곧 죽은 후에는 3년이 못가서 그리이스가 지배했던 흔적은 자취도 없이 인도에서 사라졌다. 그 후의 인도의 문헌은 그리이스인의 인도 원정을 완전히 무시하고 있다.

5) 왕조의 성쇠

(가) 찬드라굽타

기원 전 4세기 경 마가다국에는 난다 왕조가 들어서서 북부 인도를 지배했다. 그러나 그 명맥이 길지 못해 국내에서는 반란이 계속되고 있었다. 동방 갠지즈강 유역의 최대 세력인 이 마가다국에 찬드라굽타 마우리아라는 미천한 집안의 출신이지만, 야심에 찬 한 청년이 있었다.

찬드라 굽타는 마가다의 난다 왕가에 연줄이 있으나 그 어머니의 집안이 미천한 계급이어서 마우리아를 성(姓)으로 썼다. 마우리아는 공작(孔雀)이라는 말로, 아마 공작 토템을 나타내는 것 같으며 어쨌든 「베다」이래의 아리아인은 아니었다.

군대의 장교 출신인, 야심에 불타는 찬드라굽타는 반란사건에 연좌한 것이 드러나 도망하여 반기를 들었다. 그는 망명 생활을 하면서 알렉산더 대왕의 웅도를 눈 앞에 보고 배운 바가 많았다고 한다. 플루타르크의 영웅전에 보면 음모에 실패하여 도망 중이던 그는 알렉산더를 만나 마가다 공격을 의논했는데 그때 찬드라굽타는 아직 새파란 젊은이었다 한다.

찬드라굽타는 기원 전 317년 경 거병하여 편잡 지방에서 히말라야

산지의 부족 동맹군의 총수가 되어 마가다국을 쳐 난다왕을 죽이고 왕위를 빼앗았다. 이 정복은 후에 재상이 되어 그를 보좌한 브라만 출신의 비시누굽타의 도움이 컸다.

찬드라굽타는 난다 왕조를 쓰러뜨리고 넓은 영토와 강대한 군대와 막대한 부를 손에 넣고, 기원 전 321년 파탈리푸트라에서 왕위에 올라 공작 왕조(마우리아 왕조)의 기틀을 잡았다.

대망의 왕위에 오른 찬드라굽타는 갠지즈 강변의 여러 나라를 평정하고 이어서 여세를 몰아 인더스 강변의 그리이스 세력을 일소하고 북인도에 그 위세를 떨치게 되어서 시리아 왕국을 세운 셀레우코스 니카토르가 인도에 침입해 왔을 때에는 보병 60만, 기병 3만, 코끼리 9천 마리를 동원하여 이에 맞서서 격퇴할만큼 강성해졌다. 이때가 찬드라굽타가 즉위한지 10여 년 지난 기원 전 305년 경의 일이다.

(나) 전제왕의 야망

찬드라굽타는 왕위에 오른 뒤 외국의 지배하에서 해방된 인민을 압박하여 노예상태를 강요했다고 기록될만큼 강력한 힘에 의한 통치를 편다.

찬드라굽타는 24년 간 왕위에 있었다. 전설에 의하면 자이나교에 귀의한 찬드라굽타는 어느 해 가뭄 끝에 기근이 든 후, 수도원을 짓고 자이나교의 자살의 행을 실천했다고 전한다. 젊은 날의 야망을 이루어 끝내 세속적인 지존의 자리에 올라선 찬드라굽타는 말년에 영화를 버리고 스스로 택한 종교적인 고행 끝에 굶어 죽었다는 것이다.

뒤이어 그의 아들 빈두사라가 왕위에 올랐다. 자이나교의 경전에 보면, 초대의 찬드라굽타왕은 열렬한 자이나교도였다고 하고 실론의 불교 전설에 의하면 1대인 빈두사라왕은 브라만교의 신봉자였다고 전한다. 빈두사라왕의 치세 25년간의 사적은 자세치 않으나 부왕의 대업을 이어 영토를 확장하고 국력이 더욱더 충실하여진 것 같다.

이렇게 해서 인더스 강가에서 꺾인 알렉산더 대왕의 인도 정복의 꿈은 한 젊은 인도의 풍운아에게서 통일국가를 세울 기회를 열어 주고 인도의 문화가 그리이스에 소개되고, 그리이스의 문명이 인도에 흘러 들어와서 동서간의 고대 두 문명이 교류하는 길을 열었다.

그리고 할아버지 찬드라굽타와 아버지 빈두사라의 두 대에 걸친 경영의 성과를 계승하여, 안으로는 인도사의 명확한 연대를 밝혀 줄 많은 유물과 사업을 남기고, 밖으로는 동서양에 그 이름을 떨친 인도사 공전의 세계적 대왕이 등장할 무대가 갖추어져 갔다. 이 인물의 등장에 앞서 우선 무대의 성격부터 살펴본다.

(다) 전설의 왕 아소카

아소카왕은 우리나라나 중국에는 아육왕 또는 아수가 혹은 뜻을 취하여 무우왕으로도 알려져 있다.

불교의 경전이 전하는 바에 의하면 그는 왕위의 찬탈자로 나타나 있다. 그의 아버지인 빈두사라왕에게는 수많은 부인이 있었다. 그는 101명의 배다른 형제 중의 하나였다. 그러나 그 101명의 배다른 형제 중에서 그는 지혜, 공훈, 실력에 있어 가장 뛰어났다.

그러한 그가 부왕의 사랑을 받지 못했을 뿐 아니라 미움까지 샀었다. 먼 지방 도시에서 반란이 일어났을 때 아버지는 그 보기 싫은 아들을 반란 진압차 파견했다.

왕은 왕자에게 무기와 차량의 사용을 금했다. 왕은 왕자가 전사하기를 기대했으나, 왕자는 보기좋게 적을 물리치고, 반란을 평정한 승자로서 훈공을 빛냈다. 이러한 전설은 아소카가 어쨌든 왕의 미움을 받고 지방에 좌천되었던 것을 의미하는 것 같다.

그러던 중, 왕이 급사했다. 급거 수도 파탈리푸트라에 돌아온 아소카는 99명의 배다른 형제를 깡그리 죽여 없애고 왕위를 차지했다. 또 왕을 가벼이 여겼다는 죄목으로 신하 5백 명의 목을 치고 왕이 소중히 여기는 무우수(無憂樹) 가지를 꺾었다 하여 궁녀 5백 명을 불태워 죽였다.

형제 중 단 한 명만이 살아 남았다. 형제 중의 맏형을 낳은 왕비는 궁전에서 도망쳐 나와 천한 백성이 사는 마을에 숨어 들어서 사내 아이를 낳았다. 말하자면 유복자로 막내동이를 얻은 셈이다.

이 막내동이는 일곱 살에 출가하여 불도의 오묘한 뜻을 깨쳤다. 하루는 그가 조용히 길을 걷고 있는데 아소카왕이 보고 그 막내동이를 궁전에 불러들였다. 이것이 계기가 되어 아소카왕은 불교에 귀의했다는 것이다.

아소카왕이 불교에 귀의하게 된 동기에 대해서는 또 다음과 같은 이야기도 전한다.

왕궁에서는 잔인한 사형 집행관에 의해 매일같이 차마 눈뜨고 볼 수 없는 처참하고 잔혹한 사형 집행이 계속되고 있었다. 하루는 동냥을 구하던 한 탁발승을 잡아서 태워 죽이려 했으나 불이 붙지 않았다. 중은 태연한 자세로 기이한 연꽃 위에 앉아 있었다.

왕이 달려왔을 때 탁발승은 신통력을 발휘하여 공중 높이 솟아오르더니 부처님의 자비에 대해 설교하고「자비심을 일으켜 인심을 안온케 하라. 온 나라 안에 부처님을 위해 탑을 세우라」고 권했다. 왕은 두 손 모아 참회하고 참다운 불교왕이 되었다는 것이다.

(라) 최후의 전투

아소카왕은 할아버지인 찬드라굽타왕이나 아버지 빈두사라왕의 정책을 이어받아 인도 영역 밖으로는 적극적인 침략 공세를 삼가하는 대신, 인도 내에 세력을 확장하여 내부를 공고히 하고 외부 민족이 감히 인도를 엿보지 못하게 하는 데에 온갖 힘을 기울인 것 같다.

마애조칙에 적힌 글을 보면 창업 2대의 위업을 계승한 아소카왕은 지배권을 확대하고 통일을 완성하기 위해 즉위한지 9년만에 동남 인도의 칼링가국을 정벌했다고 한다.

그리이스의 문헌에 보면 칼링가국은「보병 6만 명과 기병 1천 명, 코끼리 7백 마리가 왕을 위해 항시 전투 준비를 갖추고 대기하고 있다」는 강대국이었다.

이러한 거대한 군사적 세력이 턱 밑의 혹처럼 호시 탐탐 도사리고 있어서는, 마우리아제국으로서도 여간한 위협이 아니었다. 아소카왕은 인도 통일을 매듭짓기 위해서 칼링카국 정벌에 군사를 몰았다.

이 토벌작전에는 비참한 전투와 결과가 따랐다. 칼링카국은 마지막 성을 지키며 완강히 저항했다. 10만 명이 살해되고 공격측에도 무수한 희생자가 나왔다. 굶주림과 유행병이 횡행하여 그에 몇 배 되는 죽음이 들과 산과, 그리고 거리에 즐비했다. 덕행이 높은 사문(沙門)이나 브라만도 수없이 피살됐다. 사람들은 재해를 입고 가족을 잃고 사랑하는 사람과 이별하고 방황했다.

이 칼링가 정복은 인도 역사에 하나의 전환점이 됐다. 15만 명의 포로를 잡고 개선하는 승자의 마음에는 비통한 회한이 가슴을 저몄다. 승리감에 도취되기에는 너무나도 많은 사람을 죽인 죄책감이 머리를 짓눌렀다. 아소카왕은 칼링가 지방을 특별한 주로 지정하고 왕자를 상주시켜 주민과 변경의 백성에게 온정이 미치도록 관리들에게 지시했다.

마우리아 왕조의 지방 정복은 여기서 종지부를 찍고, 전쟁에서 평화로 일대 전환이 이루어졌다. 칼링가 정복은 아소카왕에게는 최후의 전투였으며 자기가 일으킨 전쟁이 얼마나 비참한 것이었는가를 통감한 그는 깊은 참회의 마음으로 차후「법」의 실현을 위한 정치를 행할 결심을 하고「법의 교화」에 전념하게 되었다.

이미 그는 불교에 귀의한 몸이었으나 칼링가 정복 때부터 열렬한 불교 신봉자가 되었으며 이때부터 종교에의 길이 열린 것이다.

(마) 공작왕조의 최후

중부 인도의 평야 지대를 발판으로 전 인도에 위세를 떨치던 마우리아 왕조도 아소카왕이 죽을 당시에는 경제적, 군사적으로 국력이 현저히 줄어들고 허약해져 있었다.

한편 이보다 앞서 인도에서 아소카왕이 전쟁에 의한 승리를 부정하고「법의 승리」를 내외에 선포할 무렵, 같은 아시아 대륙의 중국에서는 피비린내 나는 난세의 쟁패전 속에서 진나라의 시황제가 천하통일의 치열한 싸움을 수행하고 있었다.

시황제가 통일 천하의 대업을 완수하여 시황제라 칭하던 기원 전 222년에는 이미 인도의 아소카왕은 이승의 사람이 아니었으나, 서쪽에서 처음으로 인도 통일을 이룩한 대왕의 사적은, 동쪽에서 처음으로 사실상의 중국 통일을 이룩한 황제의 귀에도 전해졌으리라. 시황제가 천하를 순행하며 황제의 언행을 돌에 새기어 세우게 한 것은 아소카왕의 석주의 조칙을 본뜬 것일까?

　마우리아제국이나 진나라가 불세출의 영웅에 의해서 이룩된 고대의 두 통일 제국이 거의 동시대에 일어나서 그 아들의 대에 덧없이 사라진 것은 어떤 역사적인 운명같은 것을 느끼게 한다.

　어쨌든 아소카왕의 죽음은 마우리아 왕조에 분열을 가져와 왕국은 몇 갈래로 나뉘고 지배권이 약화되었다. 변경의 여러 지방은 떨어져 나가서 각기 독립하고 남부 영토도 각 부족에게 빼앗기고 북서쪽 영역도 끊임없이 침입하는 외래족에게 잠식당했다.

　아소카왕 이후의 사실(史實)에는 분명치 않은 점이 많다. 그러나 사실상 왕의 죽음이 곧 마우리아 왕조의 최후였다. 공작의 화려했던 날개와 고기를 탐내어 뜯어가듯 제국은 산산 조각이 났다. 그리고 마우리아 집안의 마지막 왕인 브리하드라타가 그의 부하였던 푸샤미트라장군에 의해 기원 전 180년 경 피살됨으로써 공작 왕조는 막을 내렸다.

6) 쿠샨 왕조 성립

(가) 이민족 침공

　기원 전 180년 경 마우리아 왕조의 푸샤미트라장군은 그가 섬기던 왕조의 최후의 왕을 죽이고 같은 파탈리푸트라에 슝가 왕조를 세웠다. 그러나 그 세력은 이미 전일의 마우리아 판도 전역에는 미치지 못했다. 뿐만 아니라 다시 새로이 일어선 칼링가왕의 보복 침입을 입어 영토와 많은 보물을 빼앗기고, 이어서 펀잡 지방에 군림한 그리이스인의 왕 메난더의 침공을 받았다.

　슝가왕은 불교를 박해하고 피비린내 나는 희생을 바쳐 브라만의 제사를 부활시켰다. 이로써 갠지즈강 유역에는 또다시 브라만이 이끄는 인도 전통의 브라만교의 국가가 일어설 문호가 열린 것이다.

　이보다 앞서 마우리아 왕조 때 시리아의 옛 마케도니아 영토를 지배했던 셀레우코스 왕조는 기원 전 3세기 중엽 무렵부터 내부 분열을 일으켜 박트리아와 파르티아가 각각 떨어져 나가 독립하고 또 이집트와의 전쟁에 패해서 역시 쇠망의 길을 걷고 있었다.

한자 문화권에 안식국(安息國)으로 알려진 파르티아는 기원 전 248년 경부터 이란 고원(高原)에서 일어나, 226년까지 약 5백 년간 서남 아시아를 지배했다. 또 대하국(大夏國)으로 알려진 박트리아는 같은 무렵 옥서스강과 힌두쿠시산맥 사이의 자원이 풍부한 땅을 차지했다. 이들은 물론 알렉산더 대왕 시절 이주해 온 그리이스인이었다.

(나) 밀린다왕의 실체

이 무렵 카이버 협곡과 펀잡 지방을 지배했던 박트리아의 그리이스인 역대왕 중에서 가장 유명한 왕이 메난더이다. 그가 발행한 22종의 화폐 중 8종에 그의 초상이 새겨져 있는데 얼굴이 길고 예지에 빛나는 정력적인 모습을 보이고 있다.

이 메난더가 바로 불교 경전에도 나오는 밀린다왕이다. 그리이스인인 메난더왕과 불교의 학승(學僧) 나가세나가 인간 개체의 문제와 종교 문제, 인생론 등을 묻고 대답하며 그리이스적 사고방식과 인도적인 불교 사상을 토론한 경과와 마침내 메난더왕이 불교에 귀의까지 하게 되는 흥미진진한 경위가 남방 불교권에 전하는 팔리어 경전에는 「밀린다판하」, 즉 「밀린다의 물음」이란 이름으로 전하고 한역(漢譯)경전에는 「나선비구경」이란 이름으로 널리 알려져 있는 것이다.

펀잡 지방의 심장부에 있었다는 메난더왕의 거성(居城)인 사가라는 당시 지식인의 성지였으며, 사문(沙門)과 브라만이 동경하고 모여드는 문화의 중심지로 동서남북의 산물이 집산하며 코끼리, 말, 수레의 왕래가 번화하고 갖가지 옷감이나 향기로운 꽃이나 희한한 향료가 그득한 상점이 화려하고, 사람도 깨끗하고 아름다운 그런 도시였다고 한다.

(다) 쿠샨 왕조

그리이스인이 지배한 서북 인도 지방에 그리이스 문화양식이 비교적 순수하게 도입되었으나 세월이 흐름에 따라 토착전통에 밀리게 되었다. 특히 파르티아제국이 서쪽 지중해 세계와의 연락을 가로막고 있어서, 이러한 경향이 더욱 짙어져 갔다. 말하자면 서북 인도 지방이 3백여 년에 걸쳐 직접 간접으로 그리이스 문화의 영향을 받은 이 시대는 다음에 들어설 쿠샨 왕조의 특색있는 문화를 낳기 위한 준비 기간이었던 것이다.

메난더왕이 죽은 직후 박트리아는 월지(月氏)에 쫓겨 남하한 이란계 유목 민족인 스키타이족에게 점령당하고 후에 이 스키타이의 한 종족인 샤카족에 의해 힌두쿠시산맥 남쪽의 그리이스 세력은 뿌리가 뽑혔다. 마침 아무강 이남의 박트리아도 월지에게 정복당해 소멸하고 마니, 기원 전 75년 경의 일이다.

당시 가장 세력이 강하던 다섯 부족 중에서도 스키타이 계통의 쿠샨족이 강대해져서 족장 쿠줄라 카드피세스는 나머지 네 부족을 멸하고, 기원 전 45년 쿠샨 왕조를 세웠다.

그는 네 부족을 멸한 후에 안식국(安息國), 즉 파르티아를 공략하여 이 지방에서의 그리이스인의 명맥을 아주 끊어 놓고, 다시 힌두쿠시를 넘어 캐시미르, 간다라에서 펀잡 지방에 걸친 지역을 점거하여 그 영역을 인더스 좌안에까지 확장시켰다.

(라) 카니시카왕

쿠샨왕조를 대표하는 최대의 왕 카니시카가 왕위에 올랐다. 그러나 두 왕 사이에는 짧은 공간이 있었던 것으로 전해진다.

일반적으로 인도의 역사가 다 그렇지만 쿠샨 왕조의 여러 왕의 연대에 관해서도 분명치가 않은 점이 많다. 특히 카니시카는 역사상 극히 중요한 인물인데도 그 연대에 이설이 많고 또 정확한 연대도 확정짓지 못하고 있다.

현재까지의 유력한 설은 즉위 연대가 78년이라는 주장과, 2세기 전반 128년 경과 144년으로 보는 설이 맞서 있으나 최근 프랑스 학자들이 제기한 144년 즉위설이 가장 많은 동의를 얻어 정설로 굳어가고 있다. 즉 쿠샨 왕조는 쿠줄라 카드피세스에 의해 박트리아, 간다라 지방에 자리를 정하고 1세기 후반에 비마 카드피세스에 의해 인더스강 유역까지 세력을 넓히고 비마 카드피세스가 죽은 후, 분열과 혼란을 일으킨 왕국을 다시 재통일하여 더욱 확대 강화한 것이 카니시카 왕이라는 것이다.

따라서 일설에는 그가 같은 월지족의 출신이긴 하지만 카드피세스의 자손이 아니라는 견해가 있으며, 또 하나 이상하게도 그가 발행한 화폐의 글이 그리이스의 문자이며 인도의 문자는 전혀 사용하지 않았다는 점은 풀 수 없는 수수께끼로 남아 있다.

(마) 영광의 시대

카니시카왕은 사방으로 군대를 파견하여 영토를 넓혀갔다. 수도를 서북 인도의 요지 푸루샤푸라에 두고 이를 중심으로 동쪽은 갠지즈강 중류 좌안(左岸)의 바라나시에 이르고, 남쪽은 인더스강 중류의 사히왈에 이르는 북인도의 서반부를 영유하고, 북동쪽은 지금의 아프가니스탄의 동방부를 지배하고, 서쪽은 서투르키스탄에서 동투르키스탄의 서반부까지 지배권을 확장했다.

따라서 그 세력은 남으로는 인도 내부에 깊숙이 팔을 뻗는 한편, 서쪽에서는 이란 땅을 잠식하며 파르티아와 대치하고, 북동쪽으로는 중앙 아시아에서 중국의 한왕조의 세력과 충돌하는 형세가 이루어져 갔다.

이것은 곧 쿠샨 왕조가 파미르고원의 동서에 걸친 실크로드의 심장부를 쥐고 실크로드의 세 길, 즉 ① 카스피해와 흑해를 잇는 길, ② 메르브, 헤카톰필로스, 엑바타나를 지나고 유프라테스강을 지나 지중해에 이른 길, ③ 인도와 홍해를 잇는 바닷길을 지배했다는 것을 뜻한다.

대외 교섭도 활발하여 중국의 현장법사가 전하는 바에 의하면 카니시카왕 시대, 그 위세가 주변 여러 나라에 미치어, 중국 북서 지방의 이민족 추장까지도 그 아들을 인질로 보내왔다고 한다. 또 사가들은 로마제국의 영토가 동방으로 뻗어가던 트라야누스 황제 시대에 왔다는 인도 사절도 카니시카왕 무렵에 파견한 것이 아닌가 보고 있다.

쿠샨 왕조의 부력과 번영의 모습은 아직도 그 영토내의 여기저기서 대량으로 발굴되고 있는 질이 좋은 금화로도 충분히 추측되고도 남는다.

(2) 왕정의 안정과 패망

마우리아제국이 무너진 후의 혼란기와 쿠샨왕조의 성쇠에 따르는 어지러운 격동기가 북인도 지방을 휩쓸고 있을 때, 남인도에서는 나름대로 데칸을 무대로 안드라 왕국이 세력을 뻗치며 강대한 국가로 성장하고 있었다.

데칸 지방은 예로부터 거의 통행이 불가능한 밀림지대로 북부 인도와는 격리되어 있었다. 알렉산드리아의 한 선장(船長)은 「이 지방은 사막과 큰 산맥 지대로 갖가지 야수, 표범, 호랑이, 코끼리, 뱀, 하이에나와 원숭이가 횡행한다」고 적고 있다.

8세기 초에 「왕오천축국전」을 쓴 신라의 혜초스님도 남천축 즉 데칸 지방은 극히 영토가 넓고 몹시 덥다고 기록하고 있다.

안드라족은 원래 데칸 서부 지방을 근거지로 삼고 있었으나 북쪽에서 밀려온 샤카족의 압력으로 동부 지방으로 이주했었다. 그러다가 1세기 말에서 2세기 초에 걸쳐 안드라 왕국 최대의 왕 고타미푸트라 시리 샤타카르니의 시대에 다시 인도 서행안의 안드라 영토에 침입한 샤카족의 세력을 북쪽으로 되몰아내고 데칸의 대부분과 북부 인도의 일부까지 차지했다. 120년 경의 일이었다.

이후 샤카족의 남하 세력과 끊임없이 공방을 되풀이하여 남과 북의 대립 항쟁 속에 2세기 말엽 왕국은 분열하여 여러 왕국으로 나뉘고 6세기 말에 칼루키아 왕조에 병합될 때까지 명맥을 잇는다.

1) 굽타제국의 흥성과 몰락

(가) 새 정복자

갠지즈 유역의 중부 지역에서도 칸바 왕조가 데칸을 본거지로 한 남인도의 안드라 왕조에 패망한 후로는 약 3백 년간에 걸친 마가다의 역사가 거의 아무 것도 알려져 있지 않다. 아마 이곳에서도 작은 왕국들이 할거하여 분열, 항쟁, 융화의 역사를 되풀이하고 있었던 것 같다.

이러한 역사의 공백기를 헤치고 돌연 나타난 것이 굽타 왕조이다.

갠지즈강 유역 파탈리푸트라의 굽타 왕가에서는 명문 릿챠브이 출신의 신부를 맞는 혼례식이 성대하게 거행되고 있었다. 이때의 신랑이 파탈리푸트라의 왕위를 이어서 중부 인도를 지배한 마하라자 찬드라 굽타 1세이다.

그는 아마 통일 제국의 부흥을 꿈꾸며 파탈리푸트라에서 마우리아 왕조를 창시한 영웅 찬드라 굽타 마우리아의 이름을 빌어 쓴 것 같다. 이러한 이유로 미루어 볼 때 굽타의 가문은 원래가 미천한 출신으로 보인다.

그러한 그가 붓다의 생존시부터 지금의 비하르주에 있으며 불교와 자이나교의 성지로 알려진 바이살리를 통치하던 명문가의 딸을 맞을 수 있었던 것은 아마 이웃인 바이살리를 정복한 후의 강화 조건의 하나로 이루어진 것으로 보이며 굽타 가문으로서는 물질적인 이익보다도 명문 거족과의 혼인을 통해 왕가로서의 권위와 자격을 갖추는 뜻이 포함되었을 것이다. 그리고 그가 즉위한 해를 기점으로 굽타 기원이 창시됐다.

이 새로운 기원은 서력 320년 2월 26일을 첫 날로 친 것으로 이로써 이 시대의 사건에 대해 정확한 연대를 짐작할 수 있게 되었다.

(나) 사무드라 굽타

찬드라 굽타에 이어 330년 왕위에 오른 사무드라 굽타는 굽타 왕조 중 가장 유능하고 위대한 군주로 꼽힌다. 특히 무력에 의한 정복 전쟁을 통해서 굽타 왕조의 기초를 반석 위에 올려놓은 뛰어난 군왕이었다.

당시의 궁정 시인 하리세나가 아소카왕이 세운 앨라하벳 석주(石柱)의 상부에 새긴 서사시에 의하면 사무드라 굽타왕은 먼저 갠지즈 유역의 여러 나라를 토벌하여 여러 왕들을 멸하고 땅을 점령했다. 이어서 광막한 힌두스탠 평원을 평정하여 중앙 인도를 통일하는데 성공했다.

사무드라 굽타의 위세는 내외에 떨쳤다. 멀리 실론왕은 사절단을 보내 성지 부다가야에 장엄한 불교 사원을 세울 것을 청원하여 허락받았다고 한다. 그외에도 펀잡 북동 방면에서 아프가니스탄에 걸친 샤카족이나 쿠샨족의 나라들과도 우호관계를 맺었다.

남방 원정에서 개선하는 도중, 사무드라 굽타는 말을 제물로 바치는 장엄한 브라만의 제사를 올렸다. 이러한 제사는 정복왕만이 행할 수 있는 조상 전래의 브라만의 제전으로 인도의 최고 주권을 선포한 왕자가 그 정복의 위업을 하늘의 신과, 천한 백성 앞에 과시하는 행사였다.

(다) 통일 제국 완성

무공에 빛나는 선대의 위업을 이어서 375년 찬드라굽타 2세가 즉위하여 414년 경까지 40년간 통치했다.

스스로 「무용(武勇)의 태양」이라고 자칭한 그는 평화적인 혼인정책과 군사적인 정복 정책을 병행하면서 착실하게 발판을 굳히는 한편 정복지를 넓히고 판도를 확대하여 아소카왕에 버금갈만한 통일 제국을 완성했다.

특히 인더스의 하구에서 카티아와르 반도까지 뻗친 세력은 아라비아해를 거쳐 이집트를 지나 유럽의 여러 나라와 통상의 길을 열어 놓았다.

지금도 델리 근교에는 찬드라굽타 2세의 이름을 새긴 큰 무쇠 기둥이 서 있다. 왕의 태양같이 혁혁한 승리를 기념하는 개선비라고 전해오는 이 철주(鐵柱)의 정상에는 통일 제국을 상징하는 연꽃 장식이 새겨 있어서 철공기술의 탁월한 발달과 함께 왕의 위업을 말없는 가운데 후세에 일깨워 주고 있다.

(라) 힌두문화 정착

마우리아, 쿠샨에 이어 굽타는 인도에서 세 번째의 통일국가를 완성하고 2백 년에 걸친 평화를 유지했다. 북방의 쿠샨족을 몰아내고 샤카족이나 터어키인들이 차지했던 서인도의 영토를 되찾아 통일을 이루어 가는 동안 굽타왕조 안에 필연적으로 고조된 것은 인도는 인도 사람의 인도이어야 한다는 민족적 각성이었다.

성스러운 「베다」의 신을 받드는 고유의 인도로 돌아가야 한다는 민족적 반성이 계기가 되어 아소카왕이나 카니시카왕의 보호 밑에 일어선 불교나 자이나교에 눌려 지내던 힌두교가 세력을 얻고 표면에 나타났다. 브라만들 사이에서나 쓰이던 산스크리트어가 궁정 용어, 공용어, 문학어로 쓰이게 되고 「마하바라타」와 「라마야나」의 2대 서사시와 「마누법전」 등이 다 이때 정리되어 완성된 모습을 갖추었다.

힌두교란 한 마디로 말해서 브라만교가 민간 신앙을 흡수해서 대중화한 것이다. 브라만교는 계급 종교로서 「베다」성전을 브라만 계급만이 독점하고, 아무도 가까이 할 수 없는 폐쇄적이고 배타적이었다. 따라서 언젠가는 베다 신앙에 바탕을 두고 서민생활을 가까이서 이끌어 갈 새로운 종교의 출현이 바람직했으며 그것이 기원 전 2세기경부터 싹터 힌두교로 뭉쳐진 것이다.

실상 마우리아, 쿠샨 왕조하의 불교 시대에도 힌두교는 마르지 않아 샘물같이 서민의 마음을 적시고, 지하수같이 민중의 정서생활 속에 면면히 흐르고 있었다.

또 불교시대라고는 하나 그것은 도시민, 지배계급, 부유층을 중심으로한 현상일 뿐 농촌이나 서민생활 속에 깊이 뿌리 내린 것은 아니었다.

한편 타종교와 비교적 충돌이나 반목이 없이 서로 관용을 보여서 가령 원시불교 경전에는 힌두의 여러 신이 불교 신화 속에 편입되었을 만큼 융합된 면을 보여주고 있다.

이처럼 힌두교는 국민적 자리를 차지한 바탕과 전통이 면면히 이어져 왔던 것이다. 따라서 굽타 왕조가 정치적, 경제적 통일에 대응할만한 인도인의 인도로서의 사회적, 문화적 기반으로 브라만교를 옹립한 이유의 하나도 이런데서 찾을 수가 있을 것이다. 동시에 그것은 브라만적인 계급적 신분제도를 새로운 국가의 지도 이념으로 삼은 것을 뜻하는 것이기도 하다.

(마) 훈족의 침공

굽타 왕조의 5대째인 스칸다 굽타왕은 인도에 침입한 훈족을 일단 물리쳤으나 훈족의 침입과 파괴는 사나운 밀물같이 끊임없이 계속됐다. 그들은 북인도 일대를 짓밟고 간다라 지방을 중심으로 번영을 누리던 불교 교단에 참혹한 박해를 가했다. 굽타의 군대는 쉴새없이 싸웠으나 이 침입자를 파미르고원 너머로 쫓아내지는 못했다.

6세기에 들어 중앙 아시아에 밀려온 새로운 훈족의 물결이 또다시 서북 인도의 관문을 넘어 노도같이 침입해 들어왔다. 그 영도자는 포악하기로 이름난 미히라굴라였다. 「높은 절벽 위에서 코끼리를 절벽 밑 골짜기로 내려 굴리는 것」이 그가 즐기는 잔인한 취미의 하나였다. 미히라굴라는 캐시미르왕을 사칭하고 간다라 지방을 휩쓸고 미술사상에 빛나는 장엄한 사원과 아름다운 불상과 이색적인 탑과 조각품을 거침없이 부수고 승려를 대량 학살했다.

인도에서의 훈족의 포악한 지배는 홍수가 밀려가듯 얼마 안 가 끝나고 훈족도 평화를 누리는 평범한 주민으로서 서북 인도에 정착하고 동화됐으나 그와 동시에 훈족과의 장기적인 싸움에 지친 중부 인도의 굽타 왕조는 피폐하여 다시는 기운을 못차리고 붕괴의 길을 걸었다.

530년, 굽타 왕조로서 알려진 최후의 왕 발라디트야가 죽음으로써 사실상 왕조는 끝장이 났으며 그후 여러 왕국으로 분열된 북인도의 작은 왕국의 하나로 명맥은 유지했으나 8세기 중엽, 벵골에서 일어난 파라 왕조에 병합당해 숨을 거두었다.

2) 이슬람의 인도 진출

(가) 터어키족의 침입

7세기 초엽 아라비아에서 일어난 이슬람은 홍수같이 아라비아 반도를 휩쓸고, 서쪽은 아프리카 북부에서 이베리아 반도, 북쪽과 북동쪽은 지중해 동해안과 이란에서 중앙 아시아, 지금의 아프가니스탄에 이르는 넓은 지역으로 밀물처럼 번져 갔다.

10세기 후반 압바스 왕조의 세력이 절정에 오른 시기에 서아시아에서의 터어키인의 활동이 정치, 군사면에서 눈에 띄게 활발해졌다. 이러한 터어키인의 세력이 이웃의 거대한 땅을 그냥 둘 리 없었다.

그들은 인도의 부력을 노려서 자주자주 침입했다. 금은보화를 긁어 모을 뿐 아니라 사람까지도 전리품으로 잡아갔다. 당시 노예는 귀중한 상품이었다. 물론 침략자는 이슬람교의 선교라는 종교적인 목적을 내세웠다.

모든 인도에의 침입자들은 북서 관문을 통해 인도에 들어왔다. 이슬람교도도 역시 이 길을 이용했으나 최초의 발자취는 의외에도 물길을 통해 더 남쪽에서 길이 열렸다.

인도와 아라비아 반도 사이의 동서 해상 교섭의 역사는 **일찍이** 기원 전으로 거슬러 올라간다. 이러한 교섭은 아라비아 땅에 이슬람교가 일어나면서 더욱 활기를 띠어 아라비아 상인들은 여름의 남서 계절풍, 겨울의 북동 계절풍을 교묘하게 이용해서 해상활동을 강화하고 인도 서해안은 물론 인도 동쪽에까지 교역 범위를 넓혀 갔다.

모하메드의 후계자인 5대 칼리프 치하에 사라센제국의 동부 여러 고을을 관할하던 총독 핫자아지에게, 8세기 초에 실론에서 보낸 공물선이 진상품만 아니라 아라비아의 상인과 처자를 싣고 페르시아만으로 향하던 중 신드 지방, 지금의 카라치항구 부근에서 약탈을 당한 사건이 터졌다.

이 사건을 계기로 총독은 몇 차례 침공을 거듭한 끝에 힌두왕국을 점령한다.

(나) 처절한 패배

아무강 유역을 중심으로 이란 북동부에서 중앙 아시아 일대에 걸쳐서 군림하던 페르시아계 사만 왕조에서 벼슬을 하던 터어키인 노예 출신의 무장 알프티긴은 반란을 일으켜 962년에 아프가니스탄의 가즈니에서 독립을 선언했다.

그 수도의 이름을 따서 가즈니 왕조라 부르던 이 터어키계의 왕조는 제7대왕 마흐무드 시대에 그 전성기를 맞아 서쪽은 이라크 근처에서 동쪽은 갠지즈강 상류에까지 그 세력이 미쳤다.

스스로를 높여 술탄이라고 칭한 마흐무드야말로 정치적인 야심과 종교적인 열광에 들떠 약탈, 살륙을 자행하고, 그 후 물밀듯 진행된 이슬람교도에 의한 조직적이며 계속적인 인도 침입의 선봉 역할을 감행한 인물이었다.

그는 1001년에서 1027년에 걸쳐 17회나 인도 원정을 감행했다. 그는 막대한 전리품을 얻고 가즈니로 돌아와서는 병마를 휴양시키고 일방, 보강하여 다시 곧 원정길에 올랐다.

그의 아버지 수부크티긴 시대에 이미 편잡 지방의 힌두왕에게서 페샤워르 서쪽 땅을 빼앗고 있었다. 마흐무드는 이 힌두왕과 1001년 페샤워르 근처에서 대전하여 이를 철저하게 깨고 힌두왕을 사로잡아 자살케 했다. 그리고 그 후계자를 치기 위해 계획된 여섯 번째의 원정(1008~1009년)에서 양군이 다시 페샤워르 평원에서 회전, 쌍방 1만 2천여 명의 전사자를 내는 처절한 전투 끝에 최후의 결전을 시도하여 손발이 맞지 않는 힌두의 연합군을 기어이 밀어붙이고 인도 깊숙이 침략의 손을 디밀 길을 열었다.

(다) 모아메드의 승전

아프가니스탄의 가즈니 왕조는 마흐무드의 사후, 계속된 전쟁과 왕위 계승을 둘러싼 내분으로 급속히 쇠약해져 1150년 새로이 일어선 구우르 왕조에 의해 멸망했다.

구우르 왕조의 술탄 모하메드의 인도 정복은 1175년 우선 아랍족의 신도 정복 이래 이슬람의 지방 정권이 뿌리를 내리고 있던 물탄 점령으로부터 서서히 활동을 개시했다.

　10년 후에는 가즈니 왕조의 마지막 잔당을 라호르에서 소탕하고, 편잡과 신도 두 지방을 손아귀에 넣고 비로소 델리에의 침공의 기회를 호시탐탐 엿보게 됐다.

　때마침 편잡의 다섯 강 가운데 가장 동쪽, 즉 중원으로 흐르는 수틀레즈강 동쪽 지방에 이슬람의 지배권이 파급하는 것을 꺼린 힌두의 여러 왕들은 1190년 말, 델리와 어즈미르를 지배하던 라지푸트족의 왕 프리티위라즈를 사령관으로 연합군을 결성하여 반격으로 나왔다.

　이 소식을 들은 모하메드는 곧 응전 체제를 갖추어 1191년 초, 라호르에서 델리로 가는 간선 도로상의 요지인 타라인으로 진격, 거기에서 양군이 맞붙었다. 그러나 모하메드는 기병대와 코끼리 부대를 주축으로 한 힌두 연합군의 압도적 세력 앞에 여지없이 패하여 눈물을 머금고 일단 본거지인 가즈니까지 되돌아가지 않을 수 없었다.

　모하메드는 군비를 보강하고 대열을 갖추어 모든 준비가 완료되자 1년 후, 즉 1192년에 다시 숙명적인 복수전을 감행했다. 그리하여 1년 전에 패한 바로 그 장소에서 양군이 맞붙어 힌두 연합군에게 결정적인 타격을 주고 이를 괴멸시켰다.

　이 승리는 인도 이슬람의 역사상 중요한 계기를 마련했다. 이후 이슬람은 파죽지세로 동쪽으로 또 남방으로 진격을 계속하여 델리, 비나레스를 위시한 각지의 요새지를 공략하고 비하르와 벵골 두 지방을 손아귀에 넣고 1206년 모하메드가 죽을 당시에는 북인도 전체를 그 지배하에 장악했다.

　(라) 터어키계 왕조

　1206년 구우르의 술탄 모하메드는 인도 원정에서 개선하는 도상에 암살됐다. 이 무렵 모하메드와 같은 터어키계 궁정 노예 출신으로 그의 오른팔 노릇을 하며 북인도 방면군을 지휘하던 쿠트브 우딘 아이박은 모하메드가 돌아가는 길에 암살되었다는 소식을 듣자 스스로 왕관을 머리에 얹고 왕을 사칭하며 델리를 수도로 정하고 이슬람 정권에 의한 북인도의 지배를 시작했다.

　인도에 침입했던 구우르의 다른 장군들도 왕조의 분열 붕괴하는 과정에서 제각기 인도 영토 내에서 독립을 꾀하여 정권을 세웠다.

　아이박의 뒤를 이은 일투트미시는 북인도에서의 지배체제를 확립하고 1229년 이슬람의 술탄을 칭했다. 이에 **비로소** 이슬람 교도에 의한 인도 지배의 역사가 델리를 구심점으로 막을 올린 것이다.

　일투트미시가 죽은 후, 델리의 술탄의 지위는 그 자손 혹은 노예였던 실력자에 의해 계승됐다. 아이박을 시조로 한 터어키계의 이 왕조를 노예 왕조라고 하는 것은 시조, 후계자, 지배 계급이 모두 터어키 계통의 궁정 노예 출신이거나 그 직계 후손이었기 때문이다.

　한편 이후 무굴제국까지의 3백여 년간 술탄의 칭호를 사용한 델리의 여러 왕국을 통틀어 델리 왕조의 창시자들은 그들의 승리와 권위를 과시할 목적으로 **새로운 왕성(王城)**을 델리 지역 이곳저곳으로 옮겨가며 세웠다.

　또 거대한 이슬람 사원도 세워 지배자의 영광과 신앙의 힘을 과시했다.

(마) 델리왕국의 지배자

　이들 델리 왕조의 지배자들은 이슬람 교도 즉 모슬렘이었다. 따라서 정교일치(政敎一致)의 모슬렘 지배체제가 인도에도 성립됐다. 중앙 집권적인 모슬렘의 체제는 서아시아나 아프가니스탄의 모슬렘 정권하에서 시행되던 것을 그대로 도입한 체제였다. 그러나 델리의 권력이 미치지 못하는 지방에는 아직도 독립을 유지하고 있는 라지푸트의 왕후(王侯)가 지배권을 행사하며 모슬렘 지배에 저항하고 있었다.

　델리의 이슬람 정권의 힘이 빈디야 산맥과 너르버다강을 넘어 남쪽의 데칸 고원에 미친 것은 스스로를「제2의 알렉산더 대왕」이라고 호칭한 13세기 말의 할지 왕조 제2대 술탄 알라 우딘 때였으며, 보다 남쪽으로 깊숙히 지배 영역이 확장된 것은 이슬람의 지배권을 광적으로 신장하기에 골몰한 투굴룩 왕조의 제2대 왕 모하메드 이븐 투굴

룩의 시대였다.

그는 후세의 역사가들이 「천재인가 미치광이인가?」, 「이상주의자냐 몽상가냐?」 할 만큼 모순에 찬 이상 성격자로 알려져 있다. 그는 반도 남단을 제외한 전 인도를 지배하고 1326년 갑자기 서울을 델리에서 약 1천 킬로미터 떨어진 데칸 서부의 데오기르로 옮기고 도시의 이름을 다울라타바드(富都)라고 바꿨다.

(바) 티무르 침공

투굴룩왕은 세계정복을 꿈꾸고 무모하게 군대를 일으키는 등 야만을 실천하려 하다가 경제 파탄과 각지 반란으로 소란해지자 피루즈 샤아에게 왕위를 넘겼다.

그러나 피루즈 샤아가 죽은 후에는 겉잡을 수 없는 내분이 일어나 또다시 분열이 시작됐다.

그러한 내분과 분열을 한층 부채질한 것이 절름발이 풍운아 티무르의 인도 침입이었다. 몽고 왕가의 후예로 징기스칸의 아들의 현손(玄孫)이라고 자칭하는 티무르는 중앙 아시아를 정복하고 사마르칸드에 도읍을 정한 티무르 왕조의 창건자로 징기스칸을 본받아 세계 통일을 꿈꾸며 동서 사방으로 병마를 달리기에 영일이 없었다.

때마침 인도가 분열과 혼란의 도가니처럼 끓고 있는 것은 더없이 좋은 기회였다. 1398년 4월 사마르칸드를 떠난 티무르의 군대는 9월에 펀잡을 휩쓸고 이어 12월에는 델리에 침입했다.

델리를 점령한 티무르군은 마음껏 약탈하고, 불사르고, 사로잡았던 포로 10만 명 이상을 살륙했다. 그렇게 속시원하게 짓밟고는 미련없이 인도를 떠났다. 티무르는 오래 인도에 눌러 앉아 있을 필요가 없었다.

세계는 넓고 정복하고 약탈할 땅은 많았기 때문일까?

(사) 최후의 힌두 왕국

반도의 남쪽, 크리시나강 이남의 지역만은 예외적으로 힌두 왕국이 오래도록 교두보를 유지하고 있었다. 그 교두보가 비자야나가르

왕국이었다. 이 지역은 그 지리적 특수한 조건에 힘입어 조직적인 이슬람의 침입을 면하고 힌두의 문화를 계승 발전시킨 고장이었다.

왕조의 이름과 같은 이름의 수도 비자야나가르는 북인도 지방의 중심 도시인 카나우지의 경우와 마찬가지로 일곱 겹 성벽에 싸인 견고한 요새 도시로 1443년 이곳을 방문한 티무르 왕조의 제3대 왕의 사신은 그 번영에 놀라 거리의 모습을 상세히 그리고 있다.

이 남쪽의 힌두 왕국과 크리시나강을 끼고 이웃해 있는 데칸 고원의 이슬람교 여러 작은 나라들 사이에서는 끊임없이 내란과 전쟁이 계속되고 있었다. 이들 이슬람의 여러 나라는 순니파, 즉 정통파와 시아파, 즉 분리파의 두 갈래가 서로 반목하고 있어서 힌두는 이들을 쉽게 막아낼 수 있었다.

그러나 힌두교의 마지막 교두보를 뿌리 뽑기 위해 차차 이슬람 연합군의 결성이 무르익어 감에 따라 비자야나가르 왕조의 운명은 풍전등화같이 시간 문제로 변했다.

1565년 1월 탈리코타에서 이슬람 연합군과 대전한 힌두군은 대패하고 사령관 라마 라야는 포로가 되어 처형되었다.

난공불락의 번영을 누리던 승리의 도시 비자야나가르도 이슬람군에게 유린되고 약탈에 내맡겨져 폐허가 됐다.

이렇게 해서 그나마 남인도에 남아 있던 유일한 힌두의 왕국도 무너지고 전 인도가 이슬람 교도의 지배하에 무릎을 꿇었다.

3) 무굴제국의 흥망

자히르 우딘 모하메드 바부르는 1483년 2월 14일 우즈벡의 시르강 상류, 페르가나에서 태어났다.

「나는 페르가나의 왕이 됐다」하고 시작되는 그 자신이 쓴 아름다운 문체의 일기체 자서전 「바부르나마」에 의하면 그의 아버지는 티무르의 4대손이며, 어머니는 차가타이한의 14대 후손이라고 한다.

아마도 몽고족의 피를 받은 차가타이 터어키계의 혈통으로 보인다. 어쨌든 전통적으로 몽골을 무굴로 표기하던 아라비아인 역사가의 예에 따라 이슬람의 사가 역시 바부르와 그의 후계자 일족에 대해서 그대로 무굴이라고 표기했고, 그가 세운 왕조도 무굴제국(막와아제국)이라고 불렀다.

(가) 무굴 황제의 선언

바부르는 인도에 침입하여 1526년 4월 델리 북서쪽 50마일에 있는 파니파트에서 이브라힘 로디의 대군을 격파하고 결정적인 승리를 거두었다. 이로써 인도의 중원을 성공적으로 지배할 발판을 굳혔다.

파니파트에서 로디의 대군을 격파한 바부르는 불과 1주일 사이에 델리와 아그라를 휩쓸고 스스로 「인도의 파디샤아」(대제, 황제)라고 선언했다. 실은 파디샤아의 칭호는 카불 시대부터 사용했었으며, 이때 이후 무굴 왕조의 역대왕은 델리 왕조의 술탄 대신 파디샤아라는 칭호를 사용하게 됐다.

델리, 아그라를 제압하고 파디샤아의 지위에는 올랐지만 새로운 제국의 형성 작업은 아직 요원했다. 바부르는 오늘은 동, 내일은 서로 싸움터를 따라 달렸다.

1527년에는 남서쪽에서 쳐들어 온 라지푸트족의 맹주(盟主) 라나 상가가 이끄는 라지푸트군과 이에 합류한 옛 로디 왕조의 이슬람군의 연합군을 아그라 근교에서 무찌르고 2년 후, 즉 그가 죽기 전 해인 1529년에는 갠지즈강 상류의 퍼트나 가까운 가그하라 강변에서 서진(西進)해 오는 또 다른 아프간군을 깨고 비하르 지방을 직할 영토에 편입하고 뱅골의 이슬람 영주에게 충성을 서약하게 했다.

이렇게 해서 북인도의 중추부에 세력 범위를 확립하고 명목상이나마, 서쪽은 아무강에서, 동쪽은 벵골, 남쪽은 너르버다강에 이르는 판도를 순조로이 형성해 갔다.

(나) 악바르황제 시대

제3대 황제에 즉위한 악바르는 곧 이어 동쪽에서 습격해 온 이슬람 토후 연합군을 유서깊은 파니파트에서 격파하고 후견인의 자격으로 실권을 쥐고 있던 권신을 제거하고 파벌 싸움을 막고 후굴의 세력을 꺾고 모든 간섭을 물리쳐 19세 때에는 이미 명실공히 **황제로서** 군림했다.

악바르는 위대한 정복자였을뿐 아니라 이름 그대로 최대의 정치가, 건축가, 종교가이기도 했다. 그는 토다르 말의 도움을 받으며 행정기구를 정비하고 관료제도를 확립하고 무굴제국의 군정(軍政) 국가적인 성격을 뚜렷이 하는 한편 황제의 절대권력을 세웠다.

또 악바르는 도읍을 아그라로 옮기고, 인종 차별을 금하고 종교적으로도 관용을 보여 이슬람과 힌두 교도의 정치상의 동일 대우를 선포하는 한편, 종래 배척하고 탄압하던 그리스도교, 유다교, 페르시아교에 이르기까지 신앙의 자유를 보장하고, 이슬람교 이외의 다른 종교인에게서 징수하던 인두세, 순례세를 철폐하여 민심을 샀다. 그는 결혼, 관용, 회유, 탄압 등 모든 수단을 동원하여 적을 제편으로 끌어들이고 유능한 힌두인을 등용하는 한편, 끝내 저항하는 적에 대해서는 가차없는 응징을 가했다.

(다) 찬란한 문화

악바르에 이은 3대, 즉 아들 자한기르, 손자 샤아자한, 증손 아우랑제브의 시대는 무굴제국이 상대적으로 가장 안정된 시기이며, 이 시기에 이슬람적 인도문화, 바꾸어 말하면 무굴문화가 꽃이 핀다.

그러나 무굴제국에는 왕위 계승에 관해서 제도적으로 정해진 법이 없었기 때문에 황실 형제간에 골육상쟁의 분란이 그칠 날이 없었다.

1605년 악바르가 죽자 제4대 황제 자리를 악바르 생전에 속을 썩히던 맏아들 자한기르가 차지했다. 자한기르는 반란을 일으킨 그의 맏아들을 추격하여 친히 군사를 움직였을 때 외에는 문학, 미술을 애호하며 늘상 술과 아편, 향락에 묻혀 살며 사랑하는 왕비 누루 자한과 그 일족의 꼭둑각시 노릇으로 생애를 마쳤다.

그의 치세하에서 무굴의 궁정은 영화의 극에 달했다. 그는 할아버지 때부터 아그라성내 보고(寶庫)에 모아 둔 보화를 자기의 호사스러운 취미를 위해 아낌없이 풀었다. 1억 루피이를 들여 다이아몬드, 루비, 사파이어, 진주, 금, 은 등으로 공작 왕좌를 만들고 세계에서 가장 아름다운 건축물이라는 저 유명한 타지마할 등 건축물의 축조에 국력을 기울였다. 그러나 왕은 데칸을 치고 국위를 선양했으나 백성들은 무거운 세금에 신음하고 농사는 황폐해져 갔다.

무굴문화의 특징은 건축, 페르시아어 문학, 그림의 3분야에서 나타났다. 무굴의 역대왕들은 거창하고 화려한 건축물로 그의 치세를 장식했다. 그 양식은 이슬람 건축에다 전통적인 인도 건축의 수법을 가미한 것으로 무굴의 본거지인 델리와 아그라 등지에는 악바르, 자한기르 시대의 거대하고 호탕한 양식, 그리고 샤아자한 시대의 섬세하게 신경을 쓴 여성적이며 우아한 아름다운 양식의 궁전, 묘, 정원, 모스크 등 건조물이 당시의 황제의 권력을 상징하듯 오늘날까지 그 위용을 자랑하고 있다.

(라) 연이은 반란과 민심이반

1658년 형제를 죽이고 아버지를 가두고 황제가 된 아우랑제브는 그 자리를 근 50년 지켰다. 그러나 민심은 떠나고 행정력은 말기 현상을 나타내어 제실에는 재원이 없고 관리에게는 도의가 없고 군사는 약탈을 업으로 삼고 백성은 압제에 못이겨 땅을 버리고 달아났다.

아우랑제브 황제는 이 절망적 상태에서 이슬람의 순니파를 열렬하게 지지하며 기강을 세우려 했으나 별 효과가 없었다. 엄격한 정통파 이슬람의 신봉자인 황제는 힌두를 압박하여 힌두 사원을 부수고 인두세(人頭稅)를 부활하고 수입 증대를 위해 라지푸트 토후의 땅을 빼앗아 결과적으로 힌두 교도의 적개심을 사고 라지푸트족 토후의 반란을 유발해서 스스로 묘혈을 파는 편협한 어리석음을 저질렀다.

이 무렵에는 제국의 행정 기능도 마비되고 북인도에서도 농민 반란이 연이어 일어나 무굴의 지배는 뿌리 채 뒤흔들리고 있었다. 연이은 반란과 원정에 나라의 금고는 바닥이 나고 민심은 돌아서고 병사들은 굶주려 배반했다. 나라의 앞길을 걱정하며 고뇌에 찬 만년을 보낸 왕은 몸도 마음도 지쳐 있었다.

무굴의 제12대 황제로 즉위한 모하메드 샤아는 드물게 오래 재위 했으나 그의 시대에 제국은 결정적으로 와해되기 시작했다. 데칸에 파견했던 총독은 하이더라바드에서 독립을 선언하여 니잠 정권을 세우고 벵골, 오우드 등 여러 지역에도 지방 전권이 독립했으나 모하메드 샤아는 속수무책이었다.

1739년에는 무굴의 부를 탐낸 페르시아의 나디르 샤아가 침입하여 델리까지 짓밟고 살륙과 약탈, 방화 끝에 무굴 황제의 상징인「공작왕좌」와 코에누르까지 가져가 버렸다.

(마) 영국의 인도 진출

이런 과정에서 무굴제국은 겨우 델리 주변의 영토를 지키며 이름만의 빈 껍데기 황제권을 유지하고 있을 따름이었다.

이 무렵 유럽의 열강은 이미 인도 해안지방 깊숙히 진출하여 교두보를 구축하고 있었다. 유럽에서 영국과 프랑스는 인도의 통상권과 지배권을 걸고 1756년에서 1763년까지 소위 7년전쟁을 치열하게 치르고 있었다.

영국은 1757년 인도의 플랏시에서 프랑스군을 무찔렀다. 인도가 높은 문명을 자랑할 때, 유럽의 보잘 것 없는 작은 섬나라였던 영국은 프랑스를 누르고 죽은 고기 뜯어 먹듯 인도 지배의 독점권을 차지하고 있었다.

그래도 무굴제국은 19세기 중엽까지 끈질기게 이름만의 명맥은 유지하고 있었다. 최후의 제17대 황제인 바하두르 샤아 2세는 플랏시 전투 후 1백년 만에 일어난 세포이의 반란 때, 반란군에 옹립되어 인도에서의 무굴제국의 주권을 선언했으나 인도는 이미 무굴제국의 인도도 인도인의 인도도 아닌 영국인의 인도였다.

황제는 델리를 다시 점령한 영국군에 잡히어, 가족은 처형되고 황제는 국사범으로 랭구운에 보내져 옥에서 죽으니 역사에서 또 하나의 화려했던 제국이 자취를 감추었다.

4. 이슬람의 역사

1) 사산조(朝)의 페르시아

기원 전 3세기 중엽부터 초엽까지 서아시아에서는 아르사케스 파르티아 왕국이 영화를 누리고 있었다. 기원 전 250년 경에 탄생한 이 파르티아 왕국은 기원 전 224년 멸망한 것으로 나타나 있다.

파르티아를 대신해서 나타난 새로운 나라가 사산조(朝) 페르시아다. 이 왕조는 아케메네스조 페르시아의 옛 서울인 페르세폴리스 부근의 아나히트 신전의 사제(司祭)로 있던 사산 일족이 일으킨 나라이다.

티그리스강 동안(東岸)에 있는 크테시폰은 파르티아 왕국의 옛 서울이기도 한데 사산조 페르시아의 임금인 아르다시르왕도 이곳에 도읍을 정했다. 이 부근은 이란 사람의 정주지(定住地)가 아니라 본래 셈 어계(語系)인 아람말을 쓰는 백성들이 살고 있으므로 결국 다른 민족 한 가운데에 수도를 정한 것이다.

사산조의 사회는 매우 엄격한 계급제도로 이루어져 있었고 제왕은 신의 화신으로 일컬어진 절대적 전제군주였다. 그렇기 때문에 아무리 벼슬이 높은 관리라 해도 제왕의 곁에서 10미터 이상 떨어져 있어야 했다.

(가) 사산조의 영광시대

사산 왕조는 29대에 이르렀는데 그 가운데서 가장 위대한 왕은 호스로 1세를 꼽고 있다. 창업의 영주 아르다시르나 그 뒤를 이은 샤푸르 1세도 명군이지만, 호스로 1세의 48년 치세는 그야말로 사산 왕조 최고의 황금 시대를 나타냈다.

이슬람 시대 이후의 문헌에서는 호스로를 키스라라 부르고 있는데 이 말은 페르시아의 제왕을 통틀어 말하는 보통 명사로도 사용되어 로마 황제의 총칭인 카이저와 대비될 경우가 많다.

저 유명한 「아라비안나이트」 중에도 가끔 「키스라 취향」이란 말이 나와 매우 호사스런 것을 일컬을 때 쓰인다. 더구나 호스로는 1세부터 4세까지 네 명의 왕이 있는데 그중 호스로 2세 파르비즈는 이 왕조 말기의 꽃을 피운 인물로서 아름다운 왕비 시린과의 사랑 이야기로 후세에까지 이름이 드날려서 수많은 시인, 화가들에게 좋은 테에마를 제공해 주고 있다.

흔히 호스로 1세를 누르시완(또는 아누시르완)이라 부르는데 이것은「불멸의 영혼」이란 뜻이다.

호스로 1세의 시대는 특히 페르시아가 무역국으로서 눈부신 역할을 한 시대였다. 수많은 페르시아 상선들은 페르시아만으로부터 인도양에 진출했고 실론섬을 근거지로 해서 멀리 동지나해까지 왕복했다. 인도의 데칸고원 서북부에 아전타 석굴 벽화에는 당시의 페르시아 상선의 해상 활동을 그린성 싶은 것이 있는데 전하는 바에 의하면 호스로 1세는 실론섬에 원정군까지 보낸 일이 있다고 한다.

또 호스로 왕은 군대를 멀리 남아라비아로 보내서 그곳을 지배하고 있던 아바시니아 사람들을 쫓아냈으며 더욱이 인도양을 거쳐서 아프리카, 인도, 동남 아시아, 멀리 극동방면에서 실어온 물자를 시리아, 이집트, 기타 지중해 해안 여러 나라로 보내는 중계지 역할로 막대한 재화를 모아들였다.

(나) 중국과의 외교관계

호스로 1세의 치세는 중국의 남북조 시대에 해당하는데 페르시아에 관한 것이 최초로 보이는 것은「위서」로서 그 안의「서역전」에 자세하게 나와 있다.

서기 519년에 위나라 효명제에게 페르시아국왕 거화다(居和多)가 사절을 보내어 국서와 공물을 바쳤다고 하며 그 글에는「귀국의 천사는 하늘이 낳으신 어른이십니다. 바라건대 해 뜨는 동방에서 오래도록 군림하옵소서. 페르시아 국왕 거화다는 경배하나이다」하고 썼어 있었다.

효명제는 이 국서와 공물을 받아들이고 다시 사절을 보냈다고 기록되어 있는데「거화다」란 호스로 1세의 부왕인 카바드의 음사임이 틀림없다.

그 후 위나라 황제는 페르시아에 한양피라는 사람을 사절로 파견했는데 이 사람이 투르키스탄의 호탄까지 가본즉, 그곳에 위나라로 향해 오는 페르시아의 사절이 길들인 코끼리와 기타 진귀한 물건을 가지고 억류되어 있더라고「위서」에는 기록되어 있다. 이것으로 보아 사산조 페르시아에서는 말 대신 코끼리로 전쟁과 사냥을 했다는 사실을 알 수 있다.

(다) 명장 바흐람 추비나

호스로 1세의 뒤를 이은 호르미즈드 4세 치하에서 페르시아는 서쪽의 비잔틴과 싸웠고 북으로부터는 하자르족의 침입을 받았으며 아라비아의 야만에서도 반란이 일어났다.

호르미즈드는 그들과 적극적인 타협 정책을 써놓고 나서 전력을 기울여 동방의 강적인 돌궐과 충돌했다. 뿐만 아니라 왕은 국내에 있어서도 귀족 계급을 미워하고 일반 민중을 사랑하는 성격이었다.

그래서 그는 성 밖에 사는 도둑떼나 무뢰한들을 시켜 귀족들과 싸움을 붙였고, 그의 치세 12년 동안에 명문 출신의 인사 1만 3천 명을 죽였기 때문에 그의 말년에는 왕국의 기초가 흔들려 붕괴 직전에 이르렀다.

왕은 숙적인 돌궐왕 샤아바를 치기 위해 40만 대군을 이끌고 페르시아 동쪽 경계 헤라트 근처까지 밀고 나갔다. 이때 왕이 기용(起用)한 것이 바흐람 추비나라는 풍운아다.

그는 지금의 테헤란 남쪽에 유적이 있는 라이(라게스)의 귀족인데 왕은 그에게 1만 2천의 병력을 주어 돌궐군을 맞아서 싸우게 했다. 이윽고 페르시아와 돌궐 양군은 헤라트 근처에서 마주쳤다.

바흐람 추비나는 진두에서 샤아바와 결투를 벌여 긴 창을 던져서 샤아바를 패사(敗死)시켰다고 한다.

싸움에서 이긴 바흐람 추비나는 더욱 적을 추격, 아무강을 건너 바이칸드에서 샤아바왕의 아들 바르프다를 사로잡아 막대한 전리품을 획득했다. 이것들을 1천 마리의 낙타에 실어 호르미즈드왕 앞으로 보낸 것 까지는 좋았으나 그 중 황금과 보석으로 된 신 한 켤레와 아라비아 예멘산 금실로 수를 놓은 커어튼 두 가지만은 자기가 착복하고 왕한테 보내지 않았다고 한다.

이 일로 말미암아 왕과 장군의 사이는 갑자기 험악해졌다. 왕이 사죄를 요구하자 바흐람 추비나는 그것을 거절하고 답장 속에 끝을 구부러뜨린 단검을 넣어보냈다. 왕은 또 그 단검의 양끝을 잘라서 돌려보냈다. 최후 통첩인 것이다. 그 뒤의 경과는 매우 혼란스러워 자세한 것을 알 수 없으나 어쨌든 사산 왕조는 한 때 멸망한 형태로 되어 있다.

호르미즈드왕에게는 호스로 파르비즈라는 유능한 왕자가 있었으나 바흐람 추비나가 사이에 들어 이간책을 썼기 때문에 사이가 나빠졌으며 또 바흐람 추비나는 어제까지 적이었던 돌궐과 결탁해서 왕을 괴롭혔다. 그리하여 마침내 왕은 반란을 일으킨 신하들에게 자리에서 쫓겨났고 눈알을 후벼낸 후에 죽임을 당했다고 한다.

(라) 사산조의 멸망

호르미즈드왕의 뒤를 이어 호스로 2세(파르비즈)가 즉위한 것은 서기 590년의 일로 그후 628년까지 왕위에 있었다. 그의 치하에서 페르시아는 서쪽으로는 이집트에서, 동으로는 인도의 일부까지를 점령하고 비잔틴 제국을 격파해서 콘스탄티노플 수 킬로미터 지점까지 육박한 일도 있다.

사산 왕조도 말기에 이르러 이처럼 강렬한 빛을 발했으나 이 왕이 죽은 뒤 10년도 채 못되어 멸망하고 말았다.

전해진 바에 의하면 파르비즈가 죽자 그의 아들 실비가 왕위를 계승했는데 그를 카바드 2세라 한다. 카바드는 왕위에 오른 뒤 부왕의 애첩 시린을 연모해서 구혼했으나 그녀가 자살해서 정조를 지키고 이윽고 카바드 2세도 남의 손에 죽임을 당했다 한다.

2) 아라비아와 이슬람

사산 왕조의 멸망 후 역사의 무대는 아라비아로 옮겨가게 된다. 그리이스인이나 로마인들은 아라비아를 크게 셋으로 나눠 부르고 있다. 즉 바위의 아라비아, 사막의 아라비아, 행복의 아라비아가 그것이다. 그러나 이것은 매우 큰 분류 방법인데 사막의 아라비아란 메소포타미아와 시리아 사이에 펼쳐진 소위 시리아 사막 지방(알 바디아)인 것이다. 서기 2세기부터 3세기에 걸쳐 전성(全盛)을 보인, 제노비아여왕이 군림한 것으로 이름높은 사막 중의 통상(通商) 도시 팔미라도 그 안에 들어있다.

바위의 아라비아는 시나이 반도에서 현재의 요르단 일부를 포함한 지방으로 아랍족의 거점이었던 페트라 유적도 그 속에 들어있다.

이 두 개의 아라비아는 로마사람들의 세력범위에 있었는데 제일 마지막 행복의 아라비아란 현재의 아라비아 반도 근방의 오지(奧地)인데 신비의 베일에 가리워 잘 알려지지 않았다. 남서부를 야만(또는 예멘)이라 부르는데 아라비아말로 행복을 뜻하는 말에 「유문」이란 것이 있으므로 그 때문에 행복의 아라비아라 부르게 된 것이다.

그러나 실제에 있어서 「야만」은 바른편에 있는 나라라는 뜻으로써 홍해쪽에서 보아 아라비아 반도 바른쪽 끝에 위치하고 있기 때문에 그렇게 부른 것이다.

이따금 야만 지방에는 계절풍이 비를 휘몰고 오기 때문에 이 지방을 특히 행복의 아라비아라 한다는 설도 있으나 이것은 중세 이후의 일로 본래 행복의 아라비아란 숱한 사막이 전개된 아라비아 반도 전체를 가리킨 것 같다.

(가) 세 지역을 통제

이상이 아라비아 반도의 구분이지만 아라비아인의 세계는 훨씬 북쪽에 있는 시리아 사막과 시나이 반도까지도 포함된다.

그들의 본거지를 다음의 셋으로 나눠 보는 게 편리하다.

첫째는 야만, 하드라마우트 등 남서부로, 거기에는 시바여왕의 전설로 유명한 사바나, 힘야르 등 몇 개의 왕국이 일어나서 언어와 문자도 지금의 아라비아 언어와는 다른 것이 사용되었었다.

둘째는 알바디아라고 불린 시리아 사막 일대의 지방으로서 여기도 옛부터 수많은 아랍 왕국이 흥망을 되풀이했다. 그리고 로마와 파르티아, 로마와 사산 왕조라는 식으로 동서 2대 세력이 대립되면 어떤 곳은 로마편에, 어떤 곳은 페르시아편에 가담해서 동족끼리 싸운 일도 적지 않았다.

셋째는 주로 헤재즈와 **나지드**로 이뤄진 아라비아 반도 중북부 지방이다. 이곳은 수많은 유목 부족과 오아시스에 발달한 도시나 촌락의 정주민들이 사는 세계다. 이 지역을 통일한 큰 국가는 없었다고 해도 과언이 아니다.

사회의 구성 단위는 부족으로 되어 있고 자기 부족에 대한 충성심(아사비아)은 생존경쟁에 버텨 나가기 위해 저절로 발달되었으나 그것을 넘어선 국가 관념 따위는 없었다. 가끔 한 부족이 강대해져서 다른 여러 부족을 통제하는 일 같은 것이 없지는 않았지만 오래 계속되질 않았다.

이같은 지리멸렬한 사회를 하나로 묶어서 서로 다투지 못하게 한 것이 모하메드이며 그 유대가 된 것이 이슬람의 가르침이다.

(나) 갓산 왕국

본래 남아라비아의 야만 지방에서 이동해온 아즈드 부족의 일부는 기원 후 3세기 초에 지금의 요르단 왕국 남부에 나라를 세웠다. 그 근처는 기원 전 4세기 경부터 기원 후 2세기 초까지 역시 아랍족인 나바타이 왕국이 융성했던 역사를 가지고 있다.

암벽에 둘러싸인 요해지(要害地) 페트라는 그 수도의 자취로서 당시의 무덤과 신전, 극장 등이 유적으로 남아있다. 이 갓산 왕국은 점점 세력을 넓혀 북쪽의 팔미라에까지 미쳤다.

그들의 나라를 갓산이라 부르게 된 것은 갓산이란 늪 가에 있어서 같은 아즈드족의 다른 여러 부족과 구별하기 위해서 갓산족으로 부르게 된 것 같다.

그 옛날 팔미라에는 제노비아란 아름답고 통솔력이 있는 여왕이 있어서 한때 로마에 대항, 이집트와 소아시아까지 그 지배 아래 두려고 한 적이 있었으나 272년에 로마군한테 패해서 여왕이 황금의 사슬에 묶여 로마로 끌려간 후 그 수도는 파괴되고 말았고, 우마이야 왕조 때는 완전한 폐허로 바뀌고 말았다.

(다) 히라 왕국

갓산 왕국이 로마편이었음에 반하여, 히라 왕국은 사산조 페르시아의 위성국이었다. 이 나라를 세운 것은 남아라비아에서 야만으로 옮겨온 타누흐 부족 중의 라캄족으로 유프라테스강 하류 바른쪽 기슭에 있는 히라를 서울로 삼고 그 강 서안(西岸)을 따라서 꽤 북쪽에까지 영토가 뻗어나고 있었다.

그들이 이 땅으로 이동해 온 것은 3세기 초엽이라고 한다. 그들은 페르시아의 국경을 지키고 이따금 로마나 비잔틴군, 그리고 같은 아랍족인 갓산 왕국군과 싸우면서 시리아 사막을 무대로 하여 수백년에 걸친 투쟁을 벌여왔다.

이처럼 그들은 페르시아의 충실한 동맹자였으나 히라 왕국의 국민들은 대부분이 그리스도 교도로서 더욱이 네스토리우스파에 속하는 사람들이 많았다. 그리하여 613년에는 마침내 호스로 2세의 노여움을 사서 멸망을 당했으며 페르시아의 직할령이 되고 말았다. 그러나 그것도 20년 동안으로 632년에는 용장(勇將) 할리드 이븐 알 왈리드가 이끈 아라비아의 이슬람군이 쳐들어와서 이 땅을 점령하고 말았던 것이다.

히라 왕국은 페르시아 문화가 아라비아로 들어가는 중계지이기도 했는데 이 나라에 6세기 후반에 군림한 문디르 4세는 12명의 왕자가 있었다. 세상에서는 이 12명의 왕자를 총칭해서 「하얀 사람들」(희게 빛나는 사람들의 뜻)로 불렀다.

3) 예언자 모하메드

(가) 성지 메카

이슬람의 성지 메카는 황량하고 골짜기에 있는 상업 중심지의 작은 도시였다. 이곳에서 아라비아가 낳은 가장 위대한 인물 모하메드가 처음 활동을 시작한다.

이 멕카 남북으로 달리는 골짜기 저변에 해당하는 곳에 잠잠(ZamZam)이라 하는 약간 소금기를 머금은 깊은 우물이 있고 그 근처에 카바신전이 서있다. 후세에 전해진 이야기로는 최초에 이곳 멕카에 살았던 사람은 아담이고 카바신전도 그가 세운 것이라 한다. 또 아브라함이 그의 아내 하가르와 같이 이곳에 살았고 그들 사이에서 낳은 이스마엘이 이것을 재건했다고 한다. 이것은 전설에 불과하지만 카바의 존재는 꽤 오래 전부터 알려졌던 것 같으며 서기 2세기 경의 그리이스인도 그것의 존재를 알고 있었던 모양이다.

잠잠의 영험한 샘물과 카바신전을 가진 멕카는 또한 인도양과 홍해, 그리고 지중해를 잇는 통상로의 요지로도 번영했다. 순전한 상업 도시도 아니고 그렇다고 전적으로 종교 도시도 아닌 2중적인 요소를 지닌 신비한 기운이 감도는 도시다. 이슬람은 이같은 도시의 한 시민이 일으킨 종교였다.

멕카 사람이라 하면 아라비아의 오지에 사는 아주 촌스런 백성들처럼 생각되기 쉬우나 실은 그렇지가 않다. 그들은 남쪽에 있는 야만 해안에 가서 멀리 인도양을 거쳐온 인도에나 페르시아 장사꾼과도 만났고, 극동에서 온 중국 상인들과도 접촉했으리라 생각되며 또 그곳에서 사들인 물건을 가지고 시리아와 이집트, 멀리는 소아시아나 콘스탄티노플까지 가기도 한 모양이다.

한편 서쪽으로는 불과 80킬로미터도 못되어 홍해 연안의 지다항에 통하므로 멕카의 상인이라 하면 옛부터 꽤 넓은 세계에 대한 지식을 갖고 있었음에 틀림없다.

멕카의 또 하나의 중요한 성격은 앞에서 말한 바와 같이 아라비아 제1의 종교 도시라는 점이다. 카바신전은 이슬람교 이전에도 다신교 신도의 성지로서 수많은 순례자들이 모여들었고 따라서 그들이 행한 의식이나 행사 등이 이슬람 교도들에 의해 계승된 것도 적지 않다고 한다.

(나) 다신교 시대

고대 아랍 백성들이 숭배한 신들 가운데 가장 높은 자리를 차지했던 것은 후바르이고 그 밑에 세 여신(알라트, 알웃자, 마나트)이 있었다. 이 여신들은 자매신(姉妹神)이라고도 하고 알라트와 마나트가 알웃자의 **딸이라고도 한다.**

　메카의 거리에서는 5세기 말 경부터 쿠라이시라는 일족이 세력을 펴고 지배권을 쥐고 있었는데 이 일족이 씨족의 신으로 숭배한 것이 알웃자 여신이었다.

　미나트 여신의 신체도 거대한 바위였는데 이 신을 가장 숭배한 것은 야드리브(현재의 메디나) 주민들로 메카 북쪽 크다이드산 밑에 있었다. 이 신은 죽음을 가져오는 운명의 여신이었기 때문에 사람들은 숭배와 더불어 두려워했다.

　이 신들 외에도 뇌신(雷神) 쿠자이, 사랑과 미의 여신 앗즌, 희생의 피를 좋아하고 검은 머리를 한 거인과 같은 알파르사드, 돌로 변한 별의 신인 사이드, 태양의 여신 샴스, 우정과 사랑의 신인 왓드 등이 있다.

　모하메드가 태어날 무렵 카바(토성을 제사 지내던 곳)에는 후바르 이하 수십 개의 신상(神像)이 모시어져 있었으며 후에 이슬람의 유일한 절대신이 된 알라신도 그 중의 하나였다.

(다) 모하메드의 일생

　카바 서쪽 모서리에도 흑석과 똑같은 높이의 위치에 복돌(福石)이라고 불리는 돌이 박혀있으나 흑석만큼 유명하지 않다. 그리고 저 잠잠의 영험한 샘물은 깊이가 42미터 정도이며 위에는 둥근 지붕이 덮이고 흑석의 위치에서 전방에 있다.

　그 옛날 모하메드의 조부인 압둘 무탈리브가 토사(土砂)에 묻힌 이 우물을 수리하던 중 황금으로 된 칼, 갑옷, 영양(羚羊) 따위를 발굴했다는 이야기가 전한다.

　이와같은 불모의 골짜기 사이의 신비한 도시에서 서기 570년 경에 위대한 예언자 모하메드가 태어났다. 그는 장사차 낙타를 끌고 떠나는 대상(隊商)의 무리와 카바 근처로 모여드는 수많은 순례자의 무리들을 바라보며 자라났다.

그의 집안은 이 도시의 지배권을 쥐고 있는 쿠라이시족 중에서도 지체높은 하심 집안이었다. 그러나 당시에 하심 집안은 가난해서 우마이야 집안이나 마하즈무 집안 등 부유한 가문에는 미치지를 못했다. 그는 카바 근처의 골짜기 밑에 살고 있었는데 밑에 살수록 집안의 격이 높고 열 여섯 집으로 나뉘어 있었다.

그가 태어났을 때는 아버지가 병으로 세상을 떠난 뒤였고 어머니도 수년 후에 별세했기 때문에 그는 천애의 고아가 되었다.

하지만 그는 어렸을 때부터 비상한 매력의 소유자였던 모양이다. 이슬람 교도 사이에는 그가 어렸을 때부터 성인이 되기까지 상세한 전기가 전해져 내려오고 있지만 그다지 신빙성 있는 것이 못되며, 또한 그의 나이 40세 이전의 행적은 그다지 뚜렷하지가 않다. 이처럼 애매하고 모호한 인물이지만 분명한 것은 뭔가 사람의 마음을 잡아서는 놓지 않은 그의 인품이었다.

모하메드의 생애를 크게 나누면 세 시기가 있다. 부모를 잃고 할아버지 손에 키워지다가 그 할아버지도 죽자 숙부에게 의탁해서 어른이 되고 이윽고 25세 경에 부유한 과부 하디자와 결혼해서 남보기에 평온한 생활을 보내며 40대의 원숙기에 달하기까지가 제1기이고, 알라의 가르침을 아라비아 백성들에게 전파할 사명을 자각하고 고향인 멕카에서 온갖 비웃음과 박해를 받아가며 살아간 약 13년 동안이 제2기이다.

그리고 서기 622년 신도들과 더불어 야드리브(메디나)로 옮겨서 제도를 정하고 마침내 사상 처음으로 아라비아 전토의 여러 부족을 교단국가(敎團國家)로 규합시킨 후 632년 6월에 메디나에서 세상을 떠날 때까지가 제3기인 것이다.

이 동안에 그의 사상, 사업, 또는 형편 등을 전하는 문헌으로서 가장 믿을 수 있는 것이 바로「코란」인데 이것에서도 그의 사적을 언뜻 찾아보기는 쉽지가 않다.

(라) 모하메드의 죽음

서기 632년 2월에 거행된 멕카의 대제는 모하메드 자신이 지휘한 행사였다. 그는 미나의 골짜기에서 모여든 군중을 향하여 낙타 등에 올라앉아 일장의 설교를 했는데 그 안에는 다음과 같은 말이 있다.

『여러분, 내가 하는 말을 잘 들으십시오, 이후에 다시 여러분과 함께 이곳에 올 수 있을지 알 수 없기 때문에…. 여러분, 모든 모슬렘은 모두 형제입니다. 여기 모인 당신들은 모두 **평등합니다**…….』

이것을 고별 순례라 하는데 이 순례를 마치고 메디나로 돌아오자 그의 건강은 갑자기 허약해졌다. 아내 중의 하나인 마이무나한테 가 있을 때 기분이 언짢아졌는데 이제야말로 그것이 보통 병이 아님을 깨닫게 되었다.

그래서 그는 아내들의 동의를 얻어 특히 아이샤의 방에서 정향하기로 했다. 서기 632년 6월 8일(일설에는 6월 11일) 그는 해뜰 무렵부터 정오 사이의 어느 시간에 고통때문에 어쩌지 못하는 육신을 가장 사랑하는 아내 아이샤의 부축을 받아 몸을 반쯤 일으킨 채 임종했고 그의 파란 많았던 슬기로운 영혼은 알라신 옆으로 날아 올라갔다고 한다.

4) 모하메드 후계자들

모하메드는 이슬람교를 확립하고 그 가르침을 따르는 새로운 국가를 일으켰으며 법을 제정하고 군대를 통솔했다. 또 아담, 노아, 아브라함, 모세, 그리스도 등의 뒤를 이은 최후의 예언자였고, 그 후에는 이미 예언자가 이 세상에 나타나는 일은 없다고 하는 것이 이슬람교의 주장이었다.

그가 창설한 이슬람교국, 즉「움다」의 지도자는 그가 죽은 후라도 자리를 비워 둘 수는 없었다. 이래서 모하메드가 말하는 소위 속무(俗務)를 맡아볼「후계자」를 선출해야 한다는 문제가 일어났다.「할리파」란 말에는 후계자란 뜻도 있지만 대행자란 뜻도 포함되어 있다.

옛부터 아라비아 백성은 자유스런 기풍에 차 있어 부족의 우두머리도 세습으로 물려주는 일은 드물었고, 때에 따라 유능한 인물이 선출되는 것이 보통이었다. 그러므로 모하메드가 자기의 후계자를 지명하지 않았다는 것도 이상한 일이 아닌 것이다.

메카 시대부터 모하메드의 교우(아스하아브)가 되어 메디아로 옮겨온 사람들을 무하지루(복수는 무하지룬)라 부르고, 역경에 처한 그를 자기들의 도시로 불러들여 용기를 북돋아 준 메디나의 협력자들을 안사르라 부른다. 이 두 파 사이에는 미묘한 감정의 대립이 있었다.

제3의 파벌은 메카 항복 전후에 이슬람에 귀의한 신참자들로 그 안에는 메카의 명문 출신이 많았다. 특히 유력했던 것은 우마이야 집안 사람들이었다.

이와 별도로 모하메드의 후계자는 교단의 선거 따위에 의해서 뽑을 것이 아니라 혈통상으로도 그만한 자격을 갖춘 사람이 당연한 권리로 계승해야 한다는 의견을 가진 사람도 있었다. 그런 견지에서 본다면 모하메드의 사촌에다 사위이기도 한 알리가 첫째 적임자라 하지 않을 수 없다.

이와같은 여러파가 있었기 때문에 모하메드의 별세의 소식이 전해지자 메디나엔 숨막힐 듯한 긴장이 감돌았고 자칫하면 유혈 사태가 일어날지도 모르는 위기가 닥쳐왔다.

이런 사태를 수습해서 예언자의 교우 중 가장 친밀했고, 세상 사람들이 알 시디크(성실한 사람)라고 부르던 아부 바크르를 초대 칼리프로 추대해 세운 최대의 공로자는 오마르 이븐 알 핫타브였다.

그러나 아부 바크르는 2년 후인 634년에 죽고, 이번에는 오마르그 사람이 제2대 칼리프에 선출되어 644년까지 10동안 제위한 뒤에 자객의 칼을 맞고 죽었다.

그 뒤는 우마이야 가문 사람으로 일찍부터 모하메드에 경도(傾倒)했던 오트만이 70세의 고령으로 제3대 칼리프에 선출되었다. 하지만 그는 성격이 부드럽고 물러서 교단을 통제하지 못했고, 656년에 메디나의 자택에서 폭도들의 손에 참살되는 비운을 초래했다.

제4대에 가서야 겨우 혈통주의자들의 염원이 이루어져서 알리가 칼리프가 되었다. 이 무렵 교단 내의 분열은 매우 심각해져서 그의 짧은 치세 681년까지 혼란에 혼란을 거듭해서 마침내 이 사람도 구파의 예배당에서 피살되고 말았다.

이상 네 사람은 어떻든 이슬람 교단에서 다수결로 선출된 바른 길을 밟은 칼리프라 해서 정통 칼리프라고 불린다. 오마르가 취임한 경우는 전임자인 아부 바크르의 지명에 의했다고 하지만 이 역시 아라비아의 옛 관례에 맞는 조처로서 공인되었던 것이다.

(가) 칼리프 원정

알라의 형제가 된 이상, 종전처럼 부족간의 싸움으로 지샐 수 없게 된 아라비아 민중들은 모하메드의 만년부터는 반도 밖으로 세력 확장의 뜻을 나타내기 시작했다.

또한 예언자가 세상을 떠나자 많은 부족들이 교단에서 이탈, 다시 예전과 같은 이산된 사회로 돌아갈 기미를 보였다.

메디나에 사절을 보내서 이슬람에 귀의한 황야의 여러 부족들은 교단에 종교세(宗敎稅) 내는 걸 싫어하고 예언자가 죽었다는 소식을 듣자, 속속 떠나가고 말았으므로 결국 칼리프의 지휘 아래 남은 것은 메디나와 멕카 두 도시를 중심으로 한 헤재즈 지방 일부가 되고 말았다. 더군다나 이곳저곳에 자칭 예언자라 하는 자들이 나타나서 세력을 갖게 되었다. 이슬람의 위기인 것이다.

아부 바크르가 칼리프에 취임하자 그는 먼저 이들 가짜 예언자를 없애는데 힘썼다. 할리드 이븐 알 왈리드가 1만 3천의 병력을 거느리고 신기 출몰하는 활동으로 무사일리마의 본거지에 육박, 처절한 전투를 벌인 끝에 소탕해버린 것도 이 무렵의 일이다. 이 싸움에서 무사일리마를 따라 죽은 사람이 1만에 달한다고 하는데 이슬람쪽에서도 수많은 교우들이 순교했다.

오마르가 아부 바크르에「코란」편찬을 권한 직접적인 동기도, 이처럼 성전이 차차 잊혀져 가는 걸 우려했기 때문이라 한다.

아부 바크르는 불과 2년 동안에 여러 이탈자들을 복속시키고 이슬람 교단을 재건하는 위대한 업적을 남겼으며 그뿐 아니라 비잔틴 제국 치하에 있는 시리아와 사산조 페르시아의 근거지 가까이 있는 이라크 남부에 원정을 파견하기 시작했다.

서기 633년 가을에는 약 9천의 병력을 3군으로 나눠 시리아에 침공시키고 그보다 조금 먼저는 할리드 이븐 알 왈리드에게 약 1만 8천의 병력을 주어 라함 왕국의 수도 히라를 공략시켰다.

(나) 오마르의 활약

　오마르는 모하메드를 이은 제2의 이슬람 건설자였다. 그는 멕카의 명문에서 태어나 처음에는 새로운 종교를 백안시했으나 일단 귀의하자 그 강렬한 성격과 탁월한 재능으로 교단의 중심 인물이 되었다. 또 딸 하프사를 모하메드에게 시집 보내어 지위를 굳혔고, 처음에는 아부 바크르와 경쟁도 했으나 이윽고 제휴해서 어디까지나 선배를 앞세우고 공손한 태도로 나왔다.

　오마르 재위시에 이슬람군은 비잔틴 제국으로부터 시리아와 이집트를 빼앗았고 사산조 페르시아에 치명상을 입혀서 이라크와 이란을 정복했다. 정말 혁혁한 공훈이었다.

　오마르의 큰 방침 가운데 하나는 모하메드가 죽기 직전에 말했다고 하는「아라비아에 두 개의 종교를 용납시키지 말아라」란 말에 따라서 아라비아 반도를 이슬람 일색으로 바꿔 버리는 일이었다.

　그래서 그는 반도 이외의 정복지에서는 유다 교도, 그리스도 교도, 배화 교도 등과 계약을 맺고, 정해진 인두세(人頭稅)와 땅세만 물면 그들의 생명, 재산, 교회를 보호한다는 방침을 취하고 있었다. 그래서 오마르는 칼리프에 취임한 후 먼저 사람을 야만 북쪽과 크리스찬들이 많이 사는 나즈란으로 보내어, 그들 보고 시리아나 이라크로 이주하라고 명령했다. 그 대신 거기에 가면 땅을 나눠 준다고 했다.

　메디나 북쪽에 있는 하이바르시는 유다 교도들의 거점으로 모하메드도 이곳에 원정한 일이 있는데 오마르 때 와서는 그들을 완전히 쫓아내고 말았다.

　서기 636년 8월에는 요르단강 지류인 야무르크 강가에서 동로마 황제 헤라클레이오스가 보낸 수만의 비잔틴군과 이슬람군 사이에 결전이 벌어졌는데, 이 때 비잔틴군 주장 테오돌루스가 전사하고 전군이 궤멸했다.

이슬람군의 지휘를 맡은 사람은 저 할리드 이븐 알 왈리드였고, 그는 이 싸움을 마지막으로 메디나에 소환되어 실의 속에 죽었다.

(다) 이라크, 이집트 정복

이슬람군은 637년 5월 말 경 유프라테스강 하류 근처의 카디시야의 싸움에서 이라크를 대파시켰다. 오마르가 임명한 이슬람군의 주장인 사아드 이븐 와카스는 루스담이 거느린 페르시아의 대군을 격파하고 즉시 북쪽으로 쳐올라가 크테시폰을 점령했다. 사산조 최후의 왕인 야즈디기르드 3세는 이란 고원(高原)으로 도망쳐 대군을 모으고 멀리 당나라 장안(長安)에 있는 천자에게까지 사절을 보내어 원조를 청한 자취가 남아있다.

그러나 641년에는 니하완드의 결전에서 패하고 동쪽으로 도망쳤다가 651년 경에 마루우(지금의 소련 영토) 근교의 물방앗간에서 그곳 토착민에 의해 살해되었다.

이윽고 이집트도 이슬람 지배하에 들어오게 되었다. 나일강 유역의 비옥한 들로 쳐들어간 이슬람의 주장은 아므르 이븐 알 아스였다. 그는 멕카의 쿠라이시족 출신으로 일찍부터 할리드 이븐 알 왈리드와 견주어진 노련한 장군이었다. 처음 아부 바크르가 시리아에 3군을 파병했을 때 그 1군의 주장이었던 사람으로 예루살렘 공약의 공적도 이 사람이 가장 컸다고 한다.

(라) 오마르의 꿈

새로운 영토를 통치하는 큰 방침으로서 오마르가 품고 있었던 생각은 정복자인 아라비아 사람이 풍족한 새 영토에 정착하지 못하게 해야 한다는 것이었다. 그들이 농업과 상업에 종사해서 종래의 토착민들과 융합돼버리면 곤란하다. 아라비아 출신의 사람들은 민족으로서의 순수한 피를 지키고, 알라의 전사로서 싸우는 것이 사명이 되지 않으면 안 된다는 것이었다.

따라서 정복한 토지는 종전의 주인에게 돌려주고 오직 땅세를 물게 한 연후, 요소요소에 배치한 이슬람 군단에 필요한 양식과 의복

등 일체의 필수품만을 공급시킬 것이고, 또 중요한 지점에는 군사 기지가 될 도시(미스르)를 건설해서 그곳에 아라비아 출신의 각 부족민들을 옮겨 살게 하여 지하드(성전)에 대비하도록 하자는 것이 그의 구상이었다.

이라크의 바스라 쿠파, 이집트의 푸스타트(카이로) 등은 전형적인 미스르였다. 성전을 수행하기 위한 병참 기지로 만드는 것이 이들 도시의 건설 목적이었으나 이윽고 이 도시들이 이슬람 학예(學藝)의 중심지가 된 것은 흥미로운 일이다.

이리하여 이슬람 교단은 거대한 전투집단의 성격을 띠었고, 개종하지 않은 피정복민들이 그들을 먹여 살리는 결과가 되었으며 그들은 개종하지 않는 한 토지를 팔 수도, 떠날 수도 없게 되었다.

오마르의 꿈은 바로 이같은 사회를 실현시키는 것이었다. 그는 이것을 강렬한 의지로 완성시키고자 침식도 잊어버리고 노력했는데 서기 644년 11월 7일 새벽, 메디나의 예배당에서 아부 루루아란 페르시아 태생 크리스찬 노예의 칼에 찔려 죽었다.

(마) 오트만의 죽음

제3대 칼리프 오트만은 오마르의 뒤를 이어 이슬람교국을 크게 발전시키기에는 너무 늙었고 성격도 지나치게 부드러웠다. 그러나 결코 범상한 인물이 아니었음은 그 경력을 보면 알 수가 있다.

우선 그는 요지마다 임명된 태수들을 차례로 파면시키고 자기와 같은 우마이야 집안 사람들을 후임으로 앉혔기 때문에 인기를 잃었다. 본래 아라비아 사람들은 개성이 강해서 남의 지배 아래 들기를 좋아하지 않고 당파 감정이 강한 사람들이다. 이것을 자극했으므로 각 지방마다 소란이 일어나고 말았다. 쿠파와 바스라, 푸스타트의 3대 기지에서는 불만을 품은 사람들이 떼를 지어서 메디나로 몰려 들어오는 형세가 되었다.

뒤를 이어 메디나 예배당에서 늙은 칼리프에게 폭행을 가하는 자까지 나타났으므로 칼리프는 자택에 틀어박혀 바깥 출입도 못하게 되었다. 서기 656년 6월 마침내 폭도들은 칼리프의 저택에 침입하여 오트만을 난도질해서 죽이고 말았다.

　이때 여든 두 살 된 늙은 칼리프는 조금도 동요하는 빛이 없이 폭도들이 쳐든 칼날 아래서 「코란」을 계속 읽었다고 한다. 치명상을 입고 쓰러진 후에도 혼신의 힘을 기울여 「코란」을 품에 안았고 그때문에 코란은 붉은 피로 물들었다.

　(바) 알리와 낙타전쟁
　역대 칼리프가 바뀔 때마다 후계자로 유력시 되던 알리는 모하메드가 아우처럼 사랑하고 자기의 사위로 삼았던 사람이다.
　알리의 인품은 총명 박식했고 말솜씨가 뛰어나 설득력이 있었으며 싸움터에 나가면 용장으로서 활약이 눈부셨던 인물인데 뒤늦게 칼리프에 취임했다.
　그러나 그의 재임 5년 동안은 시종 내란이 끊이지 않아 편안한 날이 없었다. 더구나 오트만 살해의 책임과 원한까지 떠맡게 되어 반대파들의 규탄과 제거의 대상이 되기도 했다.
　그러나 알리로서는 먼저 시리아에 집결한 우마이야 집안 세력과 멕카의 반대파들을 분쇄하지 않는 한 정국을 안정시킬 수 없었으므로 먼저 멕카 일파를 칠 계략을 세웠다.
　그런데 멕카에 모여든 반대파 3천 명은 656년 10월에 멀리 아라비아 고원을 넘어서 이라크로 침입, 바스라시를 함락시켜 그곳을 본거지로 삼았다.
　알리는 그들과 대항하기 위해서 같은 이라크의 쿠파 시민들에게 호소, 전투를 개시했다.
　그해 12월 4일, 바스라시에 육박한 알리는 2만이 넘는 반대파 연합군과 싸웠다.
　이때 마호메드의 부인 중 하나였던 아이샤가 낙타 위에서 진두지휘하고 있었는데 알리가 그 낙타의 다리를 후려치게 해서 쓰러뜨리고 아이샤를 생포했다. 아라비아 사람들은 후에 이 싸움의 날을 「낙타의 날」로 부르게 되었다.
　이듬해인 657년 1월 알리는 쿠파로 돌아와서 자리를 잡았으나 우마이야 집안의 무아위야와는 이미 양립할 수 없는 원수지간이 되어 있었다.

따라서 알리는 이라크에서 버티고 있었고, 무아위야는 시리아를 지키는 형세속에 있었기 때문에 이제는 이집트가 어느 편에 가담하느냐에 따라 운명이 결정될 판국이었다.

양자의 숙명적인 싸움은 먼저 이집트에 대한 공작으로 시작되었다. 이때 알리가 임명한 이집트 태수를 무아위야가 이간책을 써서 실각시키고, 당시의 정복자이자 지모가 뛰어난 아므르 이븐 알 아스를 회유해서 자기편으로 삼았기 때문에 싸움의 첫 단계는 무아위야의 승리로 끝났다.

5) 우마이야조(朝) 시대

쿠파의 알리가 제4대 정통 칼리프로 군림하고 있을 때 무아위야도 660년 예루살렘에서 칼리프로 추대되어 있었다.

알리가 죽은 후에는 그의 장자인 알 하산이 지지자들에 의해 칼리프에 추대되었는데 그는 보기 드문 호색한이었을 뿐 강력한 인물은 되질 못했다. 그래서 몇 달이 지난 다음 스스로 자기의 권리를 포기하고 무아위야에게 자리를 양보, 메디나에 은퇴하고 말았다.

이것으로 무아위야는 비로소 이슬람교국의 원수로 인정되게 되었고 그가 칼리프로 취임한 곳은 예루살렘이지만 다마스코스를 수도로 정했다.

무아위야 세력의 기초는 오랜 세월 동안 시리아 총독으로 있으면서 그곳 사람들의 인심을 잡은 점에 있다. 이 시대 이슬람교국의 주된 지역은 이라크와 시리아, 이집트와 이란, 그리고 아라비아인데 이라크와 이란은 본래 사산조 페르시아의 영토였고 시리아와 이집트는 비잔틴 제국의 것이었다. 따라서 문화적인 전통 따위도 서로 다른 점이 많았다.

알리가 쿠파에 의거하고 이라크가 이슬람교국의 중심이 될 형세가 이루어진 것은 아무래도 이 지방의 문화나 부력이 큰 비중을 가지고 있었기 때문이다. 그러나 무아위야나 시리아 백성들의 입장에서는 시리아쪽이 그리이스, 로마 문화에 1천년 동안이나 영향을 받아 온 곳이므로 새로운 제국의 중심이 된다면 시리아가 이라크보다 낫다는 신념이 있었다.

(가) 세습왕 야지드

무아위야는 맏아들 야지드 1세를 자기 후계자로 지명해서 칼리프 세습제의 선례를 만들었는데 이것은 이슬람교국의 전통에 벗어난 일이었기 때문에 쉬운 일이 아니었다.

야지드의 모친은 마이슨으로 카르브족 출신이다. 카르브족은 다마스쿠스 근방을 포함한 시리아 사막에서 활약하던 유력한 유목부족이었는데 그 본거지는 팔미라였다. 이 부족과 혼인함으로써 맺어진 것은 무아위야의 지위를 튼튼하게 한 원인 중 하나이기도 했다. 그래서 무아위야는 카르브족 사람들을 정부의 요직에 자주 등용시켜 자기의 우익(羽翼)으로 삼았다.

그러나 마이슨비(妃)는 남편과 금슬이 좋아 아들도 낳고 행복한 몸이라고 해야겠으나, 다마스쿠스 궁전에서의 호사스런 생활이 즐겁지만은 않았던 모양이다. 끝없이 펼쳐진 모래밭에서 자라난 그녀는 그곳에서의 자유스럽고 소박한 생활을 사랑하고 있었다. 더욱이 그녀는 천생의 시인이었으므로 야지드가 태어나자 아들을 데리고 대궐을 떠나 사막으로 돌아갔다. 이리하여 야지드는 순수한 바다위(유목인)의 아들로서 자랐다. 이것이야말로 순수한 아랍의 이상적인 교육방법이었던 것이다.

이윽고 장성한 왕자는 부왕의 궁전으로 돌아와서 군대의 주장(主將)이 되어 비잔틴 제국과 싸웠다. 669년 봄에는 콘스탄티노플을 포위했는데 이때 젊은 왕자가 보인 무용은 정말로 장한 것이었다. 결국 이 유서깊은 도시를 함락시키지는 못하고 그해 여름 포위를 풀고 물러섰으나 용감한 아랍의 젊은 무인 야지드의 용명은 크게 떨쳤다.

그러나 그는 원래 기사로서의 명성보다도 음악이나 술을 사랑하는 풍류스런 일면이 있어 부왕인 무아위야 같은 큰 그릇은 아니었다 한다.

아버지의 뒤를 이은 야지드는 서기 680년부터 683년까지 재위했다. 부왕인 무아위야가 쉽게 노여워하지 않고 태도가 부드러우며 자신을 억제하는 힘이 있으면서도 강하고, 남을 힘으로 누르기 보다는 이익을 주어 자기편으로 만드는 걸 좋아했음에 반하여 야지드는 황야에서 자란 아랍인답게 시원시원하고 성미가 급했던 모양이다.

야지드는 이슬람 역사상 극악무도한 전제 군주로 이름이 나 있는데, 그것은 예언자 모하메드의 손자를 죽이고 멕카의 카바신전을 불태운 큰 죄를 범했기 때문이다. 그러나 그는 부왕 무아위야보다 기량은 적었다고 하더라도 결코 범용한 인물은 아니었다. 재정에 힘을 쓰고 비잔틴 제국 등에 대해서는 평화적인 태도를 취하여 백성을 잘 다스리기에 노력을 기울였다.

예언자의 손자를 죽였다는 것은 그의 치세 중에 알리의 둘째 아들인 알 후사인이 그 일족과 함께 유프라테스 강변에 있는 카르바라에서 참살되는 사건이 일어난 것을 말한다.

(나) 2인의 칼리프

야지드가 죽은 후엔 그의 아들 무아위야 2세가 칼리프로 즉위했으나 불과 재위 3개월 만에 죽고 말았다. 따라서 시리아의 주요 도시들이 잇따라 적편으로 돌아앉고 심지어는 수도인 다마스커스 조차 반기를 드는 형편이었다.

이같은 사태를 겨우 수습해서 왕조의 명맥을 유지시킨 것은 늙은 마르완이었다. 684년 7월에 그는 다마스커스 동쪽의 마르지 라히트의 들에서 반대파 군사를 분쇄하고 수도를 회복한 후 우마이야조 제4대 칼리프가 되었다.

그 이후 왕조가 망할 때까지 마르완의 가계가 칼리프를 계승해서 초대 무아위야가 소속된 수피얀 계통이 되살아날 기회는 한 번도 없었다.

그런데 마르완은 칼리프가 된지 1년도 못되어 예측하지 못한 죽음의 길을 떠나고 말았다. 사망일은 685년 5월 7이고 사인(死因)은 그의 아내 파이타가 취침 중에 질식시켜 죽였다고 한다.
 이 부인은 본래 죽은 칼리프 야지드의 아내였던 사람인데 야지드와 자기 사이에 태어난 아들을 다음 칼리프로 앉힌다는 약속을 받고 마르완과 재혼을 했던 것이다.
 그러나 남편이 약속을 어기고 다른 여인과의 사이에 난 압둘 말리크와 압둘 아지즈 두 아들에게 칼리프 자리를 물려주기로 했기 때문에 원한을 품고 죽였다는 것이다.
 압둘 말리크가 제15대 칼리프로 앉자 그는 우마이야 왕조의 중흥 영주가 되었다. 그는 이름난 신하 알 핫자아지 이븐 유수프를 등용한 것으로 유명한데 핫자아지는 다채로운 이슬람 세계사 가운데서도 특히 흥미깊은 인물이었다. 그는 아라비아의 타이프 태생의 사키프족 출신인데 타이프는 우마이야 가문과는 연고가 깊어 그 집안 안에는 이 도시에 땅을 가진 사람이 많았다 한다.
 그러나 메디나의 반란을 진압하고 성지 멕카까지 들이쳐서 카바의 신전을 불태운 시리아군에 칼리프 야지드가 죽었다는 부고가 날아들자 시리아군은 물러났다. 이때 멕카에 있던 알 주바이르의 아들 압둘라가 마침내 또 다른 칼리프가 되었다.
 그는 아라비아를 본거지로 해서 이라크, 이집트를 비롯하여 우마이야 집안의 아성인 시리아까지 침범, 그 대부분을 지배할만큼 큰 세력을 이루었다.

 (다) 왕조의 전성기
 칼리프인 압둘 말리크가 죽자 그의 아들 왈리드 1세가 뒤를 이었다. 원래 마르완 1세는 우선 형인 압둘 말리크에게 뒤를 잇게 하고 다음에 동생 압둘 아지즈로 계승케 할 생각이었다.
 그러나 칼리프로 즉위한 형은 자기 아들에게 자리를 물려주고 싶었다. 그래서 동생보고 사양하라고 권했다. 그러나 압둘 아지즈는 그것을 받아들이지 않았으므로 형이 죽었을 경우 일대 소동이 일어날 뻔했으나 동생이 먼저 죽었기 때문에 별일없이 무사했다.
 압둘 말리크 대까지의 칼리프의 권위는 아직도 아라비아의 족장풍

(族長風)의 것이었으나 이 무렵부터 겨우 제왕으로서의 품격을 갖추게 되었고, 이슬람에 의한 아랍 문명을 주장하는 기풍도 일어났다. 그래서 서기 7백년 경에는 새로운 정책 두 가지를 시행했다.

하나는 공용어로 쓰이던 외국어를 금하고 아라비아어로 통일한 것, 또 하나는 종래 쓰이던 비잔틴 화폐를 못쓰게 하고 아라비아말로 이슬람의 신조를 박은 새로운 화폐를 다마스커스와 쿠파에서 주조(鑄造)케 한 것이다.

또 알라도 그리스도와 같이 훌륭한 신전을 가져야 한다는 취지에서 비잔틴의 장인(匠人)들을 불러들여 메디나와 다마스커스, 예루살렘, 카이로 등지에 장엄하고 아름다운 모스크를 지었다.

압둘 말리크는 「모든 제왕의 아버지」라는 이명(異名)으로 불렸는데, 그것은 그의 아들 중 4명이 칼리프에 취임했고 우마이야 왕조가 멸망하기까지 9명의 칼리프 가운데 7명이 그의 직계 자손에 의해서 차지되었기 때문이었다.

(라) 무산된 집념

왈리드 1세의 뒤를 이은 것은 동생 술라이만이었다. 이 계승 순위는 부왕인 압둘 말리크의 생전에 결정된 것이었으나, 술라이만은 즉위 이전부터 핫자아지를 몹시 미워하고 있었다. 그것은 형 왈리드가 칼리프의 계승 순위를 멋대로 조정해서 자기 아들을 다음 대 칼리프로 앉히고 싶어하는 걸 핫자아지가 지지했기 때문인데 그밖에도 심각한 이유가 있었던 모양이다. 그래서 핫자아지 역시 생전에 자기의 옹호자인 왈리드보다 먼저 죽어야겠다고 생각했다는데 뜻대로 된 셈이다.

술라이만은 정권을 잡자 핫자아지에 대한 원한을 그의 친구나 부하를 향해서 폭발시켰다. 그 결과 멕카와 메디나의 총독도 추방되고 중앙 아시아의 정복자인 쿠타이바이븐 무슬림은 페르가나 원정 중 자기 몸에도 화가 미칠 것을 예견하고 선수를 쳐서 반란을 일으키려 했으나 부하들이 듣질 않아 살해되고 말았다.

또 인도 정복으로 유명한 무하마드 이븐 알 카심은 핫자아지의 일족으로 기골있는 청년 장군이었으나 소환되어 와시트의 감옥에 던져진 후에 죽임을 당했다. 생피(生皮)에 싸여 가죽이 마르고 졸아듦에 따라 숨이 막혀 죽었다고 한다.

그리고 동방 총독으로는 핫자아지의 정적이 기용되었다. 술라이만은 다마스커스에 살지 않고 팔레스티나의 람라에서 지내며 부형(父兄) 때와는 매사에 다른 정사를 폈으나 오직 비잔틴 제국과의 항쟁이란 점에서만은 종전과 다름없는 비상한 정열을 기울였다.

우마이야 왕조군이 멀리 나가 콘스탄티노플을 포위한 일은 전후 세 번이나 있다. 처음 두 번은 무아위야 1세 때 일이며, 세 번째는 술라이만군에 의한 것으로 매우 규모가 컸다. 모하메드의 말 중에 「콘스탄티노플은 예언자의 이름을 가진 한 사람의 왕자에 의해서 정복되리라」하는 것이 있는데 술라이만(솔로몬)은 자기야말로 그 사람이라고 믿었던 모양이다.

그는 공격군 총수에 동생인 마슬라마를 임명하고 육·해 양군으로 적의 본성(本城)에 육박, 무기로는 석유와 공성포(攻城砲)까지 동원했다. 이를 맞은 비잔틴쪽은 바닷 속에 쇠그물을 펴서 적선의 근접을 막고, 화포를 발사시키고 날쌘 불가르족 용병을 써서 적의 기세를 꺾었다.

포위는 716년 8월에 시작되어 겨울을 맞았는데 그해는 특히 추위가 심해서 아랍군은 많은 동상자를 냈다. 칼리프 자신도 시리아 북부의 다비쿠까지 나가서 총지휘를 했으나 717년 초가을에 병으로 죽었다. 그때까지도 마슬라마는 포위를 풀지 않았으나 뒤를 이어 칼리프가 된 오마르 2세로부터 철수 명령을 받고서야 싸움을 멈췄다. 돌아오는 길에 이슬람 함대는 비잔틴군의 추격과 폭풍우를 만나서 1천 8백 척 군함 중 무사히 시리아까지 돌아온 것은 불과 5척에 지나지 않았다고 한다.

(마) 이상주의자 오마르

술라이만의 뒤를 이은 것은 압둘 말리크의 계통이 아니라 그의 아우 압둘 아지즈의 아들인 오마르였다. 술라이만은 자기 아들을 후계자로 삼고 싶었지만 맏아들은 일찍 죽었고 차남은 콘스탄티노플 공략에 종군 중이었다.

술라이만이 존경하는 신학자로 라자란 사람이 있었는데 그가 임종을 앞둔 칼리프에게 사촌인 오마르를 후계자로 하라고 권했다. 술라이만은 술과 여색에 빠진 폭군이었으나 그 말기에 있어서는 이 근엄하고 신앙심 깊은 사촌에게 뒤를 물린다는 유언을 하고 죽었다. 머리맡을 지키던 라자는 유해를 멕카의 카바 신전쪽으로 돌려 눕힌 후에 눈을 감겨 주었다.

오마르는 외가로부터 메디나의 제1대 칼리프였던 위대한 오마르의 피를 이어받은 사람으로 이것을 죽을 때까지 자랑으로 여겼다. 우마이야 집안 공자들이 대개 활달한 세속적인 인품이어서 「코란」을 읽는 것보다 현세의 쾌락을 좋아하는 기풍이 강했으나, 그는 내세의 행복을 위해서 현세의 행복은 돌아보지 않는 사람이었다. 후세 이슬람 학자들 사이에 그의 평판이 좋은 것은 그때문이며, 대(大) 오마르의 후예라 하여 오마르 2세라 불린다.

그는 평화주의자이기도 했다. 사람들이 신을 위해서 싸운다는 것은 기실 전리품을 탐내는 구실에 지나지 않는다고 여겼으므로 즉위하자 곧 콘스탄티노플 공격군을 불러들이고 각처에 파견한 원정도 금했다. 또 지방 총독으로는 성품이 중후한 인물을 골라 임명했다. 전대의 칼리프들이 무인이나 시인, 가희(歌姬), 악사에게 둘러싸여 있었던데 비해 그의 측근에는 이슬람 신학자나 법학자들이 자리를 차지했다.

(바) 우마이야 왕조의 말기

오마르 2세 다음에는 다시 압둘 말리크 계통으로 환원돼서 왈리드의 아우인 야지드 2세가 칼리프가 되었다. 그는 사람이 좋았던 모양이나 재위 4년만에 죽고 유언에 따라 동생 히샴에게 칼리프의 자리가 물려졌다.

히샴은 742년까지 18년 동안 그 자리에 있었는데 제왕으로서의 소질이 갖춰진 인물이었다 한다. 술라이만의 치세 중에 아랍군은 피레네 산맥을 넘어 현재의 프랑스로 침입하기 시작했으나 히샴 때에 와서는 마침내 중추부인 로알강 유역까지 침범, 저 유명한 포아티에의 싸움이 일어났다. 칼리프 제국의 세력이 서쪽으로 가장 뻗친 것은 이 시대다.

743년 2월 히샴이 50세의 나이로 루사파에서 죽자 미리 정해진 대로 형 야지드 2세의 아들인 왈리드 2세가 제11대 칼리프가 되었다. 새로운 칼리프는 뛰어난 완력의 소유자인 동시에 미남자였다. 게다가 재기가 넘쳤으나 아깝게도 친구를 잘못 만나서 사냥과 술놀이를 좋아하고 「코란」보다도 노래와 춤에 마음을 빼앗긴 풍류아였다.

왈리드 2세는 이처럼 권력의 자리에 앉은 후에도 사막 속의 이궁에 살면서 정치는 돌보지 않고 남녀 가수와 시인, 말, 개에게 둘러싸여 그날그날을 유흥으로 보냈다.

마침내 칼리프가 없는 수도 다마스커스에서는 제6대 칼리프 왈리드 1세의 아들인 야지드 3세가 새로운 칼리프로 추대되었다.

새로운 칼리프 야지드 3세는 불과 재위 162일만에 죽고 동생 이브라힘이 뒤를 이었다. 그러나 그도 몇 달 후인 그해 그믐에 정권을 잃고 아마이야 왕조 최후의 칼리프가 등장하는데 그가 마르완 2세다. 그때 나이 60이 다 되었으나 그는 아르메니아 및 아제르바이잔 총독을 12년 동안이나 근무하고 사나운 카프카즈(지금의 코카서스) 지방족을 다스린 경력이 있는 무장으로 전술의 대가였다.

(사) 압바스 왕조 수립

「코란」 제49장 13절에 「사람들이여, 내가 한 사람의 사내와 한 사람의 여인으로부터 그대들을 만들고, 또 그대들을 슈우브와 카바일로 나누었도다.……」라는 구절이 있는데 이것을 근거로 해서 카바일(아랍 여러 부족)에다 선진문화 민족(슈우브)을 대비시켜서 후자의 우월함을 주장하려 한 것이 슈우비야 사상이다. 이런 사상은 특히 이란인들이 강했다.

아랍족 중에도 시아파처럼 우마이야 정권을 인정하지 않으려는 사람이 많이 있었고, 또 아랍 여러 부족간의 끈질긴 대립, 예를 들면 남방계와 북방계, 네지드계와 핫자아지계 등의 대립은 정말 집념이 깊어서 도처에서 으르렁거렸다. 이와같은 불만 분자나 파벌 항쟁 등이 얽혀 정치의 중심에서 멀리 떨어진 호라산에서 폭발한 것이다.

이것을 교묘하게 이용한 것이 압바스 집안이다. 이 집안은 모하메드의 삼촌인 압바스의 자손으로 다마스커스에서 메디나와 멕카로 향하는 도중에 있는 지금의 요르단 남부의 후마이마촌에 숨어서 기회를 엿보다가 우마이야 왕조가 쇠퇴한 틈을 타서 정치 공작원을 사방으로 보냈던 것이다. 아부 무슬림도 그 중의 하나였다. 압바스로부터 4대까지 되는 무하마드가 이맘(교주)임을 선언하고 그의 아들 이브라힘이 그 뒤를 이어 2대 이맘이 되었다.

한편 아부 무슬림은 747년, 호라산의 마루우(메르브)에서 압바스 집안의 흑기(黑旗)를 펄럭이며 우마이야 정권에 대한 불만 분자들을 모아들였는데 이것이 차차 대군이 되었다. 그 주력은 이라크의 농민들이나 미왈리들이었지만 간부 중에는 아랍인도 꽤 많았다. 그들은 계속 우마이야군을 격파하고 이란 고원 서단(西端)에 달했으며 749년 여름에는 아라크 평원에 침입하고 9월에는 쿠파를 공격해서 점령했다.

그때까지도 숨어 살던 압바스 집안의 중심 인물들이 잇따라 모습을 나타냈다. 불행히도 가장인 이브라힘은 후마이아촌에서 체포되어 칼리프 마르완이 있는 하르란으로 연행되어 죽임을 당했지만 그 일족 14명은 무사히 쿠파에 도착했다. 11월 18일에는 아우인 아불압바스가 칼리프 취임을 선언, 새로운 왕조가 발족한 것이다. 그의 별명을 알사파아흐라 하는 것은 이날의 취임사에서 자기는 알라의 허락을 받고 정적의 피를 흘리게 하는 자라고 했기 때문이라 한다.

이리하여 이라크 민중은 백년 가까이 시리아인의 지배에서 벗어나려고 허덕이던 끝에 겨우 해방의 날을 맞게 되었다. 그리하여 우마이야조와는 성격이 다른 압바스조가 시작되는데 이 왕조는 옛 사산조와 흡사한 페르시아풍의 왕조였다.

6) 압바스 왕조 시대

(가) 잔인한 학살

압바스 왕조 초기 백년 동안은 정치, 경제면에서 전성기를 이루었고 문화도 황금시대를 맞았다. 그러나 우마이야조 시대의 흰 옷과 흰 깃발이 강렬한 햇빛에 반사되어 어딘가 밝고 개방적인 느낌을 준 반면에, 압바스조의 검은 깃발과 검은 옷은 왜 그런지 어둡고 무거운 느낌을 주었다. 우마이야 가문에 대한 가차없는 냉혹한 박해와 학살이 새왕조의 출발을 피비린내로 얼룩지게 한 것이 그 원인일지도 모른다. 그들은 우마이야 집안 사람들을 이잡듯이 잡아 죽였다. 시리아에서도, 이라크에서도 성시(聖市) 멕카와 메디나에서도 때와 장소를 가리지 않고 잡아 죽였다. 산 사람뿐 아니라 이미 세상을 떠난 사람까지 추궁하여 전왕조의 중요한 인물들의 무덤을 파헤쳐서 뼈다귀까지도 매질했다.

무아위야 1세의 무덤도 파헤치고 그의 아들 야지드 1세의 무덤도 파헤쳤으나 어찌된 영문인지 나온 것이라곤 먼지와 쓰레기 뿐이었다. 오마르 2세의 무덤은 그의 유덕(有德) 때문에 손을 대지 않았으나 칼리프 히샴은 원한의 과녁이었으므로 거침없이 파헤쳐졌다. 이미 유해는 썩어서 성한 곳은 코뿐이었다고 하는데 그 유해에 매질을 하고 십자가에 걸어 구경을 시킨 후에 불태워 재를 바람에 날렸다 한다.

(나) 압바스 왕조의 성격

우마이야조가 시리아 사람들의 협력에 힘입은 바 많았음에 비하여 압바스조는 이란사람, 특히 동부 호라산 사람들의 원조를 많이 받았으므로 페르시아의 전통이 스며든 것도 당연한 일일 것이다. 그것은 정치나 문화가 다 그랬다.

우마이야조 칼리프들은 인간적이라 할지 세속적이라 할지 고대 아라비아의 기풍이 농후했으나 압바스조의 제왕들은 점점 신비적인 존재로 바뀌어 일반 민중과는 동떨어진 반신반인(半神半人)처럼 여겨지게 되었다. 그들은 알라가 현세에 나타난 그림자라고 해서 제2대째부터는 모두 「알라에 의해 도움받은 자」 또는 「알라에 의해 올바르게 인도된 자」 등등의 위엄있는 칭호를 띠게 되었다.

(다) 알리족에 대한 만수르의 증오

칼리프 아불 압바스의 재위는 불과 4년 9개월로 끝났다. 천연두로 30세에 세상을 떠났기 때문이다. 아불 압바스와 아부 자파로 하고는 배다른 형제인데 전자가 이슬람력 104년 생인데 반해 후자가 101년 생이므로 사실은 나중쪽이 형이다. 이 제2대 칼리프는 칭호를 알 만스르라 했는데 그는 재위 20년 동안에 왕조의 기초를 반석처럼 닦아놓은 영주였다.

만수르는 머리가 예민하고 술수에 능하고 도량이 크고 문예에 대한 이해가 깊었으며 왕조가 멸망할 때까지의 35명의 칼리프는 모두 그의 직계 자손이었다.

그는 공사의 구별이 엄격해서 사사로운 자리에선 농지거리라도 용납하는 사람이었으나 일단 공석에 나서면 낯빛까지 달라져서 전혀 다른 사람 같았다고 한다. 화가 나면 이마에 푸른 핏발이 서는데 그것은 피를 보게 되고 사람 목숨이 날아가게 되는 위험신호였다. 이것은 압바스 집안 사람의 유전으로 이 신경질 때문에 아까운 목숨을 잃은 사람이 수없이 많았다.

특히 그의 알리 집안에 대한 증오심은 극에 달했다.

전설에 의하면 칼리프 알 만수르의 궁전에는 출입이 금지된 금단의 방 하나가 있었다고 한다. 그 방의 열쇠는 칼리프 자신이 갖고 있었는데 만수르의 사후에 맏아들 알 마흐디가 열어본즉, 방안에는 소금에 절인 시체로 가득차고 시체의 귀뿌리마다 명찰이 달려 있었다. 이름과 혈통이 자세하게 적혀 있었는데 그 시체는 모두 알리 가문의 사람들이었다. 그걸 본 마흐디도 죽은 부친의 권력에 대한 강렬한 집념에 놀라서 소름이 끼쳤다고 한다.

그러나 만수르가 알리 집안 사람들에게 강한 증오심을 품은 것도 집념 깊은 성격 탓으로 돌릴 수는 없을 것 같다. 알리 가문이 잇따라 음모를 꾸며서 칼리프 정권을 회복하려던 것은 명백한 사실이었다. 당시 알리 집안의 본거지는 메디나였고, 그 배후에는 시아파의 세력이 광범위하게 깔려 있었다.

(라) 알리족의 반란

만수르 치하에서 일어난 알리 일족의 반란은 762년 말 메디나에서 일어난 것이 가장 컸다. 알리의 맏아들 하산의 증손인 무하마드가 칼리프를 선언하고 이슬람 법학(法學)의 태두인 말리크 이븐 아나스 등이 이를 지지했다. 메디나에는 예언자와 관계가 깊은 자손들이 살고 있었는데 그들도 모두 반란에 가담했다.

반란의 뉴스는 불과 9일 후에 쿠파에 있는 만수르에게 닿았다. 그때 칼리프는 「마침내 여우를 굴에서 내쫓았군.」 했다고 한다. 메디나는 생활에 필요한 물자를 모두 이집트에서 보급받고 있었으므로 그 수송로를 차단하면 곧 항복하지 않을 수 없다. 만수르는 사촌 형제 이사에게 호라산의 정병을 내주고 토벌 명령을 내렸다.

이때 반란군은 예언자 모하메드의 지혜를 흉내내어 메디나 주변에 참호를 팠다. 그러나 백전 정병인 호라산 병사들에게는 그따위 방어는 문제도 되지 않았다. 민가의 대문짝을 떼어서 다리를 놓고 건너뛰었다. 이리하여 반란군은 궤멸되어 버리고 말았지만 무하마드 자신은 끝까지 버틴 소수의 장병과 더불어 용감하게 싸우다가 쓰러졌다. 762년 12월 6일의 일이다. 그의 머리는 제국 내의 각지로 조리돌렸으며 이듬해 2월에는 이집트까지 갔다. 마침 그곳의 알리파들은 반란을 계획 중이었는데 그걸 보고 중지했다고 한다.

12월에 접어들어 형 무하마드의 전사 보고가 들어오자, 이브라힘은 스스로 칼리프 자리에 올라서 대군을 이끌고 쿠파를 공격했다. 이리하여 두 집안의 칼리프는 목숨을 걸고 자웅을 다투었으나 이브라힘이 화살에 맞아 죽게 되자 승부가 났다. 이브라힘의 머리가 만수르 앞으로 왔을 때 부장(部將) 하나가 침을 뱉고 욕을 퍼부었으나 만수르는 이 난폭자를 엄벌에 처했다 한다.

(마) 바그다드 천도

처음에 쿠파를 수도로 삼았던 초대 칼리프, 아불 압바스는 그곳이 정치적으로 시끄러운 곳이어서 그 북동쪽에 있는 하시미야로 수도를 옮겼다. 만수르도 이때 하시미야 궁전에 있었는데 쿠파에서 가깝고 성가신 일이 많았다. 특히 이브라힘의 반란 때는 바로 문턱 밑에 있는 쿠파의 민중들이 동요했으므로 아주 고통스러웠던 모양이다. 그래서 그는 예배를 볼 때 분노에 찬 설교를 모여든 시민들에게 퍼부었다고 한다.

『이와같은 불신자(不信者)들의 소굴을 우마이야 왕조 때 사람들은 왜 쑥대밭으로 만들지 않았던가!』

서기 762년, 칼리프 만수르는 마침내 바그다드에 새로운 수도를 건설할 결심을 했다. 그는 친히 배를 타고 티그리스강을 거슬러 올라가서 새로운 수도 후보지를 돌아보았다. 그곳은 티그리스강과 유프라테스강에 가장 접근된 곳으로서 남쪽으로 두 강줄기를 연결시키는 사라트 운하가 흐르고 있었다.

그가 이곳을 선정한 이유는 여러 가지가 있는데 첫째는 교통이 편리하고 많은 대군을 주둔시키기에 적당하며 식량을 확보하기가 좋았기 때문이다. 게다가 모기가 적어서 말라리아에 걸릴 위험이 적은 것도 이유 중의 하나였다고 한다.

소택지(沼澤地)에서 가까운 쿠파에서 모기와 습열(濕熱) 때문에 괴로움을 당한 만수르는 선풍기를 발명한 사람이기도 하다. 흔히 아라비아 역사를 테에마로 한 영화에서 볼 수 있는 두꺼운 헝겊에다 살을 붙이고 천장에서 늘어뜨려 바람을 일으키는 간단한 물건인데 이것을 창안해 낸 사람이 그였던 것이다.

그러나 이와같은 이유들은 모두 지엽적인 것에 지나지 않으며 가장 중요한 직접적인 이유는 이단파(異端派)들의 소동과 동요 때문에 하시미야가 싫어졌던 것이다.

이 새로운 수도 바그다드는 순식간에 당나라의 장안, 비잔틴 제국의 콘스탄티노플과 더불어 당시의 세계 제1급의 대도시가 되었다.

(바) 만수르의 죽음

　만수르는 세제에 특히 관심을 두고 세리에겐 감시의 눈길을 게을리 하지 않았다. 고관이라도 사복을 채우는 일이 있으면 용서없이 재산을 몰수했다. 그리하여 일반 백성들은 가렴주구의 시달림을 받지 않아 도리어 좋아했다고 한다. 한 예로 칼리프 자신의 막내동생인 알 압바스도 메소포타미아 총독 시절에 사복을 채웠다고 해서 재산을 몰수당한 후 투옥된 일이 있다.

　그는 또 토지와 인구 조사를 면밀하게 해서 비록 유서깊은 명문이라도 막대한 토지를 갖고 있으면 10분지 1만 남기고 몰수해 버렸다. 세금은 가차없이 징수하지만 치안은 잘 정비가 돼 있었고, 더구나 칼리프 자신의 생활이 매우 간소해서 술도 안 마시고 여인도 가까이하지 않았으며 음곡에도 흥미가 없었다. 그가 좋아하는 것이라면 오직 국고를 가득 채우는 일과 독서였다. 특히 역사책을 즐겨 읽었고, 문학에도 이해가 깊었으며 학자들과 잘 어울렸다.

　단 위에 올라 설교를 하면 아름다운 아라비아말을 유창하게 썼으며 또 그리이스나 인도 문화를 높이 평가해서 고전 번역에 힘쓰기도 했다. 만수르가 높이 평가한 인물로는 우마이야조에선 무아위야와 압둘 말리크, 게다가 저 고집 센 동방 총독 핫자아지였다니 수긍이 가는 일이다. 위가 약한 그는 775년 메카 순례를 떠났다가 병세가 악화되어 도중에서 죽었다.

　만수르는 키가 크고 얼굴은 갸냘픈 선비형의 사람이었는데 완비된 행정 제도와 안정된 사회, 그리고 충실한 국고를 남겼으므로 그 덕을 본 것은 자손들이었다. 그의 손자 하룬이나 증손자인 마아문의 시대를 이 왕조의 황금 시대로 치며 온갖 영화와 문화가 찬란하게 피어났는데 그것도 다 이 위대한 조상이 부지런히 쌓거나 모아둔 재물의 덕택인 것이다.

　칼리프 만수르의 유해는 메카 부근의 사막 속에 매장되었는데 그 장소는 영원한 수수께끼로 되어 있다. 워낙 적이 많은 사람이었기 때문인지 묘혈도 백 군데나 파서 그 가운데 어느 한 곳에 묻어 자취를 감춰버렸다고 한다.

(사) 무칸나의 반란

제3대 칼리프가 된 마흐디도 여간한 인물이 아니었지만 그는 부왕 만수르처럼 고생은 안 해도 좋았다. 이제야말로 바그다드는 세계 일류의 대도시로 발전하고 있어 멀리 중국인이나 인도의 물자는 인도양과 중앙 아시아를 거쳐서 들어오고 대상들은 시베리아와 북유럽과 교역하고 아프리카로부터는 황금과 상아, 노예들이 팔려 들어왔다.

왕후(王侯)와 귀족들의 생활도 사치해져서 칼리프의 메카 순례 때는 멀리 북방의 산에서 눈까지 날라왔다고 한다.

알 마흐디의 시정(施政)중, 특기할 것은 국민의 사상 조사에 힘쓴 일일 것이다. 이슬람 사회에서는 종교와 정치가 밀접되어 있는데 표면상으로는 모슬렘(이슬람 신자)을 가장하면서도 내면으론 이교(異敎)를 믿는 자가 있었다. 이런 자를 진디이크라 부르고 사형에 처했다. 그리스도교, 유다교 등 다른 종교를 공공연하게 믿고 인두세(人頭稅)를 바칠 경우에는 상관이 없으나 모슬렘을 자칭하면서 이교를 믿는 것은 크나큰 죄로 인정되었던 것이다.

알 무칸디가 난을 일으킨 것도 마흐디 치세 때였다. 그는 항상 황금의 탈을 쓰고 다니면서 자기 얼굴을 일반인이 보면 너무 신성해서 눈이 먼다고 했는데, 실은 애꾸눈에다 체구가 작은 사내였다. 불교의 윤회설을 이슬람교에 혼합시켜서 아담은 물론 노아나 아부 무슬림도 모두 알라의 화신이고 자기 역시 그렇다고 하여 많은 숭배자들을 얻었다. 그리하여 아무강 북쪽 소그디아나로 가서 군사들을 모집하고 키시 근방에 성을 쌓아서 본거지로 삼았다. 칼리프가 파견한 대군이 몰려가서 그 성을 포위했으나 쉽게 함락되질 않았다. 그러나 마지막에 가서는 옷가지와 살림 도구를 모두 모아놓고 불을 지른 연후에 「누구든지 천당으로 가고 싶은 자는 나와 더불어 이 불 속으로 들어오라!」고 외치면서 처자와 함께 뛰어들었다. 토벌군이 성내에 돌입해 본즉 다 타버리고 아무 것도 없었다.

(아) 이란 민족의 독립

호라산 지방은 공신(功臣)인 타히르를 총독으로 삼았는데 이 쌍칼

잡이 애꾸눈 장군은 무용만 뛰어난게 아니라 행정적인 솜씨도 있어서 선정을 베풀었더니 마침내 822년 경에는 사실상의 독립국이 되고 말았다. 이것이 타히르 왕조로서 903년까지 계속되었다.

그 후에도 사파르 왕조(867~930년 무렵)나 사만 왕조(819~1005년) 등 이란사람의 왕조가 계속되어서 이란 이동(以東)은 이미 명목상으로만 칼리프의 영토일뿐 실제에 있어서는 독립국이 되었다. 게다가 이란 민족주의라고도 할 새로운 각성이 일어나서 정치, 경제면은 물론 문화적으로도 독립을 꾀하게 되었다. 즉 이제까지는 이란사람이라도 이슬람에 귀의한 자는 아라비아말을 쓰고 글도 아라비아글로 적었는데 이때부터는 근대 페르시아어를 사용한 문학 작품들이 나오게 되었다.

특히 중앙 아시아 발흐 부근의 디프칸(옛부터 있어 온 이란의 자주를 뜻한다.)의 한 사람인 사만 후다를 시조로 한 사만 왕조는 스스로 옛 사산 왕조의 후예라고 자칭하면서 호라산과 트란속시아나를 지배, 부하라를 수도로 정했다.

그들은 실크로드를 넘어 다니는 대상(隊商)들의 길목을 지킴으로써 막대한 이익을 거둬들였고, 또 고원(高原) 아시아에서 유목 생활을 하는 터어키족의 젊은이들을 잡아다가 서아시아 노예로 팔아먹기도 했다.

이윽고 사만 왕조의 서울인 부하라는 학문과 예술의 중심지로 발전했고, 세계 문화사에 빛나는 이븐 시나와 대시인(大詩人) 피르두우시같은 인물도 이 왕조 밑에서 나타나 이란 민족의 자랑인 서사시 「샤아 나메」를 완성하게 된다.

(자) 이슬람 학문 개화

압바스 왕조 5백년을 통해서 가장 교양이 높고 학문과 예술을 사랑한 것은 칼리프 마아문이라 할 것이다. 그는 시를 사랑했고 그리이스 철학이나 수학, 천문학, 의학에도 조예가 깊었다. 특히 그는 그리이스의 학술을 존중, 그 문헌을 모아들이는데 힘쓰고 번역도 장려했다.

830년 경에는 바그다드에 「지혜의 집」을 세워 그리이스 문헌 번역의 센터로 삼았으므로 히라 출신 후나인 벤 이스하크를 비롯한 탁월한 학자들이 모여들었다.

이「지혜의 집」에는 훌륭한 도서관과 천문대도 있어서 경위도(經緯度)의 측정, 천체 운행표(運行表)도 작성되었으며 당시에 계산한 지구상의 땅 면적의 수치는 현재의 계산과 별 차 없을 만큼 정확했다.

이 무렵 이슬람 신학은「코란」과 모하메드의 언행(순나)을 충실히 지키고 이지(理智)의 자유스런 활동을 억제하는 경향이 강한 정통파인 순니파가 주류를 이루고 있었는데, 이 파는 인간의 자유 의지를 부정하고 전부가 알라신이 정한대로 되어갈 뿐이라고 주장했다. 또「코란」은 영원한 옛날부터 있어온 것으로서 알라가 창조한 것이 아니라고 했다.

그러나 우마이야 왕조 말 경부터는 무우타질라파라는 합리주의적 입장을 취하는 일파가 나타나서 인간의 자유 의지를 어느 정도 인정하고「코란」도 알라가 창조한 것이라 주장했다.

학문을 좋아한 마아문이 그리이스 철학의 영향을 받아 이지와 인간의 자유를 존중한 이 파의 사상에 동조한 것은 매우 자연스런 귀결일 것이다.

그리하여 827년에는 칙령으로「코란」창조설을 지지하고, 죽은 해인 833년에는 무우타질라파를 지지하지 않는 법관을 공직에서 추방, 반대 학설을 탄압하기까지 했다.

바그다드 태생인 일대의 석학 이븐 한발이 반대 학설의 탄압 기관인 미프나의 심사에 걸려서 한때 투옥된 것도 이 무렵의 일이다.

5. 중세의 유럽

(1) 중세 유럽의 전개

로마 제국의 석양은 5현제(賢帝)시대에 이미 예고되고 있었고 그 다음 군인 황제시대에는 기울대로 기울어져 있었다.

그처럼 막강한 힘으로 광대한 영토를 지배했던 로마는 이미 그 내부에서 고칠 수 없는 병으로 곪아가고 있었던 것이다. 395년 테오도시우스가 죽으면서 두 아들에게 제국을 분할해 준 사실은 더욱 제국의 멸망을 재촉하게 되었다.

그 무렵 로마 제국을 대신하여 유럽의 역사를 떠맡게 될 게르만 민족이 등장하고 있었던 것이다. 날카로운 눈에 황색 머리털과 장대하고 튼튼한 체구를 갖춘 이 민족은 이미 제정 초기의 황제 아우구스투시대부터 라인과 도나우를 이은 장성(長城) 가까이 접근해 있었다.

1) 게르만 민족의 대이동

중앙 아시아의 날렵했던 유목민이던 훈족은 375년 남부 러시아의 볼가강을 건너 사르마트족을 정복하고 더 서쪽으로 진출해서 돈강을 건너 동서 고트족을 압박하기 시작했다.

이에 그리스도교를 신봉하고 있던 서고트족의 일부가 동로마 제국의 허가를 얻고 도나우강을 건너가서 제국의 영토 내에 이주하게 되었다.

그들의 숫자는 약 4만 명, 그중 8천 명 정도의 군사를 거느리고 있었다. 그야말로 게르만 민족의 대이동의 막이 오른 것이다.

(가) 아드리아노플의 싸움

375년 4만 명의 서고트인이 제국의 영토에 이주하게 되었을 때 동로마 제국은 이들을 어떻게 처리해야 할지 몰라서 쩔쩔매고 있었다.

그리고 좀더 서쪽에 있던 동고트인의 일부가 제국의 영토 내에 이주해야겠다고 허가를 요청했다. 이를 동로마가 거절한 것이 곧 게르만인측과 로마측 대립의 시초였다.

이때 동로마 황제 발렌스는 게르만인을 얕잡아본 나머지 서로마 황제 그라티아누스의 지원군이 도착하기도 전에 자기의 3만 명의 군대를 동원하여 서고트군 1만 8천과 싸웠다.

그러나 기동성이 뛰어난 서고트 기병대는 발렌스의 기병대를 쉽게 제압하고 나서 나머지 보병을 포위 섬멸했다.

이 패전으로 발렌스 황제 자신까지 목숨을 잃었다. 이것이 게르만 민족 대이동의 첫 무대를 장식한 아드리아노플 싸움이다.

이 패전으로 동로마 제국의 방벽은 무너지고 게르만인은 밀물처럼 로마 제국 영토 안으로 밀려들어 왔다. 이 세력은 먼저 트라키아 일대를 유린하고 직접 콘스탄티노플을 위협했다.

이때 발렌스의 뒤를 이은 테오도시우스가 서고트의 침입을 저지하고 그들을 도나우강쪽에 정착시켰다. 그러나 얼마 안 되어 그들은 유럽을 공포의 도가니로 몰아넣은 알라릭 1세를 왕으로 선출하고 장차 이탈리아에 침입할 태세를 갖추게 된다.

(나) 서로마 멸망과 게르만 왕국 수립

476년 마침내 서로마 제국은 멸망한다. 게르만인 용병대장 오도아케르가 쿠데타를 일으켜서 황제 네포스를 추방해버린 것이다.

이때 오도아케르는 로마 제국을 타도할 생각보다 게르만 민족의 부족국가와 같은 것을 이탈리아 땅에 건설하려는 생각을 가지고 있었다.

서로마의 군대가 게르만 용병으로 구성되어 있던 당시의 사정으로 보아서 오도아케르의 그런 생각은 허황된 것이 아니었다. 그는 황제란 칭호를 버리고 스스로 국왕이라 했다는 사실이 바로 그것이다.

이로써 서로마 제국이 멸망하고 게르만인의 이탈리아 왕국이 수립되었으며 과거의 로마 제국은 오직 콘스탄티노플 중심의 동로마 제국 하나만이 남게 된다.

이후 1세기 만에 이탈리아에 동고트, 북갈리아에 프랑크, 라인강과 도나우강 상류에 알라만, 로온강 유역에 부르군드, 남프랑스에서 이스파니아 일대에 서고트, 이스파니아 서북쪽에 수에비, 브리타니아에 앵글로색슨, 아프리카에 반달, 이렇게 게르만인 왕국들이 각지에 수립되었다.

(다) 로마인과의 동맹관계

로마인, 혹은 로마계 주민이 압도적으로 많은 지중해 일대에 무리하게 이동해서 각 부족 단위의 왕국을 세운 게르만인 자체의 모순을 극적으로 대변하고 있던 것은 이들 게르만인 부족 국가의 국왕이었다. 즉 국왕이란 존재는 어느 부족 국가에나 다 있었지만 실제로 그들이 왕의 행세를 한 것은 각자의 부족민을 상대로 할 때뿐이고, 압도적 다수의 로마인 내지 로마계 주민에 대해서는 로마 제국의 한 귀족, 장군, 집정관 등으로 행동했다.

그러므로 부족 국가의 성립 여부를 결정하기 위해서는 우선 국왕이 로마 황제한테서 그런 직위를 인정받지 않으면 안 되었고, 그 다음으로 황제에 대한 충성을 맹세하지 않으면 주위의 로마인이나 로마계 주민과 공존할 수가 없었다. 일례로 서고트왕 알라릭 1세가 이탈리아에 침입, 나중에는 로마시를 약탈하는 비행을 범한 것도, 실은 장군의 지위를 허락받지 못한 것이 주요 원인의 하나로 되어 있었던 것이다.

그러므로 게르만인 부족 국가가 서로마 제국 또는 동로마 제국과 동맹을 맺었다고 위에서 말한 것은 대등한 입장의 동맹이 아니라 게르만인 국왕이 로마 제국 황제한테서 고관(高官)으로 임명된 경우의 주종관계, 혹은 동맹관계에 불과한 것이었다.

(라) 종교적 이해관계

로마인은 381년의 제1회 콘스탄티노플 종교 회의에서 채택된 정통 신조, 즉 성부(聖父)와 성자(聖者)는 동질(同質)이라는 아타나시우스파의 신조에 따르고 있었다. 그리고 동로마의 경우는 황제 중심의 생활이 계속되고 있었지만 게르만인 부족 국가의 영내에서는 각 교회의 사교들이 로마계 주민의 생활의 중심이기도 하고 지도자 역할을 하기도 했다.

그리고 게르만인 부족 국가측에서는 로마계 주민의 종교생활에 아무 제재도 가하지 않았다. 그리고 로마계 주민의 교회활동, 전도, 기타 종교생활 일체는 아무 지장없이 계속될 수 있었다.

문제는 민족 고유의 다신교를 버린 게르만인이 로마 카톨릭측에서 이단시하는 아리우스파의 그리스도 신자였다는 점이다.

로마 카톨릭 교리 논쟁에 관해서 그 요점만을 말한다면 성부와 성자를 이질로 본 것이 문제의 아리우스파이고 이 파는 결과적으로 로마 카톨릭의 정통 신앙을 부인, 이단시 당하여 왔다.

하필이면 이 이단시 당하는 입장을 4세기 중엽 고트족에게 전도, 결과적으로 게르만인의 대부분을 이단으로 이끈 것이 서고트인 사교였던 불필라이다. 콘스탄티노플에서 아리우스파로 개종했던 그는 재빨리 성서를 고트어로 번역하여 주로 동로마 게르만인 부족들에게 전도했다.

(마) 로마제국 부활운동

동서 2개의 제국으로 분리되었던 로마 제국은 게르만의 이동에 의해 서로마 제국이 멸망하고 동로마 제국 하나만이 명맥을 유지하게 됨으로써 외견상으로는 다시 「하나의 로마 제국」으로 정리되어 있었다. 그리고 서로마 제국과 동맹을 맺고 있던 게르만인 부족 국가들은 이제 종주국을 동로마 제국으로 바꾸고, 그들의 국왕은 동로마 제국의 고관(高官)을 겸하고 있었다.

그런데 게르만인의 대이동이 시작된 후로, 서쪽에서는 서로마 제국이 멸망하고 게르만인 부족 국가들이 수립되는 대대적인 변동이 있었으나 동로마 제국의 경우는 처음에 트라키아, 마케도니아 등지에서 약간 피해를 입었을 뿐 동서 무역의 중심지이면서 제국의 수도이기도 한 콘스탄티노플이나 인구가 많고 상공업이 발달한 소아시아, 시리아, 이집트 등지는 아무 피해도 입지 않았다.

그리하여 국력은 전과 다름없고 황제 중심의 강력한 권력 체제가 여전히 계속되고, 고대의 문화는 일면 비잔틴화하면서도 아직 보존되었고 교회방면에서는 콘스탄티누스 대제 이후의 국가 교회주의가 그대로 유지되고 있었다.

 이런 상태의 동로마 제국에서 황제 유스티니아누스가 게르만인 부족 국가들에 대한 종주권 행사만으로 만족할 수 없었다는 것은 당연한 일이다. 그는 전세계의 주인에 해당하는 것이 곧 황제 자신이며, 지상에 신의 나라를 실현하는 것이 그의 임무라고 생각했다. 즉 지중해 일대를 어떻게 해서든 재통일해서 과거의 로마 제국을 부활시키는 것이 그의 사명이라고 생각한 것이다.

 그가 사명을 완수하기 위해 재정복의 발을 내디딘지 20년만에 민족적, 종교적 분열과 내분이 그칠 사이 없던 반달 왕국, 동고트 왕국, 서고트 왕국 등 게르만인 부족 국가는 차례차례 멸망하고 북아프리카, 이탈리아, 스페인 등지의 연안 지방 및 서지중해의 여러 섬들은 다시 로마인의 손에 들어왔으므로 지중해는 다시 로마인의 바다로 되었다.

 그중 이탈리아의 고도 라벤나는 서로마 제국 최후의 수도였다가 동고트 왕국의 수도였다는 역사에 이어, 동로마 제국의 총독부라는 새로운 역사를 가지게 되었다.

(바) 영웅 앗틸라

 게르만 민족 대이동의 시대는 곧 게르만 민족의 영웅시대에 해당하고 게르만인 영웅보다는 대개 훈족의 왕 앗틸라를 먼저 생각하게 된다.

 유럽에서 일찍이 훈족보다 더한 공포의 대상이 된 아시아의 유목민은 없기 때문이다. 실제로 그 공포는 훈족 전체에 대한 것이었다기보다 이 민족의 지도자 앗틸라에 대한 것이었다.

 중앙 아시아에서 서방으로 진출, 게르만인의 대이동을 재촉한 이 훈족은 원래 다른 유목민들처럼 여러 부족으로 나뉘어 있었고, 전체를 통일 지도하는 왕 같은 것은 가지고 있지 않았다. 그러나 앗틸라의 숙부에 해당하는 루아 때부터 왕의 행세를 하는 중심 인물이 등장했다. 훈족이 게르만인 일부를 서방으로 몰아내며 도나우의 북부 연안, 헝가리 근처까지 정복했을 무렵의 일이다.

앗틸라는 그의 숙부 루아가 죽은 434년에 형 블레다와 함께 왕위에 올랐지만 곧 앗틸라 혼자서 왕 노릇을 하게 되었다. 동로마 제국의 사절과 함께 앗틸라의 궁정에 갔던 역사가 프리스쿠스의 기록에 의하면 앗틸라는 앞서 얘기된 훈족의 육체적 특징을 다 갖추고 있었다. 하지만 다른 점은 주위의 모든 것이 호사롭긴 해도 앗틸라 자신만은 의복도 식기도 검소한 것을 사용하고 있었을 뿐더러 주위가 아무리 시끄러워도 그 자신은 숲처럼 조용했다 한다.

그래도 그의 모습에는 위엄이 있었고 지혜가 뛰어났다. 하지만 유목민의 특유한 미신이 그에게도 강했다는 결함은 있었다.

그가 지배한 지역은 대체로 라인강에서 카스피해까지 꽤 광대한 편이었고 여기에는 다수의 아시아의 유목민, 슬라브인 외에도 동고트, 부르군드, 게피다에, 알라만 등의 게르만인이 살고 있었다. 이런 여러 종족이 어느 정도나 복종했는가는 확실치 않지만 앗틸라가 그들을 노예 다루듯 했다는 얘기가 있다.

2) 교황청의 수난

사라센이 서방에 진출하는 8세기 초 중세 유럽에는 동로마, 랑고바르트, 교황청, 프랑크 및 사라센이 얽히고 설켜 서로 대립하거나 협력하면서 새로운 중세 유럽을 이끌어 나간다.

게르만 민족의 대이동에 따라 엄청난 변혁을 치룬 과정에서 중세 유럽이라는 새로운 세계가 성립되기까지는 아직도 더 많은 고통과 시련을 겪지 않으면 안 되었다. 이 제3라운드에서 먼저 동로마 황제 레오 3세가 그리스도 교회에 가한 치명적 박해는 실로 큰 것이었다.

(가) 그리스도 교회 타격

동로마 황제 레오 3세는 718년 콘스탄티노플 수역(水域)에서 이슬람 해군을 격퇴하여 그리스와 소아시아의 이슬람화를 저지한 인물이다. 그 싸움의 과정에서 큰 공을 세운 소아시아의 농민들이 오리엔트의 신비주의에 젖게 된다. 이리하여 그리스도 교회의 성상(聖像)

숭배를 우상숭배로 간주하고 이를 반대하게 된 것이다.

또 그리스도 교회의 성상 숭배 때문에 이슬람 교도나 유다 교도들이 카톨릭으로 개종하지 않았고 그런 결과의 하나로 이슬람 세력이 지중해 세계에 뿌리를 박는다는 이유로 726년 레오 3세는 그리스도 교회의 모든 성상 숭배를 금지시키는 동시에 성상 파괴를 명령하게 된다.

이와같이 성상 숭배를 금지하는 것은 비단 동로마 제국 내의 수도원뿐 아니라 로마 카톨릭 교회 전체의 타격이었다. 왜냐하면 카톨릭 교회는 오랫동안 성상 숭배를 승인해 왔을 뿐더러 아우구스티누스 이후로 교의(敎義)에서도 그것이 고려되어 있었다. 즉 성상에는 숭배를, 신에게는 예배를 해야 한다는 것이었기 때문이다.

만약 이것을 부인한다면 교의상의 혼란과 신앙의 전체적 동요가 초래될 수밖에 없다. 이에 카톨릭측에서는 교황 그레고리우스 2세를 비롯해서 모든 교인이 반대하고 나섰다.

격분한 동로마 황제는 그의 제국 영내에 있는 로마 교황청 관할하의 교회들을 몰수하여 콘스탄티노플 사교(司敎)의 관할로 넘겨주었다. 이에 의해 로마 교황청은 그 수입에서 금 350파운드 가량이 줄어드는 손실을 입게 된다. 이리하여 교황청은 재정난과 낭고바르트의 위협 속에 허덕이게 된다.

여기서 교황 그레고리우스 3세는 동로마 제국과 완전히 인연을 끊을 것을 각오하고 북방의 프랑크 왕국에 구원을 청하기로 결정한다. 이 결정이 내려지기까지는 앵글로색슨계 수도사의 한 사람 보니파티우스의 영향이 컸는데 구원을 교섭하러 간 것도 역시 이 수도사였다.

이리하여 법왕청은 동로마 제국뿐 아니라 고대 로마 제국 및 교황청 자체의 오랜 전통적 정책과도 절연하게 된 것이다.

그러나 교황청의 구원요청을 프랑크 왕국마저도 거절하는 고립무원의 상태에 빠진다.

(나) 프랑크 왕국과 교황청

동로마 제국은 레오 3세가 죽은 후 콘스탄티누스 5세가 즉위했지만 교황청에 대해서는 계속 간접적 압력으로 고통을 주었다.

그런데 교황청이 프랑크 왕국에 보호를 요청했다가 거절당한지 2년 뒤인 741년 그 왕국의 궁재 카알 마르텔이 죽었다. 그의 인품에 대해서는 용모가 의젓하고 무용이 뛰어났다는 것만 전해지고 있다. 그는 많은 성자들에게 은혜를 베푼 그의 가계에서 유별나게도 종교에 무관심 했다.

그가 휘하의 무사들로 중무장한 기병대를 조직하려고 교회 재산을 몰수했다는 것은 유명한 이야기다. 그뿐만 아니라 중요한 사교(司教)나 수도원장 직위를 순전히 정치적인 이유로 그의 일족이나 가신(家臣)들에게 배당해 주었던 사람이다.

그러나 그가 죽은 몇년 후 그의 아들 카알로만이 갑자기 종교적 열정에 사로잡혀 속세를 떠나 이탈리아의 몬테카시노에 가서 수도사가 되었다. 또 그의 부친이 어지럽히고 간 교회 정리에 진력했다. 예컨대 몰수당했던 토지에 대한 응분의 보상을 해주고 교회나 수도원의 규율을 엄중히 감독했다. 그 기회에 갈리아 교회들은 조직을 강화하고 로마 교황청과의 결속을 굳혔다.

여기서 739년에 좌절된 교황청과 프랑크 왕국의 제휴는 서광이 비치기 시작했다.

(다) 교황청의 구제

751년 또 하나의 다른 중요한 사건은 랑고바르트 국왕 아이스툴프가 동로마 제국으로부터 라벤나를 뺏은 일이다. 뒤 이어 아이스툴프 세력은 교황청 소재지 로마를 위협했다. 고립무원의 궁지에서 교황 자카리아스는 하는 수 없이 동로마 황제 콘스탄티누스 5세에게 구원을 요청했다. 앞서 말했듯이 콘스탄티누스는 레오 3세보다 더 강경하게 성상 파괴를 강요한 인물이다.

그런데 739년 교황 그레고리우스 3세가 프랑크 왕국에 구원을 청하고 동로마와 인연을 끊은 이후 자카리아스가 교황이 될 때에는 동로마 황제에게 승인을 구하지도 않았다가 새삼스럽게 구원을 청한 것은 어쨌든 수치스러운 일이었다.

그리고 콘스탄티누스는 교황의 구원요청을 받고 겨우 랑고바르트 국왕 아이스툴프에게 편지를 보낸 정도였을뿐 사실상 구원요청을 무시했다.

다급해진 교황청은 자카리아스 후임인 새로운 교황 스티븐 3세가 직접 랑고바르트 왕국의 수도 파피아로 아이스툴프를 찾아가서 로마 침입 중지를 간청했으나 거절당하고 만다.

스티븐 3세는 하는 수 없어 엄동의 추운 날씨인데도 불구하고 알프스를 넘어 북부 프랑스의 폰티온으로 프랑크 왕국을 찾아갔다. 이때가 754년이다.

프랑크의 지배자 핍핀은 교황의 요청을 받아들이고 이탈리아로 원정을 떠난다. 그는 알프스를 넘어 마침내 랑고바르트 세력을 타도하고 이탈리아 중북부 지방을 교황에게 넘겨주었다.

이때부터 라벤나를 비롯한 이탈리아 중북부 지방의 토지는 베드로의 유산이라고 불리는 로마 교황청의 기초가 되고 따라서 로마는 일단 랑고바르트의 위협에서 구제될 수 있었다.

(라) 카알제국과 교회세력

중세 유럽을 건설한 영웅 카알 대제가 죽은 후의 유럽의 상황은 거의 대부분이 카알 대제의 제국이었다. 이 제국의 북쪽에 엘베강이 북해로 흐르고 있고 그 건너편 유틀란드 반도쪽에 방어진지가 있었다. 이것이 북방 한계선이었다.

방어선 북쪽 유틀란드 반도에는 덴마크인, 더 북쪽의 스칸디나비아 반도에는 스웨덴인, 노르웨이인 등 노르만인이라고 불리는 게르만 민족이 살고 있었다.

그들은 이 무렵에도 고유의 다신교를 신봉하는 이교도들이었고, 함부르크나 브레멘 중심의 포교사들에 의해서 그중 일부가 그리스도교에 개종했다고 하나 아직도 위험한 부족들이었다.

그들은 4~5세기 로마 제국을 위협하다가 대거 남하한 민족 대이동 시대의 다른 게르만인 부족들처럼 남쪽의 카알 제국을 위협하다가 종내는 대거 남하해서 중세 유럽을 혼란시킨다.

엘베강을 따라 동남쪽으로 남하하면 엘베강과 자레강이 합류하는 곳에 이른다. 이 두 강이 카알 제국의 동부 국경이고 이 국경의 동쪽에 슬라브인들이 살고 있었다. 따라서 엘베, 자레 두 강은 게르만인과 슬라브인 사이의 인종적 경계일 뿐 아니라 문화상의 분기점이기도 했다.

거기서 좀더 동남쪽으로 남하하여 도나우강에 이르면 아바르 변경 수비 지구가 있었다. 이곳에는 원래 훈족과 비슷한 중앙 아시아의 유목민 아바르인의 왕국이 있었으나 카알에게 정복당하였다. 그 동쪽의 불가리아는 동서 양(兩)교회 세력의 포교 대상으로 되어 있다가 나중에는 동로마 교회의 관할로 낙찰되지만 정치적으로는 오랫동안 동로마를 위협하고 있었다.

아바르 변경 수비 지구의 남쪽에서 아드리해까지(지금의 유고슬라비아)는 고대 로마 시대부터 일리리아로 불린 곳인데 그 중심 세력은 크로아티아, 세르비아 등 남슬라브인이고, 종교적으로나 정치적으로나 불가리아와 비슷한 상태에 있었다.

이처럼 슬라브인의 대부분이 동로마 교회의 관할에 들게 된 것은 「슬라브인의 사도」라고 불린 2명의 수도승 형제 키릴과 메토니우스가 슬라브어를 배운 뒤 슬라브어로 번역한 성서를 가지고 가서 오랫동안 전도했기 때문이었다.

카알 제국의 남방 한계선은 곧 교황령의 남방 한계선이었다. 더 남쪽에는 서구 수도원의 모체 몬테 카시노 수도원이, 랑고바르트족의 잔족 세력 베네벤툼 후국(侯國) 속에 있었다.

이 방면의 남부 이탈리아에서 아직도 동로마 제국의 지배를 받은 지역은 장화(長靴)모양의 뒤축과 앞부리에 해당하는 부분뿐이고, 시칠리아는 거의 다 이슬람의 세력권에 속했다.

시칠리아를 포함해서 남부 이탈리아의 대부분은 그리스도교와 이슬람의 두 세력이 다투는 곳으로 되었다.

서지중해는 이슬람 세력권에 속하고 카알 제국의 지배권은 이탈리아에서 지중해 북쪽의 해안을 따라 이베리아 반도에 이르러 피레네 산맥의 북쪽에 이르는 선이었다. 피레네 산맥의 남쪽에 있던 그리스도 신자들에게는 카알 제국의 혜택이 미치지 못해 그들의 힘만으로 살아갔다.

대서양 연안에서는 브레타뉴 반도 외에는 모두 카알 제국의 판도에 속하였다. 이때 브레타뉴 반도에는 선주민(先住民) 켈트인을 제압한 앵글로색슨 세력이 7개의 왕국을 세워 대립하고 있었다.

3) 중세 유럽의 시련

(가) 카알 제국의 분열

카알대제가 죽자 그의 유산은 그 아들 루이 1세에게 상속되었다. 이때에도 프랑크 왕국에서는 게르만 민족 고유의 관습에 따라 국가 및 황제의 지위는 다른 재산과 마찬가지로 상속되는 것이었다.

그러나 카알대제의 유산은 그 손자들에 의해서 분리되고 말았다. 그 최초의 분리가 행해진 것은 843년 「베르덩조약」이 체결되었을 때의 일이다.

장남 로타르 1세는 제국의 궁정이 있는 아아헨, 교황청이 있는 로마, 롬바르디아 평야와 라인강 등을 포함하는 중심부를 차지하는 동시에 제호(帝號)를 보유하기로 하고 3남 루이 2세는 라인강 동쪽에 동프랑크 왕국을, 유디트의 아들 카알 2세는 로타르의 제국 서쪽에 서프랑크 왕국을 수립하게 되었다.

왕가의 후예들은 그 뒤로도 영토 쟁탈전을 계속하여 870년에는 동프랑크의 루이 2세와 서프랑크의 카알 2세가 「메르센조약」을 맺고, 로타르의 왕국(이탈리아 왕국)에서 로트링겐 일대를 탈취한다.

이때의 동프랑크, 서프랑크, 로타르의 왕국은 지금의 독일, 프랑스, 이탈리아의 판도와 비슷하다.

이때에는 황제의 호칭을 동프랑크에서 소유하고 있었으나 황제의 관을 로마 교황한테서 받는 원칙만은 지켜지고 있었다. 그러나 카롤링 왕조의 역사는 오래 계속되지 못하고 875년에는 로타르의 왕국에서, 911년에는 동프랑크에서, 987년에는 서프랑크에서 각각 단절된다.

이 기간에 노르만인, 마자르인, 사라센인 등이 침입해서 프랑크의 3개 왕국을 더 혼란 속에 몰아 넣는다.

(나) 바이킹의 침입

유럽의 제1차 시련이 카알 제국의 분열이라면 제2차 시련은 노르만인, 마자르인, 사라센인 등의 침입에 의한 혼란이다.

그중 규모로 보나 유럽 대륙에 준 피해와 영향으로 보아 가장 중요한 세력은 노르만인이었고 그들의 침입은 게르만민족 제2의 대이동으로 표현되고 있다.

스칸디나비아에 있던 이 노르만인도 게르만인에 속하고 부족별로는 스웨덴인, 덴마크인, 노르웨이인으로 구분된다. 4~5세기에 이동한 게르만인과 이 노르만인이 구별되는 이유는 게르만인이 주로 농목인(農牧人)인데 반해 노르만인은 뛰어난 해양기술을 가진 해양인이었기 때문이다.

그중 스웨덴인은 발트해 안쪽에서 흑해까지의 고대 통상로를 무대로 활약했고 노르웨이인 일부는 아이슬랜드, 그리인란드 등 북해 방면에서 활약했으며 브리타니아를 비롯한 유럽의 중심부에 발을 내디딘 것은 나머지 노르웨이인과 덴마크인이었다. 그들은 모두 바이킹이란 별칭으로 불리고 있었다.

이들 바이킹이 실제로 프랑크 왕국의 해안에 나타난 것은 8세기 말이었으나 시대적으로 카알 대제 때부터라고 할 수 있다.

9세기로 접어들어 스칸디나비아 반도 및 유틀란드 반도에 통일 왕국이 성립될 기세가 보일 때 정치적으로 실패한 무리가 불평분자들을 이끌고 고국에서 탈출, 민족대이동의 막을 올렸고, 인구의 증가가 이 이동에 박차를 가한 것이다.

따라서 그들의 침입과 이동이 성행한 것은 9세기 프랑크 왕국이 분열 혼란되어 있던 시대의 일이다. 게다가 프랑크측에서는 루이 1세의 아들들이 단결해서 그 침입을 저지하지 않고 오히려 용병으로 받아들이는 등 그들의 침입을 부추기는 결과를 가져왔다.

(다) 알프렛 대왕과 데인인 침공

바이킹이 서프랑크 왕국에 침입할 무렵, 그 서쪽의 영국과 아일랜드에도 바이킹이 들어오고 있었다. 여기서는 데인인이라고 불렸다. 그때 아일랜드에는 켈트인 부족들이 단결해 있었으나 조직적인 저항을 할 능력은 없었다. 데인인은 삽시간에 섬 전체를 유린해버렸다.

영국의 경우에는 엥글로섹슨계의 7개 왕국이 통일되어 9세기 말경 대왕 알프렛의 지배하에 성을 쌓고 강한 해군도 가지고 있었다. 이들은 데인인의 침입을 막고 영국과 교회를 지켰으므로 알프렛에게 대왕이란 호칭이 따르게 되었다.

알프렛은 영국의 카알대제라고 불리는 인물이었는데 역시 그는 카알대제의 정치에서 배운 것이 많았던 것 같다. 또 뛰어난 학자였고 여러 저서를 쓰거나 영국어로 번역하기도 했다. 그는 정치적으로 문화적으로 중세 영국의 기초를 닦은 지도자였다.

알프렛 후계자들도 데인인의 세력을 좀더 격파하여 국토를 회복하고 영국 국왕의 칭호를 사용하기 시작했다.

이 무렵의 약 1백 년 간은 데인인의 침공이 줄고 평화가 유지되었으나 11세기 초에 에델렛 2세가 무모하게도 국내의 데인인을 대량 학살하는 과오를 범하게 된다. 이유는 국내의 데인인들이 반란을 꾀했다는 것이었는데 학살당한 데인인들 가운데는 그때 영국에 볼모로 잡혀가 있던 덴마크왕의 누이가 포함되어 있었다.

이에 분격한 데인인의 대규모적인 침공이 다시 행해지게 된다.

그들의 대규모적인 침입이 재개된지 15년 가량 지난 1016년 이 재앙을 초래한 에델렛 2세는 죽고 이듬해 덴마크왕 카누트의 세력은 영국을 거의 다 지배하게 되고 말았다.

(라) 앤티그리스도 사자들

노르만인의 세력이 주로 서프랑크와 영국에 집중되었다면 마자르인의 세력은 주로 동프랑크에 집중되고 있었다.

이들 마자르인의 기원은 훈족과 마찬가지로 확실하지 않으나 언어상으로는 우랄 알타이어족에 속하고 우유와 수렵 및 약탈로 생활하는 유목민으로서 특히 기마전에 능했다.

그들은 9세기 초 아조프해 부근에서 이동하기 시작하여 불가리아인을 격파한 후 헝가리 평원에 이르렀다. 전에 아바르인 왕국이 멸망한 후 이 지역은 황무지나 다름없이 방치되어 있는 곳이었다.

이곳을 근거로 삼은 마자르인은 동프랑크(독일), 이탈리아, 그리이스 등지에 해마다 침입하더니 마침내 북부 독일을 거쳐 북부 프랑스 및 중부 프랑스에도 침입했다.

그들의 난폭한 기질이나 잔인성은 흔히 바이킹과 비교되지만 그들의 이상한 모습에 동프랑크의 무사들조차 겁을 먹고 「앤티그리스도의 사자들」이라고 불렀다.

(마) 이슬람의 침입

유럽에 대한 또 하나의 침입자가 사라센인데 그들은 앞서 점령한 북아프리카의 튀니스에 근거를 둔 이슬람 세력이 시칠리아의 멧시나를 점령한 후 이탈리아, 코르시카, 사르데냐를 공격한 일이다.

이 공격으로 846년에는 로마의 성베드로 사원이 불타고 베네틱투스파 수도원의 본산으로 알려진 몬테카시노도 같은 운명을 겪었다.

그밖에 이스파니아에 근거를 둔 같은 이슬람 세력이 피레네 산맥을 넘어 카알대제의 영토에 침입하려는 기도도 있었다.

그들의 노르만식 해적행위는 스페인의 해안 지방, 특히 발레아레스 제도를 그들 해적의 소굴로 만들고 있었다. 그밖에 마르세이유 근방의 산악 지방 역시 그들 해적의 소굴이었다. 여기서 그들은 험악한 알프스 산맥을 넘어 동부 스위스의 성가렌 수도원에도 손을 뻗쳐 성체를 앞세운 행렬의 수도승들을 습격하기도 했다.

사라센인은 7세기에 침입했을 때와 마찬가지로 이슬람교도였고 노르만인과 마자르인은 각기 고유한 원시적인 다신교를 신봉하고 있었다는 차이가 있었으나 파괴와 약탈을 일삼았다는 점에서는 공통되고 있었다.

그들은 당초에 대륙의 종교 및 문화에 대한 존경은 커녕 아무 관심도 가지고 있지 않았다. 따라서 교회는 주요 약탈 대상이었고 승려는 몸값이 비싼 인질일 뿐이었다. 그리하여 침입자들은 무차별 교회를 약탈하고 승려들을 사로잡아 갔다.

(바) 변모된 유럽

노르만, 사라센, 마자르 등의 침입이 행해진 이후 유럽의 정세는 많은 변화를 가져오고 있었다.

영국에서는 7개의 앵글로색슨계 왕국이 그중 웨섹스의 알프렛 대왕 때에 통일되어 번영을 누렸지만 그로부터 1백여 년 뒤, 에델렛 2세 때에 데인인을 자극, 11세기 초에는 덴마크왕 카누트의 지배를 받게 되었다.

하지만 카누트가 죽은 뒤 데인인의 왕국은 분열되고 영국에는 앵글로색슨계의 왕국이 다시 수립되어 에드워드(참회왕)가 등장했다.

그가 죽자 노르망디공 윌리엄 1세(정복왕)가 영국 왕위의 계승권을 주장하고 침입, 노르만 왕조의 막을 올렸다. 이것이 「노르만의 정복」이다.

이 섬의 북방에서는 데인인이 침입하던 시기에 켈트계 스코트족의 한 지도자가 스코틀랜드의 앵글로색슨인 및 켈트인을 정복해서 스코틀랜드 왕국을 세웠다.

서남쪽의 이베리아 반도에서는 사라센의 침입 때 서북쪽으로 피한 서코트인이 아스투리아스 산악에 왕국을 수립한 후 10세기 초에 레온에 도읍을 정했다.

11세기 초 레온 왕국의 변경 영토인 카스틸리아 왕국이 그 동쪽에서 독립하고 뒤이어 포르투갈도 독립했다.

피레네 중앙 산지의 바스크인은 10세기 초 나라와 왕국을 세우더니 다시 그 일파가 동쪽으로 갈려나가 에브로 강가에 아라공 왕국을 세웠다.

피레네 산맥 동쪽의 바르셀로나는 카알대제 때에 스페인 변경 땅이었으나 13세기 말 프랑스왕의 봉지로 바뀌었다.

카알대제의 광대한 제국은 887년 동서 두 개의 왕국으로 완전히 분열되었다.

그 밖에 라인강과 서프랑크 국경 사이의 로트링겐(로타르의 왕국에서 이탈리아 이북지역)은 오랫동안 동서 프랑크가 다투었다.

이곳은 카롤링 왕가의 발상지라는 유서깊은 토지이기도 하고 대사원이나 수도원이 즐비하며 하천에는 선박의 왕래가 그칠줄 모르는 왕년의 카알제국 중심부이기도 했는데 동서 두 프랑크는 이것을 서로 탐냈지만 프랑스에서 카페왕가가 등장하여 이곳에 대해서는 아무 관심도 안 보였으므로 쉽게 독일측으로 넘어갔다.

로트링겐에서 지중해로 흐르는 소온, 로온 두 강과 알프스 사이의 지방은 복잡하기 짝이 없는 과정을 거쳐 10세기 중엽에는 부르군드 왕국(뒤에 아를르 왕국)에 병합되었다.

그로부터 1세기 후(11세기 전반)에 이 지방 최후의 남계(男系) 상속인은 독일 황제를 그의 상속인으로 지명했다. 그러나 문제는 그것으로 해결되지 않고 이후 부르군드 왕국과 독일 황제가 다투게 된다.

(2) 십자군전쟁과 그 시대 유럽

1) 교황권과 황제권

(가) 카놋사 사건

11세기 후반, 황제권과 교황권 사이에는 중세 유럽의 역사상 최대의 충돌이 있었다.

그 발단은 교황 그레고리우스 7세가 1075년 초 속인(俗人), 즉 국왕 및 제후의 성직자 선임권을 부인하고 또 교황권의 절대성을 선언하는 교서를 내면서 시작된다.

이때 독일 국왕 하인리히 4세는 왕권도 역시 신이 직접 창설한 것이라고 주장하고 교황권의 절대성을 적극 부인했다. 이에 교황은 그 해 12월 국왕의 순종을 명하는 서한을 보냈는데 하인리히는 굽힘이 없이 제국의 국회를 소집하고 교황 그레고리우스 7세를 폐위시킨다는 결의안을 통과시켰다.

이해 부활절 직전에 소집된 교황의 공회의에서는 독일 국왕 하인리히에게 파문(破門)을 선언하고 그리스도 교도는 누구나 그 국왕과 접촉을 갖지 못하게 했으며 신하들도 국왕에게 충성을 하지 말라고 했다.

국왕에 오른지 얼마 안된 하인리히는 세불리를 느끼고 피신했다가 얼마 후 교황의 카놋사성의 3중의 성문에 들어가 잘못을 빌고 사면을 애걸했는데 이 사건을 「카놋사의 굴욕」이라 한다.

이 사건으로 미루어 보면 중세의 교회 권력이 어느 정도였는지를 짐작할 수가 있다. 따라서 이 사건은 황제권의 비극이고 또한 황제권의 완전한 패배라 할 수 있다.

그렇게 막강한 교회는 그 권력이 막강한 만큼의 부패도 극에 달하고 있었다. 특히 집사단의 재정 수입은 대단한 것이었다. 그들은 성당 안에 있는 재단들이 올려진 공물 따위를 마음대로 처분하고 또 그들의 권리는 일종의 주식처럼 매매되기도 하고 상속되기도 했다.

심지어는 로마의 성베드로 대성당에서 조차 성직 매매나 공공연한 승려의 결혼 등이 이루어져 타락한 교회의 황금시대를 만들어 놓고 있었다.

(나) 교회개혁

성직 매매나 승려의 결혼에 대해서 사람들이 별로 죄의식을 갖지 않았던 만큼 황제나 국왕이 그의 신성한 사명에 따라 교회 정치에 개입하더라도 간혹 두려움을 느낀 사람은 있을지언정 그것을 불법행위로 느낀 사람은 없었을 것이다.

이와같은 전통과 관습에 반대하고 나선 것이 클루니의 개혁운동이었다. 클루니는 프랑스의 아키텐공이 910년에 세운 수도원이다.

이 수도원은 모든 세속 권력의 지배에서 자유롭고, 원장의 선거는 완전히 교회법대로 행하도록 하고 오직 베네딕투스 계율을 힘써 실행하도록 해야 한다는 것이 그 초기의 문서에서 강조되어 있다.

클루니는 이런 건설 취지에 따라 엄격한 수도생활을 행했으므로 그 명성은 즉시 유럽 전역에 퍼졌다. 사람들은 다투어 클루니에서 배우고 또 각처의 왕후 귀족은 기꺼이 자재(資材)를 내놓아서 클루니계 수도원을 건설하고 그 개혁방안을 도입했다.

그리하여 클루니를 중심으로 한 수도회(修道會)의 조직이 대대적으로 확대되고 낡은 세속적 교회에 청신한 기풍을 불어넣게 되었다. 동시에 10세기에서 11세기까지 클루니 수도원은 곧 교황 다음으로 중요한 유럽 정신계의 지도적 역할을 하였다.

클루니의 개혁운동은 남부 프랑스의 아키텐에서 부르군드 왕국, 로트링겐 등 신성 로마제국의 서부, 즉 신성 로마제국의 로만스어 사용지역에 깊이 침투했다.

프랑스에서 이 운동을 받아들인 것은 노르망디후(侯)나 플랑드르 백(伯)이었지만 독일에서 이 개혁운동을 지지한 것은 그 자신 종교적 정열이 대단했던 황제 하인리히 3세였다.

그는 클루니 수도원식의 이상(理想)으로 독일 내의 성직 매매자들이나 대처승들을 제재했을 뿐 아니라 로마 교황청의 개혁에도 손을 댔다. 또 그가 황제로 될 때에는 불결한 교황의 손에서 황제의 관을 받기는 싫다 하여 1046년 수트리, 실베스테르 3세, 베네딕투스 9세를 성직에서 파문하고 그의 마음에 드는 독일인 사교 클레멘스 2세를 교황에 즉위시키고 이 교황한테서 황제의 관을 받아 썼다.

클레멘스 2세가 1년만에 죽고 다시 하인리히 3세의 손에 다마수스 2세가 교황이 되었으나 이 사람 역시 1년만에 죽었다. 그리하여 하인리히 3세의 손에 세 번째로 교황이 된 사람이 레오 9세인데 그에 의해서 본격적으로 시작된 교회개혁은 그가 죽고 독일 황제 하인리히 3세도 죽은 후 5세의 어린 하인리히 4세가 모후(母后) 아그네스의 섭정으로 독일을 지배하기 시작한 혼란한 시대에 급속히 전파되고 있었다.

(다) 워름스의 협약

하인리히 4세와 교황 그레고리우스 7세의 투쟁에서 중요한 문제로 등장되었던 성직자 선임권은 황제 하인리히 5세와 교황 칼릭투스 2세 사이에 성립한 워름스 협약에 가서 일단락 된다.

하지만 이것은 독일의 경우이다. 독일 외의 다른 지역에서도 교황권과 왕권의 충돌이 가능한 상태에 있었다.

그것이 독일의 경우에는 카놋사 사건을 비롯한 적잖은 사건이 빚어졌지만 프랑스나 영국의 경우는 큰 파란없이 타협이 이루어졌다.

프랑스의 경우는 1097년의 일이고 영국의 경우는 1107년의 일이다. 거기에서 해결의 중요단서가 된 것은 샤르트르의 사교「이보의 제창」(사교의 지위를 성적인 것과 세속적인 것으로 구별하는)이었다. 즉 종교상의 권능 수여는 교권에, 봉토(封土)의 수여는 속권(俗權)에 위임하자는 것이었다.

이것을 확대 해석하면 그때까지 황제권에 포함되어 있던 황제의 것과 신의 것을 분리해서 황제의 것은 황제에게, 신의 것은 신에게 위임하자는 말이 된다.

이 원칙에 의하면 국왕은 종교적 지배권을 상징하는 반지와 사교장(杖)으로 사교를 임명하는 권리를 포기하는 한편 사교령을 국왕의 봉토로 정하고 또 그것을 사교에게 내리는 권리를 확보하게 되었다.

그리고 이와같은 내용의 협약이 교황과 독일 황제 사이에서도 체결되었을 때 유럽의 모든 왕(황제를 포함)은 카알대제나 옷토대제 이래 계속되어온 신정정치를 포기, 명실공히 세속적인 군주로 차별되었다.

그후 황제권은 교황이나 사교들의 지위를 좌우하지 못하게 되었고 모든 성직자는 교회법에 의해서 사교 교회의 역승단(役僧團)이 선출했다. 그러나 문제는 또 있었다.

영국, 프랑스의 경우 국왕은 비록 성직자 선임권을 포기하긴 했으나 그 선거에 어느 정도 간여하고 또 성직자의 충성을 요구할 권리를 인정받고 있었으며 독일의 경우는 워름스협약에 의해서 성직자 선거는 국왕 또는 그 사절의 눈앞에서 실시하고 선발된 자에게 성직이 주어지기 전 사교령의 수봉(授封)을 먼저 행하기로 되어 있었다.

즉 왕권은 비록 성직자 서임권을 포기했을망정 그 선거와 서임에 간섭할 수 있었던 것이다. 예외는 서임을 먼저 행하고 수봉을 뒤에 행하기로 한 이탈리아와 부르군드 뿐이었다.

게다가 교황은 여전히 국왕을 파문할 수 있어서 이 권리에 의해 국왕을 추방, 또는 그 즉위를 방해할 수 있었다.

이런 문제점 때문에 12~13세기에도 왕권과 법왕권의 충돌이 가끔 일어나지만 열광적인 십자군 무우드 속에서 만사는 법왕권에 유리하게 처리되어 나갈 뿐이었다.

2) 십자군 전쟁

지중해 세계에 침입했던 이슬람 세력은 10세기 이래로 더 확대되지 못하고 11세기에는 오히려 유럽측으로부터 반격을 받아 수세에 몰리고 있었다. 「국토회복운동」이라고 불리는 그 반격에 가장 적극적이었던 것은 이스파니아 반도 북부의 2개 그리스도교 왕국, 아라공과 카스틸랴였는데 반도의 대부분을 차지하고 있던 이슬람 세력은 반대로 분열해서 쇠퇴 일로에 있었다.

스페인의 국민적 영웅 시드가 활약한 것은 바로 이 국토회복운동 때의 초기였다. 그에게는 「용사」(勇士)란 별칭도 있었는데 원래는 카스틸랴 왕국의 귀족의 한 사람 디에고 라이네스한테서 태어났으므로 처음에는 카스틸랴 왕 산쵸 2세에게 봉사하면서 용명(勇名)을 날렸다. 그러나 산쵸 2세의 뒤를 이은 알폰소 6세와는 뜻이 맞지 않자 때로는 이슬람측에, 때로는 그리스도교측에 봉사하는 용병대장으로 활약했다.

그러나 1090년 경에 가서는 이슬람 세력권에서 발렌시아를 뺏고, 죽을 때까지 이곳을 확보하였다. 그리고 한때 이슬람 군주를 도운 일이 있었다고는 해도 그의 용맹, 관용의 미덕, 불굴의 독립 정신 등은 스페인 사람들 사이에서 거의 이상할 만큼 인기가 높고 후세의 여러 영웅시에서 노래되어 있기도 하고 끝내는 스페인의 민족적 영웅으로 찬양되고 있다.

그의 반이슬람 투쟁의 공적으로 노르만인 모험 기사 오트빌의 형제들의 남부 이탈리아, 시칠리아, 모올타 등지에서 이슬람 및 바잔트 세력을 몰아내고, 그리하여 피사, 제노바, 나폴리, 베네치아 등의 이탈리아 도시들이 거기 합세한 것도 거의 같은 시기의 일이다.

말하자면 11세기 후반은 유럽측에서 지중해 세계 회복운동의 막을 올린 십자군운동의 시초에 해당된다.

사실 십자군 운동에서 주요 역할을 맡게 되는 노르만과 프랑스의 기사들 및 이탈리아의 도시들은 이미 국토회복운동에서 중요한 역할을 맡고 있었다.

동로마의 경우 이 제국은 쇠퇴기에 접어든 데다가 무능한 황제들 밑에서 유럽의 봉건 사회와 비슷한 권력의 분리현상이 두드러지게 나타나고 있었다.

이와는 반대로 동방에서는 바그다드 중심의 동칼리프 국가에서 이란의 유목민 셀주크 투르크인이 이슬람 세력의 새로운 핵심체로 급작스럽게 성장, 1070년 대에는 소아시아 전체를 장악하고 동로마 제국을 직접 위협했다.

비잔트황제 로마누스 4세는 이 위기를 극복하려고 서방에 구원을 요청했다.

서방은 이무렵 카놋사 사건을 앞둔 혼란기였을 뿐 아니라 교황청 측에서는 1054년 이후 그리이스 정교의 반항, 또는 독립을 못마땅하게 생각하고 있었다. 로마누스 4세의 요청은 전혀 고려되지 않았던 것이다.

그러나 셀주크 투르크의 세력은 날로 확장되고 1090년 경에는 시리아마저 그들의 손에 들어갔다. 이제 유럽인은 동방의 성지 예루살렘에 갈 길을 잃었다.

이때 동로마 제국 콤네노스조(朝)의 알렉시오스 1세도 제국 자체를 위기에서 구하고 또 성지 순례의 길을 회복하기 위해서는 서방에 구원을 요청하는 수밖에 다른 방법이 없었다.

(가) 십자군 원정

이슬람 세력한테 시리아를 점령당하고 이 성지를 탈환해야 한다는 것은 우선 그리스도교 세계의 최고 책임자로 되어 있는 로마 교황의 의무로 생각되고 있었다. 그러나 교황 우르바누스 2세가 십자군을 일으키게 된 이유는 그것뿐만이 아니었다. 즉 동서 2대 세력권으로 분할되어 있는 그리스도교회를 이 기회에 다시 합일시켜야겠다고 생각한 것이다.

따라서 교황 우르바누스 2세에게는 성지 회복 외에 동로마 황제권 제압 내지는 그리스도교 세계의 재합일이라는 또 다른 목표가 있던 것이다.

그러나 교황 직속의 군대가 있을 리 없다. 우선 동로마 황제의 요청에 응하고 그리스도교 세계 전체의 지배권을 장악하려는 원대한 계획을 실현하기 위해서는 강대한 군대가 필요했다.

그렇다면 우르바누스 2세는 이 문제를 어떻게 해결했는가. 원래는 신성 로마제국 황제의 군대야말로 교황군의 주력이어야 했다. 그러나 교황은 당시에 독일 황제와 아직 대립해 있었다. 따라서 독일군을 동원하는 것은 우선 불가능한 일로 생각되었을 뿐더러 교황 자신이 그런 것은 원치 않았다.

여기서 동원이 가능한 것은 프랑스군이었다. 왜냐하면 우르바누스 2세 자신이 프랑스 출신이었고 또 유럽에서 가장 강력한 봉건 기사군(騎士軍)은 프랑스군으로 생각되었기 때문이다.

프랑스군 확보 여부는 곧 우르바누스 2세의 원대한 계획을 좌우하게 되었다.

1095년 말, 우르바누스 2세는 프랑스의 클레르몽에서 공회의를 개최했다. 클루니 개혁운동의 초기에 해당하는 교황 레오 9세 때의 랭스 공회의와는 달리, 클루니 및 그레고리우스의 개혁운동은 이무렵 유럽 전역을 휩쓸고 있어 유럽 어디서나 사람들은 클레르몽으로 몰려들었다.

웅변술이 뛰어난 우르바누스 2세는 성지 예루살렘을 잃은 그리스도 교도의 비참과 동방에서 투르크인이 가해오는 위협을 조리있게 설명하고 성지회복을 위한 성전(聖戰)과 순교의 영광을 강조했다. 감동한 청중은 자리에서 일어나며 이구동성으로 신이 그것을 바라고 있다고 외쳤다.

십자군을 일으키기 위한 교황 우르바누스 2세의 노력은 또 다른 방향에서도 작용했다. 선동가들이 각지에 파견돼서 성지 탈환의 큰 뜻을 알리고 동방에는 성유골(聖遺骨) 외에도 금은 재보(財寶)와 미녀가 많다는 것을 잊지않고 과장해서 선전하였다.

그뿐만이 아니라 종군한 사람들의 가족과 재산은 로마교회(교황청)에서 직접 보호해 줄 것이며 성전에서 희생된 자는 모든 죄를 용서받고 천국에 갈 것이라고 선전하였다.

이리하여 곳곳에서 수천 명이 혹은 성지와 성유골 탈환을 위해, 혹은 금은 보화를 얻기 위해, 혹은 미녀를 얻기 위해, 종군을 자원하고 어깨에는 十자의 표지를 달았다. 이 종군자들은 십자군이라고 불렀다.

그들은 곧 도나우강을 건너 발칸반도를 가로지르고 콘스탄티노플에서 아시아로 건너갔다.

(나) 성지탈환과 만행

몇 차례 실패를 거듭한 끝에 예루살렘 가까운 시리아 해안에 도착한 십자군은 계속 살인과 약탈을 자행하며 남하했다.

1099년 6월 7일에는 드디어 목적지 예루살렘 성벽에 도착했다.

이 성지 탈환전은 처절한 학살의 싸움이었다. 전투는 6주일이나 계속되고 십자군 병사들은 적의 전투원 외에 비전투원까지 남녀노소를 가리지 않고 살해했다.

성이 함락된 것은 7월 15일, 여기서 제1회 십자군은 완전히 성공을 거둔 것이다. 그러나 1096년 여름에서 1099년 7월까지 보인 이교도에 대한 잔학성이나 약탈행위는 역사상 그 유례가 드물만큼 혹심했다.

예루살렘을 함락시킨 후 십자군이 저지른 만행으로는 신전, 회랑, 거리에서 피의 향연을 벌인 후 대약탈을 감행하기 시작했다. 약탈을 그들은 신의 영광으로 돌리고 있었다. 성지탈환 외에 동방의 금, 은 등 재보와 미녀들을 무차별 약탈했고 함부로 살인을 일삼았다.

(다) 이슬람 세력의 반격

제1회 십자군 침략은 비교적 성공이었다. 유럽에서는 각국의 국가 형태가 확립되어 있지 못했기 때문에 교황의 지휘하에 그처럼 각국의 기사들이 일치된 행동을 취할 수 있었다.

이슬람측에서는 그리스도 교도의 침입을 저지할만한 공동의 조직을 가지고 있지 못하였다. 그러나 12세기에 접어들면서 사정은 갑자기 변한다. 이슬람 세력권에서 반격을 가한 것이다.

여기에서 흥미있는 것은 유럽에서 십자군의 시리아 탈환을「성전」으로 생각한 것처럼 이슬람측에서도 시리아 탈환을 그들 나름의「성전」으로 생각했다는 사실이다.

그 중심인물은 모술의 태수(太守) 잔기였다. 그는 1128년 알렙포를 탈취하고 44년에는 에렛사백령을 탈취하였다.

이슬람에서는 다마스커스의 누레딘이 가장 신임하는 장군의 조카에 해당한다는 살라딘이 피티마 왕조의 이집트에서 재상이 되더니 얼마 안가서 그 자신이 군주의 지위에 올라 압바스조의 칼리프한테서 술탄이란 칭호를 얻고 뉴레딘이 죽은 후에는 이집트와 시리아의 단독지배자로 성장하여 사라센인의 종교적 열정과 전투열을 고취해서 1187년에는 예루살렘 왕국을 정복했다.

그리하여 제1회 십자군이 거둔 성과는 1백 년도 지나지 않아서 빛을 잃고 이듬해에 그리스도 교도는 겨우 티루스, 트리폴리, 안티오키아 등 3개 도시만을 확보하고 있었다.

이 무렵에 시리아에서 성지 확보를 위해 필사의 노력을 기울인 것이「요한 기사단」과「템풀 기사단」이다. 그중 요한 기사단은 제1회 십자군에 종군했던 수도승 게라르트에 의해 조직돼서 1113년에는 교황의 승인을 얻고 상병자(傷病者) 치료를 전담했기 때문에「병원 기사단」으로 불리웠다.

그들은 검은 외투에 흰 십자가를 착용하고 본부를 예루살렘에 두고 있었는데 경우에 따라서는 서슴지 않고 실전에도 가담하여 당시 승려들이 호전적이었음을 실증하고 있다.

템풀 기사단은 요한 병원 기사단보다 좀 늦게 1119년 유고 드 페이얀 이하 8명의 프랑스 기사들이 조직한 것으로 백색의 외투에 붉은 십자가를 착용했고 본부는 예루살렘의 솔로몬 신전에 두고 있었는데 성지 방어가 주요 사명으로 되어 있었다.

교황이 이를 공인한 것은 1128년, 이 두 기사단에 제3회 십자군운동 때에 생겨나는 「독일 기사단」을 합쳐서 성지 수호의 3대 기사단이 이른바 「종교 기사단」으로 불리워진다.

그러나 1180년 대에 요한, 템풀 2개 기사단만으로는 사라센인을 격퇴시킬 수 없었고 시리아의 다른 그리스도 교도들이 분열 또는 사라센측에 가담해 있었을 때 성지 예루살렘은 다시 사라센인의 손에 넘어가 있었다.

(라) 십자군의 성과

제2회, 제3회 십자군 원정에서 가장 두드러진 현상의 하나는 1회 때의 종교적 정열은 간데 없고 정치상의 이해에 따른 침략행위가 되어버렸다.

그리고 제4회 원정 때의 탈선행위를 보면 교황권의 쇠퇴를 의미한다기 보다 정치 또는 경제상의 이해관계가 종교적 정열을 제압하고 있었다는 것을 알 수 있다. 이는 곧 십자군 원정의 본래 의도가 전면적으로 빗나갔다는 것을 의미한다.

이집트 탈환을 희망하는 교황 인노켄티우스 4세의 의도와도 빗나가는 것이었다. 그러나 그리스 정교를 귀일시켰다는 것이 제4회 십자군의 성과였다.

그밖에 라틴 제국의 성립과 동시에 베네치아를 비롯한 이탈리아의 여러 도시들은 동지중해 및 그 연안의 섬들을 지배하게 되었거니와 이런 사정은 1201년 라틴 제국이 멸망하고 비잔트 제국이 부활한 뒤에도 마찬가지였다.

(마) 십자군전쟁의 결과

전술한 바와 같이 제4회 때부터는 종교적 정열보다도 정치적, 경제적 이해관계가 십자군 원정의 방향을 좌우해서 성지 아닌 다른 엉뚱한 지역이 공격의 목표가 되었다.

제4회 십자군이 콘스탄티노플에서 라틴 제국을 세우자 교황 인노

켄티우스 3세와 그 후계자 호노리우스 3세의 노력으로 제5회 십자군이 명목상의 예루살렘 국왕 존의 지휘하에 제1목표를 이집트의 다미엣타르, 제2목표를 예루살렘으로 정하고 1218년 봄에 떠났다.

다미엣타 공방전은 무려 17개월이나 계속된 끝에 카이로의 술탄 알 카밀은 절망상태에서 요르단강 서쪽의 예루살렘 왕국을 전부 돌려줄 것을 제의하고 십자군이 아프리카에서 철수해 주기를 요청하는 조건부 항복을 해왔다.

그러나 알바노의 추기경 펠라기우스가 반대하여 십자군은 공격을 계속하여 카이로 및 이집트 전역을 탈환해야 한다고 주장한다.

다미엣타가 함락된 것이 1219년 11월 5일, 그로부터 전투는 21개월간이나 더 계속되었다. 그러나 때마침 나일강이 범람해서 전투는 중단되고 십자군도 철수한다.

이리하여 제5회 십자군은 성지 탈환을 달성할 수 있었으나 그 기회를 놓치고 만다.

제6회 십자군은 1227년에, 제7회 십자군은 1248년에, 제8회는 1267년에, 이처럼 계속해서 동원되긴 했으나 번번히 종교적 의미보다는 정치적, 경제적 타산이 앞서서 좌절되고 또 1261년에 콘스탄티노플에서는 다시 비잔트 제국이 부활하고 시리아에서는 13세기 말 그리스도 교도 최후의 보루 아크레가 다시 사라센의 손에 넘어감으로써 십자군운동은 아무 성과없이 종말을 고한다.

3) 중세유럽의 변화

신성 로마제국 황제 프리드리히 2세가 1250년에 죽고, 그 무렵부터 유럽에는 50년 이상의 기간동안 정치적 변동이 일어난다.

이 시기는 중세의 말기라는 2세기 반 동안의 과도기에 접어드는 첫 관문에 해당한다. 이 격변기의 초기에 황제권이 몰락하고 또 말기에는 교황권이 몰락한다.

또한 그 권력이 중심이 돼서 유럽을 이끌어온 낡은 질서가 서서히 무너지고 새로운 질서가 확립되기까지 적지않은 혼란이 계속된다.

독일에서는 1256년 이래 누구나 다 인정해 주는 군주를 갖지 못한 대공위(大空位) 시대로 접어든다. 그후 1273년 합스부르크가의 루돌프 1세가 제위에 오르지만 이후 독일의 황제권은 명목상의 권리에 불과해서 독일 민족은 19세기 말까지 민족 전체의 정치적 통일을 유지하지 못한다.

이탈리아에서는 프리드리히 2세의 유산이면서 법률상으로는 교황이 봉건군주로 되어 있던 시칠리아 왕국을 교황권이 뺏으려 했다. 하지만 이 문제는 교황권이 감당못할 정도의 큰 문제로 발전되어 중세 유럽 초유의 국제정치 사건이 발생하게 된다.

(가) 시칠리아 발전

시칠리아의 팔레르모의 옛 성벽 바깥의 성령교회 광장에서 사건은 시작한다. 1282년 3월 29일, 부활제를 마치고 그 다음날인 30일 저녁 부활제 월요일 밤 「만도의 예배」를 기다리는 시민들이 모여 있었다. 이때 시민들이 주고 받은 이야기는 샤를르 1세가 지배하면서 조세가 두 배 이상으로 많아졌다는 것이었다. 거기에다 그의 동로마 원정계획 때문에 무례한 프랑스 관리들은 가축을 마구 뺏고 있었다. 이에 대한 시민들의 항거가 대화속에 무르익어 가고 있었던 것이다.

바로 그때 일단의 프랑스 병사들이 광장에 들어섰다. 축제에서 술에 취한 프랑스 병사들은 광장에 들어서며 주위에 있는 시칠리아 여자들을 희롱하기 시작했다. 그 중의 한 병사가 하필이면 남편 곁에 서있는 시칠리아 여자에게 수작을 걸었다.

프랑스 사람에게 증오심을 품고 있던 시칠리아 남편이 가만히 보고 있을 리가 없었다. 남편의 손에서 갑자기 나이프가 번쩍하더니 그 병사는 금방 피투성이가 되어 배를 끌어안고 쓰러졌다. 다른 프랑스 병사들이 즉시 그 사내를 에워싸고 해치우려 했으나 벌써 다른 시칠리아인들이 손에 손에 단도를 들고 빙 둘러싸는 것을 보고는 주춤하지 않을 수 없었다.

순간 시칠리아인들은 고함을 지르면서 프랑스 병사들한테 육박, 평화롭게 만도를 기다리던 광장은 수라장이 되었다.

이 자리에서 무사히 달아날 수 있었던 프랑스 병사는 단 한 사람도 없었다. 이때 만도의 시작을 알리는 교회의 종소리가 예정대로 광장에 울려퍼지더니 뒤이어 팔레르몬 시내의 다른 교회에서도 일제히 종소리가 울리고 있었다.

이것이「시칠리아 만도」라고 불리는 시칠리아인이 일으킨 반프랑스 반란의 서막이었다. 만도를 기다리던 시칠리아인 모두가 폭도로 돌변해서「프랑스놈들을 죽여라!」하고 아우성치며 팔레르몬 시가지 전체를 휩쓸면서, 프랑스인이라면 남녀노소를 가리지 않고 살해하고, 프랑스인과 결혼한 시칠리아 부인들까지 찾아내서 살해했다.

심지어는 탁발승단의 수도원에까지 폭도가 침입, 말을 시켜 보아서 프랑스식 발음을 하면 즉시 살해하였다.

이튿날 팔레르모 시가에는 프랑스인 남녀의 시체 2천 여구가 깔려 있었다. 이 폭동은 각 도시에서도 요원의 불길처럼 일어나 학살당한 프랑스인은 4천 명에 달했다.

이후 프랑스군의 공격을 받았으나 시칠리아인은 완강히 저항하다가 마침내 독일 아라공의 지원을 받아 프랑스군을 몰아내는데 성공한다. 지배자 샤를르 1세도 마침내 이탈리아 본토로 철수했다.

「시칠리아 만도」는 중세식의 세계 지배가 이미 불가능해졌다는 것을 입증해 주었다. 또한 프랑스와 독일 및 교황권을 제쳐놓고 시칠리아 왕국을 독차지한 아라공이 이후 나폴리 왕국까지 정복해서 명실공히 서지중해의 패자로 군림하게 했다.

그리고 이런 변동을 초래한 시칠리아인의 행동은 중세 이래 1천여 년 동안을 굴종과 굴욕속에서 지내게 된 이탈리아의 역사에서 유일한 민족적 자랑거리로 이야기 되고 또 전설이나 가극에서까지 미화되고 있다.

그러나 무엇보다도 중요한 것은 이 무렵 교황권이 겪어야 했던 굴욕이다. 사실 프리드리히 2세가 죽은 뒤에는 독일이나 프랑스에서도, 그리고 아라공에서나 동로마에서도 누구 하나 교황권을 두려워하지 않았다는 사실이다.

이처럼 빠른 속도로 교황권은 몰락하고 유럽 각국에서는 왕권이 강화되고 있었다.

(나) 역병 페스트

페스트가 언제 어디서 발생했는지는 확실하지 않다. 그리스도 지역에서는 멀리 아시아나 이집트 등 이교도 세계에서 발생하여 유럽에 전염되었다고 믿고 있었다.

그러나 이 역병은 1346년 크리미아 반도 남부 연안에서 흑해, 콘스탄티노플, 에게해, 이오니아해 등지를 거쳐 시칠리아의 멧시나에 도달했다. 그 길은 그 시대 지중해 항로의 하나였다. 그러니까 크리미아 반도에서 배에 탄 역병의 신(神)은 상인들과 함께 유럽에 간 것이다. 쥐 또는 환자가 갑판에 뱉은 가래침 따위에 그 역병의 신이 숨어들어서 동부 지중해를 항해했던 것이다.

페스트는 멧시나에서 다시 이탈리아 반도의 서쪽 해안을 북상하며 피사, 제노바 등을 기습하고 여기서 두 갈래로 나뉘어 그 한 줄기는 알프스 넘어 유럽 내륙에 깊숙히 침입하고 다른 한 줄기는 계속 해안을 따라 프랑스 남부의 마르세이유에 도착했다. 1347년 말의 일이다.

이듬해 1348년 역병은 그 본성을 발휘하여 맹위를 떨쳤다. 이탈리아, 프랑스, 스페인, 독일, 영국, 심지어는 북쪽의 스칸디나비아까지 고루 퍼졌다.

그 시대의 활기 띤 무역과 가옥이 꽉 들어차 있는 데다 위생시설이 엉망이던 도시의 환경이 이 역병의 만연을 방조했던 것이다. 도시와 농촌, 또는 신분과 계급의 구별이 없이 모든 유럽인은 사상 초유의 무서운 재난에 휩쓸렸다.

(다) 유다인 학살

페스트가 닥치는대로 생명체를 더럽히고 무자비하게 인명을 앗아가자 사람들은 저마다 공포에 떨었다. 어디를 가나 사람의 시체가 쌓였다. 각종 유언비어도 날뛰고 있었다.

그런 가운데 어느 누구에게서 부터인지는 몰라도 유다인이 샘이나 우물에 독을 풀어 놓아서 페스트가 창궐했다는 소문이 나돌기 시작했다. 이 유언비어는 마침내 또다른 학살로 번지기 시작했다.

십자군 시대에 이어 제2차로 대규모적인 유다인 학살이 시작된 것이다.

남부 프랑스의 도시, 특히, 나르본이나 카르캇손느, 그리고 독일의 라인강 연안에 있는 여러 도시에서는 집단적인 광기로 말미암아 수많은 유다인이 애매하게 생매장당하거나 또는 불속에 던져져서 타죽고 말았다.

유다인이 이렇게 학살된 것은 평소에 그리스도 교도들로부터 미움받는 이교도(유다교)인데다가 상술이 뛰어나서 돈을 너무 잘 벌기 때문이었다. 그와같은 멸시와 증오가 유다인을 학살하게 된 동기로 작용했던 것이다.

이런 학살이 확대되자 교황 클레멘스 6세는 그 학살을 금지하고 아비뇽을 비롯해서 로마 교황령으로 피한 유다인을 보호해 주기도 했다.

그러나 평소의 울분을 그 기회에 해소하려고 날뛰는 그리스도 교도들의 만행은 좀처럼 중지되지 않았다.

(라) 백년전쟁의 시작

중세 유럽 말기 또 하나의 재난이었던 영·불의 백년전쟁은 1337년에 시작되어 1453년에 가서 끝난다.

전쟁의 시초는 프랑스의 카페 왕조가 987년 이래 잘 이어지다가 1328년 카페 왕조 최후의 군주 샤를르 4세가 죽자 남계(男系) 상속인이 없었으므로 샤를르 4세의 종형제 필립 6세가 즉위하여 발르와 왕조가 시작되면서 부터이다.

그러자 영국에서는 일단 필립 6세의 즉위를 승인하고 있더니 몇년 후 태도를 갑자기 바꾸어 샤를르 4세의 누이 이사벨라의 남편이던 에드워드 3세가 프랑스 왕위는 사실 자기가 계승해야 한다고 주장했다.

영국왕 에드워드 3세의 목표는 원래 프랑스 서남부의 영국령 기엔느를 발판으로 해서 프랑스 전역을 정복하고 영국과 프랑스를 통합해서 하나의 대제국을 세우려는 것이었다. 그런데 기엔느 지방의 중심도시 보르도는 프랑스에서 영국으로 포도주를 실어내는데 이용되는 가장 중요한 항구의 하나였다.

프랑스 정복을 목표로 한 에드워드 3세가 또 하나의 발판으로 생각한 곳은 북부 프랑스의 플랑드르 지방이었다. 이곳은 아직 프랑스 왕령지가 아니었고 친불(親佛)세력에 속해 있던 봉건 귀족 플랑드르백작이 지배하고 있었다.

그러나 플랑드르 지방은 주로 영국에서 수입되는 원모 덕분에 모직물 공업으로 번영하고 있었으므로 이 지방의 도시는 플랑드르백작과 달리 친영국파였다. 에드워드 3세가 기대를 건 것은 바로 이 도시의 협조였다.

영국왕이 그런 야심을 가지고 있었다면 프랑스왕도 거기에 지지않고 대단한 야심을 가지고 있었다. 즉 이제라도 프랑스 내의 영국령을 모조리 정리, 프랑스 왕국의 통일을 이룩하기 위해서는 기엔느와 플랑드르 두 지방을 어떻게 해서든지 뺏아야 한다고 생각한 것이다.

영국도 프랑스도 이 무렵에는 왕권이 강화되고 경제가 발전해서 각각 국력이 충실했고 왕들은 자신만만하게 그런 야심을 품고 행동개시의 기회를 노리고 있었던 것이다.

그러므로 에드워드 3세가 프랑스 왕위 계승권을 갑자기 주장한 것은 전쟁을 일으키기 위한 생트집같은 것이었다.

백년전쟁은 대체로 이런 이유에서 시작된 것이다.

1337년 전쟁은 두 나라 사이의 바다에서 민간 무장선들에 의해 시작되었다. 그런 이듬해 영국왕 에드워드 3세는 대륙으로 건너가서 플랑드르 지방의 도시동맹 지도자 자콥 반 아르테벨데와 동맹을 맺고 그 다음에는 네덜란드, 벨기에, 룩셈부르크 등지의 지도자들과도 동맹을 맺었다. 또 독일 황제 루이 4세와도 동맹을 맺었다.

그 사이 바다에서 영국의 함대는 카스틸랴 및 제노바 함선의 지원을 받은 프랑스 함대를 격파했다. 그리하여 전쟁의 무대는 1340년부터 프랑스 영내로 옮겨져서 육전으로 승부를 가리게 되었다.

(마) 프랑스의 위기

　14세기 말 영국은 헨리 4세가 즉위해서 국내 질서를 바로잡고 국력을 강화했다. 그러나 정신병 환자 샤를르 6세의 프랑스에서는 부르고뉴공을 중심으로 한 부르고뉴공파와 남부 프랑스 귀족 중심의 아르마냐파로 나뉘어 대립 항쟁하여 국내는 분열되어 있었다.

　부르고뉴공은 이무렵 플랑드르 지방을 비롯해서 프랑스 동부와 독일 일부까지 장악, 강대한 세력으로 발전하고 있었다.

　그런데 녹색의 두건을 쓴 이들 부르고뉴공파는 종전과 마찬가지로 우수한 양모의 원산지 영국과 손을 잡았고 붉은 스카아프를 몸에 건 아르마냐파는 프랑스 국왕과 왕태자 샤를르 7세를 지지하고 있었다. 그리하여 영국과 부르고뉴공파의 동맹군을 아르마냐파가 상대하는 전쟁으로 되었다. 사태는 단연 프랑스에 불리했다.

　헨리 4세의 뒤를 이은 헨리 5세가 이 절호의 기회를 놓칠 리가 없었다. 그는 1415년 해협을 건너 프랑스에 침공 노르망디를 휩쓸었고, 1420년 부르고뉴공파는 파리를 점령했다. 그래서 프랑스는 이제 영국왕, 부르고뉴공파, 프랑스왕 등 3대 세력에 분할된 상태에 놓였다.

　그런데 1422년 영국왕 헨리 5세가 8월에, 프랑스왕 샤를르 6세가 10월에 죽었다.

　이무렵 프랑스 국토의 절반 가량을 차지하고 있던 영국과 부르고뉴공파는 나이 한 살의 헨리 6세를 왕위에 앉히고 영국왕 겸 프랑스왕이기도 하다고 선언했다.

　이때 샤를르 6세의 뒤를 이은 진짜 프랑스왕 샤를르 7세는 파리 남방 2백킬로 지점의 부우르쥬에서 아르마냐파의 지지를 받고 있었다.

　이런 분열상태에서 프랑스 국내에는 다시 소름끼치는 혼란이 야기되었다. 각처에서 용병대는 살인, 약탈, 방화를 일삼았다. 도시와 농촌은 물론이고 교회도 큰 피해를 입었다. 망루에서 종이 울리거나 나팔소리가 나면 사람들은 말할 것 없고 소, 말이나 양까지 혼비백산해서 제각기 피난장소로 도망치게 되었을 정도다.

　북부 프랑스에서는 사람들이 이구동성으로 「프랑스와 영국의 왕 헨리만세!」라고 외치고 있었다. 그야말로 프랑스는 영국왕 에드워드

3세가 원했던대로 완전히 영국에 합병돼서 멸망하고 말 것 같았다.

이제는 싸움도 파리 남방 1백킬로 지점으로 그 무대가 옮겨져 있었다. 따지고 보면 프랑스의 명맥은 샤를르 7세와 아르마냑파가 아직 확보하고 있는 최후의 거점 르와르강 이남 지방에서 겨우 유지되고 있었다.

이 최후의 거점에서 프랑스의 국운을 걸고 오를레앙 시민과 아르마냑파는 필사의 저항을 계속, 오를레앙시를 사수하고 있었다.

그러나 영국군측의 공세는 좀처럼 수그러들 줄을 몰랐다. 1428~1429년의 일이다.

이때 영국군측은 수천, 프랑스군측은 불과 1천도 못되는 병력으로 밀고 당기고 있었다. 기적이 일어나지 않는 한 프랑스 국운은 회복될 가망이 없었다.

(바) 성처녀 쟌다크의 분전

절망상태의 프랑스에 기적이 일어난 것이 바로 저 유명한 처녀 쟌다크의 출현이다.

샹파뉴 지방과 로렌느 지방 사이의 동레미에서 1412년 경의 어느 해 1월 6일 농부의 딸로 태어난 그녀는 양을 치고 있었다. 13세 되던 해 여름 교회의 종소리가 그칠 무렵, 그녀는 천사들의 아름다운 합창이 울려퍼지는 것을 들었다. 이때 성(聖) 카트린느와 성 마아가렛을 거느린 천사장 미카엘의 모습이 쟌다크의 머리 위에 나타나서 이렇게 일러 주었다.

『프랑스로 가라, 오를레앙을 구하라.』

신의 음성은 그후에도 쟌다크를 자꾸 재촉했다. 1429년 쟌다크는 마침내 신의 계시대로 행동을 개시, 우선 프랑스왕 샤를르 7세의 허가를 얻고 장군들과 함께 그해 5월부터 파죽지세로 진군해서 영국과 부르고뉴 동맹군에게 치명적인 타격을 주었다.

오를레앙은 위기를 모면했다. 침입자를 물리치려는 열정과 두터운 신앙을 가진 쟌다크와 그녀가 지휘한 장병 2백 명이 거둔 첫승리였다. 이때부터 전세는 역전한다. 쟌다크는 얼마 안 되는 병력을 지휘해서 세느강을 건너 랭스로 북진했다. 랭스는 역대 프랑스 국왕들이 대관식을 거행한 교회가 있는 유서 깊은 도시다.

1429년 7월 17일, 샤를르 7세의 대관식은 쟌다크가 탈환한 랭스에서 장엄하고도 감명 깊게 거행되었다. 그사이 쟌다크에게 연전 연패한 영국과 부르고뉴파의 동맹군은 이제 프랑스 정복을 단념해야 할 만큼 불리한 상태에 몰리고 있었다. 마침내 국운이 위태롭던 프랑스는 처녀 쟌다크의 분전 덕택에 그 위기를 면한 셈이다.

하지만 처녀 쟌다크에게는 큰 비극이 기다리고 있었다. 1430년 쟌다크는 콩피에뉴에서 부르고뉴파에 사로잡혀 영국측에 인계되었다. 루앙에서 그녀에 대한 종교 재판이 열리기 시작한 것이 321년 1월 13일부터이고 그해 5월 30일에는 루앙의「구시장」에서 화형에 처해지게 된다.

그리하여 1435년에는 아르마냑파와 부르고뉴파가 화해함으로써 프랑스인 전체가 문자 그대로 대동단결해서 쟌다크의 죽음을 애도하며 한 마음 한 뜻으로 영국에 대항, 이 갑작스러운 변화에 놀란 영국은 1435년「아라스의 조약」을 맺고 화해했다.

그동안 부르고뉴공파가 장악하고 있던 파리에 프랑스왕 샤를르 7세가 입성한 것이 1436년, 이후 프랑스 국민은 침략자 영국인을 노르망디에서 또 기엔느에서도 내몰았다.

그리하여 1453년 칼레 지방만이 아직 영국인의 손에 들어있는 가운데 백년전쟁은 그 종말을 고했다.

4) 중세유럽의 붕괴

(가) 의회의 탄생

프랑스는 백년 전쟁 중 유럽의 다른 어떤 나라보다도 허다한 고난을 치렀으나 그 대신에 국토를 거의 다 회복하고 또 국민 의식을 형성하게 되었다. 프랑스로서는 통일 국가 또는 국민 국가라는 것이 그 때에야 그 첫걸음을 내디디게 된 셈이다.

그런데 프랑스에서는 14세기 초부터 전국 3부회라는 의회가 설치되고, 또 14세기 중엽부터 백년전쟁이 끝날 무렵까지 약 1백여 년 동안에 각 지방별로 지방 3부회란 것이 여러 곳에서 생겨났다.

그러나 말이 의회일 뿐 승려, 귀족, 시민의 대표가 한 자리에 모여 국왕의 요구대로 조세를 승인, 또는 거부하는 것이 주요 역할이었으니까 국민의 대표들이 모여서 국가의 입법, 행정 및 재정을 모두 의논하는 현대의 의회와는 그 성격도 기능도 아주 딴판이었다. 더구나 3부회에는 농민이나 수공업자 등 일반 서민의 대표는 참가하고 있지 않았다.

이런 의회가 생겨난 중요한 이유는 국왕이 아직 전국 각지에서 세금을 징수할 수 있는 조직을 구성할 능력이 없었다는 데에 있다.

그러나 승려와 세속의 제후(귀족)들에게도 의회가 필요했다. 왜냐하면 국왕의 세력은 이미 그들 승려나 귀족의 세력보다 훨씬 더 강해져 있었으므로 옛날처럼 각 지방에 할거해서 한가하게 지낼 수는 없고 의회에서 일치단결하여 국왕을 상대하지 않으면 안 되었기 때문이다.

귀족들은 국왕이 요구하는 조세를 승인하는 대신, 자기네의 농민 지배권만은 어떻게 해서든지 확보해야 한다고 생각했다. 그러므로 귀족들은 위에서 내려누르는 국왕의 공세와 밑에서 치솟는 농민의 저항을 모두 의회에서 처리해나가고 있었다.

의회에 시민의 대표들이 참여하고 있었다는 사실은 위와 같은 의회의 내용과 밀접한 관계를 가지고 있다. 이들 시민은 사실 가장 중요한 조세 부담자였던 것이다. 두 말할 것 없이 이들 시민은 수공업이나 농민이 생산해 내는 제품을 국내외에서 판매하여 막대한 재산을 소유하게 된 상인들이다.

따라서 중세 후기의 유럽 사회는 이미 정치적으로나 경제적으로나 국가 또는 강력한 왕권을 필요로 하게 되고 그것이 의회를 낳았다고 말할 수도 있다.

바꾸어 말하자면 이 시대의 의회는 국왕과 귀족과 시민 및 일반 서민을 한 덩어리로 묶어 주는 접합체나 다름 없었다.

이런 상황은 백년전쟁에 의해서 한층 더 촉진되었다. 귀족들은 서로 다투다가 약해지고, 반대로 국왕은 자꾸 강력해졌다.

14세기 후반 샤를르 5세 때에는 전국적인 징세 조직의 기초가 마련되었고, 샤를르 7세 때에는 관료제가 정비되고 재정상의 개혁이 행해지고 용병으로 상비군이 편성되었다. 또 국내의 교회들은 교황의 지배를 벗어나 국왕의 지배를 받게 되었는데, 15세기의 교황은 비록 아비뇽에서 풀려 로마로 복귀하긴 했으나 아무 말도 하지 못할 만큼 무력해져 있었다.

그리하여 프랑스에서는 백년전쟁 후 루이 11세 때에 벌써 절대왕정의 제1단계에 도달했다. 게다가 16세기 후반의 위그노전쟁을 통해서 국내 귀족이 아주 무력해졌으므로, 16세기 말부터 절대주의가 본격적으로 성립한다. 그것이 바로 부우르봉 왕조다.

(나) 장미전쟁

백년전쟁을 계기로 해서 프랑스는 프랑스대로 영국은 영국대로 제각기 국내의 통일을 새로운 목표로 정하게 되었는데, 프랑스는 위에서 말한 것처럼 이미 절대 왕조에까지 발전하고 있었다.

하지만 영국은 백년전쟁에서 프랑스를 정복하려던 것이 좌절된 데다가 국왕 헨리 6세가 정치적으로 무능하고 또 정신적으로 좀 모자라는 데가 있고 해서 백년전쟁 직후에는 정치적으로 큰 혼란이 일어났다.

주요 원인은 에드워드 3세 이후 플랜태지니트 왕가가 14세기 말부터 랭카스터가와 요오크가로 분열, 랭카스터가에서 헨리 4, 5, 6세 등 3대에 걸쳐 왕위를 독점한 데 있다.

그 사이 요오크가에서는 여러 차례에 걸쳐 랭카스터가에 도전, 왕위를 찬탈하려 했으나 실패했는데 헨리 6세가 백년전쟁에서 목표를 달성하지 못한 채 전쟁을 끝내자 요오크가의 불만이 다시 폭발, 결국 랭카스터가와 요오크가 사이에는 프랑스의 부르고뉴파와 아르마냑파가 벌였던 대립 항쟁 이상으로 처절한 내란이 전개된다.

백년전쟁이 끝난지 2년 뒤인 1455년에서 85년까지 30년간이나 전개된 이 내전이 바로 장미전쟁이다.

피비린내 나는 내전에 「장미」라는 화사한 꽃 이름이 붙여진 이유는 랭카스터가가 붉은 장미의 요오크가가 흰 장미의 휘장을 달고 싸웠기 때문이다. 그러나 장미 휘장을 착용한 것은 랭카스터가뿐이라는 말도 있다.

그런데 프랑스 합병이 주요 목적으로 되어 있던 백년전쟁 때와 달리 이 장미전쟁에는 영국 내의 봉건 귀족 전체가 참여, 육친이나 친구였다 하더라도 두 패로 나뉘어서 서로 죽이고 피로 피를 씻는 처절하기 짝이 없는 동족상잔의 비극이 전개되었다.

중세 유럽에서는 이 장미전쟁 이상으로 잔학한 싸움은 없었다고 얘기될 정도이다. 사실 백년전쟁 때에는 포로들이 몸값을 지불하고 석방된 예가 있고, 프랑스왕 존이 포로의 입장 치고는 꽤 우대를 받았다는 일화도 있고, 성처녀 쟌다크의 경우는 종교 재판을 거쳐 처형되었다는 일화도 남았지만 이 장미전쟁에는 그런 것이 없었다.

헨리 6세나 요오크가의 에드워드 5세도 예외일 수는 없었다. 운이 좋아야 런던탑에 갇히는 정도였다. 런던탑은 바로 이때부터 정치범 수용소로 유명해진 것이다.

30년 간의 장미전쟁에서 봉건 영주의 가계가 아주 단절된 비율은 백년전쟁 때의 그것과 비교가 안될 만큼 높았다.

그래서 1485년 랭카스터가에 속하는 튜더가에서 헨리 7세가 즉위했을 때에는 이미 랭카스터가에도 요오크가에도 더 싸울 힘이 없어서 장미전쟁은 저절로 끝나버린거나 다름없게 됐다. 그래서 헨리 7세가 즉위한 이듬해 요오크가의 엘리자베드를 왕비로 맞아들이면서 완전히 화해, 내분은 끝장을 보았다.

그 동안에 영국 내의 귀족은 대부분 혹심한 타격을 받았지만 반대로 왕실은 반대파 귀족들의 재산을 몰수하고, 수출입 관세를 도맡고, 또 귀족의 소유지에 인가세(認可稅)를 부과하게 돼서 전쟁 전보다 더 부강해져 있었다.

그 결과 영국에서는 튜더 왕조에 의한 중앙집권, 즉 영국 절대주의의 시대가 막을 올리게 되었다. 하지만 바로 이런 격변 속에서 영국의 의회제도는 그야말로 눈부시게 발달했다.

(다) 의회제도의 향상

프랑스의 3부회와 같은 역사적 의의를 갖게 된 것은 역시 14세기로 넘어와서부터다. 하지만 몇 가지 차이가 있었던 것은 사실이다. 예컨대 프랑스에는 지방 3부회가 있었으나 영국에는 지방 의회가 없이 전국적인 의회 뿐이었고 또 프랑스의 3부회에서는 하급 귀족(기사들)의 대표가 제외되고 있었으나 영국에서는 하급 귀족의 대표들도 의회에 많이 진출하고 있었다는 차이들이다.

바꾸어 말하면 프랑스에서는 하급 귀족이 대귀족에게 눌려서 별로 표면에 나서지 못했으나 반대로 영국에서는 대귀족의 세력이 약화되어 있었고 또 그만큼 하급 귀족의 세력이 컸는가 하면 국왕의 세력 또한 컸다는 얘기가 된다.

기사들은 소규모의 영주이면서 각 지방 자치체(州)의 핵심이었다. 이 무렵 그들은 이미 군사적인 성격을 잃고 젠트리라는 지주 계급을 형성하고 있었고, 에드워드 3세 때에는 「치안 판사」라는 요직을 차지하게 되었다. 이것은 명예직에 불과하므로 국왕한테서 급료가 지불되고 있지는 않았다. 하지만 그들이 사실상 국왕의 손발(관료) 노릇을 하며 국왕을 지지한 것은 눈의 가시같은 대귀족한테 이상 더 눌려 지내고 싶지 않기 때문이었다.

그리하여 대귀족한테서 독립한 기사들은 주(州) 대표 자격으로 의회에 출석했다. 그러므로 대귀족을 영주라고 부르고, 기사들을 각 도시 대표들과 한데 묶어서 에드워드 1세 때부터 자주 의회에 출석하게 되었지만 그것이 상례로 된 것은 대개 14세기 에드워드 3세 때부터이다.

원래 영국의 의회는 국왕의 최고 재판소와 같은 역할을 한 것이었으나, 에드워드 3세 때부터는 프랑스의 3부회와 비슷한 역할을 맡게 되었다. 그러나 영국에서 의회가 줄곧 전국적인 것뿐이었다는 것은 그만큼 영국이 일찍 중앙집권화하고 전국 사회가 일찍 일원화하고, 또 정치에 간여할 수 있는 계급의 폭이 넓어졌다는 것을 입증하고 있다.

이 시대의 의회가 프랑스의 3부회보다 훨씬 더 구체적으로, 또 정치적으로 활동한 것은 그런 사정 때문이었다. 즉 영국의 의회는 오직 국왕이 요구하는 조세를 심의하고 거기에 동의하는 기관이 아니었다. 프랑스의 3부회에서 아직 볼 수 없던 입법의 권한을 서서히 획득하고 있었기 때문이다.

영국의 의회제는 15세기에 들어서면서 현저히 발전했다. 즉 의회의 승인없이 국왕이 직접 조세를 부과할 수 없고, 의회 내에서는 토론의 자유가 보장되고 또 함부로 신체를 구속받지 않는다는 것 등등 의회 제도상의 기본 원칙이 이미 이때에 마련되었다.

그리고 15세기 후반 헨리 6세의 말년에는 하원이 종래 국왕에게 「청원」하던 형식에서 일보 전진하여 하원 자체가 입법을 위해 「법률안」을 기초할 수 있게까지 되었다. 즉 의회는 종래 법률 제정 때 승인이나 하는 피동적인 입장에 있었으나 이젠 그와 반대로 입법 자체에 이니시어티브를 갖는 체제로 바뀌기 시작한 것이다.

(라) 독일의 내분

독일에서는 왕권이 약화되고 국내는 분열과 혼란을 거듭하고 있었다. 1256년 이래 대공위 시대에 접어들었다가 1273년 합스부르크가(家)의 루돌프가 왕위를 이었으나 실권은 국내의 유력한 제후 7명이 도맡아 가지고 있었고 국왕은 이 7명의 제후들에 의해 선정되고 있었다. 이 원칙을 재확인한 것이 1356년 국왕 카알 4세가 발표한 금인칙서(金印勅書)다.

라틴어로 작성하고 황금 국새(國璽)를 누른 이 칙서는 모두 31장으로 되어 있는데 주요 내용은 다음과 같다.

독일 국왕을 선거할 권리를 가진 선제후(選帝侯)가 성직(聖職)의 제후 3인과 세속의 제후 4인, 도하 7인이다. 선거 장소는 프랑크푸르트, 선거 방법은 다수결, 대관식 거행 장소는 아아헨이다. 국왕 선정에는 법왕의 승인이 필요없다. 선제후에게는 최고 재판권, 광산 채굴권, 제염권(製鹽權), 화폐 주조권 등의 특권을 부여한다. 선제후의 영지는 장남에게 일괄 상속될 수 있고 분할 상속될 수도 있다.

그렇다면 정치적으로나 경제적으로나 막강한 실력을 가지고 있던 제후들이 왜 국왕제 내지 국가 체제를 존속시키고 있었을까. 그 이유는 이렇게밖에 추측되지 않는다. 즉 선진국이나 다름없는 영국과 프랑스에 대항하기 위해서는 국왕 내지 국가의 형태를 존속시키는 그들 나름의 단합이 필요했다는 것이다. 이런 것이 중세 말기 독일의 정치적 상황이었다.

(마) 기타 독립세력의 출현

영·불 절대왕정이 안정의 길로 들어서고, 독일 황제권이 쇠퇴와 함께 분열되며, 동쪽에서 러시아가 점차 국제 무대에 진출을 서두르고 있을 무렵 지중해에서는 스페인과 포르투갈이 새로운 실력자로 등장하고 있었다.

리베리아 반도는 8세기 이래 이슬람 세력의 지배를 받게 되었으나 11세기 이래 그리스도 교도의 국토회복 운동에 의해서 카스틸랴 왕국, 포르투갈 왕국, 아라공 왕국이 출현했다.

그런데 아라공 왕국 페르난도 5세가 카스틸랴 여왕 이사벨 1세와 1469년에 결혼, 10년 뒤인 1479년에는 스페인을 통일, 스페인 왕국을 수립하였다.

그로부터 20년 뒤인 1492년, 이슬람 세력 최후의 거점이면서 사라센 문화의 대표적 건축물로 얘기되는 알함브라 궁전 소재지 그라나다가 스페인에 점령됨으로써 이슬람 세력은 약 7백 년 만에 이베리아 반도에서 물러나고, 반도는 스페인과 포르투갈 2개의 그리스도교 왕국으로 판도가 바뀌었다. 이후 스페인과 포르투갈 두 왕국은 절대 왕정을 향해 줄달음치게 된 것이다.

이 무렵의 중대한 사건이 신대륙 및 인도 항로의 발견을 비롯한 「지리상의 발견」이고, 북방의 안트워프와 함께 포르투갈의 리스본은 국제 시장으로 돌변, 이에 유럽에서는 새로운 세계의 발견과 함께 새로운 상업의 시대가 시작된다. 즉 유럽의 새로운 시대는 스페인과 포르투갈 두 왕국의 성립에 의해서 촉진된 것이다. 중세적인 권위는 이제 빛을 잃었다.

교황권이란 것은, 일찍이 유럽 대륙이 다수의 봉건 귀족에 의해 분열되고, 아무도 결정적이고 압도적으로 강력한 권력을 갖지 못했던 시대에만 그 지고성을 자랑할 수 있었다. 따라서 세속의 국왕들이 제각기 강력한 권력에 자신을 갖게 된 지금은 그중 누구도 교황의 명령에 따르지 않았고 교황을 필요로 하지도 않았다.

6. 중세 중국의 역사

(1) 수나라 왕조시대

1) 수의 남북통일

후한이 멸망된 후 360여 년, 오랜 분열과 격돌의 시대를 거쳐 마침내 수(隋)나라로 남북의 통일을 이룩한 사람은 수 문제(文帝) 양견(楊堅)이다.

그는 원래 북조(北朝)의 계열로서 북주의 무제(武帝)가 영토를 확장할 때에 공이 있었던 인물이며 그의 딸 여화(麗華)가 무제의 아들 선제(宣帝)의 황후가 된 후 외척으로 실권을 장악하게 되었던 것이다.

무제가 죽고 그의 아들이며 양견의 사위이기도 한 선제가 뒤를 이었으나 인망이 없어 재위 1년만에 태자 정제(靜帝)에게 물려주고 도락에 전념하였으니 이미 북주의 운명은 종장에 이르렀던 것이다.

이에 양견은 외척의 실권자로서 아홉 살된 어린 황제한테서 선양의 형식을 취하여 제위에 올랐다. 사실상 황제의 지위를 빼앗은 것이다.

황제를 찬탈한 양견은 곧 국호를 수(隋)로 고치고 제1대 황제인 고조(高祖) 문제(文帝)라는 칭호로 수나라를 건국한 것이다.

황제에 오른 문제는 곧 돌궐을 흡수하는 발판을 마련하고 진나라를 쳐 멸한 후 남북 통일제국을 이룩했다.

(가) 문제(文帝)의 황제권 확립

문제는 즉위하면서 곧 각지의 호족을 억압하여 세력을 약화시키고 중앙의 군사력을 강화시켜 황제권을 확립시켰다. 다음엔 유능한 관리를 채용하고 자기의 수족으로 삼기 위해 관리 등용제도를 새로이 창안한다. 지방의 주군(州郡)에 추천자의 역할을 하는 중정관(中正官)을 두고 그 담당 구역내에 뛰어난 인물을 천거하게 하였던 것이다.

이 경우 상지상(上之上)으로부터 하지하(下之下)에 이르는 아홉

계급의 서열을 매겨서 추천하면, 정부는 중정관의 평가에 따라서 채용을 하였다.

그러나 그 서열은 반드시 인물의 우열에 의해서 매겨진 것은 아니었다. 중정관으로 선임된 이가 가문이 높고 세력이 있는 이로 한정되었던 까닭에 자연히 그들은 인물 본위로 매겨야 할 서열을 가문, 문벌의 상하에 따라서 정하였기 때문이다.

개인의 재덕(才德)을 평가하여 적당한 지위에 인재를 등용하는 것을 목적으로 한 이 제도는 점차로 그 운영이 귀족화하여 귀족의 기득권익을 옹호하는 제도로 타락해 버렸다.

문제는 이 제도의 불리함을 통절히 느끼고 이 방법을 답습하였다가는 자기의 희망을 도저히 달성할 수 없다는 것을 깨달았다.

문제는 이 제도를 폐지하고 재능 본위로 인재를 등용하는 방침을 세운 것이다. 구품중정법에 대신한 관리 등용제도가 과거이다. 즉 중앙 정부에서 시험을 시행하여 합격자에게 수재, 명경(明經), 진사(進士) 등의 명칭을 허용하고 고급 관리로 임명될 자격을 부여하였다.

이 방법은 후에 당(唐)이 그대로 모방하여 제도로서의 완성을 보았으며 각자가 전문으로 하는 과목에 의해서 임용한다는 의미로서 과거라는 명칭이 생긴 것은 당대(唐代)의 일이다.

이 과거의 제도는 송조(宋朝)에 더욱 성행하였으며 원(元), 명(明), 청(淸)으로 계승되었으니 실로 1300년에 걸쳐, 중국에서 관리의 임용제도로 시행되었다. 이 제도는 한반도와 일본에도 전파되었다. 신라 시대에는 당나라에 파견된 유학생이 당의 과거에 응시하였으며 고려조부터는 국내에서 과거가 시행되었고 근세조선 말년에 이르기까지 그 시행이 계속되었던 것이다.

(나) 제도의 개혁

이같은 과거제도는 새 왕조로서 수에 대한 협력자들을 얻는 데에는 효과가 있었으나 일반 백성들에게 주는 영향은 그다지 직접적인 것이 못되었다.

일반 백성들의 마음을 새 왕조에 끌어 들이자면 그들의 생활을 안정시키는 것이 무엇보다도 긴요한 일이었다. 그리하여 북조 전래의 균전법(均田法)을 실시하여 관전(官田)을 농민에게 할당한 것도 그러한 시책의 하나이다. 그것은 또 정부 세수(稅收)의 기초가 되기도 했다.

또 염세(鹽稅)와 주세(酒稅)를 폐지하고, 화폐제도를 통일하였다. 그리고 각처에 의창(義倉)을 마련하여 매년 수확기에 민가의 빈부에 따라 곡물을 공출케 하고 이를 저장하여 흉작에 대비한 것은 문제의 새로운 시책이었다.

문제는 민생에 힘을 기울이는 한편, 통일 왕조의 황제답게 법률을 제정하고 그 운용에 유의하며 치안 유지에 힘쓰는 것을 잊지 않았다.

수는 북제(北齊)의 법률을 기초로 하여 개황 원년(581년)에 개황률(開皇律), 다음 해에 개황령을 반포하여 전국에 획일적으로 준수할 것을 강요하였다.

문제는 자신의 군주권을 수호하기 위하여 율(律)의 적용에 있어서 지나치게 열중한 폐단이 없지도 않았으나 어쨌든 이 점에 있어서 수는 통일 왕조로서의 권위를 충분히 발휘하였던 것이다.

(다) 대흥성(大興城) 건설

전에 북주의 도읍이었던 장안 한성의 동남쪽 용수원(龍首原)에 계획적인 신도(新都) 대흥성을 건설하였다.

수의 신도 장안의 대흥성은 대체로 뤄양성을 본떠서 설계되었다. 동서가 18리, 남북이 15리, 형태도 뤄양과 비슷하였으며 황성은 북에 있고, 그 남부를 동서 10방(坊), 남북 9방으로 구획하고, 황성의 동서에는 각각 12방이 있었으며, 동서의 2시(市)가 4방(坊)을 차지하였다.

이 설계는 우문개, 염비, 하주의 세 사람이 담당하였다. 우문개는 북주의 유신(遺臣)으로서, 무장의 가문에서 태어났으면서도 기예가 뛰어나 신도의 부감(副監)으로 임명되었다. 염비도 북주의 사람으로서 서화(書畫)에 뛰어난 재주가 있었다. 하주는 조부의 대에 서역에서 온 가문으로서 고도구물(古圖舊物)을 잘 알고 페르시아가 금면금포(金綿錦袍)를 헌납하였을 때, 문제의 명을 받아 이를 교묘히 모방하여 만들었으며 또 중국에 없었던 유리를 모방하여 녹자(綠瓷)로 똑같게 만들었다고 한다.
　이들에 의해 설계된 도성의 건물은 옛 중국의 것들과는 달리 중앙 아시아의 양식이 많이 도입되었다.

2) 폭군 양제(煬帝)

　수나라 창업자 문제는 건국한지 24년, 그리고 남북을 통일한지 16년 째 되는 해에 죽었다. 41세에 즉위하여 말년에 황태자 양광(楊廣), 즉 양제로 인하여 죽었다는 기록이 남아 있다.
　「자치통감」에는 양제가 부왕이 죽은 후 그 유조(遺詔)라고 거짓말을 하여 형인 용(勇)을 목매어 죽였고, 막내 아우 양(諒)을 평민으로 만들어 가두었다고 기록하고 있다. 이처럼 양제는 4명의 형제를 죽게 하거나 평민으로 만들어 버렸다고 한다.

(가) 빼앗는 제위

　황태자 자리를 빼앗기 위하여 형을 모략으로 실각케 하고 부왕을 살해하여 천추에 악명을 남긴 양제는 제위에 오른 뒤에도 사치한 생활과 음탕 무도한 행동을 했으며 백성을 혹사, 혹은 학대하여 폭군으로 역사에 기록된다.
　그러나 양제는 부황제에 못지않은 창의력도 있었으며 그것을 실천으로 옮기는 열의와 힘을 가지고 있었다. 실제로 양제가 실시한 사업 중에는 선황제 때부터 이미 계획되었던 것도 많았다.
　선황제 문제가 시기상조라고 판단하여 실행하지 못했던 것을 주저 없이 시행했는데 그 사업들은 참으로 스케일이 크고 단호해서 후세에까지 큰 영향을 미쳤다.
　그러나 무리한 사업과 고구려에 대한 원정의 실패, 백성의 원성과 반란에 대제국을 멸망으로 이끌고 만다.
　또 음학(淫虐)이 극심하여 후세에 그는 「음학황제」라는 불명예스런 명칭이 붙기도 했다.

 어쨌든 사가(史家)는 양제를 역사상 보기 드문 탕아인 동시에 표준적 폭군이라고 평하였다. 그 사치스러운 생활과 잔학한 정치는 백성의 극단적인 희생을 강요하여 사지(死地)로 몰아넣었으니 당연히 백성의 항거가 나타날 수밖에 없었다.

(나) 대운하(大運河) 개설

 문제는 주도(周到)한 인물이었으므로 장안이 식량난에 빠지는 일이 없도록 여러가지로 대책을 강구하였다. 수송에는 황하와 위수(渭水)의 강을 이용하는 것이 득책(得策)이라고 생각되었던 까닭에 이미 개황 3년(583년)에 황하와 위수의 연안 3지점에 창고를 마련하고 평소에 쌀을 저장해 두고 차례차례 릴레이식으로 수송하는 방법을 안출하였다.

 이와같이 문제의 시대부터 이미, 식량 수송의 능률화를 위한 계획을 세워 부분적으로 운하가 개착되었었다. 그러나 문제는 아직 대동맥이 될 그러한 대운하의 개착까지는 생각하지 못하였던 것이다.

 문제의 뒤를 이은 양제는 즉위한 다음 해, 즉 대업 원년(605년)에 하남(河南) 회북(淮北)의 백성 100만여 명을 징발하여 통제거(通濟渠)를 파게 하였다. 이것은 뤄양의 서원(西苑)에서 황하로 들어간 다음, 회수로 통하는 것이다.

 같은 해에 또 회남(淮南)의 백성 10만여 명을 동원하여 한구, 즉 산양(山陽)에서 시작하여 양쯔강의 장강으로 통하는 운하를 파게 하였다.

 대업 4년(608년)에는 또 허뻬이의 남녀 100만여 명을 징발하여 영제거(永濟渠)를 파게 하였다. 이것은 황하에서 북방의 탁군으로 통하는 수로이다. 탁군은 지금의 뻬이핑에 해당하는 곳이며 북동에 대한 전진 근거지였다.

 이때 장정들로는 부족하므로 여자도 동원하였다. 여자를 강제노동시킨 것은 중국에서는 전례가 없으므로 양제는 후세에 비난을 받았다. 이 방면은 허난과 달라서 필요한 산물이 없었는데도 양제는 이 공사를 급하게 서둘렀던 것이다. 그로서는 이를 고구려 원정에 이용할 필요가 있었기 때문이다.

최후로 장강(양쯔강) 남안의 경구에서 여항에 이르는 강남하(江南河)를 파서 운하 개착 사업을 완성하였다. 대업 6년(610년)의 일이다.

최초의 통제거를 착공한 때부터 겨우 6년만에 이러한 대공사를 완성한 것이다. 전체의 길이가 1500킬로미터에 달하는 것으로 추정된다. 전부를 새로 굴착한 것은 아니라 하더라도 단시일에 이만한 대공사를 이룩하였다는 것은 참으로 경탄할 일이다. 그러나 그만큼 희생이 컸었다는 것을 짐작할 수 있는 것이다.

(다) 호화로운 사치생활

양제는 또 장안 대흥성과 동경 뤄양성과의 사이에 많은 별관을 만들어 순행(巡幸) 때에 이용하였다.

또 우문개에게 명하여 뤄양 서남교(西南郊)에 현인궁(顯仁宮)을 지었다. 이 궁전은 대강 이남, 오령(五嶺) 이북의 기재(奇材) 이석(異石)을 모아서 만들고, 정원에는 전국에서 모아 온 가목이초(嘉木異草), 진금이수(珍禽異獸)로 가득히 채웠다고 한다. 그래도 부족하여 뤄양성 서쪽에 주위 90킬로미터에 달하는 광대한 정원을 축조케 하였다. 그 호화함은 굉장하였다고 전해진다.

양제는 달밤에 궁녀 수천 명을 거느리고 기마(騎馬)로 이 정원에서 놀기를 즐겼으며, 청야유(淸夜遊)라는 곳을 만들어 마상(馬上)에서 연주하였다고 한다.

양제는 황하와 회수를 잇는 통제거와 회수에서 남쪽 양주를 거쳐 장강(양쯔강)에 이르는 한구의 두 운하가 완성된 해(605년) 가을에는 이 운하를 배로 통과하여 쟝뚜(양주)에 행행(行幸)하였다.

(라) 고구려 침공

양제는 즉위 초부터 고구려를 칠 것을 결심했다. 원정을 위한 전초기지를 탁군에 마련하기 위하여 황하에서 탁군으로 통하는 수로를 먼저 만들었다. 대업 4년(608년)에 개착한 영제거(永濟渠)가 그것이다.

612년 정월 양제의 대군은 탁군을 출발하여 고구려 요동성으로 향한다. 좌우 각각 12군으로 편성되고 총인원 113만 3천 8백 명에 달했으며 군량을 운반하는 사람의 수효는 군사 수의 배였다 한다.

요동성을 치려면 요하를 건너지 않으면 안 되었다. 이 강의 연안에는 고구려군이 수비하고 있었다. 양제의 군대는 요하에서 상당한 수군이 전사하고 겨우 강을 건넜다. 그러나 고구려군은 요동성을 굳게 지켰다. 싸움은 지구전(持久戰)으로 전개된다. 양제도 친히 요동성 남쪽에 도착해 수군을 독려하고 있었다.

우익위 대장군 내호아는 6월에 강회 지방의 수군을 이끌고 황해를 건너 패수(대동강)를 거슬러 올라갔다.

그들은 평양에서 60리 되는 지점에서 고구려군을 이기고 정병 100만을 이끌고 성 밑에 이르렀다. 그러나 고구려군이 거짓 후퇴함을 보고 평양으로 쳐들어 갔으나 복병이 나타나 참패를 당하고 생존한 병사는 수천 명에 불과하였다.

우문술 등이 인솔한 수의 육군도 압록강 서쪽에 집결하였으나 처음 출발할 때에 많은 군량과 무기를 공급하고 또 군량을 보급해 주었으나 병사들은 그 무게를 감당할 수 없어 땅에 묻고 출발하여 도중에서 식량이 떨어지게 된다.

고구려에서는 대신 겸 명장인 을지문덕을 파견하여 적정을 살피게 하고 거짓항복을 하여 적진의 형세를 탐지한 다음 되돌아 온다. 수군의 장수들은 을지문덕의 속임수를 뒤늦게 알아차리고 추격해 온다. 을지문덕은 몇 차례 싸움에서 패하는 척 하며 평양성에서 불과 30리 되는 지점까지 적을 유인하는데 성공한다.

수군은 우문술과 우중문이 좌우익 대장군을 맡고 9군 30만 5천을 이끌고 있었다.

을지문덕은 수군 진영에 다시 거짓 항복을 청하고 만약 군대를 철수시키면 고구려 왕이 친히 양제한테 조견(朝見)하겠다고 전한다.

우문술은 군사가 모두 지쳐 있어 더 싸울 수 없음을 알고 있었으며 평양성이 견고하여 쉽사리 함락시킬 수 없음을 깨닫고 속임수인 줄 알면서 퇴각을 결심한다.

수군이 후퇴할 때 고구려군이 사방으로부터 게릴라 전법으로 들이치자 당해낼 방법이 없었다.

7월 수나라 군사가 살수를 건널 때 고구려군은 마침내 살수대첩이라 불리는 대공세를 펴 크게 무찔렀다. 요동에 돌아온 수군은 겨우 100명에 불과했다 한다. 우무술이 대패한 것을 본 내호아도 황급히 철수한다.

양제는 패전에 대한 분노가 치밀었으나 어찌할 수 없어 철수를 명령하게 되니 그해 9월에야 뤄양에 도착했다.

그뒤 2차 3차에 걸쳐 고구려 원정을 떠났으나 번번히 실패하여 양제는 황제로서의 권위가 실추되었음은 물론 각처의 반란을 유도하는 계기가 되었다.

또한 선황제 문제 시대에 축적해 두었던 국고가 바닥이 나고 황제의 권위가 떨어지자 수에 복속되었던 동돌궐까지도 반항하게 된다. 양제의 몰락이 가까워진 것이다.

(마) 수의 멸망

고구려 침공시 군량 수송을 맡았던 여양의 양현감이 반란을 일으켰다가 실패한 뒤 그 밑에 있다가 행방을 감춘 이밀(李密)이 그 무렵 다시 반란을 일으켜 승승장구하고 마침내 남동의 땅을 점령하여 허난의 여러 군을 지배하게 되었다. 그리고 뤄양 북방에 마련되어 있던 회락창(回洛倉)을 점령하여 북방에서 뤄양을 위협하게 된다.

또한 뤄양 동북지구에 있는 적군 토벌을 막기 위하여 왕세충이 파견되었으나 그곳에서 세력을 갖고 있던 두건덕이 반란을 일으켜 삽시간에 장악해 버렸다.

그무렵 양제는 심한 노이로제에 걸려 있었는데 황제의 근위병단인 효과위의 군사들도 동요되기 시작했다. 이미 천하는 양제 곁에서 멀어지고 있었다.

618년 3월 효과위 병사들은 마침내 폭동을 일으켜 양제를 그 침소에서 교살해 버렸다. 그때 양제의 나이 50세였다.

양제의 막내 아들인 조왕 고는 이미 살해되었으나 양제가 죽은 뒤 그의 아우인 촉왕 수(秀), 차남인 제왕 동, 손자인 담을 비롯하여 일족이 모조리 살해되었다.

수의 황족으로서 목숨을 건진 이는 조카인 진왕 양호(楊浩) 뿐이었다. 그는 우문화급의 아우인 지급(智及)과 친한 사이여서 구명되었으나 군사들에게 황제로 추대되어 결국 그들과 운명을 같이 하게 되었다.

양제의 죽음으로 명실공히 수 왕조는 멸망된 셈이다.

양견이 개황 원년(581년)에 북주(北周)를 대신하여 나라를 세운지 2대 38년이다.

(2) 당제국(唐帝國)의 출범

1) 창업의 기초

수양제가 죽고 그의 손자 공제(恭帝)가 선양의 형식으로 당왕(唐王) 이연(李淵)에게 제위를 물려 주었는데 그가 당의 고조(高祖)이다. 연호를 무덕(武德)이라 하고 개원(開元)하였다. 이때 이연의 나이는 54세였다.

이로써 수 왕조는 완전히 멸망하고 당왕조가 당당히 제국으로 등장한 것이다.

(가) 이세민의 거사

당의 창건자 이연은 수 왕조의 양씨와 마찬가지로 북주 개국 공신으로서 유력하였던 가문의 출신이다. 무천진(武川鎭) 군벌이 성장하여 독립 국가의 형태를 이룩하였던 북주 왕조에서는 건국의 원훈(元勳)으로서 8주국(柱國) 12대장군이라고 칭하는 가문이 있었다. 주국(柱國)은 무인의 최고위이며 원수에 해당하는 지위이다. 당의 고조

이연은 이 8주국의 한 사람인 이호(李虎)의 손자이다.
 당제국을 창건한 이연, 이세민의 부자가 북방 몽고족에 대한 전선 기지인 태원(太原)에서 병을 일으켜 장안으로 쳐들어간 것은 국내의 정세가 이러한 때였다.
 이연은 일찍이 부친의 뒤를 이어 당국공(唐國公)에 책봉되었다. 양제의 고구려 원정 때에는 회원진에서 군량의 수송을 감독하였으나 대업 13년(617년)에는 타이위안 유수로 임명되어 그 지방의 치안 유지와 동돌궐의 침입에 대비하는 책임을 맡고 있었다.
 이연은 아내인 두씨와의 사이에 4남 1녀를 두었으나, 3남은 일찍 죽고, 두씨도 이미 고인이 되었었다. 건성(29세), 세민(20세), 원길(15세)의 세 아들 중 차남인 세민은 뛰어난 걸물이었다.
 수 왕조의 장래도 이제는 길지 않다고 판단하여 남몰래, 그리고 열심히 아버지 이연을 설득하여 병을 일으키게 한 것도, 거병을 위한 모든 계책을 수립한 것도, 또 건국의 창업을 이룩한 것도 모두가 차남 세민의 열성적인 노력의 결과였다.
 이세민은 무엇보다도 인재를 모으는 것이 요긴한 일이라고 생각하여 재물을 주고 장래성이 있는 인물들을 포섭하였다.
 전국 각처에는 1만여를 헤아릴 정도의 군도(群盜)가 횡행하고 있건만, 양제는 강남 땅 양주로 도피하였을 뿐이고 이밀과 왕세충은 동도(東都) 뤄양의 공방을 에워싸고 혈투를 계속하고 있었다. 이제 병을 일으켜 장안으로 쳐들어간다면 천하를 빼앗는 것은 손바닥을 뒤집는 것처럼 용이한 일이었다.
 군사의 확보는 물론 모든 것이 충분히 실현성이 있는 것으로 판단되었다. 이세민은 아버지 이연에게 계속 건의하였다.
 『이제 주상은 무도하옵고 백성은 곤궁하여 전국이 전장으로 되어 있습니다. 민심을 따라 의병을 일으켜 전화위복을 도모하는 것이 마땅합니다. 바로 지금이 천수(天授)의 때입니다.』
 이 말을 들은 이연은 놀랄 뿐 결심을 못하였다.
 이때 한 계책을 안출한 것이 이세민의 참모 배적(裵寂)이다. 배적은 진양궁이라는 타이위안에 있는 이궁의 부관리역을 맡고 있었으며 이연과도 친한 사이였다.
 이연은 어느 날 밤 이 배적의 배려로 진양궁에 출사하는 궁녀의 서어비스를 받았다. 그 후 배적은 취중을 빙자하여 이연에게 이렇게 말을 걸었다.
 『세민군이 남몰래 병마를 모아 거사 준비를 하고 있는 것을 아십니까? 제가 전일에 궁녀를 귀공에게 알선한 일에 관계가 있는 것입니다. 실은 그 사실을 황제가 알게 될 것 같아서 말씀입니다. 만약의 경우에는 귀공도 저도 무사하지는 못할 것 같군요. 모든 사람의 심정이 하나로 뭉쳐 있는 만큼 심량하시기 바랍니다.』
 원래 겁이 많은 성품인 이연은 이렇게 된 이상 어찌할 수 없다고 생각하여 이세민의 계책대로 거사하기로 결단을 내렸다.
 이리하여 617년 7월, 진양을 출발한 이연의 군대는 곽읍에서 수의 장수 송호생의 저항을 받아 격전을 전개하였을 뿐, 민중의 환영리에 쉽게 장안으로 입성하였다. 그 해 11월의 일이다.
 장안에 입성한 이연은 양유를 황제로 옹립하고 양주 땅에 가 있는 양제를 태상황(太上皇)으로 추대하였다.
 그리하여 이연은 당왕으로 책봉되었다. 이것은 수 문제가 즉위 전에 북주의 정제(靜帝)로부터 일임되었던 것과 마찬가지로 정치의 전권을 부여받았다는 것을 의미한다.
 물론 이것은 임시적인 조치에 불과하며 이내 선양의 형식을 취하여 이연이 황제의 위에 오르고 당을 건국하였다(618년).
 당 왕조의 창업의 진통은 역시 대단하였다. 당의 건국은 618년이지만, 국내를 평정하여 중국의 통일을 완성한 것은 628년이다.
 이 10년 간에 전국을 무질서 상태로 빠뜨리고 있었던 군벌(군웅)과 도적들을 평정하지 않으면 안 되었으니 이것도 용병에 뛰어난 재능을 지닌, 또 정치가로서도 영웅적 자질을 가진 이세민 등의 노력으로 달성할 수 있었다.
 건국과 동시에 이세민은 진왕(秦王), 상서령(尙書令)으로 임명되어 정무를 처리하였으며, 또 원수의 자격으로 군웅을 평정하였던 것이다.

(나) 현무문의 변

건국 후 고조 이연은 장자 이건성을 황태자로 책봉하고 당 건국의 창업을 주도한 제2자 이세민을 진왕(秦王), 상서령에 임명하여 정무를 처리케 하였다. 제3자 이원길(李元吉)은 제왕(齊王)으로 책봉하였다.

그런데 진왕 이세민의 훈공이 뛰어나게 크다는 사실은 황태자와 제왕을 심히 자극하였다. 군웅의 평정을 거의 끝냈을 때 고조는 진왕을 특별히 천책상장(天策上將)에 임명하였다. 그의 공업(功業)에 보답하기 위해서는 보통 지위로서는 불충분하다고 생각하였기 때문이다. 이것은 황태자를 제외하고는 어느 왕공(王公)보다도 상위에 놓이는 최고의 지위였다.

황태자인 건성은 더욱 불안하게 되었다. 부황(父皇)이 언제 자기를 폐하고, 진왕을 황태자로 책봉하게 될지도 모른다고 생각하였기 때문이다.

진왕 이세민은 상서성(尙書省)의 장관인 상서령인데다가 새로이 설치된 12위(衛) 대장군을 겸하여 수도 경비의 군대를 통솔하는 지위에 있었다. 게다가 그 주위에는 재능있는 인물들이 집합되어 있었다.

이리하여 황태자 건성은 끝의 아우 제왕과 협의하여 진왕을 실각시킬 계획을 세우게 된다. 마침내 육친간의 싸움은 살육으로 발전되고 황태자 건성과 제왕은 죽음을 당한다.

이 사건이 현무문(玄武門)에서 일어났기 때문에 후에 「현무문의 변」이라 한다. 무덕 9년(626년) 6월 4일에 있었던 일이다. 이때 태자 이건성은 38세, 제왕 이원길은 24세였다.

사건을 보고받은 고조는 재상들과 협의한 뒤 진왕 이세민을 황태자로 책립하였다. 동시에 정무(政務)의 모든 것을 새 황태자에게 일임한다고 발표하였다. 그러니까 사건 자체가 건성, 원길 형제의 모반으로 처리되었던 것이다.

이때 이세민의 나이는 29세로 선황제의 제위를 이어받아 태종(太宗)이라 칭했다.

(다) 태종의 치적

　태종은 즉위 다음 해에 정관(貞觀)이라고 개원하였다. 그의 치세인 정관의 23년간(627~649년)은 「정관의 치」라고 하여 유교적인 입장에서 이상적인 정치가 시행된 시대라고 한다. 이것이 다시 다음의 고종의 대로 계승되어 눈부신 발전을 이룩하였고, 대당제국의 기초가 확립되었다.

　태종의 정치가 성공한 것은 인재를 잘 등용하였기 때문이며 그 인재 등용에 공이 있었던 이는 명재상 방현령(房玄齡)과 두여회(杜如晦)였다.

　태종의 주위에는 방(房), 두(杜)의 두 재상 외에 간신으로서 위징, 왕규, 장군으로 이정, 이적 등의 명신 명장이 구름처럼 모여 있었으며 태종 자신이 영명한데다가 수양도 게을리하지 않았다.

　정관 원년(627년)에는 수도가 있는 관중 지방에 기근이 일어나 백성은 자식을 노예로 팔아 호구를 하는 그러한 참상이 벌어졌다. 다음 해 태종은 관중의 각 주를 순방하여 내탕금(內帑金)을 지출하여 노예로 팔린 남녀의 몸값을 치르고 부모의 집으로 돌려보냈다. 이 해에도 또 메뚜기의 발생으로 흉작이 계속되었다. 그 다음 해에는 풍수해가 있었다.

　태종은 전국의 각 주현에 의창을 설치케 하고 1묘 당 두 되의 조를 내는 것을 원칙으로 하되 땅을 가지지 않은 상인에게도 부의 등급에 따라 의창미를 내게 하였다. 정관 3년까지는 해마다 재해가 계속되었으나, 다음 해에는 대풍작이 있어 태종의 정치에 대한 내외의 신뢰도 높아졌다.

　이 해에는 사형자는 겨우 29명, 범죄는 줄고 민가는 문을 닫지 않아도 되었으며 여행자는 식량을 휴대할 필요가 없었으며 길에 떨어진 물건을 주워가는 자가 없었으니 태종은 겨우 정치의 효과가 나타났다고 하며 안도의 한숨을 내쉬었다.

　태종은 무력에 있어서 탁월하였을 뿐 아니라 문치(文治)에도 힘을 기울였다. 창업 초에는 무엇보다도 군사에 의지하지 않으면 안 되나, 다음 수성의 시대에 들어와서는 오직 문덕(文德)이 필요하며 무공은 도리어 정치의 방해가 될 경우가 있다.

예로부터 명군이라 일컫는 자도 문무의 덕을 겸비하여 이를 시기에 응하여 운용의 묘를 기한다는 것은 참으로 어려운 일이라 하겠거니와 태종은 이 점에 있어서도 명군이라 할 수 있는 인물이었다.

태종은 명천자로서의 조건을 갖추고 있었다. 우선 그는 사람을 위복(威服)시키기에 족한 당당한 체구와 용모를 갖추었다. 외모뿐만 아니라 그의 육체는 피로를 느끼지 않았다. 그리고 어떠한 고경(苦境)에 처하게 되더라도 동요하지 않고 이를 극복할 담력과 지력과 인내력을 지니고 있었다.

탁월한 실전의 지도력은 이미 군웅 평정에서 발휘되었으나 황제가 된 후 무장을 파견하여 외적을 칠 경우에 있어서도 이것이 커다란 작용을 하였다.

문장을 잘하고 서예에도 능하였다. 서는 중국 역대 황제 중에서도 첫째로 꼽힐 만할 실력의 소유자였다.

태종은 남북조 문화의 집대성을 목적으로 하여 문화 사업을 일으켰으나 문을 즐기는 그의 경우에 있어서는 단순히 통일 왕조의 제왕으로서 의무를 다한 것이 아니고 그의 사업에는 무엇인가 피가 통해 있는 것처럼 느끼게 된다.

게다가 태종은 제왕으로서 불가결의 조건인 청탁을 가리지 않고 받아들이는 도량을 갖추었으며 적재를 적소에서 그 장점을 발휘케 하는 말하자면 사람을 쓰는 길을 체득한 인물이었다.

학문에 있어서도 대단한 노력가였다. 그는 진왕 시절부터 이미 18학사들과 토의를 함으로써 자신의 교양을 높였다. 즉위 후에도 교양이 높은 인물을 정선하여 본관직(本官職)은 그대로 하고 홍문관 학사를 겸임케 하였다. 이들은 교대로 출사하여 태종이 정무를 처리하는 여가를 이용하여 고금에 걸친 정치를 토론하고 정치의 실제에 유용케 하는데 종사했다.

태종은 또 뛰어난 정치적 감각을 지니고 있었다. 태종은 자기의 주장을 명확하게 천하에 알리고자 하는 의욕이 강했고 그는 그것을 서슴지 않고 적절한 방법으로 표현하였던 것이다.

(라) 오경정의(五經正義) 완성

중국 학문의 중심은 유학이다. 그 유학의 경전인 오경(五經)에 대한 주석이 구구하였으므로 태종은 이를 통합 정리하여 표준이 될 해석을 위해 서적의 편찬 사업을 일으켰다.

오경은 경서 중에서 「역경」, 「서경」, 「시경」, 「예기」, 「춘추좌씨전」의 5종을 말한다. 오경의 범위는 전한 무제 때에 동중서(董仲舒)의 헌 책인데 관학(官學)의 강좌로서 「오경박사」가 설치되었을 때, 정식으로 결정된 것이며 사대부, 즉 지식인의 필요불가결의 교양서로서 연구, 애독되어 왔던 것이다.

유학은 한, 위 이래로 훈고학(訓詁學)이 성하였으나 진 왕조의 탄압 여파로 학자들의 해석이 통일되지 못하였었다.

태종은 이의 통일을 기하기 위하여 먼저 안사고에 명하여 오경을 교정케 하였다. 안사고는 북제(北齊)의 유명한 학자 안지추의 손자로서 당 건국 당초부터 사관(仕官)하여 태종 즉위 후에는 중서시랑(중서성 차관)이 된 인물이다.

태종은 다시 공영달 등에게 명하여 안사고에 의해서 교정된 오경의 정본(定本)에 주석을 달도록 하였다. 안사고가 교정한 경서의 대상 정본은 「역경」은 왕필, 「서경」은 공안국, 「시경」은 모공 및 정현, 「예기」는 정현, 「춘추좌씨전」은 두여가 각각 주석을 한 것이었다.

정의(正義)란 표준적인 의(義), 소(疏)라는 뜻으로서 오경의 제1차 주석인 전(傳), 주(注)를 한 전기 정본(定本)에 의해서 다시 표준적인 경문의 통석(通釋)을 하고, 또 전(傳), 주(注) 그 자체의 주석을 하는 것이다. 즉, 공영달 등에 의해서 편찬된 「오경정의」는 전기한 다섯 가지 정본의 주석에 더욱 상세하고 표준적인 해석을 한 것이니, 총 323권이며 「주역정의」(周易正義), 「상서정의」(尙書正義), 「모시정의」(毛詩正義), 「예기정의」(禮記正義), 「춘추(좌씨전)정의」로 성립되었다.

「오경정의」의 편찬 사업은 태종의 문화 사업을 대표하는 것이었다. 이것은 그 후 국립학교와 과거의 교재로 사용되었으므로 학문의 고정화 사상계의 침체를 초래하게 되었으나, 그러나 경서의 번다한 해석을 종합 통일한 것은 커다란 공적이었다.

(마) 균전제(均田制) 시행

균전제는 당의 기본적인 토지 소유 제도이며 동시에 당은 이 제도를 통하여 그 백성의 지배를 지탱하였던 것이다. 이것은 국가가 일정한 균등(均等) 규모의 토지를 국민에게 지급하는 것을 골자로 하는 제도이다.

이 제도는 고조의 무덕 7년(624년)에 당시의 기본적인 행정 법전인 당령(唐令)으로 반포된 전령(田令)에 규정되어 있다.

그것에 의한다면 급전(給田)은 원칙적으로 개인 대상으로 계산된 다음, 호별로 지급되었다.

국민의 최대 다수를 차지하는 일반 양민(농민)에 대해서는 정남(丁男) 및 18세 이상의 중남(中男)에게 일인당 20묘의 영업전(永業田)과 80묘의 구분전(口分田), 합하여 100묘의 토지가 급부되도록 규정되어 있었다.

만약에 본인이 노남(老男) 즉, 60세에 달하든지 독질(중한 불구자) 또는 폐질(중위의 불구자)이 되면, 그 구분전은 40묘로 감소되고 본인이 노남이 되기 전에 죽으면 처첩에게 구분전 30묘만이 유보된다. 다만 이 경우에도 그가 호주라면 남녀노소를 불문하고 영업전 20묘와 구분전 30묘가 지급되도록 되어 있었다. 이 최후의 호주분의 규정에 의하여 대체로 양민의 호는 적어도 50묘의 토지가 지급된다는 정신이었던 것만은 확실하다.

구분전은 사망 또는 노년이 되면 국가로 반환되는 것이며 영업전은 자손에게 전하여 일정한 수의 뽕나무, 대추나무, 느릅나무 등을 식수(植樹)하는 의무가 부과되어 있었다. 이것은 균전제가 농민의 자연 경제 위에 수립되어 있으며 농업과 더불어 의료(衣料) 등 수공업 생산을 확보하기 위한 것이었다는 사실을 말해주고 있다. 영업전, 구분전 이외에 원택지(園宅地)가 호내의 양민 3인마다에 1묘의 비율로 지급되었다.

이상은 일반 농민(양민)에 관한 것이나 왕족과 관료 및 훈작이 있는 자에게는 상하의 계급에 응하여 특별한 수전이 있었다. 친왕에게는 영업전 100경, 1품의 관료에게는 60묘, 8품·9품의 관료에게는 2경이라는 식으로 관인 영업전과 훈전이 지급되었으며 공업이나 상업에 종사하는 자에게는 농민의 절반, 일정한 자격을 갖춘 도사(道士)와 승려에게는 구분전 30묘, 여도사(女道士)와 이승(尼僧)에게는 20묘가 지급되었다. 사유의 노비(천민)에게는 원택지를 제외하고는 전혀 급전(給田)되지 않았다.

이 외에 관리의 봉록에 충당하기 위한 직분전(職分田), 관서의 공비(公費)에 충당하기 위한 공해전 등이 존재하였다.

(바) 세제(稅制) 정리

균전법에 의해서 개개의 농민에게 할당되는 토지가 일정해 있었으므로 이에 대응하는 세제도 개개의 농민에게 인두적(人頭的)으로 정액이 부과되었던 것이다. 즉 당대의 세제는 균전제에 의거한 급전에 대한 반대 급부로서 모든 국민에게 일률적으로 부과되었던 것이다.

곡물을 바치는 조, 직물 기타의 토산품을 바치는 조, 육체 노동을 제공하는 역이 농민이 부담하는 세역(稅役)이었으며, 역에 종사하는 대신에 현물을 바치는 것을 용(庸)이라고 하였다.

부역령에서는 정역(육체 노동)에 관하여 정남은 연간 20일(윤년에는 22일)을 원칙으로 하는 것으로 규정하였으며 만약에 필요에 의하여 정역의 일수가 연장되었을 경우에는 그 연장 일수가 15일이면 조(調)를 면제하였으며 다시 15일을 더하여 30일이 되면 조(租)와 조(調)를 함께 면제하고, 1년을 통하여 정역을 명령하는 최고 한도는 50일로 되어 있었다.

반대로 정역을 부과하지 않을 경우에는 하루에 대해서 견(絹)이라면 3척, 마포(麻布)라면 3.75척의 비율로서 현물로 대납(代納)케 하였으니 이것을 용이라 하였다. 만약에 조, 용, 조의 전부를 노역으로 대신코자 한다면 조(租)가 15일, 조(調)가 15일, 용(정역)이 20일이니 그 합계가 50일이 되는 것이다.

이 외에 지방관청의 관할하에 부과되는 요역이 있었으니 이를 잡요라 하였다. 잡요란 잡다한 경노동이란 뜻이며 지방의 토목사업 등에 징발되는 것이었으니 이에 종사하는 자를 부(夫)라 하였다.

(사) 관제(官制) 정리

당의 관제는 중앙 정부에 최고 관청으로서 중서(中書), 문하(門下), 상서(尙書)의 3성을 두었으며 상서성 아래 이부(吏部), 호부(戶部), 예부(禮部), 병부(兵部), 형부(刑部), 공부(工部)의 6부를 두었다. 이를 합하여 3성 6부라고 한다.

중서성은 정책, 조칙, 명령의 입안 기초를 관장하였으며 그 장관을 중서령(中書令)이라 하였다. 문하성은 중서성에 입안된 것을 심의하여 동의를 하는 기관이었으니 모든 정책, 명령은 문하성의 동의를 얻었을 때 비로소 상서성으로 회부되어 실시되었다. 만약에 문하성에서 부당하다고 인정하였을 때에는 이를 중서성으로 환송하여 재고를 촉구할 수 있었다.

중서성으로 환송한다는 것은 황제의 의사에 이의를 제기하는 것이니 문하성은 중요한 역할을 하는 관청이었던 것이다. 이것은 황제의 독재를 허용하지 않는다는 생각에서 나온 것이며 황제가 귀족과 합의하는 형식을 취하지 않으면 안 되었다는 것을 말해 준다.

당의 관제의 커다란 특색은 정책, 명령의 입안, 기초를 담당하는 중서성과 집행 행정 관청인 상서성과의 중간에 심의기관으로서의 문하성을 마련하였다는 것이다.

문하성의 장관을 문하시중(門下侍中)이라 하였으며 시중 밑에 간의대부(諫議大夫)가 있었으니, 이가 즉 간관(諫官)이다.

문하성은 천하의 여론을 대표하는 기관이다. 물론 당시의 여론이란 좁은 귀족 사회의 여론에 불과하였지만 그러나 그 언론의 근거가 되는 것은 유교 정신 그것이었다. 그러므로 단순히 귀족 사회의 이익만을 대표하는 이기적인 입장에서만이 아니고 고금불변의 중국적 정의를 주장하는 기능일 수 있었던 것이다.

그리하여 정부의 정책 결정은 종래와 같이 황제의 자의에 의해서 행할 수 없게 되었으니 중서성에서의 결정은 문하성의 심의를 거쳐

비로소 유효하게 되었으며 상서성으로 회부되어 천하에 실시되었다.
　정책의 결정에서 실시까지는 시간을 요하게 되었고 그 중간에서 여론의 심사를 받지 않으면 안 되었다. 다시 말하면 황제라 하더라도 어떠한 절차를 밟지 않으면 주권을 행할 수 없게 되었던 것이나, 동시에 황제로서는 그 책임을 귀족, 관료와 나누어 가지게 되었다.
　즉 황제로서는 그 자유를 견제당하는 반면, 과실을 적게 할 수 있었던 것이다. 이것이 당 왕조의 명맥을 길게 유지케 한 원인의 하나였던 것이다.

2) 당의 영토정책

(가) 돌궐토벌과 실크로드 확보

　당의 건국 초에 동돌궐의 힐리가한은 매우 교만한 태도를 취하여 공물을 자주 요구하고 그 요구가 관철되지 않을 때에는 출병하여 장안 근방까지 침범하는 일이 많았다.
　당의 국세가 강대해짐에 따라 돌궐도 두려움을 느끼게 되었으나 마침 이세민(태종)이 현무문의 변을 일으켜 제위에 오르게 되자 그 잠시 동안의 혼란을 틈타서 돌궐 10만의 대군이 장안을 향하여 남하하니 곧 위수 강변에 육박하였다.
　수도 장안에는 계엄령이 선포되었다. 이때 태종은 대담하게도 방현령 등 6명의 부하만을 이끌고 현무문을 나와 기마로 위수 강변에 도착하였다.
　강가에 이른 태종은 돌궐의 가한을 불러놓고 호령을 한다.
　『너의 나라와는 화평을 맺고 금 은 비단을 보냈는데 이처럼 침범하니 너희들을 인간으로 대할 수 있겠느냐!』
　태종의 호령에 압도당한 돌궐의 가한은 침공을 중지한 채 화약을 맺고 군사를 철수했다.
　돌궐에 예속된 부족은 적지 않았으나 모두 억압과 착취를 당하여 고통을 받고 있었음으로 태종은 이를 이용하여 이간책을 써서 돌궐의 세력을 약화시켰다.

때마침 돌궐의 땅에 여러 해에 걸쳐 큰 눈이 내려 가축이 대부분 굶어죽고 사람들도 추위와 굶주림에 떨고 있었다. 그러자 가한은 여러 귀속 부족에 착취를 더 심하게 하여 원한을 사고 있었다.

태종은 그 기회를 놓치지 않고 이정, 이세적 등의 장군을 파견하여 돌궐을 토벌하고 힐리가한을 사로잡아 동돌궐을 평정하였다.

서방에서는 오호(五胡) 시대부터 칭하이(靑海) 방면에 토곡혼(吐谷渾)이 나타나 그 세력이 강성하였으나 동돌궐을 평정한 당은 그 여세를 몰아 이를 토벌하였다.

태종의 명을 받은 장군 이정이 출정하여 토곡혼을 복속케 하였다.

그 서남(西南)에는 현재의 티벳의 조상인 토번(吐蕃)이 있어 당 초기에는 강대한 통일 국가로 발전하여 자주 칭하이 지방에 침입하였다. 태종은 토벌군을 파견하여 이를 격파하였으므로 토번은 두려워하여 화평을 청하였다.

정관 14년(640년)에 투르판 지방에서 번영을 계속하고 있던 한인(漢人)의 나라, 고창(高昌)을 멸한 것을 시초로 하여 언기, 구자를 정복하고 소록, 우전도 귀순케 한 다음 안서도호부를 두어 이 지방을 통치케 하였다.

이 지방은 중국으로부터 서방, 이란과 아라비아, 그리고 동로마 제국 방면으로 통하는 이른바 실크로드가 통과하고 있는 교통의 요지이다.

이것을 세력하에 넣음으로써 당은 비약적으로 서방의 문화를 받아들일 수가 있었다. 당은 수보다도 더욱 대규모적인 세계 제국으로 발전한 것이다.

이리하여 동은 내몽고에서 흥안령을 넘어 만주에까지 미치고 한반도의 일부를 그 영토로 편입하였으며 북은 외몽고의 북쪽 끝까지 미치고, 서는 파미르 고원을 넘어 멀리 아랄해의 남서 지방으로, 남서는 힌두쿠시의 북쪽 히말라야 산맥의 북변을 둘러 티벳을 에워싸고 남하하여 인도지나 반도의 북부, 지금의 월맹 땅까지 당의 정령(政令)이 미쳤으니 문자 그대로 세계의 제국이었던 것이다.

(나) 고구려 원정

정관 17년 태종은 수나라가 이루지 못한 고구려 원정을 결심한다.

644년 7월, 태종은 양쯔강 중류의 홍주, 요주, 강주에서 군량을 운반할 배 4백 척을 만들게 하였다.

그리고 영주 도독에게 영을 내려 유주, 영주, 양도독의 군사와 글안, 말갈 등을 이끌고 요동을 먼저 쳐서, 고구려의 동태를 살피기로 하였다. 그러나 랴오하강에 홍수가 났기 때문에 요동으로 나아가지 못하고 말았다.

태종의 작전도 수나라 양제와 마찬가지로 수륙 양면에서 공격하는 것이었다. 다만 수나라의 경우와 다른 것은 수나라 말기의 경험자와 영주 도독으로부터 랴오허강 하류 지역의 지형 기타에 관한 상세한 보고를 받아 이것을 작전의 참고로 하였다는 점이다.

먼저 식량을 영주로 수송하고 태종 자신은 뤄양으로 나아가고 장양으로 하여금 수병 4만, 병선 5백 척을 이끌고 해상을 통해 평양으로 진격케 하고 육군은 이적을 총지휘관으로 하여 기병 6만을 이끌고 요동으로 진격케 하였다.

해군이 산뚱 반도의 라이조우에서 출항, 황해를 횡단하여 대동강으로 쳐들어가는 것, 또 육군이 요동의 각성을 공략케 하는 전략의 모든 것이 수나라의 그것과 동일하였다.

다음 해 2월, 뤄양을 출발, 태종도 요동에 도착하였다.

5월에 요동성을 공략하였다. 랴요허 강구 부근에 있었으리라고 짐작되는 안시성을 공격하고 평양으로부터 동원되어 온 고구려의 원군을 격파하였다. 그러나 안시성은 80여 일을 두고 격전을 벌였으나 함락되지 않았다.

그러는 동안에 여름이 지나고 가을이 되었다. 추위가 갑자기 더하고 군량도 다하게 되었다. 전사도 말도 쓰러지는 것이 많아졌다.

당군은 비참한 상태로 철수하지 않을 수 없게 되었다.

(다) 고구려·백제 멸망

태종의 대를 이은 고종은 고구려 정복에 대한 욕망을 바꾸어 먼저 신라와 연합하여 백제를 멸망시키는 그 여세로 고구려를 칠 전략을 세운다.

당시 백제 의자왕은 궁궐을 호화롭게 하고 궁녀들과 환락에 빠져 있었다.

당 고종은 신라의 요청을 받아들여 소정방을 대장으로 해서 수륙 양군을 파견하고 신라와 함께 백제를 멸망시킨 것이다.

당은 백제에 오도독부를 설치하고 장군 유인원을 사비성에 주둔시켰다.

백제 멸망으로 고립된 고구려를 당 고종은 661년 소정방으로 하여금 공략하게 했으나 일단 실패하고 만다. 그때 고구려는 연개소문이 사망하고 그의 아들 남생과 남건, 남산이 세력다툼을 하다가 그중 남생이 평양으로부터 국내성으로 달아나 당나라에 귀순하는 사건이 일어난다.

당나라는 그 기회를 이용하여 고구려를 정복하기 위한 대군을 파견한다.

667년 당군 50만과 신라군 27만이 합세하여 평양을 공격했으나 고구려의 완강한 저항에 뜻을 이루지 못하고 그 이듬해 다시 평양을 포위하여 1개월여 동안 공방전 끝에 고구려의 항복을 받는다. 마침내 고구려는 멸망하고 말았다.

당은 평양에 안동도호부를 설치하고 9개의 도독부와 42주 100현을 두고 고구려인을 각각 도독, 자사(주의 장관), 현령으로 임명하여 당인(唐人)과 더불어 이를 통치하게 하였다.

3) 여황제 측천무후의 화(禍)

(가) 여승 무씨(武氏) 후궁으로

태종의 뒤를 이은 고종은 병약한 몸으로 정무를 처리하기가 어려운 황제였다. 이처럼 병약한 고종을 도와 국정을 요리한 여인이 바로 후궁 무씨였다.

후궁 무씨가 점차로 권력을 장악하게 된 것은 자연적인 추세였으며 고종의 사후 이 무후가 제4대의 중종(中宗), 제5대의 예종(睿宗) 두 황제를 폐하고 중국에서는 예를 보지 못한 여황제의 지위에 올랐던 것이다.

뛰어난 정치적 수완을 가진 일면, 역사상 유례를 볼 수 없는 잔인한 성격의 소유자였던 무씨는 원래가 태종의 후궁이었다.

14세에 태종의 후궁으로 들어왔던 이 젊은 여인은 태종이 죽자, 다른 후궁들과 함께 태종의 총애의 추억을 가슴에 간직하고 감업사(感業寺)의 여승이 되었다.

무후의 이름은 소(昭)인데 태조 때 사관(仕官)하여 공부상서(工部尙書)의 지위에까지 올랐던 무사곽의 2녀이며, 어머니 양씨는 수의 황족 출신이었다.

고종이 황태자로 있을 때부터 태종의 총애를 받고 있던 무씨와는 남의 눈을 속이는 사이였다. 고종이 감업사에 행차하였을 때 여승인 무씨는 고종 앞에서 소리를 내어 울었다. 깊이 감동한 황제는 이를 위로하고 이윽고 그녀를 후궁으로 맞아들였다.

부황의 후궁이었던 여자를 아들이 다시 후궁으로 맞는다는 것은 한인(漢人)의 풍습으로는 매우 파렴치한 행위였으나 북방 민족 사이에서는 보편적으로 시행되고 있던 풍습이었다.

무씨를 후궁으로 맞은 고종은 그녀에게 소의(昭儀)의 지위를 주었으니 그녀는 고종의 총애를 한 몸에 모으기 위하여 참으로 헌신적인 봉사를 하였다. 자식을 낳지 못한 황후 왕씨와 고종의 총애를 받고 있던 숙비(淑妃) 소씨도 그녀의 출현으로 말미암아 그 빛을 잃게 되었다.

고종의 마음을 사로잡는 매력을 지닌 무소의(武昭儀)는 일면 냉철한 이성의 여성이기도 하였다. 두뇌가 명석하고 매사에 빈틈이 없는 성격의 소유자로서 자신의 앞날을 위하여 모든 일을 계획적으로 행동하였다.

고종의 애정을 독점하고 싶다는 욕망은 그녀로 하여금 황후의 자리를 노리는 대망을 품게 되었다. 한 번 머리를 깎고 중이 되었던 몸이 다시 행복을 누리는 몸이 되고 보니 운명의 신은 자기의 편이다라는 확신을 그녀는 갖게 되었다.
　그녀는 왕황후를 그 지위로부터 추방하기 위한 계략을 꾸미기 시작하였다. 그때 무소의는 이미 아들을 낳았었다. 고종의 제5자 이홍(李弘)이다. 이어서 여아가 태어났다.
　왕황후가 무소의의 산고(産苦)중 문안차 다녀갔다. 무씨는 자기 딸을 죽여 포대기를 덮어놓고 고종의 행차를 기다리고 있었다. 황제가 포대기를 펼쳐 보니 어린애는 죽어 있었다. 무씨는 놀라고 슬프게 울면서 왕황후가 다녀가기 전에는 건강하던 아이가 급사하였노라고 호소하며 왕황후에게 혐의가 있는 것처럼 꾸며대었다. 왕황후로서는 억울한 일이지만 변명할 도리가 없게 되었다.
　이 일이 있은 후 무씨는 고종의 총애를 독차지하게 되고 마침내 고종은 왕황후를 폐할 뜻을 가지게 되었다.
　그러자 신하들 중에서도 무소의를 지지하는 간신들이 나타나 그녀의 황후 추대를 모의하게 되니 왕황후를 지지하는 중신들과 날카로운 대립을 보이게 되었다.
　그러나 결국 무소의가 황후의 자리에 오르게 된다. 그때 고종의 나이는 28세, 무황후는 33세였다.

(나) 실권을 장악한 무후(武后)
　연하의 남편을 둔 여인의 질투는 무서웠다. 무후에 반대한 대신도 원로도 모두 궁정에서 추방되었으며 전 황후 왕씨와 숙비 소씨는 서인(庶人)의 신분으로 격하되어 궁중의 일곽에 유폐되고 말았다.
　무후의 잔혹한 행위는 중국 역사상 여걸 제1호로 치부되는 한나라 여후(呂后)와 비견되었다. 유폐시켰던 전황후 왕씨와 소씨를 참살한 수법이 한나라 여후와 다름없었기 때문이다.
　황후가 된 다음 해 무후는 황태자 충(忠)을 폐하고 자기 소생인 홍(弘)을 태자로 책립하였다. 고종은 이때부터 간질병의 증세가 있었으므로 무후가 대신하여 정무를 보게 되었다.
　무후가 실권을 장악하게 됨에 따라 무후 입후(立后)에 반대하였던 신하들은 모조리 실각하였다. 먼저 적당한 이유를 붙여 지방으로 전출시킨다.

그런 다음 어떤 자로 하여금 모반을 계획하고 있다는 사실 무근의 고발을 하게 한다. 그리하여 그 고발을 받아들려 차례차례로 제거하는 방법으로 이들을 제거하였던 것이다.

고종은 신병이 있는데다가 의지가 약한 인물인지라 무후가 조종하는대로 따르게 되었으니 조정의 실권은 완전히 무후의 수중으로 넘어가고 말았다.

서돌궐을 치고 고구려를 평정하여 당의 국력이 신장되고 있을 그 시기에 있어서도 궁정을 중심으로 하여 무후라는 야심만만한 한 여성이 그 권세욕을 멋대로 충족시키고 있었던 것이다.

이처럼 무후에게 방해가 되는 인물은 전부 제거당하고 말았다.

고종은 여전히 환자(간질병)의 몸이다. 이에 비하여 무후는 정력이 넘쳐흐르고 재기가 뛰어나 정무 처리에도 빈틈이 없고 기획의 재간도 충분하다. 권세욕은 말할 수 없이 강했다.

고종의 그림자는 점차로 엷어지고 무후의 존재가 점점 커졌다.

(다) 천후(天后)라는 칭호

상원(上元) 원년(674년), 무후는 천후(天后)라는 칭호가 부여되었다. 이와 동시에 황제를 천황(天皇)이라고 부르고 이성(二聖)이라고 병칭(並稱)하기로 하였다.

이 천후라는 선례가 없는 칭호를 받았다는 것은 무후가 황제의 아내라는 자리에서 황제의 자리로 한 걸음 접근하였다는 것을 의미한다.

무후는 이미 52세의 중년기를 넘어선 여인이었다. 그녀보다 연하인 고종의 병은 점차로 악화되어 정치에 대한 의욕을 완전히 잃고 있었다.

이러한 경우에는 황태자가 섭정을 하는 것이 상례이다. 황태자는 이미 23세의 청년이었다. 그러나 황태자의 섭정은 논의되지도 않았다. 그리고 다음 해 황자 이홍은 급사하였다. 태자 홍은 무후의 소생이었건만 소비 소생의 두 딸이 유폐되어 있는 것을 풀어 주도록 무후에게 건의한 것이 화근이 되어 무후에게 독살되었다고 한다.

(라) 무력한 황제

제6자 이현이 황태자(장회태자)로 책립되었다. 태자는 학자로서의 소질이 풍부하였다. 전문인 학자들과 더불어 「후한서」의 주석을 편찬하였는데 이것은 「장회태자주」(章懷太子注)로서 높이 평가되고 있다.

장회태자는 무후의 소생이라고 하였으나 실은 고종과 무후의 큰언니인 한국부인과의 사이에서 태어났다는 소문이 궁중에 퍼졌다.

이 소문을 들은 태자는 우울한 나날을 보내게 되었으며 영명(英明)한 인품에 어울리지 않는 소행이 많아졌다.

마침 이때 고종과 무후에게 아부하여 궁중에 무상 출입하던 명승 엄이라는 정체 불명의 기도사(祈禱師)가 어느 날 밤 어떤 자에게 살해되었다.

이 기도사는 평소에 황태자에게 불리한 말을 무후에게 고자질하고 있었던 까닭에 무후는 이 기도사의 살해를 장회태자의 소행이라고 의심하였다.

무후는 심복으로 하여금 태자가 이 사건에 관련되었노라고 밀고케 한 다음 태자의 신변을 수색하여 동궁(東宮)의 마방(馬坊)에서 갑옷 수백 벌이 발견된 것을 트집잡아 태자가 모반을 도모하였다고 이유를 붙여 이를 폐하였다.

고종은 태자의 억울함을 구해 줄 힘도 없는 무력한 존재에 불과했다.

고종의 제7자 영왕(英王) 이현(李顯)이 태자로 책립되었다. 틀림없는 무후의 소생이다. 그때 태자의 나이 25세였다. 그가 후일의 중종(中宗)이다.

(마) 황제 위에 무후

고종이 55세를 일기로 뤄양에서 사망한 후 태자 이현이 제위에 오른다. 이때 중종의 나이는 27세였다.

그러나 중종은 즉위 초부터 황제로서의 실권을 가지지 못하였다. 그는 모후(母后)를 황태후로 섬겼으며 국정은 여전히 황태후의 손으로 결정되었다.

중종은 고종을 닮아 범용한 인물이었다. 자기 마음대로 장인을 문하시중에 임명하려 하였다. 태후의 노여움은 대단하였다.

무태후는 재상 배염과 상의한 다음 이 불초의 아들을 제왕의 자리에서 끌어내렸다. 그리고 중종의 아우 이윤(李輪)을 황제의 자리에 앉혔다. 고종의 제8자이다. 이가 예종(睿宗)이다.

중종은 여릉왕으로 책봉되어 방주(후뻬이성)로 옮겨가지 않으면 안 되었다. 재위 겨우 54일이었다.

예종은 이름만 황제일 뿐 즉위 당초부터 정치에는 관여하지 않았다. 황제로서의 즉위식도 없었다. 정치는 오로지 태후의 손으로 전결되었던 것이다.

태후는 거리낌없이 자기 친정 가문인 무씨의 일족을 모든 요직에 임명하였다. 친정 조카인 무승사(武承嗣)를 재상으로 발탁하여 물의를 일으킨 일도 있다.

각종의 개혁이 잇달아 단행되었다. 동도 뤄양을 신도(新都)로 고쳤다. 사실상의 수도로 삼을 심산이었다.

고종이 죽기 전부터 태후는 뤄양에 머물러 있었다. 무후는 장안의 궁성에 있기를 싫어하였다. 장안의 궁정에서 왕황후와 소숙비의 유령에 시달림을 받았기 때문이라고 한다.

조정의 요직은 무씨의 일족이 독점하고 천하의 실권은 무태후 이하 무씨 일문의 손으로 넘어간 것이나 다름없었다.

(바) 여제의 무주혁명(武周革命)

무태후의 이러한 움직임에 대하여 신중한 태도를 취해 온 당 왕실의 왕공이 움직이기 시작한 것은 수공(垂拱) 4년(688년)의 일이었다.

태후가 설회의로 하여금 감독케 하여 신축한 명당(明堂)에서 연회를 베풀 것이니 여러 왕공은 뤄양에 모이라는 명령을 내렸기 때문이다.

뤄양으로 가면 일망타진으로 체포될 것이 분명하며 가지 않는다면 명령에 항거한 죄로 토벌을 받게 될 것이다. 사태가 이렇게 되매 당 왕실의 왕족은 궐기치 않을 수가 없었다.

이 거사의 중심이 된 이가 통주(通州)의 자사(刺史)였던 황국공 이선이다. 이선은 태종의 아우 한왕(韓王)의 아들이다.

그는 유명무실한 황제(예종)의 칙서를 위조하여 박주(博州)의 자사 낭야왕 이충에게 보냈다. 이는 고종의 아우 월왕(越王)의 아들이다. 이충은 즉시로 각처의 왕공에게 서신을 보내어 군사를 일으켜 뤄양으로 진격할 것을 촉구하고 자기 자신도 거병하였다.

그러나 군사를 일으킨 왕공은 대기하고 있던 토벌군에게 이내 평정되고 말았다. 이 사건을 계기로 하여 대기 중에 있던 혹리의 무리가 활동을 개시하였다. 이 경우 실제로 반란에 가담하였던가의 여부는 문제가 되지 않았다. 용의자를 체포하여 고문으로 자백을 받고 연쇄적으로 검거하였다.

당 왕실의 일족은 차례차례로 잡히어 살해되었다. 이리하여 그 다음 해에는 당 왕실의 일족은 무태후 소생의 왕자, 공주를 제외하고는 거의 씨가 없어지다시피 되었다. 이와는 대조적으로 무씨(武氏)의 일족과 태후에 영합한 관료만이 발탁되어 제 세상을 만났다는 듯이 태후의 주위에서 행세를 하였다.

무태후는 30년간 실제로 정치를 요리해 온 경력이 있다. 당 왕실의 일족을 제거하여 반대의 뿌리를 끊었다. 그녀의 지위는 더욱더 확고한 것으로 되었다. 그러자 미리 마련된 각본대로 태후에게 제위에 올라 줍시사라고 청원하는 자가 속출하였다.

유명무실한 황제(예종)도 가만히 있을 수는 없게 되었다. 상표(上表)하여 무씨의 성을 줍시사고 청원을 하였다.

태후는 마침내 황제 및 신하들의 청원을 받아들이겠다고 발표하였다. 그리하여 재초(載初) 2년(690년) 9월 9일, 태후는 측천루(則天樓)에 출어하여 천하에 대사령(大赦令)을 내리고 당에 대신하여 국호를 주로 고치고 천수(天授)로 개원(改元)하였다.

신하로부터 성신(聖神) 황제라는 존호가 바쳐졌으며 황제(예종)는 황사(皇嗣)가 되고 무씨의 성이 수여되었다.

중국의 역사에 있어서 여성이 황제가 된 것은 전무후무한 일이었다.

고조, 태종, 고종이 경영해 온 이씨의 대당 제국은 여기에서 일단 멸망되었다. 이를 「무주혁명」(武周革命)이라고 부른다.

(사) 당 황제권의 회복

측천무후는 정권을 장악한 이래로 국위를 실추한 일도 없었으며 문운(文運)도 좋았다.

그러나 궁정 내부와 관료 사회의 문란과 부패는 음탕과 향락을 추구하여 극에 달하고 있었다.

무후가 81세가 되었을 때 장간지(張柬之)가 재상으로 임명되었다. 이 재상도 80세의 노인이었다.

그렇게도 정력이 왕성하던 측천무후도 심신이 모두 노쇠하여 뤄양궁의 장생전에서 병상에 눕고 말았다. 장씨 형제는 언제나 곁을 떠나지 않고 있었다.

측천을 폐하고 황태자를 제위에 오르게 하자는 계획은 노재상 장간지를 중심으로 하여 진척되었다. 장간지는 적인걸이 추천한 인물로서 침착하고 모략의 재능이 있어 대사를 처단할 능력을 갖추고 있었다.

쿠데타는 무력이 필요하였다. 그는 먼저 황제의 친위대(親衛隊)의 사령관에 해당하는 우우림위(右羽林衞) 대장군 이다조(李多祚)를 설복한 다음 그를 통하여 동지를 좌·우 우림위의 지휘관으로 임명하여 체제를 갖추었다. 그 병영(兵營)은 뤄양궁의 북문 현무문 가까이에 있었다.

신룡(神龍) 원년(705년) 정월 22일, 장간지 등은 계획대로 동궁에서 황태자를 추대하여 선두에 세우고 장생전으로 몰려갔다.

장역지, 장창종의 형제를 복도에서 참하고 노여제(老如帝)에게 강박하여 황태자에게 양위할 것을 동의케 하였다.

무후를 별궁에 유폐하였으나 그 해 11월, 그녀는 파란만장의 일생에 막을 내렸다. 83세였다.

퇴위한 여제에게는 측천대성황제(則天大聖皇帝)의 존호가 추증되었으나 중국에는 여성 천자의 예가 없는 까닭에 역사상으로는 이를 황제라 하지 않고 측천무후라고 부른다.

황태자, 즉 중종이 즉위한 것은 쿠데타의 3일 후였으며 국호를 원래대로 당으로 고친 것은 수일 후였다.

이로써 무주(武周) 정권은 소멸되었으며 중종은 장안으로 환도하니 황제권이 당으로 되돌아 온 것이다.

4) 제2의 측천, 위후

고종이 죽은 후 복위(復位)된 중종은 그 나름대로 결심이 있을 법했지만 의외로 심기가 약하고 지혜도 부족한 임금이었다.

모후(母后) 무씨로부터 폐위를 당하고 방주에서 유배생활을 하고 있을 때에는 마음이 약하여 자살을 기도한 일까지 있었다.

그때마다 그를 위로하고 격려하며 중종과 함께 설움을 달랬던 사람이 부인 위씨(韋氏)였다. 그리하여 부인 위씨에게 만약 다시 햇볕을 보는 날이 온다면 부인한테 모든 소원을 들어주겠다고 약속했었다.

그런데 마침내 햇볕을 보게 된 것이다. 물론 위씨는 당당히 황후에 올랐다.

위후는 성격이 강한 여인이었다. 자기들을 괴롭혔던 시어머니 무후가 병약한 고종에게 했던 것처럼 위후도 중종의 정치에 일일이 간섭하였으며 중종은 또 위후의 의견에 무조건 따르는 실정이었으니 그녀는 제2의 무후를 꿈꾸게 되었던 것이다.

과연 위후는 무후의 선례를 본받아 점차로 그 권력의 신장을 도모하였는데 이 경우 위후로서 가장 유효한 방법은 종래의 궁중파를 그대로 이용하는 것이었다. 따라서 위후와 궁중파 무씨 일족이 결합하게 된 것이다.

그런데 이 과정에서 위후를 충동질하거나 요령을 알려주는 여자가 있었는데 그 여인이 상관완아(上官婉兒)라는 궁중의 재녀(才女)였다.

(가) 재녀 상관완아

이 여인은 지난날 무후의 미움을 받아 죽은 시인 재상 상관의(上官儀)의 손녀이다. 조부가 처형되었을 때 부친도 살해되었다. 아직 유아였던 그녀는 모친과 함께 노비로 궁중에 들어가게 되었다.

그녀의 타고난 재주와 지혜는 성인이 됨에 따라 빛을 나타내게 되었다. 시문에도 능하고 또 사무 처리의 능력도 뛰어났으므로 측천의 귀여움을 받게 되었으며 그 비서의 역할을 맡게 되었다.

그녀는 중종이 즉위한 후에도 궁중에서 소중한 존재로 인정받았고 첩여라는 지위가 부여되었다.

그리고 어느 사이엔가 중종의 총애를 받는 몸이 되었다. 이 재녀는 색의 길에 있어서도 특출한 수완을 가졌었으니 이미 무후의 조카 무삼사와도 정을 통하고 있었다. 정을 통한 사람은 비단 그뿐이 아니었다.

(나) 태평공주와 안락공주

측천무후는 딸 태평공주를 이야기의 상대로 하였었으나 위후에게 있어서는 막내딸인 안락공주가 이야기의 상대였다. 중종 복위 때 공주의 나이는 22세였다.

상관완아는 무삼사를 위후에게 비밀히 중매하였다. 그녀와 무삼사와는 정을 통한 사이였지만 그 삼사를 위후와 결합시켰다.

이렇게 함으로써 중종과 위후의 사이를 불화케 하고 자신이 중종의 총애를 독점하여 뜻대로 중종을 조종할 생각이었는지도 모른다.

위후에게 측천무후를 본받으라고 권하면서도 본심은 자기 자신이 측천이 될 것을 꿈꾸었던 것이다.

그리고 안락공주를 무삼사의 아들 무숭훈(武崇訓)에게 출가하도록 알선하였다.

정치는 점차로 위후와 무삼사가 위논하여 결정하게 되었다.

관직이 좌산기상시(문하성 차관)에 불과한 무삼사가 정치의 실권을 장악하게 되었다. 중종 옹립의 공신들을 추방하고 무후 시대의 정치가들을 복직시켜 급속히 구체제로 환원시켰다. 무삼사의 계략을 위후와 더불어 실천에 옮긴 것이다.

사태가 여기에 이르자 황태자 이중준(李重俊)이 동지와 더불어 궐기하였다. 그는 무삼사, 무숭훈 부자를 살해하는 데에는 성공하였으나 그것으로 끝나고 말았다. 그리고 그는 자멸하였다.

이중준은 위후의 소생이 아니었던 까닭에 위후와 안락공주의 경멸을 받아 왔던 것이다.

무숭훈과 사별한 안락공주는 숭훈의 재종형인 무연수(武延秀)에게 출가하였으나 그 횡포는 더욱더 심하여 왕후 재상 이하의 임명도 대부분은 그녀의 손을 통하여 이루어지는 실정이었다.

안락공주만이 아니었다. 그녀의 큰언니 장녕공주 위후의 누이동생, 상관완아와 그녀의 모친까지가 제각기 뇌물을 받고 관직의 알선을 하였다. 여승이 되는 도첩(면허증)의 교부까지도 알선하였다.

측천무후의 집권이 워낙 장기였던 탓으로 궁정의 내부에는 여성의 체취만이 충만하였고 그리고 여성 권력자가 출현하기에 적당한 환경이 조성되어 있었던 것이다.

안락공주를 비롯한 이들 여성 권력자는 호화로운 저택을 조성하였다. 장안 연평문 밖 10킬로미터 되는 곳에 신축한 산장은 저택 안에 백성의 땅을 빼앗아 연못을 만들고 돌을 쌓아 화산(華山)을 모방하고 물을 끌어 천진(天津)이라고 하였다.

안락공주와 세력을 겨룬 것은 측천무후의 막내딸, 즉 안락공주에게는 고모뻘되는 태평공주였다.

태평공주는 처음엔 설소(薛紹)에게 출가하였다. 설소의 어머니는 고종의 맏누이였으니 태평공주와 설소는 내외종간이었다. 그러나 설씨의 가문과 무후와의 사이는 원만치 못하였다. 688년 낭야왕이 무후에게 항거하는 군사를 일으켰을 때 이에 호응하였다가 낭야왕이 패사한 후 체포되어 옥사하고 말았다.

설소의 사후 태평공주는 무후의 오촌 조카인 무유기에게 개가하였다. 무후는 공주를 위하여 호화로운 저택을 신축케 하고 3천 호의 영토를 하사하였다가 이내 다시 3천 호를 더하였다.

무후의 피를 받았으니 용모도 성격도 무후와 비슷하였고 권모술수에도 능하였다. 문학의 선비와 서화가들을 모아 호사한 생활을 마음껏 즐겼다.

위후와 안락공주 모녀를 중심으로 한 일당의 전횡은 계속되었다. 뜻있는 신하는 죽음을 각오하고 중종에게 위후의 포학함을 호소하고 그의 일당을 멸하지 않으면 나라가 위태롭다고 충언을 하였으나 위후는 그 신하를 바로 처형해 버렸다.

(다) 중종을 독살한 위후

중종도 위후 일당의 음모를 눈치채게 되었다. 불안과 초조함을 느낀 위후와 딸 안락공주는 공모하여 중종을 독살하였다. 경룡(景龍) 4년(710년) 6월의 일이었다.

중종 독살의 음모에 가담한 것은 위후의 불장난의 상대였던 산기상시(散騎常侍) 마진객과 광록소경(光祿少卿) 양균이었다.

위후가 정치의 실권을 장악하고 안락공주를 황태자가 아니라 황태녀로 책립할 계획으로 떡 속에 독을 넣어 중종에게 권하였던 것이다.

황제가 황후와 황녀의 손으로 독살되었다. 천하에 있을 수 없는 일이다. 향년 55세. 참으로 기가 막히는 사건이다. 측천무후는 잔인한 일을 많이 하였지만 남편인 고종을 독살한다는 것은 생각한 일조차 없었다.

위후의 모녀는 희대의 독부였다. 중종의 사인은 공표되지 않았으며 장의도 집행되지 않았으나 어느 사람이 중종이 독살당하였다는 사실을 은밀히 예종의 아들 융기(隆基)에게 알렸다.

(라) 융기의 쿠데타

격분한 그는 고모인 태평공주와 의논하고 근위병을 포섭하여 별이 반짝이는 밤에 궁전을 습격하였다. 환성을 듣고 숙직하던 군사도 이를 따랐다. 달아날 곳을 찾지 못한 위후는 근위병의 병사로 뛰어들었다가 그 병사에게 살해되었다. 거울 앞에 앉아 화장을 하고 있던 안락공주도 죽음을 당하였다. 어떤 자는 숙장문 밖에서, 어떤 자는 태극전 서쪽에서, 위씨의 일당은 모조리 죽음을 당하였으니 쿠데타는 날이 샐 무렵에 완전히 성공되었다.

쿠데타를 거사함에 앞서 그 계획을 부친인 예종에게 알려 두는 것이 마땅하다고 진언하는 자도 있었으나 융기는 만약에 일이 실패로 돌아갔을 경우 예종에게 화가 미칠 것을 두려워하여 알리지 않고 비밀히 거사하였던 것이다.

다음 날 아침 부친에게 달려가 독단으로 거사한 것을 사과하였던바 예종은 그를 포옹하고 「네 덕분으로 살게 되었구나」라고 말하고 눈물을 흘리면서 고마와하였다.

이리하여 예종이 제위에 오르고 융기는 세째 아들이었음에도 불구하고 황태자로 책립되었다. 예종은 문명(文明) 원년(684년), 중종이 폐위된 후에 이름뿐인 황제가 된 적이 있었으나 이제 복위하여 명실공히 황제가 되었던 것이다.

예종은 경미한 정무(政務)는 황태자에게 일임하였다. 용감하고 씩씩한 26세의 젊은 황태자에게 인망이 집중되는 것은 당연한 일이었다.

조정의 중신들도 음으로 양으로 황태자를 도왔다. 그러나 그의 인기 상승을 좋지 않게 여기는 일파가 있었다. 황태자에게는 고모뻘되는 태평공주와 그 일당이다. 위후 일파를 제거하는 쿠데타에 공이 있었던 태평공주는 그 위세가 당당함이 비할 바가 없을 정도였다.

(마) 현종(玄宗)의 등극

신황제 예종은 온화한 인품이었고 황태자는 아직 경험이 적은 청년이라는 것을 기회로 삼아, 그녀는 인사에까지 간섭을 하고 한 때는 이를 독단한 일도 있었다.

1만 호를 영토로 하고 스스로 부(府)를 설치하여 관속을 두고 그 세 아들을 왕으로 책봉토록 하였으며 그 밖의 일족이 모두 제주(祭

酒), 구경(九卿) 등의 고관으로 임명되었다.

또 천하의 진기를 모으고 호사한 생활은 황제를 능가할 정도였다.

마침내 그녀는 제2의 무후가 되고자 하는 야심마저 품게 되었다. 이러한 그녀에게 있어서 강직한 성격의 소유자인 황태자는 눈 위의 혹과 같은 존재였다.

태평공주는 어머니인 무후 못지않게 강한 성격이었으며 또 권모술수에 능한 여성이었다. 예종에게 사사건건 황태자의 고자질을 하여 그를 태자의 지위에서 끌어내리고자 획책하였다. 그러나 그녀의 이러한 행동은 도리어 역효과를 초래하였다.

황태자 융기를 신뢰하는 예종은 사태가 분규로 확대되는 것을 막기 위하여 712년 재위 2년에 미련없이 제위를 황태자에게 양위하였다.

이리하여 28세의 청년 현종(玄宗)이 탄생한 것이다.

5) 현종 45년의 치세

(가) 개원(開元)의 시대

현종이 예종에게서 제위를 이어받아 제6대 황제로 즉위하였을 때에는 28세의 씩씩한 청년 천자였다.

그는 예종의 세째 아들이다. 3남인 그가 두 형을 제쳐놓고 황태자로 책립된 것은 위후와 안락공주의 일당을 제거하는 쿠데타에 성공한 무공(武功)에 의한 것으로서, 말하자면 실력에 의한 것이었다.

현종이 제위에 오른 당초에는 태평공주의 주장으로 예종은 태상황(太上皇)이라 칭하여 중요한 정무를 장악하였으며 황제가 사용하는 「짐」을 자칭하고 태극전에서 그대로 집무하였다.

그러므로 태평공주의 전횡은 더욱 심하게 되었으니 현종을 보필해 온 중신들은 전부 면직되고 재상 7명 중 5명은 공주가 추천한 인물로 충당되는 실정이었으며 현종은 그 신변조차 위협을 느끼게 되었다.

사태가 이렇게 되자 현종은 다음 해(713년) 7월, 태평공주와 그 일당을 체포하여 처형함으로써 궁중에 근거를 두고 정치를 농단해 온 무후, 위후의 일족과 그 동조자를 철저히 배제하였던 것이다. 동시에 태상황이 정치에 발언하는 길도 막아 버렸다.

이때 현종은 29세, 연호도 개원(開元)으로 고쳤다. 마침내 개원의 태평치세가 시작되는 것이다.

현종은 개원 30년(742년)에 연호를 천보(天寶)로 고쳤다. 천보는 15년 숙종에게 양위할 때까지 계속된다. 현종의 재위는 전후 45년 간이다.

45년 간의 치세 중 개원 연간 30년, 그것도 초기의 20년 간이 현종이 개혁의 의욕에 불타 정치에 정력을 기울인 시기이다. 현종은 즉위하자 강기(綱紀)의 숙정을 감행하고 사치 금지령를 내리고 위람승의 단속을 명령하였다.

개원 2년에는 관료 기구를 정리하여 무후 시대의 악폐였던 불필요한 관직을 제거하였다. 면세의 특권을 가지고 횡포가 심하였던 중들을 환속시켰다. 그 수는 1만 2천 명에 달하였다고 한다. 이것은 재상 요숭(姚崇)의 진언에 의하여 단행된 것이다.

723년에는 붕괴된 부병제(府兵制) 대신에 모병제(募兵制)를 채용함과 아울러 문란해진 균전제에 대한 시정책을 강구하였다.

733년에는 지방제도를 고쳐 전국을 15도로 나누었다. 사회는 안정되고 생산은 증가되니 이른바 개원의 치(開元之治)로 불리는 태평성세가 이룩되었다.

(나) 나태해진 황제

현종은 즉위 초기에는 증조부인 태종을 모범으로하여 명천자가 되겠다고 노력하였다. 개원 연간 특히 그 전반은 그러하였다.

즉위 초에 사치한 물품을 궁전 앞에 불살라 버림으로써 백성에게 검약의 모범을 보여 준 현종이었으나, 재위 기간이 길고 축적이 풍부하게 되자 어느 사이엔가 무사안일에 흘러 사치를 즐기는 범용한 군주가 되고 말았다.

현종은 원래 그 성품이 화려한 것을 좋아하고 또 인정에 약한 점이 있었다. 제위에 오른 뒤에도 형제들과 친밀했던 것은 역사상 그 예를 볼 수 없을 정도였다.

　즉위 초기에 의기와 정열에 불타 정치의 혁신에 힘을 기울인 현종은「정관의 치」에 비할만한 업적을 올렸으며 또 공전의 번영이 계속된 것도 사실이다. 그러나 개원 20년 경부터는 현종의 마음에 긴장이 풀리기 시작하였다. 정치에 대한 안이함과 실력에 대한 과대한 자부심이 그로 하여금 정치에 대한 정열을 냉각시켰다.

　사실 부와 권력을 자유로 사용할 수 있는 황제가 20년, 30년씩이나 정치에 심신을 계속 기울인다는 것은 매우 어려운 일이다. 점차로 정치에 싫증을 느끼기 시작하였을 때 개원 25년(737년), 총애하던 무혜비(武惠妃)가 사망하니 현종은 더욱 권태를 느끼고 우울한 나날을 보내게 되었다.

　우선 그의 궁정생활에 있어서 환관의 수가 격증하였다. 그 총수가 5천을 넘었었다고 한다.

　개원 19년(731년), 곽국공 왕모중(王毛仲)은 환관을「사람 대접을 하지 않았던」까닭에 환관 고역사(高力士)의 참소로 죽음을 당하였다.

　이 무렵부터 환관에 대한 총애가 두터워 그때까지는 환관에게 허용되지 않았던 삼품장군(재상의 지위에 상당함)에 임명되는 자도 있었다.

(다) 황제와 양귀비(楊貴妃)

　개원 28년 10월의 행차 때의 일이다. 현종은 마침내 수많은 관녀들 중에서 관능적인 육체미를 갖춘 한 여성을 발견하였다.

　즉시 환관에게 영을 내려 그녀를 부르게 하였다. 그녀가 바로「장한가」(長恨歌)의 여주인공인 양귀비(楊貴妃)였다.

　그녀는 그때 22세, 절세의 미인이었고 가무에도 능하여 현종으로 하여금 현혹케 한 여인이었다.

　그러나 공교롭게도 그녀는 유부녀였으며 더욱이 현종의 아들 수왕의 비(妃)였다. 수왕은 무혜비의 소생으로서 현종의 열 여덟번 째의 황자이다. 무혜비는 바로 이 수왕을 황태자의 자리에 앉히기 위하여 세 황자를 죽이게 하였던 것이다.

아들의 비를 바로 빼앗을 수는 없었다. 그러나 현종은 그녀를 단념할 수는 더욱 없었다.

황제는 일단 그녀를 도관에 넣어 도교(道敎)의 여도사(女道士)로 만들고 태진(太眞)이라는 법호를 주어 태진궁에서 살게 하였다. 즉 그녀의 자유 의사로 남편인 수왕과 이혼하였다는 형식을 취하게 한 것이다.

천보 3년(744년)에는 양태진을 남몰래 궁중에 있게 하였으며 다음해 7월에는 봉황원(鳳凰園)에서 정식으로 그녀를 귀비(貴妃)로 임명하였다. 이때 현종은 61세, 귀비는 27세. 연령의 차이가 큰 이 두 사람의 애정은 상상하고도 남음이 있는 일이다. 노황제는 젊음을 되찾기에 여념이 없었다.

그러면 이 양귀비는 어떠한 가문에서 태어난 여인이었던가?

「구당서」에는 아버지는 촉주(四川省)의 사호(司戶) 양현염(楊玄琰)이었는데 일찍이 아버지와 사별하였으므로 숙부 양현교가 양육하였다. 양현교는 하남부 사조라는 미관말직에 있었다고 기록되어 있다.

그녀가 수왕의 비가 된 것이 17세, 수왕의 곁을 떠나 여도사가 된 것이 22세, 그리고 현종의 후궁으로 들어간 것이 26세, 귀비의 지위에 오른 것이 27세였다.

노경에 접어든 현종은 양귀비를 얻어 다시 봄을 맞은 기분이었다. 풍만하고 관능적인 육체, 아리따운 용모, 향기로운 체취, 춤추는 다정한 모습, 노래부르는 음성의 아름다움, 현종이 즐기는 비파를 다루는 솜씨, 그리고 나긋나긋한 태도, 현종으로서는 더이상 바랄 수 없는 여성이었다.

그녀는 미인이었을 뿐만 아니라 가무에 능하고 음악에도 소질이 있어 비파의 명수였으며 천성이 또 총명하여 현종의 마음을 완전히 사로잡고 말았다.

정치에 싫증을 느낀 현종은 귀비와의 환락에 몸도 마음도 빼앗겼다.

현종은 양귀비가 원하는 일이라면 무엇이라도 이루어 주려고 애썼다. 사랑하는 여인으로 말미암아 백성이 억울하고 말못할 괴로움을 당하고 또 공무에 지장이 있더라도 현종은 조금도 개의치 않았다.

개원 초기의 명천자로서의 의기는 간 곳이 없고 여색에만 탐닉하고 나라의 장래와 백성의 고초는 염두에도 두지 않는 어리석고 어두운 황제로 현종은 타락하고 말았다.

노경에 든 현종에게 있어서는 양귀비의 존재만이 그의 인생의 전부였다.

현종이 가는 곳에 언제나 귀비가 있었으며 환관 고역사가 귀비의 말 고삐를 잡았다고 한다. 궁중의 문서 일체를 고역사로 하여금 처리케 하고 현종은 귀비와의 정사에만 탐닉하였다.

6) 수도 장안의 번영

(가) 동북아 문명권 형성

당제국의 성립과 그 번영은 아시아에 커다란 활력을 부여하고 그 주변의 나라들을 자극하였다. 즉 한반도에서는 신라가 통일을 성취하였고 일본에서는 율령(律令) 국가가 수립되었으며 만주 지방에서는 발해가 건국하였고 티벳에서는 토번이 강대해졌으며 운남에서는 남조(南詔)가 일어났다.

이들 여러 나라는 당나라의 제도, 문화를 모범으로 하여 이를 배우고 당나라를 중심으로 하는 동부 아시아 문명권을 형성하였다.

당나라의 문화는 한 말로 표현한다면 국제적 양상을 띤 귀족 문화이다. 북조의 강건한 문화와 남조의 화려한 문화가 융합하고 게다가 서방 각국의 외국 문화 요소가 수입 동화되어 국제적 색채가 풍부한 귀족 문화가 형성되었던 것이다.

수도 장안은 국제 문화의 중심으로서 수많은 외국 인사의 왕래가 빈번하였으며 수입되는 외국 문화와 중국의 고유 문화를 조화하여 주변 각국에 공급하는데 있어서 커다란 역할을 하였던 것이다.

이리하여 당나라를 통하여 공급된 제도와 문물은 중국 문명권을 형성한 여러 나라에 번영을 가져오게 하였으며 그 나라의 문화에 지대한 영향을 미쳤던 것이다.

정치적인 사명을 띠고 내당한 각국의 사신, 유학생, 유학승, 순수한 통상을 목적으로 하는 상인, 종교적 또는 정치적인 박해를 피하여 입국한 이방인, 종교의 선교를 위하여 내당한 외국인 승려 등 중국으로 들어오는 외국인들을 당 왕조에서는 관대하게 이를 받아들였기 때문에 내당한 외국인 중에는 그대로 당나라에 귀화한 사람도 많았다.

(나) 장안의 상권(商圈)

당나라 경제력의 발전은 수나라가 국운을 기울일 정도의 막대한 투자를 하여 완성한 대운하와 도로에 힘입은 바가 크다.

수나라가 대운하와 도로를 만들 때에는 호유(豪遊)와 전쟁을 그 목적으로 하였다 하더라도 당나라에 들어와서는 그것이 국내의 남북 물자를 운송하고 교역하는데 있어서, 또 세계로 뻗쳐 있는 바다와 육지의 무역장에 모이는 진기한 물자와 이국인을 뤄양, 장안으로 수송하는데 있어서 중요한 노선이 되었다.

「천하의 길은 장안으로 통한다」는 말이 사실이었던 것이다. 천하의 각지로부터 뤄양, 장안으로 통하는 교통로 선상에는 상업 도시가 발달하고 번창하였음은 물론이거니와 남해를 거쳐 멀리 인도, 아라비아, 페르시아로부터 실어온 무역품을 장안으로 보내는 역할도 컸다. 꽝조우와 대운하에 의해서 강남의 여러 지방과 동방의 각국을 장안으로 연결시킨 양주(攘州)의 번창은 그 대표적인 예일 것이다.

외국 선박이 실어온 상아(象牙), 서각(犀角), 보석, 향료 등의 진귀한 화물은 장안 궁정으로 운반되어 궁정의 호사한 생활에 제공되었던 것이며 궁시사가 사고 남은 물자는 상인의 손에 의해서 장안, 뤄양, 양주로 운반되어 귀족과 부호들의 사치생활을 충동질하였던 것이다.

수나라 말기, 당나라 초기의 실크로드는 서돌궐의 세력이 지배하고 있었으나 당나라는 태종, 고종의 2대에 걸쳐 이오(하미), 고창(투르판), 구자, 우전(호오탄) 지방에 영토를 확장하고 서돌궐을 격파한 다음 구자에 설치한 안서도호부를 중심으로 행정관과 군대를 주재시켜 타클라마칸 사막의 여러 오아시스 국가를 지배하기에 이르렀다.

북, 중, 남의 세 길을 통과하는 낙타의 대상(캐러밴)은 서방의 물자를 계속 툰황(敦煌)으로 운반하였으며 다시 장안으로 도입하였다.

물론 서역의 치안이 언제나 안정되었던 것은 아니며 고종의 말년 이후에는 남으로부터는 토번(티벳)족, 북으로부터는 터어키계의 부족, 멀리 파미르 고원의 서쪽으로부터는 사라센 제국을 세운 타아지 등의 세력이 각각 당나라의 서역 경영을 위협하였다.

그러나 현종의 말년까지는 대체적으로 서역의 지배를 계속할 수 있었던 까닭에 실크로드를 통하여 전래하는 서역의 문물은 장안의 상류 사회에 서역 취미의 유행을 불러일으켰으며 현종의 치세에 가장 성하였다.

페르시아인, 아라비아인, 속드인 등의 투지가 왕성하고 상술에 능한 상인은 단순히 장안을 왕래할 뿐만 아니라 장안에 체재하고 혹은 귀화하여 성대한 상점과 거대한 자본을 가진 부상(富商)으로 발전하였다.

이들 호상(胡商) 중에는 보석, 옥기(玉器) 등의 값 비싼 상품을 취급하는 부상이 많았으나 그러한 반면에는 생존 경쟁에 패배하여 장안의 거리에서 호떡을 파는 「궁파사」(窮波斯)의 모습을 볼 수도 있었다.

(다) 각 종교의 발흥

당나라는 각 종교활동이 자유로워 외래 종교가 들어와 성업을 이루고 있었다. 수도 장안에는 불교는 물론 도관(道觀), 천교, 마니교, 경교(景敎) 등 3이교(夷敎)가 발전했고 여러 사원(寺院)이 건립되었다. 특히 불교는 위, 진, 남북조 시대부터 호국종교로서 민중 통치와 결부되어 있었다.

또한 수, 당에 걸쳐서 주변 여러 국가는 율령 정치와 더불어 불교를 유입하고 있었다.

수나라의 문제(文帝)는 유교를 억제하고 불교치국의 정치를 추진하였으나 양제(煬帝)에 의해서 다시 유교주의로 복귀한 바 있으며 당나라의 건국과 더불어 이 정책은 더욱 강화되었다.

유교주의의 국가가 확충되어 유교의 고전을 필수 과목으로 하는 과거를 실시하고 이를 통하여 관리를 임용하였다.

당 왕조는 건국 초부터 유교의 흥륭에 힘을 써 상당한 효과를 거두기도 하였으나 이와같은 국정 교과서적 경전 해석이 정해진 결과는 유학에 있어서의 자유로운 사색 연구를 빼앗게 되어 당대(唐代)에는 사상계 지도의 역할을 다하는 뛰어난 유교학자의 배출을 보지 못하게 되었다.

유교주의는 항상 배외(排外) 사상을 수반한다. 따라서 외래 종교인 불교는 당나라의 정치 방책 앞에서는 불리한 입장에 서게 되었다.

이와는 대조적으로 도교(道敎)는 특별히 유리한 조건이 부여됨으로써 발전을 거듭하게 되었다.

당의 왕실 이씨는 명문 출신이 아니다. 가문과 문벌이 행세를 하는 귀족 제도가 오랫동안 계속되어 온 시대에 제위에 오른 이씨는 이러한 명문을 제압하는 수단을 강구하지 않으면 안 되었다.

명문 호족의 출신에만 관계(官界) 영달의 길이 부여되었던 구품중정(九品中正)의 제도를 폐지하고 획일적인 실력 시험제인 과거제로 전환한 것도, 또 「성씨록」(姓氏錄)을 편찬하여 왕실 이씨를 최고위로 하여 명문을 제압하는 실력주의를 과시한 것도 모두 이 때문이었다.

그러나 당 왕실 이씨는 호한(胡漢) 혼혈의 군인 출신이라는 사실 그대로서는, 귀족제의 관념이 강한 그 시대의 제왕으로서의 위엄을 유지할 수가 없다.

그래서 당 왕실은 자기의 가문은 노자(老子)의 자손이라고 주장하였다. 노자의 성은 이씨인 것이다.

이리하여 노자를 교조(敎祖)로 삼고 또 신선으로서 제사 지내게 되어 있었던 도교는 자연적으로 당 왕실 조종(祖宗)의 가르침이 되었다.

도교의 교단 세력은 비교가 안 될만큼 불교보다도 열세이긴 하였으나 공식 석차는 도교가 불교의 상위로 결정되었다. 이에 대한 불교도의 반발이 심하였으므로 도교측은 오히려 이 호기를 놓칠세라 불교는 무용 유해한 종교라고 배척 운동을 일으켰다.

현종에 앞선 측천무후의 시대에는 불교에 대하여 적극적인 보호정책을 채용하여 도(道), 불(佛) 두 교의 관계를 불선도후(佛先道後)로 바꾸어 버렸다.

또 이보다 앞선 태종, 고종도 불교를 존숭하고 이에 대하여 충분한 원조를 하였으므로 불교는 융성을 거듭하였다.

태종에서 고종 시대에 걸쳐 현장, 의정 등이 인도에 구법(求法)의 여행을 하였으며 한편 인도, 서역의 고승으로서 당나라에 불법을 전한 이도 있었다. 현종 시대에는 인도의 승려 선무외, 금강지, 불공 등이 유명하다.

7) 반란과 외침

(가) 안사(安史)의 난

안사는 안녹산(安祿山)이라 하는데 그 아버지는 강씨라고 하니 강국(사마르칸드) 출신의 상인이었으리라고 한다. 그 어머니는 돌궐인으로서 무녀였다고 하며 아버지의 사후 어머니가 돌궐인 장군 안연언(安延偃)과 재혼하였으므로 안성(安性)을 쓰게 되었다고 한다.

안녹산은 성장함에 따라 현명하고 남의 심정을 살피는 데에 눈치가 빨랐으며 9개국어를 자유로 구사하였던 까닭에 국제무역 시장(번시)의 중개인으로서 생계를 세우고 있었다.

평로 병마사가 된 안녹산은 그 처세의 특기를 계속 발휘하였다. 즉 중앙의 관리들에게는 충분한 뇌물을 제공하였다. 중앙에서는 그에 대한 호평이 자자하였다.

평로 병마사가 된 다음 해에는 영주도독(營州都督)이 되고 평로군사(군사령관)라는 관직에 임명되었다. 그리고 그 다음 해 천보 원년(742년)에는 평로 절도사가 되었다.

744년에는 범양(苑陽) 절도사를 겸하여 그 치소인 유주(뻬이핑)로 진출하여 양쪽을 합하여 12만을 넘는 대군의 총사령관이 되었다.

천보 6년(747년), 범양, 평로 절도사 안녹산은 어사대부(御史大夫)를 겸하였다. 이것은 재상 이임보의 주선에 의한 것이었다. 현종은 안녹산을 우대하였으며 안녹산 또한 늙은 현종을 기쁘게 하는 요령을 체득하고 있었다.

정치에 싫증을 느끼고 양귀비에게 현혹되어 있는 현종의 환심을 사고 그의 신임을 유지한다는 것은 약간의 테크닉과 술책으로써 충분하였다. 양귀비가 호인(胡人)의 풍모를 갖추고 있는 안녹산을 좋아하였기 때문이다.

궁중에서는 양귀비와 안녹산의 양인에 대하여 불미스러운 풍문이 자자하였으나 현종은 이 일에 대해서만은 조금도 개의치 않았다.

안녹산은 천보 9년에는 하북도 채방처치사(河北道採訪處置使)를, 다음 해에는 하동(河東) 절도사를 또 겸임하게 되었다.

이미 3개 절도사를 겸하여 20만의 대군을 지휘하는 대군벌로 성장되어 있었다. 유주에 성을 쌓고 교묘히 북동의 이민족 해(奚)와 글안을 회유하고 또 서방의 상인을 사용하여 이식(利殖)을 도모하였으니 재정적으로 풍유하게 되었다.

이민족을 회유하는데 있어서는 그의 능숙한 어학력이 효과를 거두었다. 그는 투항해 온 번인(蕃人)에게는 은혜를 베풀고 따르지 않는 자는 철저히 응징하는 정책을 썼으나 그것이 포로가 되면 또 전부 석방한 다음 의식을 지급하고 그들의 말(言語)로 위무하였다. 그러므로 그에게 포로가 되었던 번인들은 아침에 포로가 되면 저녁에는 안녹산의 전사(戰士)로서 그에게 충성을 다할 것을 자원하게 되었다.

안녹산이 반란을 일으킨 것은 천보 14년(755년) 11월 9일 새벽이다. 모의에 참여한 그의 심복 세 사람뿐, 다른 무장들도 전혀 알지 못하였다.

마침 안녹산이 장안에 파견해 둔 주사관(奏事官)이 돌아왔다. 안녹산은 칙서가 왔노라고 거짓으로 말하여 무장들을 집합케 하였다.

『밀지(密旨)가 내려왔소. 이 안녹산에게 병을 이끌고 입조하여 재상 양국충을 치라는 말씀이오. 장군들은 즉각 종군토록 하시오.』

여러 무장은 아연하여 서로 얼굴만 바라볼 뿐 반대를 말하는 자는 없었다. 안녹산이 동원한 병력은 약 15만, 범양 절도사 예하의 병력 외에 수년 이래, 그가 포섭해 온 글안과 돌궐의 기병도 동원되었다. 동도(東都) 뤄양을 향하여 진격,「간신 양국충을 제거한다」는 명분을 내세웠다.

안녹산의 군대의 주력은 서방 이란계와 북방 유목민 출신의 번장, 번병으로 편성되었으며 그들은 오랫 동안의 안녹산의 은의에 보답하여 충절을 다하겠다는 기마부대였다.

(나) 장안 함락

안녹산의 군대는 뤄양을 향하여 허뻬이 평야를 파죽지세로 남하하였다. 허뻬이는 안녹산의 관할하에 있었으므로 반란군이 통과하는 주와 현의 장관은 성문을 열고 나와 맞거나 그렇지 않으면 성을 버리고 달아나니 거의 저항을 받는 일이 없었다.

당 조정에서도 반란군의 남하에 대비하여 실력있는 무장을 요지에 배치하였다. 탈라스 강변에서 타아지(大食)군과 싸워 패한 고구려인의 장군 고선지를 총사령관으로 하여 5만의 병을 이끌고 장안을 출발, 섬주(허난성)에 주둔케 하였다. 섬주는 장안과 뤄양의 중간, 황하의 남쪽에 있는 성시(城市)이다.

반란군의 행동은 의외로 신속하였다. 12월 3일, 안녹산은 이미 황하를 건너 진류군(허난성)을 함락하고 다시 뤄양을 향하여 서진을 계속, 9일에는 형양을 함락하였다.

이보다 앞서 뤄양에 도착한 봉상청(封常淸)은 병을 뤄양 동방의 무뢰까지 나가 반란군을 막게 하였으나 병사는 아직 충분한 훈련조차 받지 못하고 있었다. 순식간에 반란군의 철기(鐵騎)에 유린되어 전열은 무너지고 말았다.

게다가 반란군의 진격은 맹렬하였다. 봉상청은 패잔병을 모아 싸웠으나 견디지 못하고 달아나니 안녹산은 마침내 뤄양을 함락하였다. 12월 13일, 거병 후 겨우 34일이었다.

그뒤 퉁관이 함락되었다는 소식은 환락의 도시 장안을 공포의 도가니로 몰아넣었다. 황급히 어전회의가 열렸지만 뾰족한 수가 없었다.

현종이 남몰래 궁정을 떠난 것은 6월 13일 새벽이었다. 떠나는 것을 왕궁 관리들도 모르는 사람이 많았으며 더구나 시민은 전혀 모르고 있었다.

현종이 버리고 간 수도 장안은 그대로 안녹산의 수중으로 들어갔다. 이보다 앞서 뤄양에서 안녹산은 「대연황제」로 호칭하고 있었다.

(다) 안녹산의 암살

뤄양의 안녹산이 암살된 것은 지덕 2년(757년) 정월의 일이다. 그는 뤄양으로 들어가 대연 황제를 칭한 무렵부터 시력이 쇠약해지고 또 악성 종기를 앓아 성질이 광포해져 좌우의 사람들을 용서없이 매질하여 위신을 잃었다.

한편 아들 경서와의 사이가 악화되었다. 안녹산이 첩의 소생을 후계자로 삼으려 하였기 때문이다. 그뿐만 아니라 경서는 자기 자신이 언제 죽음을 당하게 되는지 모른다는 공포에 항상 불안을 느끼고 있었다.

안경서를 충동질하여 그 아버지를 죽이게 한 것은 공목관(孔目官) 출신의 엄장(嚴莊)이었다. 흉악한 영웅 안녹산은 자기 아들 손에 피살되었던 것이다.

이로써 안녹산의 난은 평정되고 곧 장안을 회복할 수 있었다.

(라) 위그루 횡포와 토번의 침입

안녹산의 난에서 장안, 뤄양 탈환에 크게 도움을 주었던 사람은 위그루였다.

당 조정은 그 공로에 보답하는 것을 게을리하지 않았지만 위그루의 욕구는 한이 없었다.

위그루는 이미 탈 수도 없게 된 노쇠한 말을 무수히 당나라로 가져와 비싼 값으로 강매함으로써 당나라 재정에 커다란 부담을 끼쳤다.

이와같이 안녹산의 난은 주위의 이민족에게 발전의 계기를 주었으며 이것이 또 당 왕조를 쇠망의 길로 이끄는 커다란 원인이 되기도 하였던 것이다.

한편 내란을 평정하기 위하여 주위의 민족에게 날개를 뻗치게 하는 기회를 주었다. 그 중에서도 서방의 토번은 이미 현종 시대부터 매년 당나라의 서변에 침입하였으나 751년(천보 10년), 당나라가 타아지와의 싸움에서 패하고 이어서 안녹산의 난이 일어나 변경의 수비가 소홀하게 되자 이를 틈타 세력이 강성하게 되었다.

안녹산의 난을 평정하기 위한 원군의 파견을 당에서 요청하자 국내에 난입하여 각처에서 노략질을 하였다.

수도 장안에까지 침입하였던 토번군은 격퇴되었지만 하서(河西), 농우의 지대는 계속 점령하였으니 이 상태는 당나라 말기까지 계속되었던 것이다.

8) 당 제국의 말로

(가) 당쟁의 격화

안녹산의 난 이후 세상이 바뀌어 귀족주의가 쇠퇴하고 과거를 통하여 실력으로 정계에 진출한 진사들이 유력하게 되고 일반의 존경을 받게 되었다.

과제도 학력 시험이므로 그 시험관에는 역시 과거 출신자가 임명되었다. 그러므로 과거를 통하여 시험관과 급제한 진사들 사이에는 선후배의 결합 관계가 발생하였으며 그들은 그 교양을 자랑하면서 엘리트로서 자처하였다.

한편 이와 반대의 입장에 있는 임자(任子) 출신들은 귀족으로서의 가문, 문벌을 자랑하면서 역시 엘리트 의식을 견지하고 대항하였다. 엘리트와 엘리트와의 충돌이었으므로 타협의 여지가 없었다.

우승유와 이종민은 명예로운 제과에 급제하였건만 재상 이길보의 미움을 받아 지방으로 배치되어 한동안 불우한 환경에 있었으나 점차로 두각을 나타내어 중앙으로 진출하였다.

과거 출신의 진사에는 개인적인 재능이 특출한 인사가 적지 않았으므로 진사파의 세력은 시대와 더불어 발전하였다. 우승유와 이종민 두 사람은 이 진사파의 영수로 추대되었던 것이다.

한편 이길보의 아들 이덕유는 귀족으로서의 교양을 지니고 실력도 있었지만 일부러 과거에는 응시하지 않고 임자(任子)의 길을 통해서 관계에 진출하였다.

목종 때에 이덕유는 한림학자가 되고 중서사인(中書舍人)이 되었으나 과거에 얽힌 부정 사건이 있은 기회를 포착하여 이종민을 중앙에서 몰아냄으로써 부친의 원수를 갚았다.

이번에는 이종민이 이덕유에게 원한을 품게 되었다. 이때 진사 출신인 이봉길이 재상이 되어 이덕유를 지방으로 좌천시키고 우승유를 등용하여 재상의 자리에 앉힘으로써 동지적 결합을 굳게 하였다.

이로부터 오랜 동안 지방에서 냉대를 받게 된 이덕유는 이봉길, 우승유를 크게 원망하였다.

경종 때 이봉길과 우승유가 모두 파면되었으므로 이덕유는 다음 문종 때에 노재상 배탁(裵度)에게 운동하여 재상이 되려고 하였다. 그런데 의외에도 반대파인 이종민이 먼저 재상으로 임명되고 말았다.

이종민은 동지인 우승유를 다시 끌어들여 같은 재상의 자리에 앉히고 협력하여 이덕유의 당파를 더욱 압박하기 시작하였다.

그러나 우승유가 외교 문제로 실패하여 사임하자, 문종은 이덕유를 불러 재상으로 임용하니 이종민은 지방으로 좌천되었다. 얼마 후 이덕유가 황제의 비위를 상하여 재상의 자리를 물러나고 대신 이종민이 중앙으로 되돌아왔다.

이와같은 당파 싸움은 그 영수인 몇 사람의 반목과 투쟁에 그치지 않고 각각 당파를 이루어 서로 반대파를 사당(邪黨)이라 헐뜯고 그 세력을 중앙으로부터 구축하려고 추악한 암투를 되풀이하였다.

(나) 환관의 득세

현종, 숙종, 대종의 3대에 걸친 환관의 횡포에 대해서는 이미 언급했거니와 황제의 근위병인 신책금군(神策禁軍)이 설치되고 환관이 이를 통솔하게 된 이후부터는 환관의 권력은 더욱더 강대해졌다.

또 추밀원(樞密院)이 설치되어 황제의 조칙 명령을 환관이 취급하게 되자 환관은 정치의 실권까지도 장악하여 환관의 부(府)를 북사(北司)라 칭하였다. 정부는 이를 남위(南衙)라 불렀던 것이다.

그러나 백성을 괴롭히는 것쯤은 사소한 일이라 하겠으니 현종은 원화 15년(820년) 정월, 갑자기 중화전(中和殿)에서 죽었다. 당시의 사람들은 모두 환관인 진홍지가 시역(弑逆)한 것이라고 말하였으나 궁중에서는 현종이 먹은 불로장생의 약이 중독된 것이라고 하였다.

그러나 궁중의 일은 환관이 합심하여 은폐하면 그것은 왕실 일가의 가사로서 조정의 대신은 그것을 규명할 도리가 없었던 것이다.

이 무렵부터 조정에서는 대신들 사이의 당쟁이 또 격화되었다. 그리하여 양파는 서로 상대파가 환관과 결탁하고 있다고 비난하였지만 실제에 있어서는 쌍방이 모두 환관과 이면에서 손을 잡고 있었던 것이다.

이러한 실정하에서 중요한 권한을 장악하게 된 환관은 황제의 폐립(廢立) 조차도 자행하기에 이르렀다.

(다) 농민 구보의 반란

황하 유역의 평야부 일대에는 매년 흉작으로 말미암아 기근이 일어나고 곤궁한 농민이 증대하여 유민이 방대한 수에 달하였다. 이러한 가운데 사회불안은 더욱 심하여 갔다. 군벌의 장병들도 대우에 불만이 있으면 곧 병변(兵變)을 일으켰다.

백성이 이렇게 궁핍하고 불안한 상태에 있을 때 강력한 지도자가 나타나기만 하면 반란이 일어났다.

의종 즉위의 해인 대중(大中) 13년(859년) 12월에는 절동(저장성 동부)의 농민 구보(仇甫)가 농민 100명을 이끌고 상산현을 공략하였다.

당시 이 방면은 오랜 동안 평화가 계속되었던 까닭에 관군의 주둔 병력도 3백에 지나지 않았으므로 다음 해·연초에는 구보의 난군은 관군을 계속 격파하였다.

지방의 무뢰한, 유민 등 3만 명이 가담하여 절동, 절서의 땅을 진동케 하였다. 구보는 스스로 천하 도지병마사(天下都知兵馬使)라 칭하고 연호를 나평(羅平)이라 정하였다.

절동 관찰사 정지덕은 이를 막아내지 못하였으므로 조정에서는 안남 도호경략사로서 명성이 높은 왕식(王式)을 절동 관찰사로 기용하여 평정을 담당하게 하였다.

왕식은 반란이 강회(江淮) 일대에 미칠 것을 염려하여 조정에 대병을 요구하니 충무, 의성, 회남 3도의 절도사가 원군으로 파견되었다.

한편 왕식은 월주(저쟝성 샤오싱현)에 진을 치고 반군과 기맥을 통하고 있는 장리(將吏)를 체포하고 또 각현의 창고를 개방하여 백성에게 급여하였다.

또 포로로서 강회 지방에 옮겨져 있던 토번인과 위그루인을 해방하여 기병대를 조직하고 이 지방의 민병을 소집하여 치니 반군은 평정되고 구보는 사로잡혀 장안으로 송치된 다음 처형되었다.

(라) 방훈의 난

구보의 난 후, 10년 째에 쉬조우(쟝쑤성 퉁산현)에서 방훈(龐勛)이 난을 일으켰다. 방훈은 쉬조우에 사령부를 둔 무녕 절도사의 아병(牙兵)의 수령이었다. 아병이란 절도사의 신변을 경호하는 직속 부대를 말하는 것이다.

남조의 침입에 대비하여 멀리 남방의 안남 땅에 파견되어 있었으나 그 주력은 용명이 높은 교병(驕兵)의 집단이었다.

그들은 교체 근무의 기한이 지나고 안남에 주둔한지 6년이 되었는데도 귀환 명령이 없는 것에 분개하여 의종의 함통(咸通) 9년(868년), 계주(꽝시성 꾸이린현)에서 방훈을 두령으로 추대하고 북으로 향하였다.

반군은 도중 각처에서 약탈을 함부로 하면서 후난, 절서를 거쳐 양쯔강을 동으로 내려와 회남 땅으로 들어갔다.

조정의 추격군을 격파하고 고향인 쉬조우에 육박하였다. 성외에 백성 전부가 이에 가담하니 쉬조우성은 쉽게 함락되었다.

이후 반군은 회수(淮水) 유역의 군웅(群雄)과 합세하여 조정의 토벌군을 격파하고 회북, 회남 지방을 석권하였다.

이리하여 반군은 대운하의 교통을 절단하고 동시에 사주(泗州)를 포위하였으나 이 대승리에 교만한 행동을 취하고 마을의 약탈을 자행하였으므로 민심을 잃게 되었다.

당나라 조정에서는 마침내 돌궐 사타부의 주야적심에게 영을 내려 그 부하를 이끌고 내원(來援)케 하였다. 주야적심은 사타의 기병을 이끌고 분전하였다.

동시에 조정에서는 각지의 절도사의 병력을 동원하고 사타부 외에도 토곡혼, 달단 등의 이민족의 병사까지도 출동케 하였으니 그 총병력이 20만에 달하였다.

기현(안후이성)에서 토벌 군대의 포위를 당한 방훈은 전사하니, 1년 2개월만에 이 난은 평정되었다.

(마) 황소의 난

당 제국 말기는 정치, 경제, 사회 등 여러 분야에서 큰 혼란이 거듭되고 있었다. 국가 재정의 어려움도, 환관들의 횡포도, 호족의 침입도, 반란을 일으키는 원인이 되고 있었다. 더구나 부자와 대다수 백성들의 궁핍이 극도에 다달아 민심은 더욱 흉흉했다.

소금의 암상인인 황소와 왕선지가 폭동을 일으킨 것도 그 때문이었다.

소금이 국가의 전매제로 된 후에 국가와 대상인이 결탁하여 가격을 계속해 올리니 소비자인 민중은 원가의 3, 40배나 되는 비싼 값으로 사지 않으면 안 되었으며 소금을 사지 못하는 빈민의 괴로움은 극심하였다.

이러한 실정하에서 소금의 암상인이 나타나는 것은 당연한 일이다. 즉 정부의 비싼 가격의 전매품보다도 싼 암시세로 파는 소금은 민중의 환영을 받았으며 또 이익도 많았었다.

그런데 암거래에는 항상 기묘한 법칙이 작용한다. 전매 가격이 비싸면 비쌀수록 암거래는 성행한다. 또 단속이 엄중하면 엄중할수록 암거래의 이익은 크다. 즉 엄중한 단속하에서 비싼 소금을 팔려고 하면 그만큼 암거래가 번창하고 암상인도 따라서 많아지게 마련이다.

소금과 차(茶)의 암거래에 대한 정부의 단속이 강화됨에 따라 암상인들은 무장하여 정부의 탄압에 항거하였다. 소작인으로도, 절도사의 용병으로도, 취직이 되지 못한 실업자의 일부는 소금과 차의 암거래에 의존하여 생업을 세우고 있었으며 그들이 군도(群盜)라고 불리는 민중의 무력 항쟁의 중심이 되었다. 궁박한 다수의 농민은 도적이 되고 산야를 횡행하면서 소란을 피울 수밖에 도리가 없었다.

왕선지와 황소는 다같이 풍유한 소금의 암상인이었으나 그들이 반란을 일으키자 각지의 군도와 농민이 호응하여 전국적인 대란으로 확대되었다.

지금의 산뚱성의 서부는 「수호전」에서 유명한 양산박, 거야택이 있었던 곳으로서 수로가 종횡으로 통하여 도적의 은신처로서는 적합한 지방이다.

이 부근의 태생인 왕선지와 황소 두 사람은 소금의 암거래로 서로 알게 된 사이였으며 의기 투합하여, 먼저 왕선지가 도당 수천 명을 모아 허뻬이에서 거병하여 산뚱으로 진출하니(874년), 다음 해 황소가 이에 호응 합세하였다.

왕선지는 그 기의문(起義文)에서 「이(吏)가 탐욕하고 세금의 부담이 무겁고 상벌이 불공평하다」고 하여 정부를 공격하였으며 스스로 「천보평균 대장군」을 칭하였다.

황소는 조주(산뚱성 차오셴)의 태생으로서 대대로 소금을 암매하여 부유하였으며 격검, 기사(騎射)에 능하고 서(書)에도 다소 통하였으며 망명자를 기꺼이 받아들이는 보스 형의 사나이였다. 그가 수천 명을 모아 왕선지에 응하여 허난 15주를 공략하니 그 군세는 수만 명에 달하였다.

(바) 당 왕조의 멸망

황소의 난은 평정되었으나 이 내란으로 말미암아 귀족 계급의 정권 담당을 주축으로 하는 당 왕조의 지배 질서는 완전히 붕괴되었다.

각지의 절도사가 할거하는 형세를 이루었으며 그들 중에서도 황소의 난 평정에 커다란 역할을 한 하동 절도사 이극용, 변주 절도사 주전충(朱全忠)의 세력이 현저하여 쌍벽을 이루었다. 당말의 패권은 이 두 사람을 중심으로 하여 다투게 되었던 것이다.

난이 평정된 후 피난 중이었던 황제 희종은 환도하였지만 그때는 이미 천하가 당 왕조의 것이 아니었다. 왕조의 멸망은 시간 문제일 뿐이었다.

얼마 후 황제 희종이 죽고 아우 소종(昭宗)이 환관의 손에 의해서 옹립되었다. 소종은 개인으로서는 훌륭한 천자이며, 교양이 있고 패기가 있었다. 태평 시대라면 영명한 군주로서 충분히 통용될 인물이었다. 그러나 국가가 망하게 된 말세에 있어서는 영명한 소질은 도리어 왕조의 멸망을 촉진하는 효과밖에는 없다. 이 점에 있어서 그는 처음부터 비극적인 희생자의 역할을 짊어지고 역사의 무대에 등장한 인물이었다.

황제 소종도 이제는 영락된 유인(流人)에 불과하였다. 뤄양의 새로운 궁전의 소종 황제는 수인(囚人)과 다름없는 유폐 생활이었으나 그것도 오래 계속되지 못하였다.

불과 수 개월 후인 어느날 밤 선발된 병사 100명이 궁문을 두드렸다. 「급히 상주할 일이 있어 황제에게 면회를 청한다」고 하였다.

그들은 문을 열고 의아해 하는 관녀를 목베고 쳐들어가서 잠옷바람으로 기둥을 잡고 몸을 피하려는 소종을 사태라는 일개의 병사가 달려들어 살해하였다. 이때가 904년 8월, 소종 38세의 비참한 최후였다.

소종의 뒤를 이은 애제(哀帝)는 소종의 아들로서 13세의 소년, 문자 그대로 주전충의 로보트에 불과하였다.

이윽고 주전충은 황족들을 몰살하고 당 왕조의 관료들에 대한 대량 살육을 감행한 다음, 애제의 양위를 받는다는 정석대로의 선양 혁명을 행하였다.

907년, 마침내 황제의 지위에 오른 주전충은 국호를「양」이라 칭하고 국도를 카이펑(開封)에 정하였다. 이가 후량(後梁)의 태조이다. 주전충은 곧 애제마저 독살하였다.

이리하여 당나라는 20대 290년으로「전충」(全忠)이라는 이름을 하사한 신하에 의해서 멸망되었던 것이다.

전통의 시대는 가고 새로운 실력의 시대로 사회는 전환하고 있었으니 이로부터 중국은 단명(短命) 왕조가 계속해서 일어나는 5대의 분열 시대로 들어갔다.

9) 5대 10국의 등장

당 제국 말엽의 혼란 속에서 오랫동안 중세 중국을 지배해 오던 귀족세력이 몰락하고 무력을 가진 자가 천하를 주름잡는 시대가 도래하고 있었다. 무력만이 행세하는 5대 시대에 접어든 것이다.

당 왕조가 멸망된 10세기 초부터 50여 년 동안 화북 중원의 땅에서만도 5대의 왕조가 어지럽게 교체되었다.

또 중원 이외의 지방에서도 독립을 내세운 나라가 16~17에 달하였는데 그 중 유력한 나라만을 가리켜 이 시대를 5대 10국이라 한다.

(가) 5대의 분열

당나라 왕실을 빼앗은 주전충에 의해 후량국이 건립되었지만 각지에 할거하고 있는 군벌들은 후량의 주권을 인정하지 않고 여전히 당나라의 정통을 받들고 그 년호를 계속 지켜나갔다. 그러나 당나라의 멸망은 기정사실이었다. 그들 군벌들도 앞을 다투어 독립을 선언하는 지경에 이르고 있었다.

당의 멸망과 동시에 독립을 선언하여 제위에 오른 것이 쓰촨(四川)의 왕건(王建)이다. 그는 후량의 태조가 당실을 찬탈하자 회남, 하동, 봉상 등지의 군벌에 격문을 보내어 당 왕실의 부흥을 도모하였으나 호응하는 자가 없자 마침내 나라를 세워 대촉(大蜀)이라 하였다. 이것이 이른바 전촉(前蜀)이다.

　이때 당나라의 사대부로서 난을 피하여 쓰촨에 오는 이가 많았으므로 그들을 관리로 임용하였다.

　이리하여 당나라의 문화가 쓰촨으로 이식되고 쓰촨이 문화의 중요한 중심지가 되어 인쇄 기술이 쓰촨에서 일찍부터 발달하였다는 것은 주목할만한 사실이다.

　전촉국의 뒤를 이어 쓰촨을 지배한 것이 맹씨(孟氏)이다. 그는 후촉국(後蜀國)을 세웠다. 양쯔강을 내려가면 지금의 쟝링(후뻬이성)을 중심으로 형남국(刑南國)이 있다. 고씨(高氏)가 세운 나라로서 교통의 요충지에 있어 무역의 이익으로 독립을 유지하였다.

　그 남방 후난(湖南)에는 마은(馬殷)이 세운 초(楚) 나라가 있었다.

　양쯔강 하류의 쟝쑤, 안후이, 쟝시에는 양행밀(楊行密)의 오(吳)가 있었으니 남방에 세운 여러 나라 중에서는 물자가 풍부하고 가장 세력이 컸었다. 그의 아들 양융연 때에 오국왕을 칭하였다. 오국은 후에 서씨(徐氏)에게 빼앗겨 남당(南唐)이 되고 최후에는 강남(江南)이라 칭하였다.

　그 동쪽 저쟝을 중심으로 전씨(錢氏)의 오월국(吳越國)이 있었고, 다시 남쪽의 푸젠에는 왕씨의 민국(민國), 꽝뚱, 꽝시에는 유씨(劉氏)의 남한(南漢)이 잇달아 독립을 선언하였다.

　화북 땅에는 변주(카이펑)에 도읍을 정한 후량(後粱) 외에 산시에 사타족인 이극용(李克用)의 정권이 있었고, 허뻬이에는 이른바 허뻬이 3진(鎭)의 군벌 집단이 있었다.

　허뻬이 3진 중에서는 노룡(盧龍) 절도사인 유씨(劉氏)의 정권이 가장 강하였으니 후량이 성립된지 5년 후에는 재빨리 제호를 칭하였다.

　이상은 주요한 독립 정권이지만 이 외에도 소독립 내지 반독립의 정권이 있어 전부를 합치면 16~17개국에 달하였으며 주요한 것만 치더라도 10개 국을 헤아렸다. 그러므로 5대의 왕조와 더불어 5대 10국이라고 칭한다. 대략 50여 년 간을 두고 흥망성쇠를 거듭하여 송나라의 통일에 이르게 되었던 것이다.

(나) 후량의 멸망

5대 최초의 왕조, 후량을 세운 주전충(태조)은 도읍을 동으로 옮겨 변주(카이펑)에 두었다. 생산력이 증강된 강남 지방과의 연결을 고려한 일이었을 것이다. 새로운 시대로의 제1보를 내딛었던 것이다.

그러나 그 지배가 미친 곳은 고작 카이펑의 주변, 황하의 중·하류 유역에 불과하였다. 어느 때 쳐들어 올는지 알 수 없는 절도사들이 그를 사방에서 에워싸고 있었다.

하동의 이극용, 봉상의 이무정, 회남의 양행밀, 검남의 왕건, 초의 마은 등등 모두가 만만치 않은 상대들이다.

그들 중에서도 가장 두려운 적수는 산시의 북방에서 강력한 지반을 굳히고 있던 사타족 출신의 이극용 정권이었다.

이극용과 주전충은 견원지간이었다. 주전충이 당 왕실을 찬탈하여 후량을 세우자 이극용은 극력 이에 반대하였다.

또 지방 군벌 중에서도 주전충이 제위에 오르는 것을 반대하는 자가 많아 이극용과 공동 전선을 펴는 자도 나타나게 되니 한때 부진하였던 이극용의 입장은 호전되었다.

이극용이 죽고 아들 이존욱이 뒤를 잇자, 후량에 대해서 필사적인 반격을 시도한 끝에 후량군은 대패하여 갑자기 형세가 역전하였다.

양국 사이에는 전후 십 수년에 걸친 결전이 거듭되었으나 결국 이존욱이 승리를 얻어 제위에 오르고 후당국(後唐國)을 세우게 되었다 (923년).

(다) 후당국의 운명

이존욱은 후량을 멸하고 제위에 올랐으나 선대 이극용 때부터의 숙원을 이룩하자 그 성(姓)인 이씨는 대당 황제에게서 하사받은 것이니 이것은 동시에 대당의 후계자가 될 권리를 승인받은 것으로 해석하여 당나라를 부흥한다는 의미에서 국호를 후당(後唐)이라 칭하고 그 정통성을 주장하였다.

그가 후당의 장종(莊宗)이다.

이씨는 원래 사타족(沙陀族)으로서 터어키계 민족이다. 그 부하에도 사타족이 많다. 안녹산과 황소의 난 때 대당의 왕실을 위해서 공을 세워 이씨 성을 하사받고 절도사에 임명되었다. 이리하여 당 왕실에 대해서는 깊은 친밀감을 가지고 있었다. 이러한 인연에서 장안에 도읍을 정하고 싶었으나 경제의 중심지인 변주(카이펑)에서 너무나 떨어져 있었던 까닭에 별 수 없이 당나라의 동도(東都)인 뤄양에 도읍을 정하였다.

당시의 국도(國都)는 지키기에 견고한 곳보다도 군대의 양식 급여에 편리한 땅이 요구되고 있었다. 다수의 군대를 동원할 필요가 있었기 때문이다.

그런데 장종은 대당의 후계자임을 강조한 나머지 뤄양을 국도로 택하고 카이펑을 포기한 것은 큰 실책이었다.

이로 말미암아 군대의 급여를 제 때에 지급하지 못하는 사태가 일어나 결국 후당의 혁명을 유발하게 되었다.

이러한 때 친위대 중에서 폭동이 일어나 장종은 재위 3년도 채우지 못하고 피살되었다. 이것이 십 수년간 강적인 후량을 상대로 하여 악전고투 끝에 승리의 영광을 얻은 영웅의 최후였다.

(라) 후진(後晋)의 등장

글안은 몽고족과 퉁구스족의 혼혈 민족이라고 하며 당나라 말기에 그 추장 야율아보기(872~926년)가 여러 부족을 결합하여 세력을 확대하고 중국인을 영내로 초치하여 도시를 세우고 부국강병을 꾀하여 몽고 지방의 대세력이 되었다. 중국의 후량 때 그는 황제를 칭하고 연호를 세웠으니 이가 곧 요나라의 태조이다.

요나라는 만주에서 번영을 계속해 온 발해국을 쳐서 이를 멸하고 북·서에서는 몽고 지방의 여러 부족을 정복하여 당나라 시대 위그루에 대신하여 패권을 확립하였다.

종래 몽고 지방에서 패권을 잡은 민족은 대부분 알타이산의 서쪽에서 일어나 점차로 동방으로 발전하여 무위(武威)를 빛내었던 것인데 글안의 출현은 종전의 관례를 깨뜨리고 동방에서 일어나 그 세력을 서방으로 미쳤다.

서방의 유목 민족이 우세하였던 것은 서아시아 문화의 우월을 반영한 것이었다. 그런데 중국의 5대 이후 동방의 유목 민족의 우위는 그 남쪽 중국 문화의 비약적인 발전을 배경으로 한 것이었다. 특히 주의할 만한 것은 중국 철공업의 발전이었으니 중국의 제철 공업을 자기 나라로 흡수한 동방 유목 민족이 서방을 압도하기에 이르렀던 것이다.

석경당이 원조를 요청하였을 때 글안에서는 태조가 죽고 그의 아들 태종의 시대였는데 국운이 융성하여 중국에 진출할 기회를 노리고 있을 때였다.

석경당은 사람을 보내어 영토를 주고, 매년 견(絹) 30만 필을 증여, 글안에게 신례(臣禮)를 받들 것 등을 조건으로 하여 출병을 요청하니 태종은 즉각 이에 응하였다. 그는 석경당에게 기병 5만 명을 주었다. 석경당과 글안의 연합군은 순식간에 후당의 방어선을 돌파하고 수도 뤄양에 입성하였다.

후당의 황제 이종가가 자살하고 나라가 망하니, 석경당이 천자의 지위에 오르고 국호를 진(晋)이라 칭하였다. 그가 후진(後晋)의 고조(高祖)이다. 고조는 카이펑에 국도를 정하였다(936년).

(마) 후한(後漢)의 단명(短命)

글안의 지배에 항거하여 각처에서 중국인의 거병이 있었으나 그 중에서 가장 지리를 얻고 있었던 것은 진양(晋陽)의 군벌 유지원(劉知遠)이었다.

유지원은 사타족 출신의 장군으로서 후진의 고조(석경당)를 도와, 그 패업을 성취시키는 데에 공이 있었다. 후진의 군대는 거의 그의 수중에 장악되어 있었다. 또 토곡혼의 추장이 목축에 의해서 부를 축적하고 있었으나 그 부하가 법을 범한 것을 구실로 하여 그 재산을 전부 몰수하였다. 이로 말미암아 군자금도 풍부하였다.

글안군의 지배에 게릴라전으로써 저항을 계속하였고 글안의 태종이 철수하는 것을 기다렸다가 카이펑에 입성하여 도읍으로 정하였다.

황제의 지위에 오른 유지원은 국호를 한(漢)이라 칭하였다. 이것은 단순히 그의 성이 유(劉)라는 이유에서였다. 그가 후한(後漢)의 고조이다.

그는 법을 집행함에 있어 엄하였으나 공평무사하였으므로 부하도 심복하고 백성은 그를 신뢰하였다. 또 지난 날에는 석경당에게 글안군의 원조를 청하는 것을 만류하는 등 견식이 있는 훌륭한 천자였으나 재위 1년을 채우지 못하고 즉위한 다음 해에 병사하였다.

아들 은제(隱帝)가 즉위하였으나 18세의 소년이었다. 따라서 정치는 대신과 장군의 합의에 의해서 운영되었다.

은제가 장성하매 권력을 자기 수중에 장악하기 위하여 환관 등과 도모하여 대신들을 차례차례로 죽였다.

마지막으로 장군 곽위(郭威)를 죽이려고 하였다. 곽위가 반기를 들고 수도로 향하니 황제의 친위대는 앞을 다투어 항복하였으며 황제도 난병의 손에 죽었다. 후한은 치세 겨우 4년으로 멸망되었다(951년).

단명 왕조가 잇달아 흥망을 되풀이한 5대에 있어서도 후한은 가장 수명이 짧은 왕조였다.

(바) 후주(後周)의 탄생과 멸망

카이펑을 함락시킨 곽위(郭威)는 제위에 올라 국호를 주(周)라 했다. 그가 5대 국가의 최후 왕조인 후주의 태조(太祖)이다.

그러나 태조는 재위 겨우 3년 만에 사망하고, 지용(智勇)이 뛰어나며 태조의 유업을 충실히 이행한 5대의 명군이라 알려진 세종(世宗)이 이어받았다.

세종이 즉위했을 때는 34세로 한창 일할 나이였다. 그를 중심으로 하여 주위엔 유능한 군인들이 모였다. 그들은 유능한 세종을 받들어 당 제국의 태종과 같은 황제를 만들 생각이었다.

세종 즉위 초에 북한의 유숭(劉崇)이 글안의 원군을 청하고 친히 3

만 대군을 이끌고 침공하였으나 이를 격퇴하여 그 비범한 수완을 내외에 과시하였다.

다음엔 남으로 향하여 양쯔강 남북에 대국을 자랑하는 남당(오)을 공략하여 그 강북의 영토를 병합하였다.

이것은 후에 송나라 태조, 태종이 강남의 여러 나라를 평정할 때 불가결의 기초공작이 되었다.

다시 그는 북방의 강적 글안족의 나라 요제국에 도전하였다. 그리고 그 서전(緖戰)에서 승리를 얻어 북방 영토의 일부를 회복하였을 뿐으로 병을 얻어 쓰러지니 연운(燕雲) 16주는 거의 그대로 요의 수중에 남게 되었고 다음의 송대(宋代)에 곤란한 국제 문제로 등장하였던 것이다. 그의 죽음을 애석하게 여기는 소리가 전국에 충만하였다고 한다. 세종은 단순히 무장으로서 탁월하였을 뿐만 아니라 그 내치(內治)에 있어서도 업적을 남겼다.

이리하여 천하통일의 꿈은 깨어지고 대업(大業)은 송나라 태조(太祖)에게 넘겨졌다.

(3) 송(宋) 왕조의 등장

1) 조광윤의 무혈혁명

후주 말의 공제는 이해 정초부터 글안의 대군이 국경을 넘어 침략해 온다는 보고를 받자 곧 중앙의 정예군을 선발부대로 파견하고 이어서 근위군 총사령관격인 조광윤을 본부의 총지휘자로 임명하여 전선으로 출동시켰다.

그러나 후주의 왕실은 이미 권위를 잃고 있었을 뿐 아니라 조광윤 수하의 장군들도 나이 어린 공제가 제위에 앉아 있는 한 도저히 난국을 이겨나가기 어렵다는 견해를 갖고 있었다. 더욱이 장군들은 글안군의 대거 국경 침입도 이름 뿐인 7세의 어린 공제가 선대의 세종처럼 군주로서의 실권과 위력을 갖고 있지 못하여 글안의 경시를 받고 있기 때문이라고 생각하고 있었다. 따라서 그들은 조정에서도 신임을 얻고 또한 여러 장군들의 추앙을 받고 있는 조광윤을 옹립하려고 기회만을 엿보고 있었다.

이러한 움직임을 알아차린 조광윤의 동생 광의(匡義)는 명신 조보와 더불어 거사 계획을 착착 진행시켰다. 이런 정세 아래 조광윤은 후주의 군대를 이끌고 수도 동북방 20킬로미터 지점에 있는 진교역(陣橋驛)에 진을 치고 있었다. 이때 사전 밀의를 거쳐 거사만을 기다리던 조광의는 공신 조보와 여러 장군들을 이끌고 조광윤을 찾아와 비상난국의 수습을 위해서는 거사가 불가피함을 들어서 제위에 오를 것을 강력히 요구했다.

이에 조광윤도 중의(衆議)에 따라 제위에 오를 뜻을 굳히고 전군을 인솔하고 수도로 돌아와 대세가 이미 기울어진 것을 알고 당황하는 공제에게서 제위를 물려받고 모든 군사들의 난폭한 행동을 금하는 동시에 사회의 안정과 민심을 얻기에 온 힘을 기울였다. 이리하여 제위에 오른 조광윤이 송조의 태조가 되었다.

(가) 송태조의 치세

태조는 곧 능숙한 정치적 수완을 발휘하였다. 그는 5대 50여 년간 거듭되는 혁명과 왕조 교체의 원인이 각지에 할거하여 비대한 세력을 장악하고 있는 군벌에 있음을 깨닫고 각지의 절도사를 순차적으로 해임하고 후임에는 문관을 임명하였다.

태조 자신도 후주 근위군의 추대에 의하여 제위에 오르기는 하였지만 군벌들을 제거하지 않으면 송 왕조도 언젠가는 전철을 밟아 패망을 모면할 수 없음을 깨닫고 이를 미연에 방지하기 위하여 세심한 신경을 썼다.

태조는 해임된 절도사가 관할하였던 통치 구역 내의 주나 진을 독립시키고, 무인에 대신하여 문관을 파견하였으며 군사, 재정의 양권을 장악하고 독재 권력을 휘두르던 절도사의 군벌 조직을 대부분 해체해 버렸다.

뒤이어 모든 군벌을 직접 장악하기 위하여 군제(軍制)의 전면 개편을 단행하였다.

 조광윤은 위험한 존재인 도점검 직분을 즉각 해체하고 금군(禁軍)을 3개 병단으로 재편성하여, 각 사령관에게는 지휘권만을 주고 전군의 통수권을 쥐고 있는 총사령관은 태조 자신이 직접 겸하였다.

 이와 동시에 절도사의 지배하에 있던 우수한 지방 군인을 선발하여 금군에 편입시켜 금군을 대폭 증강하는 한편, 지방군은 상군(廂軍)이라 이름 붙여 국가의 토목 공사에 종사케 함으로써 모든 군사력을 금군에 집중시켰고, 지방의 요지에도 금군을 파견하여 주둔시켰다.

 그리하여 전군을 통수하는 참모 본부로서 중앙에 추밀원을 두고 모든 통수권은 추밀원을 통하여 왕에게 상주(上奏)하게 함으로써 송대에는 단 한 사람의 군인을 움직이는 데에도 왕의 직접 재가가 필요하게 되어 군사 체제상의 군주 독재 제도가 실현되었다. 이렇게 하여 5대의 군벌적 정치 조직은 사라져버렸다.

(나) 태종(太宗)의 창업 기틀

 태조는 재위 7년 70세의 나이로 죽고 그 뒤를 이어 그의 동생 광의가 제위에 오르니 곧 태종(太宗)이다. 광의는 공신 조보와 함께 태조를 옹립, 송나라 개국의 초석이 된 인물로서 형 태조가 남긴 유업을 완수한 창업과 수성(守成)을 겸한 정치가였다. 그런데 태종의 즉위 이면에는 석연치 못한 그늘이 있었다.

 태조가 병에 걸려 중태에 빠져 있을 때, 좌우를 물리친 다음 광의를 불러 은밀히 이야기를 나누었다. 그러다가 갑자기 태조가 의식용(儀式用) 도끼를 마루에 내던지며 「잘 해봐」하는 소리가 새어 나왔다. 그날 밤 태조의 거친 숨소리가 들리더니 새벽녘에 시종이 침실에 들어갔을 때는 이미 태조는 숨을 거두고 싸늘한 시체가 되어 있었다. 이 이야기의 진상은 분명치가 않아 구구한 억측이 전하여 오고 있으나 태종의 즉위가 뭔가 순조롭지 않게 이루어졌다는 것을 짐작할 수가 있다.

 태종은 이런저런 세평을 알고 있었으나 재위에 오른 뒤에는 민심을 수습하는데 온 힘을 기울였다. 태종은 맨 먼저 과거의 급제 인원 수를 배로 증가하여 관직에 등용하였다. 이 정책은 우선 지식인들의 환심을 사는 한편 태조 때부터 내려오는 원로급 중신들을 정치 실권에서 차차 제거시키고 대신 새로운 관리를 등용하여 자기의 정치 기반을 견고히 하기 위한 이중적 효과를 노린 것이었다.

태종은 또 관리의 임용을 맡아 보는 심관원(審官院)과 재판 및 형벌을 맡아 다스리는 심형원(審刑院) 등을 추가로 설치하여 황제 직속의 특별기관으로 하였다. 이러한 개혁은 종래 중서성에 소속된 권한을 그 관할 아래서 독립시켜 황제 직속에 둠으로써 황제의 권력을 더욱더 강화하는데 역점이 두어졌다.

태종의 치세 22년간 중서성의 장관과 부장관에 임용된 재상과 집정자들은 조보(趙普), 송기(宋琪), 장제현(張齊賢), 여단(呂端), 여몽정(呂蒙正) 등 십여 인에 이른다.

태종은 중앙 집권적 전제주의와 문치주의(文治主義) 정책을 철저하게 폈다. 이렇게 하여 태종은 국가의 창생지기(創生之器)로서 제도를 확립함으로써 송 왕조 3백 년간의 기틀을 이룩하였다.

(다) 집권체제 정비

지방 제도에 있어서도 군주의 독재권을 연장시킨 중앙 집권적인 체제를 채택하였다. 종래에는 지방장관이 임지에 가면 그 밑의 속관(屬官)은 지방장관 자신이 임명하는 권한을 가지고 있었으나, 송 왕조 이후에는 속관도 직접 군주가 임명하였다. 따라서 국가 권력은 군주의 독재적 권력에 집중되어 있었고 각 지방에는 행정장관인 지주(知州)와 별도로 통판(通判)이 있었다. 통판은 지주의 부관(副官)도 아니고 지주에 소속된 속관도 아니었다.

한편 중앙 정부에서는 각 주·현을 총괄하고 감독하기 위하여 노(路)라는 제도를 마련했다. 이 제도는 청나라 때 설치했던 성(省)의 전신과 같은 것으로서 행정장관은 없었으나 재정을 다스리는 전운사(轉運使)와 사법을 다스리는 제점형옥(提點刑獄)이 있어 지주 등 지방장관을 감독하였다.

이밖에 병권을 관할하는 도총관이 노를 여러 개로 구분하여 관할하였으며 중요한 지역의 도총관은 경략사(經略使) 혹은 안무사(安撫使)라는 중책을 주기도 하였는데 문관인 지주가 도총관을 겸임하였다. 이렇듯 송 왕조는 각 통치 기관의 권한을 될 수 있는 한 세분화하여 권력의 집중을 방지하고 상호 견제하는 가운데 강력한 독재 군주 정치를 확립하였다.

2) 북방 민족과의 항쟁

(가) 태종의 글안 침공

연운 16주는 송조의 창업 당시부터 탈환하고자 했으나 뜻을 이루지 못하였던 지역이다.

태종은 송조의 국위를 떨치고 동아시아의 맹주가 되어야 한다는 신념에 따라 태종 986년 드디어 친정군을 일으켜 글안의 공략에 나섰다.

그러나 원래 송나라 군대는 행동이 느린 보병이 중심이 되어 있는데 반하여 글안군은 유목민으로서 행동이 빠른 기병대가 중심이 되어 있어 초원에서의 싸움은 거란군이 유리했다.

그러나 송나라 군대는 진격을 단행하여 연경(燕京)을 포위하였으나 글안의 명장 야뉼휴가가 이끄는 구원군에게 대패당하고 말았다.

태종은 그 후 제2차 원정에는 명장 조빈(曹彬)을 등용하여 연경과 운주(雲州)의 두 방면으로 군대를 진격시켜 양면 작전을 썼으나 이번에도 송군의 참패로 끝났다. 이렇게 참패를 거듭하면서도 송나라는 연운 16주의 탈환을 단념하지 않고 그 뒤 10여 년의 장구한 세월을 두고 항쟁을 계속하였다.

그런데 두 나라는 전쟁 상태가 계속되자 양국간의 무역이 중단되어 여러가지로 곤란을 겪지 않을 수 없었다.

두 나라 사이에 무역이 중지되면 곤란을 겪는 것은 송나라보다 글안족이 훨씬 더하였다. 왜냐하면 이미 상당히 문화가 발달되어 생활 수준이 높아진 글안족은 송나라에서 생산되는 물자가 필요하였기 때문이다. 글안족이 때때로 송나라를 침입하는 것도 사실은 이러한 생활 필수품을 약탈하기 위함이었다. 특히 두 나라는 전략상으로 상대방을 이롭게 하는 물자는 금제품(禁制品)으로 정하고 있었다. 즉 송나라에서는 국내 사정을 폭로하는 지리, 역사 등의 서적이나 귀중한 국내 통화인 동전 등이 금제품으로 되어 있었고, 글안의 요나라에서는 송나라의 전력을 증강시켜 주는 마필(馬匹) 등의 수출을 금지하고 있었다.

(나) 조약체결

글안에서는 6대 성종이 12세의 어린 나이로 제위에 올라 모후(母后)인 승천태후가 20여 년이란 장구한 기간 수렴청정을 해오고 있었다. 이 여걸은 비범한 정치적 수완을 발휘하여 요나라로 하여금 최대의 발전을 이룩하게 하였다. 이렇게 비약적인 발전을 거듭할 무렵, 성종은 친정을 시작하였다.

37세의 혈기 왕성한 이 군주는 오랫동안 되풀이하여 오는 분쟁을 뿌리 뽑기 위하여 송나라를 침공하기 시작하였다. 분쟁의 초점은 물론 연운 16주였다(1004년).

송나라는 3대 진종이 즉위한지 8년 째가 되는 해였다. 진종의 나이도 글안의 성종과 비슷한 34세로 동년배의 젊은이었으나 무능한 군주였다.

글안의 대군은 거침없이 국경선을 돌파하여 허뻬이의 여러 도시를 함락시키고 황하 연안의 전주에 육박하였다.

이에 당황한 송나라 정부는 왕의 몽진을 주장하는 의견도 있었으나 재상 구준이 친정을 주장하여 억지로 왕을 전주에까지 거동시켰다. 그러나 강경파인 구준도 실은 사기충천한 글안군과 정면 충돌하여 승리를 거둘 수 있으리라고는 감히 생각지도 못하였다. 문제는 다만 어떻게 강화를 맺느냐는 데에 있었다.

그런데 이곳 전주는 황하를 사이에 두고 남북으로 성이 길게 쌓여 있었다. 구준은 간신히 남성에 도착한 진종을 다시 격려하여 강을 건너 북성으로 들어가게 했다. 진종은 적진이 가깝기 때문에 몹시 두려워 하였다. 그래서 측근자를 비밀리에 보내어 구준의 동정을 살피게 했던 바 「구준은 술을 마시고 코를 골며 태연하게 자고 있습니다」라는 보고였다. 이 보고를 듣고 비로소 왕은 한숨을 내쉬었다.

이렇게 서로 대진한지 6일만에 양국은 강화 조약을 체결하게 되었다. 글안측에서도 이 이상 깊숙히 진격하게 되면 보급선이 끊기고 고립될 위험이 있기 때문에 시일을 더 끌 수 없었다.

이 조약이 성립된 후 양국은 충실하게 조약 사항을 이행하여 약 백 년에 걸쳐 평화가 유지되었다. 송과 요 사이에 화의가 성립되자 지금까지 글안의 충동에 의하여 송과 여러 차례 교전을 하여 오던 탕구우트 왕국도 송나라에 화평을 제의하여 송나라의 북변 지방은 평화를 되찾게 되었다. 요나라는 성종, 홍종, 도종에 걸치는 2백여 년간 전성기를 이루었다.

(다) 전성기의 요(遼)나라

송나라와 맺은 「전연의 조약」은 두 나라 사이에 오랜 평화를 지속하게 하였으며 그 결과 문물 교류, 특히 무역이 크게 발달하고 화폐 경제를 대두시켜 다량의 동전이 국내에서 주조되었다. 화폐의 유통은 곧 상업의 발전을 뜻하는 것이며 상업의 발전은 제반 산업을 촉진시켜 생산이 증대되고 결국에는 국력을 충실하게 하는 요인이 되는 것이다.

이러한 산업발전은 문화의 향상과 국민의 창조적인 능력 개발의 원동력이 되었다. 특히 위정자에 의한 불교의 장려는 일반 대중에게 독실한 신앙심을 갖게 하였으며 또 한 가지 특기할 것은 글안이 자기들의 언어를 표기하는 독특한 문자를 발명했다는 사실이다.

이는 글안족의 강한 민족적 자주의식의 발로로서 글안족의 한화(漢化)를 방지하고자 하는 각성에서 이루어진 것이다.

중국 북방에 나라를 세웠던 여러 민족 가운데 돌궐이나 위구르인도 문자를 사용하였으나 그들의 문자는 서방의 시리아 계통의 문자였다. 이에 반하여 글안 문자는 한자를 변형시킨 것이었다. 이는 당나라 때 중국 문화가 주변 지역에 끼친 영향일 것으로 보인다.

글안 문자는 지금부터 50년 전까지만 해도 불과 몇 자밖에는 알려져 있지 않았었다. 그 후 서양 학자들에 의하여 아시아 제민족의 언어와 문자가 연구되기 시작하였는데 글안 문자가 몽고어와 퉁구스어의 양편에서 해석될 수 있음을 밝혀냄으로써 그 민족도 양어(兩語) 계통의 민족이 혼합된 것으로 생각되고 있다.

1922년 내몽고 자치 구역에 있는 글안의 제왕릉(帝王陵)에서 한자와 글안 문자로 된 석각 묘지명이 발견되어 학계에 소개됨으로써 글안 문자는 널리 세상에 알려지게 되었다.

어쨌든 글안 문자는 2백 개 정도의 단자(單字)를 몇 개씩 조합한 것으로 단자의 대부분은 음을 나타내고 있는데 이는 서방계의 자모(字母)를 채용하여 형태적으로 한자화한 것이라고 한다.

이러한 글안 문자는 정복 왕조의 본질적 성격을 그려낸 것이기도 하다.

이들 유목 민족은 맨 처음 정복 왕조를 수립한 선구자로서 약 2백여 년 내려오는 동안 성종, 홍종, 도종의 3대에 이르는 왕조가 그 전성기를 이루었다.

(라) 탕구우트족과의 경쟁

탕구우트족은 원래 황하가 크게 구부러진 남쪽의 사막 지대 오르도스 지방에 흩어져 살던 티벳계의 유목민으로 몇 개의 부락 공동체로 나뉘어져 있었다. 그 중 가장 강력한 부족적 결합을 이루고 있던 것이 싼시성의 하주(夏州) 부근에 있던 평하부(平夏部)의 집단이었다. 이 부족 집단의 수장은 척발사공(拓跋思恭)이었다.

당나라 말기 「황소의 난」에 당나라를 도운 공으로 성을 이(李)로 하사받은 그는 정난절도사에 임명되어 당의 서북경 지대에 하나의 독립된 세력 지구를 확보하고 중국에 교체되어 온 5대의 왕조나 송나라에 번번이 반기를 들어왔다.

수장 이원호는 날 때부터 용맹스럽고 고집이 세어 부친의 대송 유화 정책에 늘 불만이었다. 그는 부친의 재세 중에도 위구르인을 쳐서 이를 점령했을 뿐 아니라 중국과 여러나라 문자에도 능통하고 유학과 불교에도 정통한 영걸이었다. 그는 퉁구스어를 표기하여 글안과 같이 한자의 모양을 본따 독자적인 서하 문자를 만들어 내기도 했다. 서하 문자에 대하여는 문헌이 많아 그 연구도 상당히 발전되어서 최근에는 그 발음까지 명확히 밝혀지고 있다.

1038년 이원호는 제위에 올라 국호를 대하(大夏)라 하고 도읍을 흥경부(興慶府)에 정했다. 송의 서쪽에 위치했기 때문에 이 나라를 서하라고 불렀다.

이원호는 이듬해 사신을 송나라에 보내어 대등한 국교를 열자고 제의하였으나 거절되자, 50만 대군을 송나라 국경에 집결시키기 시작했다.

이에 송나라는 백만 가까운 군대를 동원하였으나 일찍부터 문치주의에 흘러 군비 강화를 소홀히 해왔기 때문에 서하군의 적수가 못되었다. 그러나 송군에서도 한기(韓琦)와 범중엄(范仲淹) 등 젊은 문관들을 사령관으로 발탁하고 방어전에 총력을 기울여 하군의 진격을 일단 막을 수 있었다.

이리하여 전쟁은 전후 7년간 교착 상태에 놓이게 되어 양국은 서로가 경제적으로 막대한 타격을 입었으며 특히 서하군은 물자의 부족으로 극심한 곤경을 치르게 되어 1044년 드디어 화의가 성립되었다.

3) 당쟁과 정국불안

(가) 당쟁의 시발

인종은 진종의 27년 간에 걸친 태평했던 치세를 이어 제위에 올라 40여 년의 재위 기간 중 전왕조가 이루어 놓은 풍부한 재정과 충실한 국력을 바탕으로 하여 모든 정력을 치정에 기울였다. 그리하여 국운은 융성하고 조정에는 한기, 범중엄, 부필, 구양수, 문언박 등 현상 명신들이 속속 배출되어 정사를 돌보았으며, 야(野)에는 주돈이, 소옹 등이 활약하였고 정호, 정이의 두 정자(程子)가 사상계에 새로운 기운을 불어 넣어 가히 문운이 융흥하였다.

북송 중기의 정치적 안정은 국초 이래 위로는 군주 독재의 지배 체제가 정비되고, 아래로는 문치적 관료 기구가 확립된데 연유한 것이었다. 송대의 관료들은 당나라의 문벌 귀족과는 달리 과거에 급제한 수재들로서 교양있는 사대부 계급이었다. 그들은 절대 군주에 봉사하는 충성스러운 신하들로서 정치의 대의와 경륜을 몸소 실천하는 인사들이었다.

이들은 군주의 정치적인 의사 결정을 둘러싸고 각기 자기들의 정치 이념을 반영시키고 정치 이론에 대한 일가견을 펴는 등 이론적인 대립을 하게 되었다.

당쟁의 시초는 진종조에 재상 구준과 왕흠약의 대립에서 비롯되었는데 인종조에 이르러 관료 세계의 확대와 안정화에 따라 재상 왕증과 여이간의 대립으로 더욱 노골화하였다.

인종조 중기에 이르러 당인파로 지목되었던 한기, 부필 등이 재상에 오르고 구양수, 범중엄 등이 요직에 앉게 되면서 이른바 「경력(經歷)의 치(治)」라 불린 정치적인 안정기를 맞았다.

그러나 당쟁은 영조 시대에 들어서면서 재연되어 같은 파당 안에서도 대의 명분론적 이데올로기의 해석을 둘러싸고 날카로운 대립과 분열이 일어났다.

인종은 원래 후사가 없어 만년에 종형 복왕의 아들 영종을 세자로 삼고 제위에 오르게 한 까닭에, 그 후 궁중의 조상 제례 예법에 있어 영종의 실부(實父)를 어떻게 대우하느냐 하는 예제상(禮制上)의 문제가 대두되었다.

이 일을 둘러싸고 복왕은 현 황제의 실부인 이상 「황고」(皇考)라 칭함이 타당하다는 구양수, 한기의 견해와 「황백」(皇伯)을 주장하는 사마광, 범순인 등의 견해가 대립되었다.

이른바 「복의의 논쟁」은 이 일을 가리킨다.

이후 당쟁은 더욱 격화되어 국운을 기울게 하는 결과를 빚었는데 이러한 당쟁의 대의 명분론은 문치주의에 입각한 관료 정치의 어쩔 수 없는 부산물이며 특색을 형성하는 것이기도 하다.

(나) 왕안석(王安石)의 등장

왕안석은 쟝시성 푸조우 출신으로 22세 때 우수한 성적으로 과거에 급제하였으나 중앙의 영직(榮職)을 바라지 않고 지방관으로 나갔다. 1058년 28세로 지금의 쟝쑤 지방의 사법관으로 있을 때 인종에게 올린 보고서가 저 유명한「만언서」(萬言書)였다.

그는 이「만언서」에서 검약을 장려하고 풍속을 쇄신할 것을 역설했는데 신종의 부름을 받았을 때 그의 나이는 46세였다. 오랫동안 지방장관으로서 실무경험을 두루 쌓은 왕안석은 지방 실정에 정통하여 정치의 빈곤을 뼈저리게 실감하고 있었다.

신종은 왕안석을 부재상(副宰相)의 지위에 해당하는 참지정사에 임명하고 혁신 정책을 입안하게 하였다. 왕안석은 정책 수립에 있어 묘당 내의 당쟁에 휩쓸리지 않기 위하여 군주 직속의 제치삼사조례사(制置三司條例司)라는 일종의 재정심의위원회를 설치하고 자기가 직접 그 장관을 겸하여 신종과 무릎을 맞대고 새로운 정책 수립에 골몰하였다.

신종은 애초에 당 태종을 거울 삼아 개혁을 실천하려 하였으나 왕안석은 태공망과 더불어 중국 고대에 추앙을 받던 주 무왕의 아들 주공의「주례」(周禮)를 규범으로 삼았다고 한다.

자고로 중국에서는 어떠한 정치 개혁을 하려 할때, 반드시 전통적인 권위에 의존하려고 하는 경향이 강하였다. 이는 대의명분을 존중하였던 중국 민족의 하나의 관습적 사고이기도 하지만 어쨌든 왕안석이「주례」를 규범으로 삼았다는 것은 아마도 전통의 권위 속에 연면하게 내려오는 정치 이념을 살려 그 사회의 실정에 알맞는 정책을 구현하려는 의도였던 것으로 생각된다.

(다) 신법(新法) 균수법 시행

신법은 왕안석이 창안 시행한 정책이다. 이는 정부의 물자 조달의 합리화를 기도한 균수법(均輸法)이었다.

당시 중앙정부는 매년 필요로 하는 방대한 양의 물자를 동남지방을 비롯한 각 지역에서 수집하여 조달했는데 합리적인 예산 계획이 없어 차질이 많았을 뿐 아니라 어용상인(御用商人)들은 이에 편승하여 막대한 중간 이익을 취하였으므로 이를 되도록 막으려는 정책이었다.

신법 제1호가 된「균수법」은 우선 중앙 정부가 필요로 하는 물자를 지금의 재무부에 해당되는 삼사(三司)에서 매년 예산을 편성하여 발운사(發運司)로 하여금 조달하게 하였다. 발운사는 양쯔강과 운하가 교차하는 지점인 양조우에 위치하여 동남 지방의 세금을 중앙에 송달하는 업무를 맡아 행하던 관청이었다.

발운사는 삼사의 지시에 따라 소정의 물자를 수도에서 가장 가깝고 가장 많이 산출되는 지방에서 조달하였다.

한편 서민들에게도 그들이 살고 있는 지방에서 산출되는 물자를 대납하게 하되 대납된 물자가 중앙에서 불필요할 때에는 발운사가 이것을 필요로 하는 지방에 운송하여 매각하도록 하였다.

이「균수법」이 시행되자 큰 타격을 받게된 어용상인들은 정부의 고관들을 선동하여 맹렬한 반대운동을 벌였다. 당시의 법률은 관리의 상업 행위를 금하고 있었으니 실제에 있어서는 그 지위를 이용하여 친척 혹은 가까운 사람의 명의를 빌려 상업 행위를 하고 혹은 어용상인과 결탁하여 갖은 농간을 부렸다. 그러나 왕안석을 신임하는 신종은 이들의 맹렬한 반대를 물리치고 소신을 관철시켰다.

(라) 분쟁의 씨앗

신법에 따라 과감한 혁신 정책을 실시하던 무렵, 조정에는 이 개혁안을 둘러싸고 찬반이 둘로 크게 갈리어 격렬한 논쟁이 벌어졌다. 이때 왕안석의 신법을 반대하는 파의 인물은 대개 전조(前朝) 이래의 원훈 공신인 한기, 문언박, 부필, 범중엄, 구양수를 비롯하여 사마광, 소식, 여공저 등이었으며, 신법 지지파는 한강, 증포, 여혜경, 채확 등 신진 관료가 중심이 되었다.

이러한 소용돌이 속에서 왕안석의 신법 정책이 하나하나 시행될 때마다 격렬한 논쟁과 비판이 가해졌다.

신법 반대자들의 논거는 대략 4개 항목으로 나뉜다. 첫째 신법은 조상 전래의 법을 파괴하는 것이라는 주장이다. 원래 중국은 효(孝)를 「백행(百行)의 근원」이라고 주장하며 과거 조상이 만든 율법은 백리(百利)가 없는 한 개혁해서는 안 된다는 주장이 강하게 대두되었다. 둘째로는 국가가 상인들과 이해 타산을 가지고 다투는 것은 용납할 수 없다는 것, 셋째는 농민의 전납(錢納)을 강제하는 것은 타당치 않다는 것, 네째는 일체의 기존 질서를 뒤집어 엎는 신법이 그 실효를 거두기가 어렵다는 것이었다.

신종이 재위 18년, 38세의 젊은 나이로 원풍(元豊) 8년에 세상을 떠나자 세자인 철종(哲宗)이 제위에 올랐으나 아직 10세의 어린 나이여서 정사를 돌보지 못하고 선인태후(宣仁太后)가 섭정을 하게 되었다. 태후는 당초부터 신종의 급진 정책을 못마땅하게 생각해 오던 터였으므로 곧 구법당의 중신들을 조정에 귀임케 하니 신법, 구법 양당 간의 끈질긴 당쟁은 불꽃을 튀기기 시작하였다.

(마) 사록(史錄)의 변조

당쟁의 여파는 역사의 기록에도 파급되었다.

원우 년간 초에 구법당의 범조우 등이 「신종실록」을 편찬한 일이 있었다. 그 당시는 구법당의 득의(得意)시대였던 만큼 범조우 등이 그들의 당파적 견해로 왜곡되게 기술하였다 하여 왕안석의 제자 육선(陸仙)은 이를 정사의 기록이 아니고 일종의 방서(謗書)라 하여 날카롭게 비판하였다.

뒤에 신법당의 장돈이 재집권하면서 「신종실록」을 새로이 편찬하기로 결정하고 전에 실록 편찬에 관여했던 편찬관들을 불러 편찬 동기와 사료의 출처를 심문한 끝에 그 죄과를 추궁하고 각기 엄벌에 처하였다.

이어 신법당의 채변 등이 신종 때 조정에서 매일 기록한 일기와 왕안석의 일기 등을 재료로 하여 「신종실록」을 대폭 뜯어 고쳤다. 이때 새로 가필한 부분은 주필(朱筆)을 쓰고 말살한 곳은 황색을 사용하였으므로 이를 가리켜 「주본」(朱本) 또는 「주사」(朱史)라 이르고 원우 년간에 편찬한 실록은 「흑본」(黑本)이라고 전하여 온다.

4) 여진족의 발흥

송의 휘종은 철종의 뒤를 이어 나이 19세에 제위에 올랐으나 모후(母后)인 향태후가 섭정하고 있었는데 권력의 그늘에 안주하며 향락과 방탕에 젖어 있었다.

그 무렵 동아시아의 정국은 크게 변화되고 있었다. 최대 변화는 요의 동북 방면에 출현한 여진족의 국가 금 왕조의 대두였다.

금국을 세운 여진족은 「생여진」계통으로 쑹화강을 중심으로 하여 반수렵, 반농경, 반유목적 생활을 하고 있었다. 이 「생여진」중에서도 쑹화강 지류 아르츄카강 유역에 살던 완안이란 성을 가진 부족 집단이 가장 강력한 부족으로 등장하였다. 원래 「아르츄카」라는 뜻은 여진어로 「황금」이란 뜻인데 이 부족이 살던 지역은 옛부터 사금의 산지로 유명하였고, 하천 역시 북주라는 진주의 명산지이기도 하였다. 이 지역은 또 땅이 기름지고 농경에 적합하였으며 주변은 초원을 이루고 있어 양마의 명산지로도 알려져 있었다.

(가) 금국(金國)의 출현

만주 땅 깊숙한 곳에 완안 부족을 중심으로 생여진 제 부족의 민족적 통합이 이루어지고 있는 사실을 전혀 모르는 요나라에서는 완안 부족이 살고 있는 아르츄카강 유역의 풍요함에만 넋을 빼앗겨 이 땅을 찾는 왕실 귀족들의 사자(使者)와 상인들이 끊일사이 없었다. 그들은 생여진족을 미개인 취급을 하며 모멸할 뿐 아니라 물자의 강탈, 사기, 심지어는 부녀자의 능욕 등 갖은 난폭한 짓을 저질러, 여진인들의 글안족(요나라)에 대한 적대심과 원한은 폭발 직전에 놓여 기회만을 노리고 있었다.

그 무렵 완안 부족의 수장(首長)의 지위에 있던 아골타는 기회가 무르익은 것을 포착하여 요나라에 대해 공공연한 반기를 들고 동북면의 최대 거점인 영강주를 공격하여 이를 함락시키기에 이르렀다. 그리하여 근방의 발해인, 숙여진인을 복속시키고 이듬해 정월에 국가의 수립을 선언, 국호를 금(金)이라 하고 스스로 제위에 올라 태조

(太祖)가 되었으며 연호를 수국이라 칭하였다(1115년).

이에 놀란 요나라는 사태의 중대성을 직시하고 천조제(天祚帝)가 몸소 70만 대군을 이끌고 친정에 나섰으나 선봉군에 내분이 일어나 군규가 문란해져서 신흥의 패기에 넘친 금군을 당하지 못하고 대패하게 되어 천조제는 겨우 목숨만 건지고 도망쳐 귀경하였다.

이를 계기로 만주 지방에서 요국의 권위는 땅에 떨어지고 도처에서 발해의 유민들이 반란을 일으켰다. 이 틈을 탄 금의 태조는 대군을 이끌고 남하하여 많은 발해인, 숙여진인을 진무할 만주의 전 지역을 장악하여 동쪽으로부터 요국의 본토를 공격할 태세를 가다듬었다.

금군은 붕괴하는 요군을 추격하여 눈깜짝할 사이에 서경(西京)을 함락시켜 버렸다.

이로써 글안 유목 민족은 야늂아보기가 요나라를 세운지 210년만에 망하고 말았다(1125년). 요나라가 멸망하자 그 영역은 전부 금국의 영토에 편입되었다.

(나) 금의 송나라 침공

금국의 태종은 즉위 후 대군을 편성하여 연경과 운주(雲州)의 두 방면으로 송나라를 침공하기 시작하였다.

이때 송나라 조정의 의견은 주전파와 화평파로 크게 갈리었는데 흠종을 옹립하고 나선 장방창은 화평파, 이강은 철저한 항전을 주장하는 주전파의 중심 인물이었다. 그리하여 일단은 주전파의 주장대로 항전을 결정했으나 금군이 수도에 육박하여 오자 다시 동요하기 시작하였다. 사태가 이에 이르자 휘종은 동관, 채경 등의 근신을 데리고 몽진해 버렸다.

이듬해 정강 원년(1126년) 정월, 알리부가 이끄는 금군은 황하를 건너 카이펑성을 포위하였다. 성내에서는 이강 등의 항전파가 필사적으로 방어에 힘썼으나 처음부터 연전연승해 온 금군에게는 도저히 대항할 길이 없게 되어 영화의 도시 카이펑성도 금군의 말굽에 짓밟히게 될 운명이 시시각각으로 다가오고 있었다.

이에 이르자 송측은 부득이 금군에 강화를 제의하였다. 그러나 강화 교섭이 한창 진행 중 송측의 주전파가 금군의 진영에 불의의 공격을 가했다가 금군의 반격을 받고 대패를 당하게 되었다. 송측은 백방으로 손을 써서 해명하였으나 이 중대한 배신 행위에 분개한 금국측의 태도는 강경하였다.

결국 금의 강경한 태도를 두려워한 송측은 이강 등을 파면함과 아울러 금국측이 제시한 가혹한 조건을 눈물을 머금고 수락하지 않을 수 없었다.

그 조건은 금 5백만 냥, 은 5천만 냥, 우마(牛馬) 1만 두, 백포(帛布) 백만 필을 금국에 줄 것, 중산(中山), 하간(河間), 타이위안(太原) 3진(鎭) 20주(州)의 요지를 할양할 것, 황족과 재상을 인질로 할 것, 연경·운주 출신자 중 송나라로 도망가 있는 자를 모두 금국에 돌려 보낼 것 등이었다. 송측은 우선 위기를 모면할 셈으로 이들 요구 조건을 수락할 뜻을 비쳤으므로 금국측도 크게 만족하여 군대를 철수하였다.

(다) 북송의 최후

송의 조정에서는 앞서 금국과 맺은 조약의 이행 문제를 둘러싸고 이견이 백출하였다. 그리하여 어떻게든 이행을 묵살하려고 이런저런 공작을 꾸몄다. 우선 삼진의 방비를 강화하게 하고 금국이 조약 이행을 위하여 접수하러 올 때에는 성을 명도치 말고 끝까지 항전하라는 명령을 하달하였다. 또 한편으로는 금국에 귀순한 요국의 왕족 야율여도에게 밀서를 보내어 금국의 내부 교란을 꾀하게 하였다. 그러나 이 밀서가 도중에서 금국의 첩자의 손에 들어가 알리부에게 전달됨으로서, 송측의 잔재주는 백일하에 폭로되고 말았다. 이에 격분한 금국은 드디어 송조를 멸망시킬 셈으로 대군을 남하시키게 되었다.

금군의 총사령관 점한과 알리부는 대군을 이끌고 다시 허뻬이와 산시의 두 방면으로 송나라에 진격을 개시하였다, 산시 방면으로 남하한 금군은 견고한 타이위안성에서 송군의 과감한 저항에 부딪혔으나 드디어 260일만에 함락시키고 말았다. 한편 허뻬이로부터 침입한 금군은 곧장 송의 수도 카이펑에 육박하여 물샐 틈 없이 도성을 포위하였다.

이에 다시 다급해진 송은 서둘러 주전파의 이강을 파직시키고 금국에 화의를 요청했으나 번번이 송의 배신 행위에 속아온 금국은 선뜻 신용하려 하지 않고 만약에 진심으로 화의를 원한다면 휘종, 흠종 두 황제를 화평 교섭 중 인질로 금군 진영에 보내라는 조건을 내세웠다.

송조가 이를 응락하지 못하고 주저하는 동안에도 금군은 조금도 누그러들지 않고 맹공격을 가하여 도성의 외벽을 전부 점령하고 내성을 점령하게 되면 성내의 전 주민을 학살하겠다는 위협을 가해왔다. 이에 겁을 먹은 송조는 더 이상 항전할 여력도 없어 휘종과 흠종을 금군의 진영에 인질로 보냈다. 그리하여 화평 교섭은 시작되었는데 금군이 송에 요구한 배상액은 금 1천만 정, 은 2천만 정, 견 1천만 필이라는 천문학적 숫자여서 송으로서는 이런 엄청난 요구액을 단시일 안에 조달할 도리가 없었다.

금군은 송측에 요구한 배상액이 도저히 달성될 가망이 없음을 알아차리고 도성에 난입하여 국고나 내고(內庫)에 은밀히 저축되어 있던 금, 은, 보화 등 값진 물건을 비롯하여 휘종이 오랜 세월 동안 수집한 서화, 골동품 일체를 약탈해 갔다.

바로 이 무렵 금국의 수뇌부에서는 북송의 왕조를 폐지한다는 중대한 정치적 결정이 이루어지고 있었다.

그 해 3월, 금군의 총사령관 점한은 태종의 명을 받아 송 왕조의 폐지 결정을 전하고 휘종, 흠종 두 황제를 평민으로 격하시키는 한편, 금군 진영에 인질로 억류되어 있던 북송의 대신 장방창을 억지로 제위에 앉히고 초(楚)라는 괴뢰정부를 세웠다. 한편 송 왕실의 황족, 후비(后妃), 비빈, 궁녀, 재상, 대신 이하 관료, 군인, 기술자 등을 연일 금군의 진영에 끌어왔다.

이윽고 금군은 두 황제를 비롯한 수천 명을 포로로 하여 북으로 향하였다. 때는 음력 3월, 아직도 차디찬 북국의 봄이었다. 두 황제는 우차에 실려 영화의 나날을 보내던 카이펑을 뒤로 하고 몇천 리 길을 흔들리며 동북 만주 깊숙한 곳에 자리잡고 있는 오국성(五國城)까지 끌려갔다.

그후 그들은 그곳에서 일개 평민으로 논, 밭을 갈며 한많은 여생을 마쳤다. 이 사건을 후세 중국사에서는 정강년간에 일어났다 하여 「정강(靖康)의 변」(1127년)이라고 한다.

(라) 금국의 재침

금국의 정략에 의하여 황하 이남의 영토에 세워진 초국(楚國)의 괴뢰 황제가 된 옛 북송의 신하 장방창은 본의 아닌 금국의 강요로 카이펑의 궁성에 끌려와 황제가 되었지만 송 왕실에 대한 자책(自責)으로 하루도 마음 편할 날이 없었다.

고민 끝에 그는 자발적으로 황제의 지위에서 물러나 송조의 재건을 위하여 송 왕실의 종친을 옹립코자 했으나 모두 금군에게 끌려갔기 때문에 적당한 인물을 찾지 못하였다.

다만 휘종의 형 철종의 황후였다가 폐위 당한 뒤 절에 들어가 여승(女僧)이 됨으로써 금군의 체포를 모면한 맹(孟)씨가 건재하고 있음을 알고, 그는 서둘러 맹씨를 궁중에 맞아들여 황태후로 받들어 모시고 맹황후의 수렴 정치 밑에서 임시로 재상의 지위에 머물러 정사를 다스리게 되었다. 이리하여 금국에 의하여 수립되었던 초국은 겨우 32일만에 허무하게 종막을 고하고 말았다.

맹태후는 정권을 잡은 뒤 종친 가운데서 살아남은 인물을 꾸준히 물색하던 중 앞서「정강의 변」때 근왕군을 모집하려고 내려감으로써 난을 모면한 흠종의 아우 강왕(康王)이 산뚱(山東)지방에 있다는 것을 확인하고는 즉시 사신을 보내어 그를 맞아들여 난진 응천부에서 황제의 위에 오르게 하였다(정강 2년 5월).

그가 곧 남송(南宋)의 초대 황제 고종(高宗)이다.

(마) 남송(南宋)시대 개막

고종은 즉위하자 곧 연호 정강을 건염(建炎)으로 바꾸었다. 송 왕조의 상징인 화덕(火德)을 다시금 일으키자는 의도에서였다.

제위에 오른 고종은 미증유의 국난 타개를 위하여 항전파의 이강을 재상으로 등용하여 진용을 쇄신하고 국가 재건에 전력을 기울였다. 이 사실을 안 금군은 자기네가 세운 초국을 아무런 이유도 없이 무너뜨린 죄를 문책한다는 구실 아래 대군을 이끌고 또다시 대거 남침하여 왔다.

이 때에도 송나라 조정은 주전파와 강화파가 대립하여 쉽사리 의견의 통일을 보지 못하다가 강화파의 의견이 통과되어 일단 남쪽의 양조우로 옮기고는 금군과의 강화를 꾀하였다. 그러나 금군은 이에 귀를 기울이려고도 하지 않고 계속 남침, 양조우에 공격을 가해 왔다.

고종은 금군에 대항할 힘을 잃고 다시 난을 피하여 양쯔강을 건너 항조우에 거점을 정하고 집요하게 추격하는 금군을 피하여 일단 숨을 돌렸다. 그러나 금군은 그 다음 해 건염 3년(1129년)에 다시 대거 남하하여 양쯔강을 건너 항조우에 침입하였다.

그 뒤로 고종은 강남의 각지를 전전하며 금군의 끈질긴 추격을 피해다니다가 끝내는 배로 해상을 이리저리 도망다니는 몸이 되었다. 그러나 소홍(紹興) 원년(1131년)께부터 그렇듯 집요하던 금군의 공격도 다소 누그러져 다음 해에는 고종도 다시 항조우로 돌아오고 이곳을 중심으로 강남의 여러 지역을 튼튼하게 강화 정비하여 남송의 기초를 확립하게 되었다.

이때가 고종이 제위에 오른 건염 초년에서 5년이 경과한 뒤의 일이다(1132년). 이때부터 도읍이 항조우(일명 임안)로 결정되고 고종 이후를 정치사에서 남송 시대라고 부른다.

금국에서는 그 뒤 태종이 사망하고 태종의 적손이 제위에 올라 희종이 되었다(1235년). 그에 따라 금나라 황실도 세력 판도가 바뀌어 종래 정치와 군사의 실력을 장악하였던 정계의 제1인자 점한이 실각하고 대신 같은 종실의 실력자 달라가 실권을 잡게 되었다. 달라는 금국의 국력 발전에 비추어 완충 국가가 불필요하다는 결론 밑에 제나라를 없애고(1137년), 이듬해에는 제나라 영역이던 허난과 싼시 지방을 남송에 돌려줄 것을 조건으로 강화를 제의해 왔다.

화평 교섭은 순조롭게 진행되어 양국간에 원만한 타결을 보았다. 이 때에 합의된 조약 내용은 우선 금국은 남송에 대하여 옛 제나라의 영역이었던 허난과 싼시 지방을 그대로 반환하고 송은 금국에 대하여 세폐로서 은 25만 양, 견 25만 필을 주며 신례(臣禮)를 취한다는 것 등이었다. 마지막 조항을 제외한다면 남송에게 있어서는 뜻밖의 좋은 조건이었다.

이리하여 남송은 금국으로부터 위협을 모면하고 중국역사에 한 자락을 차지하게 된다.

(바) 몽고의 침입

강력한 국수주의 국가를 유지해 오던 금국은 한인에 대한 억압정책의 여파로 여진인과 한인간의 반목이 격심해져 있었다.

국내 정세가 이렇게 위급해져 있을 때 대외적으로는 북방으로부터의 몽고족 침입이 점점 격렬해지고 있었다.

13세기에 들어서면서 금국내 왕실의 약해짐과 동시에 몽고 세력은 현저히 강대해져서 점차 남침을 적극화시키더니 마침내 연정을 함락시키고 허뻬이, 산뚱 지방까지 유린하게 되어 금국 변경의 영토는 축소되어 갔다.

그럼에도 집권자 장종은 송나라의 풍류 천자 휘종의 후계자로 자처하면서 전조의 국수주의와는 달리 중국문화에 접근하려는 문화 정책을 쓰고 있었다. 어떻든 이 시대에 와서 금국의 문화는 절정에 달하였다.

그러나 내정에 있어서 그동안 누적된 갖가지의 적폐가 수습할 길 없이 쌓이고 쌓여 국가의 위기는 날로 더해가는 데다가 아시아에 폭풍을 몰고 온 대몽고 평원의 풍운아 징기스칸의 말굽은 점점 금국의 목줄기를 조이고 있었다. 이에 금국 조정에서는 징기스칸에게 금, 은 등을 공물로 바치기도 하고 황녀를 바치는 등 온갖 무마책을 써서 화의를 제의하기도 하였으나 몽고는 침공의 도를 조금도 늦추지 않고 금국의 영역을 잠식케 들어왔다.

한때 금국은 견디다 못해 도읍을 카이펑으로 옮긴 일도 있었으나 몽고의 압력은 여전하였다. 그리하여 금국은 몽고군과의 공방전을 위한 막대한 군사비의 지출로 민중의 부담을 더욱 가중시켜 사방에서 반란이 일어났다.

(사) 금국의 멸망

원래 몽고족은 만주, 내몽고, 화북 지방 등의 광대한 영역을 지배하던 여진인의 금국에 대하여 조공을 바치던 유목 민족이었다. 해마다 몽고족은 장성(長城) 밖의 정주 지방에 이르러 금국에 대하여 귀순의 뜻을 표하여 왔었으나 근래에 와서 금국의 내부 사정이 어지러워진 것을 알고는 이슬람, 위구르, 한인 등의 상인을 이용해 금국 안의 정치 정세, 군대의 배치, 성채의 위치 등에 이르기까지 철저하게 조사하여 만일에의 대비를 게을리 하지 않았다. 그리하여 1208년에 이르러 징기스칸은 금국의 국가 운명이 얼마 남지 않은 것을 확인하고 금국과 국교를 단절하고 말았다.

금국의 정세가 어지러운 것을 알고 있는 징기스칸은 절호의 기회라고 생각하고 10만에 이르는 정예의 기병군단을 이끌고 1211년 봄 2월에 삭풍이 불어닥치는 고비 사막을 넘어 장성에 밀어닥쳤다.

먼저 징기스칸의 선봉군은 재빨리 외장성을 돌파하여 산시의 따퉁을 포위하였다. 이때 징기스칸의 본진은 노도처럼 장성을 넘어 쥐융관에 육박하게 되었다. 여기서 군을 두 갈래로 나누어 징기스칸 자신은 허뻬이의 제성(諸城)을 석권하고 다른 일군은 산시 지방의 여러 성을 공략하였다.

이후 몽고군의 침략은 해마다 계속되었다. 그들의 진격은 숨쉴 사이조차 없을 정도로 날카롭고 집요하여 금국측이 정예라고 자랑하던 글안인으로 조직된 용병도 몽고군의 적수가 못되었다.

1211년 봄부터 시작된 몽고군와 침입은 그 다음 해인 1213년까지 계속되었다. 이렇게 끊임없이 침공을 해오는 몽고군 때문에 부근 농민들은 농사를 지을 수 없게 되고 도시민은 식량난에 허덕이게 되었다. 따라서 민심도 흉흉하게 되어 도처에서 연쇄적으로 반란이 일어나고 조정의 정치적 내분은 징기스칸이 사망한 후에도 계속하여 침공해 오는 몽고군을 막지 못하고 1234년 금국의 마지막 왕 애종은 스스로 목숨을 끊었고 대통을 이은 숭린도 몽고군과 싸우다 죽었다.

 이리하여 9대 1백 18년간 동아시아에 군림하였던 여진족의 정복 왕조 금국은 멸망하고 말았다.

(4) 몽고 대제국 시대

1) 고원의 기마 민족

 13세기 이후 북쪽으로는 시베리아에 접경하고 남쪽으로는 인산산맥을 사이에 두고 중국본토와 접경한 넓이 약 250만 평방킬로미터, 평균 표고 1천 4백 미터에 이르는 몽고 대고원을 석권한 몽고 유목 민족이, 그 우수한 기마병술로서 전 세계를 진동시키며 유럽과 아시아에 걸친 세계 대제국을 건설하게 된 몽고 민족의 흥망과 성쇠를 알아본다.

 몽고부족을 핵심으로 한 징기스칸 세력이 몽고 고원 일대를 지배하고 참다운 의미에 있어서의 「몽고 민족의 몽고」를 형성하게 된 것은 13세기 이후의 일이었다. 그 이전 적어도 당 왕조 시대까지만 해도 몽고족은 고비 사막 동북부 지역의 일부, 만주 지방에 소속된 헤이룽강(黑龍江)의 수원(水源)지대에 살고 있던 일개의 보잘 것 없는 약소민족에 불과하였다. 물론 몽고계에 속한 글안부족이 10세기 초에 리허 지방에서 흥기하여 몽고 지역을 정복하고 유목민 정복 왕조의 제1호로서 약 2백 년간 통치한 적이 있다.

 그러나 이 글안제국, 즉 요나라 치하의 몽고에서는 투르크계 제 종족이 일소된 것도 아니고 또한 철저한 몽고화가 이루어지지도 못하였다. 따라서 2백여 년간 이 지역을 지배하여 온 요나라가 무너진 12세기 초엽의 몽고는 여전히 글안족이 정복 왕조를 세우기 이전의 몽고와 별다른 변동이 없었고 이 몽고 고원의 주민은 여전히 투르크계 제 부족에 의하여 점거되어 있었다.

(가) 징기스칸의 등장

징기스칸의 원이름은 테무진이었다. 테무진은 성장하여 불우하였던 소년 시절을 깨끗이 잊고 갖은 고난과 역경을 굳은 의지와 용맹, 그리고 영특한 재략으로써 극복하여 각 부족을 다시 통합하게 되자 오논강변에 모인 각 부족의 장군들은 쿠릴타이에서 테무진에게 명예칭호「징기스칸」을 수여했다.「징기스」의 원뜻은 몽고어로 강성하다는 뜻이며「칸」은 왕, 지배자, 군주, 수장이라는 뜻으로「징기스칸」은 곧「강성한 군주 왕」이라는 뜻을 표현하고 있다.

이 불세출의 영웅 테무진은 아홉살 때 아버지와 사별하고 네 형제와 함께 어머니의 손에 자라났다. 이 무렵 몽고족의 세력은 보잘 것 없었고 생계들이 아주 곤란하였었는데 특히 테무진의 가족들은 아버지의 명성을 시기하는 여러 부족장들의 압력을 받아 더욱 곤경에 처하여 있었다. 더욱이 테무진이 속한 부족은 약소 부족이었던 탓으로 번번이 적의 습격을 받았다. 그럴 때마다 테무진은 몇 번이나 죽을 고비를 넘기기도 하였다.

한편 테무진의 명성이 차차 높아가자 이를 시기한 동족의 유력자 쟈무하가 테무진에게 도전, 테무진은 이들을 맞아 싸웠으나 전세가 불리하여 사로잡히고 말았다. 이때 쟈무하 일파는 포로가 된 테무진의 부하들을 70개의 쇠가마 솥에 무참하게 삶아 죽였다고 한다.

이런 고난 속에서도 테무진이 끈질기게 세력을 확장해 나간 것은 케레이트 부족 완칸의 덕분이었다. 테무진은 완칸과 공동 작전을 펴서 드디어 쟈무하를 쳐부수어 연래의 숙적을 제거하는데 성공했다. 그러나 그후 테무진은 이 완칸과 대립하게 되었다.

한때 완칸은 몽고 고원 일대에 위세를 떨치었고 많은 부족이 완칸의 세력 밑에서 모두 순종하였었다. 그때 테무진은 이들과 반목하여 시베리아까지 도망가기도 했었다.

그러나 이미 완칸은 노쇠하여 그의 세력도 사양기에 접어들고 내부에서 권력 파쟁이 일어나게 되었다. 이 혼란기를 재빨리 이용하여 테무진은 완칸을 기습 공격하였다. 완칸은 이에 항전하여 3일을 버티다가 당시 서몽고 지방에서 세력이 큰 나이만 부족의 지배자인 다얀

칸에게로 도망갔으나 도리어 나이만 부족의 한 군사에게 암살당하고 말았다.

다얀칸은 테무진의 군사와 격전을 벌인 끝에 생포되어 쟈무하와 함께 살해당하고 말았다. 이리하여 테무진은 고비 사막 주변의 대초원을 통일하고 이 일대의 전 몽고 민족의 군장이 되었다. 몽고 부족의 이름은 사실상 이때에 이르러 이 고원 전체의 공통된 이름으로 통용되게 되었다.

테무진은 1206년 오논강 상류 지방에 일단 개선하여 부족의 유력자들로써 구성된 쿠릴타이에서 전 몽고의 주권자로 추대되고「징기스칸」이란 칭호를 받게 되었는데 그때의 나이 45세였다. 이로써 대몽고 제국은 탄생한 것이다.

(나) 제국의 기초

1206년 나이만을 멸망시키고 그 영토를 통합함으로써 전 몽고 지역을 장악하게 된 징기스칸은 몽고의 일부족을 지배하는 수장으로부터 몽고 제 부족 전체를 통합, 지배하는 대칸(大王)이 되었다. 이리하여 대몽고 제국의 태조가 된 징기스칸은 국가 체제를 갖추는 기초 작업에 착수하게 되었다.

징기스칸은 먼저 몽고사회에 뿌리 깊이 남아있는 혈연적인 씨족제 조직을 해체하고 대몽고 제국을 형성할 기초 집단으로서 천호제(千戶制)를 만들었다. 「천호」란 보통 천명의 군사를 소집할 수 있는 능력을 가진 유목민 집단의 크기를 말하는데, 천호의 내부는 백호(百戶)로 나누고 백호는 또 십호(十戶)로 나누는 식으로 대개 십진법(十進法)에 의하여 편성된 군사, 행정조직이다. 당초에 조직된 천호군(千戶群)의 총수는 95개였는데 이 천호에는 각기 천호장이 있어 군사, 행정의 책임을 총괄하였다.

몽고 제국이 형성될 무렵에는 종래 몽고부의 군장시대 때 3만에 비하여 13만의 군사와 20만 호로 발전하였다. 이 호수의 정확한 수효는 당시로서는 파악하기 힘든 것이었는데 어쨌든 이렇게 많은 호수는 징기스칸의 여러 왕자와 그 동생들에게 적절히 분할되었다. 따라서 이 천호의 성격도 점차 질적인 변화를 일으키고 몽고 제국의 영역이 점차 외부 세계에까지 확대 팽창하게 되자 이 제도는 분권적인 통치력을 갖게 되어 서구의 중세와 같은 영주제의 성격을 띠게 된 것이었다.

(다) 중앙 아시아 원정

1219년부터 시작된 징기스칸의 중앙 아시아 원정에는 속국군(屬國軍)까지 합쳐 무려 60만의 군사가 동원되었다. 이는 사실상 전 몽고군이 투입된 것으로 몽고의 국내는 군사적 공백 상태를 가져와 동쪽에서 아직 완전 결말을 보지 못한 금국 공세를 중단치 않을 수 없었다.

징기스칸은 몸소 대군을 이끌고 대원정의 장도에 올랐다. 그는 20만의 군사를 4개 부대로 나누어 제1군을 둘째 아들 차가타이와 셋째 아들 오고타이에게 맡겨 오트라르를 공격시키고, 제2군은 맏아들 주치에게 맡겨 우익을, 제3군은 세 명의 장군에게 맡겨 좌익을 각각 담당하게 하고, 자신은 넷째 아들 툴루이와 함께 제4군을 이끌고 중앙으로 진격하였다.

먼저 제1군은 오트라르를 5개월 간의 포위 끝에 함락시키고, 앞서 몽고의 대상을 살해한데 대한 보복조치로서 그 태수를 잡아다가 징기스칸의 면전에서 부글부글 끓는 은액(銀液)을 눈과 귓구멍에 부어 넣어 죽였다.

이 원정군은 서투르키스탄의 여러 도시를 차례로 공격해 많은 전리품과 포로를 이끌고 사마르칸드에서 징기스칸의 군대와 합류하였다.

호라즘측의 사마르칸드 수비군은 투르크계, 이란계 등의 혼성군으로서 4, 5만을 헤아리는 정예군이었다. 그러나 징기스칸의 탁월한 전략과 맹렬한 공세에 제압당하고 더욱이 수비군 내부에 분란이 일어나 전의를 잃고 지리멸렬된 끝에 마침내는 함락되고 말았다. 이때 수십만의 무고한 주민이 살해당하고 수공업자 등 특수 기술자 3만여 명만이 간신히 생명을 부지했다.

호라즘의 국왕 무하무드는 몽고군이 사마르칸드를 포위하고 육박해오자 서남쪽으로 탈출하여 도망가 버렸다. 징기스칸은 이에 제베, 스브타이 등에게 기병대를 주어 될 수 있는 한 빠른 시일에 그를 추격하여 생포할 것을 명하였다. 이들은 징기스칸의 명에 따라 도중에서의 전투를 피하면서 추격에 추격을 거듭하였다.

그동안 국왕 무하무드는 이라크의 도성 레이를 거쳐 바그다드 쪽으로 도망길을 재촉했으나 도저히 몽고군의 추격을 피할 수 없음을 알고 다시 방향을 바꿔 북쪽으로 향하여 카스피해상의 한 고도에 들어가 숨었다가 그해 12월, 심신의 피로가 겹쳐 병사하고 말았다.

제베, 스브타이 두 장군은 무하무드가 죽은 후에도 진격의 발길을 늦추지 않고 카스피해의 서안(西安)을 북상하여 카프카즈 산맥을 넘어 드디어 남러시아 평원에 도달했다. 이 지역에는 터어키 계통의 킵차크인들이 유목생활을 하고 있었는데 몽고군은 러시아의 제후 키에프태공을 비롯한 여러 제후의 연합군과 1223년 여름, 카르카강에서 일대 격전을 벌인 끝에 러시아 제후의 연합군을 여지없이 무찔러버렸다.

징기스칸은 전후 7년에 걸친 중앙 아시아의 대원정을 일단 마치고 몽고의 본거지로 개선하였다. 그는 뒤이어 서역 원정 때 협력을 요청했다가 거절 당한 바 있는 서하(西夏)를 침공하여 이를 멸망시켰다 (1227년). 그해 여름 징기스칸은 오랫동안의 원정으로 피로해진 심신을 풀기 위하여 피서 겸 휴양차, 깐쑤성 진주(秦州) 청수현의 육반산에 갔다가 동년 9월 66세를 일기로 풍운의 생애를 마쳤다.

(라) 대몽제국 성립

징기스칸이 전후 7년 간에 걸친 중앙 아시아 원정에서 혁혁한 성공을 거둔 후, 몽고 제국의 영토는 소그디아나라고 부르는 시루강 이남의 문화지역으로부터 알타이 산맥에서 뻗어내린 키르기즈 초원에 이르는 광대한 지역에 미쳤다.

이렇게 여러 속국과 본토까지 합한 대영토를 징기스칸은 죽기 전에 여러 아들과 동생들에게 나눠 주었다.

이와같이 동생들은 싱안링 좌우의 영토를, 여러 아들은 알타이 산맥 서쪽의 초원 지대를 지배하게 됨에 따라 뒷날 동생들 계통을 가리켜 「동방의 제왕(諸王)」이라 부르고 여러 아들의 계통은 「서방의 제왕」이라고 칭하게 되었다. 봉지를 분배받은 제왕들은 각기 몽고군과 몽고 분민(分民)을 거느리고 분봉된 소령지(所領地)에 이주함으로써 대몽고 제국의 제봉국(諸封國)이 형성되게 되었다.

2) 몽고 제국의 전성

(가) 러시아 정복

징기스칸의 맏아들 주치는 남러시아에 위치하는 킵차크족들의 토지를 영토로 물려받았으나 그가 부친 징기스칸보다 일찍 죽었기 때문에 이 방면의 정복은 만족한 것이 못되었다. 그러나 오고타이가 금국에 대한 공략을 끝내고는 즉시 러시아에 침공을 개시하였다.

1236년, 오고타이는 러시아 원정군의 총사령관에 형 주치의 아들 바투를 임명하고 부사령관에는 수브타이를 임명하여 대군을 이끌고 서방으로 진격하였다. 이 원정군의 규모는 징기스칸의 서정군(西征軍)에 비할 수 있는 대규모의 부대로서 총병력이 10만을 돌파했다.

오고타이의 원정군은 그 이듬해 볼가강 유역으로부터 진격하여 러시아에 침입하였다. 러시아 평원은 원래 호수와 하천이 많아 봄철이 되면 얼었던 벌판이 모두 녹아 평원 일대가 습한 늪지대를 이루었다. 따라서 대규모의 몽고 기병대는 진격을 크게 방해받고 작전상 많은 곤란을 당하게 되므로 봄철보다는 오히려 자유롭게 행동할 수 있는 겨울철이 이들의 기동작전에는 훨씬 편리하고 능률적이었다.

몽고군의 침공을 받은 러시아의 제후국은 당시 동러시아의 패권을 쥐고 있던 블라디미르 태공(太公) 유리 2세의 지휘하에 침입군을 맞아 싸웠으나 몽고군은 마치 무인지경을 달리는 것처럼 리아잔을 불과 1주일 간의 맹공격으로 함락시키고 당시 지방의 소도시에 불과했던 모스크바를 손쉽게 점령하여 이곳을 초토화하는 한편, 쉴 사이 없이 블라디미르의 견고한 성을 함락시켜 유리 2세의 처자를 몰살해 버렸다.

　유리 2세는 볼가강 상류에서 갈려 나온 사치강 부근에 군진을 치고 북상하여 오는 몽고군에게 반격을 가하였으나 몽고군의 강세에 견디지 못하고 끝내는 장렬하게 전사하였다.

　몽고군은 다시 남서쪽으로 진로를 바꾸어 드네프르강에 연한 키에프를 공격하여 러시아 최대의 도시를 일거에 폐허로 만들었다. 때는 1240년. 이로써 남러시아의 대부분은 몽고의 지배하에 들어가고 말았다.

　(나) 오고타이 칸

　칭기즈칸이 66세로 파란만장했던 생애의 막을 내리자(1227), 몽고 고래의 관습법에 따라 막내아들 투루이가 감국(監國)이 되어 몽고 제국을 섭정해 왔는데 1229년 봄 케룰렌강 가에서 종실과 유력한 여러 장군들이 쿠릴타이를 열고 몽고 대제국의 칸을 선출하게 되었다. 앞서 징기스칸은 여러 아들과 동생들에게 토지를 분배한 후 막내아들 투루이를 곁에 두고 깊은 애정을 기울였고, 더욱이 막내아들에게 유산을 상속하는 것이 옛부터 내려오는 관습이었으므로 투루이가 가장 유력한 후보자인 것으로 자타가 인정하고 있었다. 그러나 징기스칸의 유언에 따른다는 명분 아래 쿠릴타이 대집회에서는 가장 연장자이며 온후한 셋째 아들 오고타이를 칸으로 선출하였다.

　오고타이 칸은 당년 40세로 모든 사회 경륜에 사려 분별을 할 수 있는 장년이었다. 그는 풍부한 전투 경험을 지니고 있을 뿐 아니라 성품이 온후하여 그동안 형 주치와 차가타이 사이의 불화를 조정한 일도 있었다.

　비록 징기스칸만큼의 기량과 준엄한 결단성은 없었으나 몽고 제국의 제2대 황제로서는 오히려 잘 어울리는 인물이었다. 그는 안으로는 제국 초기의 기초확립에 많은 업적을 남겼고 대외적으로는 부친 징기스칸의 유업을 계승하여 동·서 경략에 힘썼다.

　그리하여 1231년 8월, 호라즘(코라스미아)을 정복하였으며 뒤이어 1234년에는 몽고족의 최대 숙원이던 여진의 금국을 멸망시켜 회

수 이북의 광대한 중국 영토를 확보함으로써 징기스칸 이래의 유업을 성공적으로 완수하였다.

(다) 서아시아 원정

이무렵 서아시아에서는 몽고에 끝까지 저항했던 「물라히다」라고 불리는 한 이슬람교단에 속한 세력권이 이란 북부 지방에 있었다. 이 물라히다족은 서아시아 지방 일대의 산성(山城)에 모여 살며 광신적 믿음을 가지고 있었다.

그들은 자파의 종교를 이교도들에게 강요하고 만약에 그 교리를 따르지 않을 경우에는 무조건 학살하는 등 갖은 난폭한 행동을 자행해 왔었다. 이들 이스마일교단의 수령은 산의 어른이라고 불리워지며 그 본거지는 카스피해 남쪽의 엘부르즈 산맥 가운데 있었다.

망구는 1253년 동생인 훌라구를 총사령관으로 하여 먼저 물라히다족을 토벌하였다. 훌라구는 톈산산맥의 북쪽을 돌아 투르키스탄에 이르러 1256년부터 산성공격을 시작했는데 이스마일족의 저항은 참으로 처참할 정도로 완강한 것이었다.

그러나 몽고군의 맹렬한 공격에 견디지 못하고 산성은 함락되고 두목 로큰우딘은 몽고에 끌려가 비참한 죽음을 당하였다.

이스마일교단을 정복한 훌라구는 다시 진격을 거듭하여 1258년에는 동사라센국 압바스 왕조 칼리프의 도시 바그다드성을 포위하고 맹렬한 공격을 가하여 5백여 년 동안 칼리프 정권의 명맥을 유지해 오던 나라를 멸망시키고 말았다.

이때 제39대의 칼리프 알무타심은 세 아들과 함께 비참한 최후를 마쳤으며, 그때 성 안에 있던 도성민은 모조리 몽고군에게 몰살되어, 전하는 바에 의하면 그 수가 80만 명에 이르렀다고 한다.

훌라구는 소아시아 지역을 평정한 후 태브리즈에 도읍을 정하고 서아시아의 광대한 영토에 몽고의 한 칸국을 건설하게 되었다. 이것이 아무강 이서(以西)의 일한국이다.

훌라구는 다시 서쪽으로 진격, 시리아를 침공하여 알레포, 다마스커스 등을 함락하고 계속 진격하려고 할 때, 망구칸이 죽었다는 부고를 받게 되어 곧 회군하였다. 그 후 일칸국은 15세기 초까지 계속되었으며 그 번영했던 모습은 널리 유럽사회까지 이름이 알려졌다.

(라) 카라코룸의 번영

오고타이는 징기스칸의 뒤를 이어 몽고 제국의 대칸에 즉위한 후 1235년 몽고 고원의 중앙부 오르혼강 상류의 계곡에 자리잡고 있던 카라코룸에 몽고 대제국의 영화를 상징할 수 있는 화려하고도 위엄 있는 궁전과 도성을 건설하고자 금나라에서 데리고 온 우수한 기술자를 총동원하여 수도 건설에 착수하였다.

카라코룸은 옛 위구르 제국의 고도로서 지난 날 동돌궐의 왕자들이 비를 세운 유서 깊은 곳이다. 예로부터 몽고 고원을 수중에 장악한 패자들은 누구나 긴요한 요충지로 여겨왔다.

오고타이칸이 건설한 이 도시는 크게 구분하여 이슬람교도의 지구와 일종의 공장 지대로서 각종의 수공업 생산 공장이 있는 구역으로 나뉘는데 이슬람교도의 지구는 상가와 시장으로 되어 있고 그 중 일부에는 중국식으로 화려하게 꾸며진 만안궁(萬安宮)과 귀족들의 대저택을 비롯한 여러 종교 건축물이 즐비하게 늘어서 있었다.

이 곳은 당시 동서 문화가 합류하고 융합할 수 있는 국제적 성격을 띤 세계적 도시의 면모를 갖추고 발전하였다.

이 수도의 도성은 대략 4각형으로 되어 있으며 그 규모는 동서로 2천 5백 미터, 남북으로는 1천 6백 미터에 불과하여 광대한 정복지를 다스리는 대제국의 도성으로는 다소 작은 편이었다. 그러나 도시 계획이 질서 정연하게 잘 되어 있다는 점에서 한 나라의 수도로서 손색이 없었다.

(마) 망구 칸과 쿠빌라이

오고타이칸의 말년에 이르러 후계 문제가 도화선이 된 일족내의 권력 장악을 위한 항쟁으로 인하여 모든 기강은 흔들리고 중앙 정부의 통치력은 후퇴하게 되었다.

이렇게 제국 내외가 정치적으로 동요할 무렵에 망구는 칸위에 오르게 되었다. 그는 정치적 능력이 풍부한 정치가였다. 즉위하자 전대에서부터 정부의 요직을 장악하고 있던 기성 권력 체제를 일소하고 자신의 기반을 구축하기 위하여 자기의 심복을 모든 요직에 안배하고 우선 중앙 정부의 권력 구조를 강화하였다.

망구칸은 중앙의 통치력을 강화하는 한편 속령 각지에 대하여도 기관을 설치하고 각기 그 지방의 정치와 군사를 관할 감독하는 다루가치를 통솔하게 하였다. 몽고 제국에서도 이 방대한 통치 체제를 위한 물적 기초를 확립하고 재정 정비를 위하여 그 세원을 확보하려는 기초 과업으로서 호구조사를 실시하였다.

망구칸은 그동안 20여 년에 걸친 혼란한 정국을 수습하게 되자 전대 이래 정체되어 있던 남송과 칼리프 정권에 대한 정벌을 강력히 추진하게 되었다.

그는 훌라구를 서방 원정에 내보내기 바로 전해에 동생인 쿠빌라이에게 동방의 침략을 명하여 먼저 운남과 티벳, 베트남 방면을 공격케 하였다. 윈난에는 당나라 때 토착민 사이암족이 독립하여 남조국(南詔國)을 세우고 있었는데 10세기부터는 대리국(大理國)이라는 나라가 대신 발전하고 있었다.

쿠빌라이는 쓰촨으로부터 침공하여 이를 멸망시키고(1253년), 다시 티벳에 침입하였다. 당시 사가파라와 카르규파라의 일파인 차르파, 그리고 디군파의 3파로 갈리어 대립하던 티벳은 몽고군의 1차 침공(1240년)을 받아 큰 타격을 받았었는데 다시 침공을 받게 되자 티벳의 전토를 몽고 제국에 인도할 것을 조건으로 강화를 성립시켰다.

이때 남송은 몽고에 대한 방위선이 북방에만 있다고 생각하여 특히 양쯔강 중류의 무한(武漢) 지구에 중점을 두고 전방인 샹양의 방비에만 신경을 쓰고 있었다.

그러나 1259년 망구 자신은 쓰촨으로 들어가 양쯔강을 내려오고, 쿠빌라이는 북으로부터 남하하여 무한 지구를 무찌르고, 부장 우리안하타이는 베트남을 멸망시킨 후 북상하여 오늘날의 우창에 해당하는 악주에서 3군이 합류하여 남송의 도읍지를 총공격하려고 하였다.

이때 마침 망구칸이 쓰촨의 합주 교격에서 큰 난관에 봉착하고 있던 중에 진중에서 병사하자 몽고군은 고래의 관습에 따라 본국에 귀환치 않으면 안 되게 되어 남송조는 뜻하지 않게 또 모진 목숨을 연장하게 되었다. 한편 이때 이미 쿠빌라이는 악주를 포위하고 있었으나 이듬해 북으로 회군했다.

3) 원(元) 왕조 발흥

(가) 쿠빌라이 칸 탄생

망구칸이 죽자 쿠빌라이는 서둘러 남송(南宋)과 화평교섭을 끝내고 북방으로 회군의 길을 재촉했다.

그러나 쿠빌라이는 외몽고의 도읍 카라코룸으로 직행하지 않고 내몽고의 카이펑에서 부장들의 종용에 따라 몽고 제국의 칸에 올랐다. 그가 곧 뒤에 원(元)의 세조(世祖)가 된 몽고 제국의 제5대 황제 쿠빌라이 칸이다.

쿠빌라이칸은 지금의 뻬이핑(北平)을 대도(大都)라 하고 여기에 중앙정부를 두었으며 1271년에 이르러 중국식으로 국명을 원이라 개칭하였다.

또한 그의 동생 알리크브하가 몽고 본토에서 따로 칸에 올랐으나 군사적으로 월등히 우세한 쿠빌라이가 알리크브하군을 격파하고 명실상부한 몽고 대제국을 지배하는 지도자가 된 것이다.

쿠빌라이칸은 제위에 오르자 송 왕조의 중앙통치 기구를 본따 중국적인 집권적 통치기구를 조직하게 되었다. 우선 지금의 내각과 같은 중서성(中書省)을 설치하고 국가의 정령(政令)을 관할케 하였으며 각도의 지방 행정도 총괄하게 하였다.

또 군정에 있어서는 추밀원을 두어 각 방면의 군무를 총괄하고 국가 기강을 바로잡고 관리의 부정을 적발 감시하는 어사대를 두었다.

이러한 행정, 군사기구 가운데 특징적인 것은 거의 모든 관청에 행정 장관과 나란히 몽고인이나 또는 색목인(色目人)이라고 불리는 서아시아 출신의 유럽계 인물들이 임명되는 다루가치라는 일종의 행정 감독관이 있었다는 사실이다.

다루가치는 한인인 행정 장관이 결재하는 행정 명령서에 동서(同署)하며 한인 관료의 행정을 일일이 감시하였다. 쿠빌라이칸은 우수한 정치 능력을 발휘하여 제위에 오른 후 약 10년 간에 행정, 군사 양면에 걸친 철두철미한 통치기구를 수립하여 중국 본토를 완전히 장악할 수가 있었다.

(나) 남송(南宋)의 멸망

남송에서는 제5대 이종(理宗)의 40년 간의 치세가 계속되었으나 밖으로는 몽고의 끊임없는 침공으로 국운은 점차 빛을 잃어가고 안으로는 경제 파탄을 수습하기 위한 미봉책으로 지폐를 남발해 파탄 직전의 경제 사정을 더욱더 궁지에 몰아넣어 내일을 기약할 수 없는 처지에 이르게 되었다.

이렇게 위급한 사태에도 불구하고 남송의 조정은 주자학을 신봉하는 진보파 관료와 신법당계의 보수파 관료로 갈려 이해의 충돌, 정치와 이념의 대립으로 분쟁을 거듭하여 도저히 정국 수습의 가망이 없었다.

쿠빌라이칸은 1268년 이래 남송 최대의 견고함을 자랑하는 한수(漢水)의 요충 샹양성을 함락시켜 양쯔강 쪽으로 진격하는 길을 트려고 온갖 노력을 기울이고 있었다. 남송측에서도 이 샹양성의 방어에 모든 힘을 기울여 양군의 사투는 4년간에 걸쳐 계속되었으나, 1272년에 이르러 샹양성은 함락되고 몽고군의 양쯔강에의 진격은 용이하게 되었다.

이에 쿠빌라이칸 세조는 서아시아 원정 중에 있는 동생 훌라구에게 간청하여 명장 바얀을 데려다 총사령관을 삼고 한인 사천택(史天澤)을 부사령관으로 하여 샹양에 본영을 두었다. 1274년 9월 1일 바얀의 본군은 한수에서 양쯔강으로 진격하였다.

그무렵 남송에서는 탁종이 죽고 겨우 네 살 난 공종(恭宗)이 즉위해 있었다. 남송의 독재 재상 가사도는 양쯔강 상류의 수비가 하나하나 무너져 가는 것을 보고 바얀에게 화의를 청하였다. 그러나 바얀은 무조건 항복 외에는 귀를 기울이지 않았고 가사도가 이끄는 수군에 결정적 타격을 가하였다.

몽고군은 건강(난징)을 함락시키고 임안에 육박하였다. 사태가 이에 이르자, 임안 성중에서는 긴급회의를 열어 항복할 것을 결정하고 마침내 1276년 정월, 6세의 공종은 태황태후(太皇太后)와 함께 바얀의 군문에 가서 항복하게 되었다. 이로써 남송은 150년만에 막을 내렸다.

(다) 일본 원정

일본은 당 왕조에 이어 송 왕조에 이르러서도 중국과 문물 교류가 활발하게 전개되었으며 중국의 유명한 학자, 예술인과 고명한 승려들이 일본에 건너가 일본 문화의 발전에 크게 기여하였다. 몽고가 아시아와 유럽 일부에 걸치는 방대한 영역을 정복하여 세계적인 정복 왕조를 건립하게 되자 고려와 일본에 복속을 강요하고 마침내는 침략의 손을 뻗쳤다.

원나라가 고려의 합포(마산)에서 출범하여 일본 원정의 장도에 오른 것은 1274년이었다.

일본 원정에 앞서 1231년 고려에 대거 침입해온 오고타이칸의 몽고 대군은 고려 남단까지 휩쓸었다. 당시 최씨 무인집권 시대에 있었던 고려 왕조는 도읍을 개경에서 강화도로 옮기기까지 하면서 끈질기게 항전하였으나 끝내는 굴복하고, 1260년(원종 1년)에 이르러서는 강화도에서 출륙하여 25대 충렬왕부터 7대 90여 년간 자주성을 박탈당하여 절제(節制)를 받게 되었다.

고려를 지배하게 된 원은 일본 원정을 위해 고려에 대하여 감당하기 어려운 인적·물적 동원을 강요하였다. 따라서 일본 원정군의 주력 부대 부사령관을 고려인 몽장 홍다구가 담당하고 원군의 주력 2만에 고려가 5천의 병력을 동원토록 하였으며 병선, 무기 기타 군수품 일체를 고려에 부담시켰다. 이는 당시의 국력으로써는 감당키 어려운 것이었으며 원조의 강압적 위력에 의하여 막대한 출혈을 보게 된 것이었다.

1274년 드디어 일본 원정에 출동한 원나라는 주력이 2만, 고려군이

5천 3백이었지만 기타 수부 잡부 등 5천을 합쳐 3만 명에 이르렀다.

그러나 폭풍우가 몰아쳐 몽고 병선은 막대한 피해를 입고 부득이 퇴각하고 말았다.

1차의 원정에 뜻을 이루지 못하고 타격만 입었던 원의 세조는 일본측에 조공을 바치도록 다시 강요하였다. 그러나 일본에서는 전과 다름없이 단호하게 원의 요구를 거절하였다.

1276년 남송의 수도 임안을 점령한 몽고군은 정동행중서성(征東行中書省)을 설치하고 2차 원정을 서두르게 되었다. 드디어 1281년 6월, 동로군(東路軍) 5만과 강남군(江南軍) 10만으로 편성된 원정군은 하카타만에 도착하였다. 그러나 일본측의 완강한 반격에 부딪혀 상륙조차 못한 채 또다시 예기치 않던 태풍을 만나 병선의 태반을 잃게 되어 2차의 원정도 실패로 돌아가고 말았다.

(라) 인도차이나 복속

인도차이나 반도에 몽고군이 처음 침입한 것은 망구칸 시대에 남송 공격을 위한 포위 작전상 윈난 방면에서 진군하여 들어온 울리얀하타이 장군의 휘하 군대에 의해서였다. 이때 몽고군은 북베트남 지역에 침입하여 진씨 왕조를 위협하자 진조의 태종은 총력을 기울여 결사적으로 항쟁하였으나, 원래 백전의 경험을 가진 정예부대인 몽고군에게는 당할 도리가 없었다.

몽고군은 진조의 항복을 받고 이를 복속시키는 동시 3년에 1회씩 조공을 받는 조건으로 강화를 맺고 쿠빌라이칸은 진조의 국왕을 안남국(安南國)왕으로 책봉하였다. 그러나 원조는 1267년에 이르러 국왕 자신이 입조(入朝)할 것, 호구수를 보고할 것, 국왕 자제를 인질로 보낼 것, 군역(軍役)을 분담할 것, 세부(稅賦)를 바칠 것, 정치 감독관으로서의 다루가치를 설치할 것 등 6개 항목의 준수를 강요해 왔다.

이에 진 왕조는 과중한 부담에 견디지 못하고 3년에 1회씩 바치는 조공 외에는 이를 면해 줄 것을 원조에 여러 번 탄원해 보았으나 오히려 원조는 1281년 다루가치에 대신하여 안남선위사를 설치하고 보다 강력하게 대월국(大越國)을 통치하려 나섰다.

(마) 서남방 정복

원나라는 윈난의 남서 방면에 있던 버어마에 대하여도 정복의 손길을 뻗쳤다. 당시 버어마에는 버어마 최초의 고대 통일 왕조인 파강 왕조가 남방 불교의 왕국으로 번영하고 있었다.

쿠빌라이칸은 1271년 이래 이 왕조에 대하여도 입공할 것을 명하였으나 파강 왕조는 몇 차례의 권고와 독촉에도 불구하고 이를 거절함은 물론, 파견된 사절까지 살해하게 되자 1287년 원의 윈난행성(雲南行省)에서는 대군을 급파하여 수도를 함락시키고 파강 왕조를 멸망시켰다. 그후 원나라에서는 윈안 국경지대에 많은 선위사, 선무사 등의 기관을 설치하고 이 방면의 경략에 항상 감시의 눈을 밝히게 되었다.

1286년에는 인도 동서 해안의 제 왕국과 스마트라를 비롯한 남해의 여러 소왕국을 내속시켰다.

(바) 군사, 경제의 최강국

이처럼 쿠빌라이칸은 아시아, 유럽 2대주에 걸치는 고금에 없던 대제국을 건설하였다. 이 광대한 대제국은 영토의 확대를 위한 대정복 과업에서부터 통치 지배에 이르기까지 그 원동력이 된 것은 무엇보다도 강력한 군사력이었다. 따라서 강력한 군사력을 유지하여 물샐틈 없는 군비 태세를 갖추는 것이 가장 긴급한 정치적 과제였다.

세조 쿠빌라이칸이 제위에 있던 35년간은 정치적으로나 군사적으로나 동양사상 그 유래를 볼 수 없는 비약과 발전을 거듭한 시대였다. 따라서 이러한 국력의 무한한 발전을 밑받침해 준 경제력의 발전도 눈부신 바가 있었다. 특히 남송을 정복한 이래 원나라의 국력은 그 이전에 비하여 괄목할 만큼 크게 발전하였다.

문헌에 전하는 바에 의하면 남송이 원조 치하에 들어가기 이전의 원조의 총 호구수는 화북 지방까지 포함하여 약 2만 호에, 인구는 1천만 명 정도였는데 남송의 영역을 수중에 장악한 후로는 강남의 호구수만도 그의 5배가 넘는 1천만 호, 인구 5~6천만 명을 헤아렸다고 한다. 따라서 고도한 생산 기술과 방대한 노동 인구에 생산성이 풍부한 기름진 땅 남송의 국토를 영토로 편입하게 되니 원조는 최대 최강의 나라로서 내외에 그 위력을 떨치게 된 것이다.

쿠빌라이칸 시대는 원나라의 급격한 팽창기여서 그에 따르는 위기가 몇 고비나 찾아왔으나 무사히 위기를 극복할 수 있었던 것은 뭐라고 해도 활력에 찬 원조 정권의 흥륭기에 해당했기 때문이었다. 세조 쿠빌라이칸이 확립한 원조 정권은 더욱더 반석 위에 올라 그 유산을 자손에게 남겨 줄 수 있게 되었다. 그는 그런 의미에서 「세첸칸」 즉 현주(賢主)라는 이름에 어울리는 제왕이었다.

4) 원 제국의 황혼

몽고 초원에서 피로 뭉친 종족적 단결을 굳게 하여 동아시아 전역을 석권하게 된 몽고족도 일단 현실적 이해 관계로 분열하게 될 때는 적대적 반목을 심하게 나타냈다.

1294년 쿠빌라이칸이 죽자 몽고 고원에서 하이두칸과 대치하고 있던 손자 티무르가 귀국하여 노장 바얀의 적극적인 뒷받침을 받아 원 왕조의 계보로서는 2대의 군주, 곧 성종이 되었다. 그후 하이두칸은 1301년에 이르러 전력을 기울여 일대 공격을 가해 왔으나 카라코룸 부근에서 성종의 조카 하이샨(후의 무종)이 인솔하는 방어군에게 격파당하여 큰 타격을 입고 패주하게 되었으며, 하이두칸도 치명적인 전상을 입고 돌아가는 도중 객사하고 말았다.

이렇게 전세가 결정적으로 판가름 나게 되자 차가타이한국의 후계자 두아는 항전을 고집하는 하이두칸의 아들 차파르를 몰아내고, 1303년 원 왕조에 강화를 청하여 차가타이한국은 겨우 멸망을 면하게 되었다.

한편 끝까지 저항을 계속하던 차프르도 결국 항복하게 되어 40년에 걸친 내전은 드디어 종막을 고하게 되었다. 이 내전으로 오고타이한국은 멸망했고 한편 몽고 대제국은 이를 계기로 내분과 대립이 격화되어 원 왕조와 여러 한국으로 완전히 분열되고 말았다.

(가) 왕권 쟁탈전

1307년 성종이 사망한 후 원 왕조 최후의 황제가 된 순제(順帝)가 즉위할 때까지 26년간, 원나라에서는 내분이 격화되고 재정 궁핍과 한족의 불평 등으로 사회 불안이 극도에 달하여 나라를 멸망에 이끌어 가는 요인이 도처에서 발생하였다. 특히 왕위 계승을 둘러싸고 내분이 그칠 사이 없이 계속되어 성종에서 순제 사이의 26년 간에 무려 8인의 제왕이 교체되었다.

이 기간은 궁정내의 왕족과 권신을 중심으로 한 정권 쟁탈을 위한 암투와 음모의 시대라고 할 수 있다.

1320년 인종이 죽자, 그 뒤를 이어 즉위한 영종(英宗)은 재위 3년만에 골육상쟁의 희생이 되고, 다시 성종의 장서형의 아들이 궁중에 들어와 제위에 올라 태정제(泰定帝)라고 칭하였다. 태정제의 즉위는 일련의 몽고 궁정의 정치적 암투를 단적으로 표현한 것이었다.

1332년 무종의 형의 아들이 왕위를 계승하였으나 7세의 어린 왕 영종(寧宗)은 2개월만에 죽고 최후의 제왕 순제가 제위에 오르게 되었다. 이렇게 끊임없이 벌어진 왕위 계승권을 둘러싼 내분은 결국 전제적 귀족 정치가 당초부터 지니고 있던 내부 모순의 확대에 기인하는 것이었다.

(나) 방탕아 순제의 무능

마지막 임금 순제는 원나라의 역대 군주 중 35년 간이란 가장 긴 기간 재위하였던 제왕이다. 순제의 재위 시대는 원나라를 멸망으로 이끈 갖가지 사건이 점철되어 있다. 어떤 학자는 순제를 가리켜「징기스칸 일족의 모든 약점을 합하여 노출하고 있는 방탕아」라고 혹평하고 있다.

사실 순제는 어릴 때 제위를 물려받은 후 전혀 정치에는 무관심한 무능아로 주색의 쾌락 속에 몸을 던지고 있었다. 그리하여 조정은 권신들의 정권 투쟁을 위한 복마전으로 변하여 피비린내 나는 사투 속에 내일을 기약할 수 없는 무질서한 혼란만이 연속되었다.

이 방탕아 순제는 권신들이 궁정내에서 벌이는 음모와 권모술수에는 당초부터 초연할 수밖에 없었다. 그는 의지력이 박약하고 군왕으로서의 위엄과 실력을 갖추지 못한 위인이었으므로 당시 궁정에서 사실상 군왕과 같은 권세를 장악하고 있던 실력자는 엔티무르였다. 그러나 그는 순제가 즉위한 후 얼마 안 되어 사망하고, 그 대신 바얀이 대승상이 되어 실권을 장악하고 국정을 전단하게 되었다.

바얀은 집권하자 횡포무도한 정치를 자행하여 더욱 암흑상을 연출했으며 정적에 대하여는 조금이라도 비위가 거슬리기만 하면 마구 학살하여 조정 내외에 공포 분위기를 조성한 끝에 결국은 조정내의 반대당의 미움을 사서 주살당하고 말았다.

이후 몇몇 집권 세력이 등장했으나 원조의 말로를 제촉할 뿐이었다.

(다) 반란과 대홍수

이때 원의 멸망을 재촉하는 대홍수가 일어났다. 1342년께부터 부분적으로 무너지기 시작한 황하의 제방이 그 후 5, 6년이 지나면서 점점 크게 붕괴되어 마침내는 하류의 유역에 물이 범람함으로써 수백만 명의 이재민을 내게 되었다.

이에 정부는 17만 명의 장정을 인부로 고용하여 치수 공사에 착수하였다. 그리하여 허난성의 동부에 새로 물길을 넓히고 이것을 대운하에 연결하여 황하의 물을 끌어들임으로써 강남의 식량 수송의 대동맥인 내륙 항행로를 부활시키는데 성공하였다.

공사는 대성공이었으나 그 사후 처리가 문제되었다. 즉 정부가 인부로 고용했던 17만 명의 이재민들은 공사가 끝나자 아무런 대책도 없이 그날로 해고되어 버렸기 때문이었다.

그들은 생활이 막연하게 되자 불온한 기세로 뭉쳐 험악한 공기가 안팎으로 충만하고 무엇인가 예기치 못할 위급한 사태가 벌어질 낌새를 보였다. 사태가 이렇듯 긴박한 순간에도 원 왕조의 위정자들은 주지육림속에서 헤어나지 못한 채, 사태의 진전에 짐짓 외면하고 있었다.

(라) 홍건적의 창궐

조정에서는 정권 쟁탈을 둘러싸고 권신 간에 피비린내 나는 피의 숙청이 되풀이 되어 원나라의 운명은 더이상 어쩔 수 없는 막다른 골목으로 몰려들고 있었다.

이 무렵 사회 전체의 이목을 집중시키고 나타난 것이 홍건적(紅巾賊)이라고 불리는 하나의 종교적 신앙을 토대로 하여 조직된 반국가적 종교 단체였다. 이 종교 단체는 사교라는 이름으로 원 왕조로부터 탄압을 받아오던 백련교(白蓮敎)였다.

백련교란 일종의 민속적인 고유 신앙에 뿌리박은 미륵 신앙을 중심으로 한 종교 결사였다. 미륵보살이 이 세상에 내려와 중생을 제도한다는 백련교의 사상은 학정에 시달리고 경제적 빈곤에 허덕이며 혼란 속에 방황하던 일반 민중들 사이에 널리 뿌리를 내려갔다. 이러한 민심 동향에 힘입은 백련교의 교주 한산동(韓山童)은 한인(漢人) 민중의 원나라에 대한 민족적 적개심을 부채질하기 위해 스스로 이 세상에 내려온 미륵보살이며, 송의 휘종 황제의 8세손이라고 선전하였다.

한산동은 이렇듯 교묘한 정치적 술책으로써 많은 유민(流民)을 신도로 포섭하여 원 정권에 공공연히 반기를 들었다.

원나라 정부는 그 주모자를 처형하고 일당들을 잡아 극형에 처하는 등, 홍건적 소탕에 온갖 힘을 기울였지만 세간에는 이미 불온한 바람이 불고 있었으므로 이 반란은 가랑잎에 불붙듯 곳곳에서 더욱더 강세를 보이고 퍼져 나갈 뿐이었다.

(마) 원제국 최후

한편 한족(漢族) 재흥을 노리고 있던 각 지방의 군웅들도 이 기회에 홍건적의 힘을 이용하여 야심을 달성코자 각지에서 군을 일으키어 원 왕조 타도를 공공연하게 내세움으로써 강남의 천하를 4분 5열의 혼란한 정국으로 몰아갔다.

이때 일찍이 홍건적에 투신하여 원에 반기를 들고 기회를 노리고 있던 주원장(朱元璋)은 우선 홍건적과의 관계를 끊고 난징을 중심으로 향토 방위를 내세우며 착실히 자기의 세력권을 굳혀 나갔다. 그리하여 주원장은 장사성, 방국진, 진우량 등 지방의 군웅 세력을 교묘한 전술로 무찔러 버리고 강남 유일의 대세력을 구축하게 되었다. 1367년 주원장은 이민족 왕조인 원조 타도와 한민족 재흥의 대의(大義) 아래 당당 북벌의 대군을 일으켜 진격을 개시하였다.

그러나 원나라의 조정은 이 무렵에도 권신과 종실 사이에 치열한 정권 쟁탈전을 벌이고 있었다. 그동안 주원장의 북벌군은 이미 대도의 동쪽에 위치한 통주(通州)를 함락하고 대도를 향해 계속 진격하고 있었다. 원나라의 순제는 존망의 절박한 순간에 처하게 되자 1368년 7월, 대도를 버리고 비빈 궁녀와 측근자들을 거느리고 상도(上都)를 향하여 출발했으나, 이미 상도도 주원장의 북벌군의 공격을 받아 함락될 정황에 놓여 있었다. 몸둘 곳이 없게 된 순제는 다시 측근 일행을 이끌고 응창부로 난을 피하지 않을 수 없게 되었고 마침내는 그곳에서 51세를 일기로 36년간의 제왕 생활의 막을 내렸다.

7. 명·청 시대의 중국

(1) 대명(大明) 제국의 건국

1) 풍운아 주원장(朱元璋)

명나라 태조 주원장은 지금의 안후이성 북쪽 평양현에서 가난한 농민의 네 아들 가운데 막내로 태어났다. 주씨 일가는 원래 난징 동편에서 대대로 땅을 부치며 살던 소작농으로 할아버지인 주초일(朱初一) 때에 급작스런 사정으로 장남인 오일, 차남인 오사를 데리고 양쯔강 건너 안후이성으로 이주를 했다. 무거운 세금을 감당할 길이 없어서 가산과 전답을 버리고 야간 도주하다시피 고향을 등졌다고 한다.

그러나 그나마 집안의 기둥인 할아버지가 죽은 후에는 살림은 거덜이 나고 가난을 헤쳐날 길이 없어서 주씨 일가는 뿔뿔이 흩어졌다. 정처없이 유랑의 길을 떠난 동생 주오사(朱五四)는 하릴없이 이곳저곳 쑤시고 여기저기 떠돌던 끝에 결국 세 아들을 이끌고 평양 땅의 형 오일(五一)을 의지해 가서 다시 더부살이 신세가 됐다. 그 무렵에 더부살이 주오사의 막내인 넷째 아들로 고고의 소리를 올린 이가 주원장인 것이다.

이렇게 비천하게 태어난 주원장이 난세에 맨주먹으로 뛰어들어 마침내 세력을 얻고 중국 역사상 처음으로 중원천지를 통일했을 뿐 아니라 1백 년간에 걸친 몽고인의 지배를 물리치고 중화회복(中華回復)의 대망을 이룩해 놓은 것이다.

(가) 홍건적에 가담

어린 시절을 굶주림 속에서 보낸 주원장이 17세 되던 해엔 또 기근에다 돌림병이 돌아 부모와 맏형이 죽었다. 고아가 된 주원장은 황각사(皇覺寺)라는 절에 들어가 중이 됐으나 절에도 양식이 없었다. 그로부터 3년, 동냥자루를 메고 거지 중으로 떠돌다가 스무 살 되던 해 다시 절에 들어갔다. 글을 배우고 인생을 연구할 수 있었던 것은 그때였다 한다.

그무렵 홍건적의 난이 일어나 그 여파가 지방에까지 확산되고 있었다. 황각사도 전화를 입어 중들이 뿔뿔이 흩어졌다. 운명적 앞날을 점친 끝에 홍건적에 가담하는 것이 대길(大吉)하다는 점괘에 따라 곽자흥(홍건적이 가담한 그 지방 토호)을 찾아갔다. 25세 때였다.

이렇게 해서 전날의 가난한 농민의 막내아들이며 떠돌이 동냥중이 난세의 소용돌이 한가운데에 몸을 던지게 된다. 또다시 파란많은 인생 길에 들어선 것이다.

곽자흥은 본시 쟝쑤성 띵위안의 부호 집안으로서 술을 마시고는 협객이나 장사, 건달패와 사귀며 돈을 뿌리고 거들먹거리다 재산을 탕진한 인물이었다. 때마침 세상이 어지러운 틈을 타서 곽자흥은 군사를 모아 머리에 붉은 수건을 쓴 장사 수천 명을 이끌고 호주성을 점령했다. 이때 주원장이 그를 찾아간 것이다.

본시 대단한 인물이 못되는 곽자흥이 그래도 사람보는 눈은 있었던지 주원장을 얻은 것은 큰 힘이 됐다. 곽자흥은 그의 비범한 인물을 알아보고 그의 양딸 마씨(馬氏)와 짝지어 주었다. 이 마씨야말로 후일 조강지처로서 현부인(賢夫人)의 명성이 높은 마황후이다.

황각사에서 홍건적에 가담하기로 마음먹은 주원장은 절을 나와서 호주성 성문에 이르자 준비했던 붉은 수건을 머리에 두르고 곽자흥 대장에게 면회를 청했다. 그러나 성문을 지키던 파수병은 이 괴이하게 생긴 거지꼴의 까까중을 적이 보낸 첩자로 의심해서 준엄하게 문초하며 마구 다루었다. 그래서 죽을 경을 치는 판에 때마침 순찰 중이던 곽자흥 대장의 눈에 띄어, 그 용모의 비범함을 알아본 곽자흥이 주원장을 거두어 대뜸 십부장(十夫長)에 임명했다.

(나) 군사지도자로 부상

곽자흥 밑에서 주원장이 두각을 나타낼 무렵 호주에는 작은 이변이 일어났다. 원나라 조정에서 파견한 토벌군에 쉬조우가 떨어지고 대두목인 이이(李二)가 전사하자, 그 수하인 팽대 등이 곽자흥이 있는 호주로 굴러 들어온 것이다. 서열상으로 형님 뻘에 해당하는 이들은 곽자흥 이하 간부들을 제멋대로 부려먹어서 내분이 끊일 새 없이 일어났다. 뿐만 아니라 그들을 추격해온 원나라 군사가 호주성을 포위했다. 다행히 원나라의 장수가 병으로 갑자기 쓰러지는 바람에 포위망도 풀리고 팽대 등도 북쪽 쉬조우로 돌아가 호구(虎口)를 면하고 내분도 가라앉았으나 무능한 곽자흥을 받드는 주원장의 노고는 이루 말할 수 없이 컸다.

이 무렵부터 주원장은 바람과 구름을 만난 용같이 우뚝 머리를 들고 난세의 거센 물결을 헤치며 출세의 계단을 치달려 올라간다.

지정 15년(1355년), 주원장이 새로이 남방을 경략하여 츄조우에 본거지를 두고 화주를 점령하여 강남에서 두각을 나타내기 시작한다.

엄한 군기를 세우고 휘하 군대를 정비한 주원장은 이듬해인 지정 16년(1356년), 다시 집경로를 공격, 원나라 수비병을 짓밟고 집경으로 입성하는데 성공했다. 그는 집경로를 응천부(應天府)라 개칭하고, 여기에 본거지를 두어 사방을 경략해서 드디어 강동 일대에 반석 같은 세력권을 구축했다. 용봉 정권은 주원장에게 오국공(吳國公)의 칭호를 내리고 좌승상(左丞相)에 임명했다. 주원장은 야금야금 이웃의 약한 세력을 집어삼키며 실력을 길러 갔다.

송국 부흥의 기치를 든 용봉 정권은 지정 18년(1358년), 숙원이던 송나라의 옛 서울인 병량(지금의 허난성 카이펑)의 옛 궁전을 수복하여 영화와 영광을 얻었다.

(다) 우수한 학자들을 포섭

마침내 주원장은 백련교를 받드는 정통파 홍건적의 수령이 됐다. 그러나 이 무렵부터 그는 갑자기 백련교를 멀리하기 시작했다. 한임아의 죽음이 암시하듯 주원장에게 있어서 백련교는 난세에 세력을 얻기 위한 발판에 불과했기 때문이다.

그후 장사성을 토벌할 때 선포한 포고문에서도 그는 백련교를 요술이라고 명백히 규정지어 배척하고 있다. 그러나 여러 군웅들은 우대했다.

이들 군웅들은 홍건적 계통 혹은 건달패나 해적 출신 등 그 계열이 복잡하기는 하나, 누구랄 것 없이 모두 중국의 여러 왕조 말기에 일어난 군웅과 별다른 점이 없는 사람들이었다. 그 중에서 유독 주원장만이 두각을 나타내어 중국 통일의 대업을 이룩한 데는 여러 가지 원인을 거론할 수 있을 것이다.

가령 군사적으로는 그가 창안한 군호제(軍戶制)의 설치라든지, 군의 핵심 세력을 양자나 의형제를 맺은 의제혈연(擬制血緣)으로 굳혀 단결심을 두텁게 한 점이라든지, 혹은 중국의 곡창 지대인 강남을 장악한 경제적 여건 등을 참작하면 알 수 있다.

그러나 무엇보다 사상적으로 홍건적의 사교적인 미신이나 신조를 버리고 유교에 바탕을 둔 대의명분을 내세워서 당시의 지식인, 관리, 향신부노(鄕神父老)의 신뢰를 얻은 정신적 우위성을 간과해서는 안 된다.

흔히 주원장이 통일 대업을 이룩할 행운을 잡은 것은 그의 무용이나 부력에 있지 않고 소위 「4선생」을 얻은데 있다고 역사가들은 말한다. 당시 저쟝의 산골에는 쟁쟁한 학자 문인들이 오랑캐인 몽고 왕조를 피해 숨어 살고 있었다.

그 중에는 주자(朱子)의 사위 황면재(黃勉齋)의 가르침을 따르는 금화학파(金華學派)가 있었다. 그 학파의 우두머리인 명대 제1의 문장가 송염을 비롯해서 장일, 섭침, 그리고 유기가 주원장을 지지했다. 학덕을 겸비한 이들은 당대의 대표적 사대부로 주원장에게 강한 사상적 영향을 주었다. 특히 유기의 감화가 컸다. 유기는 유학자일 뿐 아니라 점성술의 대가이며, 제2의 제갈공명이라고 일컬어지던 강남에서는 첫손 꼽히는 인물이었다.

중국의 정권은 지식인이나 그들의 지도층, 즉 사대부의 지지없이는 오래 유지되지 못한다. 같은 정복 왕조이면서도 원나라가 1백 년도 못 가 멸망하고 청나라가 3백 년이나 정권을 유지한 것도 이런 데에 연유한다.

「문장 흥국」이라는 말이 있듯이 「글」을 숭상하는 중국에서는 명가가 쓴 조칙이 발표되면 글의 근본 뜻이야 어떻든 그 조칙이 명문장이라는 것 하나만 갖고도 인기를 끌고 민심을 얻어 지지를 받는다.

명나라 제1의 명문장 송염의 글에 매혹된 북방의 사대부들까지 주원장을 지지하게 된 것도 이런 데에 연유하는 것이다. 아무튼 강남 사대부 계급의 대표적 인물인 「4선생」이 주원장을 지지하고 보좌했다는 사실은 이미 천하를 얻은 것이나 다름이 없었다.

(라) 새 황제로 즉위

지정 26년(1366년) 여름, 주원장은 오왕(吳王) 장사성 토벌의 군사를 일으켰다. 이때 그는 군사 매 사람마다 장사성을 토벌하는 격문을 휴대케 했다. 그 격문에서 주원장은 출병의 취지로서 우선 원나라 조정의 학정을 비난하고, 이어서 홍건적 정권과 홍건적의 허황되고 요사스러움을 나무란 다음, 장사성의 여덟 가지 죄상을 열거하고 마지막으로 유교적 입장에서 대의명분을 내세워 그의 사상적인 전향을 뚜렷이 밝히고 있었다.

그무렵 측근에 의해서 주원장을 황제에 옹립하는 준비가 진행되어 장사성을 토벌하던 해 그믐에는 새로운 궁전의 완성을 보았다. 이윽고 지정 28년 정월 초하루, 하늘과 땅에 제사를 지내고 만조 백관의 환호속에 응천부(난징)에서 황제의 즉위식이 거행되었다.

나라 이름을 대명(大明)이라 정하고 연호를 홍무(洪武)라 건원하니 주원장의 나이 41세 때이다.

황제가 된 태조(太祖) 주원장은 곧 북벌군을 편성하여 원나라의 서울 대도(페이핑)를 향해 진격시켰다. 거병 이래의 동지인 서달(徐達)을 대장군으로 하는 북벌군 20만은 우선 산뚱에 이어서 허난을 석권하고 대도에 육박했다.

숙원이던 대도에 무혈입성한 명나라 군사는 땀을 씻을 새도 없이 곧 상도에 육박 점령했다. 원나라 순제는 다시 동북방의 응창성으로 피했으나 이듬해 그곳에서 병사했다. 모든 일이 홍무제 주원장에게 유리하게 전개됐다. 홍무제는 대운하의 북쪽 끝인 허난성 카이펑에 항구적인 전진 기지를 설치하고, 대운하를 통해 강남의 물자를 잇달아 수송하는 한편 병력을 집결하여 화북 지배의 거점으로 삼았다.

2) 창업의 기초

(가) 개국공신 숙청

25세에 홍건적에 투신한 홍무제는 전란 속을 이리저리 달리는 동안 곽자흥 일가의 부하로서 두각을 나타냈으나, 사실상 대명 제국을 세우는데 공을 세운 홍건적 출신의 장군들, 즉 서달, 상우춘, 등유, 빙승, 탕화 등은 홍무제의 부하라기보다는 형님 동생하던 옛 동료이며 전우로서 홍무제로서도 소홀하게 다루기 거북한 입장에 있었다. 자연 홍무제의 직계 부하인 신흥 세력과 실권파인 홍건적 출신 사이에 마찰이 생겼고 홍무제로서도 옛 동료이며 공신이며 실권자인 그들을 제거할 필요성이 절실하게 됐다.

독재권의 확립에는 예나 지금이나 피의 숙청이 따른다. 홍무제는 기회를 노리며 조용히 독재에의 포석을 추진했다.

이리하여 창업을 도운 개국공신들을 하나하나 제거하고 황제 직계 부대로 신흥세력을 양성해 나갔다. 그 과정은 그야말로 피의 대숙청이었다.

특수한 예를 들자면 12월, 중서우승상 왕광양이 돌연 하이난섬으로 추방되고 뒤이어 쫓아간 칙사에 의해 도중에서 목이 달아났다. 이어서 다음해 정월 초이튿날, 좌승상 호유용이 체포되어 6일에는 재빨리 사형이 집행됐다. 황태자가 이끄는 군대는 금릉 성내의 홍건적 계열의 군영을 습격했다. 말하자면 친위대가 정부 실권자에 대해서 쿠데타를 일으킨 것이다. 이 사건을 「호유용의 대역 사건」이라고 한다.

(나) 독재체제 구축

피의 대숙청이라 하는 제1차 숙청을 끝내자 홍무제는 벼르고 벼르던 정부 중서성(총리)을 폐지하고 그 밑에 두었던 이부(내무), 호부(재무), 예부(외무·문교), 병부(국방), 형부(법무), 공부(건설) 등 6부를 독립시켜 황제의 직속하에 6부상서로 하여금 업무를 분장케 했다.

대도독부(군무)도 폐지되고 전(前), 후(後), 좌(左), 우(右), 중

(中)의 5군 도독부로 분할되어 역시 황제의 직속하에 두었다.

감찰원에 해당하는 어사대도 일시 폐지했다가 좌도어사, 우도어사로 분리하여 부활시켰다. 이러한 제도의 개혁으로 홍무제는 사실상 이때까지의 중서성, 대도독부, 어사대의 장관 자리를 혼자 도맡고 행정, 군사, 감찰의 3권을 분리시키고 그 3권을 황제 손에 움켜줘으로써 독재체제를 완성했다.

중앙 정부의 예에 따라서 지방조직도 개혁해서 직책을 분리시키고 각기 중앙 정부에 직속시킴으로써 지방 장관 손에 권력이 집중되는 것을 막았다. 또 현지인으로 지방관리를 임명하던 재래의 관습을 깨고 지방관리는 타고장 출신, 그것도 남쪽 지방 출신은 북쪽에, 북쪽 출신은 남쪽에 부임토록 하는 남북경조(南北更調), 혹은 회피(廻避)의 원칙을 세웠다.

어쨌든 홍무제의 손으로 국가의 정치 기구는 피라미드식으로 조직되어 황제의 절대제가 확립되고 후대에 계승됐다.

3) 영락제(永樂帝)의 위업

(가) 북경으로 천도

성조(成祖) 영락제(永樂帝)가 들어서자 홍무제의 유업을 다시 살려서 나라를 일으켜 세우고 국위를 떨쳐 그 후의 280년 제업(帝業)의 기초를 탄탄히 다져 나갔다.

영락제가 처음 착수한 사업의 하나는 수도를 뻬이핑(北平)으로 옮기는 일이었다. 원래 홍무제도 북방 천도의 염원을 갖고 있어서 황태자에게 싼시 지방을 답사까지 시킨 일도 있었다. 말하자면 홍무제도 금릉이 수도로서 적합하지 않다는 것을 알고 있었으나 양쯔강 유역이 중국 경제의 중심지라는 점, 새로 궁전을 세우는데 드는 막대한 비용, 그리고 부하 장병들이 강남 출신이 많아서 고향을 떠나기 싫어하는 등의 이유로 건국 초의 천도를 단행하지 못했었다.

그러나 영락제는 사정이 달랐다. 우선 뻬이핑은 영락제가 장기간에 걸쳐 세력을 구축한 왕부(王府)가 있던 본거지이며 국방상으로도 언제나 말썽 많은 북방 민족의 위협에 대처하기 위해서도 수도는 북쪽에 두어야 했으며 또 건문제의 연고지인 금릉을 떠남으로써 민심을 쇄신할 필요성이 절실했었다.

즉위 후 곧 영락제는 천도를 결심하고 뻬이핑을 행재소(行在所)라고 명명했다. 우선 막대한 물자의 수송을 위해서 대운하를 대대적으로 개수하여 수송로를 확보했다.

영락 5년(1407년), 행재소에 새로운 궁성을 짓기 시작하고 영락 7년(1409년)부터 황제가 친히 형재소에 상주하면서 금릉에는 황태자를 대리로 앉혀 두고, 영락 15년(1417년) 후로는 다시는 금릉에 돌아가지 않았다. 새로운 도성의 조영 사업이 순조롭게 진행되자 영락 19년(1421년) 1월, 뻬이핑을 뻬이징(北京)이라 개명하고 정식으로 수도를 이곳에 옮겼다.

(나) 영락대전(永樂大典) 편찬

영락 13년(1415년), 영락제는 유고 경전의 주석 해설을 통일하기 위해 학자들을 동원해서 「4서대전」(四書大全), 「5경대전」(五經大全), 「성리대전」(性理大全)을 편찬하여 지방 학교에 나누어 주었다.

이 3가지 책만 읽으면 되었기 때문에 이 교과서는 과거 시험에 응시하는 사람들에게는 유일하고 편리한 참고서였다. 말하자면 국정교과서를 만든 셈이다.

영락제는 이러한 책을 반포함으로써 경서에 대한 학설을 통제하고 학자의 연구를 속박했다고 하여 종래 많은 학자들의 비난을 받아왔다. 사실 명나라 때의 학술이 부진했던 원인이 그런 사정에 연유된 것인지도 모른다.

그러나 과거의 문이 활짝 열려 응시자가 각계 각층에서 나오고 그 범위도 나라 안 구석구석에 미치어 정권이 국민화한 점도 간과할 수 없다.

그런데 세 경전의 정리에 앞서 영락제는 야심적인 대규모의 편찬 작업을 벌이고 있었다. 영락 3년(1405년)에 시작해서 8년이 걸려 완성된 중국 최대의 이 유서(類書)를 영락제는 「영락대전」(永樂大典)

이라고 이름 붙였다. 한림원의 학자 등 2천 2백 명이 동원되어 완성을 본 이 책은 권수가 22,878권, 11,095책으로, 그 내용은 천하의 책을 모아서 사항별로 기사를 뽑아 배열한 일종의 대백과사전이었다.

이 미증유의 대문화사업은 내란에 떨고 있던 사대부들을 진정시킨 역할을 했으며 민심을 수습하는 데도 큰 도움이 되었다.

(다) 만주 전역 정복

영락 9년(1411년), 영락제는 여진족 출신의 환관 이시하를 보내 헤이룽강 유역을 공략하고 그곳에「노이간도지휘사사」를 두는 한편, 영녕사를 세웠다. 이 땅에는 원래 원나라 때「동정원수부」라는 기관이 있어서 고이(苦夷)나 길렬미(吉列迷)를 다스렸는데, 영락제 때 다시 명나라의 전초 기지가 이곳에 세워진 것이다. 이시하는 그후로도 3회에 걸쳐 원정군을 이끌고 이곳을 경략하여 만주 일원에 국위를 떨쳤다고 기록되어 있다.

만주 주민은 남방 퉁구스의 계통으로 퉁구스족은 동부 시베리아, 중국, 만주 등지에 분포된 몽고계의 한 종족을 가리킨다. 역사상 그들은 숙신, 읍루, 말갈, 물길로 나타나며 한때 금나라를 세웠고, 명나라 때에는 여진이라 불렸고, 청나라 때에는 만주족이라 자칭했다. 고려나 조선에서는 오랑캐나 야인이라고 불러 이웃 사촌인 그들을 몹시 멸시하고 하대했다.

영락 9년(1411년)에 원정군을 보내 길림(吉林)에서 쑹화강을 타고 헤이룽강까지 내려와 노이간도지휘사사를 두고 영녕사를 수호묘(守護廟)로 삼았던 것이다. 이렇게 해서 영락제는 만주 전역을 그 지배하에 두었다. 한족 역사상 일찍이 없었던 대업을 이룩한 것이다.

(라) 몽고 평원 정복

영락제의 몽고 친정(親征)을「3리 5출」이라고 하여 그 천고 불멸의 무훈을 높이 칭송한다. 5출이란 다섯 번 고비 사막을 넘은 것을, 3리는 몽고 고원의 적의 본거지를 세 번 분쇄한 것을 가리킨다. 10세기 이래, 북방 민족의 압제하에 신음하던 한족의 눈에, 영락제의 장거는 민족의 영광을 되찾은 위대한 사업으로 비쳤을 것이다. 그러나 친정은 세속적인 절찬과는 거꾸로 고난에 찬 것이었다.

영락 8년(1410년), 영락제는 대장 구복에게 10만 대군을 주어 타타르를 치게 했으나 도리어 패배하여 황제의 체면이 땅에 떨어졌다. 이래서 영락제는 50만 대군을 이끌고 친히 고비 사막을 넘었다.

황제의 친정에 의기 충천한 명나라 군사는 케룰렌강과 오논 강변에서 타타르군을 궤멸시키고 살아남은 뽀인사라칸도 1412년 오이랏의 습격을 받고 최후를 마쳤다. 몽고의 패권은 오이랏 부족의 손으로 돌아간 것이다.

카라코룸을 차지한 오이랏이 강성해지자 이번엔 그들이 명나라를 넘보거나 깔보기 시작했다. 한편 타타르도 여러 번 사람을 보내 오이랏의 토벌을 요청해 와서 2년 후인 영락 12년(1414년), 황제는 이번에는 오이랏 원정을 감행했다. 실전 교육을 위해 손자(후일의 5대 선종)를 데리고 내각의 문신들까지 수행시킨 당당한 진용으로 영락제는 케룰렌강과 톨라강의 분수령에서 오이랏의 대군을 궤멸시켰다. 전투는 치열했으나 명나라 군사는 화기(火器)의 위력으로 가까스로 승리를 거둔 것이다.

(마) 창업의 토대 완성

태조 홍무제가 창업주로서 나라의 제도를 정비하고 율령을 정하고 교육을 진흥하는 등 내정에 힘을 기울인데 반해, 성조 영락제는 친히 대군을 이끌고 몽고를 치고 혹은 정화나 이시하 같은 환관을 파견해서 해외 여러 나라를 경략하여 혁혁한 무훈을 세우고 있다.

명나라의 위복(威服)은 먼 나라에까지 미치고 사방에서 입공(入貢)하는 나라는 30여 개 국을 헤아리어 그 영역의 넓고 크기가 한나라와 당나라를 능가하고, 그 성공은 혁혁히 빛나게 되었다는 것을 역사는 기록하고 있다.

사실 뻬이징에 천도한 자체가 원나라의 번영을 이어받고 대원 제국의 영광을 계승하려는 영락제의 꿈의 표현인 것이다. 한·당 시대의 수도였던 장안(지금의 시안 근처)이나 원나라 이후의 뻬이징은 다같이 실크로드의 종착지에 해당한다.

영락제 시대에는 특히 수많은 외국의 사신이 줄을 지어 뻬이징을 찾고 진기한 물건을 진상품으로 가져왔다.

이렇게 해서 신흥 명나라는 홍무·영락 2대의 손으로 나라의 주추와 기둥이 분명하게 섰다. 명나라 황실에는 그 후 다시는 그러한 웅대한 경륜을 간직한 황제가 나타나지 않았다. 이후로는 대외적으로도 항상 수세(守勢)에 서고 나라의 운수도 떨치지 못했다. 그러나 270여 년의 긴 명맥을 유지할 수 있었던 것은 역시 건국 초기의 반세기 남짓에 토대와 뼈대를 튼튼하게 닦은 여덕이었다.

4) 제국의 안정시대

(가) 중화사상(中華思想) 고취

중화(中華)라는 말은 원래가 황하 유역에 자리잡고 있던 한민족이 세계의 중앙에 위치하는 문화 국가임을 자랑하며 스스로를 높여 지칭한 명칭이다. 중하(中夏), 화하(華夏), 중국(中國), 중원(中原)이라는 말도 다같은 뜻을 지니고 있다. 따라서 원래는 그 개념이 황하 유역에 국한되었으나 판도가 넓어짐에 따라 그 영역 전부를 포함하여 확대된 것이다.

그들은 자기들을 중화라고 높이는 반면 주변의 민족을 동이, 서융, 남만, 북적이라고 이름을 붙여 경멸감을 나타냈다. 말하자면 문화 민족이면 적던 크던 다 갖고 있는 선민의식(選民意識)의 중국적인 표현이 중화사상인 것이다.

오랫동안 세계는 중화와 그 주변의 4이가 전부였다. 중국의 황제는 곧 천자(天子)로 하늘 아래 단 한 사람만이 중화에 존재하며 4이(夷) 만족(蠻族)의 군장(君長)과는 차원이 달랐다. 중국은 하늘이 정한 종주국이며 나머지 나라들은 속국이었다. 이러한 세계관 밑에서는 중국과 다른 나라 사이의 대등한 외교 관계란 생각할 수가 없으며 따라서 외국에서 오는 친선 사절은 어디서 왔건 전부 조공사(朝貢使)로 불리웠고, 또 주변의 여러 나라 임금은 중국의 황제에게 조공하는 일만이 허용될 뿐이었다.

 따라서 창업주 주원장 이래 중화사상을 내외 민족에게 더욱 고취시키고 천자의 나라로서 위엄을 과시하는 각종 정책을 과감히 실행했다. 주변의 나라로부터 조공을 바치게 하는 것도 그 정책의 일환이었다.

(나) 조공(朝貢)무역 체제 완성

 명나라를 세운 홍무제는 곧 육로와 해로를 통해서 주변의 여러 나라 임금 앞으로 사신을 보내어 새로운 정권의 수립을 알리고 조공의 길을 열었다. 중화사상에 의하면 여러 변방의 임금들은 중국 천자의 신하이므로 당연히 천조(天朝)에 문안을 와야만 했다.

 외국의 사신이 오면 중국의 황제는 봉작을 내려 피차의 관계를 확인하고, 이렇게 해서 두 정부 사이에는 상호 승인과 외교 관계가 성립되는 것이었다.

 외국 사신의 선물을 진상품이라고 하고 이에 대해 중국 황제는 상사(賞賜), 사여(賜與)를 내렸다. 이것이 소위 조공 무역이었다. 또 진상품과 별도로 갖고 온 물품에 대해서는 관가에서 사들이거나 혹은 특정 상인과의 거래를 허용했다. 그나마 먼 길을 찾아온 기특한 만이(蠻夷)에 대해서 중화의 문물을 주어 그들을 교화하고 그 문화의 향상을 도와준다는 취지하에 행해지는 무역이며 경제적 의의는 도외시한다는 명분을 세웠다.

 따라서 내조(來朝)의 장소, 사신의 인원수, 기항지, 통로, 배의 척수에 이르기까지 중국측이 일방적으로 지시하거나 제한하기도 했다.

 조공 형식의 고압적이며 중심적인 외교 관계의 유지는 정통적인 중화 사상의 계승·강화인 동시에 이후 명나라의 외교 정책의 바탕이 됐다.

 중국 주변의 나라들은 사실상 당시의 동양이라는 좁은 세계의 유일한 대국이며 선진국인 중국과의 사이에 공식적인 교류를 트는 길이 중국인이 즐기는 조공이라는 형식을 취하는 외에 다른 방도가 없었으며 또 피차간에 조공 무역을 통해 현실적인 이익을 많이 얻고 있었다.

　그러나 홍무제는 즉위 초에 여러 나라에 사절을 보낸 외에는 그후로는 사신을 내보내지도 않고 여러 외국의 조공에 대해서도 반기지 않았을 뿐 아니라 그 횟수도 크게 제한했다. 우선 나라의 기초를 굳히고 국내를 통일하는 일이 급했던 것이다. 따라서 외국의 조공도 줄고 관무역도 침체되고 홍무 말년에는 해외 여러 나라와의 교통이 거의 끊어진 상태가 되었다.

　영락제는 즉위 후 이 상태를 타개하여 외국과의 통교, 무역의 길을 트고 국위도 선양하기 위해서 해외 여러 나라에 사신도 보내고 조공도 촉구했다. 그 결과 조공 무역이 다시 성행했다.

　영락제는 이를 더욱 북돋기 위해 앞서 말한대로 정화의 대선단을 편성하여 많은 병사와 많은 재물을 싣고 해외 여러 나라를 역방시키며 명나라의 국위를 과시하는 한편 조공을 권장했다.

(다) 태평천자(太平天子) 선종(宣宗)

　몽고 원정에서 돌아오던 도중에 영락제가 병으로 쓰러지자 황태자이던 인종(仁宗) 홍희제(洪熙帝)가 뒤를 이었다. 내정에 대해서 인종은 다시 손질을 하기 시작했다. 아버지인 영락제가 밖으로만 나도는 동안 안에서 내정을 맡았던 인종은 할아버지인 주원장 체제의 부활을 꾀한 것이다. 그는 우선 천도할 것을 발표하고 난징을 다시 수도로 지명했으나 실현하지는 못했다.

　인종은 명군으로서의 자질을 갖추고 있어서 많은 기대를 모았으나 워낙 몸이 약해 재위 겨우 8개월만에 죽고, 그 아들 선종(宣宗) 선덕제(宣德帝)에게로 넘어갔다.

　문무를 겸한 선종은 어릴 때부터 할아버지인 영락제로부터 「태평천자」라는 기대를 모은 만큼 그의 사명이 아버지나 할아버지가 이룩해 놓은 업을 지키는, 즉 수성(守成)에 있다는 것을 의식하고 또 기대에 어긋나지 않을 만큼 치적을 쌓았다. 수성의 어려움은 후계자들이 혹 좀 지나치거나 모자라는 점이 있어도 탈이 나지 않을 만큼 정치 노선을 궤도에 올려놓고 그 체제를 고정시키는 데에 있다.

이후 명나라의 국가체제는 선종이 쌓아놓은 노선을 답습한 것이라고 볼 수 있다.

선종이 비록 화려하지는 못해도 분수를 지키고 조상의 유업을 튼튼하게 굳힌 점은 창업 2대의 공적에 못지 않으며 특히 선대 이래의 명신인 양사기, 양영, 양부의 소위 3양(楊), 혹은 하원길 등 명신이 건재하여 결단력 있는 젊은 황제를 보좌한 일은 명나라 조정의 백년대계를 위해서 참으로 다행한 일이었다.

(라) 내각정치 실현

내정에 힘을 기울인 선종이 과감한 쇄신 정치를 단행한 배경에는 내각(內閣)의 뒷받침이 컸다. 따라서 선종 때에 이르러 내각제의 성격이 크게 변화를 일으켰다. 그것은 황제 앞으로 올리는 모든 상주문(上奏文)에, 내각에서 사전에 조지(條旨)와 표의(票擬)를 하게 된 때문이었다. 「조지」란 각 기관에서 제출한 상주문에 붙이는 내각의 의견서이며 「표의」란 그 상주 사항에 관해 내릴 결재의 원안인 것이다. 황제는 내각이 올린 「조지」에 의해 가부를 판단하고 「표의」를 기준으로 비답을 주서(朱書)한다. 사실상 실질적인 모든 결재권이 내각으로 옮겨진 것이다.

이것은 변칙적으로 재상 제도가 되살아난 것을 뜻하는 것이기도 하다. 내각의 재상화는 이후의 명나라 관계에 큰 영향을 미쳤다.

내각이 정치의 실권을 쥐었을 뿐 아니라 장관급인 6부 상서나 차관급인 시랑직을 겸직하는 일이 많아 더욱 그 위치가 부동의 것이 됐다. 특히 인사권을 쥔 이부(吏部)의 시랑(侍郎)과 과거를 맡은 예부 상서 자리는 한림원 출신이 아니면 맡을 수가 없었다. 명나라 관료의 파벌 형성의 가장 큰 요인의 하나가 바로 여기 있었던 것이다.

(마) 환관의 득세

그같은 내각 중심 체제에서 또 하나 그늘 속에 숨어있는 내각이 있었다. 그 그늘 속의 제2의 내각을 구성한 것은 환관이었다. 환관과 중국의 역사는 깊은 관련을 맺고 있어서 세계 역사상 중국만큼 역대 왕조가 환관의 해독을 입은 나라는 없다. 중국의 왕조 중 한족이 세운 제국, 즉 한, 당, 명은 특히 환관에 의해 멸망했다고 해도 과언이 아니다.

원래 궁중에서 시중이나 들던 환관이 나라를 좌우할 만한 권력을 쥐게 된 이면에는, 결국 그들을 뒷받침해 준 황제의 권력과의 상관관계가 있다. 한나라, 특히 후한에서는 외척이 날뛰는 것을 누르기 위해 환관을 이용한 데서 그들을 권력의 자리에 나가게 할 원인을 만들었다. 당에서는 군벌에 대항하기 위해 환관을 이용했다.

명나라를 세운 홍무제 주원장은 환관의 폐해를 막기 위해 궁문 앞에 3자 철패를 세워「내신(內臣)은 정사에 간여할 수 없다. 이를 범하면 목을 벤다」고 새기고 외부와의 접촉을 금하는 한편 글도 못 배우게 했다. 홍무제의 뒤를 이은 거문제도 이 환관 억압 방침을 더욱 엄하게 시행해서 환관의 원한을 샀다고 한다.

그러나 환관의 지위가 제도적으로 정권의 중추부에 참여하게 된 것은 선종시대부터였다. 앞서 말한대로 상주문에 비답을 내리는 일은 내각에서 사전에 검토하고 올린 원안을 기계적으로 베끼어 주서(朱書)하면 됐으나 업무량이 워낙 많았다. 원안은 황제가 신임하는 3 양(楊)의 손을 거친 것으로 그 내용에는 이론의 여지가 없었다. 결국 비답은 누가 쓰나 마찬가지였다. 차츰 글을 아는 측근의 환관이 대신 정서를 하게 되고 환관 서기가 등장했다. 그것이 점차 제도화한 것이다.

명나라의 제도는 아무리 높은 관리라도 운대문(雲臺門) 안, 즉 내정에는 출입할 수가 없다. 말하자면 내정의 지배권은 환관의 수중에 있었다. 원래 내각제라는 것이 황제의 측근 정치의 산물인데 황제와 가깝기로 말하면 바깥의 내각 대학사들보다는 환관 쪽이 월등히 가깝다. 또 외신(外臣)과 내신(內臣)의 차이가 있다. 내신은 황제의 가정의 구성원이다. 실제로 환관은 황제를「와쒜이예」, 황후를「라오냥냥」이라는 궁중어로 부를 만큼 허물없는 사이였다.

5) 혼돈과 변환의 시대

(가) 청류(淸流)와 탁류(濁流)

명나라의 정계는 내각, 그리고 그늘의 내각이 쥐고 흔들었다. 그늘의 내각은 환관들로 구성되며 권력과는 인연이 먼 서민들이 환관을 지원해서 그늘의 내각을 구축해 갔다. 흔히 진사 출신의 선비들로 구성된 내각의 인맥을 청류(淸流), 서민 출신 환관 내각의 인맥을 탁류(濁流)라 부르며, 이 2대 조류가 명나라의 정계를 농단했다. 그리고 시대가 지날수록 청류의 내각도 거의 그늘의 내각의 지명으로 구성하게 됐다. 즉 청류라 일컫던 관료층이 탁류의 중심을 이룬 환관 세력과 대립 관계에서 벗어나 헌종(憲宗) 시대에 와서는 청류의 영수급들이 자진해서 탁류에 접근하고 그들을 발판으로 출세의 길을 찾는 야심가가 나타나게 된 것이다.

한편 탁류에는 환관 외에도 황제의 미신 숭상을 기화로 소위 종교가들이 등장해서 판을 쳤다. 이들은 모두 대궐 안의 여걸 만귀비(萬貴妃)를 통해 형성된 도당이다.

한편 그런대로 사회가 안정되고 고정화하고 보수화함에 따라서 관료층에는 차츰차츰 파벌이 생기고 서로 다투기에 이르렀다. 그 파벌 형성의 핵심이 향당(鄕黨)인 것이다. 국가 사회에서 향리(鄕里)는 절대적인 비중을 차지한다. 그것이 애향심과 결부되어 향당을 형성하는 것이다. 이 향토 의식은 청류와 탁류를 초월하는 의식이었다. 그 향토 의식이 뭉쳐져 동성인(同省人)을 찾고 그것이 더 확대되어 나중에는 남과 북의 대립 항쟁으로까지 발전한다.

(나) 효종(孝宗)의 치적

명조는 270여 년간에 16인의 황제를 세웠으나 그중 명군(名君)으로 치면 태조(홍무제), 성조(영락제) 두 황제를 제외하고는 선종(宣宗)과 효종(孝宗)이 있을 뿐이다. 그중에도 효종은 몸가짐이 공손하고 검소하며 신하들이 간하는 말을 귀기울여 듣고 부지런히 정치에 힘쓰며 백성을 사랑하고 태평 성대를 베푼 임금이다.

효종 때에는 인물이 많이 배출되고 또 등용됐다. 내각에는 서부(徐溥), 그 후에는 유건, 사천, 그리고 시인 재상의 명성을 날린 이동양(李東陽), 구준, 혹은 병부상서 마문승(馬文升) 등이 힘을 모으고 또 효종도 널리 도움을 청했다.

효종의 시대는 건국 이래 백년의 치세를 정리하는 반성기였으며 시간적으로 보면 대명 제국이 전반기에서 후반기로 넘어가는 전환점에 서 있었다.

그런 시대 배경에서 효종 초기에 황제의 명령으로 간행된 것이 구준의 「대학연의보」(大學衍義補)였다. 「대학」(大學)은 원래 나라에 유용한 인간의 형성 방법을 설한 책이나, 구준은 이를 더 발전시켜 국초(國初) 이래의 정치, 경제의 변천을 분석하고 장래를 내다보며 개선할 점을 독자적인 날카로운 비평 정신으로 지적했으며 효종은 이를 적극적으로 채택한 것이다.

또 국가적인 사업으로 유명한 「대명회전」(大明會典)을 편찬하여 행정, 사법 등 여러 제도에 대한 법규를 망라하고 종합했다. 한편 토지 조사를 하고 과세를 정리하고 「균요법」을 시행해서 부역의 공평을 기했다.

홍치 12년(1499년)에는 「문형조례」(問刑條例)라는 법률서를 제정 반포했는데 이 책은 홍무제가 만든 「대명률」(大明律)이 시대가 지남에 따라 현실적으로 불합리한 점이 없지 않아서 현실에 맞게 개정하여 재판의 공평을 기하고 백성에게 억울한 일이 없도록 배려하여 편찬한 것이다.

대궐 안에서는 황제와 황후의 금실이 화락하고, 조정에서는 어진 황제와 현명한 신하 사이에 호흡이 맞아 환관의 폐해가 끼어들 틈이 없고, 나라 안에는 큰 일이 없어 천하가 태평한데 효종은 갖가지로 반성하고 검토하며 개혁하는 단계에서 아깝게도 쓰러지고 말았다.

따라서 효종 시대는 뚜렷하게 큰 업적이 없는 대신 평화로운 한 시기였다.

(다) 환관 8호(八虎)의 전횡

효종은 임종하는 자리에서 유건, 사천, 이동양 등 대학사(大學士)들을 둘러 앉히고

『황태자는 총명하나 아직 15세의 철없는 나이로 정치보다는 놀기를 좋아하고 장난을 즐기니 여러분이 제발 내 아들을 잘 도웁고 이끌어 영명한 임금이 되게 해 주시오.』

하고 후사를 부탁했으나, 무종(武宗) 정덕제(正德帝)는 음락(淫樂)에 탐닉하여 정사를 돌보지 않았다. 이 놀기 좋아하는 세상 모르는 어린 황제를 유혹하고 타락시킨 것이 환관 유근(劉瑾)을 필두로 한 장영(張永) 등 여덟 명의 환관으로 세상에서는 그들을 「8호」라 하여 무서워 했다.

특히 환관의 연예단 단장격이 된 유근은 황태자 시절의 무종에게 노는 즐거움을 맛보게 하여 신임을 얻고 유흥에 눈뜨고 탐닉케 하여, 마침내 무종으로 하여금 걷잡을 수 없는 탕아가 되게 만들어 놓았다.

정무(政務)보기를 끔찍이 싫어하는 무종의 성격을 알고 있는 유근은 일부러 무종이 한창 놀이에 몰두하고 있는 틈을 타서는 정무를 주상하고 귀찮게 굴어서, 드디어는 모든 정무를 독단 전결할 수 있는 백지위임장을 받아내는데 성공했다. 정권은 쥐었으나 원래가 무식한 유근은 글을 잘 쓸 줄을 몰라서 서류는 전부 집에 갖고 나와 사위와 심복 부하 셋이서 결재했다.

이렇듯 무식한 악당들의 손에서 나라의 정사가 제멋대로 요리되자, 관리의 지위는 뇌물 하나로 마음대로 되고 정부 안에는 눈치나 보고 아첨이나 잘하는 무리만 끓게 되어 충직한 신하는 자취를 감추었다. 무종이 즉위한지 3년도 미처 안된 정덕(正德) 2년(1507년) 3월, 유근은 거짓 칙령으로 간당부(奸黨簿)를 만들어 조정에 방을 붙여 공표했다. 말하자면 반동 분자의 숙청 명단이었다. 대학사였던 유건 이하 사천, 한문 등 소위 충직하거나 정의파에 속하는 관료 53명 중에는 시인 이몽양이나 왕수인(王陽明)의 이름도 보인다. 홍치(弘治) 12년(1499년)에 진사에 합격한 왕수인은 무종 초기에 병부상서 벼슬을 했는데 유근의 횡포를 탄핵하는 상소를 올렸다가 정장(廷杖)

40의 벌을 받고 귀양을 갔으며 유근의 자객을 피하는 등 여러 번 죽을 고비를 넘겨야 했다.

(라) 환관 유근(劉瑾) 참형

승진도 패전(敗戰)의 책임도 공공연히 뒷거래로 좌우됐다. 유근이 종이 쪽지에 「아무개를 무엇에 임명한다」하고 적어 주면 그것으로 통했다. 모든 것은 뇌물의 액수에 달려 있었다. 패전한 장군도 죽을 죄가 무죄가 될 뿐 아니라 출세를 하고 공을 세우고 돌아온 개선 장군도 인사를 차릴 줄 모르면 파면됐다. 지방에서 올라오는 뇌물은 칙명으로 순무(巡撫)들이 수송했다.

그에게도 최후의 날이 왔다. 그 직접적인 동기가 된 것은 정덕 5년(1510년) 4월에 일어난 종실(宗室) 안화왕(安化王)의 반란이었다. 깐쑤에 있던 안화왕은 유근의 죄상을 들어 닝샤에서 격문을 발표하고 반기를 들었다. 반란은 곧 진압됐으나, 이때 토벌군 총독으로 출전했던 환관 8호의 한 사람인 태감 장영(張永)이 개선의 축하연 석상에서 안화상의 격문을 보이고 자신도 유근의 불법 행위 17조를 들어 탄핵하는 한편, 유근이 역심을 품은 사실을 폭로해서 유근은 옥에 갇히고 거리에 내다가 책형에 처해졌다. 그에게 피해를 입은 사람들은 다투어 돈을 주고 죽은 그의 고기를 사서 씹었는데 한 조각에 은 1전씩에 팔렸다고 한다.

그의 사후 몰수된 재산은 황금이 24만 덩이, 은이 5백만 덩이, 보석이 두 말 등등 헤아릴 수 없이 많았다 한다.

(마) 반란, 모반의 연속

황제가 타락하고 관리들이 부패하면 그것을 반영하듯 지방에서는 반란이 일어나기 마련이다. 헌종 때는 변경에서 일어났으나 무종 때는 도성 가까이서 일어나 전국적인 규모로 번졌다.

따라서 나라의 기강은 무너지고 학정에 시달리던 백성들은 도적의 무리나 반란의 물결에 휩쓸렸다.

반란을 일으킨 것은 백성들만이 아니라 황제의 일가인 종친들도 국정의 문란을 틈타서 변란을 꾀했다. 앞서 말한 안화왕의 반란이 그 한 예로서 곧 평정됐지만, 정덕 14년(1519년) 6월에는 영왕(寧王)이 쟝시(江西) 난창(南昌)에서 거병했다. 서원(書院)을 짓고 이궁(離宮)을 참칭하는 등 전부터 불온한 소문이 돌던 영왕은 신중하게 10여 년간 조야에 도당을 짜고 기회를 엿보다가 10만 대군을 거느리고 거병했다. 본거지인 난창에다 정부를 차리고 양쯔강 중류 일원에 세력을 폈다. 하찮은 도적들에게도 애를 먹은 조정에서는 거병의 소식에 접하자 어찌할 바를 몰랐으나 다행히도 순무(巡撫) 왕수인(王陽明)의 뛰어난 지략과 용단으로 7월에 반란이 진압되고 난창에서 영왕을 사로잡았다.

이렇듯 이 시대의 크고 작은 소요나 반란에는 그 시대상을 반영하여 단순하고 원색적인 욕망만이 앞설 뿐 사회정의라든지 대의명분 따위 이념은 희박한 것이 특색이다. 시대가 이처럼 퇴폐해감에 따라 어쩔 수 없이 점점 더 추악한 인간성만이 얼기설기 엉겨서 표면에 드러나게 되는 것이다.

6) 명 제국의 황혼

(가) 만력 3대정(三大征)

정치가 해이해지면 나라 안의 치안이 문란해지기 마련이다. 만력 중엽 무렵부터는 안팎으로 크고 작은 전란이 연이어 일어났는데 그 중 원정군을 파견했던 큰 난리를「만력의 3대정」이라고 한다. 만력(萬曆)은 신종(神宗)의 연호다.

만력 20년(1592년) 3월, 서북방의 닝샤에서 몽고인인 발배가 반란을 일으켰다. 반란군의 기세가 사나와서 토벌군을 보내도 연패하므로 하는 수 없이 랴오뚱군(遼東軍)을 보내서 겨우 진압했으나 한때는 오르도스나 서북 지구까지도 이 소요에 휩쓸려 들었었다.

발배의 반란이 일어나던 해 4월에는 조선에서 임진왜란이 터졌다. 명나라로서는 모든 사세가 구원병을 보내지 않을 수가 없는 형편이었다.

명나라의 대군이 왜란에 참전 중인 만력 25년(1597년) 7월, 남쪽 꾸이조우성의 반주(지금의 쭌이현)에서 토사(원주민의 추장) 양응룡이 반란을 일으켰다. 반주의 반란은 임진왜란 2년 후에야 겨우 평정됐다.

이「만력의 3대정」에서 인명 손실과 자재 소모는 말할 것도 없고 군사비의 지출만도 천 수백만 냥이 소비됐다. 당시 명나라의 1년 세출 경상비가 4백만 냥이라고 하니 그렇지 않아도 적자 재정에 허덕이던 명나라 조정으로서는 그 부담이 얼마나 무겁고 큰 타격이었는가를 짐작할 만하다.

(나) 민심의 이반

재난이 겹치느라고 한창 내우 외환에 정신이 없던 만력 24년(1596년), 뻬이징 자금성의 곤녕궁(坤寧宮)에서 불이나 건청궁(乾淸宮)까지 연소되었고, 이듬해에는 황극전(청나라 때의 태화전), 중화전(中和殿), 보화전(保和殿) 등 주요 전각이 불타서 재가 됐다. 원정군의 파견 등에는 동전 한 닢 안 내놓던 구두쇠 황제 신종은 곧 궁전의 복구를 명했다.

재정의 궁핍을 타개하기 위해서 광세(鑛稅), 상세(商稅), 통행세, 특별세 등 가혹한 세금이 부과되고 그에 편승한 부당한 가렴주구까지 겹쳐서 백성들의 원성이 높고 반항의 불길이 여기 저기서 일어났다.

결과적으로는 백성을 쥐어짜고 괴롭혔을 뿐이지 정부의 재정난 타개에는 별로 도움이 못됐다. 가혹하게 징수한 세금은 황제의 사용에 쓰이고 환관이나 그 일당의 배만 채울 뿐이었다.

이처럼 백성의 피를 짜내는 징세와 관리들의 부패에 자연히 민심은 정부로부터 이반될 수밖에 없었다.

국방이나 경제적인 문제 외에도 명나라 조정에서는 사상적으로 심각한 대립이 생기고 그것이 또 정치 문제와 얽혀 국정의 운영이 더욱 어렵게 됐다.

(다) 궁정(宮廷)의 문란

이같은 판국인데도 신종황제는 정사를 돌보지 않고 또 조정 대신의 결원도 보충을 하지 않으며 날로 격렬해가는 당쟁에도 별로 관심이 없는 태도였다. 그런데다 황태자 책봉 문제로 각종 음모가 판을 치고 괴사건이 일어나는 등 황실 내부가 걷잡을 수 없는 소용돌이 속에 파묻혀 갔다.

그 무렵 만주에서 풍운이 급하다는 보고가 올라와 중신들이 어전회의를 요청했건만 들은 척도 않던 신종은 1620년 7월, 재위 근 50년 만에 숨을 거두어 그가 젊은 시절에 직접 조성한 호화로운 지하 궁전에 묻혔다.

황태자가 뒤를 이어 즉위하니 곧 광종(光宗) 태창제(泰昌帝)이다. 그런데 황제 자리에 나간 광종은 환관이 권한 설사약을 먹고 하루 30~40번이나 기동을 한 끝에 형편없이 쇠약해졌다. 마침 한 신하가 시의(侍醫)에게는 물어보지도 않고 붉은 환약을 황제에게 바쳤다. 그것은 격렬한 미약(媚藥)인 홍연환이었다. 한 알을 먹으니 효험이 있는 것 같아 밤중에 한 알을 더 먹은 황제는 이튿날 새벽에는 이미 숨져 있었다. 재위 불과 한 달만이었다. 소위 이「황환의 안(案)」의 책임 문제를 놓고 격렬한 정쟁이 벌어졌다.

15세 난 광종의 아들 희종(熹宗) 천계제(天啓帝)는 즉위하기 전에 우선 황태자로서의 입태자(立太子)의 의식을 올려야만 했다. 그런데 그 희종이 궁안에서 종적을 감춰 소동이 벌어졌다. 일찍 어머니를 여읜 희종을 맡아서 키운 이귀비(李貴妃)가 환관 이진충(후의 위충현)과 짜고서 엉뚱한 야심을 품고 희종을 건청궁 안에 감추고는 내놓지 않았던 것이다.

이때 강직한 환관 왕안(王安)이 나서서 위기를 수습했다. 그리고 이귀비를 천자와 동거시키면 정치에 관여할 우려가 있다는 공론이어서 이귀비를 다른 궁으로 옮겨 살게 했다. 이 사건이 소위「이궁의 안」이다.

이상의「3안 문제」가 만력의 3대 의혹 사건으로 그 처리 방안을 놓고 진상을 규명하기를 주장한데 반해, 반대파는 실정을 참작해서 현실적인 입장에서 처리하기를 주장하여 격렬한 당파 싸움을 유발하고 나라가 망한 후까지도 그 여파가 계속됐다.

어쨌든 이 사건으로 궁정 내부의 부패와 추악한 모습이 드러났고 또 나라가 망해가는 판국에 조정의 모든 신하들이 어이없는 궁중 비사에나 휘말려들어서 왈가왈부하며 부화 뇌동으로 떠들썩하고 있는 양상에서 돌이킬 수 없는 병이 든 말기 증상이 나타난 것이다.

(라) 누르하치 등장

퉁구스 계통의 동북 만주 원주민인 여진족은 금나라가 망한 후 통일을 잃고 13세기에 몽고의 지배를 받을 무렵부터는 3대 부족 집단으로 갈려 있었다. 즉 동북 만주의 헤이룽강 하류 지역에서 연해주 일대에 걸쳐 살며 어로 생활을 하던 야인 여진부, 만주 중부의 쑹화강 연안에서 수렵·목축 생활을 하던 해서(海西) 여진부, 그리고 무딴강 상류에서 장백산 일대, 곧 두만강과 압록강 북쪽 산간부에 살던 건주 여진부의 3부족 집단이 그것이다.

목축과 수렵에 종사하는 여진족은 명나라나 조선에서 일용품을 구하지 못하면 살 길이 막연하여 경제 생활을 전적으로 이 두 나라에 의존하고 있었다. 그런데 실상 만주에는 명나라가 설치한 위(衛)의 세력이 미치지 못하는 지역도 허다하고 때로는 교역도 원만치 못해서 여진족들은 툭하면 두 나라의 변경 지방을 침범하는 일이 잦았다.

원래 한족은 유목민인 여진족을 무척 무서워하여「여진의 기병 혼자 중국의 병사 천 명을 당한다」고 두려움을 나타내며「여진 만 명이 모이면 천하 무적」이라는 속담이 생길만큼 여진족의 결속을 경계하고 방해하는 정책을 취했던 것이다.

15세기 후반부터는 만주에서의 명의 세력이 점차로 약화되기 시작해서 변장(邊牆)을 쌓고 랴오허강 유역으로 후퇴한 후로는 여진 사회도 군웅이 할거하며 세력을 다투는 전국시대의 양상을 띠어갔다. 그런 속에서도 자연히 민족적인 자각도 움트고 여진족 통합의 기운도 일어났다. 누르하치가 등장할 무대가 마련된 셈이다.

누르하치는 아이신교로 성을 쓰는 건주좌위(建州左衛) 추장의 집안에서 태어났다. 처음에는 명나라나 조선 왕조에 대하여 공손한 태도를 취하면서 부근의 부족을 통합하는데 힘쓰다가 25세 때인 1583년에 할아버지와 아버지가 명나라 군사에게 피살되자 스스로 추장이 되어 두각을 나타내기 시작했다. 남만주의 쑤쯔허 상류의 푸순 동쪽 1백 킬로미터 산악 지대에 위치한 헤투알라(지금의 싱징)를 근거지로 동족인 건주 여진을 차츰 병합하고, 1593년에는 해서 여진과 몽고의 연합군을 격파하여 만주의 서남부를 정복하고 이른바 만주 5부를 이룩했다.

25세 부터 두각을 나타내어 30년 만에 만주의 태반을 정복한 누르하치는 1616년 정월, 황제 자리에 올라 나라 이름을 후금(後金)이라 했다.

(마) 대청국(大淸國) 건국

누르하치에게는 아들 15명이 있었으나 그 중 여덟째인 혼태지가 뒤를 이으니 곧 태종(太宗)이다. 태종은 즉위한 이듬해 정명(征明)에 후한을 없애기 위해 조선에 출병하여 형제국으로서의 맹약을 맺고 돌아갔다.

후금을 세운 태조 누르하치는 싱안링 동부의 몽고 부족에까지는 미처 손을 쓰지 못하였다. 그래서 태종은 이곳에 친정(親征)하여 만주의 영동지구를 정복했다. 이후 애매한 태도를 취하고 있던 오르도스 등 몽고의 여러 부족이 꼬리를 물고 항복해 왔다. 이렇듯 만주와 내몽고를 차지한 태종은 1636년 4월, 후금국을 대청국으로 고치고 숭덕(崇德)이라고 개원(改元)했다.

새로운 황제의 즉위식에서 만주의 대표자는 만주어로, 몽고의 대표자는 몽고어로, 그리고 중국 대표는 한문으로 황제 추대사를 읽었다. 국호가 바뀌면서 배타적인 민족주의를 내세운 금나라의 이름을 버리고 만주, 몽고, 중국의 3민족의 협화(協和)를 강조한 것이다. 청나라의 공용어(公用語)로 세 나라의 말이 지정되고 이렇게 해서 동양 사상 유례없는 정복 왕조가 탄생했다.

(바) 유적(流賊) 이자성의 난

대청의 태종이 즉위하여 그 위협이 만리장성 너머에서 시시각각으로 다가올 무렵 명나라에서는 희종이 죽고 그 아우 의종(毅宗) 숭정제(崇禎帝)가 즉위했다. 17세로 명나라 최후의 황제다.

초비상 시국의 수습에 나선 소년 황제 의종은 간신들을 제거하고 정치 개혁에 열중했으나 그의 주변에는 인재가 없고 환관이나 재상들은 권력과 부귀의 욕심에 병들어 있었다. 그의 재위 17년 동안에 내각은 50명이 갈렸고 형부상서 17명이 사형됐거나 파면됐으며 총독이 7명, 순무 11명이 피살됐다.

의종이 즉위한 다음해, 싼시 지방에 혹심한 흉년이 들었다. 특히 가뭄이 심한 옌안에서 굶주림 끝에 폭동이 일어나 그것을 신호로 규모가 큰 반란으로 확대됐다. 싼시뿐 아니라 허난, 허뻬이 등이 벌집 쑤셔 놓은 것 같이 시끄러웠다. 이에 건달패나 불평객, 생활이 궁핍한 군졸 등이 앞장을 서서 무장을 갖추고 조직화된 유적(流賊)으로 발전했다. 숭정 4년(1631년), 산시(山西)에서 화북지역 유적대집회라는 이상한 모임이 열렸는데 유적의 집단이 36조에 20만 명에 이르렀다고 한다.

이들 중에서 가장 세력이 있는 두목이 역졸 출신의 이자성(李自成)과 병졸 출신의 장헌충(張獻忠)이었다. 그들은 탐관 오리를 죽이고 돈과 식량을 빈민과 절량민에게 나누어 준다고 선전하며 화북 일대를 휩쓸었다.

싼시성을 지배한 이자성은 시안에서 숭정 17년(1644년) 정월 초하루, 왕을 참칭하고 국호를 대순(大順), 연호를 영창(永昌)이라고 정하고 명의 제도를 모방하여 정부 조직과 관제를 정했다.

그는 곧 행동을 개시하여 뻬이징으로 향했다.

(사) 명 제국의 비극적 종말

이자성의 군대가 쳐들어온다는 소식에 조정은 상하가 혼란에 빠졌다. 정예 부대는 청나라의 침입에 대비하여 깡그리 산하이관 방면에 나가고 뻬이징은 빈집이나 다름 없었다. 의종은 조칙을 발표하여 근왕군(勤王軍)을 소집했으나 아무도 응해 오지 않았다.

은밀한 가운데 싼시에서 산시로 들어간 이자성군은 타이위안(太原)에서 북쪽으로 진로를 바꾸어 따퉁, 쉬안화를 깨고 험준한 쥐융관도 거침없이 넘어서 파죽지세로 3월 18일에는 뻬이징의 서문에 당도했다. 이자성은 입성하기 전에 첩자를 시켜 환관을 매수하여 내응을 얻고 성문을 열게 해서 초저녁에는 벌써 외성이 떨어지고 밤중에는 내성마저 짓밟혔다.

의종 황제는 손수 비상종을 치고 최후의 저항을 시도하려 했으나 아무도 얼씬 않자, 마지막임을 각오하고 황태자와 황자를 황후의 친정에 피난시키고 주황후(周皇后)를 자결케 했다. 그리고 사랑하는 두 딸은 손수 찔러 죽였다. 15세된 장평공주는 혼례 날짜까지 받아놓았다가 시국이 불안해서 미적미적 미루고 있었는데 황제는 울며 매달리는 딸을 「네가 왜 하필이면 이런 제왕의 집에 태어났는가」하고 칼로 쳤다.

아무도 없는 궁안에서 최후가 다가온 것을 깨달은 의종은 자금성 뒷뜰의 만세산(후에 경산이라 개칭)이라는 언덕에 올라가 19일 새벽, 수황성에서 목을 매고 자결했다.

이리하여 1368년, 홍건적의 난 중에서 나라를 일으킨 대명 제국은 근 280년만인 1644년 유적의 난 속에서 막을 내렸다.

(2) 대청 제국의 역사

1) 정복(征服) 왕조의 치세

1644년 3월, 대순황제(大順皇帝)를 자칭했던 유적 이자성이 북경성에 들이닥치자 명의 마지막 황제 숭정제(崇禎帝)는 자결하고, 마침내 중화(中華)의 꿈을 안고 이민족의 지배를 물리친 후 2세기 반 동안 한민족을 통치했던 명나라는 이렇게 최후를 맞았다.

그로부터 40일 후인 5월에는 이자성이 허둥지둥 싼시의 산골로 뺑

소니 치고 이민족인 만주군이 유유히 입성하여 간단히 자금성의 주인이 되었다.

그 후 1911년 신해혁명 때까지 근 3백년 동안이나 만주에서 온 정복자들은 장기집권했으며 오랑캐라고 멸시했던 2억의 한민족(漢民族)은 아무 탈없이 자금성에 들어앉은 청나라 조정의 지배를 받으며 평화와 번영을 누렸던 것이다.

또 청왕조가 무사히 한민족을 지배할 수 있었던 것은 명나라의 전통적 체제와 질서를 존중했던 것도 한 원인이었다.

(가) 명의 문물 계승

청나라를 세운 태종이 갑자기 죽자 후계 문제를 싸고 내분이 없지 않았으나 드러내지 않고, 여섯 살 된 어린 세조(世祖) 순치제(順治帝)가 즉위했다. 그러나 실권은 섭정인 예친왕(睿親王)이 쥐고 있었다. 예친왕의 이름은 다이곤으로 누루하치의 아들이며 태종의 동생이었다. 어려서부터 기략과 자질이 뛰어나 혼태지(태종)의 뒤를 이을 제3대 황제감으로 지목되던 인물이었다. 당시 만주 조정의 실력자이던 32세의 그는 어린 조카인 황제를 옹립하고 청나라의 운명을 두 어깨에 짊어질 위치에 있었다.

청나라는 우선 민심을 수습하는 일이 급했다. 뻬이징에 입성한 섭정왕 다이곤은 곧 만주인이 호랑이같이 사나운 야만인이 아니라 중국의 풍습을 존중하는 평화주의자라는 것을 보이기 위해서 점령군의 약탈 행위를 엄금하고 비명에 죽은 명나라의 마지막 황제를 위해 천하의 관민이 3일간 조상할 것을 명령하는 한편, 그를 조성한 제능(帝陵)에 정중하게 장사지냈다. 또 명나라의 역대 황제의 능묘인 13릉의 제사를 받들고 능을 보호하게 했다.

말하자면 명나라의 마지막 황제인 숭정제를 죽이고 명나라를 멸한 것은 이자성의 짓이며 청나라는 명나라의 원수를 갚고 정정당당하게 그 뒤를 계승한 후계자라는 사실을 널리 천하에 선전한 것이다. 그런 뜻으로 청의 조정은 재빨리 「명사」(明史) 편찬작업에 착수했다. 아직 난세인데도 역사 편찬을 시작한 것은 명나라가 망한 사실을 정식으로 확인하며 그 편찬자가 곧 전왕조의 정통 계승자라는 사실을 은 연중에 강조하기 위해서였다.

또 명나라의 관료 기구를 거의 그대로 살려서 계승하는 동시에 명나라의 관리들도 새로운 정권에 참여하면 전대로의 대우를 약속하여 수많은 관리가 등용됐다. 5월 2일, 즉 청조가 입성하기 전의 죄에 대해서는 불문에 붙였다. 그리고 전통적인 문화를 존중하고 관학(官學)으로 주자학을 채택한 사실을 강조하는 동시에 즉시 과거를 보게 해서 지식인, 독서인, 사대부의 지지와 참여를 구했다.

이러한 청나라 조정의 한인 통치 방침은 같은 정복 왕조였던 원나라가 취한 몽고 지상주의와는 양상이 근본적으로 다른 것이다.

(나) 망명 왕조 마지막 항거

베이징이 떨어진 후 옛 관료, 군인, 사대부들은 크고 작은 왕족들을 업거나 떠메고 나와서 각지에 망명 정권이 난립했다. 그들은 끼리끼리 서로 싸우며 배척해서 한 달도 못가 덧없이 사라진 정권도 있었다.

숭정제(崇禎帝)의 죽음이 전해지자 난징에서도 곧 후계자를 세워 명나라의 존속을 꾀했으나 후계자의 선정 문제로 또 파란을 겪었다. 황제의 후보로는 신종의 자손인 복왕(福王)과 조카가 있어서 양측 지지파는 서로 겨루며 다투었으나 간신들이 군벌의 압력을 이용해서 민 복왕이 황제로 추대됐다. 이 복왕은 앞서 이자성의 군대에 피살된 복왕의 아들로 그 아버지 못지 않게 색광, 술주정꾼, 불효, 그리고 공부를 싫어하고 아랫 사람을 들볶는 악명 높은 인물이었다.

당시 난징에서 첫손 꼽는 인물로는 사가법(史可法)이 있었다. 작달막한 키에 눈빛이 날카로운 그는 각지의 반란을 진압하여 문무를 겸한 거물로서 청나라에까지 그 명성이 알려져 있었다. 그러나 기울어진 왕조의 말로를 그 혼자의 힘으로 막을 길이 없었다.

복왕이 즉위하자 정권의 단명을 예감한 사가법은 죽음을 각오하고 친히 군사를 몰아 양조우로 나가 청군의 남하에 대비했다. 이미 그가 아니면 집안 싸움이 그치지 않는 군벌이나 장군들을 한데 묶어 청군과 대적할 사람이 없었던 것이다. 전선에 배치된 장군이라는 것도 이자성의 아내와 간통하다 같이 도망해 온 유적 출신의 장군도 끼어 있어서 오합지졸이나 마찬가지였다. 또 봉급을 주지 못해 전선 부대는 전의를 잃고 싸우기 전에 후퇴를 해, 피아를 구별할 수 없는 난전이 벌어져 기어이 양조우도 함락되고 사가법도 전사했다.

(다) 카톨릭 성행

16세기 초부터 서세동점(西勢東漸)의 물결을 타고 유럽의 모험적인 상인을 따라 동아시아에 먼저 나타난 것은 카톨릭의 선교사였다. 원나라 말엽에 몬테 코르비노 등에 의해 포교가 시작됐다가 끊긴 카톨릭의 중국 전도는 명나라 말엽에 제수이트파에 의해 다시 시도됐다.

1552년(명나라 가정 31년) 사비에르가 쓰러지자, 1582년(명나라 만력 10년) 마카오에 상륙한 맛테오 릿치에 의해 포교가 본격적으로 추진되어 임진왜란이 끝날 무렵에는 뻬이징(北京)에 발을 들여놓고, 1601년에는 황제를 알현하는 데까지 성공했다. 중국에 발을 들여놓은지 20년만이었다.

중국 이름을 쓴 리마두는 중국 재래의 사상이나 풍습, 습관에 거스르지 않고 카톨릭의 교의와 조화시켜 전도를 해서 환영을 받고 또 포교의 수단으로 서양의 학술, 문화를 지식인층에 소개하여 존경을 얻었다. 실상 원나라 말엽에는 포교에 전념할 뿐 유럽의 문화가 보잘 것 없어서 달리 중국 안으로 파고들 길이 없었던 것이다.

청조에 들어서서는 카톨릭 신부를 관리로 임명하는 등 진보적 정책을 쓰며 서양문물을 받아들였다.

(라) 순치제(順治帝)의 비화

자금성 주인인 순치제(順治帝)는 곧 만주족, 몽고족, 중국 민족 3위 1체의 군주이다. 동시에 그것은 세계 제국의 발족과 그 주권자가 됐음을 뜻한다.

순치제는 형식상의 황제로 모든 실질적인 권력은 면도날처럼 날카롭게 매사를 처결하던 그의 숙부 섭정당 다이곤이 쥐고 있었다. 황제권의 상징인 옥새까지도 섭정부에 두고 다이곤은 사실상의 황제로서 39세의 짧은 생애를 마칠 때까지 8년간 대권을 행사했다.

순치 7년(1650년) 삼촌인 섭정왕이 죽자 곧 삼촌이 맺어준 몽고 출신의 황후를 폐위한다고 선언해서 중국인들을 다시 한 번 놀라게 했다. 신하들이 아무리 간해도 듣지 않을 뿐 아니라 관습상 다시 몽고 왕가에서 새 황후를 모셔오자 예의를 모르는 여자라고 냉대하여 반몽고적인 혐오감을 노골적으로 드러냈다.

이렇듯 상심하는 젊은 황제 앞에 사랑하는 여인이 나타났다. 황제가 열렬히 사랑한 동귀비(董貴妃)는 기록상으로는 황실에 헌신적으로 봉사한 만주의 귀족 가문으로 되어 있으나 항간에 전해 내려오는 이야기에는 좀 다른 것이 있다. 당시 남쪽 양조우에서 글재주와 부력(富力)으로 이름 높던 수회원 주인 모양의 애첩 동소완이 곧 후일의 동귀비라는 것이다. 이 운명의 여인은 양조우의 병란 통에 납치되어 북쪽에 흘러왔다가 궁중에 들어오게 돼서 젊은 황제를 사로 잡았다는 것이다.

황제는 동귀비 없이는 하루 한 시를 살 수가 없을 뿐 아니라 그녀가 곁에 없으면 수저도 들지 않았다. 그렇게 아끼던 동귀비가 덧없이 순치 17년(1660년) 8월에 죽었다. 비탄에 잠긴 황제는 죽은 동귀비를 황후에 봉한다고 고집을 피우다가 이윽고 세상이 무상함을 느꼈는지 느닷없이 자금성의 주인 자리를 팽개치고 출가하여 산시성의 명찰 우타이산에 죽치고 틀어박혀 아무리 조정 백관이 돌아오기를 간청해도 들은 척도 안했다.

곤경에 빠진 청나라 조정에서는 어쩔 수 없이 황제가 병으로 돌아가셨다고 발표하여 **체면치레**를 꾸몄다. 이러한 순치제를 둘러싼 비화는 민간에서 쉬쉬하며 전해올 뿐 청나라의 공식 역사에는 기록되어 있지 않다.

순치제는 그 아버지인 태종에 비하면 너무나도 중국적인 황제였다. 비록 그 유언으로 자신의 지나친 중국화를 뉘우쳤지만 순치제를 경계로 하여 만주에서 온 정복 왕조 청나라는 몽고에서 중국으로 크게 기울게 되며 순치제의 중국주의는 다음 대에 가서 크게 꽃피고 열매를 맺게 된다.

(마) 명군 강희제(康熙帝)

순치제는 아홉 살 난 복전과 여덟 살 난 현엽 두 황자를 남겼는데 복전의 생모는 신분이 낮아서 동생인 현엽이 뒤를 이으니 곧 성조(聖祖) 강희제이다. 강희제는 자금성에서 태어난 최초의 황제이며 또 중국식 이름을 갖고 있는 최초의 황제이기도 하다.

강희제는 중국 역대의 제왕 중에서도 굴지의 명문으로 손꼽히고 있다. 그 60년의 치세 기간 중 무엇이나 너그러이 포용하는 관용성과 밤낮을 가리지 않고 백성의 복지를 염려하는 군주로서 이미 세계국가로 성장한 청제국에 평화와 번영과 영광을 가져왔다.

또 강희제는 역대 중국 황제로서는 유별나게 아시아뿐 아니라 유럽에도 그 명성이 알려져 있었다. 즉 강희제를 가까이 모시고 있던 제수이트파 신부인 프랑스인 부베가 쓴 「강희제전」에 의해 일찍부터 그 면모가 유럽에 소개된 것이다.

부베는 프랑스의 루이 14세가 서양 학문을 좋아하는 강희제로부터 우수한 신부의 증파를 요청받고 파견한 신부이다. 그가 일시 귀국한 강희 36년(1697년) 「강희제전」을 출판했는데 강희제에 대한 존경심과 열렬한 찬미를 담고 있다. 이때 강희제는 한적(漢籍) 49질을 루이 태양왕에게 증정했다. 묘하게도 동서 2대 문명을 대표하는 자금성의 주인과 베르사이유궁전의 주인 사이에 교류가 있었던 것이다.

(바) 학문소 설치

청나라 조정의 뻬이징 입성 후 섭정왕 다이곤이 사대부를 초치하고 우대한 데다가 순치제(順治帝)가 크게 중국 문화에 기울어져서 학문을 장려한 결과 강희 때에는 북인, 남인의 구별없이 문인이나 유학의 명신들이 줄지어 모여들고 대학사, 6부 상서, 시랑(侍郞) 등의 직책을 맡고 정권에 참여했다.

강희제는 강희 16년(1677년), 건청문 서쪽에 학문소를 열고 한림원 출사의 준재들을 뽑아서 항시 머물도록 했다. 이 학문소를 남서방(南書房)이라 하며 남서방에 근무하는 것을 관계(官界)의 최고 명예로 여기게 됐다. 취미가 다양하고 교양이 높은 강희제는 정무를 보는 틈틈이 남서방에 출입하며 출사한 여러 사람들을 상대로 학문, 역사, 예술에 관해서 담론하고 담론에 흥취가 나면 밤이 깊은 줄도 모르고 열중했다. 그 분위기는 군신 사이에 가로막힌 벽을 허물고 마치 마음 맞는 벗이나 서생끼리의 모임 같았다고 한다. 말하자면 남서방은 황제의 상설 살롱이었다.

이러한 경향은 문화 전반에도 통용된다. 주자학도를 자처한 강희제는 그 실천과 아울러 주자의 참된 가르침을 탐구하기 위해서 고전을 존중하고 박학다식에 힘쓰며 또 그것을 정확하게 이해하기 위해서 뜻을 올바로 해석하는데 고심했다. 황제가 편찬을 명령한 사서류(辭書類), 즉 「강희자전」(康熙字典), 시문과 어휘를 모은 「연감류함」(淵鑑類函)과 「패문운부」 등의 방대한 책들이 기획, 편찬되고 간행을 본 것이다.

그런 면에서 강희제가 서학을 대했을 때처럼 객관적인 사실의 정확한 인식과 그 전제로서의 주지주의(主知主義)를 존중했음을 알 수가 있으며 그 실용주의를 엿보게 된다. 그것은 전시대의 주관적인 서정주의와는 판이하게 다른 것이며 이때를 계기로 중국의 문화는 크게 방향을 바꾸는 것이다.

2) 제국문화의 전성기

청나라 조정이 자금성에 들어앉은 지도 어언 1세기가 지났다. 정복왕조로서의 선배격인 원나라는 같은 기간에 덧없이 와해된데 비해 나중 온 정복 왕조인 청나라는 부조(父祖) 2대에 걸친 영주에 의해 바야흐로 전성기에 다다르고 있었다.

자금성의 새 주인이 된 건륭제는 정말 제왕답게 유유히 황제업을 즐겼다. 아버지나 할아버지가 이상에 치우치고 이 눈치 저 눈치 살펴가며 좀 따분하고 열적은 사생활을 보낸데 반해 건륭제는 추호의 의

심이나 망설임 없이 90년의 장수(長壽)와 60년의 재위 기간을 유유자적하며 호화롭게 장식했다.

강희제가 철학에 의한 성왕 정치를 지향하고 옹정제가 평등주의를 신념으로 군림한데 비해 건륭제는 문학에 의한 영광과 정감(情感)의 세계를 충족시키기에 열중했다. 선제(先帝)들의 가혹한 이상 추구와 냉엄한 금욕주의가 풍요를 만끽하는 향락주의로 변질된 것이다. 10만 수가 넘는 건륭제의 시와 역사에 대한 취미가 그것을 증명하고 있다. 근엄하던 할아버지나 아버지 때에는 생각도 못했던 건강한 애욕 생활과 그리고 총애하는 신하가 멋대로 놀아나도 예사로운 듯이 버려둔 대범함이 그것을 이야기해 준다. 비할데 없는 강대국의 제왕으로서 승리의 도취감을 맛보기 위해 벌인 여러 번의 호화판 외지 원정 역시 그런 황제의 일면을 여실히 보여주고 있다.

(가) 주변국과 평화공존

같은 정복 왕조이지만 원나라와 청나라의 통치 방법은 전혀 양상이 다르다. 중국인들은 이민족을 통틀어 동물로 생각했는데 몽고인도 이 점만은 중국인과 닮아서 중국인을 꼭 소나 말 이하의 존재로 생각했다. 따라서 원나라 조정에서는 가축의 젖을 짜듯, 아니 그보다도 몇 배 심하게 세금을 짜냈다. 특히 중국의 경제, 문화의 중심지인 강남 지방에서는 철저한 식민지 정책을 폈다. 그래서 중국의 학자들은 중국 역사상 가장 비참했던 이 시대에 대해 연구하거나 언급하기를 싫어한다.

원나라의 냉혹한 종족 계급주의와는 대조적으로 청나라의 통치 방법은 5족 협화주의(五族協和主義)라고나 할 공존 체제였다. 따라서 시정 방침에도 독특한 형식을 취했다.

이 5족 협화주의를 상징하는 것이 건륭제의 명령으로 편찬된 「5체청문감」(五體淸文鑑)으로 이것은 5족의 말을 대조하여 볼 수 있게 꾸민 어휘 사전이었다.

(나) 방대한 서적 출판

건륭제는 풍부한 재정에 힘입어 큰 문화 사업을 일으켰다. 그 중에서도 서적의 편찬과 간행에 힘을 기울였다. 물론 그 이전부터 이러한 사업은 궁중에서 행해지고 있었다. 강희제 때의 「강희자전」(康熙字典)은 한자의 자전으로 오늘날까지도 가장 기본적인 것으로 활용되고 있으며 옹정 연간에 동활자로 인쇄된 「고금도서집성」(古今圖書集成)은 1만 권 5천 책에 사항별로 고금의 문헌을 망라하여 일종의 백과사전으로 현재까지 유용하게 쓰이고 있다. 그러나 강희, 옹정 시대에 비해 건륭 연대에는 폭발적으로 많은 서적이 편찬·간행되었다. 그러한 문화 사업 중에서도 특기할만한 것이 「4고전서」(四庫全書)의 편찬 사업이다.

건륭 37년(1772년), 건륭제의 명령으로 중국 역사상 가장 규모가 방대한 고전 전집의 편찬 작업이 착수됐다. 우선 전국에 흩어져 있는 고금의 기간(旣刊), 혹은 미간(未刊)의 주요 서적을 수집하고, 그 정본(定本)을 만들어 정서(淨書)케 한 것으로, 3457종 7만 9천 70권의 방대한 책을 3만 수천 책으로 장정했다. 3백 명의 학자가 10년 걸려 완성한 것이다.

사고(四庫)란 경(유교), 사(역사), 자(사상), 집(문학)의 4분류를 말하는 것으로 경은 노랑색, 사는 빨간색, 자는 푸른색, 집은 회색 표지를 사용했으며 이 방대한 호화판 총서는 처음 4질을 만들어서 자금성, 원명원, 열하 이궁, 선양궁전에 수장했으며, 후에 3질을 추가하여 양쯔강 하류 지방, 즉 양조우, 전쟝, 항조우 등 문화의 중심지에 서고를 세워 일반 사람들도 열람케 했다.

(다) 고증학 계발

중국 학문의 근본 주류는 경학이 차지하고 있다. 경학이란 유교의 경전인 4서 5경 등의 경서를 연구하는 학문으로 경서 안에 서술된 성인의 가르침을 밝히고 그것을 현실 정치에 살리는데 그 사명이 있었다.

경학의 목적은 하나이나 그 방업에는 크게 두 줄기 흐름이 있어서

한 줄기는 훈고(訓詁)라고 하여 자구의 주석을 주로하는 갈래로 한·당 때 성했다. 또 한 줄기는 철학적인 해석을 주로 하는 갈래로 송·명 시대에 주류를 형성했다.

명나라 말엽에 이르러서 양명학의 흐름이 아무 소용에도 안 닿는 공리 공론에 치우쳐서 떠들썩하기만 하자, 이에 반대하고 현실적인 정치나 실사회에 유익한 실증주의적인 학문을 내세우는 학자들이 나왔다. 곧 고염무, 황종희 등이다.

이 무렵은 마침 맛테오 릿치 등 수많은 제수이트파 선교사들에 의해 천문학, 역학, 수학, 지리학 등 서양의 과학 지식이 중국에 수입되어 그 실증주의적인 방법이 일반에게 영향을 주던 시기와 일치한다. 유교 경전에 대한 실증주의적 연구는 청나라가 융성해 감에 따라 더욱 발전을 거듭하여 고증학을 형성하기에 이르른 것이다.

고증학의 연구 방법은 우선 가장 정확한 텍스트를 선정하여 그 글씨 한 자, 글귀 한 구절에 이르기까지 본래의 정확한 뜻을, 문헌상의 근거를 들어서 일일이 밝히고 추구해 가는 작업이다. 즉 주관에 치우쳤던 송·명 학자들의 태도와는 달리 끝까지 객관적으로 해석하고 귀납적으로 결론을 내리는 과학적, 문헌학적 방법으로 유교의 고전 연구에 새로운 면을 개척해 갔다.

고증학의 주장은 실사구시(實事求是)하는데 있다. 실사구시란 실사에 입각해서 옳고 바른 것을 찾는 일, 다시 말해서 주관주의를 배격하고 엄격한 객관적, 과학적인 고증을 존중하는 태도를 말한다. 실사구시하는 학풍을 박학(撲學)이라고도 하는데 명나라 시절에 유행하던 강학(講學)과는 뚜렷하게 다른 대조적인 현상이다.

3) 혼돈과 반란의 시대

(가) 묘족의 반란

약육강식의 세계에서 강자의 억압력이 약화되면 그만큼 약자들이 들먹거릴 헛점이 생긴다. 그런 헛점을 비집고 변두리에서 반란이 터졌다.

도화선에 불을 당긴 것은 윈난, 꾸이조우의 산악 지대에 살고 있던 날쌔고 사나운 묘족(苗族)의 반항이었다. 옹정제(雍正帝) 때, 이 지방을 내지화(內地化)했는데 그것을 계기로 한족들이 물밀듯 이 지역으로 이주하여 순식간에 원주민들을 압박하고 토지를 몽땅 차지했다. 중국인들의 인해전술과 그 음흉한 농간과 술책에 순박한 소수 원주민들이 당해낼 도리가 없었다. 궁지에 몰린 묘족은 들고 일어나 조정에서 파견한 관리들을 박살을 내고 중국인을 내몰았다.

조정에서는 부랴부랴 진압차 토벌군을 파견했다. 그러나 이미 타락한 장군이 나약한 군졸을 이끌고 가서 민첩하고 용감한 묘족과 싸우자니 군사비만 물쓰듯 썼지 언제 난리가 평정될지 부지 하세월이었다. 인접한 여러 성에서 양식이나 군수품을 무한정 징발하여 백성들만 죽을 욕을 치르고 있었다. 대장군 복강안이 진중에서 죽자 더 버틸 수가 없게 된 호광총독은 이 땅을 묘족에게 돌려주고 철병하자고 상주하기까지에 이르렀다.

(나) 백련교(白蓮敎)의 난

이무렵 같은 시기에 바로 이웃 땅인 후뻬이성에서 백련교의 반란이 터졌다. 백련교란 이미 원나라 말엽에 악귀처럼 설쳐, 그 중에서 주원장이 두각을 나타낸 혁명적인 색채가 짙은 종교 단체였다. 명나라 조정에서는 이를 엄중하게 금하고 단속했으나 그 교도들은 비밀 결사를 조직하고 지하에 잠입하여 여전히 준동하고 있었다. 건륭 시대에 각지에서 빈번하게 일어난 자잘한 폭동 사건의 배후에는 의례히 이 종교의 분파가 도사리고 있었던 것이다.

백련교는 탐욕으로 뭉쳐진 중국인 사회, 특히 「메이파쯔」의 사회에 깊이 뿌리를 내리고 있었다. 「메이파쯔」는 충족되지 않는 욕망을, 못다꾼 꿈 속에서 기대하고 있었다. 그 꿈 속으로 파고 든 것이 곧 백련교였다.

가경(嘉慶) 원년이라고 연호가 바뀌던 그 해 정월, 묘족의 반란을 기화로 최후의 횃불을 든 것이 후뻬이의 백련교도였다. 린위탕(林語堂)의 설에 의하면 후뻬이 사람들은 중국인 중에서도 가장 유언비어를 잘 퍼뜨려 음모를 즐기는 악마같은 족속들이라고 한다.

반란은 삽시간에 허난, 싼시, 쓰촨, 깐쑤로 파급되어 갔다.

토벌군과 도적떼의 숨박꼭질로는 끝장이 안 나서 조정에서는 드디어 향용(민병)을 모집했다. 그래서 향용을 앞장 세우고 그 뒤를 한인부대, 그리고 후미에서 8기병이 독전을 했다. 백련교도 측에서도 양민을 동원하여 1선에 내보내고 자기들은 뒤에서 양민들의 꽁무니만 채찍질 했다. 이렇듯 꼴사나운 토벌 작전을 9년간이나 계속해서 가경 9년(1804년) 8월에야 겨우 백련교의 반란이 진압됐다. 이 난리통에 청나라 조정의 통제력이 약화된 것은 말할 것도 없다.

(다) 천리교(天理敎)의 난

「백련교의 난」이 겨우 진압된지 10년 째인 가경 18년(1813년)에 다시 종교적 비밀결사 단체의 반란이 일어났다. 백련교의 일파인「천리교의 난」이었다.

반란을 주도한 임청은 뻬이징 남쪽 황촌(黃村)이라는 마을의 농민 출신으로 살색이 거무죽죽한 데다가 구레나루가 고슴도치처럼 뻗친 생김새부터가 만만치 않은 위인이었다. 어릴 때 건달패에 섞여 다니다가 약방의 점원 노릇도 했는데 장성해서는 강남으로 내려가 관가의 심부름꾼이 됐다. 그는 풍채뿐 아니라 말주변도 좋아서 뇌물을 우려내는 솜씨도 능하고 돈을 헤프게 쓰는데도 남 못지 않았으나, 이윽고 지은 죄가 발각나자 교묘하게 요리조리 피해서 고향에 돌아와 비밀 결사인 천리교에 입교했다.

그런데 역시 허난, 산뚱 방면에 신도 수만 명을 거느린 이문성이라는 같은 천리교 계열의 수령이 있었다. 신도들한테「종근기」라는 이름으로 금전과 물품을 걷어들여서 막대한 재물과 금전을 모은 이문성은 말을 사들이고 무기를 제조하고 병사들을 조련하는 등 거사준비를 서두르고 있었다. 이것을 안 임청은 이문성과 연락하고 자주 만나면서 거사의 모의를 거듭하여 시기를 기다렸다.

드디어 가경 18년(1813년) 9월 15일, 오시(午時)로 거병의 날을 확정했다. 이 9월이야말로 청나라 황실에게 크게 불길한 달이며 한편 천리교에서 기다리던 백양겁(白羊劫)이라는 새로운 시대의 문이 열리는 달이라는 결론이 나온 것이다.

그런데 불행히도 사전에 계획이 새어나가 이문성 등이 활현성의 옥에 갇히는 바람에 그를 따르는 교도들은 예정일인 15일까지 기다리지를 못하고 7일에 활현성으로 3천 명이 몰려가 성을 함락시키고 이문성을 구해내는 한편, 그를 가둔 지현(知縣) 이하 가족 수십 명을 몰살해 버렸다. 이에 응해서 허뻬이, 산뚱 각지에서도 교도들이 들고 일어나 여러 고을을 공략했다.

(라) 유린된 자금성

임청은 직접 뻬이징의 자금성을 습격할 계획을 세우고 있었다. 자금성 내의 환관들은 원래가 천리교가 성한 허뻬이성의 하간현 출신이 많아서 환관 중에도 교도가 적지 않고 임청과도 통하고 있었다.

14일, 상인으로 변장하고 뻬이징성에 숨어든 천리교도 2백 명은 15일 오시, 드디어 2대로 갈려서 행동을 개시했다. 1대는 환관의 안내로 동쪽 동화문으로 닥쳤으나 눈치를 챈 문지기가 문을 닫아 거는 바람에 겨우 10여 명만 안으로 뛰어 들어갔다. 다른 1대는 서쪽의 서화문으로 저항없이 80명 전원이 무사히 들어가 궁 안으로 난입했다. 닥치는대로 죽이면서 그들은 내정에 가까운 융종문에 집결했다. 교도들은 흰 천을 목에 두르거나 흰 깃발을 손에 들고 표지로 삼았는데 흰 기에는 대명천순(大明天順), 혹은 순천보민(順天保民) 따위 슬로건이 씌어 있었다.

비상 사태에 자금성은 발칵 뒤집혔다. 가경제는 열하에 피서를 간 채 부재중이었으나 당시 제2황자이던 도광제(道光帝)는 친히 총을 들고 응전했다. 다른 황자들이나 대신들, 그리고 근위병이 뒤이어 달려와 밤새 전투가 계속됐다. 이날 밤의 전투에서 침입했던 천리교들은 완전히 진압됐을 뿐 아니라 내통했던 내시들도 샅샅이 잡아내어 이틀간에 걸친 악몽에서 자금성은 무사히 깨어났다. 다음날 황촌에서 허난의 구원병을 기다리던 임청도 잡혔다. 한편 산뚱, 허뻬이에서는 천리교도들이 연달아 봉기하고 허난의 이문성도 한때 세력을 떨쳤으나 4개월만에 진압됐다.

4) 아편전쟁

중국과 동남 아시아 사이에는 정크라고 불리는 중국식 배에 의한 왕래와 교역이 이루어지고 있었다. 꽝뚱(꽝조우) 항구는 수심이 얕아서 오늘날같이 대양을 횡단하는 거대한 선박은 입항할 수가 없지만 예로부터 중국 남부의 가장 훌륭한 천연의 항구로서 정크무역의 중심지였다. 명나라 말엽에 제일 먼저 중국무역을 열망한 포르투갈인은 이 정크무역의 뱃길을 좇아 꽝뚱에 다달았다.

에스파니아, 네덜란드, 영국, 프랑스 등 유럽 여러 나라의 배들도 모두 꽝뚱으로 모여들기 시작했다. 꽝뚱은 동남 아시아와 유럽을 향한 중국에 있어서의 거의 유일한 무역항으로서의 번영을 누리게 됐다.

(가) 아편 밀무역 성업

인도나 더운 지방에서는 일찍부터 말라리아 등 열병의 예방약이나 또 고열로 인한 고통을 완화시키기 위해서 아편을 먹는 습관이 있어 왔다. 중국인들도 아편을 약으로 쓰고는 있었으나 포르투갈인 선원이나 상인들이 인도산 아편을 반입하기 시작한 후로는 기호품으로 피우기 시작하여 인이 박혀 갔다.

처음 포르투갈인들이 담배에다 섞어 피우는 것을 본뜬 중국인들도 아편을 먹지 않고 담뱃통에 담아 피웠다. 그러나 인도산 아편이 계속 흘러 들어왔다.

옹정(雍正) 7년(1729년)에는 아편 판매를 금하는 칙령이 내려서 영국의 동인도회사에서는 한때 표면상으로는 아편 취급을 안했으나 거래량은 여전히 증가 일로에 있다가 무역 역조의 개선책으로 아편이 등장한 18세기 말에는 이미 동인도회사가 경매한 아편이 영국 상인들의 손을 거쳐 대량으로 밀무역되고 있었다.

아편을 피우는 습관은 삽시간에 퍼져서 자금성 안에까지 침투하여 이에 놀란 가경제는 팔지도 피우지도 못하게 하는 금령을 여러 번 내렸으나 이미 청나라의 관료층에는 아편 밀매를 단속할 만한 질서나 기강이 없었다. 특히 꽝뚱의 관리들은 거액의 뇌물을 먹고 아편 밀수를 묵인하고 있었다. 19세기 초엽의 아편 밀무역은 대부분 영국 무역업자 손으로 운영되었으며 동인도회사가 적극적으로 뒷받침하자 그들은 삽시간에 거부가 됐다.

그러나 중국인들의 아편 소비량은 비약적으로 증가했다. 꽝뚱성 북부에서 반란이 일어났을 때 토벌에 나선 정부군이 거의 아편장이여서 아무 쓸모가 없었다. 아편의 대가로 유출되는 은의 양도 방대해서 1830년 대 후반에는 공식 집계로도 5백만 냥을 초과했다. 은이 해외로 흘러나감에 따라서 국내의 통화로 유통되는 은마저 결핍되는 기현상이 일어나고 있었다. 조정에서는 이의 대책을 둘러싸고 심각하게 논의하기 시작했다.

(나) 청제국의 강경책

도광(道光) 18년(1838년), 당시 호광총독으로 있던 린쩌쉬가 흠차대신(欽差大臣)에 임명되어 수십년 동안 악풍을 뿌리 뽑기 위해 꽝뚱에 부임하라는 명령을 받았다. 강경론자로 알려진 그는 비상한 결심을 하고 도광 19년(1839년) 3월 상순, 꽝뚱에 도착하자 곧 외국 상인들에게 포고령을 내렸다.

『3일 안으로 청국 관헌에게 인도하고, 이후 다시는 아편을 반입하지 않는다는 서약을 제출한다면 지난날의 아편 밀수의 죄를 묻지 않겠다. 황제 폐하의 특별 명령으로 막중한 권한을 부여받은 나는 아편이 완전히 근절되지 않는 한 절대로 돌아가지 않을 결심이다.』

그는 곧 외국인 거류지를 봉쇄하고, 외부와의 교통을 차단해 버렸다. 밀수업자들은 이번에도 어물어물 끝나려니 하고 대수롭지 않게 여겼으나 린쩌쉬는 추호의 타협도 용서하지 않았다. 외국인들은 식량과 물이 부족해서 괴로움을 받기 시작했다. 갖고 있는 아편 1천 상자를 내놓겠다고 제의했다. 그러나 린쩌쉬가 노리는 것은 항구 밖에 정박하고 있는 배에 실린 아편이었다.

거류지의 영국인들은 1주일만에 굴복했다. 당시 무역감독관은 해군 대령 차알스 엘리옷이었는데, 후에 영국 정부에서 보상하기로 약속하고 무려 2만여 상자의 아편을 제출했다. 린쩌쉬는 외국인들의 입회하에 몰수한 아편에 생석회를 섞어 바다에 버리거나 불태웠는데 2만 상자를 처분하는데 20일 간이나 걸렸다.

그런데 7월 7일 술에 취한 영국 선원이 쥬룽(九龍)의 마을에서 주민들과 난투 끝에 중국인을 때려 죽인 사건이 발생했다. 린쩌쉬는 중국인을 죽였으니 마땅히 그 재판권이 청나라측에 있다고 범인의 즉시 인도를 요구했으나 엘리옷은 영국인에 대한 재판권은 당연히 자기에게 있다고 이를 일언지하에 거절했다.

린쩌쉬는 마카오의 영국인에 대한 물자 공급을 차단하는 한편, 포르투갈 총독에게 영국인의 추방을 명령했다. 엘리옷은 영국인들을 이끌고 홍콩의 북쪽 수도로 후퇴하여 배에서 지내면서 탄압에 대항하는 자세를 더욱 분명히 취했다. 당시의 쥬룽이나 홍콩섬은 띄엄띄엄 주민이 모여서 사는 궁벽한 땅에 불과했다.

8월 말에 인도에서 군함 한 척이 오고 뒤이어 또 한 척이 도착했다. 9월 4일에는 식량을 조달하기 위해 상륙하려던 영국군이 이를 가로막는 청국 병선에 포격을 가해서 쌍방이 포격으로 응수했다.

(다) 아편전쟁 발발

꽝뚱의 아편 몰수 사건은 그해 9월 영국에 알려졌다. 상업회의소를 중심으로 청국을 응징하라는 여론이 빗발쳤다. 물론 배후에서 아편 밀수의 거물들이 맹활약하고 있었다. 1840년 2월, 영국 정부는 출병을 결의하고 의회에서도 젊은 글래드스턴 등의 강력한 반대를 물리치고 정부안을 승인했다.

6월에 차알스 엘리옷의 사촌 형제인 해군 소장 조오지 엘리옷이 이끄는 원정군이 도착했다. 영국 병력은 군함 16척, 수송선 27척, 육군 약 4천에 달했다.

청의 총독 치싼과 차알스 엘리옷은 꽝뚱에서 만났으나 강화조건이 시원치 않자 엘리옷은 이듬해 1월 7일 후먼의 포대를 공격했다. 드디어 치싼이 굴복하여 1월 20일, 「홍콩섬의 할양, 6백만 달러의 배상, 양국간의 평등한 교섭」등을 내용으로 하는 「촨삐조약」이 체결됐다. 그러나 이 조약은 양국 정부의 승인을 얻지 못했다. 청나라로서는 패전을 자인할 수가 없었다. 한편 영국 외상 파아머스튼은 청나라의 완전 굴복을 원했다.

도광제는 칙령을 내려서 후난, 쓰촨, 꾸이조우의 구원병을 꽝뚱에 파견시켜 전열을 가다듬는 한편, 가조약을 맺은 치싼의 관등 직위를 박탈하고 사슬에 묶어 죄인으로서 압송케 했다.

꽝뚱의 청나라 군대가 증강된 기미를 눈치챈 영국군은 기선을 제해 2월 26일, 교외에 있는 후먼의 포대를 기습해서 수사제독(수군 사령관) 이하 수많은 청나라 장병을 죽이고 포로 1천 명, 대포 수백 문을 노획했다. 그런데 꽝뚱성 안에서는 구원병으로 온 후난병들이 약탈, 강간, 폭행, 난동을 일삼아서 시민들의 원망을 사고 있었다.

당시 중국인들은 지방색이 강했고, 또 후난병들에게는 말도 안 통하는 꽝뚱 사람들이 외국인이나 다름없을 뿐 아니라 전의도 없고 자체내의 군기도 엉망이었다.

그래서 성을 지키기는커녕 본토박이와 외지에서 온 구원병 사이에 위협하고 증오하며 티격태격 집안 싸움에 여념이 없었다. 영국군은 순식간에 성밖에 있는 외국인 거류지를 점령하고 꽝뚱성을 위압했다.

3월 20일, 일시적인 휴전 협정이 맺어졌으나 5월 21일에는 다시 전투가 벌어져서 꽝뚱성 주변의 포대는 거의 영국군의 수중에 들어갔다. 꽝뚱이 함락되고 영국군의 약탈로 쑥대밭이 되는 것을 겁낸 꽝뚱의 관료들은 「1주일 내에 6백만 달러를 줄 것과 꽝뚱에 응원 온 다른 성의 청국군과 영국군 쌍방이 꽝뚱성 밖으로 멀리 철수할 것」을 조건으로 엘리옷과 휴전 협정을 맺었다.

이 무렵 영국군과 관병(官兵)의 약탈, 횡포에 시달리던 꽝뚱 시민과 근교의 농민들이 평영단(平英團)이라는 깃발을 앞세우고 궐기하여 스스로를 지키는 한편 영국군을 자주 습격했다. 이후 꽝뚱 일대의 배외 저항운동이 부쩍 성해져서 집요하게 테러가 계속된다.

(라) 패전과 불평등조약 체결

8월 21일에 군함 10척, 기선 4척, 그리고 2천 5백 명의 영국군은 북상을 개시하여 샤먼(아모이)를 점령하고 꾸랑섬에 주둔한 후, 다시 조우산섬의 명하이를 함락하고 전하이, 닝뽀, 위야오, 츠치, 횡화를 제압하고 이듬해 즉 도광 22년(1842년) 홍콩이 자유항임을 선언했다. 5월에는 증원군이 도착하여 영국군은 군함 25척, 기선 14척, 병원선, 측량선 등이 9척, 육군 보병만도 1만 명을 넘었다.

준비가 갖추어지자 5월 18일 차푸를 공략했다. 차푸는 만주 8기병의 주둔지로 완강히 저항하던 8기병들은 지휘관 이하 아녀자들까지 거의 몰살됐다. 6월에는 빠오산, 상하이성이 연이어 떨어지고 드디어 전쟝 공격을 개시하여 7월 21일 이를 점령했다.

영국군은 수송선 60척으로 해군까지 집결하여 드디어 난징성 총공격의 막을 올렸다. 양쯔강과 대운하가 봉쇄되고 뻬이징으로 가는 식량 수송 루우트까지 끊긴 청나라측은 이미 전의를 상실하고 있었으며 드디어 8월 14일 무릎을 꿇었다.

항복 3일 후, 포팅거가 제안한 강화 조건이 그대로 받아들여지고 8월 29일 양쯔강상의 영국 군함 위에서 포팅거와 흠차대신 시잉, 이리뿌 사이에 강화조약이 체결됐다. 이 조약을 강녕조약(江寧條約), 혹은 흔히 난징조약(南京條約)이라고도 하는데 ① 홍콩의 할양 ② 꽝뚱(꽝조우), 아모이, 푸조우, 닝뽀, 상하이 등 5개 항의 개항 ③ 개항한 5항에 영사를 설치하며 ④ 행상의 부채 3백만 달러, 몰수 아편 배상금 6백만 달러, 전비(戰費) 1천 2백만 달러, 합계 2천 1백만 달러를 영국에 지불하고 ⑤ 행상의 무역 독점의 폐지 ⑥ 양국 관리의 대등한 교섭 등을 규정했다.

영국측은 아편무역의 공인을 원했으나 청나라측이 이 문제를 회피해서 결국 아편 전쟁의 직접 원인이 된 아편 밀무역 문제는 이 조약에서 아무런 결정도 보지 못했다.

청나라가 일방적으로 우위에 섰던 꽝뚱의 무역 제도는 이렇게 해서 자유 무역을 강요하는 영국의 군사력 앞에 무너져버렸다. 그리고 이어서 체결된「5항통상장정」(五港通商章程),「후먼채 추가조약」에 의해 청나라측은 아주 불리한 불평등 조약의 함정에 빠져 들어갔다.

5) 내우외환에 무너지는 제국

(가) 애로우호 사건

헨펑(咸豊) 6년(1856년) 10월 8일, 선장이 부재중인 영국 선박 애로우호에 느닷없이 청나라 관헌이 덮쳐 해적 행위를 한 혐의가 있다고 12명을 체포해서 연행한 사건이 터졌다.

꽝뚱의 영국 영사 하리 파아크스는 강경론자로 알려진 팔팔한 28세의 청년이었다. 아편전쟁 때, 12~13세의 어린 나이로 통역까지 맡은 경력을 갖고 있는 그는 「중국 사람은 약한 자에게는 오만 불손하고, 강한 자에게는 그지없이 비굴하다」고 믿고 있었다. 꽝뚱의 배외 운동도 단호한 수단으로써만 꺾을 수가 있다는 것이 그의 주장이었다.

그는 곧 달려가 청국 관헌에게 항의했으나 퇴짜를 맞았다. 그래서 흠차대신 쎄밍침을 찾아가 12명의 선원을 즉시 영국 영사관에 인도할 것과 영국 국기를 모욕한데 대해서 사죄하라고 격렬하게 들이댔다.

마침 이때 중국 오지에서 샤프드레느라는 프랑스 선교사의 살해 사건이 발생했다. 당시 프랑스는 화려한 외국 원정으로 국민의 신망을 이어가던 나폴레옹 3세의 시대였다. 프랑스는 이 선교사 학살 사건을 구실로 영국과 공동 전선을 펴기로 하고 특명 전권대사에 그로남작을 임명했다.

헨펑 7년(1857년) 12월 12일, 영국의 엘긴대사는 흠차대신 쎄밍침에게 꽝뚱 입성 허가를 비롯해서, 조약 의무의 이행과 손해배상을 요구했으나, 쎄밍침은 한치도 양보를 안 했다. 병력 집결을 마친 영국, 프랑스 동맹군은 예정대로 12월 28일 꽝뚱성 공격을 개시해서 이튿날 꽝뚱 시내를 점령했다. 곧 치열한 약탈이 시작됐다. 익숙한 솜씨였다. 크리스마스와 새해 선물로는 충분하고도 남을 만한 푸짐한 수확이 있었다.

점령 직후 꽝뚱 성내에 들어갔다가 영국군 사령관을 만난 미국영사에게 친절한 사령관은 「자유로이 기념될 만한 것을 몇 개 약탈하십시오」라고 권했다 한다.

흠차대신 겸 양광 총독 쎄밍침은 숨어 다니다가 영국군의 수색에 걸려서 포로가 되고 후에 인도의 캘커타까지 끌려가 병으로 죽었다.

(나) 강요된 톈진조약(天津條約)

러시아는 카자흐족이 우랄을 넘은 이래 시베리아로 진격, 원주민인 길랴아크, 오르크, 몽고족 등을 압박하여 이윽고 동방에 나타났으며 남쪽으로의 진출은 강희제에게 가로막혀 일시 주춤했다.

야블로노이산맥을 국경으로 하는 네르친스크조약이 체결된 것은 강희 28년(1689년)이었는데 원래 청나라 조정에서는 러시아를 바다를 건너온 다른 유럽의 여러 나라와는 달리 취급하고 있었다. 따라서 교역의 길을 넓히기 위해 옹정 5년(1727년)에 캬흐타조약을 맺으면서도 반면에 꽝뚱무역 제도하에서는 러시아의 배가 꽝뚱에 입항하는 것을 일체 허락하지 않았었다.

러시아는 해상무역에 자기네만이 제외된 것이 불만이라면서 이때 해군 대장을 파견하여 영국, 프랑스, 미국의 대열에 끼어들었다. 그러나 청나라 조정의 태도는 여전히 그들을 만족시켜 주지 못했다.

4개국 사절들은 군함을 이끌고 빼이허강 하구에 진을 치고 햰펑 8년(1858년) 5월 20일, 영·불 연방군은 따꾸 포대를 공격하여 점령했다. 5월 30일, 4개국 전권대사들은 톈진(天津)에 들어갔다.

외국 군대가 이렇듯 황제의 도성인 빼이징 가까이에까지 육박해 오니 조정에서도 외교 교섭에 응하지 않을 수가 없었다. 흠차대신에 임명된 꾸이량과 화사나는 6월 2일 톈진에 이르러 차례로 각국 사절들과 회견했다. 그래서 조인된 것이 소위 톈진조약이다.

이 조약에 의해서 5항 외에도 뉴쨩(잉코우), 떵조우(츠푸), 한코우, 쥬쟝, 전쟝, 타이완푸(타이난), 딴수이, 산토우, 그리고 하이난섬의 츙조우(하이코우)와 난징도 개항됐다.

(다) 영·불의 원명원(圓明園) 점령

뻬이징에서 외국공사의 퇴거를 강력히 요구하자 영국, 프랑스군은 헨펑 10년(1860년) 7월 말, 빠이허강 하구에서 뻬이징 공격 준비를 완료했다. 집결한 병력은 영국군 1만 5백 명, 프랑스군 6천 3백 명에 이르고 게다가 2천 5백 명 이상의 중국인 노무자를 꽝뚱, 홍콩에서 긁어모아 왔다. 연합군은 8월 1일, 뻬이탕에 상륙하여 14일에는 따꾸의 거리를 점령하고 약 1주일 걸려 주변의 포대를 모조리 함락시켰다.

8월 하순, 톈진성이 떨어지고 25일에 두 대사는 톈진에 입성했다. 한편 선봉부대는 톈징에서 뻬이징으로 가는 운하의 요충지인 허시우까지 진출했다.

9월 18일, 연합군은 장쟈만에 포진한 씽꺼린친부대를 격파하고 빠리챠오까지 요격 나온 청국군을 다시 무찔러 뻬이징의 길을 열었다.

10월 6일, 프랑스군 본대와 영국군의 1부대가 뻬이징 교외에 있는 원명원 이궁(離宮)을 점령했다. 이 호화찬란한 이궁은 프랑스의 베르사이유궁전을 본떠서 건륭제가 지은 바로크양식의 별궁이었다. 처음 원명원을 점령한 부대는 앞을 다투어서 귀중품을 긁어 모아 모두가 벼락부자가 됐다.

그 후 10월 18일, 영국군은 이 이궁에 불을 질렀다. 호화로운 궁전으로 그 이름이 유럽에까지 알려졌던 원명원의 전각들은 불길 속에서 몸부림을 치며 무너져 내렸다. 영국 특명 전권대사 엘긴 백작의 증언에 의하면 청나라 황제가 좋아하던 이 궁전을 불태워버림으로써 그 오만함을 꺾으려 했다는 것이다.

(라) 서태후(西太后) 등장

새로 황제가 될 목종(穆宗) 퉁치제(同治帝)는 아직 6세의 어린 아이였으며, 그 어머니 서태후(西太后)는 26세의 야심많은 여자였다. 서태후는 쑤신 등이 죽은 황제를 싸고돌며 자기를 뒷전으로 밀어낸 처사가 못마땅해서 황제의 유언에 찍어야 할 옥새를 감추고 내놓지를 않았다. 서태후는 은밀히 뻬이징에 있는 시동생 공친왕과 줄을 대고 쑤신 등의 세력을 꺾을 음모를 꾸몄다.

　이후 궁중에서 서태후의 권세는 거칠 것이 없이 날로 뻗어서 공친왕마저도 서태후의 눈밖에 벗어나 차츰차츰 정치의 실권을 잃어 갔다.

　서태후는 가난한 만주 귀족 출신의 하급 관리의 딸로 약혼자가 있었으나 자진해서 궁녀로 입궐하고 이윽고 황제의 눈에 들어서 아들을 낳고 귀비로 승격했다. 황후 다음 가는 지위였다.

　서태후가 헨펑제의 외아들인 퉁치제를 낳은 해는 대외적으로는 「애로우호 사건」이 일어났고, 국내에서는 「태평천국의 난」의 불길이 아직 가라앉지 않은 시기였다.

　헨펑제가 죽자 서태후에게는 새로운 변화가 일어났다. 황제를 둘러싼 여인들끼리의 매력과 질투의 싸움에서 권력의 싸움으로 초점이 옮아간 것이다.

　이 여인의 수렴청정 속에서 음모와 암살이 자행되고 권력을 한 손에 쥔 시태후의 음산한 독기에 청제국은 이미 돌이킬 수 없는 깊은 늪에 빠져 들어가고 있었다.

　(마) 홍슈취안의 태평천국

　아편전쟁이 끝난 후 계속된 기근때문에 일반 백성들은 무리를 짓고 잘 사는 집을 터는 사건이 빈발했다. 특히 꽝시성은 전 지역이 거의 도적판이었다.

　그무렵 가난한 농가의 아들로 태어난 홍슈취안(洪秀全)이라는 사람은 꿈에 예수를 만나 진리를 얻었다고 자랑하며 신도들을 모으는 데 성공했다.

　굶주린 유민(流民)들은 앞을 다투어 홍슈취안의 신도가 되고 마침내 상제회를 만든 홍은 꽝시성 꾸이핑에서 난을 일으켰다. 각지의 상제회 신도들이 이에 호응해서 1만여 명이 늘어나 그 기세가 당당했다.

　반란군의 성격을 뚜렷이 한 상제회는 그 세력이 시시각각 팽창하면서 대거 이동하기 시작했다. 그무렵 강남지방에는 천지회, 삼합회

(三合會) 같은 비밀결사들이 있었는데 이들도 모두 훙슈취안의 무리에 합류했다. 그들은 한민족 고유의 습관에 따라 머리를 길게 기르고 청나라 타도의 기치를 높이 들었다.

그는 곧 태평천국(太平天國)이라는 국호를 내걸고 스스로를 천왕이라고 칭하며 헨펑 1년(1851년) 3월 우쉬안에서 즉위식을 거행했다.

태평천국군은 곧 융안에 진출하여 점령하고 융안성에서 군사정부 격인 국가체제를 갖추었다. 그리고 각 지역에 왕을 임명하고 군대를 양성케 했다.

이듬해 토벌군의 포위를 뚫은 태평천국군은 4월·5월에 꾸이린, 이어서 후난 땅에 들어가 창사를 공격했으나 성공하지 못하고 그대로 북으로 북으로 쳐올라가서 드디어 양쯔강 유역에 도달했다. 12월엔 후뻬이의 한코우를, 이듬해 헨펑 3년(1853년) 1월에는 우창을 점령하고, 2월 9일 수륙 50만 대군과 배 1만여 척이 양쯔강을 메우며 쟝쑤의 난징(南京)을 향해 출발했다. 2월 18일에는 쟝시의 쥬쟝을, 24일에는 안칭을 점령하고 여기서 은 30만 냥, 포 1백여 문을 노획했다. 3월 8일에는 태평천국군의 선봉부대가 난징성 교외에 도달, 20일에는 난징을 완전히 점령했다.

난징성을 지키던 양강총독 이하 수많은 관리가 죽고, 가장 용감하게 저항하던 8기병은 거의 가족과 함께 전멸했다. 이때 2만 내지 3만 명이 학살됐다고 한다.

천왕(天王)은 3월 29일 난징성에 입성하고 난징을 천경(天京)으로, 양강총독의 관아를 천왕부(天王府)라 이름했다. 그 뒤 곧 천왕부가 불타 없어졌으나 천왕은 곧 재건을 명하고 물쓰듯 돈을 낭비했다. 궁전의 문은 눈부시게 휘황찬란한 황금색 비단으로 장식되고 특히 금룡전(金龍殿)은 사치의 극치였다.

(바) 의용군에 의해 평정

태평천국군은 천경(天京)에 도읍한 이래 수년간은 우세한 위치에 있었다. 그러나 내분이 격화되어 내부로부터의 분해 현상이 일어나자 차츰차츰 청나라측에서도 태세를 가다듬고 태평천국군을 압박하기 시작했다. 그 동안에 가장 눈부신 활약을 보인 것이 청꿔판이 이끄는 의용군이었다.

당시 42세인 청꿔판은 수하에 따르는 군졸 하나 없고 군사적 경력도 예비 지식도 없었다. 그는 우선 고향의 지방 유지들을 설득해서 호응을 얻었다. 이어서 젊고 힘세고 소박하고 정직한 농민 출신만을 가려뽑아서 참신한 군대를 편성했다. 이들을 상용(湘勇)이라고 한다. 상(湘)이란 후난 지방을 가리킨다. 한편 강, 호수, 늪이 많은 강남 지방의 작전에 수사(수군)의 필요성을 느낀 청꿔판은 스스로 연구하고 설계 감독하여 병선까지 만들었다. 이렇듯 1년여의 준비 기간과 훈련을 통해서 셴펑 4년(1854년)에는 대소 병선 1백 40척, 무장 수송선 1백 20척, 기타의 배 1백 척에 병 5천의 수사를 편성하는데 성공했다.

이후 전선을 따라서 1진 1퇴의 전황 속에 희비를 수놓으며 혹은 절망하고 혹은 죽을 고비를 여러 번 넘기면서 불굴의 의지로 사기를 고무하며 승리의 기반을 차근차근 다져갔다. 셴펑 8년(1858년) 아우인 청꿔화가 전사했다.

이 무렵부터「상용」의 무용이 드날리기 시작해서 양쯔강 연안의 우후, 타이핑을 점령하고 이듬해 쟝시와 강남에서 적의 자취를 말끔히 쓸어냈다.

7월 19일, 천경이 함락됐다. 청꿔판의 군대가 성내로 돌입했을 때 굶주린 태평천국의 병사들은 끝내 버티고 저항하며 항복을 거부해서 10만여 명이 고스란히 도살됐다.

· (사) 청일전쟁의 패배

내란을 치르는 동안 청나라가 약골임이 분명해지자 이 틈을 비집고 너도 나도 중국 침략에 박차를 가해서 중국의 변경 지방은 뒤를 이어 식민지화되어 갔다. 퉁치(同治) 10년(1871년) 일본의 유구(琉球) 영유, 꽝쉬 7년(1881년) 러시아의 신쟝과 외몽고 침입, 꽝쉬 15년(1889년) 프랑스의 안남 점령, 이윽고 꽝쉬 20년(1894년) 청일전쟁이 발발했다.

처음 청나라와 일본의 대립관계는 유구문제를 둘러싸고 전개됐다. 유구의 귀속문제는 퉁치 10년(1871년)부터 분란이 나서 꽝쉬 5년(1879년)에는 일본측이 일방적으로 오키나와현을 설치하고 유구의 단독 영유를 강행함으로써 청일관계가 험악해졌다. 그 다음 등장한 것이 조선이었다.

수단방법을 가리지 않고 악착같은 팽창정책을 통해서 새시대에의 돌파구를 찾으려는 일본의 천황 전제체제의 본질을 청나라는 미처 파악 못하고 있었다. 얻어맞고 터지고 깨어지면서도 유럽 열강에 대해서 오만하고 교활하게 중화사상을 고집하는 청나라로서는 일본따위는 하잘 것 없는 멸시의 대상이었다.

일본이 청나라와의 전쟁을 전제로 거국 일치의 준비를 서두르고 있을 때, 조선에 나와 있던 위안스카이는 일본군을 분석 평가하기를 「일본은 국내 사정이 어지러워서 조선에 군사를 파견한다고 해도 아마 1백 명 이상은 파견할 수가 없을 것이다.」라고 얕보고 있었다.

조선에 나가 있는 위안스카이로부터는 여전히 일본을 깔보고 과소평가하는 보고가 들어오고 있었다.

꽝쉬 20년(1894년) 7월 25일, 일본의 예고없는 선제 기습으로 청일전쟁의 도화선에 불이 당겨져 8월 1일, 두 나라는 정식으로 선전포고를 했다. 일본이 만반의 사전 준비를 갖추고 전국민이 일치단결해서 총력전을 벌인데 비해 막상 일본군과 맞붙은 청나라측 군사는 리홍장이 예상한대로 그의 휘하에 있는 북양군뿐이었다. 일본군은 연전연승했다.

청일전쟁은 동양 3국의 일대 전환점이 됐다. 한(韓)민족은 유사 이래 처음 주권을 잃고 중국 민족은 「잠자는 돼지」취급을 받고, 왜소한 일본은 열강의 대열에 끼게 된 계기가 이때 조성된 것이다.

(아) 의화단(義和團)의 난

중국에는 일찍이 백련교의 일파인 의화권(義和券)이라는 민간신앙 단체가 있었다. 의화권의 교도들은 호신술로 당수 비슷한 권법을 익히고 단련했다. 그들은 마을의 절이나 사당 등에 제단을 꾸며놓고 주문을 외며 지상에서 행복을 누린다고 믿고 있었다.

이 의화권은 청나라 조정의 권력이나 벼슬아치, 그리고 외국의 침략자들을 미워했다. 마침내 이들은 의화단을 조직하고 궐기하여 일어났다.

꽝쉬 26년(1900년) 봄, 한두 달 사이에 의화단의 격렬한 배외(排外)운동이 히뻬이 일대를 휩쓸었다. 그해 6월 8일 의화단은 빠오띵(청위안)을 포위하고 외부와의 연락을 끊었다. 관헌들은 외국인들의 신변 보호를 약속하고 몇 번이나 안전을 다짐하면서도 의화단이 하는 짓을 방관할 뿐이었다.

의화단은 30일 양꾸이쯔의 병원과 교회, 주택 등을 약탈하기 시작했다. 그들은 잡아들인 외국인들과 선교사들, 그리고 그 가족들을 그 날 모두 성 밖으로 마치 굴비를 엮듯 한 줄에 줄줄이 묶어서 끌어냈던 것이다.

허뻬이, 허난뿐 아니라 산시 등지에서도 의화단의 배외운동은 철저하고 치열하게 진행되고 있었다. 그 운동은 만리장성을 넘어 만주에까지 번졌다.

(자) 청 제국의 종말

꽝쉬 34년(1908년) 10월, 꽝쉬제가 죽고 이어서 하루 사이를 두고 서태후가 죽었다. 이 큰어머니와 조카의 집요한 싸움은 음산한 이야깃거리를 남겼으나 어쨌든 뻬이징 뻬이하이(北海)에 유폐된 비극의 황제와, 만수산의 이화원 이궁에서 수렴청정하며 정권을 움켜쥐고 있던 여걸이 동시에 세상을 떠났다는 사실은 청 제국의 종말을 예감케 했다.

진보적이며 개혁의 의욕에 불타던 황제와, 조상의 유업을 고집하는 서태후는, 천하를 양분하는 세력으로서가 아니라 궁정내의 반목에 그쳤으며 그 중간에서 어부지리를 노리는 간신들 외에는 그저 모두가 지켜볼 따름이었다.

청 제국 최후의 순간이 다가온 것이다. 청나라의 붕괴는 2천 년 이상 계속된 황제 통치의 마지막 장이며 낡은 사회의 소멸이며 거대한 제국의 종말이었다.

　1908년, 청나라의 마지막 황제로 즉위한 3세 난 어린 쉬안퉁제는 1911년의 신해혁명으로 맥없이 물러나 명실공히 청나라는 역사의 갈피에서 자취를 감추었다. 거대한 제국의 맥없는 종말이었다.

8. 르네상스 시대의 유럽

(1) 신의 세계에서 인간의 세계로

14세기 초는 유럽 각국, 특히 영국, 프랑스, 스페인 등지에서 왕권이 강화되고 교황은 아비뇽에 유폐되어 있던 시대다. 요컨대 시대도 사회도 인간들의 사고방식도 모두 달라지고 있었다.

그리고 그 시대의 인간들의 사고방식도 모두 달라지고 있었다. 그리고 그 시대의 인간들은 새로운 시대가 왔다는 것을 자각하고 있었다. 하지만 말이「르네상스 시대」이지 복잡하기 짝이 없었다. 르네상스란 말 자체도 막연히「재생」을 의미할 뿐이다.

이것이 19세기 이래 역사상의 시대 개념으로 쓰이고 있는데, 따지고 보면 중세 말기에서 근세 초기에 해당하는 과도기, 즉 14세기에서 16세기까지가 대개 르네상스 시대로 지칭되고 있다.

신 또는 괴물의 위력에 얽매여 있던 암흑 시대가 가고 사람들이 모든 미망(迷妄)에서 깨어나 인간성을 존중하며 현실주의 또는 합리주의에 입각해서 저마다 새로운 인생을 영위하게 되었을 때, 일찍이 그런 입장에서 찬란한 문화 사회를 건설했던 그리스, 로마 시대를 재현하게 됐다. 즉 그리스, 로마 시대의 문화 사회를「재생」시킨 것이다.

중세 유럽의 사회는 영주 대 농민이라는 봉건관계를 구성의 원칙으로 삼고, 정신적으로는 그리스도교에 지배되고 있었다. 그러나 도시들이 발전하여 시민계급(주로 상인)이 대두하고 영주들이 몰락하면서 농민의 지위가 향상되었다. 이때 시민 계급과 농민 상층부 등 신흥세력이 낡은 사상이나 문화에 반발하고 독자적인 사상이나 문화를 개척하게 되었는데 이것이 바로 르네상스라는 것이다.

아무튼 르네상스 시대에 접어들면서 사상, 학문, 예술, 과학 등에서 엄청난 변화가 이루어지고 있었다.

1) 개인의 인격개발

중세 최고의 권위이던 카톨릭 교회에 대한 저항은 이단(異端)운동이나 종교개혁의 운동으로 발전하는 동시에 인간 각자가 신앙보다는 자신의 이성이나 의지로 살려고 하는 새로운 경향을 나타내고 있었다. 이런 것이 르네상스이지만, 이 무렵은 아직 새로운 사회 질서도 정치 조직도 확립되지 못한 혼란기였다. 자연 과학의 성과도 아직은 확실하지 못한 시기였다. 예컨대 의사들이 아직도 주문(呪文)만 못하다는 평가를 받고 있었을 정도다.

이런 상황에서도 인간의 이성이나 의지가 차차 높이 평가되고 신학상의 불합리한 도그마는 하나하나 파괴되어 가고 있었다. 그것을 바꾸어 말하면 오랫동안 그들을 속박한 신으로부터의 해방, 내지는 고전적 제신(諸神)의 부활로 요약해서 말할 수 있다.

또한 르네상스 시대의 사회는 인간이 각자의 능력을 자유롭게 발휘할 수 있던 사회다. 이런 사회에서는 누구나 자기의 장점을 잘 살리기만 하면 특출한 인간은 물론이요, 무엇이나 다 잘하는「만능의 천재」가 될 수 있다.

원래 이「만능의 천재」란 것은 무엇이나 다 아는 백과전서 같은 인물을 의미하는 말이 아니라 모든 면에서 독창적인 일을 해내는 능력이 있는 인물을 의미한다.

르네상스 시대의「만능의 천재」란 것은 회화, 조각, 건축뿐 아니라 시, 음악, 자연과학에까지 뛰어난 재능을 보인 레오나르도 다빈치와, 스포오츠, 건축, 조각, 시, 법학, 수학, 물리학, 천문학, 의학 등에서 뛰어난 재능을 보인 레온 밧티스타 알베르티를 꼽는 것이 통례로 되어 있다.

(가) 천재 알베르티

알베르티라는 만능의 천재는 우선 육체의 탁월한 능력으로 사람들을 놀라게 했다. 또 음악을 남에게서 배운 일이 없는데도 알베르티는 탁월한 작곡을 해냈다. 주로 목가나 애가를 작곡했던 것 같다. 그리고 법률에 밝고 물리학자이면서 수학자이기도 했고 고대의 작품에 못지 않은 훌륭한 산문이나 소설도 썼다. 그의 장편 논문 가정론(家政論)은 자본주의 정신에 입각한 최초의 가정교육, 윤리서적으로 지금도 유명하다. 하지만 남에게는 항상 겸손하고 웬만한 병은 아름다운 자연 경치를 보면서 떨쳐버릴만큼 감수성이 풍부했다.

그러나 뭐니뭐니해도 알베르티의 본업은 조각, 회화, 건축이었다. 특히 건축에서는 당대 일류였다고 해도 좋다. 그의 손으로 된 피렌체의 산타마리아 노벨라 사원과 루첼라이궁은 르네상스 건축의 최고 작품으로 꼽히고 있다. 그의 또 다른 저서 회화론(繪畵論)은 합리주의적 예술론으로서도 이미 고전적인 가치를 가진 것으로 높이 평가되고 있다. 만능의 천재 알베르티는 인간의 마음속을 들여다 보는 능력, 즉 직인(職人)의 기술이나 구두 고치는 기술까지 터득하고 있었다. 그가 만든 만화경(萬華鏡) 역시 사람들을 놀라게 했다.

(나) 시성(詩聖) 단테

세계 4대 시성(詩聖)의 한 사람으로 불리는 단테는 그와 같은 사고방식을 가진 사람들, 즉 고전 고대의 문화에 심취해 있던 휴머니스트들의 선구자에 해당한다. 그야말로「로마의 성벽도 옷깃을 바로잡고 보아야 한다」고 말한 사람이다.

원래 단테는 독일의 황제를 로마의 후계자로 생각하고 자기 자신을 국제인으로 생각했던 사람이다.「혼자서 모든 것을 알려는 자에게는 어느 곳에나 이향(異鄕)이란 것이 없다. 그는 모든 도시의 시민이다」이와같은 그의 사고방식은 그 무렵 이탈리아를 지배하고 있던 독일인 영주들의 사고방식이기도 했다.

그는 카톨릭 교회를 지지했고 르네상스 시대의 이탈리아인들처럼「이탈리아의 통일에 방해되는 것이 교회」라고 생각하지는 않았다. 이런 점에서 단테는 중세인으로 얘기된다. 하지만 라틴어 대신에 이탈리아어를 중시하고 인간성과 인간의 현실적인 행동의 가치를 주장하고 현세의 명예를 중시했다는 점에서는 르네상스 사람에 가깝다.

예컨대「신곡」에서 단테는 자기가 증오하는 자들을 모조리 지옥 속에 몰아놓고 선한 일도 악한 일도 하지 않으면서 헛되이 일생을 보낸 자들은 지옥의 입구에 놓아 두었다.

거기서 단테를 천국으로 안내하는 것이 유명한「연인」베아트리체다. 단테의 연애 시집 신생(新生)은 베아트리체에 대한 사모의 노래요, 그후 베아트리체라면 으레 이상적인 연인을 의미할만큼 유명해졌다.

(다) 복카치오의 데카메론

복카치오는 유명한 금융업자 바르디의 나폴리 지점 직원이란 신분으로 나폴리 국왕 로베르토의 궁정에 출입하면서 왕으로부터「짐의 아들, 신뢰하는 상담역, 조역(助役) 상인」이란 찬사를 받고 있었다.

바로 이 무렵 1336년 3월 30일, 23세의 복카치오에게는 60평생에 잊을 수 없는 중대한 사건이 돌발했다. 어두컴컴한 교회 안에서 젊은 여인과 마주쳤는데 복카치오의 눈에는 그 여자의 모습이 신비하리만큼 환하게 광채를 발하고 있었다. 로베르토왕의 서출(庶出)로서 이름이 마리아였던 것으로 알려지고 있는 그 미녀는 이미 아퀴노의 귀족과 결혼해서 마리아 다퀴노 백(伯)부인으로 불리고 있었다.

이때부터 복카치오는 늘 마리아 다퀴노백 부인만을 생각하면서 사랑의 소네트나 칸초네를 마구 써냈다. 그속에 마리아 다퀴노백 부인을 가리키는 말「피암멧타」(조그마한 불꽃을 의미)가 등장했다. 그런데 단테의 베아트리체가 플라토닉한 사랑의 천사였다면 이 복카치오의 피암멧타는 라블레의「텔렘의 승원」에 있었음직한 자의식이 강렬한 여성이었다. 그녀는 아무 거리낌없이 복카치오의 구애에 응했다. 이들의 사랑은 3년간 맹렬한 기세로 불타고 사랑의 기쁨이나 슬픔을 다룬 복카치오의 유명한 시「필로콜로」,「필로스트라토」,「아메토」,「피암멧타 비가」,「사랑의 환영」등이 씌여지게 됐다.

하지만 1340년 경 바르디 상사(商社)가 파산하고 복카치오는 피렌체로 돌아갈 수밖에 없었다. 그리고 상업과 공업의 도시 피렌체가 복카치오의 산문정신을 일깨웠을 때, 그는 나폴리에서 헤어진 피암멧타의 아름다운 육체를 염두에 두고 피렌체의 산문적인 세계를 구어(口語)로써 써 나갔다. 이것이 1백 편의 주옥같은 단편으로 엮어진「데카메론」이다.

데카메론이 사람들을 감동시키는 것은 무엇보다도 속박이나 인습을 깨뜨리고 자유롭게 행동하는 평범한 작중 인물들의 모습이다. 이런 것은 라블레의 가르간튀아와 공통되지만, 단 거인은 아니고 평범한 인간들이다. 그래서 「데카메론」에는 인간이 에고이즘이나 속임수, 여자의 사악한 면이나 간사한 계략, 사이비 신자의 속임수 등 인간의 본성이 리얼하게 표현되어 있다는 평이 따른다. 그들은 각자의 욕망이나 이익을 위해 필요하다면 신이나 국가를 이용하기도 한다.

(라) 모럴리스트 몽테뉴

인간성을 속박하는 기성의 개념에 대한 저항에는 대체로 두 가지의 형태가 있다. 하나는 라블레나 복카치오나 삭켓티한테서 찾아볼 수 있었던 것 같이 개인이 기성의 개념에 구애되지 않고 각자 원하는 것을 자유롭게 행하는 입장이다.

하지만 그와는 달리 기성의 개념에 일단 의문을 품고 대하는 입장이 있다. 심지어는 자기 자신에 대해서까지 의문을 품고 눈을 내부로 돌린다. 그에 따라 인생의 문제 일체를 새로운 각도에서 하나하나 재검토해 나간다.

이런 「건전한 회의 정신」의 대표가 유명한 모럴리스트 몽테뉴다. 라블레, 복카치오, 삭켓티 등의 저항이 다분히 공상적인 것이었다면 이 몽테뉴의 경우는 그런 것이 없다는 점에서도 전자와는 뚜렷한 차이를 가지고 있다.

몽테뉴는 남부 프랑스의 새로운 상인 귀족의 집안에서 태어났다. 어려서부터 고전에 통달했다. 성인이 된 후에는 보르도의 고등 법원 참의(參議)와 지방 의회의 의원을 했고 독일, 이탈리아, 스위스 등지를 여행, 견문을 넓혔다. 1581년에서 1585년까지 보르도 시장으로 지내면서 명성이 높아졌다. 하지만 정치는 아무래도 그의 기질에 맞지 않아서 일찍부터 은퇴하여 몽테뉴의 성관(城舘)에서 사색과 독서로 세월을 보냈다.

이런 것이 대체로 몽테뉴의 경력인데 청년기에 관찰한 세상을 그 뒤의 사색과 독서로 정리한 결과가 바로 「수상록」이다. 모두 3권, 1572년에 쓰기 시작해서 죽을 때까지 계속해서 썼다. 물론 그 사이 정치에 관여한 일이 있고 여행을 한 것도 여러 차례이니까 수상록은 계속 집필된 것은 아니다.

몽테뉴는 「우리들의 행복이나 불행은 죽음으로 결정되지 않는다고 단정해서는 안 된다는 것」, 「사물의 진위를 우리들의 지혜만으로 단정해 버리는 것은 광기 때문이다」라는 항목에서 모든 것의 실제를 잘 보고 천천히 판단할 것, 그렇게 해도 사람의 판단은 절대적일 수 없다라고 주장한다.

여기서 몽테뉴는 또 사람의 판단이 대개는 습관에 의지하는데 이 습관이란 것이 사실은 시간과 장소에 따라 많이 달라지고, 그 결과 사람의 판단도 시간과 장소에 따라 달라진다고 주장하며 여러가지의 예를 들었다.

(마) 비용과 첼리니

인간성의 해방을 주요 모토로 한 르네상스의 기본 정신과 이 시대의 무질서한 사회는 개화된 상인, 군주, 천재, 모럴리스트, 휴머니스트 등을 많이 낳았지만 그에 못지 않게 「자유 분방」하고 무궤도한 새로운 정신의 「행동파」도 많이 낳았다. 하지만 극도로 퇴폐적이거나 허무적이거나 불결한 면은 없었다는 것이 그 특색이다. 대표적인 존재는 걸식과 도둑질과 방랑으로 유명한 15세기 프랑스의 청년 시인 비용과, 강도질과 살인과 폭력 행위로 유명한 금세공사(金細工師)에 조각가에 문필가이기도 했던 첼리니 두 사람이다.

그중 비용은 원래 파리 대학의 학생으로 당시의 대학생처럼 도둑질, 싸움, 유흥같은 것에 열중해 있었다. 1455년 25세 때에는 싸움 끝에 칼을 휘둘러서 사제(司祭)를 찔러 죽이고 도주, 그때부터 방랑생활을 하면서 도둑질과 살인을 반복, 여러 차례에 걸쳐 투옥당하면서 시를 썼다. 그러다가 33세 이후에는 아예 행방이 묘연, 어떻게 됐는지 알 길이 없다. 하지만 교수형을 선고받았을 때 썼다는 「대유언서」를 비롯한 작품 여럿이 전해져서 이후 프랑스 최대의 서정시인으로 평가되고 있다. 하지만 이 비용보다 더 천재적인 예술가로 유명했던 희대의 「자유인」은 바로 이탈리아의 첼리이다.

첼리니는 미켈란젤로의 제자로서 원래는 금세공사이자 조각가였다. 하지만 그의 조각품이란 것은 「페르세우스의 동상」 외에는 모두 자질구레한 장식품들 뿐이다. 그나마 남녀의 해괴한 동작을 다룬 작품 때문에 뒤에 독일이나 프랑스에서는 그런 해괴한 장식품들을 「첼리니」란 이름으로 불리게 되고 또 그런 장식품의 수집을 좋아하거나 호색적인 왕을 말할 때에는 첼리니를 좋아하는 왕이란 식으로 얘기되었다.

르네상스는 예술의 시대이고, 근대 예술의 문을 연 시대이기도 하다. 이 시대의 예술관에 대해서도 같은 말을 할 수 있다. 즉 예술이라는 것은 미의 표현을 목적으로 하고 그밖의 다른 것을 목적할 때에는 사도(邪道)에 불과하다는 사고방식이나, 미에는 독자적인 미적 가치 또는 미의 법칙이라는 것이 있다는 사고방식, 예술가는 직인(職人)이 아니라 독자적인 인격을 가지고 있으며 사회적으로도 누구에게나 예속되어 있지 않다는 사고방식 등이 이미 르네상스 시대에 나타나고 있었던 것이다.

그것은 「살아있는 인간을 그린다」는 말로 요약될 수 있는 모델의 채용이다. 원래 첼리니는 여러 여자와 관계하였지만 여자 모델들과도 깊은 관계를 가졌다. 그러나 단테와 베아트리체라든지 복카치오와 피암멧타의 연애에서 볼 수 있는 「애정」의 관계는 아니고 첼리니의 다른 행동에 나타난 것과 같은 「분방」한 연애였다. 좋아하는 모델을 죽이는가 하면 머리채를 잡아끌고 돌아다니기도 했다. 첼리니의 이런 행동에서도 역시 자기의 권리는 중요시하면서 남의 인권은 유린한 르네상스 시대의 인간관을 엿볼 수 있다.

(바) 자유인 아레티노

16세기 이탈리아에는 군주도 상인 귀족도 예술가도 휴머니스트도 한결같이 두려워한 정말 놀라운 인물이 등장했다. 세계 최초의 저널리스트로 얘기되는 피에트로 아레티노가 바로 그 사람이다.

아레티노는 돈이나 권력이나 재능 같은 것을 가진 사람에게 처음에는 아주 부드러운 목소리로 다정하게 말을 걸었다. 그리고 상대가 미술가인 경우는 작품이건 다른 무엇이건 그가 가지고 있는 것을 달라고 했다. 이런 때 요구가 받아들여지지 않으면 협박장과 함께 심한 욕지거리가 섞인 문장이 즉시 배포되었다. 여기서 염두에 두어야 할 것은 당시의 이탈리아 사회에서 악담이나 유언에 의한 소동은 군대보다도 더 무시무시한 무기였다는 사실이다. 게다가 뭔가를 가진 자란 것은 예나 지금이나 구린 데가 있게 마련이다.

아레티노는 정보를 수집하는 능력도 대단해서 일단 남의 약점을 잡았는가 하면 그것을 미끼로 별별 못된 짓을 다한 위인이다.

그렇게 해서 돈을 번 아레티노는 베네치아에 호화스런 저택을 짓고 많은 여자와 호위병에게 에워싸여서 왕후(王侯)에 못지 않은 생활을 했다. 이 무렵 아레티노를 두려워한 나머지 그를 없애버리고 싶어하는 군주들이 풀어놓은 자객들이 호시탐탐 암살의 기회를 노리고 있었을 것은 당연하다. 그러나 어찌된 셈인지 아레티노는 무사하고 오히려 군주들 쪽이 독살당하거나 폐위당하였을 뿐이다. 그러다가 64세의 아레티노는 다시 그의 책략이 적중했다는 소식을 듣고 너무 웃다가 의자와 함께 뒤로 나가 떨어져서 뇌진탕으로 죽었다는 보기 드문 최후를 마쳤다.

(사) 마키야벨리

마키야벨리는 피렌체의 가난한 법학자한테 태어나서 별로 교육을 받지도 못하고 성장했다. 그러다가 샤를르 6세의 이탈리아 침입 때, 25세의 마키야벨리는 시민들 틈에 끼어서 북방의 새로운 세력 내지는 새로운 시대의 개막을 두려움에 싸인 채 목격했다. 이후 사보나롤라의 득세와 실각에 대해서는 특별한 관심을 가지고 관찰한 듯하다.

하지만 무명 청년이었던 그가 관직에 취임, 피렌체 공화정부의 서기로 일한 것은 사보나롤라가 죽은 1498년, 그의 나이 29세 때의 일이다. 이때부터 14년간 그는 공화정부에서 군사, 외교 문제까지 맡아보면서 「정략론」, 「군주론」, 「피렌체 역사」 등 많은 저작을 남기게 되었다. 그중 말 그대로 세상을 놀라게 한 것이 「군주론」이다. 여기서 마키야벨리는 이렇게 주장했다.

『군주는 마음이 온화하고 여우처럼 교활하고 또 사자처럼 무서워야 한다. 선량한 군주는 정복당하기 쉬우므로 국민을 불행에 빠뜨린다. 권력을 획득하고 국가를 통치하기 위해서는 군주는 무슨 못된 짓을 해도 좋다. 아니 그래야 한다. 또 군주국을 정복하게 되면 그곳을 지배하고 있던 자들의 혈족 전원을 사형에 처하라. 남겨두어 봐야 반항하거나 반란을 꾀할 것이다.』

소름이 끼치는 얘기였다. 그래서 「군주론」은 악마의 책이라는 혹평을 받기도 했다. 하지만 로렌초, 피에로, 샤를르, 사보나롤라, 체자레 등 그 무렵의 「군주」들을 주의깊게 관찰했던 마키야벨리가 말하고 싶어한 것은 전제 군주의 폭정에 관한 것이 아니었다. 사실 분열 항쟁을 계속하고 있는 조국의 모습을 가슴 아파하고 조국의 위기를 직감하고 이제라도 어떤 희생을 치르건 조국을 통일, 재건하지 않으면 안 된다고 주장하고 그 방법을 제시한 것이 「군주론」이었다.

2) 새로운 미(美)의 세계 창조

1267년 피렌체의 거리에 사람들이 모여 환성을 올리며 구경하는 그림이 있었다. 그것은 마리아와 아기 예수를 그린 커다란 그림이었다. 사람들은 나팔을 불면서 교회로 몰려들고 있었다. 「성모와 아기」라는 이 그림은 치마부에의 작품이었는데 그때까지 어둠속에 있던 예술가들에게 새로운 빛을 주어 고전 고대의 미를 재현한 것이었다. 치마부에가 산타마리아 노벨라 교회당을 위해 이 그림을 완성했을 때 이때까지 볼 수 없었던 박진성(迫眞性)에 놀란 군중은 제각기 앞을 다투어 가며 이 그림에 달라붙어서 교회로 운반해 주었던 것이다.

그 이후 유사한 그림이, 아니 좀더 생동하는 인간상을 그린 그림들이 지옷토, 반 아이크 등 명망있는 화가들에 의해 그려졌다.

르네상스 미술의 특질을 대개 리얼리즘 미학이라고 하는데 이탈리아와 그밖의 다른 지역에서도 다소 차이는 있지만 사실적으로 그린 작품들이 생산되고 있었다.

뛰어난 화가야말로 뛰어난 건축가이고 과학자이고 또 수학자이기도 해야 한다는 이 시대의 정서가 있었고 또 그래야만 훌륭한 그림을 그릴 수 있다고 생각하였다.

그런 가운데 회화에서는 피에로 델라 프란체스카, 안드레아 만테냐, 조각에서는 도나텔로, 건축에서는 부르넬레스키 등의 많은 천재가 나타났지만 뭐니뭐니해도 역시 그 완성자는 레오나르도 다빈치였다.

(가) 레오나르도 다빈치

르네상스가 낳은 최고의 미술가라면 레오나르도 다빈치, 라파엘로, 미켈란젤로 세 사람을 꼽는다. 세 사람 모두 15세기 말에서 16세기 중엽까지 르네상스 후기, 혹은 전성기에 활약한 인물들이다. 먼저 레오나르도 다빈치에 대해 얘기해 보자. 그는 인체를 외부에서 본대로 묘사하는 것만으로는 만족하지 않고 그 내부의 여러가지 구조나 동작을 조사하여 표현한다.

그는 또 인체를 연구하듯 자연에 대해서도 세밀히 관찰하고 표현하려 했다. 빛의 효과에 대해서도 철저히 연구하고 표현한다. 유명한 「모나리자」의 얼굴과 손을 보면 그늘진 듯한 미소와 해질녘 빛속에서 나타내는 효과를 살리고 있다.

레오나르도는 1452년 피렌체 근방의 빈치라는 촌에서 어느 공증인의 서자로 태어났다. 성장해서 처음에는 피렌체의 화가조합에 가입하고 1482년, 밀라노에 가서 루도비코 스포르차의 보호를 받았다. 이 때 레오나르도 자신은 그림보다는 병기(兵器) 제조나 요새 구축에 더 흥미가 있었던 듯하다.

1499년 프랑스 국왕 샤를르 8세가 침입, 밀라노를 점령했고 레오나르도가 의지하고 있던 스포르차가(家)는 일시에 몰락했다. 레오나르도는 20년만에 피렌체로 돌아와서 과학 연구에 몰두했다. 1502년에는 체자레 보르지아한테 불려 가서 군사관계의 토목사업에 종사했다. 이듬해 피렌체로 돌아가서 제작한 것이 「모나리자」이다.

1506년에는 프랑스의 밀라노 총독 샤를르 당브와한테 불려 가서 건축 설계의 일을 했다. 다음해 밀라노에 간 프랑스 국왕 루이 12세가 레오나르도를 궁정 화가로 임명했다. 레오나르도는 여기서 6년간 더 머물고 1516년에는 프랑스와 1세의 초빙으로 프랑스에 가서 앙브와의 클루에 있다가 19년 5월 2일에 죽었다.

천재 화가로서 적어도 작품활동면에서는 미완성으로 끝난 화가라 할 수 있을 것이다.

(나) 미켈란젤로와 라파엘로

레오나르도가 코즈모폴리탄이었다면 미켈란젤로는 피렌체와 로마에서 주로 활약한 사람이다. 그리고 레오나르도가 외부에 무관심했다면 미켈란젤로는 항상 주위의 변화에 관심을 가지고 영향을 받고 또 외부와 자기의 모순 때문에 고민하고 절망하면서 예술에 종사하였다.

레오나르도가 항상 과학자로서의 냉정을 잃지 않았다면 미켈란젤로는 다혈질이고 민감했다. 단테나 페트라르카의 시를 읽고 감격하는가 하면 사보나롤라의 설교를 듣고 눈물을 흘렸다.

레오나르도가 「미완성」 때문에 오히려 위대했다면 미켈란젤로는 「완성」 때문에 위대했다. 사실 미켈란젤로는 대작을 거의 다 완성한 사람이다. 시스티나 예배당 천장의 그림 「천지 창조」나 벽화 「최후의 심판」은 미켈란젤로가 가장 힘들여서 완성한 작품으로 알려지고 있다.

레오나르도, 미켈란젤로와 함께 르네상스 최고의 미술가로 꼽히는 또 한 사람의 화가는 주로 로마에서 활약한 라파엘로다. 그러나 라파엘로는 그의 선배들이 이루어 놓은 업적을 종합한 화가에 불과하다는 평도 받고 있고, 그가 그린 인물에게는 형식미뿐이라는 평도 받고 있다. 요컨대 그에 대한 평가는 시대에 따라 달라지다가 지금은 아주 과소 평가되고 있고 「천재」라기보다는 「수재」에 불과하다는 평도 나와 있다. 더구나 웬만한 집에는 지금 그의 그림(복사판)이 대개 한 두 장씩은 장식물로 이용되고 있지만 좋아하는 것은 대체로 틴에이저의 여성들에 불과하다.

(다) 베네치아 화풍

15세기 후반 베네치아에서 갑자기 호화 장려한 미술을 대량으로 생산하게 된다. 이때에 성립되는 것이, 바로「베네치아」파다. 색채가 현란한 것으로 유명한 이 베네치아파는 그후로 4세기 이상 존속하지만 르네상스 베네치아파의 3거두(巨頭)라면 지오르지오네, 티치아노, 틴토렛토 등을 가리킨다. 그중에서도 티치아노는 금빛을 써서 호화로운 그림을 그렸으므로「황금의 티치아노」라고 불리기도 한다.

티치아노는 원래 베네치아파의 창시자로 얘기되는 지오반니 벨리니의 제자다. 티치아노가 화려한 색채와 호화로운 금빛으로 그려낸 부인의 모습같은 것은 그 피부 빛깔이 너무 아름답기 때문에 인간의 육체를 녹인 물감을 사용하지 않았나 하는 말이 생겨날 정도였다.

티치아노의 친구이기도 했던 지오르지오네는 차분한 화풍의 천재였고 티치아노의 제자였던 틴토렛토는 말솜씨가 너무 좋아서 파문당한 일이 있다는 화가다.

틴토렛토의 격정적인 화풍은 그의 예명「천둥」과 잘 어울리기도 한다. 무엇이건 그의 손에 걸리기만 하면(심지어는 그리스도교 전설조차) 큰 소동처럼 그려졌다. 이런 이유 때문에 그의 그림에는 인간의 심각한 고뇌가 그려져 있는지도 모른다.

틴토렛토에 관한 것으로 특히 흥미있는 것은 그의 뛰어난 에네르기다. 대작「천국」(天國)은 세로 10미터, 가로 25미터, 세계에서 가장 큰 그림이라 할만한데 여기 그려진 사람들의 수효는 무려 7백명이 넘는다. 틴토렛토 혼자 제작에 종사한 기간만도 무려 2년. 여기서도 틴토렛토의 격정적인 화풍이 유감없이 발휘돼서 그림 자체가「바다의 교향곡」을 연상시킨다.

(라) 건축 조각의 브루넬레스키

유럽의 중세 도시에는 지금 큰 건물들이 많이 세워지고 또 교외에까지 시가가 확장되어 있어서 거의 다 옛모습을 잃어버리고 말았으나 과거에는 성벽과 교회가 도시 전체를 의미하고 있었다. 그런데 인구 2~3만 명 정도이던 랑스, 퀼른, 아미앵 등의 소도시들이 어떻게

저 거대하고 호화로운 고딕 교회당을 세울 수 있었을까. 시청사(示廳舍)와 몇몇 상인 귀족의 저택을 제외하면 중세 도시인들의 주택은 아주 형편 없었는데도 교회당만은 장대하고 화려했던 것이다. 신앙이 두터웠기 때문은 아니다.

고딕 교회당은 그 도시의 자랑거리이고 교회당이 곧 도시였다. 교회당을 될 수 있는 한 수직으로 높이 쌓아올린 이유는 천국에 대한 동경때문이었다 한다. 그뿐만이 아니다. 한 치라도 더 높아야 먼 곳에서도 잘 보일 것이라는 묘한 생각이 결국은 그런 높은 건물을 낳았는지도 모른다. 아무튼 사람들의 수준 낮은 생활과 고딕 교회당의 지나친 사치성은 과거 동양의 생활 수준과 절간의 차이 보다도 훨씬 더 심하다.

15세기 초, 브루넬레스키에 의해 피렌체의「꽃의 산타 마리아」사원이 이뤄진 것은 건축사상의 혁명적인 사건이었다. 브루넬레스키는 많은 기둥에 의해 높이 쌓아올리는 고딕 양식에서 벗어나기 위하여 기둥없이 큰 도움(dome)을 만드는데 성공했던 것이다.

거기서 중요한 것은 그 도움에 의해서 장식된 공간이다. 이 공간은 고딕 교회당처럼 큰 스테인드글라스의 창으로 외계와 접하지 않고 두꺼운 벽으로 에워싸인 독자적이고 단순한 기하학적 공간이다. 그것은 무한하고 정해진 방향이 없는 외계의 무질서하게 전개된 자연에 대해서 독자적인 세계가 있음을 주장하고 있다.

그와 같은 주장은 곧 르네상스 이탈리아 도시들의 요구였다. 이탈리아 도시들은 북방의 도시들과 달라서 국왕의 권력이나 권위에 의존하지 않는 시민의 도시였고, 또 시민을 주인공으로 해서 광대한 영역을 지배하는 영방(領邦)국가였다. 이런 작은 국가의 독립성을 주장하고 또 과시하는 것이 시민정신의 요구였다.

3) 과학기술의 발달

(가) 범선(帆船)의 등장

르네상스 시대 유럽 근대화의 가장 큰 공헌은 무엇보다 인쇄술과 항해술의 발달이라고 말한다.

여기서 말하는 범선이라면 돛을 전혀 이용하지 않고 노를 저어서 큰 배를 움직이게 하는 것을 말하는 것이다. 이를 「게라」 혹은 「갤리」라고 하는데 고대의 페니키아인, 그리이스인이나 로마인도 중세의 아라비아인이나 남부 유럽인도 주로 이 갤리선을 이용했던 것이다.

그처럼 지중해에서 갤리선이 애용된 데에는 여러가지의 이유가 있다. 우선 지중해는 외양(外洋)과 달라서 대개는 바람이 대단치 않으므로 돛에만 의존했다가는 바람이 없을 때 곤란하다. 또 지중해의 해면(海面)은 대체로 조용하고 만일의 경우는 곧 섬그늘이나 강 어귀로 피할 수 있어서 돛이 필요없고, 또 노로 젓는 편이 이롭고 안전했던 것이다. 게다가 지중해 주변에서 번성했던 고대 사회나 아라비아 사회에서는 노예를 구하기가 쉬웠으므로 수십 개의 노를 사용하는 갤리선에 필요한 승무원을 확보하는 것 역시 쉬운 일이었다.

(나) 항해술의 발달

항해술의 발달, 특히 범선의 발달에 큰 공을 세운 사람은 유명한 포르투갈의 항해 왕자 엥리케다. 그는 이탈리아를 비롯한 유럽 각지의 우수한 항해자, 조선 기사 등을 이베리아 반도 서남단의 자그레스 궁정에 불러다 놓고 연구, 시작(試作), 항행 등에 전념하도록 했다. 어부와 선원과 지리 천문학자의 협동이 이때에 비로소 성립된 것이다. 자그레스에는 서적, 지도 및 항해에 관계있는 서적이 모두 수집되었다. 또 각지의 탐험가가 그 궁정에 초대되어 경험한 것이 필기, 비밀 서류로 취급되었다. 그리하여 엥리케의 시대에 연안 항해는 대양항해로, 선박은 거의 다 범주식(帆走式)으로 전환하게 된다.

엥리케 업적 중 가장 중요한 것이 바로 선박의 개량이다. 그는 우선 선체나 범주(帆走) 장비의 개선에 주력해서 바이킹의 배에 쓰이던 4각형의 횡범(橫帆) 한 장짜리 북방형(北方型)과 3각형의 종범(縱帆)을 가진 남방형의 장점들을 종합, 마스트 3개의 전장(前檣)만을 4개의 횡범으로 하는 새로운 카라벨선을 개발했다.

이 4각형의 횡범은 활대가 마스트 주위로 돌게 해 놓기만 하면 종범에 못지 않게 바람을 잘 가를 수 있고 또 순풍일 때에는 그 횡범에 의해서 대단한 속력을 낼 수도 있었다. 그러니까 이제는 바람이 어떻게 불든 간에 배가 잘 달릴 수 있게 된 것이다.

(다) 컴퍼스의 발명

컴퍼스는 14세기 초 아말피의 플라비오 지오이아가 발명했다 한다.

컴퍼스가 발명되자 범선에 의한 항해의 안전도와 능률은 현저히 증진되었다. 왜냐하면 항해 도중에 이 **컴퍼스**를 사용함으로써 간단히, 그리고 확실하게 풍향이나 침로를 알 수 있게 되었기 때문이다.

물결이 곱지 못한 북해나 발트해를 항해할 때에는 특히 컴퍼스가 큰 도움이 되었을 것이다.

따라서 화약 및 인쇄술 발명과 함께 이 **컴퍼스**의 발명을 르네상스 시대의 3대 발명으로 보는 것이다.

컴퍼스가 보급되면서 항해술에 있어서 또 하나의 진보가 이루어졌다. 해도(海圖) 제작에 바로 이용되기 때문이다.

이탈리아인은 이미 1200년 이전부터 방위와 항정(航程)의 데이터를 토대로 해서 동부 지중해 방면의 해도를 작성하기 시작했는데 이런 해도는 포오틀런 차아트라고 불린다.

그것은 도면 위에 포오틀런, 즉 방위선이 꼭 거미줄처럼 그어져 있는 특징을 가지고 있다. 이 포오틀런 차아트는 대개 항해 때에 쓰기 위해서 만든 것인데 실용적인 것치고는 아주 정밀한 것이다.

(라) 화약의 출현

화약의 기원도 자석의 경우처럼 13세기 유럽에 잘 알려져 있었던 것만은 확실하다. 처음 이 화약은 주로 폭발약 또는 소이제로 쓰인 모양인데 유럽 각국이 중앙 집권을 에워싸고 전란에 휩쓸린 14세기에는 불덩어리(로켓트) 추진용 및 포탄 발사용으로 보급돼서 종래의 전술을 크게 바꿔놓게 되었다. 특히 공성포(攻城砲)가 성곽에 대해서 발휘한 위력은 봉건적 할거주의를 타파하는데 큰 도움이 되었다.
 이어서 대포와 철포가 발명되고 그것은 곧 종래의 전쟁방식에서 대규모 무기전으로 양상이 바뀌게 된 것이다.

(마) 지동설과 갈릴레오 종교재판

 니콜라우스 코페르니쿠스는 비스툴라강가의 토룬이란 도시에서 태어났는데 그 부친의 계통에 대해서는 별로 알려진 것이 없었으나 모친이 독일계란 것만은 확실하다. 크라카우대학에서 의학을, 비인대학에서 천문학을 공부한 후 1496년에서 1505년까지 이탈리아에 유학, 유명한 볼로냐대학과 파두아대학에서 천문학 외에도 수학, 그리이스 고전 등을 공부했다.
 그가 지동설에 관심을 갖게 된 것이 이탈리아 유학 기간의 일이다. 1505년 귀국해서 프라우엔부르크의 성당 참사회원으로 활약하는 한편, 여가가 있는대로 지동설의 수리적 체계화에 전념했다.
 코페르니쿠스의 지동설은 1543년「천구 회전론」이란 이름으로 공표되었으나 일반에 널리 알려지지는 못했다. 왜냐하면「천구 회전론」이 그야말로 수학적 저서였으므로 일반인의 관심을 끌지는 못했기 때문이다.
 그런데 16세기 말 도미니크파의 수도사 브루노가 지동설을 떠들고 다녔으므로 즉시 교회에서 문제화하여 사설(邪說)로 몰게 되었다. 더구나 로마 공교회의 추격을 받게 된 브루노는 스위스, 프랑스, 영국, 독일 등지로 도망쳐 다니다가 체포돼서 7년 간 옥살이를 한 뒤 1600년 2월 17일, 로마의 캄포 데 피오리 광장에서 화형(火刑)을 당하고 말았다. 브루노의 죽음은 당시에 지동설을 지지한 사람들이 겪어야 했던 수난을 말해 주는 대표적인 예의 하나다.
 지동설은 차차 양식있는 사람들한테서 인정을 받게 되었는데 일이 이렇게 되자 종교개혁 뒤 실지(失地), 회복의 챤스를 노리고 있던 로마 공교회가 그 위신을 과시하는 데에는 우선 학설을 탄압하는 것보다 더 용이하고 효과적인 수단은 없었기 때문이다.
 1616년 2월, 로마 공교회는,

① 태양은 우주의 중심에 있고 움직이지 않는다.
② 지구는 우주의 중심에 있지도 않고 꼼짝 않는 것도 아니다. 지구는 날마다 자전(自轉)하고 있다.

라는 2개의 명제에 대해서 다음과 같은 판결을 내렸다.
『제1의 명제는 부조리해서 철학으로는 허위, 신학적으로는 이단이다.』
『제2의 명제는 철학적으로는 허위, 신학적으로는 적어도 신앙상의 과오라고 단정한다.』

그리하여 지동설은 여기서 분명히 이단사설로 낙인찍힌 셈이다. 갈릴레오는 바로 그달(2월)에, 지동설을 취소하라는 공교회의 명령을 받았다. 그러나 갈릴레오는 초지일관, 망원경으로 관측을 계속해서 유리한 자료를 많이 모으고 1632년에는 유명한 저서「2개의 중요한 우주 체계에 관한 대화」를 간행, 지동설의 정당성을 대화의 형태로 된 글에서 주장하려 했다. 이듬해 2월, 갈릴레오는 로마의 이단 심문소에서 마침내 재판을 받게 되었다.

재판에서 갈릴레오가 패하는 것은 두말할 필요도 없다. 그러나 갈릴레오는「그러나 지구는 돌고 있다」라는 확신을 가지고 있었다.

(바) 인쇄술의 발달

유럽에서 가장 먼저 활판 인쇄에 손을 댄 것은 네덜란드 사람들이었던 것 같다. 1440년 경에 벌써 하알렘의 코스터란 인물이 활판인쇄를 했다는 기록도 있다. 유명한 구텐베르크가 마인쯔에서 활판인쇄를 시작한 것도 바로 그 무렵이다.

이후 독일에서는, 특히 라인강 유역의 각 도시에서 인쇄업이 번창, 15세기 후반에는 60여 도시에 인쇄업자가 있었다 한다. 그러고보면 유럽에서는 독일이 인쇄술의 선구자 역할을 한 셈이다.

이탈리아에서 인쇄업자가 처음 등장한 것은 1464년, 로마 근처의 소도시 수비아코에서의 일이고 스위스의 바젤에는 1465년, 프랑스 파리와 네덜란드의 우트레히트는 1470년, 스페인과 헝가리는 1473

년, 영국은 1476년, 스웨덴은 1483년이다.

　러시아를 제외한 유럽 각지에는 15세기 후반 인쇄업이 번창, 3백여 도시에 1700여 인쇄업자가 있었다 한다(러시아의 인쇄업은 1563년에 시작되었다).

　15세기 유럽에서 간행된 책의 종류는 약 4천, 수량은 1천 5백만 권 내지 2천만 권이었다.

　그리하여 성서가 널리 보급되고 교과서의 가격이 떨어져서 교육의 대중화가 그 제 1단계에 접어들었다. 이런 상황에서 종교개혁도 지동설도 뒤의 시민혁명도 모두 대중의 호응을 받을 수 있게 되었다.

(사) 망원경 발명

　활판인쇄에 의해서 서적이 대량으로 보급되자 렌즈공업이 발달하게 되었다. 그런데 렌즈 역시 그 기원은 아주 오래다. 실제로 고대 로마의 군대에서 볼록 렌즈가 성냥 대신에 쓰이고 있었다. 르네상스 시대에 들어와서는 볼록 렌즈를 잘 다듬어서 만든 확대경이 만들어지고 서적이 널리 보급되면서 노안경(돋보기)과 근안경이 생겨나게 되었다. 이때 렌즈공업이 가장 번영한 곳이 네덜란드이므로 망원경이 여기서 먼저 발명된 것은 당연한 일이다.

　네덜란드의 립페스하이라는 안경 직인(職人)이, 어느날 둥근 렌즈 2개로 무심히 이웃 교회의 지붕을 바라보았는데 목표물이 아주 크게 보였다. 여기서 힌트를 얻어 튜우브 하나에 렌즈 2개를 적당한 간격으로 배치, 망원경의 기원을 이루었다 한다(1608년).

　그렇게 망원경이 발명되었다는 쇼킹한 뉴우스는 즉시 서부 유럽 전역에 퍼지고 어디서나 갈채와 환영을 받았다. 특히 항해자, 군인, 천문학자들이 환영했다.

(2) 종교개혁

1) 마루틴 루터

루터는 1483년 11월 10일 성 마르틴의 밤, 작센의 유명한 광산촌 아이슬레벤에서 광부 한스 루터와 어머니 마가레트 사이에서 태어났다. 태어나자 성 베드로 교회에서 세례를 받고 마루틴 루터로 불리게 되었다.

그 무렵은 유럽 역사의 전환기였다. 루터가 태어난지 두 달 뒤인 1484년 1월에는 스위스에서 쯔빈글리가 태어나고 또 인문주의자 훗텐, 시인 한스 작스, 황제 카알 5세 등이 차례로 태어났다. 또 1492년에는 콜럼부스가 아메리카를 향해 떠났고 남부 이탈리아의 르네상스 및 르네상스 휴머니즘이 이제 정점을 향해 치솟고 있을 때였다.

1501년 17세의 루터는 독일 인문주의 중심으로 알려진 유명한 에르푸르트 대학에 들어갔다. 1502년 루터는 학사가 되고 법률가를 지망하고 있었다.

그처럼 법률가에 대한 야망을 갖고 있던 루터가 왜 수도원에 들어가게 되었는지는 알 수 없다. 다만 본인의 말에 의하면 1505년 휴가를 얻어 고향에 다녀오다가 에르푸르트를 얼마 남지 않은 시톳테른하임 근처의 산속에서 갑자기 비바람이 치며 벼락이 떨어지는데 놀란 루터는 무심코 다신교적 수호신 성 안나에게 이렇게 서약했다 한다.

『성 안나여! 저를 도와 주옵소서. 저는 수도사가 되겠습니다.』

그리고 그는 1505년 7월 17일 에르푸르트 시내의 아우구스틴파 수도원에 들어갔다.

루터는 그 승단의 규칙에 따라 그 교회의 제단 앞에 꿇어앉고 정해져 있는 엄격한 의식 속에서 두 손을 십자가에 걸어 입단 수속을 마쳤다.

그뒤 수도사 루터의 생활은 규범에 따라 아주 엄격하였다. 루터 자신의 고백에 의하면 기도, 단식, 철야, 추위를 참는 것 등 고문 못지 않은 고통을 맛보았다고 한다. 특히 추위를 이기는 수행 때에는 거의 죽을 지경이어서 가능하면 수도사 생활을 그만둘까 하는 생각까지 했다 한다.

이런 엄격한 수행을 1년 간 치르고 1506년에 정식 수도사로, 그리고 1507년에는 사제가 돼서 미사를 집행하게 되었다. 이렇게 해서 카톨릭 교회의 충실한 아들로 다시 태어났던 것이다.

(가) 수도사로서의 고뇌

신에게 봉사하는 생활이란 것은 바르고 청결한 생활이 아니면 안된다. 그것이 수도 생활의 목적이지만 루터는 수도에 전념하면서 오히려 그와 반대되는 상태를 경험하고 있었다. 즉 수도승으로서의 그가 해야 할 일에 힘쓰면 힘쓸수록 양심이 밝아지는 때문인지 자꾸 그 자신의 내부에 도사리고 있는 사악한 것을 느끼고, 이때마다 고뇌에 싸였다. 신에게 봉사한다면서 마음이 편해지긴 커녕 오히려 신을 두려워하게 되어 갔다. 여기서 루터의 내부 문제를 요약해 보면 대강 다음과 같이 말할 수 있을 것이다.

신은 신성하고 또 완전히 정의롭다고 한다. 그렇다면 신은 「내가 명하는 바를 행하라」하고 인간에게 요구하고 그것을 행하지 않으면 심판하고 벌하는 신이다. 구약성서의 모세의 율법은 그것을 요구하는 신을 나타내고 있다.

그런데 루터에 있어서는 구약성서의 신과 신약성서의 신, 이 둘이 다 같은 완전한 신이고 심판하는 신이고 벌하는 신이라고 밖에는 생각되지 않았다. 그래서 자기의 모든 행위가 이 신 앞에서는 죄악이고 심판을 받고 벌받지 않으면 안 된다고 생각되었다.

이처럼 인간을 끊임없이 위협하는 가르침을 루터는 「행위의 법칙」이라고 불렀다. 그는 이 위협을 회피하기 위해서 수도에 전념, 완전해지려 하고 또 신의 벌을 모면하려 한 것이다. 그런데 날이 갈수록 밝아지는 양심은 자꾸 그를 책하고 신의 모습은 더욱 두렵게 여겨졌다. 이런 고뇌의 세월은 꽤 오래 계속되어 나간다.

얼마 후 루터는 새로이 설립된 비텐베르크 대학의 초청을 받게 되었다. 이에 25세의 젊은 루터는 그 대학에 가서 논리학과 아리스토텔레스의 철학을 강의하게 되었다. 1508년 이후, 루터는 거의 해마다 그 대학에서 강의를 한다. 그 광대한 대학의 한 강의실 안에는 높고 화려한 교단이 마련되어 있었고 루터는 바로 이 교단에서 강의, 동료나 학생들에게 많은 영향을 끼치게 된 것이다.

하지만 문제의 고뇌는 그의 내부에서 좀처럼 가실 줄을 몰랐다. 그는 비텐베르크의 아우구스틴파 수도원에서 그 중앙에 우뚝 솟아 있는 탑 속의 한 방안에서 사색하고 연구하고 또 생활도 하고 있었다. 하지만 그 사색, 그 연구, 그 생활 모두가 고뇌에 싸여 있었고 루터 자신은 이 무렵의 고뇌를 「탑의 경험」이라고 부르게 되었다.

그리하여 루터의 내부에 하나의 새로운 지주(支柱)가 생겼다. 그의 일상 생활은 갑자기 달라지고 그의 태도나 말에도 새로운 활기가 넘쳐 흐르게 되었다. 비텐베르크는 인구 약 2천 5백, 당시의 유럽에서도 도시 축에 들지 못할만큼 작은 마을이었다.

작센의 선제후(選帝侯) 프리드리히가 여기에 대학을 세운 것이 1502년. 그보다 1백여 년 전에 설립된 라이프찌히 대학이나 에르푸르트 대학을 능가하는 대학의 건설, 이것이 그 프리드리히 선제후의 소망이었다. 그리고 훌륭한 교사의 한 사람으로 지적돼서 초빙받은 것이 루터였다.

(나) 강단에 선 루터

원래 루터는 철학을 강의하고 있었으나 철학 자체에는 별로 흥미를 느끼고 있지 않았었다. 철학보다는 오히려 신학이야말로 「호도의 씨, 보리의 눈, 뼈의 수(髓)를 이루고 있다」는 생각을 했고 또 아리스토텔레스를 연구하는 데에는 차차 회의를 느끼고 있었다.

그는 아리스토텔레스를 「맹목의 이교도」라고 부르고 그의 사상을 「허위의 말」이라고 부르고 있었다. 그런 한편 꾸준히 계속한 성서 연구가 차차 성장, 루터는 신학 교수인 동시에 자신만만한 설교자가 되었다.

그리하여 비텐베르크성(城) 부속 교회의 목사로 되었을 때에 이미 루터의 장래는 다 결정이 난 셈이다. 비텐베르크에는 이때 성(城)교회와 읍교회가 있었는데 루터는 먼저 성교회의 목사로, 뒤에 읍교회의 목사를 겸임, 열정적이고 표현이 정확하고 또 해박한 성서 지식으로 많은 청중을 모은다.

루터의 신학 강의 역시 인기가 대단했다. 그의 강의는 통일된 견해를 가지고 있어서 논리적으로 명석하고 또 현실의 문제를 이용해서 실제적인 표현을 취하고 열정적이기도 했다. 더구나 루터는 교회에서 채택하고 있던 라틴어 성서에 만족할 수 없어서 히브리어나 그리이스어로 씌어진 원전에 손을 뻗치게 된다. 그리고 루터의 뛰어난 번역은 그의 매력을 한층 더 높여 주게 된다.

이 무렵 루터가 강의한 것은 주로 「시편」, 「로마서」, 「갈라디아서」 등 가장 중요하고 난해한 부분이었는데도 그것을 명석하고 평이하게 강의, 호평을 받고 있었다. 그래서 많은 학생뿐 아니라 일반 시민들도 그의 강의를 들으러 대학에 몰려갔다고 한다.

때마침 부원장 시타우핏츠가 로마에 파견하는 사절 2명 중 1명에 루터를 임명, 동경의 도시 로마에 가 볼 기회를 마련해 주었다. 이때 시타우핏츠는 아우구스틴파 교단의 개혁을 계획하고 있었는데 이에 반대하는 자들이 있어서 교황청에 호소하려고 그렇게 특사를 파견하게 된 것이었다.

(다) 로마에서 느낀 것

루터가 본 로마는 르네상스적 로마도 아니요 고대 로마도 아니다. 사실 루터가 보고 좋아한 것은 우선 성 베드로의 새로운 바실리카(교회당) 초석(礎石)이 놓인 곳이었고, 시스티나 예배당은 아직 완성되어 있지 않았지만 핀투릿치오의 프레스코 벽화를 볼 수는 있었다. 또 고대 로마의 유적을 볼 수도 있었지만 그것은 오직 이교적인 전설에만 결부되어 있어서 루터는 거기에 흥미를 느끼긴 커녕 오히려 반감을 느꼈던 것 같다.

루터의 기분은 일반 순례자의 그것과 마찬가지였다. 로마에 1개월간 머물면서 한결같이 예배를 보고 신성시되어 있는 유적이나 유물들을 찾아보는 등 요컨대 아우구스틴파 수도승으로서의 생활 태도나 형식은 다 지키려 했다.

그런데 루터가 엄격한 생활 태도를 지키면 지킬수록 이탈리아 승려들의 불신앙(不信仰)이나 생활의 부패한 면이 눈에 더 잘 띄었다. 그뿐만 아니라 로마 자체가 불결하기 짝이 없는 도시였다. 매춘부들의 적선(赤線) 지역이 있고 일반인은 물론 승려들조차 그 적선 지역에 출입하고 있었다. 이런 로마에 갔던 루터와 관계있는 얘기로 가장 흥미진진한 것이 바로 「성계단」에 관한 에피소우드다.

문제의 성계단이란 것은 예루살렘의 총독 빌라도의 저택에 있던 것을 로마로 옮겨다 놓았다는 계단인데 일찍이 예수 그리스도가 올랐다고 전해지는 유적의 하나다. 그런데 루터도 당시의 습관에 따라서 무릎과 손만으로 그 계단을 오르며 한 단계씩 올라갈 때마다 거기 입맞추고 기도문을 외웠다. 전설에 의하면 루터는 그 계단 오르기를 중간에서 중지 그냥 내려왔다지만 루터 자신의 말을 들어보면 그는 아무튼 그 계단을 다 올라갔다. 그러자, 과연 이게 진짜 성계단이냐 아니냐 하는 의심이 났다. 이 시대 사람들은 누구나 그 계단을 기어오르기만 하면 본인은 물론이요, 그와 가까운 죽은 사람도 죄를 용서받는다고 믿었다(이 신앙은 지금도 그대로 답습되고 있고 최근에는 다큐멘터리 외화(外畫)에서 그 성계단을 기어오르는 처녀의 모습을 볼 수 있었다). 루터도 그 분위기 속에서는 거의 그대로 믿고 있었다.

아무튼 이때의 로마 참배에서 루터는 완전히 환멸을 느꼈다기 보다는 당시의 로마가 가지고 있던 암흑한 면을 다 알아보았다. 더구나 이 암흑의 정점에는 교황 알렉산드르 6세 같은 인물이 올라앉아 있었다. 그래서 루터는 뒤에 이렇게 말하게 되었다.

「누가 10만 구르덴을 주어 가면서 로마를 구경하라 해도 나는 싫다고 할 것이다. 하지만 나는 아직도 그 로마의 가장 수치스럽고 추악한 면은 잘 모르고 있다. 내가 처음 로마를 보았을 때에는 땅에 무릎을 꿇고 앉아서 두 손을 쳐들고 외쳤었다.「오 오, 성스런 로마여!」라고. 그야말로 성스런 순교자들과 그들이 거기서 흘린 피에 의해 성스러워졌다고. 그러나 로마는 지금 황폐해져 있다. 실제로 로마에서 행해지고 있는 악한 일, 추한 죄악, 오욕 등은 믿어지지 않을 정도다. 사람들이 보고 듣고 경험한 중대한 악행에 대해서는 아예 할말이 없다. 그래서『만약 지옥이란 것이 있다면 로마는 바로 그 지옥 위에 세워진 도시임에 틀림없다』고 말하는 사람들도 있다」

(라) 종교 사상의 정립

루터는 로마에 한 달쯤 머물면서 사명을 완수, 1511년 2월, 로마를 떠나면서 4월에는 비텐베르크로 돌아왔다. 그리고 부원장 시타우핏츠의 권고대로 박사 학위를 획득한 것은 1512년 10월 4일의 일이다. 이때 루터에게 신학 박사의 학위가 수여된 것은 비텐베르크 교회에서 열린 화려하고도 엄숙한 의식에서다. 이제 루터는 「독토르 루터」로 불리게 된 것이다. 게다가 학자요 목사인 그는 이제 승단의 업무까지 담당, 말 그대로 눈코 뜰새없이 바쁘게 되었다.

이렇게 분망한 가운데 루터의 종교 사상은 차차 그 윤곽이 잡힌다. 성서에 대한 깊은 연구가 신에 대해서 투철한 견해를 갖게 하고 신에게 대조해 본 인간의 존재 이유나 인간의 현실의 모습 또는 활동의 의의같은 것이 선명하게 부각된다.

바로 이무렵 남부 독일에서는 반독점(反獨占)운동이 전개된다. 루터는 이 운동에 적극적인 관심을 보이지만 그의 태도 속에는 「신에 대한 생각이 깊을수록 인간으로서의 적극성이 깊어진다」하는 종교개혁 시대의 독특한 분위기, 이것을 학자들은 흔히 에토스 「윤리적 상황」이란 말로 부르고 있다.

2) 개혁사상의 발단

독일에서 가장 고귀하고 존대한 지위로 간주되어 있는 대사교에, 불과 23세 밖에 안된 젊은이가 임명된다. 이 젊은이가 바로 마그데부르크의 대사교 알브레히트인데 그는 그 이듬해 1514년에는 다시 최고위의 대사교로, 즉 마인쯔의 대사교로 임명된다. 이에 젊은 알브레히트는 선제후(選帝侯)를 겸하게 되었을 뿐 아니라 때마침 로마의 성 베드로 교회를 새로 짓는데 필요한 자금을 조달해 주기 위해 독일에서 속죄표를 발행하게까지 되었다.

   문제의 성 베드로 교회 신축 공사는 원래 율리우스 2세 때에 시작되었으며 그 본격적인 공사는 유명한 상인 군주 메디치가(家) 출신인 새로운 교황 레오 10세가 떠맡게 되어 있었다. 문제의 공사에는 물론 막대한 비용이 필요했다. 그리고 마인쯔의 대사교 알브레히트가 조달해야 할 몫은 1만 금 구르덴이었다.

(가) 속죄표(贖罪票) 판매

   알브레히트 대사교는 문제의 속죄표 판매를 도미니크파 승려 텟첼에게 위임했다. 텟첼은 이미 속죄표를 판매해 본 일이 있는 유경험자였다. 이제 그는 왕년의 경험과 교묘한 변설로 사람들을 선동, 어디 가서든 잘 팔았다.

   텟첼이 일단 마을에 가까이 가면 거기서는 으레 유지들이 마중 나오고 꽤 도도한 행렬을 지어서 마을로 들어서곤 하였다. 이 행렬의 선두에는 교황의 칙서를 얹어 놓은 빌로오도로 된 방석이 따랐다.

   텟첼은 교묘한 설교로 사람들을 선동, 돈을 긁어 모으고 있었다. 대개는 액수가 정해져 있었다. 국왕, 왕비, 대사교, 사교 및 중요한 제후는 24라인 금 구르덴, 일반 사교가 있는 성당의 사교, 백작이나 남작과 그 부인들은 10구르덴, 그밖의 다른 사교들과 귀족들 및 연평균 수입이 5백 구르덴 이상인 자는 6구르덴, 연평균 수입 2백 구르덴 정도인 경우는 3구르덴, 하인을 두고 있을 정도의 일반 시민, 수공업자, 상인 등은 1구르덴, 그만 못한 경우는 반구르덴이다.

   속죄표는 사람들한테서 크게 공경받고 있었다. 텟첼 일행이 어느 마을에 들어갈 때마다 그 마을의 고위층 인사들, 예컨대 사제들, 수도사들, 학교 선생들과 생도들, 처녀들, 아이들 등등이 깃발과 양초를 들고 노래를 부르며 그 텟첼 일행을 맞이하여 판매에 응하고 있었다.

(나) 95개조 논제 제시

루터는 속죄표 자체에 대해서는 긍정적이었고 오직 판매상의 부정만을 비난하고 있었다. 우선 루터는 문제의 속죄표가 영혼의 구제를 위해서 보급되지 않고 돈을 모으기 위한 방편의 하나에 불과함을 지적했다.

루터가 속해 있는 교회에서도 속죄표를 구해오는 자들이 있게 되었다. 루터는 이 사람들한테서 텟첼의 지나친 말을 전해 듣게 되었다. 예컨대 「속죄표를 사기만 하면 그리스도를 낳은 성모 마리아를 범해도 괜찮다」느니, 「교황의 문장으로 장식된 십자가는 그리스도의 십자가와 같은 비중을 가지고 있다」라는 터무니 없는 말들이었다. 루터는 더이상 잠자코 있을 수 없다고 생각했지만 그대로 한 반 년 가량은 더 잠자코 있었다.

그런 뒤 마침내는 그의 소신을 공개, 유럽 전역에 알리게 되었다. 이것이 바로 「95개조의 논제」이고, 이때 루터의 나이는 불과 34세였다. 그 내용은 다음과 같은 것이었다.

제1조 : 우리들의 주 예수 그리스도는 말하고 있다. 「회개하라, 천국이 가까왔느니라!」(마태복음 제4장 제17절) 그가 바라는 것은 신자들의 생애 전체가 곧 회개로 일관되어야 한다는 것이다.
제36조 : 진실로 회개하고 있는 그리스도 신자라면 속죄표 없이도 완전히 벌과 죄에서 구제된다.
제37조 : 참된 그리스도 신자는 살아있을 때나 죽은 뒤나 속죄표 없이도 그리스도와 교회에 속하는 모든 선한 것을 분배받는다.

이같은 논지는 오직 교의에 관한 것뿐이다. 물론 95개조 속에는 교황의 막대한 재산을 지적하고 또 성 베드로 교회 같은 것을 새로이 짓는데 가난한 사람들의 돈을 쓰지 말고 교황의 재산을 이용하는게 어떠냐 하는 대안을 제시한 것(제86조)도 있다. 그러나 전체적으로

봐서는 주로 교회법을 논하고 교의를 논하고 신자들의 생활 태도를 바로잡으려 했을 뿐 정치적인 의도는 전혀 보이지 않는다.

문제의 95개조는 원래 라틴어로 쓰여진 것이었다. 하지만 곧 독일어로 번역돼서 독일 전역에 보급되고 있었다. 독일 국내의 교황파는 즉시 궁지에 몰렸고 속죄표 판매업자들은 큰 타격을 받았다.

그러나 루터의 주위에서는 대학의 동료들도 아우구스틴파 수도사들도 대개는 루터의 일을 위태롭게 생각하고 있었다.

대학이 폐쇄당하지 않을까, 루터가 화형에 처해지지 않을까, 루터가 너무 오만하게 굴지 않았나 하는 식으로 모두들 걱정하고 있었다.

(다) 승단회의 개최

「95개조」가 발표된 이듬해 1518년 봄, 넥카르강 하류의 작은 도시 하이델베르크에서 아우구스틴파 승단의 집회가 열리게 되었다. 루터는 이미 세상의 주목을 받고 있었다. 친구들은 그가 하이델베르크에 가는 것을 우려하고 만류하기도 했다. 사실 당시의 루터는 신변이 위험하기도 했다.

그러나 루터 자신은 이런 상황에서도 「순종」은 수도승의 의무라고 생각하고 어디건 가기로 했다.

집회가 열리게 된 하이델베르크에 모인 아우구스틴파 수도승들은 여기서 그들이 전세계의 주목을 받으며 중대한 문제를 다룰 것으로 예상하고 있었고 분위기는 당초부터 심각해져 있었다.

여기서 루터는 아주 겸손하고 또 참을성 있게 신앙의 본질 문제에 대해서 얘기하였다. 요한네스 브렌츠, 에르하르트 시네프 등이 바로 이때 방청하면서 루터한테 심취하여 종교개혁의 투사로 되었고 마르틴 붓처는 도미니크파 수도승이면서도 역시 루터의 말에 심취했다.

그리하여 분위기가 돌변, 하이델베르크의 승단 집회는 오히려 루터에 대해서 호의를 보이고 루터 지지자가 갑자기 늘어나게까지 되었다. 이와 동시에 루터가 제창한 것은 새로운 교의임이 객관적으로 확인된 것이다.

(라) 교황의 소환

「95개조」가 일으킨 파문은 날이 갈수록 확대되어 갔다. 그 사이 루터를 반박하는 축도 많았지만 그에 못지 않게 루터를 지지하는 축도 각계 각층에서 나날이 늘었다. 그가 던진 돌 하나는 그처럼 도시로 시골로 그 파문을 넓혀가고 있었다.

1518년의 8월, 교황은 마침내 루터에게 소환장을 보내고 60일 이내에 로마 교황청에 출두해서 이단의 혐의에 대해 변명하라고 했다. 루터에게는 일대 위기가 닥친 셈이었으나 시팔라틴이 프리드리히 현후를 조종, 루터를 국내에서 환문(喚問)하도록 하는데 성공했다. 이때의 황제 막시밀리안 1세는 최후의 기사적 군주로서 프리드리히 현후의 의향을 무시할 수 없는 처지에 있었고, 로마 교황은 또 독일 황제의 의향을 무시할 수 없는 처지에 있기도 했다. 이에 루터가 불려 가게 된 아우크스부르크는 남부 독일의 오랜 도시로서 국회가 열리는 정치의 중심이기도 하였다. 교황은 때마침 이곳의 독일 국회에 참석중이던 추기경 카예탄에게 지시, 루터를 심문하게 했다.

루터가 이 심문에 응하는 경우, 심문 결과에 따라서는 로마 카톨릭계의 세력이 단연 압도적인 그 도시에서 즉시 체포되어 이단 혐의로 처벌될 것이 뻔했다. 그래서 이때에도 동료들은 루터의 아우크스부르크행을 적극 만류했다. 하지만 루터는 이미 죽음을 각오하고 대담하게 길을 나섰다.

그는 9월 26일, 비텐베르크를 출발하여 10월 7일, 아우크스부르크에 닿았다. 그러자 로마 카톨릭 교회와 관계 깊은 이 아우크스부르크에서도 역시 시민들의 다수가 성문에 모여서 그를 기다리고 있었다. 이윽고 루터가 문 안으로 들어서자 민중은 그뒤를 따라 행진을 하면서 외쳤다.「루터여, 언제까지나!」이에 대한 루터의 답은 이런 것이었다.「아니, 그리스도야말로 영원히!」

이처럼 뜻하지 않은 민중의 환영을 받은 루터는 그달 12일 화요일에서 14일 목요일까지 3일간 추기경 카예탄의 심문을 받았다.

(마) 이단으로 판결

추기경은 아주 친절하게 물었다.

『너는 지금 속죄표를 비판해서 독일 전체를 떠들썩하게 해 놓고 있다. 그러므로 네가 교회의 일원으로 자애깊은 교황님을 받들고 있는 이상 모든 것을 취소하기 바란다. 취소하면 아무 처벌도 받지 않게 된다. 듣자하니 너는 박사이고 성서에 대해서 많이 알고 있고 제자도 많다더군.』

루터는 단호히 대답했다.

『나는 취소할 수 없습니다. 취소하지 않는 편이 더 옳기 때문입니다. 나는 성서를 소홀히 할 수가 없습니다.』

추기경 카예탄은 마침내

『형제여, 너는 분별이 있는 사람으로 알고 있었다. 취소할 수 없단 말이냐 정녕……』

루터는 고집을 꺾지 않았다.

분노한 추기경은

『취소할 수 없다면 두 번 다시 내 눈 앞에 나타나지 말도록 하라.』

이러한 심문은 3일동안 4차에 걸쳐서 진행되었다. 교황은 4차에서 모두 루터를 다운시키지 못했던 것이다.

이 심판 이후 대부분의 독일 국민은 오히려 전보다 더 열렬히 루터를 성원했지만 1519년 6월에 개최되었던 소위 라이프찌히 논쟁 이후 카톨릭측에서는 루터를 이단으로 단정하는 판결을 내렸다.

이제 루터의 운명은 판가름 난 셈이다. 선례에 따른다면 루터에게는 화형(火刑)만이 남아 있을 뿐이다.

그러나 루터는 다시 대학에 나가서 여전히 강의를 계속하는 한편 많은 논문으로 반론을 폈다. 1519년 한 해에 50여 종의 글을 발표했고 그 다음 해에는 233종을 썼는데 이는 독일 출판물의 절반이 넘는 수량이었다.

루터의 저서가 출판될 때에는 으레 군중이 인쇄소 앞에 몰려들어 기다리다가 제본이 되기가 무섭게 책을 사들고 집으로 돌아갔고 그렇게 루터의 책을 구하지 못한 사람들은 그것을 구한 사람들을 붙잡고 큰 소리로 읽어 보라고 해서 때아닌 낭독회를 벌이기도 했다고 한다.

이 무렵에는 에라스무스, 훗텐 같은 인문주의자들이 음으로 양으로 루터를 찬양하고 조언 또는 후원을 아끼지 않았다. 기사(騎士) 직 킨겐은 무력에 의한 보호를 자청하기도 했다. 시인 한스 작스, 화가 루카스 크라나하, 뒤러 등도 루터를 지지했다. 귀족도 농민도 부녀자도 모두 루터를 지지하고 있었다.

이렇게 영웅시된 루터의 책은 실제로 1517년에서 1520년까지 4년간에 약 30만 부나 팔렸다고 한다.

(바) 3대 개혁문서

드디어 1520년에는 루터의 3대 종교개혁 문서라고 얘기되는「그리스도 신자의 신분 개혁에 관해서, 독일 내의 그리스도 신자 귀족에게」라는 것이 간행되었다.

이 책에서는 교황의 독점적인 권한, 즉 승려의 권력, 성서 해석, 교회 회의 소집 등의 권한이 세속 권력의 간섭을 전적으로 배제하고 있으나 그럴 수 있는 이유는 전혀 없다. 따라서 독일 귀족은 교황의 권력에서 분리 독립하여 자주적인 권력을 확보하고 또 승려의 특권이나 습관을 폐지해야 한다 하고 주장하였다.

두 번째의 책은「교회의 바빌론 유수(幽囚)」였다. 여기서 루터는 카톨릭 교회의 의식과 제도를 전적으로 부인, 로마 카톨릭 교회측에서는 물론이고 일부 인문주의자들 쪽에서도 공격받게 되었다. 그러나 이 주장은 독일에서 거의 그대로 실행에 옮겨진다. 루터가 주장한 대로 성서에 얘기되어 있는 세례와 성찬식만이 남게 된 것이다.

세 번째의 책은「그리스도 신자의 자유」다. 여기서 루터는「그리스도 신자는 모든 것 위에 존재하는 자유스런 군주이므로 누구에게도 종속될 수 없다」,「그리스도 신자는 모든 것 위에 존재하는 종이므로 누구에게나 종속된다」하는 2개의 모순된 명제를 내걸고, 바로 이런 것이 그리스도 신자의 생활 원리라고 했다.

여기서 인간은 완전히 자유롭지만 다른 사람들을 사랑하고 또 그들한테 봉사하는 데에서만 속박받는다 하는 말이 나와, 뒤의 이상주의 사상에 계승되고 또 근대사회에 그 영향을 끼치게 된다.

(사) 대결의 마지막 장

교황은 루터를 파문에 처하겠다는 위협을 가한다. 거기에는 루터가 60일 이내에 자기 주장을 취소하지 않으면 파문에 처하겠다는 일종의 경고였다.

그러나 루터는 교황을 반그리스도적이라고 단정하고 이에 응하지 않았다.

마침내 교황은 파문의 실행을 독일 황제 카알 5세에게 요구했다. 그러나 젊은 카알 5세는 교황의 요구를 무조건 받아들이지 않았다.

그는 정치적 해결을 꾀하려 했다. 일단 파문을 경고받고서도 반항적인 태도를 취한 인물을 다시 국회에서 심문한다는 것은 그리 간단한 일은 아니었으나 아무튼 카알은 루터를 국회에 불러 심문해 보기로 했다.

1521년 4월 17일, 루터는 국회가 열리고 있던 사교 저택에 출두했다.

그날 저녁 루터가 출석하였을 때에는 스페인 국왕 겸 독일 황제로 구대륙과 신세계의 태반을 지배하면서도 굳이 중세풍의 황제 행세를 하고 있던 카알 5세가 모든 권위와 권력을 대표, 정면의 옥좌에 자리잡고 있었다. 그리고 황제의 주위에는 고귀한 선제후들, 대사교와 사교들, 귀족들, 기사들, 워름스의 시민들 등등, 요컨대 독일의 권력과 부귀를 대표하는 자들은 다 모여 있었다. 그 앞에 선 것은 안색이 나쁘고 몸은 여위고 심신이 다 지칠대로 지쳐 보이는 아우구스틴파의 한 수도승 마루틴 루터였다.

루터는 분명하게 결론을 말하였다.

『황제 폐하, 선제후, 제후 각하는 명백하고 단순하고 솔직한 답변을 요구하고 있으므로 나도 아무 가식없이 말하겠다. 즉 성서의 증거 또는 아주 분명한 근거나 이유에 의해서 설득되거나 굴복하게 되지 않는 한 나는 교회와 교회 회의가 자주 과오를 범하고 또 서로 모순된 점이 있다는 것을 확신하고 있으므로 나는 그들을 신뢰할 수 없고, 또 나의 의견을 바꿀 수도 없다. 나의 양심은 오직 신의 말씀에 따르고 있다. 양심에 어긋난 행동을 한다는 것은 정당하지도 못하므로 나는 나의 양심에 따라 아무 것도 취소할 생각이 없으며 그러고 싶지도 않다.』

이것은 분명히 거부의 뜻이었다. 그는 곧 회의장을 물러났다. 많은 사람들이 그의 뒤를 따라갔는데 그중에는 특히 작센의 귀족들이 많았다. 마루틴 루터는 그렇게 회의장을 떠날 때 독일 병사들이 토오너먼트에서 이긴 뒤 승리를 축하할 때처럼 두 손을 높이 쳐들었다. 그리고 숙소에 닿았을 때에도 두 손을 높이 쳐들고는「왔다, 왔다」하고 소리쳤다. 루터의 생애에서 절정의 순간이었다.

  (아) 민중의 손에 성서를
  워름스 국회의 심문이 끝난 후 황제 카알 5세는 루터를 제국에서 추방한다는 칙령을 내리고 루터의 저서를 사보거나 퍼뜨려서도 안된다는 명령도 내렸다.
  이 칙령에서는 또 반교황적인 문서에 대해서도 엄격한 검열을 행한다는 것이 강조되었다. 이는 종교개혁을 반대한다는 뜻이기도 했다.
  이 칙령이 발표된 것은 워름스 국회에 출석했던 제후들이 모두 흩어진 뒤의 일이다.
  또 이 무렵은 온 독일인이 전보다 더 열광적으로 루터를 지지하고 있었다. 그래서 얼마 전 교황이 내린 파문 위협과 마찬가지로 이 황제의 칙령도 어느 정도 효과가 있을지 의문시되고 있었다. 그리고 4월 말 워름스를 떠난 루터는 앞으로 무슨 일이 있을지 전혀 예측하지 못하고 있었다.
  과연 5월 초순의 어느날 늦게 루터의 마차가 튜링겐의 깊은 숲속을 지나가려니까 별안간 복면의 말탄 무사 5명이 출현, 눈 깜짝할 사이에 루터를 납치, 어둠속으로 사라져버렸다.
  하지만 루터는 살아 있었다. 말이 유괴이지 그것은 루터를 구출하려는 작센 선제후측의 교묘한 연극이었다. 그래서 루터가 어디엔가 살아있다는 소문이 퍼져 나가게 되자 또 국내외가 온통 법석이었다.

  루터가 바르트부르크에 머문 10개월 간에 손댄 것은 신약성서뿐이었지만 그뒤 여러 협력자의 도움을 얻어서 구약성서의 독일어역도 완성, 그 초판이 간행된 것은 1534년의 일이다. 그중 신약성서는 10여회나 루터 자신이 개정을 가했고, 죽기 직전에 그는 신약성서의 교정쇄를 보고 있었다 한다.

  이렇게 하여 루터의 종교개혁의 서막이 시작되었던 것이다.

9. 근세 유럽의 전개

(1) 절대 왕조 시대

　종교개혁이 서서히 진행되고 중세 봉건사회가 해체되기 시작하며 새로운 질서가 싹트기 시작할 무렵, 그러나 아직 근대 자본주의가 성립되지 못한 이 시기는 혼란과 변화가 계속되는 과도기라 할 수 있다.

　각국의 군주가 출현하기 이전인 중세 유럽에서는 국가란 사실상 존재하지 않았다. 프랑크왕국을 비롯해서 신성 로마제국, 영국, 프랑스 등은 독립된 국가라기 보다 봉건귀족이 할거하여 권력이 분산되어 있었고 다만 국가를 대표하는 자에 불과했으며 로마 교황 중심의 신앙 공동체였을 뿐이다.

　그 절대적 권위였던 교황권의 그늘에서 벗어나 차차 왕권이 강화되는 동시에 각국의 중앙집권이 추진되었던 이 시기를 절대 왕조 시대라 한다. 대개 15~16세기를 말한다.

　종교개혁이 은밀히 진행되는 동안 혼란이 그칠 사이 없었지만 아직도 그리스도와 교회가 가진 권위는 아직 소멸되지 않고 있었다. 16~17세기의 긴 시대가 흐르는 동안 교회는 국왕으로부터 가난한 농민에 이르기까지 출생과 사망, 또는 죽은 후의 영적생활도 지배하고 있었고 국가, 사회의 모든 행사도 주관하고 있었다. 인간은 교회를 떠나서는 아무 것도 생각할 수 없었고 어떤 행위도 그리스도 정신 안에서 행해져야 했던 것이다.

　이 시기에 절대 군주들은 종교적인 이 제약을 활용했다. 그 활용의 방법과 이론이 왕권 신수설이다.

1) 왕권 신수설(王權神授說)

　왕권 신수설이란 문자 그대로 왕권은 신이 수여한 신성한 것이므로 국왕은 신에 대한 책임만 지며 신하들이나 백성이 국왕에게 순종하지 않는 것은 신에 대한 반역이라고 주장하는 이론이다.

　이같은 왕권은 거듭된 내란 속에서 많은 경쟁자, 즉 각 제후들을 물리치고 절대적 권력을 소유하게 되면서 시작된 것이다.

국가 전체가 왕의 소유가 되므로 백성의 의지는 곧 군주의 인격 속에 통합되어 있다는 주장이다. 프랑스의 루이 14세는 이런 절대권력을 태양에 비교하며 신격화했다.

이는 종교개혁의 영향이 무엇보다 큰 원인이 되었다고 할 수 있다.

(가) 스페인 필리페 2세

1556년 카를로스 1세의 뒤를 이어 스페인 왕위에 오른 이가 필리페 2세다. 이 필리페 2세 때 스페인은 그 전성기를 맞이한다. 스페인 역사상 황금의 시대라고 하는 1550년부터 1580년까지는 확실히 스페인은 강력한 해군에 의해서 스페인의 우월성을 대외에 과시했다. 스페인이 움직이면 세계가 전율한다는 말이 생길 정도로 국위를 떨쳤던 것이다.

필리페 2세는 부왕(父王) 카를로스 1세와는 달리 통치의 중심을 스페인 내부로 돌리고 왕권을 강화했는데 왕권의 상징인 마드리드 북서쪽 엘에스코리알에다 스페인 역대 국왕의 종묘(宗廟)와 궁전을 겸한 어마어마한 건물을 세웠다.

여기에서 스페인 절대군주의 위용(偉容)을 과시하는 호화로운 궁정생활이 전개되었다.

그는 또 모직물 공업과 무역에 의해서 번영을 누렸던 네덜란드를 철저히 탄압하고 오직 스페인의 이익을 추구했으므로 네덜란드도 영국 엘리자베드 1세의 지원을 받으며 네덜란드 연방공화국을 선언하기도 했다.

(나) 스웨덴 구스타프 아돌프

북방의 사자왕이라는 호칭이 붙은 스웨덴의 구스타프 아돌프는 17세기 전반 유럽의 강력한 국왕이며 탁월한 정치가였고 군인이었다.

총인구 150만에 북방의 추운 기후에 시달리는 광막한 황야의 국왕이었던 그는 스웨덴을 유럽의 강국들에 못지않게 발전시키려고 전력을 기울였다. 상공업을 일으키고 무역을 장려하고 제도를 개선하고 또 귀족들에게는 특권을 주어 가면서 왕권을 강화했다는 주목할 만한 인물이기도 하다.

그가 가장 노력한 것은 군비의 충실이었다. 선진국 네덜란드에서 전문가들을 초청, 무기를 개량하고 왕 자신이 솔선해서 그 새로운 무기 사용법을 익혔다. 왜냐하면 스웨덴은 러시아, 폴란드, 덴마아크 등에 에워싸여서 발트해의 지배권을 장악하려고 고전중이었기 때문이다.

스웨덴이 번영하려면 우선 발트해의 지배권을 장악해야 된다고 생각했던 그는 독일 합스부르크가의 세력이 북상하는 것을 방임해 둘 수 없었다. 그는 행동을 개시했다. 1630년 6월, 그는 직접 정예를 이끌고 포메른에 상륙, 30년 전쟁에 개입했다.

키가 크고 어깨가 넓고 갈색의 머리털을 가진 전형적인 북유럽의 무장 구스타프 아돌프. 그를 따른 병사들도 그 무장에 못지 않은 정예였다. 병사들은 성서와 찬송가를 휴대하고 매일 2회 예배를 드렸다. 약탈은 철저히 금지되어 있었다. 연전연승이었고 남하함에 따라서 병력은 자꾸 늘었다. 더구나 스웨덴과 프랑스는 동맹을 맺었고 신교파의 도시 마그데부르크에서는 틸리의 구교 동맹군이 전대 미문의 대약탈을 감행했다는 소식이 전해지자 독일의 신교파 제후들은 서로 앞을 다투어 구스타프 아돌프측에 가담했다.

이렇게 신교파의 제후들에게 큰 충격을 준 구교 동맹군의 지휘자 틸리는 여우같은 얼굴에 몸집이 작고 스페인식의 노란 스웨터를 입고 등허리까지 늘어지는 빨간 타조의 깃털이 달린 모자를 쓰고 흔히 불패의 맹장으로 찬양되고, 또 근엄하고 신앙이 두터워서「갑옷 입은 성자」로도 찬양되고 있었다.

하지만 이 성자는 다른 용병대장들과 꼭 같이 약탈과 폭행을 허용, 마그데부르크에서는 시민 3만 명이 학살되는 것도 묵인했다 한다.

그러나 1631년 여름, 구스타프 아돌프의 정예와 북부 독일의 신교파 연합군은 라이프찌히 근처까지 남하해서 틸리의 군대와 격돌했다. 여기서 구스타프는 기병대를 이용, 압도적 승리를 거두었다.

이렇게 하여 북부 독일을 해방시킨 구스타프는 더 남하해서 독일 황제의 고향 오스트리아의 심장부를 압박했다.

(다) 프랑스 부르봉 왕조

16세기 후반 프랑스는 카톨릭과 신교도 사이에 종교적 내란이 전개되고 있었다. 약 30년간 계속된 이 전쟁을 「위그노 전쟁」이라고 한다.

독일의 30년 전쟁이 17세기 전반의 대표적 종교 전쟁이었다면 이 위그노 전쟁은 16세기 후반의 대표적 종교 전쟁이다.

위그노의 30년 전쟁은 프랑스판 신교와 구교도의 종교적, 정치적 대립으로 왕국을 양분하고 대규모 학살이었다는 바르톨로뮤 참사를 초래했다. 이 대립 자체는 내란이라기 보다 국제적 성격을 띤 대립이었다.

이 전쟁의 종반은 「암살의 시대」로 지칭될만큼 무질서하고 처절했다. 먼저 1588년 12월, 구교파의 지도자 기즈가 앙리가 암살당했다.

그리고 이 암살사건의 주모자인 당시 국왕 앙리 3세는 그 이듬해 8월 1일에 암살당한다. 이로써 14세기부터의 발르와 왕조는 그 막을 내렸다.

이때 왕위 계승권 소유자가 신교파의 중심 인물 부르봉가의 앙리 4세였다. 그는 35세의 건강하고 활력넘치고 위엄이 있었으며 많은 전투 경험을 가지고 있었다.

처음엔 프랑스 왕국 일부의 지지를 받았으나 후에 전권을 잡고 전체 프랑스왕으로 군림하며 많은 신교도에게 신앙과 공직 취임 등 정치적 자유를 허용했다. 프랑스가 카톨릭 왕국이었다는 것을 감안하면 앙리 4세의 결단은 혁명적인 것이었다.

(라) 영국의 헨리 7세

영국에서 절대왕정이 출발한 것은 15세기 말(1485년) 장미 전쟁이 끝나면서 바로 싸움터에서 왕위에 오른 헨리 7세가 튜우터 왕조의 창시자로 되었을 때의 일이다.

그는 봉건 시대의 가신(家臣)들에게 해산을 명하는 한편, 특정한 상인들을 보호하여 국고를 충실하게 하는 등 절대군주로서 국가의 부를 이룩하는데 열심이었다.

그의 뒤를 이은 헨리 8세는 과감하게 종교개혁을 단행했다. 그 동기가 어디에 있었던 간에 결과적으로는 로마 교회에서 분리 독립하여 국왕을 대표로 하는 국교회의 제도를 창설했다. 따라서 영국은 하나의 정치단위로서 외세의 압력이나 구속으로부터 해방된 것이다.

또한 이 시기에 행정과 재정 부문에서도 과감히 개혁이 실시되고 국가기구가 정비되어 단일국가로서 그 면모를 분명히 했다.

2) 왕권에 대한 도전

엘리자베드 여왕의 뒤를 이어 영국의 왕으로 즉위한 제임스 1세는 스코틀랜드 출신으로 영국인의 불신을 사고 있었다. 그러나 그는 왕은 곧 신으로 불리워야 한다고 주장하고 신민한테는 어떤 것도 책임지지 않는다고 선언하며 절대 왕권을 고집했다.

그러나 엘리자베드 1세 시절 검찰총장을 지냈던 에드워드 코크 경은 제임스 1세가 왕권 신수설을 들고 등장할 때부터 정면으로 왕권에 저항하기 시작하면서 왕권에 대해 적극적으로 비판을 가했다. 더구나 제임스 1세가 헨리 7, 8세나 엘리자베드 1세처럼 신하는 물론 의회와 타협을 거부하고 왕권의 절대성만을 고집했기 때문에 코크 경을 지지하는 세력은 자연히 늘어날 수밖에 없었다.

그 대립을 단적으로 표현한 대화의 요지는 다음과 같다.

『국왕은 신분이 뛰어나지만 영국의 법률에는 복종해야 한다. 신민(臣民)의 생명과 재산에 대한 문제의 결정은 무엇보다도 법률의 지식을 필요로 하기 때문이다.』

코크의 이 주장에 제임스 1세가 물었다.

『그렇다면 너는 국왕이 법 아래 서야 한다고 생각하는가?』

『군주는 신민 밑에 위치하는 것은 아니지만 분명한 것은 신과 법의 밑에 위치한다.』

이 대화야말로 국왕과 의회와의 대립된 견해를 가장 잘 나타내고 있다. 그러나 제임스 1세는 왕권의 절대성을 침해하는 어떤 일도 있어서는 안되기 때문에 왕의 절대적 권한을 법률이 논해서도 안 된다는 것을 분명히 했다.

그리고 22년 재위기간 동안에 의회를 단 4회 소집했으나 의원들의 공격이 있자 일방적으로 의회마저 강제 해산시켜버렸다.

물론 코크 경도 추방당했다.

(가) 권리청원(權利請願)

1620년 추방당했던 코크 경은 의회의 서민원에 진출해서 국왕의 권한에 대해 저항했다. 그는 의회가 국정에 개입하려는 것을 피하는 국왕에게 의회의 자유 선거권, 특권, 입법권 및 외교 심의권 등이 영국 신민의 오래된 기본 권리이며 유산이라는 항의문을 제출했다.

이로 인하여 코크 경은 런던탑에 9개월 간 수감되었다. 그러나 의회의 저항은 중지되지 않았다.

1621년의 의회에서는 기어이 왕의 심복이나 다름없고 검찰총장, 귀족원(상원)의장, 대신 등을 겸하고 있던 유명한 학자 프랜시스 베이컨을 수회죄(收賄罪)로 고발하고 다음과 같은 처벌을 선고받게 했다. ① 벌금 4만 파운드 ② 왕이 지정하는 기간 중 런던탑에 감금 ③ 영구히 관직에 취임 못함 ④ 의회 의원도 될 수 없고 궁정에도 출입 못함……

그러나 국왕은 또 법과 의회를 무시, 베이컨을 불과 1주일도 안 돼서 석방시키고 벌금형마저 면제해 주었다.

1625년에 제임스 1세가 죽고 왕자 차알스 1세가 계승했다.

선왕처럼 의회를 무시한 그는 독단적으로 관세를 징수하고 부호에게 헌금을 강요하고 공채를 강요했으며 반대자를 무조건 체포, 감금했다. 이런 어지러운 전제에 대한 국민의 불만이 표면화한 것이 코크의 손으로 작성되어 1628년의 의회에서 국왕에게 제출된 「권리 청원」이다.

이 문서는 「의회에 소집된 성속(聖俗)의 귀족 및 서민이 국왕 폐하께 삼가 아뢴다」하는 말로 시작해서 「청원」하는 형식을 취한 인권 선언인데 내용은 다음과 같다.

 1. 앞으로는 아무도 의회 제정법에 의한 일반적인 동의없이는 어떤 증여, 공채, 헌금, 세금 등의 부담을 지지 않으며 또 그런 부담을 강요당해선 안 된다.
 2. 어떤 자유인도 위와 같은 이유에서 함부로 구속되거나 감금되서는 안 된다.
 3. 폐하는 육·해군 병사들을(민가에서) 철수시켜야 하며 폐하의 신민은(병사들의 숙식을 제공하는) 부담을 더 이상 지지 않게 한다.
 4. 군법 재판에 의한 명령서도 정당한 절차를 밟지 않은 것은 취소, 무효화해야 한다.
 ……

 차알스 1세는 이런 결의에 격노했다. 그는 즉시 주동자 9명을 체포해서 런던탑에 가두고 의회를 강제 해산시켰다. 이때부터 차알스 1세는 11년간 의회 없이 독주한다.

 (나) 청교도 집단
 절대왕정을 유지하기 위해 국가와 교회는 한 몸이라고 주장했던 제임스 1세나 헨리 8세, 엘리자베드 1세 모두 국교회를 지배하려 했다. 그들 선왕처럼 차알스 1세도 절대적인 지배자로 군림했던 것이다.
 그러나 이와 같은 절대적 왕권에 정면으로 도전장을 낸 것이 종교였다. 얼마 뒤에 발생하는 청교도 혁명이라는 시민의 저항이 바로 그것이다.
 청교도는 정치가 선행하고 교의상의 개혁이 철저하지 못했던 영국의 종교개혁에 불만을 품고 국교회의 내부에 남아있는 카톨릭의 잔재를 몰아내어 청순한 교회를 만들자고 생각한 사람들의 집단이다.
 이들 청교도 외에도 절대 왕정을 비판한 사람들까지도 모두 뜻을 같이하고 있었다.
 이들 가운데는 국교회에 머물면서 내부부터 개혁하자고 주장하는 파와 아예 국교회를 떠나 새로이 청순한 교회를 세워야 한다고 주장하는 파로 나뉘어졌는데 후에(1620년) 제임스 1세의 탄압을 피해 멀리 아메리카 신대륙으로 망명한 102명의 청교도가 국교회를 떠나자는 파들이다.

(다) 탄압과 폭동

이 무렵 청교도측의 행동으로 가장 주목할만한 것은 재정적으로 궁핍해진 국교회의 재산을 사 모아서 그들이 원하는 「청순한 교회」를 세우려는 비밀스런 움직임이었다. 국교회와 왕실의 결합에 반발한 지방 호족 중에서 의외로 많은 사람이 이 비밀 운동에 가담, 왕정의 기초를 조용히 흔들어대고 있었다. 윌리엄 로드는 그런 매매 행위를 적극 단속하는 방법의 하나로 성직자들한테서 별도로 서약서를 받아내고 또 위반자나 잘못이 있는 청교도에 대해서는 고등 종무관(宗務官) 재판소를 통해 귀나 코를 잘라내는 극형을 가했다.

탄압이 심해지자 반발 역시 더 심해졌다. 청교도의 머리 속에는 자기네만이 「신의 백성」이고 다른 사람들은 모두 「그리스도의 적」이라는 이원주의와 적대 감정이 꽉 차 있었다. 따라서 탄압이 심할수록 청교도의 집회는 정치 결사로 변했다.

국민의 그와 같은 정치적, 종교적 불평불만은 먼저 스코틀랜드의 수도였던 에든버러에서 폭발했다. 이 무렵 국내에서 국교회의 강화를 위해 수단 방법을 가리지 않던 윌리엄 로드는 스튜어트 왕조가 성립되면서부터 영국과 같은 왕을 섬기고 있던 이웃의 동맹국 스코틀랜드에도 역시 국교회의 제도와 의식을 강요하고 있었다. 그러자 캘빈파의 장로교회주의를 채택하고 있던 스코틀랜드에서는 영국 왕실측의 그런 간섭과 강제에 맹렬히 반발하더니 1637년, 에든버러에서 주교가 영국 국교회의 기도서를 든 것을 보고 분격한 군중이 폭동을 일으켰던 것이다.

그들은 독자적으로 「복음의 순수성과 자유」를 회복하기 위해 「맹약」을 맺고 영국 왕실과 국교회에 대항하기 위해서 곧 전투 태세를 갖추었다.

3) 청교도 혁명

스코틀랜드 반란을 진압하기 위한 전쟁비용 때문에 의회를 소집했던 차알스 1세는 당연히 전쟁비용을 마련하기 위한 임시 과세의 문제를 통과시키려 했다.

그러나 국왕과 의회측의 대립감정은 전보다 훨씬 더 악화되어 있었고 의회에 출석한 지방 사람들은 국왕의 요구를 묵살하며 저마다 청원(請願)을 먼저 내세웠다.

그때 반대파의 리더였던 존 핌이 일어나 11년 간의 의회없는 국왕의 전제정치를 비판하는 공격적인 발언을 했다.

차알스 1세는 의회의 공기가 험악해지자 겁을 먹고 3주일만에 다시 해산해버렸다.

의회가 해산된 지 반년 뒤에 다시 소집되었다. 이 의회가 청교도 혁명의 무대가 되었다.

(가) 왕권 제한 축소

이 의회에서 의원들은 일치단결해서 전제정치의 제물로 투옥된 사람들을 구제했다. 다음은 젠트리 출신으로 서민원 의원이었다가 동지들을 배신하고 국왕 밑에 가서 요사스럽게 군 변절자로 유명한 스트래퍼드 웬트워드(1년 뒤 처형됨)와 캔터베리 대주교 로드(4년 뒤 처형됨)를 체포했다. 다음엔 전제 지배의 기구를 파괴하였다. 즉 독점권을 소유한 동료 의원을 추방하고 국왕의 독주를 막기 위해서 의회는 적어도 3년에 1회씩 소집하고 또 의원들 자신의 동의 없이는 해산하지 않기로 결의했다.

그 밖에도 국민에게 많은 피해를 끼친 불법적인 과세를 모두 폐지하고 전제 정치의 도구로 타락한 고등 종무관 재판소 따위를 폐지했다.

의회가 자발적으로 제정한 법률에 의해서 거의 만장일치로 절대 왕정이 그처럼 부정되고 또 전제 정치의 기구가 파괴되었다는 것은 정말로 주목할만한 일이다. 11년 간, 아니 그보다 훨씬 더 오랜 기간 그들의 내부에 쌓이고 쌓인 울분과 피해의식은 자기네의 생명과 재산을 지키기 위해서 국왕의 대권을 법에 의해 제한하게 된 것이다.

(나) 국왕 참수(斬首)와 공화제 선언

이와 같이 일치단결해서 의회의 권능을 되찾은 의원들은 그뒤 왕권 친위파와 독립파로 갈리어 피나는 싸움을 계속했으나 1648년 12월 독립파에서 무력으로 국왕과 가까운 장로파를 추방 또는 체포하고 의회를 독점했다.

그런 다음에는 군주제를 폐지하기에 앞서 국왕을 처형할 것이냐 아니면 감금해 둘 것이냐 하는 문제로 토론을 계속하다가 1649년 1월에 특별히 설치한 고등재판소에서 차알스 스튜어트는 폭군이며 반역자이고 살인자이며 국민의 공적이므로 참수에 처한다는 사형이 판결되었다.

이때 국왕의 참수를 반대한다는 의론이 있기는 했으나 그 판결을 신의 뜻으로 받아들일 수밖에 없다는 결론을 내렸다.

그해 같은 달 30일, 군중 앞에 끌려나온 차알스 1세는 마지막까지 몸에 지니고 있던 보석과 훈장을 캔터베리 대주교에게 넘겨준 뒤 처형대 위에 올랐다.

국왕의 처형에 의해서 혁명은 이제 절정에 이르고 있었다. 그해 3월 독립파가 독점하고 있던 의회는 「왕은 이제 필요없고 부담이 될 뿐이다. 국민의 자유, 안전 및 공공의 이익을 저해할 존재다」하는 이유에서 군주제의 폐지를 결의하고 군주의 들러리에 불과했던 귀족원에 대해서도 폐지를 선언했다.

뒤이어 5월에는 드디어 공화정을 선언하게 됐다. 선언문에는 「영국은 이제부터 공화국이며 자유국가이다. 이 공화국은 이나라 최고의 권위, 즉 의회의 국민 대표 및 국민의 행복을 위해 의회가 임명하는 관리에 의해 국왕이나 귀족원 없이 통치될 것이다」라고 되어 있었다.

그러나 아직 국가 정세가 심상치 않고 차알스 1세의 아들 차알스 2세가 네덜란드에 망명 중에 있었으며 스코틀랜드 및 아일랜드에서 차알스 2세를 지지하고 있었다. 또 국내에도 국왕파의 잔당이 암약하고 있었기 때문에 의회 중심의 공화정의 앞날이 순탄하지는 않았다.

뿐만 아니라 의회를 지배하고 있던 크롬웰은 사실상 무력으로 정권을 유지하고 있어서 적지않은 내우외환에 시달려야 했다.

4) 명예 혁명

국왕이 없는 공화제 하에서 무력으로 의회와 전권을 손아귀에 넣고 전횡을 거듭해 온 크롬웰이 죽고 오랜 기간 개혁의 회오리바람이 물러간 뒤 스튜어트 왕조의 차알스 2세에 의해 왕정이 복고된다.

1660년의 일이다. 청교도 혁명의 20년이 지난 후에 네덜란드에 망명하고 있던 차알스 2세가 성인이 되어 귀국하게 된 것이다.

20여 년 전 청교도 혁명을 일으키던 때와는 달리 왕정을 체험하지 못한 시민들에 의해 차알스 2세는 열렬하게 환영을 받으며 귀국할 수 있었다. 젊은 시민들은 또 귀국하는 왕에게 큰 기대를 걸고 있었다. 왜냐하면 귀국하기에 앞서 국왕은 네덜란드에서「브레다의 선언」이라는 것을 발표하여 국민들로 하여금 새로운 희망을 갖게 했던 것이다.

(가) 차알스 2세의 화려한 귀국

차알스 2세는「브레다의 선언」에서 다음과 같이 발표했다.

『나의 은총과 사랑을 받아들이는 신민에게 그의 위계나 신분 여하를 막론하고 널리 대사(大赦)를 베푼다. 나는 신앙의 자유를 선언한다. 토지의 양도, 매각, 구입에 관한 시비 및 행정적인 문제는 의회에서 결정하기를 바란다. 몽크장군의 지휘하에 있던 장병들이 받아야 할 급료를 완전히 지불하기 위한 법률에 동의할 용의가 있다.』

국왕은 또 왕정 복고가「국왕, 귀족, 서민을 정당하고도 오랜 전통을 가진 기본적인 여러 권리에 복고시킨다」고까지 다짐하고 있었다. 즉 왕정 복고는 국왕의 절대적인 권리를 부활시키는 것만도 아니요, 귀족이나 서민의(의회의) 권리를 부활시키는 것만도 아니요, 국왕과 의회가 각각 가지고 있던 전통적인 권리 및 그 둘의 협조를 부활시키는 것이라고 해서 국민을 안심시킨 것이다.

그 해 5월 29일, 도버 해협에서 런던까지의 길과 길, 거리와 거리를 메운 사람들은 모두 군사 독재를 증오하고 차알스 2세를 구세주 맞이하듯 했던 것이다.

(나) 개혁정치 계승

국왕과 함께 귀족원도 국교회도 부활됐다. 하지만 그것은 우선 형식상의 부활이지 청교도 혁명 이전의 절대 왕정 체제가 완전히 부활한 것을 의미하지는 않는다. 국왕의 권한을 제한하려 했던 의회의 개혁이 그대로 계승된 것이다.

그렇다 해서 종전에 국왕이 가졌던 모든 권한이 부정된 것은 아니고 또 국왕측의 위반 행위에 대한 벌칙의 규정은 애매했다. 그런 가운데 혁명 기간 중 성립된 것 두 가지가 그대로 계승되고 있었다.

그것은 토지 재산과 관계있는 후견(後見) 재판소와 군역(軍役) 보유제의 폐지로, 후견 재판소란 것은 국왕한테서 토지를 받은 신하가 아직 미성년일 때 국왕이 후견료(後見料) 등의 갖가지 허가료를 받기 위해 설치했던 재판소다. 군역 보유란 것은 신하가 연평균 40일간 군역 봉사를 하거나 대금을 지불, 기사(騎士)로서의 의무를 수행하는 조건으로 영지를 주는 제도다. 둘 다 봉건 시대의 국왕이 가졌던 낡은 권리에 근거를 둔 것으로 절대 왕정의 세수 증가를 위해 마련된 것이었다.

그렇다면 이런 후견 재판소와 군역 보유제의 폐지는 어째서 중요한가. 답은 간단하다. 국왕은 각 지방의 토지 소유자에게 간섭할 수 없게 되었고 토지 소유자는 재산권(토지 소유권)을 확보하게 된 것이다. 왕정 복고 후 의회에서는 우선 그 두 가지의 폐지를 재확인하는 법률을 공포했고 이에 의한 국왕의 손실에 대해서는 매년 10만 파운드씩 지불해서 보상하기로 했다.

그 결과 국왕은 의회의 지배를 받는 공복(公僕)이나 다름없게 됐다. 더구나 국왕에 대한 급여는 위의 조치로 수지맞은 토지 소유자들의 토지세로 마련되는 게 아니라 대중 과세라고 말할 수 있는 소비세로 마련됐다. 이젠 토지 소유주들의 세력이 강해졌다.

이는 곧 왕권의 약화와 지방자치제가 강화되었다는 것을 의미한다.

(다) 왕정복고와 청교도 탄압

네덜란드에서 돌아온 차알스 2세가 처음엔 브레다 선언에 따라 개혁정치를 계승한 듯했으나 머지 않아 혁명 전과 같은 왕권의 전횡을 시작하게 된다.

우선 의회에서 부왕 차알스 1세의 처형 판결문에 서명했던 독립파에 대한 복수부터 시작했다. 그들 가운데 우선 살아있는 43명을 적발 30명을 용서하고 13명을 참수형에 처했다. 이로써 브레다 선언은 벌써 위반된 셈이다.

복수는 점차 고도의 정치적인 수단을 취하게 된다. 청교도에 대한 복수가 그것이다.

1661년 새로 소집된 의회에는 국왕파의 기사(騎士)들이 많았으므로「기사 의회」라고도 한다. 이 의회가 제일 먼저 의결했던 것은 청교도 탄압에 대한 것이었다. 지방자치법, 예배통일법, 종교집회법, 5마일법 등 4개의 법률에 의해 청교도 등의 비국교도(非國敎徒)를 정치, 행정, 교육 등의 각 기관에서 추방하고 국교를 거부한 성직자 2천명도 추방해버렸다. 이렇게 해서 브레다 선언에 포함돼 있던 신앙의 자유는 여지없이 폐지된 것이다.

(라) 정당의 기원

차알스 2세의 왕정복고가 원만히 이루어지면서 의회내의 친왕파가 두드러지게 그 세력을 장악하게 된다.

또 신앙의 자유를 제한해 두고 있는 왕은 국교회와 손을 잡고 왕권을 더욱 강화하려 했다. 그리고 의회를 완전히 자기 손아귀에 넣은 것이다.

이처럼 국왕과 의회내의 친왕파가 강대해지자 그들에게 반발하는 비판적인 세력이 생겨나게 된다. 이 비판적인 세력은 후에 지방당으로 지칭되는 지방출신 의회인사들이다.

이들은 왕의 전횡과 부정, 또는 친왕파의 월권, 의회 장악, 반대파 숙청, 탄압 등에 대항하기 위해서 조직을 확보하고 정책대안을 만들며, 세력을 키울 필요를 느끼게 된 것이다. 오늘의 야당이 존재하는 것과 대동소이하다고 볼 수 있으며 근대정당의 선구적 존재였다고 할 수 있다.

그들 반대당의 명칭을 당시는 「푸른 리본클럽」이라고 했다. 그러면 이 「푸른 리본클럽」의 목표는 무엇이었던가.

왕위 계승자로 지목되어 있던 카톨릭교도 제임스는 일단 공직에서 물러났다. 하지만 사자(嗣子)없는 차알스 2세가 세상을 떠나면 그 아우 제임스가 왕위를 계승할 판이다. 카톨릭교도가 왕이 될 수 없다는 규정은 아직 없기 때문이다.

그렇다면 제임스의 왕위 계승을 막기 위한 새로운 법의 제정이 필요하다. 이런 것이 「푸른 리본클럽」의 구상이었고, 그들은 실제로 제임스의 「왕위 계승 배제법안」을 통과시키기 위해 전력을 기울였다. 이런 대여투쟁을 통해서 영국 정당의 역사가 출발, 민의의 압력이 청원서의 형태로 표면화됐다. 그래서 여당측에서는 그들을 「청원자」(휘그)로, 야당측에서는 정부의 부정을 싫어한 끝에 궁정파를 「혐오자」(토리)로 각각 비꼬아 부르기 시작했다.

이리하여 토리당(왕정파)과 휘그당(청원파)으로 나뉘게 되었으며 왕정파인 토리당이 곧 여당의 입장이 된다.

(마) 정당 탄압의 시작

세상은 이제 1당 독재, 아니 국왕의 독재시대가 됐다. 그리고 차알스 1세는 3년에 한 번씩 열리기로 되어 있었던 의회마저 84년에는 열지 않고, 그 이듬해에 죽으면서 고백했다.

『나는 카톨릭교도다.』

그의 뒤를 이어 왕위에 오른 것은 문제의 카톨릭 신자 제임스 2세였다. 휘그당의 반대 때문에 하마터면 왕위를 계승하지 못할 뻔했던 제임스 2세는 선왕 차알스 2세에 비해 훨씬 담이 컸다. 그의 정부는 런던을 비롯한 각 자치 도시의 특허장(特許狀)을 취소하고 국왕의 직할시로 변경시키는 새로운 특허장을 발부했다. 그리하여 모든 도시의 요직도 토리당이 석권하게 됐다. 이때부터 의회에는 오직 토리당원만이 출석하게 되고 궁정에서는 공공연히 카톨릭풍의 예배와 설교가 행해졌다. 대관식에서도 성례전(聖禮典)은 국교회의 것이라 하여 생략될 정도였다.

이제 만사는 국왕과 토리당의 뜻대로 요리되어 나갈 것 같았다. 하지만 제임스 2세의 대관식이 끝나기가 무섭게 뜻밖의 도전자가 나타났다. 다름아닌 차알스 2세의 서자(庶子) 먼머드공이 그 도전자인데, 네덜란드에 있던 그는 그곳에 망명한 휘그당이 권유하는 대로 자신이 정통의 왕위 계승자라면서 150명 정도의 군대를 이끌고 영국 남서부에 상륙한 것이었다.

그는 이렇게 주장하고 있었다. 의회를 해마다 소집하겠다, 상비군을 폐지한다, 신교도에게는 신앙의 자유를 허용한다. 때마침 그가 상륙했던 남서부 지방에는 비(非)국교도가 많고 소규모의 자유 농민과 수공업자가 많았다. 이들 서민은 즉시 먼머드공에게 호응했다. 하지만 젠트리도 휘그당의 잔여 세력도 침묵을 지켰다. 사태는 먼머드공에게 너무 불리했다. 그의 군사 150명과 지도자도 조직도 규율도 없는 약간의 민중은 첫 전투에서 국왕군에게 대패하고 먼머드공은 사로잡혔다. 그는 제임스 2세에게 눈물을 보여 가며 애원했지만 용서받지 못하고 처형되었다.

뒤이은 「피의 순회 재판」에서는 150명의 반도가 교수형에 처해지고 8백 명의 반도는 서인도 제도의 강제 노동 수용소로 수송됐다. 그 속에는 도주하던 반도에게 먹을 것을 준 부인까지 포함되어 있었다. 17세기 「영국 최후의 민중 봉기」는 그렇게 끝이 났다.

(바) 왕권의 부활

이 봉기사건 이후 국왕은 그의 법률 특면권(特免權)을 악용해서 정부, 군대, 교회 등의 요직에는 모조리 카톨릭교도들을 임명하고 또 청교도 혁명 직전의 장기 의회가 폐지한 고등 종무관 재판소를 부활시켜서 국교회 성직자의 사상을 단속, 카톨릭에 개종할 것을 강요할 뿐 아니라 케임브리지나 옥스퍼드 등 대학의 인사문제에까지 관여했다.

그뿐만이 아니다. 1687년에는 「신앙 자유 선언」을 내놓았다. 신구 어느쪽의 교인에 대해서도 모든 형벌을 폐지하고 예배의 자유를 인정한다는 선언이었다. 하지만 차알스 2세 때의 「신앙의 자유」와 마찬가지로 그것은 국왕 이하 카톨릭교도들의 신앙을 합법화하려는 것이었을 뿐 국교도, 청교도 등의 신교도에게 신앙의 자유를 주려는 선언은 아니었다. 게다가 이 선언은 의회가 반대할지도 모른다는 만일의 경우에 대비해서 법률이 아닌 선언으로 발표되었다. 그러자 토리당 내에서도 신교도가 적지 않게 반대하고 나섰다.

하지만 제임스 2세는 조금도 물러서지 않았다. 이듬해 「신앙 자유 선언」을 다시 내고, 또 매월 제1, 제2 일요일에 국교회의 설교단에서 그것을 읽으라고 명령했다. 국교회의 성직자들은 고민하기 시작했다. 우선 국교도의 입장에서는 카톨릭이나 그 밖의 다른 비국교도를 인정할 수가 없다. 반대로 왕명을 어기면 그들이 이제까지 주장해 온 국왕에 대한 무저항주의를 스스로 짓밟는 모순된 행동이 된다. 이럴 수도 저럴 수도 없다. 이 비참한 딜레머 속에서 어느 사이엔가 저항의 기운이 일어났다. 「문제의 선서를 낭독하지 말자」 이렇게 결의한 켄터베리 대사원의 대주교 등 국교회의 대표 7명은 국왕에게 반대의 뜻을 표명했다. 형식은 청원서로 되어 있었다.

분격한 국왕은 즉시 그 국교회의 대표자 7명을 반역 혐의로 체포, 런던탑에 감금했다. 그러나 런던의 배심원들은 그 7명의 주교에게 무죄를 선언했다.

이처럼 제임스 2세는 영국 국교회와 충돌함으로써 휘그당뿐만 아니라 토리당의 젠트리들한테서도 반감을 사고, 또 민중의 분노를 사고 있었다. 그리고 50여 년 전에는 핌 등 5명의 의회 지도자들을 열렬히 성원했던 런던의 그 군중 속에서 지금은 7명의 주교가 압제에 대한 저항 및 승리의 상징으로 등장해 있었다.

그러나 국교회, 토리당, 휘그당, 런던 시민 등이 통틀어 전제 군주에게 불만을 품고 저항하게 된 데에는 카톨릭 신앙의 자유라는 종교적인 화근 덩어리 외에 또 하나의 불씨가 있었다. 황태자 탄생이 바로 그것이다.

(사) 빌럼 3세의 출동

후계자가 없을 듯하던 제임스 2세와 왕비 사이에서 불쑥 황태자가 탄생했다. 네덜란드 총독 빌럼 3세에게 출가한 신교도 매리(제임스 2세의 딸)가 귀국, 남편과 함께 왕위를 계승해서 신교도의 자유를 회복시킬 것으로 기대했던 영국인들은 모두 깜짝 놀랐다. 황태자 탄생! 이 무슨 날벼락인가. 매리가 왕위를 계승하기는 다 틀렸다. 그녀 대신에 황태자가 즉위할 것이고 신교도는 끝내 햇빛을 보지 못하고 말겠구나. 영국인들은 거의 다 절망 상태에 빠졌다. 더구나 황태자 탄생 때에는 원래 현장에 증인을 세우기로 되어 있는데 이때는 증인이 카톨릭 신자뿐이었다 한다. 그렇다면 황태자 탄생이란 것은 구교도 측의 음모인지도 모른다. 세상에는 별별 소문이 다 퍼지고 의혹과 불안이 사람들의 마음을 어지럽히고 있었다.

토리당과 휘그당은 어제까지의 적대 감정을 일소하고 공동 전선을 폈다. 그들의 힘으로 7명의 주교들이 우선 석방되었다. 바로 그날 밤에는 양 정당의 대표자 7명의 이름으로 된 초청장이 국왕의 딸 매리의 남편인 네덜란드 총독 빌럼 3세에게 비밀히 발송됐다. 내용은 이런 것이었다.

「우리들의 사정은 나날이 악화되어 있고 각자 자기의 입장을 지키기 어렵게 됐다. 우리들은 누구나 각자의 신앙, 자유, 재산에 관한 현 정부의 시책에 만족할 수 없다. 국민 20명 중 19명이 변화를 바라고 있다. 귀족이나 젠틀먼 역시 거의 다 불만을 품고 있다. 전하가 와 준다면 우리들은 모두 달려 가서 맞이하고 또 전력을 다해서 전하를 돕겠다.」

문제의 빌럼 3세는 네덜란드 총독으로 군사력이 강대하고 종교적으로 우선 신교도이면서 신앙의 자유를 광범하게 허용하고 또 정치적으로는 공화제보다도 군주제를 주장하는 인물로 알려져 있었다. 이런 이유에서 영국의 토리당, 휘그당 및 민중은 그를 가장 이상적인 군주로 여기고 있었고, 위의 초청장을 보내는 데에는 별로 이의가 없었던 것 같다.

그러나 초청장을 받은 빌럼 3세의 입장은 반가와할 처지가 아니었다. 영국이 처가임에는 틀림 없었지만 영국과 네덜란드는 이미 3대에 걸쳐 전쟁을 해왔다. 따라서 왕위를 계승받기 위해 뛰어갈 마음이 내키지 않았다. 그러나 이웃 왕국 프랑스의 심상치 않은 위협과 제임스 2세의 실책과 주위의 권유와 영국 왕위의 매력 등, 복잡한 여건이 그를 영국으로 떠밀었다. 그 사이 3개월이 지나갔다.

9월, 빌럼 3세는 마침내 그의 결심을 발표했다.

이때의 선언문에서 빌럼 3세는 제임스 2세의 폭정에 대한 저항의 필요성을 밝히되 그 폭정의 책임을 오직 제임스 2세의 측근인「사악한 고문관」에게 돌리고 자신이 영국에 가는 목적은「될 수 있는 한 속히 자유롭고 합법적인 의회를 소집하는 것뿐」이라고 하면서 영국인 전체의 적극적인 협력을 바란다고 덧붙였다. 이것이 명예 혁명의 서곡이었다.

1688년 10월, 빌럼 3세는 그의 고국 네덜란드에서 1만 2천 명의 군대를 이끌고 출발, 11월 5일, 잉글랜드의 도버에 상륙했다.「영국의 자유와 프로테스탄트의 종교」란 말이 쓰인 깃발을 본 영국인은 말 그대로「20명 중 19명」이 빌럼 3세 일행을 열렬히 환영했다. 각 지방의 귀족과 젠트리 중에서는 군대를 끌고 나타나는 자들도 있었다. 그리고「우리들의 종교와 법과 자유가 다시는 카톨리시즘과 전제 정치에 희생되지 않도록 자유로운 의회에 의해서 보증되기까지…… 일치단결해서 도울 것」을 굳게 결의했다. 그들은 빌럼 3세를 앞세우고 즉시 런던을 향해 진군했다.

(아) 제임스 2세 축출

제임스 2세측에서는 증강되어 있던 상비군 사이에 분열이 일어났다. 당초부터 아일랜드 출신 카톨릭교도들이 우대받았기 때문에 불만을 품고 있던 본토 출신 장병들이 이 기회에 서슴지 않고 반기를 들더니 일시에 빌럼 3세의 원정대에 가담했던 것이다. 유명한 마알브러공 처어칠도 이때 제임스 2세의 상비군에서 빌럼 3세의 원정대로 옮겨 앉았다. 그처럼 원정대에 옮겨 앉은 장군, 귀족 등이 허다한 가운데 제2왕녀 앤조차 옮겨 앉았다. 난감해진 제임스 2세는 하늘을 원망했다.

게다가 나머지 상비군은 아예 싸우지도 않고 파도에 밀려서 물러선다. 이 절망 상태에서 제임스 2세는 만사를 단념했다. 왕비와 어린 황태자를 먼저 프랑스로 피난시킨 제임스 2세는 마침내 12월 23일 런던을 떠나면서 의회 소집장을 태워 없애고 국새를 템즈강에 버리고 24일 도버를 건너 25일에는 루이 14세가 마련해 준 피난처에 가려 했다.

그 며칠 사이에 런던은 무정부 상태가 빚어졌다. 군중이 카톨릭교회에 난입, 파괴와 약탈과 방화를 자행했다. 귀족들이 사태를 수습하려 나섰다가, 뜻밖의 폭풍우 때문에 꼼짝 못하고 있던 제임스 2세를 사로잡았다.

급히 런던에 들이닥친 빌럼 3세는 귀족들과 사태의 수습을 의논하면서 한편으로는 제임스 2세를 프랑스로 탈출시켜 주었다.

해가 바뀐 89년 1월, 귀족들은 우선 그들의 힘으로 의회를 소집했다. 이 의회에서는 우선 이렇게 선언했다.

『첫째로 제임스 2세는 국왕과 국민간의 본래의 계약을 무시하고 왕국의 국가제도를 번복하기 위해 예수회 승려와 그 밖의 다른 사악한 무리들의 권고에 따라 기본법을 유린하고 마지막에는 왕국에서 도주하여 정부를 방기했다. 둘째로 우리들의 경험에 의하면 카톨릭 군주에 의한 통치는 이 신교도 왕국의 안전과 복지에 백해무익한 것이다.』

이것으로 카톨릭 전제 군주의 시대는 가고 새로운 희망의 시대가 왔다.

(자) 영광스러운 혁명

의회는 그처럼 군주 제임스 2세의 폐위를 선언한 뒤 새로운 국왕을 맞이하기에 앞서 「권리 선언」을 작성했다. 국왕의 법률 정지권, 특면권, 의회의 승인이 없는 과세, 평시의 상비군 유지 등을 위법으로 규정하고 선거의 자유, 언론의 자유, 회기의 확보 등을 적극 주장한 것이다.

2월 13일, 화이트호올 궁전에서 빌럼 3세와 그의 아내 매리가 그 「권리 선언」에 동의했을 때 의회의 대표들은 두 사람에게 왕관을 바쳤다. 이렇게 해서 빌럼 3세는 윌리엄 3세로, 매리는 매리 2세로 부부가 함께 왕위에 올라 공동 통치자로 군림했다.

이 혁명은 유혈극 없이 성취되었다는 것이 우선 그 중요한 특징의 하나다. 이런 이유에서 영국인들은 이 혁명을 「글로리어스 레벌루션」, 즉 「영광스러운 혁명」으로 부르고 역사에서는 「명예 혁명」으로 번역한다. 영국인들은 또 자기네가 이 혁명 때에 몹시 신중하고 타협적이었다는 것을 자랑한다. 그러나 더 흥미로운 점은 이 명예 혁명이 낳은 새로운 체제이다. 즉 새로운 두 사람의 국왕에 의해서 정식으로 의회가 열리고 위의 「권리 선언」은 「권리 장전」으로 정리된다. 같은 해 12월의 일이다.

5) 루이 14세와 베르사이유 궁전

(가) 인간 루이 14세

영국에서 명예 혁명이 이룩되어 가고 있을 때 프랑스에서는 섭정 정부의 실력자 마자랭이 죽고 루이 14세의 친정이 시작됐다.

이때 루이 14세의 나이는 23세였다. 마자랭 섭정 때의 인물인 재무장관 푸케, 국방장관 르 텔리에, 외교의 리온, 대법관 세기에 등 권부의 실력자들이 모인 자리에서 젊은 국왕은 군주답게 다음과 같이 선언했다.

『정치를 도맡아서 처리해 오던 추기경을 잃은 지금부터 내 자신이 모든 일을 처리하기로 결심한다.』

이 선언과 함께 국왕의 명령 없이는 어떤 하찮은 법령에도 대신이 제 맘대로 서명할 수 없다고 추상같이 말했다.

마자랭이 정치를 도맡아 처리하는 동안에 겨우 사냥이나 댄스 아니면 연애나 즐기던 젊은 국왕의 선언에 모두 경악하지 않을 수 없었다.

루이 14세는 어머니 안느 도트리시한테서 스페인 기질을 많이 물려받았다 한다. 그것은 비밀 취미, 어떤 한 가지에 열중하는 습성, 호화 장대한 것을 좋아하는 것, 종교적 근행(勤行)에 엄격한 것 등이 그것이다. 하지만 너무 어렸을 때에 여읜 부왕 루이 13세한테서는 거의 영향받은 것이 없다. 더구나 성장기의 교육에서도 부왕 루이 13세에 대해서는 별로 익히지 못하고 오히려 조부 앙리 4세만을 많이 익혔다. 아니 육체적으로도 루이 14세는 그의 부왕보다는 조부의 영향을 더 많이 받았다 한다. 예컨대 그의 이상한 활력이 그것이다. 사냥이건 연애건 댄스건 전쟁이건 끝장을 봐야 손 떼고 잘 먹고 열심히 일을 한다. 방대한 서류를 일일이 들추어 보고 접견하고 축제의 행사에 임석하고 하루 평균 16시간 내지 18시간 활동하면서도 지칠 줄을 몰랐다.

그러나 루이 14세는 타인을 신용하지 않았다. 소년 시절에「프롱드의 난」을 겪으며 그런 처세훈을 가지게 됐다. 그만큼 난중의 어린 왕은 모진 시련을 겪었다. 10세에 파리를 떠나서 반란과 역병의 소요 속을 이 도시에서 저 도시로 모후와 함께 방랑하던 불안하고 고통스럽던 나날. 파리의 폭도를 피해서 망명자처럼 몰래 교외의 생제르멩 이궁으로 마차를 달리던 겨울 밤의 모진 추위. 폭도가 그의 침실에까지 뛰어들어서 잠들어 있는 어린이가 국왕인지 아닌지 알아내려고 빤히 들여다보자 모후가 극구 애원하던 때의 그 굴욕 등.

이런 쓰라린 체험에서 남을 믿기 어렵다는 것을 알게 되었던 것이다. 대사교이건 왕족이건 언제 어디서 등을 돌려댈지 모른다. 이런 인간 불신 때문에 루이 14세는 국사에서 가능한 한 개인의 감정을 억제하려고 애썼다. 그의 은근한 태도도 침묵도 눈물도 대개가 거짓이었다. 뜻밖의 질문에 대해서는 항상「생각해 보겠다」고 했을 뿐이다.

(나) 정보정치로 왕권강화

루이 14세는 먼저 고등 법원의 권한을 오직 재판에만 국한시키면서 파리의 치안을 담당하는 강력한 권한을 가진 경찰 총감의 제도를 1667년 3월의 칙령으로 설치했다. 이때까지 파리의 경찰관계 업무는 고등 법원, 봉행소(奉行所), 시청 등의 순라들이 맡고 있었는데 그 세 기관의 순라들이 각기 지위와 관할이 애매해서 자주 저희끼리 싸우고 치안에는 별로 주력하지 않았다.

이 시대의 경찰은 지금의 경찰과 달라서 치안 외에도 식량 공급, 상공업 규제, 도로 행정, 화재 대책, 위생, 토목 행정, 풍속 단속, 서적의 출판, 판매, 규제 등을 관할하고 있었다.

단 경찰 총감 밑에는 수십 명의 경찰서장이 각 관구(管區)에 배치되어 위와 같이 광범한 업무 외에 예심 판사의 업무까지 겸했다. 그리고 이런 경찰 간부들의 지휘하에 비밀히 활약하는 정보원들이 많았는데 이 정보원들은 「끄나풀」이라고 불리었다. 이들이 국왕의 절대주의적 행정을 밑받침했음은 당연한 일이다. 이를테면 「정보 정치」란게 행해져서, 국민 생활 전체에 권력의 자의적인 개입이 행해진 것이다. 공공의 복지나 미풍양속을 유지하고 아니 지배 체제의 안정을 확보하기 위해서라면 왕권은 서슴지 않고 국민의 가정 생활이나 정신 생활에까지 지배의 마수를 뻗쳤다.

그 사이 신앙의 자유나 학문, 예술의 자유는 저절로 박탈되었다.

(다) 베르사이유 궁전 신축

베르사이유는 파리 서남방 11킬로 지점의 숲 속의 조그만 마을에 불과했다. 그런데 1624년, 루이 13세가 거기에 조그마한 집 한 채를 짓고, 사냥 나갈 때에 잠깐 들러서 쉬곤 했다. 얼마 후 정치를 모후와 재상에게 맡겨 둔 소년왕 루이 14세가 아름다운 애인 라 발리에르를 데리고 이곳에 와서 밤을 지내다 가곤 했다. 프롱드다 뭐다 해서 떠들썩하고 살벌하고 간섭하려는 사람이 많은 파리에 비하면 이 베르사이유는 정말 에덴 동산 같았다.

몇 년 뒤, 친정을 개시한 루이 14세는 즉시 베르사이유 궁전의 착공을 명령했다. 예술가들은 모조리 이 새로운 궁전의 공사에 동원됐다.

착공한지 3년 뒤인 1664년 봄에는 정원과 샘의 일부가 완성되었을 뿐인데도「마법의 섬의 환락」이라는 축제가 무려 1주일 동안이나 밤낮을 가리지 않고 열리게 됐다. 왕의 애첩 라 발리에르를 위한 것이었다. 첫날, 국왕의 일행이 이 미완성의 궁전에 닿았을 때에는 파리와 그 주위에서 구경 나온 인파가 열 겹 스무 겹으로 궁전을 에워싸고 있었으며 내부에는 조신(朝臣), 귀족, 군인들이 말 그대로 입추의 여지없이 꽉 차 있었다.

기마 경기, 불꽃놀이, 콘서어트, 연극, 무용…… 그중, 음악과 무용을 맡았던 것은 당대 일류의 음악가 륄리, 연극을 맡은 것은 몰리에르.「마법의 섬」의 주인공은 이 매머드 축제의 주인공 자신(국왕), 여기서 몰리에르의 유명한 희극「타르튀프」가 처음 상연되었다. 참석한 부인들에게는 평균 3백 리브르 짜리의 고급 보석이나 금은 세공품이 고루 배상되었다니까 여기에 든 돈만도 어느 정도였는가는 상상하기 어렵지 않을 것이다.

루이 14세의 통치가 절대 왕정의 전형이었다면 이 베르사이유「마법의 섬의 환락」에서부터 시작한 궁정 생활은 이 시대 유럽 궁정 생활의 절정이기도 하다. 궁정에는 귀족들이 줄을 지어 드나든다. 정치적으로도 경제적으로도 정신적으로도 물질적으로도 과거의 기반을 다 잃은 귀족들은 국왕 한 사람의 은혜에 의지하지 않으면 안 되었다.

또 국왕의 은혜를 확보하기 위해서는 항상 국왕의 눈에 띄는 곳에 가 있어야 한다. 궁정에 가서 국왕에게 경의를 표하지 않으면 거의 반역의 혐의를 뒤집어 쓰게 됐다.

루이 14세는 그만큼 인간을 불신했다.

이 전설적인 궁정 생활의 무대 베르사이유 궁전은 준공되기까지 24년이 걸렸고,「돌도 없고 흙도 없고 모래나 늪뿐」이던 공사현장에서는 그 사이 노동자가 중노동에 의한 과로, 사고, 더위와 추위에 따른 각종 질병 때문에 매일 밤 시체가 짐차에 가득 실려 나갔다 한다.

(라) 국왕은 곧 신이며 태양

루이 14세를 대사교(大司敎) 보쉬에는 피와 살을 가진 신, 이것이 곧 국왕이라고 아첨을 떨었지만 어쨌든 루이 14세가 참석한 미사에서는 각종 웃지 못할 일이 전개되었다.

미사가 진행될 때 모든 조신(朝臣)들은 얼굴을 모두 국왕에게 향하게 하고 성직자와 제단에는 등을 돌리고 있었다 한다. 즉 국왕은 신이었고 궁정은 곧 신전이었던 것이다.

그러나 루이 14세는 흔히 「태양왕」이라고 불린다. 루이 14세 자신이 「위대한 군주」를 태양에 비교했고 베르사이유 궁전의 정원에 태양을 상징하는 테티스의 동굴이 있었고 특수한 내객을 위한 태양정(太陽亭)이 12개의 위성정(衛星亭)에 에워싸여 있었다.

카톨릭 왕국의 태양 숭배. 좀 이상한 얘기다. 태양은 원래 이교의 세계에서나 최고 권위의 상징으로 숭상되었기 때문이다. 하지만 15~16세기의 르네상스에서 그리스도의 이미지는 「인간으로 된 신」으로 태양은 그리스도교 최고 권위의 새로운 상징적 존재로 국왕은 그 둘을 합한 「신적 인간」으로 광범하게 표현되기 시작했다. 그러므로 궁정에서 벌어진 축제나 연극에서도 국왕은 으레 신인(神人)으로 표현되고 그 축제나 연극은 곧 국왕에 대한 예배나 다름없었다.

그러나 이 태양신이 거주했던 베르사이유 궁전에도 황혼이 비치고 있었다. 전쟁과 사치와 허영의 잔재, 그리고 피폐해진 국토와 바닥난 국고와 민중의 원성 속에서 국왕의 권위는 기울고 있었던 것이다.

1715년 9월 1일, 마침내 루이 14세는 죽었다. 향년 77세. 재위기간은 72년이었다.

6) 프로이센의 독일

14~15세기 베를린 일대의 브란덴부르크에서는 선제후(選諸侯)의 포스트가 여러 융커들 사이에서 전전하다가 막판에 호엔촐레른가에 넘어갔다. 하지만 말이 선제후이지 실제로 장악하고 있는 지역은 그의 개인 영지에 불과하고 주위의 다른 지역은 각각 그 지역의 융커들

이 지배, 정치적으로는 융커별로 분열되어 있었다.

16세기 초, 엘베의 서쪽에서 스페인, 영국, 프랑스 등지에 강력한 절대 왕정이 확립되고 유럽 대륙의 태반이 30년 전쟁의 회오리바람 속에 휩쓸리고 있었을 때에도 이 엘베의 동쪽에서는 주민의 다수가 신교로 개종했을 뿐이지 아직 별다른 변화는 없이 북방의 구름낀 하늘 아래서 융커 중심의 봉건 체제에 매여 있었다.

그러나 1640년 브란덴부르크의 선제후에 프리드리히 빌헬름이 등장, 엘베의 동쪽에서는 갑자기 통일의 기운이 강해진다. 이것이 프로이센의 출발이다.

(가) 프리드리히 빌헬름 1세

대선제후 프리드리히 빌헬름은 라인강 상류에서 네만강 상류까지 장장 1천여 킬로미터나 되는 광대한 지역에 산재해 있는 독일인 소유의 토지들을 통합, 하나의 국가로 발전시켜 보자는 웅대한 계획을 세웠다. 이 계획의 실행에 필요한 관료와 군대를 확보하기 위해서는 물론 막대한 비용이 필요하고 또 각 지방 융커들의 협력이 필요했다. 이런 이유에서 대선제후 프리드리히 빌헬름은 융커들을 설득, 타협을 보았다.

1653년의 협정이 그것이다. 이 협정에 의하면 대선제후측에서는 관료와 군대에 필요한 비용을 해마다 지조(地租)를 거둬서 충당하는 한편, 융커들은 그밖의 면세의 특권을 인정받고 또 영지내의 농민들에 대한 지배권을 인정받게 되어 있었다. 출발 치고는 몹시 순조로웠다고 말할 수 있다. 이무렵부터 대선제후는 프랑스에서 망명한 위그노들의 도움을 얻어 산업을 육성하고 관료 제도를 갖추는 등, 엘베 동쪽의 새로운 국가 건설의 기반을 다지기 시작했다.

대선제후의 야심은 그 아들 프리드리히 1세를 거쳐 프리드리히 빌헬름 1세에게 계승되었다. 즉위하자마자 군사력의 급격한 증강을 꾀한 이 프리드리히 빌헬름 1세는 「짐은 프로이센의 재무 장관이면서 장군이다」하며 행정과 군사면의 철저한 개혁에 의해서 그 과제를 실현하려 했다.

그 결과 프로이센군은 프리드리히 1세 때 4만 명 미만이었던 것이 프리드리히 빌헬름 1세 때에는 그 2배, 8만 명으로 증강되었다. 수적으로는 이 시대 유럽 각국의 상비군 중 3위에 해당하고 또 다른 나라에서 볼 수 없던 특징을 가지고 있었다.

또한 세입 1년 반 가량에 해당하는 전시(戰時) 예비금을 준비했다.

(나) 오스트리아 침공

1740년 빌헬름 1세가 죽고 프리드리히 2세가 왕위에 오른다. 그가 곧 대왕(大王)으로 추앙되는 인물이다.

그는 군인왕의 아들이면서도 성격은 군사교련을 다른 무엇보다 싫어하고 철학, 문학 서적들을 즐겨 읽었다. 또한 시작(詩作)과 플루트 연주까지 좋아하는 인물이어서 후에 철인왕이라고도 불렸다.

프리드리히 2세가 왕관을 쓴지 반년도 안 된 1740년 10월, 오스트리아에서 카알 6세가 죽었다.

그러자 오스트리아 황제의 영토는 분할 상속할 수 없고 또 남자 상속인이 없을 경우는 여자 상속인에게 상속될 수 있다 하는 국사 조서(國事詔書)에 의해 마리아 테레지아가 23세의 젊은 나이에 황제의 지위를 계승했다. 이때 독일의 다른 몇몇 영방 군주들은 제각기 자기가 오스트리아 제위 계승권을 가졌다고 주장하였는데 프리드리히 2세는 돌연 선전포고 없이 오스트리아의 영토 실레지엔에 침입했다. 이것이 오스트리아 계승 전쟁의 발단인데 왕위에 오르기 전에는 전쟁이나 군대를 몹시 싫어하고 철학, 문학이나 좋아하던 프리드리히 2세의 행동치고는 정말 의외의 행동이 아닐 수 없었다. 이것이 오스트리아 계승 문제로 시작된 7년 전쟁의 시작이다.

(다) 뜻밖의 결과

오스트리아 계승 전쟁에서 프로이센을 지원했던 프랑스가 1756년에 갑자기 프로이센에 등을 돌려대고 오스트리아의 합스부르크가(家)와 손을 잡았다. 프랑스 왕실이 오랜 동안 합스부르크가를 적대시해 온 역사를 돌아보더라도 이변임에 틀림없었다. 이 이변은 오스트리아의 외교관 카우니츠의 활약 때문이었다지만 그 배후에는 영국과 프로이센의 접근, 오스트리아와 신흥 러시아의 동맹 등 국제 관계의 큰 변동이 개재되어 있었다. 이에 의해 프로이센은 갑자기 러시아, 오스트리아, 프랑스 등 주위의 여러 적대 세력에 완전 포위되고 말았다.

국제 정세의 그와 같은 급격한 변동을 재빨리 파악한 프리드리히 2세는 국내의 병력을 아무리 동원해 봤자 프랑스, 러시아, 오스트리아 연합군의 절반도 못된다는 것을 계산했다. 불리하다는 정도가 아니라 위기였다. 그렇다면 상대방이 만반의 준비를 갖추고 공격해 오기 전, 이쪽에서 재빨리 행동, 이니셔티브를 잡아보자고 생각할 수밖에. 그래서 프로이센군이 1756년 여름 작센에 침입, 7년 전쟁의 막을 올렸다. 지난 오스트리아 전쟁 때와 같은 기습전이다. 예상대로 서전에서는 프로이센측의 입장이 꽤 유리했다.

그러나 1757년 봄부터는 사태가 반대로 되었다. 서쪽에서는 루이 15세의 프랑스군이, 동쪽에서는 여제(女帝) 엘리자베타의 러시아군이, 북쪽에서는 스웨덴군이, 남쪽에서는 오스트리아군이 공동 전선을 펴고 반격을 가해 온 것이다. 말 그대로 사면초가였다. 프리드리히 2세가 기대를 걸었던 영국 해노버 왕조의 제2대 조오지 2세한테서는 자금의 원조가 있었을 뿐 병력의 지원은 없었다.

그러나 30만의 대군을 맞아 싸우며 여러 차례에 걸쳐 위기를 겪어도 프리드리히 2세는 좀처럼 기가 꺾이지 않는 것 같았다. 여전히 큰 소리로 부하들을 격려하고 진두에 서서 싸웠다. 더구나 1757년 가을에는 연합군측의 손발이 잘 안 맞는 사이 두어 차례의 국지적인 승리를 거두어 기세를 올리기까지 했다. 프리드리히 2세가 전략가로 명성을 떨친 것이 바로 이때의 일이다.

그러나 이후 수차의 전쟁에서 프로이센은 존망의 위기를 거쳐야 했고, 심지어는 자살할 생각까지 가졌으나 그때마다 교묘히 위기를 넘기고 1763년엔 평화조약이 맺어져 유럽의 열강과 어깨를 나란히 하게 되었다.

이런 뜻밖의 결과야 말로 좀처럼 꺾일줄 모르는 프리드리히 2세의 투지와 작전의 결과였다. 바꾸어 말하면 독일 국민의 행복을 지키기 위해 운명을 걸고 싸운 결과였다.

(2) 프랑스 혁명

1) 파리의 정치 정세

영국이 절대왕정의 시대에 이어 청교도 혁명, 왕정 복고, 명예 혁명 등의 과정을 치르며 일찍이 근대 시민사회를 확립하고 오스트리아 계승 전쟁이나 7년 전쟁과 같은 대륙의 분쟁 속에 절대왕정의 유산이 프랑스, 러시아, 프로이센, 오스트리아 등에 넘어갔다.

그리고 영국은 민첩하게 해외 식민지 건설에 주력하고 국내에서는 산업의 발전에 박차를 가했다.

그무렵 유럽 각지에서 정치투쟁에 실패하고 망명한 사람들이 대부분 파리에 모여 있었다. 그들은 정치적 경제적 사상적으로 혁명의 조건이 무르익어 가고 있던 파리의 분위기를 한층 더 부추기고 있었다.

프랑스 혁명과 나폴레옹의 등장이라는 정치적 변혁이 파리에서 일어난 것은 곧 이러한 이유 때문이라 할 수 있다.

파리는 이제 세계혁명의 중심무대가 된 것이다. 따라서 파리의 정치 정세에는 프랑스뿐 아니라 유럽 전체의 혁명운동의 운명이 걸려 있었다. 이런 이유때문에 각국의 망명자들은 스스로 프랑스 혁명에 적극 가담하게 되고 그 기회에 자기 나라의 혁명까지 수행하려 한 것이다.

이리하여 유럽의 근대사는 이 프랑스 파리를 중심으로 해서 급선회하게 된다. 이때의 파리의 분위기는 어떠했던가.

(가) 타락한 왕들

신으로 추앙됐던 루이 14세가 80세 가까운 나이로 죽고 1715년 그 뒤를 이어 루이 15세가 즉위하게 되는데 그때 나이는 겨우 5세였다.

이 어린 왕은 섭정이 필요했고, 따라서 오를레앙공 필립이 맡게 되었다.

당시 42세였던 필립은 성격이 온순하고 웅변과 기억력이 뛰어났으며, 주위에 호감을 주었으며 음악, 미술, 과학 등에도 조예가 깊어 나무랄 데 없는 인물이었다.

그러나 그는 매사를 그의 증조부 앙리 4세식으로 처리하려 하고 첩을 거의 100여 명이나 거느렸다. 거기에다 루이 14세로부터 물려받은 제도상의 모순이나 사회적 경제적 혼란은 제쳐두고 우선 정부의 재정난을 타개해 볼 생각으로 재정위원회를 설치하고 화폐를 개혁 단행한다. 또 금리를 인하하고 징세 청부인들의 부정을 단속하는 정도였다.

그러나 그의 정책은 실패하고 경제 공황상태가 된다. 은행권이 폭락하자 주식이나 어음을 가지고 있던 사람들이 원금반환을 요구하며 은행에 몰려들어 밟혀죽는 사건까지 일어난다.

이런 가운데 섭정 필립이 죽고 1723년 루이 15세가 친정을 시작하게 되었다. 그러나 국사는 그의 고문관들에게 내맡겨 두고 국왕은 날마다 사냥 아니면 녹원이란 하렘에 가서 쾌락에 젖어 있었을 뿐이다. 그의 대표적 고문관인 추기경 플루리이는 절대적인 권력을 장악하고 재정난 타개를 위해 중상주의적 보호 통제 정책에 몰두하고 있었다. 또, 도로확장, 상공업과 무역의 발전에 주력했다.

그 결과 소수의 금융업자나 상공업자, 징세 청부인들, 또는 대지주들만 이익이 많아지고 그 밖의 귀족, 중소 상공업자, 소지주 농민 등 국민의 대다수는 더욱 궁핍한 생활이 계속되었다.

따라서 빈부의 차이가 극심하고 일반 민중의 생활은 더욱 궁핍해져 지배계급에 대한 저항의식이 커가고 있었다.

이처럼 일반 민중이 빵의 해결에 급급하고 있는 사회현실 속에서 혁명운동의 원동력이 되는 각종 진보적 사상이 싹트게 된다. 계몽주의적 사상가들의 이론이 혁신사상으로 통일되고 있었던 것이다. 사람들은 모두 혁명을 바라고 있었다.

(나) 왕비 마리 앙뜨와네트

 1774년 베르사이유 궁전에서 루이 15세가 천연두에 의해 죽었다. 왕의 죽음에 민중들은 아무도 슬퍼하지 않았다. 사냥과 여색에 빠져 지내며 정치적 사회적 혼란만을 가중시킨 국왕에 대한 냉혹한 복수의 심정만 가졌을 뿐이다.

 곧 나이 20세의 루이 16세가 뒤를 이어 왕위에 오른다. 그의 성격은 온순한 편이었지만 한 나라의 왕으로서는, 더구나 시련기의 국왕으로서는 부적당한 인물이었다.

 국민의 기대도 새 국왕의 모습에서 벌써 빗나가고 있었다. 새 국왕은 그의 선조들처럼 여색에 빠지지는 않았지만 사냥과 겨우 자물쇠 만드는 일에만 열심이었다. 오히려 선왕 보다도 더 정치에는 관심이 없어 3일에 1회 정도를 사냥으로 즐겼다.

 루이 16세의 왕비 마리 앙뜨와네트는 유명한 오스트리아 여제(女帝) 마리아 테레지아의 딸인데 루이 16세의 왕비가 된 것은 그녀의 나이 15세 때(1770년)의 일이다.

 오스트리아 비인의 궁정에서 모제(母帝)와 형의 총애를 받고 자유롭게 생활하던 마리 앙뜨와네트는 격식이 엄격한 낯선 의식 투성이인데다가 인간 관계마저 복잡한 베르사이유 궁전의 여주인으로는 합당하지 못한 인물이었고, 왕비가 된 지 얼마 안된 때부터 궁정 안팎에서 평판이 나빠졌다. 우아한 용모와 세련된 취미를 가진 그녀는 알현하는 의식을 싫어했을 뿐 아니라 날마다 연극, 댄스, 음악, 트럼프 따위에만 전념했다. 이런 것이 마리 앙뜨와네트 자신의 천성 때문이었는지 아니면 남편 루이 16세나 주위의 총신들의 권고 때문이었는지는 확실치 않지만 그녀의 평판이 나빴던 이유는 또 있다. 오스트리아측에서 마리 앙뜨와네트와 루이 16세의 정략 결혼을 통해 프랑스의 외교 정책을 좌우하려 한 것이다. 반대파에서는 즉시「오스트리아 여자」가 프랑스를 망치려 든다고 비난하고 있었다.

(다) 뛰르고의 개혁의지

 루이 16세를 포함해서 왕실 전체의 권위와 평판은 급속도로 추락하지만 루이 16세가 즉위했을 때에는 그래도 국민의 기대가 대단히 컸다. 그것은 새로이 즉위한 젊은 국왕에 대한 막연한 기대만은 아니었고 구체적인 이유가 있었다.

이때 재무총감에 임명된 것이 튀르고. 당시 국내 사정으로 보아 가장 중요한 임무를 맡게 된 튀르고는 그때까지 일반 국민에게는 별로 알려지지 않았으나 일부의 정치가나 학자들의 세계에서는 이미 주목을 받고 있었고, 루이 15세 때는 여러 차례에 걸쳐 재무 총감 후보로 얘기가 되었던 인물이다. 볼테르 등의 진보적 지식인들도 이 인물의 활약에는 크게 기대를 걸고 있었다.

말이 재무총감이지 진보적인 계몽 사상에 심취해 있고 자유주의적 경제학에 입각한 뛰어난 저서가 있고 또 재무총감에 취임하기 전 10여 년 동안 서부 프랑스의 리무쟁에서 주지사(州知事)로 활약, 세제를 개혁하여 농민의 부역에 대납제(代納制)를 채택시키고, 또 상공업의 발전을 꾀한 실적이 있는 탁월한 행정가였기 때문이었을 것이다.

확실히 튀르고의 등장은 빈사상태의 프랑스에 중대한 사건이었다. 부르봉 왕조가 혁명을 회피할 수 있는 마지막 기회가 바로 이 튀르고에 의한 개혁인 것 같았기 때문이다.

취임을 승낙한 튀르고는 먼저 자기 연봉(年俸) 14만 2천 리브르를 8만 리브르로 삭감했다. 그 밖의 다른 경비는 모조리 거절, 국가 재정의 재건을 위해서는 어떤 희생도 무릅쓸 각오를 가지고 있었다. 이런 튀르고의 곁에는 자유주의적 이론가들이 따르고 있었다. 그리하여 낡은 제도에는 전면적인 개혁의 메스가 가해질 것으로 기대되었다.

튀르고가 이때 정치에 필요하다고 믿은 것은 웅변이나 술책이 아니라 냉정한 관찰과 분석이었다. 이성이 시키는대로 실천하는 것이 곧 정치다 하고 생각한 것이다.

튀르고의 국가 개조안은 신분제를 폐지하고 산업의 자유를 인정하고 신흥 부르조아지의 활동을 뒷받침해 주려는 것뿐이지 부르조아의 참정권 같은 것은 고려되어 있지 않았다. 오히려 튀르고가 택하려 한 정치 체제는 국왕을 누구에게도 구속받지 않는 「절대의 입법자」로

군림시키는 전제주의였다. 다만 이 「절대의 입법자」는 국민의 뜻을
알아야 하고 이성에 따라야 한다. 이것이 「법에 따른 전제」이고 또
「계몽 전제주의」라고 불리는 것이기도 하다. 튀르고뿐 아니라 이 시
대의 프랑스 자유주의 경제학자들은 거의 다 이렇게 생각하고 있었
다.

(라) 밀가루 사건

18세기 초부터 기아는 이미 사회 문제화되어 있었지만 1775년 봄
에는 밀의 수확량이 현저히 줄어 대도시에는 빵값이 전에 없이 마구
치솟고 있었다. 반대파는 갑작스런 곡물 거래상의 자유 때문에 악덕
상인들이 밀을 은닉하거나 매점하고 있어서 이렇게 빵값이 치솟는다
하고 튀르고를 공격했다. 하지만 튀르고는 빵값의 폭등을 일시적인
현상으로 보고 머지 않아 자유 경쟁에 의한 가격 안정이 이루어질 것
이라고 응수했다.

그런데 동부 프랑스의 디종에서 갑자기 폭동이 발생했다. 4월 17일
의 일이다. 그것은 원래 비싼 밀가루를 팔면서 저울눈을 속이는 상점
상대의 민중 폭동에 불과했는데 튀르고파에서는 곡물 거래의 자유화
에 반대하고 있던 디종 고등 법원에 씌우고 있었다. 하지만 디종의
폭동은 하나의 시작에 불과했다. 폭동은 파리 주위의 각처에서 거의
잇달아 발생하더니 기어이 5월 2일에는 베르사이유에서, 그 다음 날
에는 파리에서도 발생했다. 이 소란 속에서 체포된 사람이 약 4백 명,
사람들은 이 사건을 「밀가루 전쟁」이라고 불렀다.

이 폭동에 대해서는 곧 이런 소문들이 퍼졌다. 외국에서 온 자가
지휘했다. 폭도들은 품안에 돈을 많이 가지고 있었다. 폭도들은 아주
기분 좋다는 듯이 떠들고 있었다. 즉 폭동을 책동한 자들은 바로 금
융업자, 승려 및 왕족의 한 사람인 콩티공 등 반 튀르고파라는 얘기
였다. 뒤의 혁명 기간중에 발생하는 폭동에 대해서도 으레 이런 뒷소
문이 퍼지지만 십중팔구는 아무 근거없는 헛소문이었다. 그런데도
정부에서는 그것을 굳이 반대파의 반역 행위로 몰고 반대파에서는
정부의 모순된 정책 때문이라고 제각기 정략에 이용하고 있었다.

(마) 개혁의 후퇴

튀르고측에서 단행한 개혁들, 즉 궁정비 삭감, 자유 사상의 보호, 자유주의적 언론 정책, 과세의 평등, 징세 청부제에 대한 감독의 강화, 금융 기구의 개혁, 곡물 가격의 자유화 등은 비록 루이 16세와 진보적 지식인들, 또는 하층의 부르조아나 농민의 호감은 샀지만 그에 못지않게 왕비 마리 앙뜨와네트, 승려들, 불우한 귀족들, 금융업자를 비롯한 상층 부르조아의 반감을 사고 있었다.

이런 반대파 속에는 루이 16세가 즉위한 뒤 부활한 파리 고등 법원의 「법복의 귀족들」도 포함되어 있었다. 이들 반대 세력 중에서 국왕을 움직인 것은 단 한 사람, 왕비였다. 아직 20세도 안 된 왕비는 다른 것은 다 제쳐놓고라도 우선 궁정비가 삭감돼서 궁색해진 것과 총신 한 사람이 영국 대사의 직위에서 해임된 데에는 더 참을 수 없다고 그녀 나름의 분노를 느끼고 있었다.

1776년 4월, 왕비는 기어이 국왕을 움직였고 광범한 개혁을 단행해 온 튀르고는 곧 실각할 것이라는 소문이 나돌기 시작했다.

이 무렵 자유사상의 보호자로 유명한 궁내 대신 말제르브가 사퇴하려 했다. 그러자 그 후임자로 결정된 이가 반대파의 무능한 인물 아무로란 것을 안 튀르고는 국왕한테 가서 자기의 친구 베리가 더 적격자라고 진언했지만 국왕은 아무 대답이 없다가 왕비의 말대로 아무로를 궁내 대신에 임명해 버렸다. 그리고 5월 12일에는 튀르고를 파면시켰다. 그야말로 치맛바람의 승리였다.

튀르고의 실각은 절대 왕정의 파멸을 의미했다. 절대 왕정이 혁명을 회피하면서 근대 국가로 전환하려면 국왕이 튀르고의 개혁을 꾸준히 지지하는 길밖에 없었기 때문이다. 계몽 전제주의에 의해 혁명을 회피할 수 있는 기회는 이것으로 사라졌다. 이런 점에서 국왕과 왕비 이하 반튀르고파는 너무도 어리석었다. 아니 파멸을 제 스스로 앞당기고 있었다.

2) 혁명의 분위기

프랑스 사회는 당시 유럽의 다른 나라와 마찬가지로 신분제(身分制)의 사회였다. 즉 승려는 제1신분이고, 귀족은 제2신분, 그밖의 평민은 모두 제3신분으로 구분되어 있었다.

그중 제1신분의 승려는 신에 봉사하는 특권신분이고, 제2신분 귀족은 무기를 들고 싸우는 자들이며, 제3신분은 일하는 평민들이다.

18세기 프랑스의 상황은 총인구 2,300만 가운데 제1신분이 10만, 제2신분의 귀족이 40만, 나머지 평민이 2,250만인데 이 가운데 실제로 일하는 사람들은 2,010만, 군대가 40만이었고 부르조아라고 불리는 인구는 2백만이었다.

오늘날은 자본가를 부르조아라고 하지만 당시는 성채에 에워싸인 도시의 주민들을 가리키는 말이었다. 그러니까 16세기 이래 부르조아란 말은 제3신분의 평민 속에서 비교적 부유한 사람들을 가리키는 말로 인식되고 있었다.

(가) 신분간의 갈등

1788년 9월, 특권 귀족과 부르조아간의 대립은 삽시에 표면화됐다. 왜냐하면 1614년의 3부회에서는 승려, 귀족, 제3신분의 각 대표들이 같은 수효였고 심의 및 투표는 각 신분별로 행해졌는데 이번 3부회에서는 제3신분의 대표가 승려와 귀족 대표의 2배여야 하고 또 심의 및 투표는 신분별로 행할 것이 아니라 개인별로 행하여야 한다는 것이 부르조아측의 요구였기 때문이다. 그런데 특권신분은 부르조아측의 요구를 하나도 들어주지 않으려 한 것이다. 문제는 이것만이 아니었다.

네케르는 3부회란 것이 보수적인 귀족의 완고한 아성으로 되는 것을 몹시 꺼리고 있었다. 그러나 귀족의 반발을 초래하지 않기 위해서 우선 제3신분의 대표를 2배로 늘린다는 것만 결정을 짓고 심의와 투표 방식은 숙제로 남긴 채 89년 1월 3부회의 소집에 관한 고시를 내렸다.

장차 3부회에서 어떤 심의 방식이 채택되느냐는 것은 중대한 문제였다. 숫자는 제3신분쪽이 2배나 많아지니까 「개인별」 심의 방식이 채택된다면 제3신분이 2대 1로 우세한 입장에 놓이지만 「신분별」 방식이 채택되면 반대로 특권 귀족이 2대 1로 우세해진다. 그야말로 먹느냐 먹히느냐의 패권 쟁탈전이 벌어지게 되었다. 의원 선거를 앞두고 제3신분의 입후보자들은 일제히 특권 귀족을 공격했다.

특히 특권계급은 제3신분에게 기생한 허깨비로 비난하여 감정은 더욱 격화되었다.

(나) 제3신분의 분노

1789년 5월 2일, 3부회의 대표들이 국왕에게 알현할 때 공공연한 차별대우가 행해진다. 즉 특권 신분의 대표들은 한 사람씩 개별적으로 불려 들어가지만 제3신분의 대표들은 집단적으로 소개되고 별로 얘기도 할 수 없었다. 사정은 이틀 뒤 4일에 베르사이유에서 전개된 퍼레이드에서도 수 많은 군중 사이를 거칠 때, 특권 신분의 대표들은 금테가 둘린 웃저고리 깃 장식이 달린 모자에 칼을 찬 화려한 차림새였는데 제3신분의 대표들은 아무 장식도 없는 검은 제복뿐이었다. 이것이 프랑스 혁명의 제2단계의 개막이다.

5월 5일, 전국 3부회는 마침내 개회식을 갖게 되었다. 그런데 의석 배치에서도 제3신분에 대한 차별 대우가 눈에 띄게 드러났다. 국왕을 향해서 좌측에 제1신분 대표가, 우측에 제2신분 대표가 뚝 떨어진 반대쪽에 제3신분 대표가 배치되었다. 모두 1,200명. 관례에 따른다면 국왕이 입장할 때 제3신분 대표들만은 자리에서 일어나 모자를 벗어야 하는데 계속되는 공공연한 차별대우에 화가 난 제3신분 대표들은 이날 특권 신분 대표자들처럼 가만히 앉아 있었다.

다음 국왕은 그의 연설에서 납세 문제를 꺼내고 특권 신분의 협력을 호소하면서 「과도한 개혁」에는 동의할 수 없다 하여 공공연히 제3신분을 자극시켰다.

제3신분의 대표들이 이미 제출해 놓은 「헌법」의 요구는 물론이고 이튿날부터 전개될 심의 방식에 대해서는 일언반구도 없었다. 제3신분의 대표들은 이날 깊은 실망과 피로를 느끼며 회의장을 떠났다.

당시의 3부회 의원은 제1신분, 제2신분이 각각 3백 명씩, 제3신분이 6백 명, 모두 1,200명이었다. 그 중 제3신분의 대표는 반수 이상이 변호사 등 사법관계자였다. 개혁열이 강한 것이 주로 이런 제3신분의 대표들이었고 그 밖에 특권신분의 대표들 속에도 개혁을 원하는 사람들이 적지 않았다. 예컨대 제1신분의 승려 대표 중 3분의 2에 해당하는 2백명은 하급의 지방 사제였는데 이들 사제와 제2신분의 하급 귀족 중에 자유주의자가 적지 않았던 것이다.

(다) 국민회의 탄생

새로운 3부회가 소집된 이튿날인 5월 6일, 특권 신분의 승려대표와 귀족 대표에게는 따로 회의실이 제공되고 제3신분에게는 큰 호올 하나가 제공되었다. 우선 착수된 것이 의원 자격 심사. 제3신분 대표들은 이런 신분별 회의 진행 방식에 즉각 반발을 보였다. 물론 의원 자격 심사만은 신분별로 진행하자는 온건한 측도 있었으나 일부의 강경파가 합동 심사를 주장, 이 주장이 정식으로 제의되었다. 그러자 승려 대표측에서는 일부가 제3신분 대표들의 요구에 호응하는데도 귀족 대표들측에서 강경하게 거부하므로 3부회는 약 1개월간 교착상태에 빠지고 말았다.

그 사이 제3신분의 대표들 속에서는 지도 세력의 윤곽이 드러나기 시작한다. 이미 「30인회」가 있었다고는 해도 그것은 원래 3부회가 소집되기 이전의 원외(院外) 교섭 단체에 불과하고 지명(知名)인사들의 모임에 불과하다. 그러므로 3부회가 소집된 이후로는 우선 제3신분의 대표들이 대개 낯익은 대표들끼리 그루우프를 형성하고 있었는데 그중 가장 적극적인 활동을 보여 준 르 샤플리에 중심의 브레타뉴 주(州) 그루우프에 다른 지방 그루우프가 포섭돼서 마침내는 이 「브르통 클럽」이 제3신분의 대표들을 리이드하게 되었다. 이것이 새로운 지도 세력의 출현이다.

10일 뒤 7월 7일에는 대망의 헌법 위원회가 설치되고 2일 후, 9일에는 정식으로 제헌국민의회란 명칭을 채택했다.

6월 12일, 문제의 회의에는 제3신분의 대표들만이 출석했다. 그러나 13일에는 우선 승려 대표부의 사제 3명이 나타났고 16일까지는 19명의 승려 대표들이 나타났다. 여기서 용기를 얻은 제3신분 대표들은 6월 17일 491표 대 89표로 「국민 의회」란 명칭을 채택, 특권 신분과의 「인연을 끊어야 한다」는 시에이에스의 주장을 현실화했다.

이런 결정은 당연히 특권 신분을 놀라게 했다. 그러나 제3신분의 「초청」에 응하자는 오를레앙공의 제안은 80표의 찬성밖에 얻지 못해 부결되고 혼란에 빠진 회의는 즉시 폐회된다. 승려 대표부만은 149표 대 137표라는 근소한 차이로 제3신분 대표들의 「초청」에 응하자는 제안이 채택되었지만 표결에 앞서 폐회를 선언하고 퇴장했던 의장은 그 결의를 무효라고 주장하고 반대파에서는 유효라고 주장하는 소동이 벌어지고 있었다.

(라) 식량난

파리의 민중은 같은 제3신분의 부르조아와 다른 독자적인 운동을 전개하고 있었다. 즉 특권 신분과 제3신분의 신분적 대립이 격화된 89년 봄의 3부회 의원 선거 기간에 상퀼로트를 비롯한 가난한 민중측에서는 제3신분을 부자와 가난한 자로 다시 구분, 이들 사이의 대립을 격화시킨 것이다. 또 경제적인 실력은 있는데도 신분상의 차별 대우를 받는 것이 부르조아의 주요한 불만이었다면 민중의 불만은 주로 빵값을 비롯한 생활 필수품의 가격이 너무 비싸다는 일상 생활적인 것이었다.

이처럼 같은 제3신분이면서도 돈많은 부르조아와 가난한 민중의 불만이 달랐다는 것은 「카이에」(진정서)란 것에서도 드러나고 있었다. 이 카이에란 원래 각 선거구에서 신분별로 제출된 것인데 특권 신분의 것은 거의 그대로 3부회에 제출되었으나 제3신분의 것은 부르조아지의 것만이 3부회에 제출되고 나머지 민중의 것은 묵살되고 있었다.

그러므로 89년 봄부터 7월 11일까지의 정치 정세는 부르조아측에게 만족을 주지 못했고 또 민중측에도 만족을 주지 못한 것이었다.

게다가 이 해 봄에는 비가 너무 많이 내려서 곡물 수확이 늦어졌기 때문에 빵값은 계속 치솟기만 했다.
　바로 이 무렵부터 식량 위기는 오직 정치적인 조작에 불과하다는 소문이 퍼졌고, 3부회가 개최된 후의 특권 신분 대표들의 완고한 태도는 그 풍문이 사실인 것같이 믿게 해 주었다. 게다가 기근과 상공업의 중단 상태에서 갑자기 늘어난 실업자와 부랑자들을 귀족이 매수해서 민중을 억압하려 한다는 소문까지 퍼지고 있었다.
　이처럼 민심이 험악해져 있을 때 왕비 마리 앙뜨와네트는 「빵이 없으면 과자를 먹으면 되지 않느냐」고 하여 민중의 분노를 더욱 자극했다.

3) 폭발한 민중의 분노

　그무렵 튀르고 후임으로 재무총감에 임명되어 있던 네케르가 추방되었다는 뉴우스가 파리 시민에게 알려진다.
　네케르는 어려운 재정의 극복을 위해 상층 부르조아지의 금융업자로부터 매점매석을 단속할 계획을 세우고 있어서 민중들은 기대를 걸고 있었던 것이다.
　파리 시민은 이 뉴우스에 한결같이 실망하고 분노를 터뜨렸다. 이 날은 일요일이어서 평일보다 더 많은 사람들이 팔레 르와이얄에 모여들어 저마다 한 마디씩 늘어놓고 있었다. 바로 그때 신경질적인 성격상의 결함과 말 더듬는 버릇 때문에 출세를 못하고 가난하게 지내던 29세의 청년 변호사 카미유 데물랭이 테이블 위에 올라서서 외쳤다.
　『네케르를 해임한 것은 국민에 대한 모욕적인 행위다. 놈들은 오늘 밤 제2의 바르톨로뮈 학살을 감행하려 한다. 우리의 애국자들을 학살하려는 것이다. 여러분, 무기를 들어라! 무기를 들어라!』
　흥분한 군중 5~6천 명은 네케르와 오를레앙공의 흉상을 앞세우고 생토노레 거리로 몰려갔다. 그리고 튀일리 궁전 안으로 들어갈 때 대기 중이던 독일 용병대와 맞부딪쳤다. 여기서부터 민중은 피에 젖기 시작했다.

이날 저녁 튀일리 궁전에서 독일 용병대가 파리 시민을 학살했다는 비보가 전해지자 프랑스 위병들이 무장을 갖추고 나와서 민중에 가담, 함께 튀일리 궁전으로 달려가기 시작했고 수도 경비 사령관은 튀일리 궁전의 독일 용병대를 지원하기 위해서 스위스 용병대를 이동시켰다.

흥분한 민중은 밤의 어두운 장막 속에서 더 광기를 띤다. 원망스럽던 「징세 청부인의 벽」의 북쪽 관문과 입시세(入市稅) 취급소 54개 중 40개가 불타오르고 새벽에는 북쪽의 생라자르 수도원이 약탈당한다. 약탈품은 식량만도 짐차 53대분. 그러나 12일 밤부터 13일에 걸쳐 민중이 감행한 가장 중요한 행동은 시내의 각 무기상에 돌입해서 소총, 칼, 피스톨 등을 약탈한 것이었다.

(가) 시민군 등장

사태가 이미 결정적이었을 때 파리 선거인 회의에서는 민병(民兵)을 편성하자는 제안이 있었으나 대다수는 아직도 「설마……」하는 식으로 소극적이었기 때문에 문제의 민병 편성은 그 결정을 다음 월요일(7월 13일)로 미루고 있었다. 그러나 12일 아침, 네케르가 파면당했다는 충격적인 뉴우스에 접한 그들은 민중에 못지않게 흥분해 있다가 13일 아침의 회의에서 선거인 회의를 「상설위원회」로 바꾸어 시정(市政)을 장악할 것과 시민군 4만 8천 명을 즉시 편성하자는 중대한 결정을 내렸다.

이 시민군의 편성 목적은 국왕군의 공격에서 방어하고 또 시내의 치안을 회복하는 것으로 되어 있었다. 그러므로 「신분이 확실한 자」만이 이 시민군에 가입할 수 있게 하고, 또 12일부터 일반 민중이 착용하고 있는 녹색의 기장(記章)을 착용하게 했다. 이 기장의 제안자는 데물랭이었는데 민중 봉기의 출발지인 팔레 르와이알의 정원에 있는 마로니에 잎사귀의 빛깔과 데물랭 자신의 복장 빛깔이 녹색이었다 한다. 그러나 왕제(王弟)의 옷 빛깔이 녹색이라는 것이 알려지자 기장의 녹색은 청색과 적색으로 바뀌고 뒤에 이 두 빛깔 사이에 부르봉 왕조를 상징하는 백색이 끼어들어서 청·백·적 3색의 프랑스 국기로 발전한다.

그날 시민군은 이미 1만 3천 명이 편성되고 무기를 보급받자마자 시내를 순찰하면서 일반 시민의 무기를 회수하려 했다. 시청에 보관되어 있던 무기만으로는 시민군 전체가 무장할 수 없기 때문이었다. 그러나 시민들은 독자적인 무장을 원하고 시민군의 무장에는 거의 협력을 하지 않았다. 그래서 13일 하루는 시민군과 일반 시민이 각각 무기를 찾아다니는 일로 분주하게 지냈다.

13일 밤, 무기 탐색에 몰두해 있던 시민군과 일반 시민이 마지막으로 2개의 무기 보관소, 즉 폐병원(廢兵院)과 바스티유에 관심을 갖게 되면서 날이 바뀌어 14일을 맞이했다. 새벽 내내 어디서 전투 중이다, 또 어디서 군대가 이동 중이다 하는 헛소문과 긴장과 불안이 전 시가를 뒤덮고 있었다. 이것이 역사적인 하루, 1789년 7월 14일의 시작이다.

이날은 남서풍이 불고 구름이 끼고 기온은 약간 무더운 편(정오에 22도). 오전 6시 경 폐병원 앞에는 7~8천 명의 군중이 몰려가 있었다 한다. 이 세느강 좌측의 폐병원은 노병(老兵)이나 상병(傷兵)을 수용하는 곳이었으나 3만 2천 자루의 소총을 보관하고 있었다. 이곳의 원장은 이미 전날 밤부터 그 무기를 양도하라는 선거인 회의의 요구를 받고 있었는데 원장 마음대로 양도할 수 없는 일이었다. 그래서 수도 경비사령관에게 문의했더니 이 혼란 속에서는 정부군이 그 무기를 인계할 수 없다, 파괴하라 하는 회답이 왔다. 이 명령의 실행은 20명이 맡았는데 다행인지 불행인지 이 병사들은 민중편이어서 6시간 동안에 겨우 20자루의 소총에서만 방아쇠를 제거했을 뿐 나머지는 모두 민중의 손에 그대로 넘겨 줄 각오와 준비를 갖추고 있었다.

그들의 예측대로 어슴푸레한 새벽빛 속에서 군중은 폐병원에 난입, 소총을 인계받았다. 그러나 꼭 있어야 할 화약은 바스티유에 옮겨 있다고 한다. 군중은 즉시 발길을 돌리었다. 이런 비상 사태를 이때의 수도 경비 사령관이 몰랐을 리는 없다. 그러나 휘하의 병사들이 거의 다 민중편이라는 것을 안 수도 경비사령관은 이날 새벽에 아무 명령도 내리지 않았다 한다.

(나) 바스티유 감옥 점령

　바스티유는 원래 영국군의 침입을 막기 위해서 14세기 후반 백년 전쟁 중에 쌓은 방어용 요새였다. 높이 30미터의 탑이 8개, 주위에는 넓이 25미터의 도랑이 파여 있었다. 이곳에 국사범을 수용하기 시작한 것은 루이 13세 때부터요, 수용된 죄수의 이름과 직업을 비밀에 붙여서 신비감을 갖게 한 것은 루이 14세 때부터라고 한다.

　그러나 89년 7월 14일 현재 이곳에 갇혀 있었던 것은 4명의 어음 위조범과 2명의 살인 미수범, 1명의 스파이 혐의자 등 7명에 불과하고 국사범은 하나도 없었다. 수비대는 원래 32명의 스위스 용병과 수십 명의 상이 군인 외에 30명 가량이 긴급 증원되어 있어서 모두 100명 내외였다.

　군중이 그곳으로 몰려간 것은 소총에 필요한 화약을 얻자는 것뿐이지 그곳의 수비대와 싸울 생각도 그곳을 점령하자는 생각도 가졌을 리 없다. 그들이 바스티유에 접근한 것이 오전 10시 경이었다.

　바스티유의 철조망에 다가간 사내 셋은 입구의 병사에게 사령관을 만나서 얘기할 것이 있다고 말했다.

　사내 셋은 선거인회의의 대표단이었고 「사령관」이란 것은 바스티유 수비대장 드 로네였다. 그들은 안에서 처음에는 서로 사이좋게 아침 식사를 같이 들며 얘기를 나누었다. 우선 선거인회의측에서는 수비대가 군중에게 발포하지 않을 것을 요청했고, 사령관 드 로네는 그러마고 했다.

　2시 경 선거인회의측에서는 될수록 유혈 사태를 피하려고 다시 대표를 파견, 드 로네에게 전투 중지와 항복을 권고한다. 그러나 드 로네는 이번 대표는 가짜다 하면서 그의 부하들에게 발포를 명령, 타협은 완전히 불가능해진 데다가 폐병원에서 약탈한 대포 5문이 3시 반경에는 현장에 도착, 군중의 사기를 돋우어 주고 있었다. 드 로네는 이때에야 항복을 결심, 문틈으로 이런 내용의 메모를 적어 군중에게 내보냈다.

「우리들에게는 20톤의 화약이 있다. 여러분이 만약 우리들의 항복을 허용하지 않는다면 우리들 수비대를 포함해서 이 지역 전체를 폭파하겠다. 오후 5시. 드 로네」

하지만 피를 본 데다가 대포를 5문이나 갖게 된 군중은 결전을 원하고 이제는 바스티유 요새의 문에 육박했다. 당황한 드 로네는 바스티유의 폭파를 결심했으나 부하들의 만류로 단행하지 못하고 문의 도개교를 내려 주라고 명령한다. 군중은 이제 물밀듯이 안으로 들어가고 바스티유는 점령되었다. 이때까지 시민의 희생은 사망 98명, 부상 73명, 수비대는 사망 1명, 부상 3명이었다.

항복한 드 로네는 험악한 분위기 속에서 시청의 선거인회의에 연행되는 도중 군중의 손에 참살되고 목이 잘렸다. 그의 부하 장교 3명과 병사 3명도 학살되었다. 또 이날 시민을 지원하지 않은 파리 시장도 그레브 광장에 끌려나가서 학살되었다. 그런 다음 승리감에 취한 군중은 드 로네와 파리 시장의 머리를 창끝에 꿰어들고 시내를 돌아다녔다.

(다) 국왕의 항복

이날 밤 비가 내렸다. 시민군은 모두 흩어지고 파리 시내도 조용했다. 국왕 루이 16세는 사냥갔다가 돌아와 베르사이유 궁에서 잠자고 있다가 바스티유가 함락됐다는 보고를 받았다. 그러나 사태의 위급성을 왕은 깨닫지 못하고 그저 일시적인 폭동으로만 알고 있었다.

7월 15일 국왕은 국민회의가 요구하는 파리 시내의 군대 철수에 응하는 체 하면서 아직도 철수 명령은 유보하고 있었다. 네케르를 복직시키라는 요구도 응하지 않은 상태였다.

이러는 동안에 파리 시청에서는 국민의회 의장 바이이가 시장으로 취임하고 「국민 위병(衛兵)」으로 개정된 시민군 사령관으로는 라 파이에트가 취임해서 시정 혁명이 진행되고 있었다.

바로 이날과 16일에 왕실의 운명이 결정되고 있었다. 왕족과 대신들이 모인 궁중 회의에서 베르사이유 경비 책임자 부로이 장군은 부하들의 충성에 의문을 느끼고 군사적 반격은 불가능하다고 말했다.

그는 또 국왕이 동부 국경으로 안전하게 탈출할 수 있느냐 하는 문제에 대해서도 역시 불가능하다고 말했다.

그러나 부로이 장군의 말만 듣고 베르사이유에 주저 앉아 있던 루이 16세는 곧 후회하게 돼서 92년 2월, 왕비의 친구에게 보낸 편지에 이렇게 쓴다.

「우리들이 찬스를 놓쳤다는 것은 알고 있다. 그것은 89년 7월 16일이었다.…… 그후 찬스는 다시 와 주지 않았다.……」

반격도 못하고 탈출도 못한 국왕, 할 일은 단 하나 남았을 뿐이다. 항복이었다. 그 다음에는 군대의 해산, 네케르의 복직, 17일에는 파리 시청에 가서 시정 혁명을 승인하고 국민 위병의 3색 기장을 모자에 달고 발코니에 나가서 군중에게 억지로 웃음을 지어 보였다.

(라) 지방의 농민폭동

바스티유 점령의 뉴우스가 퍼져나가자, 이번에는 지방의 각 도시에서「시정 혁명」이 일어난다. 절차는 물론 제각기 다르지만 중앙 집권적인 절대주의 왕정의 지사(知事)한테서 제각기 자치권을 획득한다는 목표가 일치되고 있었다. 농민은 총인구의 4분의 3이 넘는 다수였다. 그나마 봉건 체제가 아직 뿌리 깊고 보니 농민의 대부분은 여전히 수확의 반 이상을 착취당하고 생활은 아예 말이 아니다. 게다가 무력하고 무식한 빈농에게는 정치상의 대변자마저 없다. 그야말로 학대받은 다수다. 그런데 도시 사람들은 모두 들고 일어나서 싸운단다. 우린들 왜 못하랴. 이미 폭동을 일으킨 경험이 조금씩은 있던 가난한 농민들은「혁명의 때」를 맞이해서 삽시에 영주의 성관(城舘)을 습격하는 소동을 벌였다.

그것은 모든 농민에 널리 침투되어 있던 불만의 하나였다. 이런 불만이 이상심리를 낳고 근거없는 데마가 퍼지고 흥분한 군중은 과도한 자위 본능 때문에 오히려 선제공격을 감행하는 것이다.

더구나 망명 귀족들이 외국의 용병이나 도시의 부랑자들을 이끌고 반격을 가하려 한다는 소문 때문에 농민들은 낫이나 칼이나 엽총 따위로 무장하고 자위대를 조직해서 자체방위에 주력하기도 했지만 남아있는 영주를 찾아내서 공격하기도 하였다.

(마) 인권선언 채택

국왕의 굴복과 농민폭동이 계속되는 과정에서 국민의회는 봉건제를 완전히 폐지한다는 결의를 한다. 이 결의안이 법안으로 확정되면서 농민의 폭동은 조용해졌다.

연쇄적인 농민 폭동을 이같은 결의 하나만으로 간단하게 수습한 국민의회는 뒤이어 숙원이던 헌법을 제정하는 작업에 착수한다.

이때부터 국민의회는 제헌국민의회라는 명칭으로 불리워지고 있었다.

국민의회에서 채택된 헌법 전문이 유명한 「인권 선언」인데 원문은 「인간과 시민의 권리 선언」이다. 주요 내용은 제1조, 인간은 자유스런 신분으로 태어나고, 살고, 또 권리가 평등하다. 제2조, 인간의 권리란 것은 자유, 소유권, 안전 및 압제에 대한 저항권 등이다. 자유는 타인을 해치지 않는 범위내에서 무엇이건 할 수 있는 권리(제7조)이고, 평등은 법적인 평등이라는 것 등이다. 이것은 물론 계몽 사상이 그 기초를 이룬 이상적인 원칙이다.

(3) 나폴레옹 시대

1) 황제 나폴레옹

나폴레옹 보나파르트, 그는 1769년 코르시카의 아작키오에서 태어났다. 그해 코르시카는 프랑스 왕정의 지배에서 독립하려다 실패하고 그 지도자 파올리는 영국으로 망명했다. 그리고 독립투쟁을 포기한 그의 아버지 카를로 보나파르트가 프랑스에 귀순한 덕택으로 나폴레옹은 10세에 프랑스 본국에 유학해서 15세에 사관학교의 장학생이 되었다. 하지만 파올리를 존경한 그는 프랑스인에 대해 반감을 품고 잘 어울리지 못한 채, 58명 중 42등이라는 낮은 성적으로 16세에

졸업했다. 그 뒤로는 각처의 연대를 떠돌면서 주로 그의 조국 코르시카에 많은 관심을 가지고 있었다.

바로 그때 프랑스에서 혁명이 일어나고 파올리는 코르시카에 돌아갔다. 카를로 보나파르트가 죽은 뒤의 일이다. 나폴레옹은 코르시카에 가서 혁명에 가담했지만 이 섬을 프랑스 본국의 다른 지역과 같은 자치구로 만들고 나폴레옹은 영국의 원조를 얻어서 완전 독립을 쟁취하고 싶어한 파올리와 충돌했기 때문에 1793년 6월, 그와 가족이 모두 파올리파한테 쫓겨서 그곳을 탈출, 마르세이유로 망명했다. 그리하여 모친과 3명의 누이는 피난민으로서의 가난한 생활에 쪼들리게 되고 코르시카 자치의 꿈을 잃은 나폴레옹은 프랑스 본국의 혁명으로 시선을 옮겼다. 이때 나이 24세였다.

니스의 포병 연대에 복귀한 나폴레옹은 코르시카 출신 국민공회 의원 살리세티의 추천이 있어서 8월에는 포병 연대장이 되었고, 12월 툴롱을 탈환한 공적에 의해서 로베스피에르의 아우 오귀스탱을 사귀게 되는 동시에 장군으로 승진해서 이탈리아 방면군 포병 사령관이 되었다. 이때부터 그가 오귀스탱을 통해서, 또는 직접으로 로베스피에르에게 이탈리아 전선의 중요성을 일깨워 카르노의 미움을 샀다.

그런지 얼마 안 가서 로베스피에르파 혐의로 체포되었다가 전속되기를 거부했기 때문에 장교 명단에서 제적되고 말았다. 이때부터 약 반 년간 그는 빈궁과 실의의 밑바닥에 떨어져 있었다.

하지만 방데미에르의 위기 때 바라스에 의해 발탁되어 튀일리 궁전의 의회를 방어한 공로로 국내군 사령관이란 지위에 오르는 행운을 맞이한 것이었다. 여기서 또 주의해야 할 것은 나폴레옹이 이미 영국의 보호를 받게 된 조국 코르시카에서 쫓겨나 그가 반감을 품은 프랑스에 귀화한 이방인이란 사실이다.

(가) 조세핀과의 결혼

로베스피에르파란 혐의로 체포되었다가 얼마 뒤에는 방데미에르 반란을 진압한 영웅으로 둔갑했던 복잡 다단한 경력의 나폴레옹이지만 이무렵에는 팡데옹당이나 바뵈프의 음모에 가담할 기미를 보이다가 오히려 제 스스로 팡데옹당을 해산시키는 임무를 수행했다. 그 대가로 국내군 사령관에서 이탈리아 방면군 사령관으로 영전하게 되어 이미 1798년 3월, 그의 임지 니스로 출발했다.

그런데 니스로 떠나기 2일 전, 나폴레옹은 첫 결혼을 했다. 상대는 혁명 독재의 공포 정치 때에 처형된 보아르네 자작의 미망인 조세핀, 그녀는 이미 두 아이의 어머니였으나 서인도 제도 태생다운 갈색의 피부, 요염한 자태, 사교계 여성으로서의 세련된 거동 따위가 코르시카에서 태어나 청춘의 대부분을 병영에서 허송한 젊은 나폴레옹을 사로잡고 있었다. 하지만 원래는 바라스의 애인이었는데 바라스가 이 무렵 다른 새로운 애인과 재미를 보기 위해 귀찮아진 미녀를 심복 부하에게 선심쓰는 체하고 넘긴 것이 사실인 듯하다. 그렇다면 젊은 나폴레옹은 그 바라스와 조세핀의 부정한 관계를 전혀 몰랐던가, 아니면 알면서도 그녀의 미모에 홀려서, 그리고 바라스의 도움이 필요하다는 타산에서 눈 딱 감고 결혼한 것인가. 이제까지의 경력으로나 다음 경과로 보아 후자가 나폴레옹과 조세핀의 결혼을 성립시켰을 것이다. 그만큼 나폴레옹의 성격은 복잡 미묘하다.

어쨌든 후에 조세핀은 나폴레옹의 생애에 여러가지로 영향을 미치게 된다.

(나) 이탈리아 원정

1796년 니스에 간 나폴레옹은 휘하의 이탈리아 방면군 장병들에게 이제부터 세계에서 가장 풍요한 지역으로 안내하겠다면서 앞서 인솔한다.

그러나 나폴레옹은 여러나라를 구제도에서 해방시킨다는 종래의 전쟁이념을 망각하는 행위를 저지른다. 부족한 것을 약탈하기 위한 정복전쟁으로 뜻이 바뀌게 된 것이다. 장교도 병사도 약탈, 횡령, 부정거래에 혈안이 된다.

그 두목인 나폴레옹은 부정하게 축재한 재화를 약간 총재정부에 진상하고 정치적 발언까지 얻어낸다.

그리고 그는 독자적으로 이탈리아 정복을 계획한다. 그 작전은 전격적인 것이었다. 마침내 2주일 뒤에는 사르디니아 왕국을 굴복시키고 5월 중순에는 밀라노에 진입한다. 6월과 7월에는 만토바 일대를 휩쓸고 오스트리아와 강화조약을 체결한다.

이처럼 1년 간의 원정에서 6일간 6전 6승, 12개월 간에 한 다이스의 승리라는 말을 남긴 것이다. 이로써 프랑스뿐 아니라 전 유럽을 놀라게 했다.

이 정복군의 지휘자는 부정한 전리품에 의해 일체의 비용을 스스로 부담했을 뿐 아니라 본국의 재정까지 회복시켰다고 자랑하게 된다.

나폴레옹의 이탈리아 원정이 남긴 또 하나의 특색은 전쟁과 정치의 결합이라 할 수 있다. 점령지 북부 이탈리아에 치사르피나 공화국, 리구리아 공화국 등 작은 위성국가를 수립시켰기 때문이다.

이와같은 위성국가의 수립이 소위 나폴레옹의「이탈리아 체제」였다. 이것은 곧 본국의 총재정부가 계획했던 것이 아니고 독자적인 원정과 마찬가지로 나폴레옹 한 사람의 독주에 의한 것이었다. 이같은 나폴레옹의 군부 독주는 총재정부의 반감을 샀지만 뜻밖에 쿠데타가 발생해서 결국 그 군부독주가 승인받게 된다.

(다) 이집트 원정

1797년 12월, 나폴레옹은 파리에 개선했다. 룩상부르 궁전에서는 그의 개선을 축하하는 파티가 열렸고 그와 조세핀이 사는 거리는「승리의 거리」로 불리웠다. 하지만 사람들은 그 영웅에게 벌써 경계의 시선을 보내고 있었다.

사실 군부 독재의 때가 왔다고 판단한 나폴레옹은 평복으로 갈아입고 거리를 걸어다니면서 도망친 카르노를 대신해 학사원 회원으로 선발되어도 무방한 인물이란 인상을 주려 애썼다. 그러나 그는 이미 영국 방면군 사령관으로 임명받게 된데다가 제2차 원정 계획을 떠맡고 있었다.

오스트리아와 화평이 체결된 후로 아직 교전상태에 있는 것은 영국 하나였다. 프랑스군은 이미 98년 12월, 아일랜드 상륙 작전에서 태풍 때문에 실패했거니와 사실은 이번 상륙 계획도 해군력의 열세 때문에 불가능하게 생각되었다. 그런데 여기서 나폴레옹의 머리에 떠오른 묘안은 아일랜드 상륙을 포기하고 이집트에 원정하는 일이었다. 즉 이집트를 점령해서 지중해를 제압하고 또 영국의 인도 식민지에 압박을 주자는 묘안이다. 이것이 성공하면 상업국 영국은 본토를 침략당하는 이상의 큰 타격을 받을 것이다.

이집트 원정 함대에는 병사들 외에도 2백여 명의 학술 조사단이 실려 있었다. 이집트 원정은 일부 부르조아지의 타산, 나폴레옹의 야심, 총재 정부의 또 다른 타산 외에 식민지 건설이라는 범국민적 기대와도 관계가 있었다는 증거이다. 하지만 아이러니칼하게도 원정의 결과에 만족하게 되는 것은 바로 이 학술 조사단의 학문적 흥미뿐이다.

작전이 처음에는 순조롭게 진행되었다. 즉 98년 7월 1일 알렉산드리아에 상륙, 7월 21일에는 피라미드가 보이는 사막의 싸움에서 크게 이기고 며칠 뒤에 카이로에 입성했다.

(라) 화려한 귀국

99년 8월 2일, 영국 해군과 포로를 교환하던 나폴레옹은 오래간만에 유럽의 신문 한 장을 얻었다. 프랑크푸르트에서 간행된 프랑스어 신문이었다. 이것 한 장이 희대의 영웅 나폴레옹을 펄쩍 뛰게 했다. 제2차 대불 동맹의 결성, 러시아군의 이탈리아 공격, 이탈리아에서의 프랑스군 철수!

『이탈리아를 뺏겼구나! 3년 전 내가 거둔 성공이, 아무 보람 없게 되다니! 무거운 짐을 져 온 것은 나다. 나 하나다. 내가 없으면 모두 파멸이다.…… 귀국해야겠다.』

8월 23일 밤, 조사 여행을 떠나는 체하면서 부하 5백 명만을 거느린 나폴레옹은 영국군의 눈을 피해서 배 2척만으로 알렉산드리아를 떠나며 뒷일은 크레베르 장군에게 맡긴다는 쪽지 한 장을 남겼다. 그로부터 한 달 반 뒤 99년 10월 9일 새벽, 나폴레옹 일행은 툴롱 동쪽의 한 작은 어촌에 닿았다.

귀국했다 하는 소식이 전해지자 파리 시민은 모두 열광, 그 중에서는 심장마비로 죽은 사람까지 있었다. 하지만 파리 시민만이 그랬던 것은 아니다. 정치적, 경제적, 사회적 위기에 직면해 있던 프랑스 국민은 절대 다수가 그를 구세주처럼 반겼다. 나폴레옹은 이제 툴롱에서부터 환영 인파에 싸여 파리를 향했고 민중은 나폴레옹을 「평화와 영광을 갖다 주는 자」로 숭배하고 총재 정부는 이 영웅의 전선 이탈을 불문에 붙이기로 했다.

(마) 쿠데타 성공

1799년 11월 9일 오전 7시, 갑작스럽게 원로회(상원)가 소집된다. 그리고 자코뱅당의 음모 때문이라면서 회의장을 파리 서쪽 교외의 생클루로 옮기고 결의한다. 자코뱅당 의원이 소집되지 않았으므로 이 결의는 순식간에 행해졌다.

그 사이에 빅토와르 거리의 나폴레옹 저택에는 파리 시내에 들어와 있던 장군들이 집결한다. 그 중 한 사람, 베르나돗트 장군만은 평복이다. 그의 처 데지레 클라리는 나폴레옹의 형수의 동생이면서 일찍이 나폴레옹이 반파올리 운동을 하다 실패, 마르세이유로 망명하던 가장 불우한 시절의 연인, 즉 첫사랑의 여자다. 군인으로선 단연 나폴레옹의 선배이자 강력한 라이벌이요 좌파이기도 한 이 데지레 클라리의 남편 베르나돗트 장군은 나폴레옹의 쿠데타에 동조하려 하지 않는다. 그러나 예정대로 원로원의 호출을 받은 나폴레옹은 즉시 다른 장군들을 데리고 의회에 가서 그 주위에 8백 명의 병사들을 배치하고 회의장 안에 들어가서 외친다.

『우리들은 평등과 도덕과 시민적 자유와 정치적 관용을 기초로 하는 공화국을 희망한다.』

여기서 나폴레옹은 파리 주둔군 사령관에 임명되고 이 결의를 통지받은 5백인회(하원) 의장 뤼시앙은 즉시 5백인회 역시 생클루로 이전한다고 선언한다. 총재 5인 중 뒤코는 시에이에스에게 동조하고 저항한 고이에와 물랭은 나폴레옹 부하들의 손에 연금된다. 탈레이랑의 말대로 중립을 지키기로 한 바라스는 사표를 내고 파리를 떠난다. 이렇게 해서 총재 정부는 붕괴했다.

쿠데타는 성공을 거두었다. 30세의 나폴레옹을 비롯한 브뤼메르파에서는 우선 새로운 헌법의 제정을 서둘러야 했다.

뤼상부르 궁전에 헌법 기초 위원들이 모이고 새로운 헌법이 확정된다. 뒤이어 새로운 통령 3명을 선출하게 된다. 그러나 말이 비밀 투표이지 통령에는 나폴레옹, 캉바세레, 르브렁 3명, 제1통령에는 나폴레옹이 내정되어 있다가 그대로 결정된 것이다.

12월 15일, 「공화력 제8년 헌법」이 공포된다. 이듬해 1800년 2월의 국민투표는 찬성 3백만, 반대 1500으로, 이 새로운 헌법을 승인한다. 그것을 공포한 날, 나폴레옹은 이렇게 알리고 있다.

『시민 여러분, 혁명은 그 발단으로 되어 있던 모든 원칙에 정착했다. 혁명은 끝났다.』

2) 황제 공화국

(가) 중앙집권체제 구축

루이 14세는 「짐이 곧 국가다」라고 하였지만 국민의 주권을 말살하고 원로원 의원 지명권을 장악한 제1통령 나폴레옹은 「나만이 국민의 대표자」라 한다. 그리고 제1통령의 실권을 장악한 나폴레옹 앞에는 프랑스의 재조직 문제가 가로놓여 있었다. 군사작전이나 맡아하던 30세의 코르시카인이 구제도의 말기 이래로 혼란에 빠져있는 프랑스를 도대체 어떻게 재조직, 재건하겠다는 것인가. 시에이에스를 비롯한 많은 정치가들은 무슨 큰 구경거리나 난 듯이 빈정대고 있었으나 나폴레옹은 혁명 이전의 관료들을 대대적으로 중용하여 유능한 「사회 건축가」로서의 재능을 발휘하기 시작했다.

먼저 총재 정부에서 물려받은 재정 개혁이 긴급한 문제였다. 국고의 핍박과 통화의 불안정은 부르조아로부터 불신을 사고 국민 생활을 위협하는 가장 중요한 원인의 하나인데 나폴레옹은 징세 기구의 중앙 집권화에 의해서 우선 국고 재건에 성공했고 1800년에는 중앙은행에 해당하는 프랑스 은행을 세워 국가 재정의 안정을 꾀했다.

또 지방 행정도 중앙 권력의 감독을 받게 했다. 도, 군, 코뮌 등의 각 기관장은 모두 중앙에서 임명했는데 그 중의 절반은 혁명 중에 의회에서 활약했던 사람들이다.

이런 중앙 집권은 당연히 경찰력의 집중화를 곁들인다. 뛰어난 모사 푸셰가 경찰 행정을 전담, 치안 기구를 전면 개혁하고 전국에 스파이망까지 깔았다. 그리고 나폴레옹은 이 푸셰와 치안 기구 일체를 감독하는 통령 직속의 스파이망을 별도로 가지고 있었다. 이런 스파이 치안의 완비야말로 나폴레옹 독재 체제에서 간과할 수 없는 특색의 하나라 하겠다.

(나) 나폴레옹 법전

1800년에 착수해서 4년만에 만든 소위 「나폴레옹 법전」이라 불리는 민법의 내용은 다음과 같다.

첫째는 쿠데타 이전의 봉건적인 사회제도를 부정한 1789년의 정신으로 법 앞에서의 평등, 국가의 세속성, 신앙의 자유, 노동의 자유, 개인의 소유권 등이 옹호되어 있었다.

둘째로는 국가의 이익을 앞세운다. 예를 들면 일반 가정의 가장은 사법권이 없이도 그의 자녀를 6개월까지 금고(禁錮)의 징벌에 처할 수 있고 또 아내는 완전히 그 가장 밑에 종속하게 해서 이런 가족을 단위로 한 권위주의적이고 종적인 국가 질서를 확립하려 했다. 이런 점에서 나폴레옹 법전은 혁명의 원리와 국가 이성(理性)의 타협 결과라고 볼 수 있다.

1814년까지 계속되는 이 나폴레옹 체제는 새로운 형태의 「계몽 전제주의」라고 말할 수 있다. 즉 18세기 후반 유럽 대륙의 다른 「계몽 전제주의」 체제는 낡은 신분제 질서의 테두리 안에서 중앙 집권적인 자유주의 관료를 그 도구로 하여 특권 신분의 저항을 억제하고 또 개혁을 통해서 서서히 근대 사회로 이행하려 했는데 나폴레옹 체제는 혁명이 이미 실현한 근대 사회를 국제적인 반혁명의 구세력으로부터 지키기 위해 중앙집권적인 관료제를 재건했던 것이다. 그래서 근대 사회를 실현했던 「혁명의 로망」이 끝난 다음에는 당연히 국가 원수의 독재화가 시작된 것이다.

(다) 종신통령제(終身統領制) 채택

국가 원수의 독재화에는 브뤼메르파 내부에서도 적지 않게 반발이 있었다. 이 잠재적인 반대파를 제압하자면 국가 원수의 개인적 명성을 높여 국민의 절대적인 지지를 얻을 필요가 있다. 그리고 이 목적을 달성할 수 있는 가장 빠른 길은 군사적 승리밖에 없다. 그러나 국민은 평화를 바라고 있다.

여기서 나폴레옹은 세로운 방법으로 국민의 환심을 사려 한다. 첫째로는 평화. 그래서 1801년 2월, 오스트리아와 뤼네빌 조약을, 1892년 3월에는 영국과 아미앵 조액을 체결한다. 이때 오스트리아는 남부 독일에서의 패전 때문에, 영국은 국내의 경제적 위기 때문에 프랑스의 화평 제의에 응한다.

그밖에 또 하나의 화평 조약은 흔히 「종교 협약」이라고 불리는데 1801년 6월에 체결됐다. 상대는 로마 교황. 여기서 로마 카톨릭을 「프랑스인 대다수의 종교」로 규정, 교황의 권위를 높여주고 국내의 승려들 및 카톨릭 신자들을 무마했으며 그 댓가로서 교회에서는 혁명중 몰수당한 토지가 국가, 부르조아 또는 농민에게 분배된 것을 승인, 그 토지의 반환을 겁내던 부르조아나 농민을 안심시킨다. 전에 종교문제나 교회 재산의 국유화 문제가 자주 정치적, 사회적 불안을 초래했다면 이 종교 협약은 그 불안을 한꺼번에 해소한 획기적인 조치라고 말할 만하다.

그 사이 원로원에서는 아미앵 조약을 체결한 나폴레옹에게 감사하는 뜻으로 1802년 8월 4일, 「공화력 제10년 헌법」에 의해 종신 통령제를 채택한다. 이제 나폴레옹은 조약 체결의 권한이나 후계자 지명권까지 장악해서 실질적인 제왕의 위치에 올랐다. 남은 것은 즉위와 정식 칭호뿐이다.

(라) 황제 즉위

그무렵 부르봉 왕가에서 왕정 복고를 꾀한다는 소문이 민중을 동요시키고 「세습만이 반혁명 음모를 방지할 수 있다」하는 나폴레옹의 말을 믿게 한다. 이런 민중의 지지를 배경으로 해서 1804년 5월 18일, 「세습 황제 나폴레옹 보나파르트」가 탄생한다. 국민 투표의 결과는 찬성 약 350만, 반대는 겨우 2500.

여기서 나폴레옹은 부르봉 왕가에서 쓰던 「국왕」이란 칭호를 「사자(死者)의 영광」으로 간주, 그 「상속자」이기를 거부하고 중세 유럽의 패자 카알 대제를 연상하게 하는 「황제」란 칭호를 택한다. 그래서 로마 교황이 참가하는 대관식을 계획하지만 카알 대제처럼 로마에 가는게 아니라 교황을 파리로 초청한다.

1804년 12월 2일, 노트르담에서 대관식이 거행된다. 여기서도 또 한 가지 달라진 것이 있었다. 즉 카알 대제는 교황이 황제의 관을 씌워 주기까지 가만히 앉아 있었는데 나폴레옹은 교황으로부터 관을 받아 자기 손으로 머리에 쓰고 또 뒤에서 무릎을 꿇고 있던 조세핀의 머리 위에도 자기의 손으로 관을 씌워 준다.

1805년부터 나폴레옹은 중부 유럽을 휩쓸기 시작하고 그의 황제로서의 권력은 날이 갈수록 강대해진다.

(마) 대륙지배의 야망

1805년 가을에는 마침내 영국 본토 상륙을 꾀한다. 그러나 10월 12일 프랑스, 스페인 연합 함대는 트라팔가르에서 넬슨 제독이 지휘하는 영국 함대의 과감한 공격으로 치명적인 타격을 받는다. 그래서 일시에 제해권을 잃은 나폴레옹은 영국 본토 상륙을 단념하는 수밖에 없었다.

그러나 육지에서의 나폴레옹은 여전히 승리자였다. 이해 8월 영국, 오스트리아, 러시아가 제3차 대불 동맹을 결성했으나 나폴레옹은 트라팔가르 해전이 있기 직전 남부 독일에 진격, 오스트리아군을 격파했다. 그런 다음 12월 2일에는 아우스테를리츠에서 오스트리아, 러시아 연합군을 격파한다. 이에 오스트리아와 먼저 화평을 체결, 베네치아를 프랑스에 양보하고 1806년 6월에는 러시아, 영국도 프랑스와 화평을 체결함으로써 제3차 대불 동맹은 해체되었다.

그러나 몇 달 안 가서 제4차 대불 동맹이 결성된다. 이번의 동맹국은 프로이센, 영국, 러시아, 먼저 싸움을 건 것은 프로이센이다. 그러나 10월 14일부터 전격작전을 벌인 프랑스군은 연전연승, 그달 27일에는 베를린에 입성한다. 뒤이어 폴란드에 진격해서 바르샤바에 입성하고, 이듬해 봄에는 동프로이센으로 진격하여 러시아군과 맞선다. 무대는 틸지트, 날짜는 6월 25일. 그러나 싸우지는 않고 그곳의 강 복판에 떠 있는 뗏목 위의 텐트 안에서 나폴레옹과 러시아 황제 알렉사드르 1세가 회담, 대륙의 동서 분할을 약속하고 또 영국에 대한 공동 투쟁을 결의한다. 그리고 7월 7일 프랑스와 러시아가, 9일 프랑스와 프로이센이 화평을 체결한다.

이때 러시아는 정식으로 나폴레옹의 대륙 정책을 승인하였고 프로이센은 배상금을 부담하는 것 외에도 엘베강 이서의 영토를 잃고 또 프랑스군에게 점령, 지배된다. 여기서 나폴레옹은 그의 최성기를 맞이하게 된 것이다.

3) 무산된 제국의 꿈

유럽 대륙을 모두 지배하려는 프랑스 대제국의 구상은 1807년 6월 틸지트 화약(和約)이 체결되기 전에 착수되어 1812년 경 완성된다.

이런 대륙 체제는 네덜란드, 북해 연안, 북서부 이탈리아 등을 병합해 130개 현(縣)으로 확대되는 프랑스 제국을 중심으로 하고 이탈리아나 서부 독일에 종속적인 위성 국가를 세우며 그 밖의 스페인, 프로이센, 오스트리아 등을 동맹국으로 삼는 웅대한 프랑스 대제국이 성립된다. 다만 완전 독립을 유지하는 국가는 겨우 영국, 러시아, 터어키 정도다.

(가) 이베리아 반도 침공

틸지트에서 귀국한 나폴레옹은 이제 시선을 반대편의 이베리아 반도로 돌리고 동맹국 스페인의 서쪽에 있는 포르투갈에 눈독을 들였다. 경제적으로 영국에 종속된 이 나라는 나폴레옹의 대륙 봉쇄 정책에 방해되는 밀무역의 중심지였다.

　1807년 가을, 나폴레옹은 고도이와 협의, 포르투갈 분할을 획책하고 장군 쥐노를 포르투갈에 보냈다.

　프랑스군은 즉시 쥐노의 지휘하에 스페인을 횡단, 거의 무저항 상태에서 11월에 포르투갈 수도 리스본을 점령했고 포르투갈 왕족은 영국 해군의 도움을 받아 브라질로 망명했다.

　그러나 나폴레옹의 야심은 원래 포르투갈을 분할 점령하는게 아니라 이베리아 반도 전체의 점령이다. 이를 눈치챈 고도이는 국왕 부처와 함께 신대륙으로 망명하려 했으나 오히려 왕태자 일파의 폭동에 걸려들어 고도이는 체포되고 카를로스 4세는 왕태자에게 왕위를 빼앗기는 소동이 일어났다. 1808년 3월의 일이다.

　이 사건이야말로 나폴레옹에게는 절호의 기회였다. 그는 즉시 스페인 내정에 개입, 왕족을 모두 국경 근처의 대서양 연안에 연금하고 5월에 그의 형 조제프를 나폴리 국왕 자리에서 스페인의 왕위로 옮겨앉혔다. 그리고 나폴리 국왕으로는 스페인 주둔군 사령관이던 장군 뮈라를 임명했다.

　나폴레옹은 9월과 10월에 독일 에르푸르트에서 알렉산드르 1세를 다시 만나 중부 유럽의 안전을 확보하기 위한 새로운 협정을 맺고, 11월에는 15만 대군을 이끌고 스페인에 침입, 12월 5일 마드리드에 도착했다. 그는 이때 봉건제도와 종교 재판의 폐지를 선언하지만 이것으로 민심이 수습될리 없다. 스페인 민중의 게릴라 전법에 의한 저항은 계속되고 사라고사 같은 도시에서는 2개월 간 5만 명이 희생되었다. 이때 프랑스군이 확보한 지역은 주로 도시들 뿐이었고 1809년 1월, 나폴레옹은 오스트리아의 춘계 공세를 예상하고 급히 귀국해버렸다. 그래서 스페인의 저항 운동은 예상 외로 장기화하게 되었다.

　(나) 러시아 원정

　1812년 나폴레옹의 모스크바 원정은 제국의 몰락을 재촉하는 전쟁이 되고 만다.

　여기서 나폴레옹이 실패한 이유는 대체로 이렇게 요약되고 있다.

첫째로 러시아의 혹심한 추위였다. 그 추위에 견디지 못하고 모스크바에서 철수한 나폴레옹군은 얼마나 고통을 받았던지 10만 명이던 장병이 러시아를 떠나 폴란드에 도착했을 때는 불과 5천 명 밖에 남지 않았다. 뒤를 추격한 러시아군도 10만 명이 나중에 3만 명만 남았다 하니 대단한 추위였던 것이다.

둘째는 러시아의 농민 게릴라였다. 이는 물론 스페인처럼 어떤 결정적인 역할을 하지 않았으나 큰 장애가 된 것은 사실이다.

셋째로는 나폴레옹 군대의 편성이었다. 1811년 말 총 병력이 약 70만이었고 실제로 원정에 나선 것은 60만인데 그중 프랑스군은 30만밖에 안되고 나머지는 독일, 스위스, 폴란드, 이탈리아 등지에서 차출된 오합지졸이었다. 이런 군대에 애국심이나 충성심이 있을 리가 없었다.

넷째로는 나폴레옹 특유의 전술이 통용될 수 없는 광막한 지형이었다. 북부 이탈리아나 독일에서 유효했던 작전이 이 광막한 지대에서는 불가능했던 것이다.

이미 1812년 봄 폴란드를 횡단할 때부터 원정군의 이탈이 심했다. 6월 하순 니에멘강을 건너 러시아 땅에 들어설 때는 벌써 47만 5천으로 줄었고, 8월 중순 스몰렌스크에 도착했을 때에는 불과 15만 5천. 게다가 러시아군은 거의 이상하리만큼 전투를 피하면서 달아나기만 하니까 원정군은 될수록 단기의 결전을 치르려고 적을 찾아서 광막한 초원을 헤맨다. 그러나 적병은 그림자도 안 보이고, 원정군의 눈에 보인 것이라곤 오직 광막한 초원과 인기척 없는 마을과 불타는 집들 뿐이었다. 모든 물자의 현지 조달을 계획했던 나폴레옹 군대는 궁핍과 추위와 비바람, 이질 따위의 전염병에 시달린다.

9월 5일, 13만의 원정군이 볼로진에 도착하자 러시아군이 돌연 나타났다. 얼마 전까지 후퇴 작전만 거듭하던 바르클라이를 대신해서 러시아군 사령관이 된 쿠투조프가 수도 모스크바를 방위, 군대와 국민 전체의 사기를 높이려고 12만 대군으로 결전을 꾀했던 것이다. 격전 2일 뒤, 러시아군은 약 6만의 병력을 잃고 후퇴했으며 나폴레옹은 약 3만을 잃고 전진하게 되었다.

9월 15일, 퇴각 중이던 러시아군의 계속적인 초토작전에 의해 불타는 모스크바에 닿은 나폴레옹은 「1812년의 전쟁은 이것으로 끝났다」하고 성급한 판정을 내리며 크레믈린 궁전에 들어간다. 그러나 당시의 모스크바에는 시민 40만 중 겨우 1만 5천만이 남아 있었다. 불은 17일까지 계속해서 타오른다.

그로부터 약 한 달 동안 나폴레옹은 러시아 황제가 화평을 제의하기를 기다렸으나 헛수고였다. 식량이 모자라고 병력은 이제 10만밖에 안 된다. 게다가 겨울이 닥치게 됐다. 나폴레옹은 하는 수 없이 10월 19일, 모스크바를 떠나 귀로에 올랐다. 쿠투조프 장군은 10만의 정규군과 게릴라를 동원해서 추격과 반격을 감행한다. 기아와 생전 처음 겪는 모진 추위 때문에 사기가 죽고 규율마저 엉망이 된 나폴레옹 군대는 적군의 기습에 시달리면서 고난에 찬 설원의 퇴각을 계속했다. 스콜렌스크를 통과한 것이 11월 9일, 이때의 병력은 겨우 3만 7천, 12월 5일, 니에멘강을 건너 폴란드 땅에 들어섰을 때는 출발 때의 20분의 1도 안 되는 5천 명에 불과했던 것이다.

그 사이 파리에서는 공화파의 장군 말레가 「황제 사망」의 헛소문을 퍼뜨리며 쿠데타를 일으켰다가 실패해서 총살되었다는 소식이 나폴레옹에게 전해지고 있었다. 그보다도 패전의 문제가 시끄러워질까 봐 걱정이 된 나폴레옹은 귀국을 서둘러 12월 18일 파리에 귀환했다.

(다) 엘바섬에 유형

나폴레옹은 다시 20만 병력을 동원하여 1813년 5월 뤼첸 바우첸 등지에서 러시아와 프로이센의 동맹군을 격파한다. 나폴레옹으로서는 이때가 아마 마지막 기회였을 것이다. 만일 나폴레옹이 이때 「대제국」의 구상을 포기했더라면 그는 혁명 시대의 점령지를 보전할 수 있었을 것이다. 그러나 나폴레옹은 타협하지 않는 야심가다. 나폴레옹 숭배자 가운데서는 모스크바 원정 때의 과로가 나폴레옹의 심신을 허약하게 하고 또 그의 판단력을 둔화시켰다고 말하는 사람도 있다.

10월 16일, 라이프찌히 싸움에서 러시아와 폴란드의 동맹군에는 오스트리아 군대 외에도 베르나돗트가 이끄는 스웨덴군까지 가담,

나폴레옹은 다시 패배의 쓴맛을 보고 파리로 퇴각한다.

그 이듬해 1814년, 전쟁의 무대는 프랑스 국내로 옮겨진다. 이미 스페인은 해방되었고 영국, 오스트리아, 러시아, 프로이센 등의 동맹군 23만이 라인 방면에서 침입했다. 나폴레옹은 겨우 5만 명의 병력을 이끌고 나가서 싸운다. 상황은 거의 절망적이었으나 나폴레옹은 그의 전술에 합당한 지형을 이용해서 잘 싸운다. 그러나 나폴레옹의 작전 계획이 누설되고 동맹군은 샛길로 빠져서 곧장 파리로 진격한다. 3월 31일, 파리는 스페인에서 쫓겨온 나폴레옹의 형 조제프가 방어하고 있었으나 그는 여전히 향락에 빠져 있었고 파리는 불과 2일간의 저항 끝에 함락되었다.

4월 12일 밤 희대의 영웅 나폴레옹은 자살하려다 실패하고 4월 20일, 퐁탱블로 궁전 앞에서 부하 장병들에게 작별을 고하고 유형지 엘바 섬으로 떠난다. 이때의 고별식에서 나폴레옹은 부하들의 양해를 얻은 뒤 장군들을 포옹하고 군기(軍旗)에 키스한다. 병사들 사이에선 이때 흐느끼는 소리가 높아졌고 나폴레옹은 이별을 고했다.

(라) 다시 파리 입성

1815년 2월 26일 나폴레옹은 약 1천 명 정도의 병사들과 7척의 배에 타고 엘바섬을 탈출한다.

나폴레옹은 왕당파가 많은 프로방스를 피해서 그르노블로 행진한다. 농민들은 또 그를 구세주 맞듯이 열렬하게 반기고 놀란 장교들이 아무리 명령해도 지방의 수비대 병사들은 그 「반역자」에게 총을 쏘지 않는다. 「그는 돌아오는데 성공했다. 그러나 국민은 나폴레옹 개인을 환영한 것이 아니라 왕정 복고의 체제가 파괴되는 것을 좋아하고 있었다」고 카르노가 썼지만 나폴레옹 자신도 그런 것을 잘 알고 「혁명가」임을 자처한다. 「나의 권리는 곧 국민의 권리다」, 「나는 승려나 귀족을 거리에 매달겠다」

나폴레옹이 그르노블에 닿았을 때 그 뒤를 따른 군대는 이미 수천 명이었고, 그 숫자는 날이 갈수록 불어났다. 이런 군대의 동요를 어떻게 걷잡을 수 없자 루이 18세는 3월 19일 밤 파리에서 탈출했고 그 다음날 밤 나폴레옹은 그의 말대로「총 한 번 안 쏘고」파리에 입성했다. 며칠 뒤 나폴레옹은「농민 폭동의 왕이 되고 싶지는 않다」고 콩스탕에게 말하지만 파리 시내에 들어서서 튀일리 궁전에 이르기까지 민중의 열렬한 환영을 받을 때의 나폴레옹에게서는 그 전날까지의「혁명아」모습이 사라지고 독재적「제왕」의 모습이 다시 나타난다.

(마) 워털루 싸움의 패배

나폴레옹의 재기를 비인 회의의 열강측에서 방관할리 없다. 그들은 다시 나폴레옹을 타도하기 위해 전쟁을 준비했다. 이때도 나폴레옹이 생각한 것은 타협이 아니라 전격적인 선제공격이다.

6월 초 그는 카르노의 반대를 무릅쓰고 기어이 벨기에로 출정한다. 이때 그가 동원할 수 있는 병력은 모두 20만, 비인 회의의 동맹군측은 모두 70만이었다. 그들의 대회전 워털루 싸움은 6월 14일에서 19까지 약 1주일 동안 계속되었다. 이때 실전에 참가한 프랑스군은 약 12만, 동맹군은 약 21만이었다.

열세의 나폴레옹은 처음부터 각개 격파의 전술을 채택, 14일에는 러시아군을, 15일에는 프로이센군을, 16일에는 다시 러시아군을, 17일에는 다시 프로이센군을 패주시켰다. 그러나 이 부분적인 승리에 의한 자신과 여유가 나폴레옹이나 그 부하 장군들의 약점이 되어 18~19일에는 계속되는 패전 속에서 전멸의 위기를 겪고, 나폴레옹은 간신히 포위망을 탈출하여 파리에 돌아갔다.

(바) 나폴레옹의 최후

7월 15일, 나폴레옹은 영국 군함 벨레로폰에 가서 항복했다. 영국 군함 노덤버랜드에 실려 유럽을 떠나서 2개월 반 동안이나 항해한 끝에 멀리 센트헬레나 섬에 이른다.

센트헬레나 섬은 남대서양의 외딴 섬으로 섬 전체가 붉은 화산암이다. 연평균 기온 21도, 음료수는 넉넉한 편이고 영국 정부의 공식적 평가는「건강에 괜찮은 곳」으로 되어 있다. 그러나 실제로는 별로 건강에 좋은 곳이 아니었던 것 같다. 게다가 이 유형지의 영국인 총독 허드슨 로우는 아량이 없고 속악한 관리인데다가 의식적으로 나폴레옹을 학대했다 한다.

나폴레옹의 건강이 나빠지기 시작한 것이 1819년 경이고 죽은 것은 21년 5월 5일 저녁이다. 영국 정부에서는 이 영웅의 죽음을 「위암」 때문이라고 발표했지만 프랑스에서는 행동반경을 12마일로 제한 당했던 이 영웅의 울분, 운동 부족, 열악한 환경 등 영국인의 학대가 그 죽음의 원인이라고 생각했고 최근에는 비소(砒素)에 의한 독살이었다고도 알려져 있다.

(4) 산업 혁명 이후

1) 산업 혁명의 여진

17세기에서 18세기에 걸쳐 영국은 에스파니아, 네덜란드, 프랑스 등을 하나하나 물리치고 세계의 해상권을 거의 독차지하다시피 한다. 그 결과는 국제 무역에서도 단연 패자의 위치에 오르게 되고 유럽, 아프리카, 동남아, 아메리카 4개 대륙에 영국의 상품을 무제한 수출할 수 있게 된다. 상품이 없어서 못 파는 판이다.

이런 이유에서 1733년 이후 존 케이, 하그리브스, 아크라이트 등에 의해 방적기 개량이 적극 추진되어서 84년에는 물의 힘 외에 증기의 힘까지 빌리고 생산량은 50여 년 까지의 수공업 시대에 비해서 약 10배 늘어났다.

바야흐로 산업 혁명의 막이 오른 것이다.

(가) 증기 기관 등장

증기 기관은 공업 생산력을 비약적으로 증가시켰을 뿐 아니라 모든 공장에 지역적 제약을 없애 주었다. 즉 과거에 수력을 이용하던 때는 공장들이 산 속의 골짜기를 흐르는 급류 근처에 자리잡아야 했으나 이제 증기 기관이 이용되자 공장들은 널찍하고 교통이 편리한 평지에 더 많이 세워지게 되었다. 맨치스터, 버어밍검, 셰피일드, 리이즈, 글래스고우 같은 근대 공업 도시들이 생겨난 것은 바로 이때의 일이다.

또 증기 기관이나 방적기 같은 기계의 수요가 급격히 불어나자 이제는 이런 기계들을 만들어 내는 기계공업이 일어나고 기계의 원료를 제공하는 제철업도 일어나게 되었다. 게다가 철의 제련에도, 증기 기관의 가동에도 많은 석탄이 필요해서 광업도 번성하게 되었는데 이때 영국 본토에 석탄 매장량이 많았다는 것은 무엇보다도 산업 혁명에 큰 도움이 되어 주었다.

(나) 교통수단의 혁명

당시의 교통수단은 말, 수레, 배 정도가 전부였다. 나폴레옹도 이집트, 모스크바 등을 휩쓸고 다녔지만 이같은 교통수단이 전부였고 아프리카, 아시아, 아메리카 등 4대륙의 무역을 독점하던 영국 상인들도 겨우 말, 수레, 배 따위만을 이용했을 뿐이다.

그러나 증기기관이 발명되는 1803년부터는 증기 기선이 만들어져 강과 바다에 띄워졌다. 1819년에는 증기기관과 돛을 함께 사용한 기선으로 대서양을 횡단하는데 성공한다.

이와같이 증기 기선의 완성으로 해상교통이 일대 변혁을 가져온데다 육상교통도 혁명이 일어난다.

나폴레옹이 엘바섬에 유배되던 1814년 조오지 스티븐슨이라는 사람에 의해 철도 위를 달리는 증기 기관차가 만들어진 것이다. 이 증기 기관차는 1830년 공업도시 맨치스터와 항구 도시 리버푸울 사이에 철도가 처음 놓이면서부터 육상교통의 혁명이 그 위력을 발휘하게 된 것이다.

(다) 농업의 혁명

중세 말기에 유럽의 어느 나라보다 먼저 농노제를 철폐했던 영국은 그 후 오랫동안 부유한 자작농의 나라로 알려져 있었다.

또 자작농의 중심은 요오만이라는 새로운 지주계급으로 되어 있었다. 하지만 그와같은 제도상의 변화에도 불구하고 영농 방법은 중세 이래의 3포제(圃制) 그대로였다. 즉 밭은 모두 여름갈이, 겨울갈이, 휴경지(休耕地)의 세 가지로 나누어 2년만에 한 번씩은 놀리고 각 농민의 경작지는 아무런 특별한 구분이 없이 뒤섞여 있었다. 이러한 경작지와 농민이 공동으로 이용하는 방목지(放牧地) 및 삼림 지대를 통틀어 「개방 농지」라고 불렀는데 경작, 파종, 수확, 방목 등 모든 것이 공동의 규율에 따라 행해졌으므로 어떤 개인의 창의에 의한 개혁은 좀처럼 불가능했다.

이와 때를 같이해서 공업 도시가 많이 생겨나고 인구도 증가해서 농산물을 시장에 내다 파는 수입도 현저히 불어났다. 이리하여 농업은 지주들에 의해서 대규모적이고 합리적인 경영으로 발전하는 동시에 농업 자본가들이 관계하게 됐다. 그래서 지주나 자본가들에 의해 이번에는 대농장에 많은 노동자가 고용되기 시작했다. 그 사이 농업 기구도 많이 개량되고 있었으나 농업에 자본주의가 도입된 결과 농업 생산력은 현저히 증가하는 한편 오랫동안 농촌의 특색을 이루고 있던 자작농들은 태반이 몰락하였다. 이들 몰락한 농민은 정든 땅에서 농장 노동자로 일하거나 아니면 새로운 공장들이 세워지는 근처의 도시로 옮겨 갔다. 산업 혁명기의 새로운 공장 노동자들은 거의 다 이런 농민들이었다.

(라) 부유한 해상제국

이상과 같이 영국의 산업 혁명은 다른 어느 나라보다 훨씬 앞서 전개되는 한편 1820년 경까지는 어떤 기계도 외국에 수출하지 못하게 되어 있었다. 그 결과 영국의 공업은 세계 제1의 우위에 놓이게 되었다. 그러나 영국 산업의 이와같은 발전에는 당시의 국제 정세가 적지 않게 도움이 되었다.

프랑스의 혁명 시대 및 나폴레옹 시대에 유럽 대륙의 여러 나라는 혁명이나 전쟁과 그 피해 따위에 정신을 잃고 있었는데 그 사이 영국은 초연히 공장 건설에 전념했던 것이다. 그리고 나폴레옹이 몰락함에 따라 프랑스의 대륙봉쇄가 해제되자 기계공업에 의한 대량의 영국 상품이 밀물처럼 유럽 대륙에 상륙, 삽시에 대륙 전체가 영국의 경제적 식민지화해 버렸다.

그뿐만이 아니다. 대륙의 여러 나라가 18세기 말에서 19세기 초까지 약 20여 년 동안 혁명과 전쟁에 시달리는 사이에 영국은 그의 막강한 해군력을 배경으로 해서 세계 각국에 시장을 개척해 나갔다. 면화를 수출하던 인도가 오히려 영국의 면직물을 수입하는 거대한 시장의 하나로 바뀐 것도 바로 이 무렵부터다.

그리하여 영국은 명실공히 「세계의 공장」이라는 지위에 오르고 이 무렵부터 약 1세기 동안은 태양이 지지 않는 대해상 제국이 된 것이다.

2) 제도의 개혁

(가) 선거법 개정과 정당 재편성

1832년 영국 의회 양원을 통과한 선거법 개정안은 다음과 같다.

첫째로, 선거구의 전면 재조정이었다. 종전의 선거구 따위는 아예 폐지하고 현존 인구별로 선거구가 재확정됨으로써 신흥 공업 도시에서도 선거가 행해지게 되었다. 둘째로, 선거 자격의 확장이다. 즉 도시에서는 연 10파운드의 임대(賃貸) 가격을 가진 가옥의 소유자 및 10파운드 이상을 지불하는 차가인(借家人), 농촌에서는 연 10파운드의 임대 가격을 가진 토지 소유자 및 50파운드 이상을 지불하는 차지인(借地人)들에게 선거권을 부여함으로써 종래 16만 명밖에 안 되던 유권자 수효가 65만 명(당시의 총인구는 약 1천 5백만 명)으로 불어났다.

이와같은 개혁은 종래의 지배 계급이던 귀족이나 지주가 신흥 산업 부르조아에게 완전히 굴복했다는 것을 의미하지는 않고 다만 부르조아에게 의회의 의석 일부 및 정치 권력의 일부를 할애한 것을 의미할 뿐이다. 그러므로 그 후로도 과두 정치는 계속되고 일반 임금 노동자들은 여전히 정치상의 발언권을 갖지 못하였다. 그러나 산업 부르조아가 새로운 유권자가 되고 또 휘그당이 이들 새로운 유권자의 이익을 옹호하는 입장에 섰으므로 이때부터는 일부 귀족이나 지주의 농업적 이해 타산과 부르조아나 휘그당의 이해 타산이 의회 내부에서 대결하게 되었다.

이상과 같은 개혁은 특히 두 가지 점에서 중요한 의의를 갖게 되었다. 첫째로, 유럽 대륙에서처럼 유혈의 참사를 일으키지 않고 평화롭게 실현되었다. 이렇게 된 데에는 영국민을 공통으로 지배한 커먼센스와 의회 제도의 오랜 역사 및 전통의 역할이 컸지만 아무튼 이에 의해서 의회 제1주의가 확인되고 이것이 민주화의 완성에 큰 도움이 되었다. 둘째로, 부패 선거구니 지명 선거구니 하는 유령 선거구가 모두 폐지됨으로써 앞으로 하원에서 다수 의석을 차지하는 정당은 우선 국민의 압도적 지지를 받고 있다는 유리한 입장에 서게 되었고 정부에 대한 하원의 통제력은 이 국민의 압도적 지지를 배경으로 해서 과거 어느 때보다 강화되었다. 이것은 근대적인 의회 내각제 원칙이 확립되었다는 것을 의미한다.

그와 함께 종래에는 그저 귀족이나 지주들의 결합체에 불과했던 정당들이 근대적 정당으로 변모하게 되었다.

(나) 자유무역주의 선택

17세기의 종교개혁 이후 국교도 아닌 카톨릭 교도들에게 가해진 갖가지의 편견이나 차별 대우를 철폐한 일이다. 이로써 카톨릭 교도들도 능력에 따라서는 선거권 및 피선거권을 갖게 되고 어떤 공직에나 자유로이 취직할 수 있게 되었다. 이 획기적인 조치가 행해진 것이 1828년이다.

32년에는 노예 사용금지 법안이 의회에서 통과되었고, 33년에는 공장법(工場法)이 마련되었고, 34년에는 구빈법(救貧法)이 개정되었고, 35년에는 시 자치제 법안이 마련되었고, 우편 제도가 개정되었다.

이 시대의 개혁 중에서도 가장 중요한 것은 곡물법의 폐지이다. 곡물법이란 원래 영국의 국내 곡물 가격이 일정한 표준 이하로 떨어질 때, 외국에서 수입되는 곡물에 관세를 부과한다는 법률로서 영국의 농업을 보호하기 위해 마련되었던 것인데 나폴레옹 전쟁 중에 그 세율이 크게 인상되었으나 그 후 계속해서 국내 지주들을 보호하기 위해 유지하고 있었다. 그러나 산업 혁명의 결과로 영국은 이제 상공업국이 된 데다가 인구가 격증하고 또 농업 생산력의 증가에 의해서 외국 곡물을 수입할 필요가 없어졌으므로 이 법률은 당연히 폐지해야 했다.

이때부터는 거의 순풍에 돛단 배처럼 자유 무역 정책이 채용되었다. 이미 1833년에 동인도 회사의 무역 독점권이 폐지되었지만 17세기 이래 거의 2세기 동안 유지되어 온 항해 조례가 49년에 철폐되고, 또 46년부터 49년 사이에 무려 20여 종의 수입품에 대한 관세가 폐지되었다. 그런 뒤 52년에 하원에서 자유무역주의의 가부가 표결에 부쳐졌는데 468표 대 53표라는 큰 차이로 그 원칙이 승인되고 자유 무역은 곧 영국민의 기본 입장으로 발전했다.

(다) 노동운동의 향상

선거법 개정 때 노동자들은 부르조아를 적극 지지했지만 결과적으로는 아무 소득이 없었다. 실망, 격분한 노동자들은 1838년 경부터 참된 민주주의의 확립을 위해 새로운 조직적인 노동자 운동을 전개했다. 그리고 ① 21세 이상의 남자들 전체에 의한 보통선거의 실시, ② 해마다 선출되는 임기 1년의 의회, ③ 무기명 투표제, ④ 의원의 재산 자격제 폐지, ⑤ 하원 의원에 대한 세비 지급, ⑥ 인구에 의한 선거구제의 재조정 등 6개 항목의 요구 사항으로 된 「국민 헌장」을 작성했다. 이때부터 이 주장은 차아티즘으로 이 운동에 가담한 자는 차아티스트로 불리우게 되었다.

문제의 국민 헌장은 39년에 약 1백만 명, 42년에 약 3백만 명의 서명을 얻어서 청원서의 형식으로 의회에 제출되었다. 그러나 235 대 46, 287 대 49라는 큰 차이로 부결되고, 그 뒤의 스트라이크 때에는 경찰과 충돌하는 소란까지 일어났다.

실제로는 위정자 측에서 노동자들의 생활 상태를 조금씩 개선해

주고 있었다. 예컨대 1802년, 영국 최초의 공장법이 마련되었고, 19년에는 로버트 오웬의 청원에 의해서 제2회의 공장법이 마련되었다. 이 법안에서는 어린이의 노동 시간을 제한하고 있었는데, 그나마 방적 공장에만 적용하기로 되어 있어서 노동자 전체의 생활 개선에는 별로 도움이 되지 않은 것이 사실이다.

그러나 귀족 측에서 갑자기 휴머니스트가 나타나서 국가의 법률로 노동자를 보호해야 한다고 주장했다.

어쨌든 이 제3회 공장법에서는 견직물을 취급하는 공장 외의 다른 섬유 공업의 공장에서 9세 이하의 소년 노동을 금지하고, 13세 이하의 연소자는 주 48시간의 노동을, 18세 이하의 연소자는 주 69시간 노동을 하도록 제한하고 있었다. 또 이 법률은 공장 감독관의 파견 제도를 마련해서 위의 규정을 철저히 이행하려 했으므로 노동자들의 생활은 과거에 비해서 크게 개선되고 있었다.

1842년에는 광산에서의 부녀자 노동이 금지되고, 47년에는 10시간 노동제가 채택되었다. 이 법률도 처음에는 방적 공장에만 적용되다가 곧 다른 모든 공장에 확대 적용되었다. 이 10시간 노동제에 의해서 영국 노동자들은 비로소 레저와 레크리에이션을 즐기게 되었다.

3) 왕정부활 후의 프랑스

프랑스 혁명은 승려, 귀족, 평민의 3신분 제도를 타파하고 자유 평등을 기본으로 하는 새로운 시민사회를 출발시켰다. 혁명정신의 표현인 인권선언에는 근대 민주주의 기본 원리가 포함되어 있고 또 이 혁명은 입헌 군주제를 폐지하고 공화정을 실현하기로 했다. 이는 분명 유럽의 새로운 질서를 설정하는 프랑스의 영광이기도 했다.

그러나 혁명은 새로운 혼란과 무질서를 낳았고, 국내외에서의 프랑스에 대한 갖가지의 반동적인 위협이 가해지자 공화정을 대신해서 공포 정치가 시행되고, 그 다음 단계에선 나폴레옹의 군사 독재를 낳았다. 그리고 나폴레옹이 몰락하자 프랑스를 비롯해서 유럽 대륙의 대부분은 곧「비인 체제」라는 반동적인 지배 체제로 바뀌고 말았다.

프랑스를 비롯한 대륙의 여러 나라에서 혁명이 거부되고 과거의 왕정이 부활한 것은 바로 이때의 일이다. 하지만 부활한 왕정은 다시 혁명의 소용돌이에 말려들고 프랑스의 역사는 혁명과 반혁명의 격심한 변화를 겪어야 했다.

1814년 봄, 나폴레옹이 엘바섬으로 유배되자 프랑스 점령군의 지원에 의해서 부르봉 왕조가 부활, 루이 18세가 즉위하게 된다.

(가) 루이 18세 즉위

그런데 루이 18세는 별로 인기가 없고 오스트리아의 수도에서 진행 중이던 비인 회의는 지지 부진한 데다가 참가국 사이의 대립이 심해지자 1815년 3월, 나폴레옹이 엘바섬에서 탈출, 국민의 열렬한 환영을 받으며 귀국했고, 루이 18세는 다시 국외로 망명했다. 하지만 나폴레옹의 재기는 「백일천하」로 끝나고, 그 해 7월, 루이 18세는 러시아, 프로이센, 오스트리아 등의 동맹국 군대가 점령 중이던 파리에 다시 귀환, 왕정을 재출발시켰다.

복고 왕정은 반동적이고 혁명이나 나폴레옹 시대의 개혁은 거의 다 부정되었다. 그러나 헌장에 의해서 왕권에는 여러 가지 제한이 가해졌으므로 혁명 이전처럼 강력하지는 못했다. 또 새로이 배운 것이라곤 아무 것도 없고 잊어버린 것도 전혀 없는 망명 귀족들은 귀국해서 정부나 의회에 진출하였으나 감히 봉건제를 부활시키지는 못하였다.

그들의 옛 땅은 혁명 기간중 농민에게 분배되었거나 새로운 자본가의 손에 들어가 있었다. 그리고 국왕 루이 18세는 귀족과 승려를 옹호하면서도 혁명 이전의 특권을 부활시키지는 못했고 상층 부르조아의 주장을 어느 정도 존중하고, 또 구제도와 혁명 및 귀족, 승려, 부르조아의 총합 또는 그들의 타협을 기초로 해서 왕권을 확립하려 했다.

(나) 정당의 탄생

왕정이 부활되면서 과거와 달리 특이한 현상이 나타나는데 그것은 정당의 탄생이다. 근대적인 의미의 소위 「반대당」이 출현하면서 의회정치가 막을 올리게 된 것이다.

이때 생성된 정당의 면모를 보면

극단 왕당 : 루이 18세의 동생인 아르트와백(伯)을 중심으로 망명귀족과 승려들로 구성되었다. 국왕 루이 18세를 지원하는 정당이지만 토지개혁을 불법으로 보고 구제도의 완전 부활을 요구한다.

입헌 왕당 : 부르봉 왕조와 헌장을 지지하는 왕정의 중심세력, 온건한 귀족, 상층 부르조아, 학자, 지식인 등으로 구성되어 있다. 그러나 극단 왕당에 가까운 우파와 자유주의의 경향이 강한 좌파로 나뉜다.

독립파(자유파) : 중소 상공업 부르조아를 배경으로 하고 부르봉 왕조를 부정한다. 헌장의 민주적 개혁을 요구하며 공화주의를 주창하는 사람들이 많다.

(다) 왕당파의 득세

1815년 8월 이후 왕당의 선동에 의해 자유주의자, 혹은 공화주의자들에 대한 테러와 학살이 계속된 가운데 선거에서 왕당파가 압도적으로 승리한다.

계속하여 자유파나 독립파를 탄압하는 동시에 지주 귀족층을 보호하기 위한 법률 제정을 서둘렀고 카톨릭 세력의 확장에도 주력한다.

그러나 루이 18세는 왕당파의 득세에 혁명이 일어날지 모른다는 우려 때문에 의회를 해산하고 다시 총선거를 실시했는데 입헌 왕당파가 대거 당선하여 4~5년 동안 의회정치가 본 궤도에 오르고 또 자유주의적인 정책도 채택된다.

그러나 1821년 9월 선거에서는 극단 왕당파가 다시 압승하여 야당은 탄압을 받으며 저항운동을 가속화시킨다. 정권에 도전하는 비밀결사가 이 무렵부터 조직되고 이때부터 30여 년간 프랑스 사회의 한 특성을 이루게 되었다.

(라) 샤를르 10세의 왕권강화

루이 18세가 죽고 나이 67세된 그의 동생이 뒤를 이었는데 그가 샤를르 10세다.

샤를르 10세는 그의 형과 달리 활동적이고 결단력이 있었는데 매사 신중하지 못한 것이 단점이었다. 또한 그는 극단 왕당의 중심인물이었다. 심지어 왕권 신수설을 지지하면서 영국왕 같이 되려면 숲에 들어가 도끼질을 하는게 낫다는 말까지 하는 인물이었다.

따라서 프랑스 국민은 불안을 느끼기 시작했고 저항운동도 본격화되기 시작했다.

1815년 4월에 마련된 「망명 귀족의 10억 프랑법」은 혁명시대에 토지를 몰수당한 망명 귀족이나 교회에 배상하기 위한 조치의 하나였는데 배상액을 모두 10억 프랑으로 정하고 우선 그 중의 3천 만 프랑을 5년간 지불하기로 계획하고 있었다.

그리고 이 돈을 마련하기 위해서는 공채의 이자를 조금씩 국고에 돌리는 방침을 취했으므로 공채를 가진 상층 부르조아나 금리 생활자들의 불만을 샀고 또 자유파를 비롯한 혁명 지지자들로부터 혁명을 부인하는 것이라 해서 불평을 샀다.

그무렵 프랑스에서는 보호 관세정책에 의한 번영이 그 한계에 도달했기 때문에 공황이 생기고 실업자를 증가시켰으며 임금이 낮아져 자유주의자들이나 소시민들은 정부에 대해 맹렬히 비난하고 나섰다.

궁지에 몰린 내각은 정부와 여당을 보호하기 위해 1827년 의회를 해산시키고 곧 선거에 들어갔는데 이 선거에서 관권이 작용하기 시작했다.

그러나 국왕 이하 내각, 그리고 여당이 인기가 없었으므로 선거 결과는 자유파가 크게 이기고 내각은 퇴진해야 하는 지경에 이르렀다.

(마) 왕정에 반기

이 무렵부터 반정부적인 세력은 당파를 초월해서 단결하여 저항하기 시작했다.

비밀결사의 조직에 의한 무장 봉기를 목표로 한 반정부적인 자유주의자들은 파리뿐 아니라 전국 각지에 조직망을 확대해 나갔다.

1830년 3월, 자유파가 압도적으로 우세한 의회에서는 마침내 반정부적인 투쟁의 하나로 내각에 대한 불신임을 결의한다. 그러나 샤를르 10세는 대담하게도 그 결의를 무시하고 5월에 의회를 해산시킨다. 뒤이어서 곧 선거가 실시되고 정부와 여당의 관권과 금권은 그야말로 부정, 타락의 선거를 연출한다. 하지만 결과는 반대파의 압도적인 승리다. 이때에도 국왕은 내각을 사퇴시킬 생각은 하지 않고 국내의 정치적 위기를 전쟁으로 커버하려 한다. 6월, 프랑스군은 터어키령 알제리아에 가서 알헤르를 점령한다.

그 승리의 소식이 전해지자 샤를르 10세는 7월 26일 「헌장」의 긴급 칙령권을 남용해서 다음 네 가지의 긴급 칙령을 발포한다. ① 출판의 자유를 정지한다. ② 아직 소집되지 않은 새로운 의회는 해산하고 선거를 다시 실시한다. ③ 선거법을 개정한다. ④ 다음 선거는 9월 초에 실시한다.

게다가 선거법의 개정은 선거권을 오직 지주들에게만 주어서 극단 왕당파를 다수 당선시키려는 너무도 속셈이 뻔한 것이었다.

프랑스의 헌정은 복고 왕정 이래 최악의 위기에 처했다. 그것이 만약 어떤 시민의 무절제한 행동 때문이라면 그를 체포하여 처형함으로써 수습하는 수가 있겠지만 국왕과 정부가 제 스스로 헌정의 질서를 유린할 때 백성은 어찌할 것인가.

정부의 일부 각료들도 사태의 심각한 추이에 불안과 공포를 느낀다. 하지만 샤를르 10세는 문제의 칙령 4개 조에 서명한 뒤, 유유히 말에 올라 사냥터로 달린다.

(바) 국왕의 망명

항거의 최초의 발단은 자유주의 저널리스트들이었다. 7월 26일 오후, 자유주의적인 저널리스트들은 「나쇼날」 신문사에 모여서 국왕의 칙령에 대해 항의하는 글을 공동으로 작성하여 정부와 파리 시내의 각 카페에 배포했다. 7월 27일, 파리 시민들은 거의 다 혁명을 주장하며 거리에 쏟아져 나오고 「영광의 3일간」이라고 불리우는 전투가 시작되었다.
　4개조의 칙령 때문에 흥분해 있던 시민들의 감정이 더욱 악화되었다. 무기를 취급하는 상점들은 1789년 7월 13일, 대혁명의 전날처럼 모조리 약탈당하고 해질녘에는 어디선가 총소리가 가끔 났다. 그런데도 파리 방위 사령관 마르몽 원수는 밤 동안 아무 일도 없으려니 하고 오후에 배치했던 군대를 병영으로 집결시켰다. 하지만 그때 시내에서는 어떤 사내가 웬 피투성이의 여자를 안고 극장에 들어가서 무대에 올라가 외쳤다.
　『이 여자는 군대가 쏜 총탄에 희생됐다!』
　연극은 중단되고 흥분한 관중은 밖으로 뛰쳐나갔다. 모두 이런 식이었다. 그래서 마르몽 원수가 아무 일 없을 것이라고 생각한 이날 밤에 거리에서는 일반 시민과 학생들이 밤새워 바리케이드를 구축하며 이튿날의 전투에 대비했다. 28일 아침, 파리 시내의 거리는 모두 바리케이트와 3색기(혁명기)로 뒤덮여 있었다. 놀랜 마르몽 원수는 베르사이유쪽의 생클루에 가서 샤를르 10세에게 이렇게 보고했다.
　『이건 반란이 아니라 혁명입니다. 급히 화평책을 세우셔야 합니다. 내일이면 늦습니다.』
　하지만 지배자란 것은 그 나름의 어떤 확신과 자존심 때문에 국민과 타협을 좀체로 반기지 않는다. 샤를르 10세는 그런 지배자의 전형이었는지도 모른다. 그가 마르몽 원수의 진언에 따르지 않고 우물쭈물하는 사이, 시내에서는 드디어 시가전이 치열해졌다.
　시가전의 광경은 한쪽은 3색기의 민중, 다른 한쪽은 흰 깃발의 왕당군. 모두 피에 젖고 시체를 넘어가며 미친듯이 쏘아대고 환성이나 비명을 올리고 왕당군 쪽에서는 탈주하여 군복을 벗고 민중의 대열에 뛰어드는 자들도 있었다.
　얼마 후 정오가 되자 파리 시내는 거의 다 라파이에트 지휘하의 국민군이 장악, 민중은 승리를 거두었고 당황한 국왕은 이때에야 비로소 4개조의 칙령을 취소한다는 선언을 했다. 하지만 마르몽 원수의 예언대로 때는 이미 늦어 국왕은 퇴위를 선언한 뒤 8월 2일, 영국으로 망명하고 만다.

(사) 7월 혁명과 자본가

샤를르 10세의 뒤를 이어 루이 필립이 왕위에 추대되었는데 그는 대혁명 때에 혁명군에 소속되어 있던 공화주의자였다.

새로운 국왕 필립은 시청 앞 광장에 모인 민중 앞에 나타나 국법을 준수할 것을 선언하여 갈채를 받았다. 이로써 프랑스 역사는 7월 왕정의 시대로 접어들었다.

여기서 필립이 준수한다고 선언한 국법은 다음과 같은 것이다.

당시의 프랑스 의회는 국왕의 명령에 의해서 해산되더라도 일부는 남고, 그 나머지 의석만이 개선되었으므로 7월 30일의 긴급 의회는 라피트를 의장으로 해서 약 60명의 잔류 의원들에 의해 「1814년 헌장」에 대한 민주적 수정 작업을 수행했다. 그 결과가 「1830년 헌장」이고 루이 필립이 준수하겠다고 선언한 국법은 바로 이 수정된 헌장이었다.

여기서는 과거의 「프랑스 국왕」이란 칭호가 「프랑스인의 왕」으로 수정되고 국기로는 3색기가 채택되었다. 또 국왕의 입법 정지권이나 긴급 칙령 발포권은 삭제되고 법률 발안권을 비롯해서 모든 입법권은 의회에 독점되었다. 하원의 선거 관계에서도 유권자의 자격은 종래 30세 이상, 직접세 납부액 3백 프랑 이상이던 것이 25세 이상, 2백 프랑 이상이란 식으로 완화되어서 유권자 수효는 9만 명 정도이던 것이 약 20만 명으로 늘어났다. 그러나 이런 정도의 개혁만으로는 민주주의의 실현이 아직 요원한 셈이고 또 같은 시기의 영국 헌법만도 못한 셈이었다. 실제로 정치에 직접 참여할 수 있는 자격을 얻은 것은 전국민의 0.6%에 불과하고 절대다수의 중소 부르조아, 노동자, 농민 등은 여전히 참정권이 없었다.

이처럼 7월 혁명은 민주 정치를 실현하지는 못한 채로 다만 복고 왕정의 지배세력이었던 극단 왕당파를 붕괴시키고 봉건적 잔재를 제거하고 상층 부르조아를 권좌에 올려놓고 근대 민주정치의 확립을 위해 한 걸음 전진한 정도로 끝났다.

그리고 7월 31일, 시청 광장에서 라피트가「이제부터는 은행가들이 프랑스를 지배하게 될 것」이라고 말한대로 금융업자나 산업 자본가들이 정권을 장악한데 뒤이어 경제적으로도 프랑스를 완전 장악한다.

(아) 평민적인 왕 루이 필립

튀일리 궁전에 들어간 루이 필립은 왕 스스로 검소한 생활을 택하고 우산을 들고 파리 시내를 걸어다니며 누구를 대하건 허물없이 얘기하고 대혁명 때의 혁명가 마르세이에즈를 노래하기도 했다. 궁정에서도 필요 이상의 행사는 일절 금지되고 왕비는 편물같은 것으로 소일했다. 어느날 어느 미국 여자가 파리 시내의 유명한 양장점에 갔더니 점원이 낡은 검은색 비단옷을 수리하고 있었다. 그런데 「이런 시시한 일을 시키는 것은 왕비 한 사람뿐」이란 것이 그 양장점 주인의 얘기였다 한다.

(자) 7월 혁명과 유럽

7월 혁명은 프랑스의 국내 문제로 끝나지 않았다. 그것은 곧 주위로 파문을 그려 나갔다. 하지만 대혁명 때처럼 정부 전쟁에 의해서 거의 강제적으로 혁명의 수출이 행해졌던 것은 아니고 무슨 유행병처럼 입에서 입으로, 또는 출판물을 통해서 아주 자연스럽게 전파되었다. 예컨대 영국에서는 이 7월 혁명의 성공적인 뉴우스가 큰 충격을 주어서 「선거법 개정」을 재촉했다.

그밖에 벨기에, 독일, 이탈리아, 폴란드, 에스파니아, 포르투갈 등지에서는 대체로 반동적인 비인 체제에 대한 반발이 혁명이나 반란의 형태로 힘차게 전개되었다. 그래서 비인 체제에 대한 가장 치명적인 타격이 7월 혁명이었다고 얘기되는데 독일, 이탈리아, 폴란드 등지에서의 혁명은 프로이센, 러시아, 오스트리아 등의 강적한테 분쇄되고, 또 이 3대 강적이 장래의 혁명 운동에 대비해서 비밀 조약을 체결하게 하였다. 그래서 동부 유럽에서는 보수적 전제 지배가 좀더 계속되는 현상이 나타나기도 했다.

4) 영방(領邦) 독일의 변화

종교 개혁의 시대에 이르기까지 독일은 꽤 오랫동안「신성 로마 제국」이라고 불리웠다. 그러나 말이 제국이지 당시의 독일은 정치적으로도, 경제적으로도, 사회적으로도, 문화적으로도 유럽에서는 가장 낙후된 지역의 하나였다. 게다가 종교 개혁에 의해서 촉발된 30년 전쟁의 결과, 독일이란 나라는 거의 다 폐허가 되고 교회, 전제 군주, 봉건 영주, 지방 자치 기구 따위에 의한 영방(領邦)국가가 무려 3백여 개나 난립, 역사상 그 유례가 드문 분열의 비운을 맞이했다.

프로이센군은 원래 브란덴부르크 선제후의 봉건 영지와 독일 기사단이 개척한 슬라브인 지대가 통합돼서 생겨난 나라인데 유명한 군국주의자 프리드리히대왕 때에 중앙 집권적 관료제와 상비군의 조직을 서두른 후, 18세기 말까지는 전제적 성격이 짙은 절대주의 왕정 하에 농노제가 사회의 기초로 되어 있었다.

19세기 초, 나폴레옹이 침략의 손을 뻗친 독일, 그것은 이처럼 분열되고 모든 면에서 뒤떨어져 있던 어수선하고 무력한 독일이었다.

(가) 저항운동의 태동

독일에서도 차츰 저항운동이 일어났다. 대표적인 것이 반나폴레옹 투쟁 때에 의용군으로 나섰던 대학생들인데 그들은 1815년 6월, 예나에서「부르셴샤프트」라는 학생 조직을 구성하고「자유와 명예와 조국」을 못토로 해서 독일의 통일을 희망하고 독일의 국민색인 흑색, 적색, 황금색의 옷을 입고 행동했다. 이 조직은 즉시 다른 도시의 대학에도 확대돼서 전제 정치에 반대하는 시위가 자주 일어났다.

그리고 1817년 10월 16일, 라이프찌히의 나폴레옹 전쟁 전승 4주년 기념 및 루터의 종교 개혁 4백주년 기념을 위해 부르셴샤프트 조직의 12개 대학 학생 5백 명이 루터의 연고지 바르트부르크의 숲에 모였다. 낮의 행사는 아무 탈 없이 진행되었다. 그러나 밤이 되자 프로이센의 애국주의자요 체육인인 얀의「체육회」소속 멤버가 지도해서 곳곳에 모닥불이 마련되고, 반동적인 서적이나 전제 정치를 상징하는 프로이센 창기병(槍騎兵)의 복장이나 오스트리아 장교들의 지휘봉 같은 것이 그 불 속에 던져졌다. 이에 전제적인 집권층에서는 말 그대로 좌시하려 하지 않는다.

그런데다가 19년 3월 23일에는 또 하나의 전형적인 전제 군주 러시아 황제의 스파이로 알려진 작가 콧쩨부가 부르셴샤프트의 과격파에 속하는 예나대학생 카알 잔트한테 살해되는 소동이 일어났다. 정부에선 즉시 그 암살자를 체포해서 처형하나 학생이나 일반 시민층에서는 이 희생자를 자유의 사자, 애국자, 또는 순국 선열이란 말로 찬양했다.

그것을 알고 분격한 메테르니히는 즉시 카알스바드에서 독일 연방 제국 대표자 회의를 개최하고 부르셴샤프트를 비롯한 모든 혁명파를 철저히 탄압하기 위해「카알스바드의 결의안」이란 것을 체결한다.

연방 의회의 표결 결과는 만장일치였다. 이에 의해 학생 단체는 모두 금지되고 흑·적·황금색의 복장도 금지되고, 신문, 잡지에 대한 검열이 강화되고, 학원 사찰도 강화되고 불온한 교수는 국외로 추방되는 사건이 발생한다.

(나) 괴팅겐 7인 교수 사건

1832년 5월, 바이에른령 팔쯔의 함바하의 옛성에서는 자유주의자들의 집회가 마련되어 무려 2만 5천여 명이 모여서 자유와 통일을 상징하는 흑·적·황금색의 3색기를 휘두르고 국민 주권을 위한 축배를 들고 연방공화정을 요구한다.

그 이듬해 33년에는 프랑크푸르트에서 과격파가 연방 의회에 반대하는 폭동을 일으켰다가 실패한다. 놀란 메테르니히는 34년 1월, 연방 각국의 대표를 또 비인에 모으고 반대파를 탄압하기 위한 여러 가지 방침을 협의한다. 이 소식이 전해지자 하이네는 비통하게 말한다. 「지금은 자유주의 사상에 대한 대수렵의 시대다.…… 제복의 사냥꾼들은 자유주의 사상을 간직한 모든 고귀한 심장을 향해 화살을 날리고 있다」

이런 반동적인 분위기 속에서 자유주의의 뿌리가 이미 깊게 자랐다는 것을 가장 잘 나타낸 것이「괴팅겐 교수 7인 사건」이다.

그 무대 하노버는 종래 영국왕을 군주로 섬겼는데 37년 영국 빅토리아 여왕의 숙부에 해당하는 에른스트 아우구스트가 독립된 군주로 즉위해서, 생긴지 얼마 안 되는 자유주의적인 헌법을 폐지하고 과거의 전제적 헌법을 부활시키려 했다.

그러자 역사가 다알만, 게르비누스 등 괴팅겐 대학 교수 7명이 적극 반대하다가 교직에서 추방당했다. 이때 국왕은「교수건 댄서건, 돈만 있으면(너희들 말고도) 또 얼마든지 구할 수 있다」고 폭언했다 한다. 그러나 이 사건은 독일의 자유주의자들을 크게 격분시켜서 오히려 자유주의를 더 확대시키는 결과가 되었고 문제의 교수 7명은 다른 대학에서 구제하였다.

(다) 산업의 발달

독일 영방은 프랑스 혁명 및 나폴레옹 전쟁으로 상처를 입고 사회적, 경제적 낙후성을 면치 못하고 있었다. 거기에다 국민은 중세에 허덕이고 영국 상품이 대량 출하되어 산업발전이 방해받고 있었다.

그러므로 독일의 산업 부르조아지는 우선 국내 시장을 확보하기 위해서 국가 정책을 요청하고 있었다.

이러한 분위기 속에서 프로이센이 1818년에 국내 각 주의 독자적인 관세를 철폐하고 1828년에는 주위의 20여 영방 국가와「프로이센 관세 합동」을 조직, 산업 보호에 주력했다. 그러자 역시 28년에 바이에른과 뷔르템베르크에서「남부 독일 관세 동맹」이 생기고, 작센, 하노버, 헷센, 캇셀로부터「중부 독일 통상 동맹」이 생겼다.

그러나 30년 대에 접어들자 먼저 중부 독일 통상 동맹은 프로이센 측에 흡수되고, 34년에는 남부 독일 동맹도 역시 프로이센 측에 통합돼서 정치적 통합은 불가능한 독일이 우선 세제상의 통합을 이룩했다. 이것이「독일 관세 동맹」인데 여기에 가담하지 않은 것은 정치적, 경제적으로 영국과 관계 깊은 하노버 등 북서부 독일의 몇몇 영방뿐이었다.

그리고 오스트리아는 프로이센 중심의 이런 통일된 산업 보호 정책도 못마땅하게 여기고 방해하였으나 라인란트나 베스트팔렌 같은 독일 최대의 공업 지대를 가진 프로이센을 중심으로 해서 독일의 여러 영방은 산업의 발달에 박차를 가했다.

이와 함께 35년에 처음으로 뉘른베르크와 펠트 사이에 철도가 부설되고, 그 후 급속히 철도망이 확장된 것도 독일 국내 시장의 확보에 도움이 됐다. 이것이 독일 산업 혁명의 출발이다. 처음에는 기계도 기술도 영국에서 도입했고, 40년 대에 가서 차츰 독자적인 발전이 시작되었다.

(라) 공산주의 선언

산업의 발달은 독일에서도 당연히 다수 노동자들을 낳게 된다. 이 많은 노동자들에 의해서 노동 문제가 대두했다. 그러나 이 시기의 독일은 모든 점에서 낙후해 있었던 만큼 노동자란 것은 주로 몰락하는 수공업 관계의 직인과 도제(徒弟)들이지, 같은 시기의 영국이나 프랑스처럼 대규모의 공장에서 일하는 노동자가 압도적으로 많은 것은 아니었다.

하지만 여기에서도 역시 사회주의의 싹이 텄고, 반동적인 정부의 탄압을 두려워한 독일의 사회주의자들은 대부분이 프랑스로 망명하여, 그 중의 일부 급진적인 자들은 프랑스 사회주의의 영향을 받고 1836년, 파리에서「의인(義人) 동맹」을 결성하여 활동했다.

독일 사회주의의 선구자로 얘기되는 바이틀링은 직인(職人) 출신의 노동자로서 처음에는 이「의인 동맹」에 가담하여 사회주의 운동을 했다.

이들「의인 동맹」은 39년 블랑키가 지도한 파리의 폭동에 가담한 혐의 때문에 강제 해산되었다가 곧 본부를 런던으로 옮기어 활동을 계속하고, 47년 여름에는 마르크스와 엥겔스의 리이드에 의해「공산주의자 동맹」으로 재구성됐다.

그 이듬해 1848년 2월에 간행된「공산당 선언」은 이「공산주의자 동맹」의 강령 초안인데 마르크스와 엥겔스가 집필한 것이었다. 여기서 마르크스는 그의 주장을 간결하게 요약하고 머지 않아 일어날 혁명에서 프롤레타리아트가 취해야 할 행동을 규정하고 또 그들의 국제적인 단결을 요구하고 있었다. 여기서 우리들이 주의해야 할 것은 당시의 반정부 운동이 자유주의자들 외에 이런 사회주의자들에 의해서도 추진되고 있었다는 사실이다.

5) 이탈리아의 각성

18세기 말 프랑스의 혁명 전쟁에 의해서 이탈리아는 국제적 동란의 소용돌이에 말려들고 그 댓가로 프랑스 혁명의 자유, 평등, 우애의 정신을 도입했다. 그러나 이 반도의 이탈리아인들이 정신을 차릴 사이도 없이 뒤이어 나폴레옹 군대가 들이닥쳐 르네상스 시대의 미술품을 비롯한 갖가지의 재물을 대량으로 약탈당하고 몇몇 군주국은 프랑스식 공화국으로 개혁되어버렸다.

그런지 몇 해가 안 가서 나폴레옹이 황제가 되자 북부와 중부는 「이탈리아 왕국」으로 개편되어서 나폴레옹을 왕으로 섬겨야 했고, 남부의 「나폴리 왕국」은 나폴레옹의 형 조제프를 비롯한 두어 명의 프랑스인을 왕으로 섬겨야 했으며, 더 남쪽의 시칠리아와 사르디니아의 섬만이 겨우 이탈리아인의 손에 남아 있었다.

구제도에 불만을 느끼던 이탈리아인들은 오히려 처음에는 나폴레옹의 그런 과감한 개조와 개혁을 환영하고 있었다. 그러나 나폴레옹의 정책이 사실은 프랑스에 더 많은 이익을 준다는 것이 드러났을 때에는 즉시 반발을 보였다.

요컨대 이탈리아는 18세기 말에서 19세기 초에 걸쳐 프랑스인이 준 충격에 의해 각성하고 정치상 민족적인 통일과 독립을 희망하게 되었다. 이런 것 역시 당시의 독일과 매우 비슷했다.

비인 회의 의정서에 의해서 베네치아와 롬바르디아는 「롬바르디아 베네토 왕국」으로 개조되어 오스트리아 총독의 지배를 받는 속국이 되었고, 제노바는 사르디니아 왕국에 병합되었으며, 시칠리아는 나폴리 왕국에 병합되어서 부르봉 왕가의 시칠리아 국왕 페르디난드 1세의 지배를 받았다.

따라서 주요 국가는 사르디니아 왕국, 파르마, 모데나, 토스카의 3개 공국(公國), 로마 교황령(이때는 교회국가), 시칠리아 왕국, 오스트리아령 롬바르디아 베네토 왕국 등인데, 비인 회의의 제1의 원칙 「정통주의」가 부분적으로만 적용되어서 프랑스 혁명 이전의 베네치아 공화국, 제노바 공화국, 나폴리 왕국 등이 부활하지 못한 것과 이탈리아 전역에 대한 오스트리아의 반동적인 지배가 강화된 것이 이 시대의 이탈리아 정세의 주요 특색이다.

(가) 혁명과 좌절

에스파니아 혁명이 성공을 거두었다는 소식이 전해지자, 나폴리에서는 7월 1일, 헌법을 요구하는 혁명이 일어났다. 이 혁명을 리이드한 군인들은, 이무렵 이탈리아 각지에 생긴 비밀 결사 가운데서 가장 대규모적이고 또 가장 활발한 움직임을 보인 카르보나리(숯 굽는 숯장이들)에 속해 있었는데 이 비밀 결사는 현존 질서에 대한 저항 의식을 분명히 밝혔다 한다.

그들의 목표는 조국 이탈리아의 해방과 헌법의 실시였으나 조직의 명칭이나 그 목표와는 달리 실제의 구성원은 신비적, 종교적 색채가 강하였다. 이들 속에는 군인 외에 나폴레옹 시대의 관리나 귀족도 많았다.

그들의 지도에 의한 1820년의 나폴리 혁명은 일단 성공을 거두었다. 그러자 이번에는 시칠리아에서 나폴리의 혁명 정권과 손을 끊고 독립하려는 반란이 일어났다. 이에 시칠리아 국왕 페르디난드의 요청에 의해서 메테르니히가 개입하고 나폴리 혁명 정권은 오스트리아 군대의 반격을 받고 분쇄되었다.

사르디니아 왕국의 피에몬테에서는 1821년 3월 10일, 군대 내부의 카르보나리에 의해서 반란이 일어나더니 곧 자유주의적 혁명으로 발전했다. 이들도 헌법의 제정을 요구하고 국외에서 프랑스식의 혁명 사상을 익힌 카를로 알베르토가 즉시 왕위에 오르게 되기를 희망했다. 국왕은 이들의 요구대로 왕위을 알베르토에게 양도했고 알베르토는 헌법의 제정을 약속, 혁명은 이제 성공한 것 같았다. 그러나 알베르토가 왕위에 오른지 며칠이 안 되어서 오스트리아의 지원을 받은 펠리체가 혁명군을 분쇄하고 알베르토를 왕위에서 쫓아냈다. 그리하여 피에몬테의 혁명은 불과 1개월만에 좌절되었다.

(나) 「청년 이탈리아」 조직

나폴리와 피에몬테의 혁명이 진압된 후로 약 10년 동안은 표면상 큰 소동은 없었지만 이탈리아인의 독립 정신은 더욱 고조되고 있었다. 카르보나리는 나폴리 혁명에 실패한 뒤 본부를 파리로 옮기고 그 지도자들은 프랑스의 자유주의자들과 접촉을 가졌다.

때마침 프랑스에서 7월 혁명이 일어나고 그 영향은 이탈리아에도 미쳤다. 각지에서는 다시 혁명이나 반란이 일어났는데 약 10년 전의 혁명에 가담하지 않았던 중부 이탈리아의 도시들이 이번 소요의 중심이 되어 있었다. 피에몬테나 나폴리에선 혁명가가 대부분 국외로 망명, 부재중이었던 것이다. 먼저 로마 교황령에서 카르보나리에 속하는 사람들이 반정부적 혁명을 일으키고 적색, 백색, 녹색의 3색기(뒤에 이탈리아 국기로 발전함)를 사용했다.

뒤이어 모데나, 파르마 등지에서는 반동적인 군주가 추방되고, 로마 교황청 행정 조직의 폐지가 선언되고, 군중 대회에서는 이탈리아 전체의 통일이 민족적 과제란 것이 선언되고, 또 이탈리아의 각 주 의회 및 이탈리아 연방의 조직이 계획되었다.

이때의 이탈리아 혁명 지도자들은 프랑스 7월 왕정의 지원을 얻으려다 실패하고 곧 오스트리아 군대의 공격을 받아서 희생되거나 망명하고 말았다.

이때까지 혁명운동은 귀족과 지식인의 부분적 저항에 불과했을뿐 영국이나 프랑스같은 대규모 시민궐기는 아니었다. 그러나 맛치니라는 혁명지도자가 나타나 혁명이념을 수립하고 「청년 이탈리아」라는 조직을 만들게 된다.

이 조직은 이탈리아 청년들에게 이탈리아인의 민족적 우월감과 로마 부흥의 꿈과 서민적 공화주의를 고취하고, 또 전국적, 전민족적 대규모의 봉기를 추진했다.

이런 맛치니의 주장에 호응해서 이탈리아 국내의 각 도시에「청년 이탈리아」의 지부들이 조직되고, 33년에는 이미 6만 명의 당원이 확보되었다. 그리하여 1815년 경부터 31년까지의 혁명 주체 세력은 카르보나리였던 것이 31년 이후 48년까지의 독립 운동 제2기의 주체 세력은「청년 이탈리아」로 바뀌었다.

(다) 계속되는 투쟁

「청년 이탈리아」는 33년 피에몬테에서 민중 봉기를 계획하다 실패했고, 이로 인해 맛치니는 결석 재판에서 사형을 선고받았다. 그는 이때 스위스에 가서 제2의 궐기를 계획하고 있었다. 그러나 그 일파 7백여 명이 사보이에 침입하려다 국경에서 간단히 분쇄되어 버렸다.

이 무렵부터는 맛치니는 스위스 각지에서 가난에 시달리며 독립 운동을 지도하다가, 37년에는 런던으로 갔다. 그의 민족주의는 민주적인 국민 전체의 동맹을 주장하였으므로 그 영향에 의해서「청년 스위스」니「청년 유럽」이니 하는 조직이 생겨나고 있었다.

이후 이탈리아의 열혈청년들은 34년에 나폴리, 로마냐, 토스카나 등지에서 반란에 실패하여 다수가 희생되고, 44년에도 남부의 칼라브리아 해안에서 또 혁명에 실패해 적지 않은 희생자를 냈다.

이런 연속적인 실패는 마침내 백 번 궐기해 봐야 아무 소용 없다는 좌절감을 낳고 또 그런 부분적인 소요가 맛치니와「청년 이탈리아」의 기본 방침인 것 같이 오해돼서, 40년 대에는 지방에 따라「청년 이탈리아」의 당원이 감소되는 일도 일어났다. 그러므로 민중의 호응이나 전국민적 애국심의 단합은 아직 실현되고 있지 못했고 여전히 지방적 애국심이 우세했다.

그러나 이탈리아의 독립과 통일을 위한 투쟁은 또 다른 방면에서도 추진되었다. 즉 1830년 대에 이탈리아에서도 산업 혁명이 전개되어 민족의 부흥을 실현하려 한 색다른 움직임이 바로 그것이다. 그리하여 놀라울 만큼 급속히 농업의 혁명, 산업 장려, 과학 및 교육의 진흥, 교통의 혁명 등이 진보적인 귀족이나 지식인들에 의해서 추진되었다.

이와같은 이탈리아 독립 투쟁은 곧 전 민족적인 관심을 일으키고 급진적인 자세를 취해 오던 공화주의자들 쪽에서도 이 온화 개혁파에는 대부분 동조할 기색을 보였다.

(라) 최초의 헌법 제정

이무렵 이탈리아 반도에 겹친 악천후에 의해 식량부족과 산업자본가들의 조작에 따른 물가앙등이 문제가 된다. 이에 분노한 급진파들의 반란이 일어나고 이 소요를 진정시키기 위해 군주들 쪽에서 개혁을 서두른다. 그것은 곧 개혁과 통일을 수행하기 위한 방편의 하나로 헌법의 제정이라는 응급조처였다.

이런 상황에서 최초의 헌법이 제정된 것은 로마 교황의 지원에 의해서 혁명을 일으키고 국왕 페르디난드를 굴복시킨 시칠리아 왕국이었다. 여기에서 혁명이 일어난 것이 48년 1월, 헌법의 발포와 출판의 자유가 보장된 것이 그해 2월이었다.

이 소식은 곧 사르디니아 왕국의 입헌 운동을 재촉하고 여기서는 거의 매일 데모가 전개된 끝에 매우 조심스런 진보주의적 군주 알베르토도 마침내 3월 초, 헌법의 제정을 약속하고 검열 제도의 폐지와 언론, 출판, 집회의 자유를 허용했다.

그런지 3일 뒤에는 토스카나 공화국에서도 같은 요구의 데모가 전개되었다. 바로 이무렵 프랑스의 2월 혁명에 관한 뉴우스가 전해지고 교회 국가에서도 교황은 입헌 정치를 수락한다.

6) 러시아의 몸부림

인구 3천 5백만의 3분의 2에 가까운 2천만의 노예, 그 위에 군림한 러시아 특유의 전제 정치 차리즘, 황제 차르의 손발 노릇을 하는 봉건적인 귀족, 그리이스 정교의 교회……등등. 여기에서는 신이 부여한 황제의 권한이나 그의 정부 및 교회에 대해서 섣불리 비판을 가하는 자는 누구나 용서없이 투옥되고, 민중의 폭동은 처참한 유혈 사태를 초래한다. 그리고 모든 일은 황제 개인이나 소수의 특권 귀족 및 승려들의 뜻대로 전개되었다. 이런 것이 차리즘의 나라 러시아였다.

17~18세기의 농업국 러시아에 있어서는 국민의 태반이 농민이었다. 그중 국유지의 농민이나 영지에서 생활하는 농민은 비교적 유복한 편이었지만 과반수는 일반 지주 귀족의 농노이고 광산이나 공장에 등록되어 최저의 생활을 했다.

그들은 지주 귀족의 토지와 같은 사유 재산의 하나였기 때문에 도대체 자유란 것은 티끌만큼도 없었고 영주의 눈에 거슬리기만 하면 마구 시베리아 유형 따위의 처벌을 받고 또 가축처럼 매매되기도 했다. 하지만 평상시에는 소작인같이 취급되어서 지주의 토지를 빌려 농사를 짓고, 그 댓가로 1주일에 3일 정도는 지주의 직영지에 가서 일해 주고, 수확의 일정량을 바치고, 또 국가에는 인두세를 지불하였다.

이렇게 낙후한 차리즘의 러시아에 피오트르 대제 이후 서부 유럽의 문물이 도입되면서 변화가 가속화된다.

(가) 서부 유럽문화 유입

서부 유럽의 군사, 경제, 행정과 기술 및 지식의 유입은 러시아에 변화를 재촉하는 것이기도 했다.

뿐만 아니라 피오트르 대제는 직접 자신이 네덜란드나 영국에 가서 당시의 새로운 문물을 널리 견학하고 왔고 청년들을 거의 강제로 국외에 유학시키는 제도를 채택하기도 했다.

그리고 피오트르 3세는 1726년 최초로 귀족의 자유를 선언하고 그들에게 씌워져 있던 평생 관료나 군인제를 철폐한다. 뒤를 이어 1765년에는 에카테리나 2세에 의해서 「귀족에게 내리는 특허장(特許狀)」이 발표됨으로써 「귀족의 자유」가 재확인되고 심지어는 직접세와 육체적인 벌칙마저 면제되었다.

또 하나의 주목할 만한 사건이 있었다. 에카테리나 2세 자신에 의해서 당시의 진보적인 사상 「계몽주의」가 도입되고, 여제(女帝) 자신이 프랑스 혁명 사상가들과 편지를 교환하며 자유주의자임을 자처하고 또 법전 편찬위원회를 조직해서 장문의 「훈령」을 내리고 법치주의와 법 앞에서 만인의 평등을 주장하기까지 한 것이다.
 바로 이 시기에 생긴 것이 19세기 중엽에 인텔리겐차로 명명된 「지식 계급」이다.

 (나) 개혁의 시작
 1801년에 24세의 알렉산드르 1세가 제위에 올랐다. 진보적인 자유주의자임을 자처하던 조모(祖母) 에카테리나 2세의 슬하에서 공화주의적인 스위스인 가정 교사의 지도를 받고 성장한 이 알렉산드르 1세는 「젊은 친구들」이라고 불리운 자유주의자들을 가까이 했기 때문에 전부터 진보적인 귀족이나 지식인들이 큰 기대를 걸고 있었다. 과연 즉위 초의 알렉산드르 1세는 부제(父帝) 파벨 1세의 반동 정치를 배제하고 여러 가지의 개혁을 단행했다.
 그런 가운데 가장 유명한 것은 1808년, 진보적인 관료 정치가 스페란스키에게 명령해서 「국가 개조안」을 작성하고 이를 차츰 실현하려 한 일이다.
 이 국가 개조안은 입법권을 의회에, 사법권을 원로원에, 행정권을 내각에 맡기고, 이런 3권 분립의 정치 구조 위에 국가 최고 기관으로서의 국무 회의를 두어 국가 통치권은 이 국무 회의를 통해서 차르에게 집결시키려 한 일종의 입헌 군주제였다.
 그밖에 「자유 농민에 관한 칙령」을 발표해서 이미 즉위 초에 농노 해방을 추진하여 알렉산드르 1세의 재위 기간 중 약 5만 명의 노예가 해방되었고 모스크바, 페테르스부르그 등지에 대학을 설립하고 또 1809년에는 핀란드에, 15년에는 폴란드에, 각각 자유주의적인 헌법의 실시 및 자치를 허용했다.

 (다) 개혁의 반동
 이처럼 단호하게 개혁을 추진하던 알렉산드르 1세는 세력이 커진 군부세력의 반대에 부딪혀 지금까지 추진해오던 개혁운동을 중단하고 만다.
 그가 추진하려던 의회나 원로원의 진보적인 자유주의자들에 대해 탄압을 가하며 언론 출판에도 엄중한 검열이 실시된다. 또 농노제가 실시되면서 지주 귀족은 다시 농노들을 마구 시베리아에 유형시켜도 괜찮게 되었다.

이 반동적인 정치에서 악명이 높아진 정치가가 바로 아라크체에프였다. 아라크체에프의 악명을 더욱 높여준 것은 반대 여론에도 불구하고 강행된 둔전병제(屯田兵制)였다.

이 제도는 나폴레옹 전쟁 이후의 재정의 회복을 위해서 마련된 것인데 주로 국유지에 군대를 주둔시켜 군무(軍務)와 농사를 동시에 이행하게 해서 군사비를 절약하려는 조치였다. 그러나 실제로는 현역 장병뿐 아니라 현지의 농노까지 둔전병으로 만들어 버려서 그들의 생활 일체가 엄격한 군율로 다스려지게 되자 군인들도 농민들도 크게 불만을 품고 각지에서 반란을 일으켰다.

그러나 정부에선 이를 철저히 탄압하고 약 10년 동안에 러시아 상비군의 3분의 1을 둔전병으로 정착시켰다. 그 사이 일부 귀족, 인텔리겐챠, 군인, 농민들한테서는 오히려 차리즘에 반대하고 혁명을 원하는 경향이 더욱 강렬해졌다.

(라) 12월의 반란

따라서 혁명파는 정부의 탄압을 피해서 지하로 잠적한다. 1816년에는 농노제의 폐지와 전제 정치의 개혁을 바라는 근위대의 청년 장교들 30여 명이 러시아 최초의 비밀 결사「구제(救濟) 동맹」을 조직하였다가, 18년에는 회원이 2백여 명으로 불어나면서「복지(福祉) 동맹」으로 개편했다. 하지만 이 결사는 크게 활약해 보지 못하고 해산되었다.

그 뒤 20년 대에 들어서자, 입헌 군주정을 주장하는 온화파에 의해 페테르스부르그 일대에「북방 결사」가 조직되었고, 반대로 무력 혁명에 의한 농노제의 폐지, 황제 일족의 처형 및 민주 공화정의 수립을 바라는 과격파에 의해 우크라이나 방면에「남방 결사」가 조직되었다.

그 중「남방 결사」는 23년 이후 폴란드의「애국 비밀 결사」와 손

잡고, 24년에는 「북방 결사」와 손 잡고, 또 25년에는 우크라이나의 「통일 슬라브 결사」와도 손 잡았다.

이처럼 저항 조직의 대부분이 급진적인 경향으로 쏠리는 가운데, 1825년 11월 알렉산드르 1세가 크리미아 반도를 여행하다 갑자기 죽고 니콜라이가 12월에 제위에 오르게 되었다.

12월의 반란은 니콜라이 1세가 군대의 선서를 받게 된 날에 일어났다.

전제 정치와 농노제를 타도하기 위해 궐기한 혁명파의 귀족 및 군인들은 군대의 선서식이 행해질 예정이던 원로원 광장에서 시작되었다.

주로 북방결사의 장교들이 지휘한 반란군이 외친 구호는 「콘스탄틴 만세」와 「헌법 만세」였다.

이리하여 선서식은 중지되고 니콜라이 1세는 궁전으로 되돌아갔다. 이때부터 몇 시간 동안 원로원 광장의 반란군은 그들의 총지휘관으로 예정되어 있던 트루베츠코이공이 나타나기를 기다렸고 반대로 황제측에서는 재빨리 다른 부대를 동원, 원로원 광장에 포격을 가했다. 반란군은 총지휘자를 기다리다 말고 혼비백산, 80여 구의 시체를 남기고 분산 도주했다.

12월 19일, 우크라이나 지방에서도 한 부대가 반란을 일으켰으나 이들도 정부군의 강력한 반격에 의해서 즉시 분쇄되어 버렸다.

뒤이어 반란의 지휘자들이 거의 다 체포되어서 비밀 결사의 지도자 9명은 교수형에 처해지고 다른 1백여 명은 시베리아에 유형되었다.

(마) 전제 정치 회귀

12월의 반란을 진압한 니콜라이 1세의 치세는 약 20년간 반동적인 철혈 정치로 일관한다. 먼저 12월의 반란에 일부 귀족이 관계했다 해서 국내의 귀족을 멀리하고 발트 지방 출신 독일인들을 불러 관직에 앉히고 정치를 황제의 뜻대로 했다. 국민의 불만이 과거 어느 때보다도 높아졌다.

반란의 책임자를 직접 취조해 보기도 하고, 전제 정치의 개혁과 농노제의 폐지를 요구하는 반대파의 상소문을 많이 읽기도 한 니콜라이 1세는 그 자신이 관리의 횡포, 재판관의 부패, 농민의 최저 생활 등에 메스를 가해야 한다는 것을 알게 되고, 부분적인 개혁과 자본주의의 육성을 위해 적지 않게 노력했으나 최대의 쟁점으로 되어 있던 전제 정치와 농노제만은 조금도 완화하지 않았고, 실제로 반란 이후의 다른 어떤 반란이나 혁명 운동에 대해서도 계속 모진 탄압을 가했다.

그는 차리즘을 유지하는 것이야말로 자기의 신성한 사명이라고 믿었고 국내의 자유주의 운동을 모두 뿌리 뽑아야 한다고 생각했다.

그리하여 1826년에는 차르 직속의 「제3과」라는 비밀 경찰 조직을 만들고 국민의 생활을 속속들이 감시하기 시작했다. 동시에 언론에 대한 검열이 극도로 강화되고 국내의 정치 및 국외의 사정에 관한 논의도 전면 금지시켰다.

탄압의 마수는 교육이나 학문 활동에까지 뻗쳐서, 농민은 제아무리 자유로운 신분인 경우일지라도 중학밖에 못 다니게 되고 대학은 사사건건 간섭을 받고 진보적인 교사는 교단에서 추방되었다.

(바) 실패한 폴란드 혁명

러시아 황제를 국왕으로 섬기게 된 왕국으로서의 폴란드는 초기에 알렉산드르 1의 관대한 태도에 의해서 특별히 헌법에 의한 자치를 실시했다. 하지만 그것은 한 때였고, 알렉산드르 1세의 반동 정치는 곧 여기에도 아라크체에프 체제를 적용해서 전제 정치가 강화되었고, 니콜라이 1세가 즉위한 뒤로는 사정이 더욱 악화되었다.

헌법이나 자치제의 실시는 말 그대로 까마득한 과거의 일이 되어 버렸다.

1820년 대의 후반, 기어이 폴란드의 민족 해방 운동은 다른 지역과 마찬가지로 비밀 결사를 중심으로 해서 전개되었다.

하지만 여기서도 민중은 아직 민족 해방 운동에 가담할 정도로 계발되어 있지 못했으므로 비밀 결사의 구성원은 주로 지식인, 군인,

학생 등이었다. 이 소수의 저항은 러시아 본국의 비밀 결사처럼 나약하고 반기를 드는 족족 진압되어 버렸다.

그런데 1830년, 프랑스에서 7월 혁명이 일어나고, 벨기에에서 9월 혁명이 일어났다. 이 충격에 의해서 폴란드의 민족 해방 운동은 다시 활기를 띠었다.

그 해 11월 29일 군인과 학생들로 조직된 저항 단체에서는 대담하게도 폴란드 주둔군 사령관 콘스탄틴공(니콜라이 1세의 형)이 사는 바르샤바 궁전과 러시아군 기병대의 병영을 습격했다. 그리고 콘스탄틴공을 사로잡거나 러시아 군대를 완전히 추방하지는 못했지만 거의 기적적으로 민중의 지원을 얻어서 바르샤바의 일부를 점령하는 데에는 성공했다. 이것이 폴란드 반란의 시초였다.

그러나 1831년 2월 러시아의 12만 대군에 의해 폴란드 반란은 철저히 유린되고 수많은 사람들이 쓰러졌다. 진압군의 무자비한 살상과 보복과 폴란드 혁명정부의 단명을 통곡과 분노로 표현한 쇼팽의 「혁명」은 바로 그때 작곡된 것이다.

(5) 근대(近代)를 향한 발돋음

1) 민주제도로 가는 길

명예 혁명 이후 영국의 의회정치는 시련과 시행착오를 거듭하면서 더욱 발전되고 있었다. 이 기간 의회와 정당의 전개 과정을 보면 토리당과 휘그당은 보수당과 자유당으로 개편되었고 보수주의가 자유주의 지배시대로 바뀌었으며 하원에는 상류계급의 보수당보다 도시 산업자본가 출신의 자유당이 더많이 진출했다는 것이 특징이었다.

따라서 1832년부터 1862년까지 주로 자유당에서 정권을 장악하고 있었다.

이처럼 자유당이 장기간 집권을 할 수 있도록 지도하고 유도한 인물이 글래드스턴이다. 그는 리버푸울 대상인의 아들로 태어나서 옥스퍼드에 들어가 전형적인 귀족교육을 받은 인물이다. 투철한 사명감과 탁월한 지도력, 그리고 명석한 두뇌와 재정에 밝은 지식을 충분히 활용하여 정치를 유도했으며 대중적 인기도 높았다.

그와 정치적 경쟁을 해온 사람이 바로 보수당의 디즈레일리였다.

(가) 글래드스턴과 디즈레일리

디즈레일리는 유태인의 후예다. 글래스스턴이 전형적인 영국신사라면 디즈레일리는 유태인에게 자주 발견되는 복잡한 천재적 성격을 가진 인물이다.

1868년 더어비가 수장직에서 물러나고 디즈레일리가 보수당의 지도자가 되었는데 이때부터 글래드스턴과 디즈레일리의 정치적 대결이 시작된다.

두 사람은 그 시대의 대표적 의회정치가였고 둘 다 학식이 풍부한 웅변가여서 의회에서나 거리에서나 이들이 맞서는 모습은 그야말로 대중의 인기를 충분히 끌었다.

그 사이 정치적, 사회적 개혁은 의회를 통해서 평화롭게 실현되어 영국사회는 그 어느 때보다 더 착실히 진보해 가고 있었다.

특히 디즈레일리는 보수주의자로 영국의 역사와 선례를 찬양하고 전통적 제도를 존중했지만 진보적 개혁을 무조건 거부하지 않는 정치가였다.

그가 주장하는 보수당의 기본 방침을 보면 첫째, 민중의 요구에 항상 민감해야 하고 하층 계급에도 정치적 발언권을 주어야 한다는 것이고 둘째는, 국민의 자존심을 중심으로 해서 다른 어느 나라에도 영국을 두렵게 생각할 수 있도록 힘을 키워야 한다는 것이었다. 다시 말하면 존경받는 영국을 만들자는 정책이었던 것이다.

(나) 선거법 개정

1860년 대에 접어들자 노동자들의 선거권 확장 운동이 다시 머리를 들었다. 그 원인의 하나는 노동자들 사이에서 조합(組合)이 생기고 이 조합을 통해서 그들의 의사가 충분히 발표된 데 있다. 그들은 이 조합 운동을 통해서 임금의 인상과 노동시간의 단축과 노동 조건의 개선까지 요구할 수 있었고, 그들의 문제를 민주적으로 해결하는 절차를 터득했고, 또 조합원들을 교육시켜서 정치 의식을 높여 주기도 했다.

디즈레일리는 이미 노동자들의 요구를 방치해서는 안 된다는 것을 잘 알고 있었으므로, 67년에 재빨리 자유당을 앞질러서 보수당이 선거법 개정안을 의회에 제출했다. 이것은 아직 완전한 개정안은 아니었으나 글래드스턴측에서 수정을 가했기 때문에 도시의 노동자들은 거의 다 선거권을 행사할 수 있게 해 주었다.

디즈레일리가 이 수정안을 수락했을 때 사람들은 모두 놀래버렸다. 예컨대 카알라일은 「나이아가라 폭포 같은 낙하」라고 평했고, 수상 더어비는 「무분별한 모험」이라고 평했다. 하지만 그 법안은 의회를 통과해서 오히려 보수당에 의해 획기적인 개혁이 행해졌다. 이것이 선거법 개정이다.

이에 의해 유권자는 종래 1백 6만이었던 것이 그 2배에 가까운 2백만으로 늘어나서 일반 소시민 및 도시의 노동자들이 거의 다 선거에 참가할 수 있었다. 이리하여 상류 및 중류 계급의 시대는 지나가고 영국의 정치적 민주주의는 비약적인 발전이 이룩된다.

(다) 개혁과 의회 정치

보수적이던 디즈레일리에 의해서 급속히 추진된 1867년의 선거법 개정 결과, 일반 소시민 및 노동자들에게 선거권이 확장되자, 보수당에서는 그들의 표를 확보하기 위해 68년 「전국 연합」을 조직하고, 몇 년 뒤에는 디즈레일리가 직접 당 본부의 조직을 강화했다. 그러자 자유당측에서도 도시의 표들을 놓치지 않기 위해서 68년부터 교육 조직을 구성하기 시작하여 77년에는 「전국 자유당 연맹」을 구성했다.

이처럼 제2의 조직을 통해서 정당과 유권자의 관계가 긴밀해지자 유권자들의 의사는 차츰 정당들을 통해서 비교적 정확하게 의회에 반영되었다. 그리고 두 정당의 정강은 미리 유권자들에게 공개되고 내각의 선택도 총선거에서 밝혀진 국민의 의사에 따르게 되었다.

글래드스턴과 디즈레일리가 전국민의 관심을 집중시키며 웨스트민스터의 의사당 안에서 자주 논쟁을 한 것이 바로 이무렵의 일이고 모든 개혁은 이런 논쟁과 선거에 의해서 평화적으로 추진되었다.

의회 정치가 비로소 그 기능을 발휘하게 되어 영국 민주주의는 밝은 전망을 보이게 되었다.

2) 비스마르크의 독일

독일의 1850년 대는 정치적으로 완전히 반동의 시대였으면서도 바로 이 시기에 자본주의가 발달하고, 근대적인 공업이 발달하고, 철도망이 확장되고, 그 결과는 국토 통일에 대한 욕구를 높여 주었다. 그래서 이때까지「독일 관세 동맹」에 가입하지 않았던 하노버 같은 영방 국가들이 불시에 가입하는 변화가 일어나고 있었다.

동시에 독일 연방 내부에서는 오스트리아의 리더십에 대한 프로이센의 불만이 날로 커지고 있었다. 두 나라의 대립은 차츰 표면화하였다. 예컨대 오스트리아에서는「독일 관세 동맹」의 확대를 방해하려 했고, 프로이센측에서는 이탈리아의 반오스트리아 투쟁을「방임」하는 형식으로 지원했다.

그러나 프로이센의 프리드리히 빌헬름 4세는 여전히 낡은 정통주의를 고집하고 그 측근의 정치가들도 그와 같은 입장에서 현존 질서의 개혁에는 적극 반대하였다.

1860년 군제 개혁안이 제출되자 자유주의자들이 많은 의회에서는 정부가 필요로 하는 군사비를 겨우 1년치만 승인하고, 61년에 가서는 군사비의 증액을 더 이상 승인하지 않음으로써 군제의 개혁 자체를 중지시키려 들었다. 이 해 프리드리히 빌헬름 4세가 죽자 빌헬름이 왕위를 이어「빌헬름 1세」로 되더니, 반정부적인 의회를 해산시키고 새로이 선거를 했다. 그러나 62년 선거에서도 자유주의자들이 대거 진출해서 정부의 예산안을 부결시켰다.

빌헬름 1세는 어쩔 줄을 모르고 전전긍긍하다가 한 때는 퇴위할 뜻까지 비쳤다. 이때 육군상 로온이 국난을 타개할 만한 능력을 갖춘 위인 한 사람을 국왕에게 소개했다. 그 위인이 주불 대사이면서 실천력이 강한 보수주의자로 널리 알려진 비스마르크였다. 왕도 그를 좋아했으므로 즉시 그를 귀국시켜 수상에 임명하였다.

(가) 비스마르크의 등장

프로이센의 귀족 출신인 비스마르크는 괴팅겐대학과 베를린대학을 나와 22세에 연합 주의회 의원으로 당선되었는데 그의 뛰어난 정치 수완과 특별한 애국심 때문에 벌써 유명해져 있었다. 특히 보수적인 입장에서 자유주의를 공격하고 1848년, 혁명 때에도 반혁명적인 인사로 활약했던 인물이다.

국왕이 혁명세력에 굴복한데 대한 불만을 품고 지방 융커(지주귀족)들을 규합하여 보수당을 조직하기도 하고 진보적인 프랑크푸르트 국민의회를 비난하기도 했다.

이런 반동적인 운동때문에 부활한 독일 연방 의회에 프로이센 대표로 출석하기도 한다.

그러나 오스트리아와 접촉하는 사이에 그의 사상에는 변화가 생긴다. 오스트리아에 독일의 주도권을 주면 여러 연방 조직이 손해를 본다는 생각이 들었기 때문이다.

(나) 통일에 대한 열망

여기서 프로이센의 무력에 대한 독일 통일의 문제가 다시 머리를 들었고, 비스마르크 자신은 아직 보수적이고 반민주적이면서도 프로이센의 국가적 이익과 독일 통일을 위해서라면 자유주의자들의 협조도 사양치 말아야 한다는 생각을 갖게 되었다.

게다가 1859년, 대사 자격으로 페테르스부르그에 갔던 비스마르크는 러시아와 친선 관계를 유지할 필요를 느꼈고, 62년 프랑스 파리로 전임한 때부터는 프랑스 같은 열강과도 친선 관계를 확보해서 장차 프로이센이 독일 통일을 추진할 때에는 어떤 외국도 간섭하지 못하게 해야 한다고 생각하였다.

그처럼 국외에서 독일 통일의 웅대한 구상을 짜고 62년에 귀국하여 프로이센 수상에 취임한 비스마르크는 당연히 군비 확장의 필요에 대해서 빌헬름 1세와 같은 입장을 취하고 어떻게든 군제의 개혁을 강행하려 했다. 이 과제를 달성하기 위해서 그는 의회에 출석하고, 예산 심의위원회에서 이런 유명한 연설을 했다.

『현재의 중대한 문제는 언론이나 다수결이 아니라 철(鐵)과 피(血)로 해결지어야 한다.』

그런 다음에는 의회의 예산안 부결을 전면 무시하고 과세와 군비 확장을 단행하는 동시에 반대파에 대한 탄압이나 투옥을 조금도 주저하지 않았다. 그리하여 1850년 헌법을 공공연히 무시하고 이때부터 5년간 비스마르크 정권은 의회의 의사에 개의치 않고 단독으로 예산을 집행했다. 이런 정부와 의회의 대립이 곧「프로이센 헌법 투쟁」이다.

(다) 오스트리아와 7주일 전쟁

비스마르크는 군제개혁을 단행하는 한편 오스트리아와 전쟁을 대비하고 있었다.

독일 연방 통일을 목표로 한 오스트리아와 전쟁은 1866년 6월 15일 마침내 일어났다. 오스트리아를 자극해서 전쟁을 일으킨 비스마르크의 목표는 독일 연방에 대한 오스트리아의 영향력을 제거해서 통일 과업을 의지대로 이루자는 것이었다.

비스마르크는 그 이전에 러시아의 환심을 사놓는 데다 65년 10월에는 남프랑스의 비아리츠에 가서 나폴레옹 3세를 비밀히 만나고 프로이센이 장차 오스트리아와 싸울 경우 프랑스에서는 중립을 지켜라, 그 댓가로 라인강 좌측의 땅을 프랑스에 줄 용의도 있다 하여 프랑스의 중립을 이미 확약받았다. 또 66년 4월, 전쟁이 일어나기 직전에는 베네치아에 손을 뻗쳐 이탈리아, 프로이센 공수(攻守)동맹을 체결, 오스트리아를 고립시키고 있었다.

이 전쟁에서 62년 이래 전쟁에 대비한 프로이센군은 장비도 훈련도 뛰어나고 수적으로도 오스트리아군을 능가했고, 철도를 이용한 고도의 기동성까지 발휘했다. 그러므로 어느 모로 보나 오스트리아군이 불리한 가운데 7월 3일, 쾨니히그레쯔에서 프로이센군이 크게 이겨, 프로이센과 오스트리아의 전쟁은 불과 7주일 만에 프로이센의 승리로 끝났다.

이 때문에 독일에서는 이 전쟁을 「7주일 전쟁」이라고 부르기도 하는데 8월의 프라하 강화 조약에 의해 오스트리아는 독일 연방에서 제거되고 프로이센에 다액의 보상금을 지불하게 되었다. 동시에 독일 연방이 해체되면서 라인강의 지류 마인강 이북의 독일 연방 국가들이 프로이센을 맹주로 해서 새로운 연방을 조직하게 되고 프로이센은 실레스비히, 홀시타인, 하노버, 헷센, 캇셀, 낫사우 및 프랑크푸르트를 병합해서 영토를 대폭 확장했다.

이로써 22개 연방이 합쳐서 북독일 연방을 성립시켰다.

(라) 프랑스와의 전쟁

에스파니아 국왕 문제로 프랑스와 대립이 생긴 것은 1868년의 일이었다. 프로이센 국왕의 친척이던 레오폴드가 이사벨라 후임으로 에스파니아 국왕에 오르자 프랑스는 비스마르크 몰래 프로이센 국왕에 압력을 넣어 레오폴드로 하여금 왕위를 내놓게 했다.

후에 이를 알게 된 비스마르크의 작용에 의해 두 나라 사이는 극도로 으르렁대게 된다. 이리하여 1868년 7월 전쟁이 시작된다.

그러나 만반의 준비를 갖추고 있던 독일군은 처음부터 파죽지세로 프랑스에 침입, 알자스와 로렌에서 승리했고, 9월 2일에는 세당에서 프랑스 황제 나폴레옹 3세와 그의 군대 8만 5천을 한꺼번에 항복시켰다.

이 소식이 파리에 전해지자 거기서는 9월 4일 공화정이 선포되면서 「국민 방위 정부」가 수립되고, 제2제정은 종말을 고했다. 그러므로 이때부터 프로이센에 저항한 것은 강벳타, 페리, 쥘 파브르 등 공화주의자들로 구성된 국민 방위 정부인데, 그 중 파브르는 9월 중순 비스마르크를 만나 강화를 제의했으나 비스마르크측에서 알자스, 로렌 두 주의 할양을 전제 조건으로 내세웠기 때문에 강화 회의는 즉시 결렬되고 말았다.

그 사이에도 프로이센군은 진격을 서둘러서 9월 15일, 파리를 포위하고 프로이센 왕은 베르사이유 궁전에 들어가 쉬었다. 이때부터 파리 공방전은 무려 4개월 동안이나 계속되었는데 국민 방위 정부의 강벳타는 그 사이 투르에 가서 원군을 끌어대려고 파리를 탈출하였다. 그러나 프랑스 각지에서 동원된 지방 의용군은 별로 전과를 올리지 못했고 파리는 기어이 71년 1월 28일 항복, 프로이센군에게 성문을 열어 주었다.

그 사이 비스마르크는 남독일의 4개 영방을 북독일 연방에 정식으로 끌어들인 뒤, 파리가 항복하기 10일 전(1월 19일)에는 북독일 연방의 각 영방 군주들을 베르사이유 궁전에 불러 놓고 프로이센왕 빌헬름 1세를 통일 독일 제국의 초대 황제로 대관시키는 의식을 거행했다. 이렇게 해서 독일 민족의 숙원인「통일 제국」은 성립되었다.

(마) 승리 후의 반목

프로이센의 무력과 비스마르크의 탁월한 정치적 재능에 의해 탄생된 독일 제국의 출발이다. 하지만 독일 통일 제국의 성립은 그것이 민주주의적이었건 반동적이었건 어쨌든 독일 역사상의 획기적인 사건임에 틀림없고, 그 뒤의 독일의 발전과 번영은 그 유래가 드물 만큼 급속도로 추진되었다. 1890년 대까지 장기간 집권한 비스마르크는 독일의 국민적 영웅 내지는 당대 제1의 국제 정치인으로 평가받게 된다.

1871년 2월 26일, 프랑스는 위와 같은 독일 제국을 상대로 가조약을 체결한 뒤, 5월 10일에는 프랑크푸르트 강화조약을 체결, 알자스와 로렌 두 지방을 할양하는 동시에 50억 프랑의 배상금을 지불하게 되었다. 그러나 알자스와 로렌을 뺏은 것은 독일의 큰 실책이었다. 이 곳의 주민들은 원래 독일인이었지만 1세기 이상 프랑스인으로 생활했기 때문에 독일보다는 오히려 프랑스를 더 사랑하였고 독일에 편입되는 것에 적극 반대하고 있었다. 그래서 그 뒤에 이 곳에서 선출된 의원들은 독일 제국 의회에서 계속 반정부적인 태도를 취하였다. 게다가 그 두 지방의 할양은 프랑스인들에게 깊은 원한과 복수심을 갖게 해서, 그 뒤 프랑스와 독일의 대립은 장기화하고 말았다. 예컨대 20세기의 양차(兩次) 대전에도 이 대립은 적지 않게 영향을 미치게 된다.

3) 프랑스의 제2제정(帝政)

프랑스는 2월 혁명에 따라 황제에 오른 나폴레옹 3세의 통치가 1852년부터 70년까지 계속된다.

이때 황제는 군사, 외교, 행정, 사법의 모든 권한을 독점했고 국무회의, 원로원, 입법원은 어용기관에 불과했다. 사실상 독재정치의 부활이었다. 그리고 다수의 농민과 도시 부르조아 노동자 및 군대 사이에서도 황제를 지지하고 있었다.

황제 나폴레옹 3세가 대외 정책에서 처음 인기를 끈 것은 1853년의 크리미아 전쟁 때이다. 이때 나폴레옹 3세는 영국과 손 잡고, 발칸 반도로 남하하려는 러시아의 야심을 분쇄했는데, 이때는 프랑스는 터어키계에 대한 전통적인 우위를 확보하고, 또 근동(近東) 정책에서 영국을 프랑스의 의사에 따르게 했으므로 국내의 인심을 만족시킴과 동시에 국제적 지위까지 높아졌다.

나폴레옹 3세는 또 국위를 더욱 높이고 프랑스 자본주의의 발전을 보호하기 위해 해외 식민지의 경영에도 주력했다. 이때 프랑스 정부는 7월 혁명 이전에 정복한 알제리 외에 세네갈, 사하라 등지의 개척을 서두르고, 아시아의 타이, 인도지나, 중국, 일본 등지에도 이때 손을 뻗쳐 타이, 중국, 일본과는 통상 조약을 맺고, 인도지나는 식민지로 만들었다. 따라서 프랑스는 영국 다음가는 식민 제국이 된다.

(가) 황제 인기 몰락

나폴레옹 3세의 지지도는 길게 이어지지 못했다. 1857년부터 경제가 어려워지면서 수입이 줄고 금융기관들이 곤경에 빠져간다.

이런 경제사정으로 불만을 품은 국민들이 늘어나고 이후 총선거에서 공화파 인사들이 대거 당선된다. 이때 황제 반대파에 대한 지지도는 66만 표에 이르렀다.

나폴레옹 3세의 제2제정이 동요되기 시작한 것은 바로 이때부터였다. 무력으로 알프스 국경에서 니스, 사보이 등지에 이르는 꽤 넓은 땅을 얻어 영토를 확장하긴 했지만 이탈리아 전쟁에서 사르디니아 왕국을 중부 이탈리아의 통일 왕국으로 인정해 주었기 때문에 로마 교황의 교회 국가를 무시한 결과가 되었을 뿐 아니라 교황령의 일부가 사르디니아 왕국에 병합되는 것까지 허용했으므로 즉시 카톨릭 교회나 보수파의 반감을 사고 말았다.

게다가 사르디니아 왕국이 의외로 강력한 것을 보고 두려워 한 나머지, 별안간 오스트리아와 강화 조약을 맺고 이탈리아에서 전쟁 도중에 군대를 철수시키는 배신 행위를 저질렀으므로 국내외의 자유주의자들에게까지 반감을 사고 말았다. 1860년 봄의 일이다.

나폴레옹 3세는 여기서 더 이상 전제 정치를 계속할 수가 없었다. 그러므로 나폴레옹 3세는 이제 자유주의적인 개혁을 실시해서 반정부파의 불만을 무마하는 한편 소시민들의 환심을 사려 했다.

(나) 위험한 모험

황제는 우선 1859년에 대 사면을 단행해서, 1851년의 쿠데타 때 추방되거나 유형에 처해진 공화주의자들의 귀국을 허락했다. 60년에는 헌법의 일부분을 개정해서 의회의 권한을 확대시켜 주었다. 예컨대 법률을 수정할 권리와 정부의 시정을 비판할 수 있는 권리를 의회에 준 것이다. 언론에 대한 단속도 완화했다. 이렇게 자유화 바람이 불자마자 국내에선 즉시 반정부파의 기세가 높아지더니 63년에는 영불 통상 조약에 반대하는 보호 관세주의자들이 부르봉 정통파, 오를레앙파 등의 왕당파나 공화주의자들 및 카톨릭 세력과 손잡고「자유주의 동맹」이라는 반정부적인 조직을 구성하였다.

이들은 63년 선거에서 크게 이기지는 못했지만「여촌 야도」의 새로운 기류 속에서 파리에서 압승, 제정의 장래가 적신호로 보였다. 이에 나폴레옹 3세는 그의 위신을 회복해 보려고 다시 대외적인 모험을 시도했다.

우선 러시아령 폴란드에서 63년에 반란이 일어나자 처음에는 폴란드를 돕는 척하였다. 그러나 나중에는 러시아를 도왔으므로 이탈리아 전쟁 때처럼 국내외에서 일제히 비난을 받았다. 게다가 멕시코 정부가 이 무렵 배타적인 입장에서 외국의 경제적 침략 행위를 분쇄하려 애쓰고 또 카톨릭 단체들을 압박하자, 나폴레옹 3세는 64년 멕시코에 군대를 보내서 공화정을 없애고 오스트리아 황제의 아우 막시밀리안을 멕시코 황제로 옹립, 멕시코를 프랑스 세력권에 잡아두려 하였다. 그야말로 아메리카 대륙에 새로운 카톨릭 제국을 세워 보겠다는「웅대한 구상」이었다. 하지만 미국에서 항의를 하여 프랑스와의 전쟁도 사양치 않겠다고 강경한 태도를 취하자 나폴레옹 3세는 제풀에 기가 죽어 프랑스 군대를 즉시 멕시코에서 철수시키고 말았다.

그리고「멕시코 황제」를 꿈꾸던 막시밀리안은 현지에서 체포되어 총살당하였고, 벨기에 왕 레오폴트 1세의 딸인 그의 아내 카를로타는 남편을 구하기 위해 나폴레옹 3세와 로마 교황에게 애원하더니 얼마 후에는 정신 이상이 돼 버리고 말았다. 이렇게 해서 황제 나폴레옹 3세의 평판은 더욱 나빠지기만 했다.

(다) 노동자「60인 선언」

이처럼 자유의 바람이 거세게 일어나자 노동자들 편에서도 반정부적인 움직임이 심상치 않게 전개되었다. 나폴레옹 3세는 이들을 달래보려고 62년 런던에서 열린 만국 산업 박람회에 노동자 대표 2백여 명을 파견했다. 그러나 노동자들은 영국에 가서 그곳 노동자들의 비싼 임금, 10시간 노동제, 공장의 설비, 노동 조합의 상태 등을 견학하고 오더니 전보다 훨씬 더 영국을 찬양하고 나폴레옹 3세와 정부에 대해서는 본격적인 공세를 취하기 시작했다.

그리하여 63년 선거와 64년 선거에서는 우선 그들의 정치적 입장을 강화하려고 대표자들을 입후보시키지만, 정부에 매수된 제정파 노동 단체와 새로이 세력 확장을 꾀하는 공화파 및 왕당파의 심한 방해 때문에 그들의 대표자를 당선시키지는 못하였다. 이런 상황 속에서 60명의 노동자 대표들이 서명한「60인의 선언」이란 것이 64년 2월에 발표되었다.

당시의 노동자들의 입장이 요약된 이 「60인의 선언」은 프랑스 사회 사상사에서 마르크스의 「공산당 선언」에 못지 않은 중요한 문헌으로 얘기되는데 이 선언의 작성을 리이드한 것은 파리의 조금사(彫金師)이면서 프루동파에 속한 트랑이었고, 이 선언에 서명한 노동자들은 거의 다 전통이 오랜 각종 수공업계의 대표자들이었다. 문제의 60인은 산업 혁명에 의해서 몰락하고 만 소부르조아 생산업자이면서 프루동의 영향을 받은 개량주의자들이었던 것이다.

이처럼 프랑스 국내에서는 귀족과 상층 부르조아지 및 노동자들의 반정부 운동이 격화되었을 뿐 아니라 대외 정책에 있어서의 나폴레옹 3세의 잇단 실패는 대금융업자들까지 돌아서게 하고, 50년대 후반부터 계속된 경제적 불황과 중세는 일반 소시민 및 농민들까지 돌아서게 했다. 이와 때를 같이해서 지식인들 역시 갖가지로 반정부적인 움직임을 보였고 의회에서도 반대파가 나날이 많아지고 있었다.

(라) 황제권의 몰락과 자유주의 내각 구성

황제의 권한이 점차 위축되기 시작하자 나폴레옹 3세는 한 걸음 더 양보하여 의회 제정에 접근하기 시작했다. 예컨대 1867년부터는 대신이 입법원에 출석해서 의원들의 질의에 답변하게 하여 의회는 이제 행정부에 대한 감독권을 행사하게 되었다. 68년에는 언론 및 집회의 자유가 확대되고 69년에는 입법원에도 법률의 발안권이 주어졌다.

그럴수록 반정부적인 경향이 더욱 가열되어, 69년 5월의 선거에서는 정부측의 후보자들이 약 4백 50만 표를 얻었고, 반대파가 약 3백 40만 표나 얻었다. 그 결과 입법원 의석 2백 80석 중 반대파의 자유주의 동맹(50)과 공화파(40)가 차지한 것은 제2제정 이래의 최고 의석수를 마아크하게 됐다. 이무렵에는 언론, 출판 또는 노동 쟁의를 통해서도 거의 공공연히 반정부적인 반발이 심해져 제정의 파국이 멀지 않았음을 보여 주고 있다.

황제 자신은 정권 교체를 바라는 여론이 높아지는 것을 보자 69년

말에는 마침내 자유주의자 올리비에에게 입법원에서 환영할 내각의
조직을 위임했다.

10. 미국의 역사

(1) 앵글로 아메리카

1) 신천지의 꿈

1607년 5월 24일 런던 척식회사 소속 이민선에 105명의 남자들이 타고 있었다. 젠트리 출신 18명과 농민, 상인, 직인(職人) 87명이었다.

이들은 영국이 아직 국가적으로 설계하지 않던 신대륙에 들어가 새로운 세계를 꾸며 보자는 사람들이었다.

그러나 이들이 신대륙에 상륙했으나 예상외로 무더운데다가 음료수 사정도 좋지 못했다.

이리하여 여름 한 철 사이에 일행의 절반이 죽었고 가을부터는 식량이 모자라 굶어 죽는 사람이 생기더니 1607년 말에는 겨우 32명 밖에 남지 않았다.

그들의 지도자 존 시미드의 기록에 의하면 32명은 나무 열매나 풀 뿌리로 목숨을 부지했다 한다.

그 이후 런던 척식회사는 1606년부터 24년까지 18년 간에 모두 5천 6백 49명의 영국인을 신대륙에 보냈는데 불순한 기후, 굶주림, 역병 및 인디안과의 싸움에서 쓰러지지 않은 자는 겨우 1천 95명뿐이었다 한다. 생존자의 일부는 신천지에서 환멸을 느낀 나머지 곧 귀국해 버리고, 그 나머지만이 버어지니아에서 생애를 마쳤다. 그리고 최초의 식민자들 1백 5명에 의해서 건설된 마을이 버어지니아의 제임즈타운이다.

1620년 12월 25일에는 「필그림 파더즈」라고 불리우는 청교도 1백 2명이 플리머드에 갔는데 이들을 괴롭힌 것은 무엇보다도 혹심한 추위였다. 하지만 여자까지 낀 이 필그림 파더즈도 원래는 런던 척식회사 주선에 의해서 목적지를 버어지니아로 택하였는데 그해 겨울 바다의 모진 태풍 때문에 예정 목표보다 훨씬 더 북쪽에 있는 프리머드로 가버린 것이었다.

이처럼 처음부터 험난하기 짝이 없는 이민을 필그림 파더즈 자신은 도대체 왜 감행했던가. 영국 국교회에 반대한 혐의 때문에 정부의 박해를 받게 돼서 네덜란드에 망명해 있던 10년 간 그들은 하루 14시간 중노동을 한 농민, 직인등 노동자였다. 하지만 뉴유잉글랜드의 모진 추위와 굶주림에는 단 몇 달도 견디지 못해서 약 50명이 플리머드에 상륙한지 반 년도 못가서 죽었다.

그들의 지도자 브랫포드의 기록에 의하면「수십 만 그루의 수목을 뿌리째 뒤엎어 놓은 어마어마한 폭풍이 불어닥쳤고, 무기를 인디안한테 팔아 넘겨서 동족을 위태롭게 하는 배신자가 있었고 플리머드에 간지 1년만인 1621년 겨울에는 건전한 자가 6~7명에 불과했다. 이들이 나무를 베어내고 토지를 개간하고 씨를 뿌리고 해서 3년째 (1622년)에야 겨우 굶주림을 면하는 것 같았는데 그나마 모조리 도둑을 맞았다」

하지만 식민의 쓰라림은 민간인들만이 진출했던 버어지니아, 뉴우잉글랜드의 어디서나 마찬가지로 겪어야 했다.

이렇게 시작한 이민사업은 북미의 미개척 자연과의 끊임없는 싸움 속에 많은 시련과 좌절을 겪으면서 이루어졌다. 그러나 이민 인구가 불어나고 환경개척으로 삶의 터전을 마련하기 시작하면서 영국에서는 정치, 경제, 사회, 종교 등에 불만이 있는 사람들이 떼지어 신천지 앵글로 아메리카로 갔다.

(가) 면역지대 반대투쟁

청교도 혁명 때, 본국에서는 이미 폐지된「면역 지대」란 것이 식민지 통치 방법의 하나로 강행되려 했다. 문제의 면역 지대란 것은 부역을 면제받는 대신에 수입의 일부를 국왕이나 영주에게 바치는 봉건적 조세의 일종인데, 이제 영국 정부는 그것을 앵글로 아메리카의 농민들에게 강요하여 프리호울더(자유토지소유자)건 아니건 국왕령에서는 국왕에게, 영주령에서는 영주에게 지대를 바치게 할 생각이었다.

그러나 토지는 완전히「나의 것」이라고 확신하고 있던 프리호울더가 이런 봉건적인 낡은 제도를 순순히 받아들일리 없다. 그래서 프리호울더가 압도적으로 많은 뉴우잉글랜드에서는 17세기 말까지 면역 지대는 유명무실해져 폐지된 거나 다름없게 되었다.

당연히 식민지에서는 면역 지대가 강요되고 대의 제도가 폐지됨으로써 식민지의 자치권이 침해되었다고 느꼈다. 이에 프리호울더를 중심한 식민지 주민들의 면역 지대 반대 투쟁이 일어났다.

이것이 본국의 정세에 적지 않은 영향을 미쳐서 후기 스튜어트 절대주의 체제가 붕괴될 때, 뉴우잉글랜드령이란 식민 통치 기구도 붕괴됐다. 이 변혁의 때에는 본국에서도 식민지에서도 유혈 소동이 전혀 없었으므로 전자를 「명예 혁명」, 후자를 「아메리카의 명예 혁명」이라고도 부른다.

뉴우잉글랜드에서 면역 지대가 폐지된 것이 이때부터이다. 그밖에 면역 지대가 처음부터 순조롭게 징수된 중부와 남부에서도 반대 투쟁이 전개되어 18세기 중엽까지는 모두 폐지되었다. 이런 식으로 13개 식민지에서는 이주자들 자신의 투쟁에 의해서 백인들의 자유 세계가 착실히 실현되고 있었다.

(나) 흑인 노예제 시작

네덜란드 상선이 서인도의 흑인 노예 20명을 처음으로 버어지니아에 실어간 1619년에는, 이곳에 아직 노예제가 없었다. 그러므로 서인도의 노예가 처음에는 버어지니아에서 연기 계약 봉직자로 취급되었고, 흑인 노예제가 보급되기 시작한 1680년 대만 해도 남부의 연기 계약 봉직자들 속에는 흑인이 적지 않았다. 예컨대 1683년의 버어지니아에서는 노예가 약 3천, 연기 계약 봉직자가 약 1만 2천이었는데 이 속에는 흑인도 다수가 포함되어 있었다. 그들은 계약 기간이 끝나는대로 자유인이 되었다. 이 무렵부터는 싸움에서 사로잡힌 인디안이 노예로 되는 수도 있었다. 따라서 앵글로아메리카의 경우는 흑인이라 해서 꼭 자유없는 노예였던 것은 아니고, 노예라 해서 모두 흑인이었던 것은 아니다.

그런데 1675년에서 78년에 걸쳐, 정치 권력에 구애받지 않으려는 플랜터와 일반 프리호울더가 손잡고, 영국왕이 파견한 총독 및 이와 결탁한 특권적 플랜터를 상대로 한「베이컨의 반란」은 플랜터 사이의 생산 경쟁과 함께 버어지니아의 흑인 노예제를 대폭 확장시키는 역할을 했다.

이 반란을 통해서 플랜터들이 이런 좋지 못한 경험을 한 때문이었다. 즉 자유인이 될 가능성이 있는 연기 계약 봉직자나 한때 연기 계약 봉직자였다가 자유스런 프리호울더가 된 소농민보다는 평생 자유인이 될 가능성이 없는 흑인 노예가 훨씬 더 안전하다는 것이었다. 게다가 1681년에는 중부에 펜실베이니아가 건설되자 남부를 떠나는 사람들이 많아져서 남부의 사우드캐롤라이나 같은 곳에서는 노동력이 부족해서 쩔쩔매게까지 되었다.

이런 이유들 때문에 1680년 대부터 흑인 노예제가 남부에서 광범하게 채용되어 18세기에는 연기 계약 봉직자와 흑인 노예의 수효가 거의 비슷해졌다. 즉 독립될 무렵에는 흑인 노예가 남부 인구의 40%, 13개 식민지 인구 전체의 20%나 됐고, 연기 계약 봉직자는 중부에나 있었다. 그들 흑인 노예는 담배, 쌀, 인디고, 목화, 사탕, 대마, 석탄 따위의 생산이나 산출에 이용되고 자본주의는 그 사이에 현저히 진전을 보였다. 하지만 다른 한편에서는 이런 전근대적 사회 제도가 자본주의의 발달을 저해하고 있었다. 남북 전쟁은 바로 이런 경제적 사정을 그 배경으로 하고 일어난다.

(다) 인디안과의 충돌

17세기에 접어들어 존 스미드 일행 1백 5명이 처음 버어지니아에 닿았을 때 수십 명의 인디안이 커누우에 타고 나타났다. 하지만 놀랜 식민자들이 잠을 깨어 부산을 떨자 인디안들은 그냥 사라졌다. 얼마 후 이번에는 정장을 갖춘 인디안 사자(使者) 2명이 나타나서 자기네 추장이 곧 찾아올 것이라고 간단히 알린 뒤 사라졌다. 다시 5일 뒤, 문제의 추장은 활을 든 인디안 1백여 명을 거느리고 와서 식민자들의 무기를 둘러보더니 화를 내며 사라졌다. 그 이튿날 식민자 몇 사람이 근처의 인디안 부락을 찾아갔지만 인디안들이 모두 달아나므로 담배만을 주워 물고 돌아왔다. 이때까지도 식민자들은 문제의 인디안이

우호적인지 적의를 품고 있는지 전혀 몰랐다 한다. 이로 미루어 보면 앵글로아메리카에서는 17세기로 접어들기까지 백인과 인디안 사이에 어떤 구체적인 접촉도 없었던 것 같다.

며칠 후 27세의 군인 출신인 존 스미드는 동료 12명과 함께 제임즈 강을 커누우로 60마일쯤 거슬러 올라가서 한 인디안 부족과 접촉, 제법 후대를 받았다. 하지만 그들이 제임즈타운에 돌아가 보니, 그 사이 다른 인디안 4백여 명의 기습을 받아서 식민자 1명이 죽고 여럿이 부상당해 있었다. 놀랜 식민자들은 이때부터 한동안은 인디안과의 접촉을 피했다.

그러나 그 해 가을 식량이 떨어지자 식민자들은 인디안한테서 옥수수나마 좀 얻어 보려고 다시 그들과의 접촉을 시도했다. 그러나 식민자들은 인디안에게 발견될 때마다 습격당하고 희생자가 날로 늘었다. 이것이 지금 미국 영화나 소설에서 흔히 보이는 인디안 전쟁의 시작이다. 그것은 배타적인 인디안과, 이 인디안들의 토지에 식민하려는 백인 사이의 불가피한 충돌이었다.

(라) 인디안 추방

1622년 버어지니아에서 처음으로 대규모의 인디안 전쟁이 일어났다. 식민자 수천 명 가운데서 10%에 해당하는 3백 명이 한꺼 번에 살해되었을 정도다. 여기서는 1641년과 76년에도 인디안 전쟁이 대규모로 전개되었다. 북쪽의 뉴우잉글랜드에서는 1637년과 1675~76년 사이에 인디안 전쟁이 일어났다. 이때에 뉴우잉글랜드에서는 인디안 세력이 철저히 분쇄되었다. 당시의 인디안 전쟁에서는 오히려 인디안쪽이 더 적었고, 수많은 오합지졸의 인디안을 상대로 용감하게 싸우는 영웅적인 백인의 모습은 별로 없었다는 사실이다.

실제로 인디안은 대개 게릴라식인데 반해 식민자들 쪽이 조직적, 대규모적이었다. 예컨대 미시시피 동쪽의 인디안 집단 가운데 가장 큰 것이었다는 이로콰이족의 연합에서도 인디안 측은 남녀노소를 모두 합쳐 1만 명을 좀 넘었을 뿐이다.

식민지 시대의 인디안 전쟁 가운데서 대규모적이었던 다른 두 케이스는 1760년~62년 사우드캐롤라이나에서 전개된 전쟁과, 1763년 남부에서 전개된 전쟁이었다. 그 중 63년의 인디안 전쟁은 흔히 「폰티악 전쟁」이라고 불리는데 웃타와족의 추장 폰티악이 리이드했던 이 전쟁은 펜실베이니아, 메릴랜드, 버어지니아 등 중부와 남부를 거의 다 휩쓸었다. 그러나 결과는 항상 병력의 규모도 장비도 우세했던 식민자들의 승리로 끝나고 독립 전쟁이 일어날 무렵에는 앨리게니 산맥 동쪽의 10개 식민지에 인디안이 하나도 남아 있지 못했다 한다. 이 때문에 인디안 전쟁의 제2무대는 미시시피 서쪽으로 바뀌게 된다.

이렇게 인디안은 백인에게 패퇴하여 산속으로 쫓겨나게 된다.

2) 반영(反英) 자립운동

대영제국은 몇 차례 식민 전쟁으로 하여 엄청난 재정 부채를 안고 있었다.

이같은 국가 재정의 위기를 극복하기 위해서 식민지 정책을 강화하고 새로운 식민지에 대해 규제를 가하기 시작한다. 식민지로부터 한 푼이라도 더 뜯어내려는 정책이었다.

그것은 인지(印紙) 조례라는 명목으로 관세수입을 늘리기 위한 각종 규제를 강화했던 것이다.

(가) 최초의 반영투쟁

초기의 반영 투쟁에서 가장 극적이었던 것은 인지(印紙) 조례 (1765년)에 대한 반대였다. 식민지 측에서 볼 때, 항구에서 징수하는 관세는 그런대로 참을 수 있었지만 이 인지 조례는 그야말로 공공연한 수탈로 생각되었던 것이다.

인지 조례는 원래 본국에서 17세기 말 윌리엄 3세 때부터 실시되고 식민지에서도 지방에 따라서는 지방 의회의 승인에 의해 이미 1765년 이전부터 인지세가 징수된 곳이 있었다. 하지만 이번은 사정이 좀 달랐다. 왜냐하면 1765년 인지 조례는 식민지 전체에 관한 것인 데다가 식민지 의회의 의사를 공공연히 무시한 것이기 때문이었다.

그러므로 이 인지 조례에 관한 반대 투쟁에서는 뒤에 왕당파로 몰려 망명하고 만 보수적인 사람들까지 민중편에 가담하고 있었다. 실제로 그들의 일부라고 봐야 할 부유한 상인들이 대영(對英) 보이코트를 결의하고 민중 운동에 가담하자 데모나 폭동은 북부의 뉴우햄프셔에서 남부의 버어지니아에 이르기까지 13개 식민지 전역에서 수없이 반복되었다.

그뿐만이 아니다. 1765년 5월, 버어지니아 의회에서 정식으로 본국 의회에 도전, 이론적 충돌을 벌이게 됐다. 내용은 ① 식민지인은 영국인과 똑같은 권리를 향유한다. ② 의회를 무시하면서 과세하지는 않는 것이 영국 헌정의 기본 입장이므로 버어지니아인들에게 과세할 수 있는 기구는 버어지니아 의회뿐이다. ③ 버어지니아인들은 외부의 어떤 법률이나 명령이 지시하는 과세에 복종해선 안 된다 하는 것이었다.

버어지니아 의회에서 그 결의안이 제출될 무렵 북쪽의 매사추세츠 의회에서는 웅변가로 유명한 제임스 오티스가 13개 식민지의 연합 회의를 제안했다. 이 제안이 통과되자 그 해 10월에 개최될 예정이던 인지 조례 회의에 대표를 파견해 달라는 초청장이 각 식민지에 발송되었다. 그 결과 9개 식민지 대표들이 모인 인지 조례 회의에서는 패트릭 헨리의 제안대로「의회의 동의없이 과세할 수가 없다」는 원칙을 채택하여 문제의 인지 조례 반대 투쟁이 13개 식민지 의회 대부분의 의사임을 과시했다.

(나) 바이 아메리칸운동

사태가 심각해지자 본국에서는 1766년 문제의 인지 조례를 철회하더니 같은 날「선언 조례」를 제정했다. 영국 정부에서는 인지 조례를 철회하면서도 사실은 식민지 측에 조금도 양보하지 않는다는 것을 그「선언 조례」에서 보여 주고 있었다. 과연 1년 뒤에는 영국의 재상 타운센드가 앞장서서 몇 가지의 식민지 규제법을 가결시켰는데 이에 의해 관세 수입을 식민지 방위비 및 식민지의 영국 관리에 대한 봉급으로 지출하게 되었고, 또 해관(海關) 제도와 해사(海事) 재판소를 확충함으로써 식민지 자치의 원칙에 큰 타격을 주었다.

격분한 식민지 측에서는 영국 제품 불수입 협정이라는 것을 맺고, 단합해서 반발했다. 하지만 본국의 제품을 보이코트하는 것은 이미 식민지 측의 상투적인 저항 수단이었고 영국 정부에서는 전과 다름 없이 식민지 규제법의 강제 집행을 생각하고 있었다. 그러므로 식민지 측에서 새로운 투쟁 방안을 생각해 내어야 했다.

문제의 바이 아메리칸 운동은 또 자급자족을 목표로 삼고 있었다. 그것은 물론 대영 제국을 위한 자급자족이 아니라 식민지의 경제적 독립을 위한 것이었다. 그리고 이 목적을 달성하기 위해서 「애국자」임을 자처한 사람들이 대륙의 농업, 광업 자원을 적극 개발하기 시작하고 또 제조 공업을 일으켰다.

북부와 중부의 상인들도 자본을 총동원해서 방적공장 건설을 지원하고 기술자들을 해외에서 구해 왔다. 심지어는 남부에서도 토지의 고갈이나 노예 가격의 상승 때문에 이익이 줄어서 고민하던 프랜터들이 이 기회에 제조 공업에 손대기 시작했다.

식민지 시대 말기에 섬유 공업과 제화업(製靴業) 등이 별안간 공장제 수공업 단계로 비약한 것은 반영 투쟁이라는 역사적 사정 때문이었다.

(다) 견디기 어려운 조례

영국 정부에서는 식민지의 제조공업이 크게 발달하는 것을 두려워할 수밖에 없었다.

이리하여 보스턴 시민 내지 13개 식민지 전체에 대한 규제를 강화하기 위해서 강압적인 조례를 만든다. 일종의 보복조치 같은 이 조례가 1774년 4월에 마련되었는데 이는 견디기 어려운 조례로 불리워졌다.

그 내용을 보면

1. 보스턴항 폐쇄 조례 : 보스턴 시민이 티이 파아티에 의해서 동인도회사에 끼친 손해를 보상하기까지 보스턴항을 폐쇄한다.

2. 매사추세츠 통치 조례 : 매사추세츠에는 영국왕이 임명한 참의원을 파견하고 통신 위원회의 활동을 규제한다.
3. 매사추세츠 재판 조례 : 피고를 증인과 함께 본국이나 다른 식민지에 보내서 재판해도 무방하다.
4. 매사추세츠 군대 숙영 조례 : 과거의 군대 숙영 조례를 부활시키는 동시에 잠정적으로나마 군사 정권을 수립한다.
5. 퀴백 조례 : 퀴백의 영역을 확장해서「인디안 보류지」로 정하고 대의제도와 배심제도를 없애고 카톨릭을 허용하는 등 프랑스의 식민지 제도를 채용한다.

이런 새로운 조례들에 의해 보스턴을 포함한 매사추세츠 일대에는 군정이 실시되고 중부나 남부에서도 서부에 진출할 수 없게 되었다. 이때 영국왕 조오지 3세는「주사위는 던져졌다」하고 식민지에 대한 일시적인 승리를 기뻐했으나 반대로 식민지 측에서 역시 그에 못지 않은 중대한 결의를 보이고 있었다.

(라) 독립 선언
영국 정부에 대항하기 위해 식민지 협의회(혁명 정부)는 매사추세츠 콩코오드에 비밀리에 1775년 4월 군수물자를 수송하고 있었다.
영국 정부는 이 혁명 정부의 군수물자를 압수하기 위해 4월 18일 밤에 출동한다. 그러자 보스턴 노오드처어치의 탑에서는 그 정보를 재빨리 차알스 강가에 대기해 있던 폴 리비아라는 식민지 협의회 통신위원회에 불빛으로 통보했고 리비아는 즉시 말을 타고 콩코오드에 달려가서 위기를 알리고 식민지 민병들을 소집했다. 그리하여 비밀 무기를 압수하러 나선 영국군과 식민지 민병 사이에서는 먼저 보스턴 서북쪽 10마일 지점의 렉싱튼과 콩코오드에서 무력 충돌이 벌어지게 되었다. 이때 어디서 누가 먼저 발포했는가에 대해서는 자세히 알려지고 있지 않지만 당시의 전투가 미국의 독립 및 제1차 대영 제국의 해체를 재촉한 결정적인 사건이었던 것만은 사실이다.
그해 6월에는 독립 전쟁 최초의 대회전이라는 벙커힐의 싸움에서 장비도 훈련도 부족한 식민지 민병대가 유럽 최강의 영국 정규군을 격파했다. 이 패배는 당연히 대영 제국의 위신을 크게 손상시켰지만 영국 정부가 이때 타협이나 양보를 생각하지 않고 적극적인 무력 개입을 택했기 때문에 대영 제국은 곧장 내란 상태에 돌입한 셈이다. 그런데 벙커힐 싸움이 벌어지기 1개월 전(75년 5월) 식민지 측에서는 제2회 대륙 회의를 열고 「무력 저항의 이유와 필요의 선언」이란 결의문을 채택, 최악의 사태에 대처하려 했다. 하지만 이때에도 대륙 회의에서는 아직 독립을 결의하지는 않았다. 그러면서도 영국의 부당한 식민지 규제를 전면 거부하기 위한 이 싸움에서 이기기 위해 처음으로 아메리카 연합군을 조직하고 조오지 워싱턴을 그 사령관으로 임명하고 또 유럽 여러 나라와 독자적으로 외교 관계를 수립하기 위한 외교 사절의 파견 및 모든 투쟁에 필요한 지폐의 발행을 결의했다.

토머스 페인의 「커먼 센스」가 간행된 것은 워싱턴의 연합군이 영국 군사 정권의 본거지 보스턴을 포위한 1776년 1월 10일의 일이다. 이 조그마한 팜플렛은 반영 투쟁 이론의 클라이맥스에 해당하는 것으로 영국왕을 탄핵하는 동시에 「인간으로서의 권리」에 입각한 아메리카 공화국의 건설을 적극 제창하고 있었다. 이에 의해 대영 제국의 한 자유스런 자치령이기를 바라던 반영 투쟁은 돌변하여 식민지 독립 투쟁으로 비약했다.

6월 7일, 버어지니아 대표 리처드 헨리가 「식민지는 자유롭고 독립된 스테이트이어야 하고, 또 그럴 권리가 있다」하는 결의안을 제출했고, 3일 뒤 대륙 회의는 제퍼슨, 애덤즈, 리빙스턴, 로우저 셔어먼, 프랭클린 등 5명을 독립 선언 기초위원으로 임명했다. 그 중 초안을 작성한 것이 제퍼슨이고 애덤즈와 프랭클린이 뒷손질을 했다.

델라웨어 대표는 폭풍우 속을 밤새 달려서 7월 2일, 독립 선언에 대한 「아메리카 13개 연방의 만장일치」의 표결에 참가했다. 그것이 공포된 것은 7월 4일(지금의 미국 독립 기념일)이고, 그 선언문 속에서는 만인의 평등, 조물주가 부여하신 모든 인간의 권리가 강조되고 생명, 자유, 행복의 추구 역시 그 권리의 하나임을 강조했다.

3) 독립 전쟁

독립 선언서가 공포되기 전날, 영국군은 이미 강력한 증원 부대가 롱아일랜드에서 뉴요크로 진격하기 시작했고, 2개월 뒤에는 13연방의 정치적 중심지나 다름없던 뉴요크를 점령했다.

이 해 그믐께에는 대륙 회의가 메릴랜드의 볼티모어로 피난할 만큼 더욱 악화되었다.

이런 상황 속에서 독립 전쟁은 무려 8년이나 계속되었는데 정도의 차이는 있을 망정 13개의 스테이트 가운데서 전화를 겪지 않은 곳은 단 한 군데도 없다. 실제로 전선은 북부에서 중부를 거쳐 남부까지 이동해서 그 사이 중대한 결전이었다고 얘기되는 격전이 12회나 벌어졌고 독립군은 여러 번 전멸의 위기를 겪었다.

더구나 독립파와 왕당파로 나뉘어져 있었는데 왕당파는 거의 독립 전쟁을 거부했고 때때로 독립군을 위기에 빠뜨렸다.

1775년의 13연방 식민지 인구를 약 3백만으로 보고, 그 중 40%가 독립파였지만 그 40%에 해당하는 1백 20만 명의 5분의 1가량인 24만 명 정도가 전투에 참가할 수 있었다고 한다. 그러나 당시의 독립군 병력은 3~4만 명에 불과했다. 실제로 총사령관 워싱턴이 1775년에 장악했던 병력은 부상병들을 포함해도 1만 6천 명밖에 안 됐다. 반대로 영국군에 봉사한 사람은 4~5만 명이나 됐다.

그리하여 워싱턴은 주로 기습작전에서 승리하고 정면 충돌에서는 번번히 패배하고 말았다.

(가) 왕당파와 독립파

독립파는 완전 독립에 의해서 어떤 기회를 잡을 수 있었던 사람들이고 왕당파는 반대로 영국에 예속된 상태에서 이미 기회를 잡은 사람들이었다. 따라서 왕당파의 중심을 이룬 것은 총독, 관리 및 그 추종자들이었다. 특히 입법부의 상원이요 최고 재판소요 총독의 자문 기관이기도 했던 참의회(參議會)가 왕당파의 중추 구실을 했다. 실제로 13개 식민지 참의원의 2분의 1 내지 3분의 2라는 다수가 왕당파였는데 그들은 대개 영국 상인들의 자본을 빌려서 대지주나 대상인이 된 사람들이었다. 영국 국교회의 성직자들이나 그 추종자들도 왕당파였고 그밖에 영국 상인들의 자본에 의지하고 있던 상인들, 수공업자들, 플랜터들 가운데에도 왕당파가 적지 않았다.

반대로 독립파에는 영국과 직접적인 거래를 하지 않는 상업 자본가들, 중부의 대지주들, 남부의 플랜터들, 독립된 전문직을 가진 사람들 외에도 독립 국가의 건설에 관심이 많은 소상인, 프리호울더즈, 수공업체나 농장의 노동자들, 소장 법률가나 저널리스트 등이 많았다.

(나) 흑인 노예들 참전

독립 전쟁이 일어날 무렵 50만 명에 이른 흑인 노예들의 참전은 독립 전쟁의 승리에 큰 기여를 했다.

흑인들은 노예해방 운동을 식민지 독립운동에 결부시키고 독립군에 가담해서 싸웠기 때문이다.

흑인 병사들 속에는 흑인 여자들도 적지 않았다 한다. 특히 매사추세츠 제4연대의 흑인 여자군인 데보라 카네트는 17개월 간 군복을 입고 용감히 싸워서 공을 세웠고 매사추세츠 의회로부터 상장과 상금을 받기도 했다.

흑인 부대의 활약 가운데 가장 빛나는 것은 1779년 사배나 싸움에서 세운 공이다. 아메리카를 지원하고 있던 프랑스군 소속의 흑인 7백 명이 죽음을 무릅쓰고 영국군과 맞섰기 때문에 연합군 주력이 후퇴할 수 있었던 것이다.

이 싸움에서 프랑스군은 1천 1백 명 이상을 잃었다.

당시 독립군에 정식으로 편입된 흑인 병사는 약 5천 명이었고 그밖에 프랑스군이나 다른 반영(反英) 게릴라에 가담해서 활약한 숫자도 수천 명이었다.

(다) 프랑스의 참전

훈련, 장비, 숫자 등 모든 면에서 불리한 여건에다 식민지 전체 인구의 지원도 없는 독립군이 승리할 수 있었던 것은 여러 가지 원인이 있었다.

첫째가 독립 전쟁의 지리적 조건이다. 영국군은 3천 마일이나 되는 바다를 건너왔고, 또 1천 마일이나 되는 넓은 광야에서 싸워야 했다. 거기에다 독립군은 지휘체계나 전략이 부족했다 해도 언제 어디서나 조직될 수 있었다.

이처럼 지리적 조건과 영속성을 가진 독립군의 지구전이 승리의 원동력이 되었다 할 수 있지만 또 하나의 승인(勝因)은 프랑스의 참전이다.

프랑스는 1777년 가을 사라토가 싸움 때부터 이 전쟁에 뛰어들고 있었다. 그러니까 독립 전쟁은 아메리카와 프랑스 동맹이 영국에 대항하는 싸움으로 확대된 것이다.

원래 영국, 프랑스는 17세기 팔쯔 전쟁에서 19세기 초의 나폴레옹 전쟁에 이르기까지 두 나라 사이에 전개된 제2차 백년 전쟁의 일부였다. 이때 프랑스에서는 직접 참전하기 이전에도 독립군을 거의 공공연히 지원하면서 얼마 전 프렌치 인디안 전쟁 때에 잃은 영광과 모든 손실을 이 기회에 회복하려 했다. 그밖에 에스파니아와 네덜란드 역시 영국에 빼긴 것을 모두 회복하려고 반영 전선에 참가했고, 러시아와 프로이센 등지에서는 중립을 지켰다. 이런 유럽 여러 나라의 세력 균형 정책은 드디어 영국을 고립시켰고, 대영 제국의 굴복은 곧 13연방의 독립을 가능하게 했다.

(라) 초대 워싱턴 대통령

독립 전쟁이 진행 중이던 1777년 13개 식민지는 「연합규약」을 만들었고, 1781년에 효력이 발생한 이 규약에 따라 연합회의를 구성했다. 이것이 곧 합중국의 시초였다.

그러나 이때는 합중국의 기능이 국가로서의 권위를 갖추지는 못하다가 1787년 2월에 들어서야 비로소 강력한 중앙 정부의 필요성을 느끼고 합중국 헌법을 마련한다.

이 헌법에 의해서 간접선거가 실시되고 워싱턴이 대통령으로, 그리고 존 애덤즈가 부통령에 당선된다.

　미국 역사상 최초의 대통령 취임식이 행해진 것은 1789년 4월 30일, 합중국 수도 뉴요크의 월가에서였다.

　국부로 추앙되는 워싱턴은 버어지니아 의회 의원으로, 또 대륙회의 대표, 독립군 사령관을 거쳤던 인물이다.

　그는 독립 직후에 부하들이 그를 국왕으로 추대하려 했지만 그는 이를 거절하고 오직 공화정의 실현을 주장했다. 오늘날 미국의 국부로 추앙되는 것은 바로 그의 이러한 정신 때문인 것이다.

4) 합중국의 발전

　초대 워싱턴 대통령은 1796년 9월 17일 은퇴할 뜻을 밝히면서「이제 합중국은 내분에서 벗어나고 국외의 소요에 말려들지 말 것이며 세계 어느 나라와도 영원한 우호관계를 유지해야 한다」는 고별사를 남기고 떠난다. 제2대 대통령 존 애덤즈 시대에도 미국내 내분과 외환으로 소란했으나 영국과 관계는 조약에 의해서 다소 조정될 수 있었다. 그러나 프랑스나 국내의 연방파들과의 관계는 더욱 악화돼 있었다.

　애덤즈 정부의 노력에도 보람이 없어 프랑스와는「선전 포고 없는 전쟁」의 상태에 놓이고 국내의 반대파와는 외인법(外人法)과 동란법(動亂法)을 에워싸고 대립해 있었다.

　외인법이란 것은 국내의 평화와 안녕을 저해하는 위험한 외국인을 국외로 추방할 수 있는 권한을 대통령에게 주려는 법률이고, 동란법이란 것은 대통령이나 정부의 명예를 훼손하는 문서를 발행하거나 반란을 선동하는 자들에 대한 처벌을 강화하려는 법률이었다. 애덤즈 대통령 자신은 이런 법률들을 이용해서 위험 인물을 추방한 일이 한 번도 없었지만 그런 법률을 제정, 공포한 것만으로도 치명적인 타격을 입었다.

　그리하여 1800년의 대통령 선거에서 반대파의 제퍼슨이 승리하고 새로이 건설된 워싱턴으로 수도를 옮기게 된 것이다.

(가) 루이지애나 매입

당시의 루이지애나는 지금과 달리 13개 주를 합친 광대한 지역으로서 로키 산맥과 미시시피강 사이에 위치한다. 이것이 에스파니아에서 나폴레옹한테 넘어간 것은 1800년의 일인데 당시의 나폴레옹은 루이지애나를 손에 넣고 이 곳을 기점으로 해서 장차 신세계에 대식민 제국을 건설할 생각을 가지고 있었다.

이때 앨리게니 산맥 서쪽에 진출한 합중국의 개척자들이 농산물을 동부에 가져가기 위해 애팔래치아 산맥을 넘느니보다는 미시시피강을 따라 뉴우오올리안즈에 가서 해로(海路)로 동부에 가는 것이 훨씬 더 편하고 비용도 덜 든다는 생각을 하고 미시시피와 뉴우오올리안즈의 확보를 정부에 요청했다. 서부 개척 및 농업 장려를 가장 중요시한 제퍼슨은 이 요청을 받아들여서「루이지애나」의 일부분에 불과한 뉴우오올리안즈 일대의 매수를 결심, 프랑스에 교섭을 했다. 그러자 나폴레옹은 영국과의 대결을 앞두고 프랑스 해군의 실력을 검토한 끝에 프랑스가 루이지애나를 끝내 지켜낼 수는 없다는 것을 깨닫고 루이지애나를 영국에 뺏기느니보다는 차라리 미국에 팔아서 돈도 벌고 미국의 환심도 사 두기로 했다. 그러므로 나폴레옹이 팔겠다고 내놓은 것은 뉴우오올리안즈 부근만이 아니고 당시의 루이지애나 전체였다.

이때 제퍼슨은 루이지애나 전체를 매수할 권한이 자기에게 없어서 잠시 주저했으나 예상 외로 루이지애나 전체의 매수를 원하므로 1803년 1천 5백만 달러를 내고 82만 8천 평방 마일의 토지를 매수했다.

(나) 2차 독립 전쟁과 국가(國歌)

1812년 합중국은 영국의 간섭을 물리치기 위한 제2차 선전포고를 한다. 이때 합중국은 14년까지 정규군 5만, 지원병 1만, 국민병 45만을 동원했고, 영국은 가장 많은 때라야 1만 7천밖에 안 됐다. 그런데도 합중국은 14년 8월 24일 수도 워싱턴을 영국군 2백 명한테 뺏기면서 그 날의 매디슨 대통령 부처의 저녁 식사까지 영국군한테 뺏기는 수난을 당했다. 이때 워싱턴의 검사(檢事) 프랜시스 스코트 케이가 영국군한테 사로잡혀 가서, 9월 13일 밤에 볼티모어 공방전을 영국 군함 위에서 구경하고 석방된 뒤, 그날밤 볼티모어의 요새 위에서 아름답게 휘날리던 성조기를 「스타아 스팽글드 배너」란 시로 노래했다.

 이것은 곧 합중국에서 널리 애창되다가 1931년 의회의 결의에 의해 합중국 국가로 되지만 합중국의 전쟁사에서 가장 악평을 받은 것이 이 제2차 영미 전쟁이다.

 이 전쟁 이후 영국과의 관계는 대체로 우호적이었고 합중국 독자적 국토개발도 원활해졌다.

 (다) 눈부신 산업발전
 제2차 독립 전쟁은 또 동부의 공업화를 적극 추진했다는 점에서도 획기적인 것이었다.

 그 중에서도 가장 눈부시게 발전한 것이 직물이었다. 그때까지는 주로 조선업에 투자하던 뉴우잉글랜드 상인들이 출항 정지라는 긴급 조치 및 전쟁이라는 비상 사태 속에서 방향을 바꾸어 직물 공업에 투자한 것이 그 변화의 중요한 원인이기도 하지만 또 하나의 원인은 국내 수요가 급격히 증가되자 자주적인 토착의 소 자본가가 많이 생겨났다는데 있다.

 그 결과 1804년에는 겨우 4개뿐이던 방적 공장이 1809년에는 15개, 방추수(紡錘數) 8천 대로 늘고, 11년에는 방추수 8만 7천 대, 15년에는 13만 대로 늘었다. 원면(原綿) 소비량도 1800년에 5백 섬이던 것이 1805년에 1천 섬, 10년에 1만 섬, 15년에 9만 섬으로 늘었다. 15년 직물 공업에 투자된 자본은 모두 5천 만 달러, 이 무렵 합중국 내지 세계 최대의 대규모적 방적공장이 매사추세츠에 세워졌다.

 이런 공업의 발달은 당연히 내륙 교통의 개선을 요구했다. 이 요구에 의해 유일한 유료 도로이던 캄버얼랜드 도로가 1811년부터 17년간에 걸쳐 일리노이의 호이링까지 연장되고, 이리(Erie) 운하가 1817년에 착공돼서 8년 뒤에 개통됐다.

이에 의해 뉴요크는 갑자기 5대호 지방의 광대한 히터랜드를 관장하는 합중국 제1의 대항구가 되었다.

또한 증기선은 1807년 로버트 풀턴에 의해 허드슨강을 항해하게 되었고, 1830년에는 증기 기관차가 오하이오와, 볼티모어 사이를 달리게 되었으며, 1836년에는 모오스에 의하여 전신(電信)이 발명되었다.

전쟁 뒤에 국가 재정을 재건하기 위해서는 워싱턴 시대처럼 국립은행이 설치되었다. 이런 정책 전환 속에서 제퍼슨식의 농본주의는 몰락하고 새로운 페드럴리즘(중앙 집권적 연방주의)이 대두했다. 이 새로운 페드럴리즘의 대외적 표현을 먼로주의라고 부른다.

(라) 영토확장

1840년 대에는 합중국 영토확장의 역사에서 그 절정을 이루고 있다. 이때 텍사스와 캘리포니아를 병합하게 된 것이다.

당시의 텍사스는 또 물물교환의 형식에 의해서 멕시코 사람들로부터 은이나 모피를 헐값에 살 수 있는 미개지이기도 했으므로 불과 10년 만에 그 곳 식민자의 수효는 2만 명이나 됐다. 이때 멕시코 정부는 외세의 침투를 꺼린 나머지 텍사스에 군대를 파견, 백인이 그 이상 이주하지 못하게 하고 또 텍사스 식민지의 허가도 취소해버렸다.

백인 지도자 새뮤얼 휴스턴은 1835년 멕시코 정부의 조치에 반대하며 텍사스 임시 정부를 수립하고 합중국에 병합하기로 결의했다.

분격한 멕시코 정부는 36년 3월 6천 병력을 파견, 산안토니오의 알라모 요새를 3차에 걸쳐 공격해서 1천 5백여 명을 잃고, 그 요새의 백인 1백 87명(1백 82명이었다는 얘기도 있음)을 전멸시켰다.

이에 의해 텍사스의 백인 전체가 휴스턴 밑에서 일치 단결, 그해 4월에는 멕시코 군대를 격파하고 독립한 텍사스 공화국의 대통령에 휴스턴을 선출했다.

이 텍사스가 합중국에 강제로 합병된 것은 1845년의 일이지만,「알라모의 정신」이니 독립국이었던「텍사스 공화국」이니 하는 것은 지금도 텍사스 사람들이 가장 자랑삼는 것이고, 제2차 대전이 끝났을 때에는 텍사스의 한 신문에서 「일본은 텍사스 및 다른 47개 주에 항복했다」고 썼을 만큼 독립 자존의 정신이 강하다 한다.

합중국이 멕시코한테서 두 번째로 뺏은 지역은 캘리포니아다. 처음 이 지역에 진출해서 샌프란시스코를 건설한 것은 에스파니아 사람들이지만 멕시코가 독립한 뒤 합중국 사람들이 드나들면서, 1846년에는 이미 1천 2백여 명의 합중국 사람들이 그곳에 이주해 있었다.

합중국은 그것을 1846년 5월부터 3년간 전개된 멕시코 전쟁에 의해서 강제로 빼앗았다.

5) 남북 전쟁

1820년부터 합중국은 지역의 특성에 따라 북부, 남부, 서부의 세 구역으로 나뉘어지고 지역간 대립의 양상이 나타난다.

특히 남부는 18세기 중엽까지 담배 재배가 주산이었으나 영국의 산업 혁명 이후 면화 수요가 늘어나자 면화 재배가 주산물이 되었다. 그런데다가 합중국에서도 면조기(綿繰機)가 발명되어 더욱 면화의 수요가 늘어나게 된다.

1820년 대부터는 더욱 면화 재배자가 늘어나 비옥한 땅에서부터 서부까지 급속히 확대되어 그야말로 남부는 면화의 왕국이나 다름없었다.

그 사이 북부에서는 목면(木綿)공업, 철공업, 기계공업 등이 발달한다.

또한 서부의 새로운 자유사회에서는 광업이 발달하고 비옥한 토지에서는 주로 밀이나 옥수수 재배가 성행했다.

이처럼 산업 부분에서 특성이 다른 세 지역은 이해가 엇갈려 사사건건 대립하게 되었다.

특히 남부지역 광대한 면화산지에서는 흑인 노예들에 의한 생산활동이 이루어지고 있었는데, 이 무렵 북부에서 노예제 폐지운동이 일어나자 남부에서는 공공연히 분노를 느꼈고 이 두 지역의 대립은 갈수록 악화되었다.

노예제 폐지운동은 1830년 대 이후 급진적으로 확대되어 즉시 폐지를 주장하는 출판물을 만들어 배포하고 마침내 노예제 반대협회를 조직한다.

이 조직도 급진적 확대가 이루어져 1840년에는 지방의 지부만도 2천 개가 넘었고 그 회원도 20만이었다. 이때부터 노예제 폐지운동은 여론이나 청원의 형태를 벗어나 직접 행동으로 나타나기 시작한다.

이들은 1840년 자유당을 조직하고 노예제 폐지론자 제임스 버어니를 그해 대통령 선거에서 후보로 내세우기도 했다. 이처럼 노예제 폐지는 완전히 정치 문제화 되었다.

(가) 남북 대립의 격화

멕시코 전쟁 후 새로 합중국에 편입된 남부지역에서 노예제 실시를 강력히 원하자 북부에서는 어떤 새로운 영토에서도 노예제는 실시하지 못한다고 정면으로 반대했다.

노예제를 에워싼 남북의 대립을 더욱 격화시킨 것은 캘리포니아의 연방 편입 문제가 일어났을 때부터이다. 이때까지는 자유주와 노예주가 각각 15개 씩이었으므로 남북간의 정치적 균형이 유지되고 있었는데 캘리포니아가 자유주로 되면 북부의 입장이 강화되기 때문이었다. 그러므로 사우드캐롤라이나 출신 캘훈은 어떻게든 남부가 열세에 놓이지 않게 하려고 말 그대로 분발했다. 그의 노력에 의해서 캘리포니아가 만약 자유주가 될 때에는 남부 15개 주가 연방에서 탈퇴한다는 강경한 주장이 생겨났다.

유명한 「1850년의 타협」이란 것은 남부 15개 주가 탈퇴할 뻔한 이 위기에 성립한 것으로 「실업가의 평화」라고 불리우기도 한다.

주요 내용은

1. 캘리포니아를 자유주의 하나로 연방에 편입시킨다.
2. 서부의 새로운 영토에서는 노예제의 채택 여부를 주민 투표에 의해서 결정하고 연방 회의는 간여하지 않기로 한다.
3. 도망 노예 취체법을 전국적으로 강화한다.

하는 것이었다. 하지만 이것도 잠정적인 수습책이지 근본적인 해결책은 못 되었다.

(나) 연방의회 내의 폭력다툼

1850년 도망 노예 취체법이 강화된 뒤에는 북부에서 반대의 감정이 더욱 고조돼서 일반인들이 거의 공공연히 노예의 도망을 돕는「지하 철도 운동」이 격화됐다.

이것은 1810년 대에 시작된 비밀 운동인데, 남부에서 도망친 흑인 노예를 도와주어 북부나 서부의 자유주 또는 캐나다에 가서 자유롭게 살도록 보살펴 주는 것이었다.

1854년에는 북부 민주당의 지도자이던 일리노이 출신 다글러스가「캔사스 네브래스카 법안」을 제출, 노예제를 에워싼 논쟁을 더욱 격화시켰다.「남부적 북부 사람」으로 알려진 다글러스는 대통령이 될 생각을 가진 야심가였는데 남부와 서부를 결합시켜 자기의 정치적 기반으로 삼으려 애쓰고 있었다.

그는 우선 문제의「캔자스 네브래스카 법안」에 의해서 장차 캔자스와 네브래스카를 연방에 편입시킬 때, 이 두 곳의 주민들 자신이 노예제를 취사선택하게 하려 했다. 연방 의회는 그 해 3월 격론을 거듭하다가 그 법안을 가결했는데 이것을 못마땅하게 여긴 북부 사람들이 남부에 정식으로 도전하기 위해 이때에 갑자기 결성한 것이 공화당이다.

56년 5월 19일 노예제 확대를 적극 반대한 차알스 삼너가 연방 의회의 상원에서「캔자스에 대한 범죄」라는 연설을 하여 남부 출신 의원들을 심하게 욕했다.

이에 분격한 남부의 사우드캐롤라이나 출신 하원 의원 프레스튼 브룩스가 2일 뒤 상원 회의장에 들어가서 의석에 앉아 있던 삼너에게 험악한 욕설을 퍼부으며 지팡이로 갈겨 무려 5년 간의 정양을 요하는 중상을 입혔다.

남부 사람들은 이 폭력의 행사를「찬양」해 마지않았으나 북부 사람들은 그것을 노예제가 낳은 야만 행위라고 비난하였다.

(다) 링컨의 연방 옹호

링컨은 켄터키의 변경에서 가난한 농부의 아들로 태어나 학교 교육을 받지는 못하고 독학했다. 15세 때부터 정치적 집회에 나가서 연설하고, 1834년 25세 때에는 휘그당 소속으로 일리노이 하원 의원에 당선됐고, 46년에는 연방 하원 의원에 당선됐다.

1850년 대 초에 변호사로 활동하다가 54년 정계에 복귀했을 때 「캔자스 네브래스카 법안」이 통과되고, 휘그당이 해산하고 공화당이 조직되었다. 이때에야 링컨은 공식적으로 노예제를 반대했다. 하지만 노예제의 폐지까지 주장한 것은 아니고 극단적인 폐지론자들과 흑인 공포증에 사로잡힌 많은 백인들 사이의 대립 감정을 조정하기 위한 방책의 하나로 노예제의 확대만을 반대한 것이었다.

1858년, 연방 상원의 의석을 놓고 다글러스와 다툴 때, 링컨은 이렇게 말하고 있었다.

『합중국 정부가 절반은 노예주, 절반은 자유주란 상태로 영구히 유지되어서는 안 된다. 내가 바라는 것은 이 연방이 이상 더 두 조각으로 나뉘어 싸우진 않아야 한다는 것이다.』

이처럼 링컨은 노예제 문제로 연방을 깨뜨려선 안 된다는 국가 제1주의의 입장에 서 있었다. 이 해 링컨은 다글러스한테 패했지만 그 선거인 중에 갑자기 국가적 거물로 클로즈업되어 장차 대통령에 오를 길이 트였던 것이다.

(라) 남부 7개주 연방 이탈

그로부터 1년 뒤, 1859년 10월 존 브라운 일당이 이번에는 하아퍼즈 페리의 병기고를 습격, 남부 흑인들의 무장 봉기를 도와주려 한 사건이 일어나서, 세상을 놀라게 했다. 극단적인 애벌리셔니스트이던 존 브라운의 행동을 이번에는 북부에서도 적지 않게 비난했다. 이러다간 합중국이 정말 두 조각 세 조각이 나지 않는가 하고 모두 국가의 장래를 암담하게 생각할 때, 공화당에서 1860년의 대통령 선거에 링컨을 입후보시켰다.

때마침 반대파의 민주당이 남북으로 갈려서 대통령 후보도 따로따로 내세워 저희끼리 싸웠기 때문에 선거 결과는 링컨의 승리로 끝났다.

그 순간 링컨이 가장 염려하던 비상 사태가 벌어졌다. 남부의 사우드캐롤라이나 등 7개주가 연방에서 이탈, 이듬해 2월 앨라배마의 몽고메리에서 아메리카 연합국을 결성하고 제퍼슨 데이비스를 남부 대통령으로 내세웠던 것이다.

당시 남북간에 전개된 논쟁은 「합주국」이냐 「합중국」이냐 하는 것이다. 남부에서는 「합중국」이란 연방은 주와 주의 결합에 불과하다. 따라서 각 주는 필요에 따라 연방에서 이탈, 독립된 국가를 세울 수 있다고 했다. 반대로 북부에선 헌법 전문에 「우리들 합중국의 인민」으로 얘기되어 있고 그 헌법은 인민과 인민 사이의 계약이지 결코 주와 주 사이의 계약은 아니다. 따라서 주는 연방에서 이탈할 수 없다고 주장했지만 7개 주가 먼저 이탈을 선언하게 된 것이다.

(마) 남·북군의 첫 싸움

1861년 3월 4일 합중국의 제16대 대통령에 취임한 링컨은 그의 취임 연설에서 국가 제1주의자답게 연방을 가장 오랜 것으로 얘기하고 어떤 주도 이 연방에서 이탈할 수는 없다고 북부의 주장에 동조하여 남부에서 양보하기를 원했다. 하지만 「아메리카 연합국」이라고 주장하는 남부 연합에서는 그들의 「독립을 위해」 전쟁을 준비하고 있었다. 그러자 61년 2월 하순까지 아직 몰수되지 않은 사우드캐롤라이나와 플로리다의 몇몇 요새 가운데 가장 중요한 사우드캐롤라이나의 차알스튼항 소재 삼터 요새 지휘자 앤더슨 소령이 2월 28일, 육군성에 편지를 보내 식량 및 2만 병력의 긴급 증파를 요청하였다. 이것이 링컨한테 알려진 것은 취임 이튿날, 3월 5일이었다.

고민하던 링컨은 「어느 한 곳에서 물러서면 결과적으로 다른 데서도 물러나고 말 것이다」하는 결론을 내리고 4월 6일, 증원군의 출동을 명령하고 남부 연합의 사우드캐롤라이나 주지사에게 곧 이렇게 알렸다.

『삼터 요새에는 양식만을 보낼 생각이다. 그리고 양식을 보내는 일이 아무 방해도 받지 않는 한, 사전 통고없이 병력이나 무기를 보내는 일은 없을 것이다.』

링컨의 이와 같은 조치는 삼터 요새를 구제해서 연방 정부의 위신을 지키는 동시에 남부와의 무력 충돌도 피하기 위한 현명한 것임이 분명했지만 입장을 바꾸어 남부에서 생각할 때에는 삼터 요새를 내놓으라는 남부 연합의 요구를 정식으로 거부하는 무력 시위의 하나로 생각되었을 뿐이다. 남부도 고민했다. 자 전쟁이냐, 굴복이냐. 링컨의 통보를 놓고 남부 연합의 데이비스 정부는 이틀간 의논했다. 결론은 전쟁이었다. 4월 10일, 남군은 일단 삼터 요새의 연방군에게 항복을 권고했다가, 12일에 포격을 개시, 13일에 점령했다. 이것이 남군과 북군의 첫 싸움이다.

(바) 초반의 남군 우세

삼터 요새가 함락되었다는 소식이 북부에 전해지자, 링컨 정부는 전쟁을 결의하고 즉시 의용군을 모집하기 시작했다. 반대로 남부에서는 버어지니아, 아아칸소, 노오드캐롤라이나, 테네시 4개 주가 연방을 이탈, 남부 연합에 가담했다.

당시 남북의 전력을 비교해 보면 물적 자원, 공업력, 인구 등 여러 가지 면에서 북부가 단연 우세했다. 우선 인구를 보면 북부 23주는 2천 3백만, 남부 11주는 9백만인데, 남부의 경우 그 중 4백만은 충성이 의문스런 흑인들이었다. 그러나 북부는 무기, 탄약, 의료 등을 충분히 공급할 수 있는 시설을 갖추고 있었고 남부는 군수 물자를 거의 다 외국에서 구입하지 않으면 안 되었다.

막상 전쟁이 벌어지자 북부에서는 해군을 총동원하여 남부의 해안을 철저히 봉쇄했다. 남부로선 유럽과의 통상을 완전 중단 당해 즉시 군수 물자의 부족을 느끼게 되었으나 전쟁이 일어나기 몇 달 전에 이미 준비한 것이 있었던 만큼 육전에서는 우선 유리한 입장에서 공격을 감행했고, 리이나 존스튼 같은 탁월한 군사 지휘관을 가지고 있기도 했다.

그들은 이미 61년 7월 위싱턴 서남방 30마일 지점의 불란강에서 북

군사령관 맥다윌의 3만 병력을 분쇄, 62년 8월 리이의 6만 병력이 메릴랜드를 공격했고, 63년에도 리이의 7만 5천 병력이 펜실베이니아를 위협했다.

(사) 게티스버그의 연설
이처럼 처음 전투에서는 남군이 우세한 듯했으나 북군의 조오지 미이드가 지휘한 8만 8천의 대군이 게티스버그에서 2일간의 격전 끝에 남군을 격파하면서 대세는 북군에게 유리해지고 있었다.
이 격전이 끝나면서 북군의 진격이 계속되었다. 전세는 시시각각 북군 승리쪽으로 기울고 있었다.
링컨의 유명한 연설「게티스버그 연설」은 그 전투가 행해진 4개월 후 전몰장병 위령제에서 행해졌다.
『87년 전, 우리들의 선조는 이 대륙에 새로운 국가를 수립했다. 이것은 자유의 정신에서 싹튼 것으로 모든 인간은 평등하게 창조되었다는 신조에 바친 것이었다.……』
이렇게 시작된 그 연설의 초고는 헌 봉투 위에 연필로 아무렇게나 씌어 있었는데 그 마지막 말이「인민의, 인민에 의한, 인민을 위한 정부」라는 것이었다.

(아) 북군의 승리
개전 초기 동부에서는 북군이 고전하고 있었으나 서부에서는 명장 그랜트가 지휘하는 북군이 싸울때마다 이겼다. 그들은 테네시를 거쳐 미시시피강을 따라 남부의 심장부에 육박했다. 그리고 63년 7월, 그랜트는 셔어먼의 부대와 함께 빅스버어그를 점령함으로써 미시시피강을 완전 장악하고 있었다.
그 때문에 남부는 63년 여름부터 두 조각으로 끊겼고, 동쪽은 서쪽에서 식량을 얻어 가지 못하게 되었다. 이 해 가을에 그랜트는 북군 총사령관에 임명되었고 이 무렵부터 동부에서도 전황은 북군에게 유리해졌다.
64년 봄, 그랜트 자신은 리치먼드를 향해 진격하며 셔어먼을 차탄 누가에서 조오지아의 애틀란타로 진격시켜 남군을 포위하려 했다. 셔어먼 측이 이때 거침없이 진격해서 포위 작전이 성공하자, 65년 초에는 당시의 조오지아 수도 사배나와 사우드캐롤라이나의 수도 콜럼비아가 점령되고 리치먼드의 점령도 시간 문제가 되었다.

4월 2일 남부 연합 정부는 리치먼드에서 철수했고, 이로부터 1주일 뒤 남군 총사령관 리이는 버어지니아의 아포마톡스에서 북군 총사령관 그랜트에게 항복하고 말았다.

(자) 노예해방

북군의 승리로 끝난 남북 전쟁은 노예해방을 위한 전쟁, 혹은 자유를 위한 전쟁으로 불리워진다.

어쨌든 이 전쟁은 미 합중국의 민주주의 역사속에서 가장 빛나는 역사의 장으로 미화되고, 또 링컨 대통령이 노예해방을 실현시킨 위대한 인물로 찬양되고 있다. 하지만 링컨 자신이 처음부터 노예해방을 부르짖고 남북 전쟁을 지도한 것이 아니라 연방의 분열을 막기 위한 전쟁이었다는 것은 앞에서도 밝혔다. 그러나 결국 노예해방을 선언하게 된다.

『1863년 1월 1일부터는 합중국에 반기를 든 어느 주나 그 주의 특정 지역내에서 노예였던 자 누구나 당일부터 즉시, 그리고 그 후 영원히 자유롭게 살게 한다.』

이 선언을 발표한 후에도 링컨은 다른 문서에서 이렇게 밝히고 있다.

『노예해방은 남부의 반란을 진압하는데 알맞고도 필요한 수단에 불과하다.』

어쨌든 노예해방 선언은 이제까지 오랫동안 사슬에 묶여 있던 4백만여 명의 노예에게 새로운 희망을 주고 남부의 사회 체제를 그 밑바닥에서부터 뒤엎고, 북부에서는 대통령을 중심으로 해서 모두 일치 단결하게 하고, 외부에서는 북부의 입장을 지지하게 하고, 그 결과는 거의 의외랄 만큼 전세를 유리하게 호전시켰다. 그리고 문제의 노예해방 선언은 65년 헌법 수정 제13조에 의해 재확인 된다.

11. 재편성되는 세계

(1) 유럽의 열강들

  절대주의 시대 이후 유럽은 저마다 자국의 주권과 영토, 그리고 근대국가로서의 특수한 성격을 가진 강국으로 발돋음하고 있었다. 이런 가운데 국가간에는 서로 균형과 견제 속에서 국제적 질서를 유지하기에 노력하고 있었다.

  인접한 어느 한 나라가 강력한 힘을 가지고 있어서 위협을 느낄 때에는 다른 나라들과 군사적 협력관계를 유지하여 강국에 정복당하지 않으려고 외교적 노력을 계속한다. 곧 힘의 균형을 유지하며 근대국가로서의 독립적 체제를 갖추는 유럽의 현실이었다.

  예를 든다면 스페인, 독일의 합스부르크가를 둘러싼 영국, 프랑스, 스웨덴 등의 결합, 그리고 루이 14세 시대의 프랑스를 둘러싼 영국, 오스트리아, 독일 제국, 네덜란드 등의 결합, 또 나폴레옹에 대한 대동맹(大同盟) 등이 그것이다.

1) 신생 독일의 발언권

  1866년, 오스트리아를 격파하고 독일연방을 조직하여 패권을 잡고 있던 프로이센은 다시 나폴레옹 3세의 프랑스를 무력으로 제압하여 중부 유럽에 강력한 통일 국민국가를 성립시켰다.

  그때까지 독일은 영방(領邦)이란 다수의 작은 나라로 나뉘어져 있었는데 그 중에서는 유럽 제일의 명문 합스부르크가 지배하는 오스트리아가 가장 강력하였다. 즉 동부 유럽의 오스트리아와 서부 유럽의 프랑스의 대항이 유럽의 견제와 균형의 핵심을 이루고 있었다. 그러나 독일 제국의 탄생으로 프로이센을 중심으로 한 새로운 강국이 프랑스, 오스트리아를 누르고 중앙 유럽에 군림하게 된 것이다.

  이리하여 1871년 이후 유럽에서는 새로 독일 제국과 이탈리아가 탄생하고 여기에 프랑스, 오스트리아가 끼어들어 많은 강국이 공존하게 되었다. 거기에 다시 동쪽의 러시아, 서쪽에 섬나라인 영국이 가세함으로써 유럽에는 바야흐로 복잡한 열강의 역학 관계가 정립되기에 이르렀다.

(가) 비스마르크의 교권정리

통일 제국의 재상이 된 비스마르크는 우선 서부와 남부의 독일인들이 가지고 있던 일반적인 반프로이센적 감정, 그 가톨릭주의, 지방분권주의 등을 다스리는 작업이 우선 급한 일이었다. 그와같은 관념들은 곧 비스마르크의 정치에 대해서 하나의 저항권을 펴고 있는 것과 다름이 없었다. 그리하여 비스마르크는 우선 종교와 교육을 정치로부터 분리하고 또한 가톨릭의 단체들을 독일화함으로써 국가 내부에 있는 종교적 특수 세력을 제거하려 하였다. 이같은 비스마르크의 가톨릭 세력에 대한 도전을 독일 역사에서는 「문화 투쟁」이라 부르고 있다.

그리하여 1871년 후반기부터 1875년에 걸쳐 각종의 반가톨릭적, 반교회적인 법안이 의회를 통과했다.

이들 법률에 의하여 우선 교회의 설교단을 정치적 목적을 위해 이용할 수 없게 하였고, 또 교육은 교회의 손에서 떠나 국가의 관리하에 들어가게 되었다. 제수이트 교단은 독일에서 추방되었고 교회와 교황청과의 관계는 정부의 감독을 받게 되었다. 그리고 독일의 대학에서 3년 이상을 수학한 독일인이 아니면 가톨릭의 사제가 될 수 없게 되었다.

(나) 자본주의 발전

전쟁 직후 독일에 찾아온 폭발적인 호경기는 그후 내리막 길을 걷기 시작하더니 1874년부터는 갑자기 침체기로 접어들기 시작하였다. 이같은 격심한 경기변동에 직면한 비스마르크는 민간 산업의 보호라는 관점에서나 또는 국가 재정의 필요에서 관세에 대해 주목을 하지 않을 수 없게 되었다. 이리하여 그의 정책은 돌변하였다. 이제까지의 자유방임주의에서 보호관세주의로 전환한 것이다. 그 결과가 다름 아닌 1878년의 정책 전환이며 이 해에 제정된 「비스마르크 관세」인 것이다. 이것은 공업 원료 이외의 수입품에는 관세를 부과시킨다는 내용으로서 그 세율은 해마다 증가하여 갔다.

그것은 결국 공업 원료의 수입을 자유롭게 하는 동시에 외국의 공업 제품을 될수록 제한하자는 의도에서 취해진 정책이기 때문에 국내의 제조업자, 산업자본가를 육성하는 결과를 가져왔다. 또한 외국에서 수입하는 농산물에도 관세를 부과하는 결과가 되어 농장주인 융커의 이익에도 도움이 되었던 것이다. 이같은 보호 관세에 의한 산업의 온상적인 보호 육성은 그 후의 독일 자본주의의 비약적 발전을 기약하게 한 원동력이 되었으며, 또한 1884년부터 착수되는 식민지 경영과 함께 독일 경제력을 비약시킨 토대가 되었던 것이다.

(다) 베를린 회의 주관

당시 유럽의 6대 강국이었던 영국, 오스트리아, 러시아, 터어키, 프랑스, 이탈리아의 대표들을 독일 제국의 베를린에 불러들여 국제 회의를 갖게한 것은 유럽의 판도를 결정하는 중대한 작전이었다.

물론 이 회의의 주관은 신생 독일의 재상 비스마르크였고 또한 평화를 위한 그의 정책의 일환이었다.

이것은 곧 러시아와 영국의 대결, 혹은 적대관계, 오스트리아의 반러시아, 러시아의 터어키 침공 등을 저지하는 데에 커다란 역할을 했으며 유럽 평화를 위한 중재자로서 비스마르크의 위상을 높였다.

뿐만 아니라 새로운 독일을 건설한 후 자국의 안전과 국제적 발언권을 높이는 데도 커다란 도움이 되었다.

또한 루마니아, 세르비아, 몬테니그로의 세 나라가 이 회의에서 각각 독립된 국가로 승인 받기도 했다.

그리고 그리이스에 대해서는 북방에 대한 확장이 약속되었는데 이 약속에 기초한 교섭이 그 후에도 계속되어 결국 그리이스는 1881년 넷살리아 지방을 획득하게 된다.

독일이 이 회의에서 직접적으로 얻은 것은 없으나 비스마르크는 유럽의 파국을 막은 평화의 기수로서의 지위를 확보했으며, 이후 1880년대의 국제관계를 자유자재로 조종하는 힘을 얻은 것이다.

2) 영국의 의회 정치

의회정치라 하면 곧 영국을 연상하게 한다. 그러나 이같은 정치가 확립된 것은 겨우 19세기 후반기에 들어서면서부터였다. 아직 그때는 노동당이 탄생하지 않은 때이며 보수당과 대립된 것은 자유당으로 이 자유당을 상징하는 사람이 곧 유명한 글래드스턴이었다.

그는 19세기 후반기의 27년 동안 네 번이나 내각을 조직했고, 13년 간이나 수상의 자리에 앉아 있었다. 그가 처음으로 내각을 조직한 것은 1868년이며 그후 제1차 세계대전으로 연립내각이 수립될 때까지 그가 영도한 자유당이 23년 간, 보수당이 23년 간 정권을 담당하였다.

이 숫자는 두 정당이 장기간에 걸쳐 얼마나 훌륭하게 균형을 유지했나 하는 것을 말하고 있다. 더구나 근 반세기에 걸쳐 탄생한 내각의 수는 겨우 12에 불과하며 한 내각의 재임 기간은 평균 3년 반 이상이나 된다. 이처럼 19세기 후반에는 보수, 자유의 두 정당이 균형을 유지하면서 서로 견제했을 뿐만 아니라 그들 내각의 반수 이상이 장기 집권한 안정된 정권이었다.

이와같이 영국의 의회정치는 견제와 균형을 이루면서 모범적으로 운영되어 갔거니와 특히 이 양대 정당 가운데서 보수당은 주로 영국의 국제적 지위 향상과 영국 영토의 국가적 단결에 노력을 집중했고 이에 반하여 자유당은 평화정책을 내세워 내정의 민주화에 노력했다.

그러면 먼저 자유당의 정책을 토대로 하여 영국의 발전 과정을 살펴보기로 하자.

(가) 선거법 개정

의회 정치가 참으로 국민 전체의 것이 되기 위해서는 무엇보다도 먼저 될수록 많은 사람이 선거에 참가하고 될수록 많은 사람의 이해가 정당에 의해 대표되고, 또한 될수록 많은 사람의 요구가 의회에 반영되도록 하지 않으면 안 된다. 이러한 점에서 1832년과 1867년에 시행된 선거법 개정은 영국 정치사상 획기적인 사실이 아닐 수 없다.

이 두 차례의 개정으로 도시에서는 대부분의 셋방살이하는 세대까지 포함한 세대주에게 선거권이 부여되었다. 그러나 농촌에서는 5파운드 이하의 가격에 상당한 토지 소유자나 일부 소작인에게는 여전히 선거권이 주어지지 않았었다.

그러다가 글래드스턴이 집권하자 1884년과 그 이듬해에 걸쳐 세 번째의 선거법 개정을 단행하여 이미 도시에서 시행되고 있던 세대주 선거권의 원칙을 농촌에까지 적용시켰다.

이리하여 도시에서나 농촌에서나 거의 모든 세대주가 선거권을 갖기에 이르렀던 것이다.

그리고 그 이듬해에는 선거구의 크기와 각 선거구에서 선출되는 대의원의 수를 합리적으로 조정하였다. 이것은 1830~40년대의 「국민헌장」에 표현된 「평등한 선거구」의 실정을 거의 실현한 결과를 가져왔다.

(나) 군대지휘권 개혁

19세기 중엽까지만 하더라도 영국의 육군은 아주 불합리하게 조직되어 있었다. 가령 보병과 기병은 국왕이 직접 임명한 장관의 지휘하에 있었는데 반하여 공병과 포병에 대한 지휘권은 의회가 쥐고 있었으며 포병의 무기나 위생, 경리 등에 관한 사항은 의회의 감독하에 있는 재무부가 관할하고 있는 형편이었다. 그리고 국왕이 임명하는 보병이나 기병의 장관은 말하자면 참모총장과 육군대신의 직무를 겸한 형태였으므로 이들의 중요한 직무나 권한은 결국 국왕의 수중에 있는 셈이었다.

이러한 군대 조직의 차질은 크리미아 전쟁에서 여실히 나타났다. 1854년 3월 영국은 이 전쟁에 참전했으나 영불 연합군은 그해 겨울이 되어도 여전히 세바스토폴리의 요새를 함락하지 못하였다. 이러한 사실이 「타임즈」에 보도되자 영국 국내에서는 작전의 실패, 군대 보급의 불완전, 병원 시설의 불비에 대한 맹렬한 공격이 일어나 그 결과 애버디인 내각은 총사직을 하고 말았다.

그에 대신하여 전시 내각을 조직한 것이 팔머스턴이었다. 그는 여론의 강력한 지지를 받으며 군제 개혁에 착수하였다.

강직한 팔머스턴은 군부의 집요한 저항을 받아가면서 그때까지 국왕 직속의 장관에 귀속되었던 사항과 재무부가 관장하던 사무를 모두 내각에 흡수하고 그것들을 새로 설치한 육군성의 관할하에 두었다. 이것이 근대적인 육군성의 시작이었다.

그러나 팔머스턴도 가장 중요한 것을 개혁하지 못했다. 그것은 통수권의 문제였다. 국왕이 임명하는 군대의 최고 장관은 참모총장이나 육군국장 같은 직무를 겸하고 있었으며 육군 대신과 대등한 지위를 차지하고 있었다.

이러한 어중간한 상태는 그 뒤에도 약 10년 간 계속되었다. 그러다가 1872년, 제1차 글래드스턴 내각이 들어서면서 군대의 최고 장관까지도 육군대신의 관할하에 두도록 제도가 개혁되었다. 여기에서 비로소 통수권을 포함한 군대의 모든 사항이 육군대신, 즉 의회의 권력하에 귀속되기에 이르렀던 것이다.

(다) 의회제도의 개편

10년에 걸친 보수당 정권 뒤에 1906년의 총선거에서 겨우 자유당이 승리하자 당내에서는 상원을 개혁해야 한다는 주장이 강력히 대두되었다.

자유당은 상원의 권한을 축소시킬 움직임을 보이다가 1910년 5월 의회 법안을 만들어 하원을 통과시켰다.

이 법안의 내용은 예산안에 대해서 상원은 부결권을 갖지 못하며 예산안 이외의 법안도 하원에서 세번 통과된 것은 상원이 부결하지 못한다는 것이었다.

상원이 이 법안에 대해서 반대의 태도를 취한 것은 말할 나위도 없다.

이에 정부는 새로운 귀족을 많이 배출시켜 이들로 상원의원을 삼겠다고 맞섰다. 이리하여 1911년에 의회법은 마침내 상원을 통과하게 되었다.

이 새로운 법률에 의해 상원은 입법부로서의 결정적 권한을 빼앗기고, 정치의 실권은 거의 하원으로 돌아가게 되었다. 이것은 영국 헌정사상 1832년의 선거법 개정 이래 최대의 사건이었다. 그리고 여기에 또한 정치적 민주화로 향한 영국인의 현명한 판단이 나타나고 있다.

(라) 식민지 회의 운영

19세기 중엽 자유주의의 황금시대였던 영국에서는 식민지의 분리 또는 포기라는 극단적인 주장이 일부에서 제창되어 이른바「소영국주의」가 표방될 정도로 식민지에 대한 열의를 상실하고 있었다.

그리하여 이같은 풍조와 식민지 자체의 성장에 따라 19세기 중반에는 몇몇 식민지가 각각 독립된 자치 체제를 갖게 되었다. 대영제국 내의 5대 자치 식민지라 불리는 캐나다, 뉴우펀들랜드, 오스트레일리아, 뉴우지일랜드, 남아프리카 연방 등이 그것이다.

그런데 19세기의 70년 대부터 많은 나라가 해외 발전에 전력을 경주하여 국제 관계가 긴장됨에 따라 영국도 이같은 해이된 국가 체제로서는 도저히 다른 열강의 국가주의나 제국주의에 대항할 수가 없게 되었다.

영국이 이때까지 유지하여온 국제적 우위를 계속 확보하기 위해서는 어떤 방법으로든 다시 본국과 해외 영토와의 유대를 긴밀히 하고 국가로서의 통일성을 강화하지 않으면 안 되었던 것이다.

이 방법을 해결하기 위해 구체적으로 실현된 것이「식민지 회의」또는「제국 회의」라는 제도였다. 이것은 자유통일당의 체임버얼린이 주장한 것으로서 자치 식민지의 대표자가 일당에 모여 관세나 군비 또는 정치적 결합 등 요컨대 영국 제국 전체에 공통된 여러 문제에 대해서 협의하는 기관이었다.

그 첫 회의는 1887년에 열렸는데 처음에는「식민지 회의」라 부르다가 1907년부터는「제국 회의」라 일컬음으로써 더욱 그 회의의 목적을 명백히 나타냈다.

3) 프랑스의 공화 정치

프랑스가 1870년 대에 이르러 공화 정치로 전환한 것은 혁명에 의해서가 아니라 패전에 의해서였다. 프랑스가 보불 전쟁의 승전국 독일과 강화조약을 성립시킨 것은 1871년 5월의 일이며 이보다 좀 늦게 파리 콤뮨의 반란이 진압되었다.

1871년 경 프랑스인에게 최대의 과제로 등장한 것은 이후 어떠한 체제하에서 프랑스를 재건할 것인가 하는 문제였다.

이때의 프랑스 국민의회는 독일과 강화를 맺어야 한다는 긴박한 사태로 인해 전쟁 중에 갑자기 선출된 것이어서 그것은 결코 전쟁 후의 최고 국가기관이 되거나 또는 헌법을 제정하거나 하기 위해 존재한 것은 아니었다.

그런데도 불구하고 현실적으로는 이 의회가 그후 4년간이나 계속했고, 또 헌법을 제정할 권한까지 갖게 되고 말았다.

그것은 대혁명 이후 프랑스의 숙명적 고질이 된 심각한 당파의 분열 때문이었다.

그 당시의 국민의회는 크게 나누어 공화파와 왕당파의 양대 세력으로 형성되어 있었다. 숫적으로 보면 왕당파가 우세하였으나 오히려 공화파가 유리한 입장에 서 있었다.

이번에는 공화파 내부에서도 분열이 일어났다. 가령 오를레앙파에서 전향한 티에르를 중심으로 한 극우파를 비롯하여 감베타가 이끄는 급진 좌파에 이르기까지 많은 분파가 생겼던 것이다.

이처럼 많은 소수당이 난립하는 상태에서는 도저히 정치의 안정을 기대할 수가 없었고 서로 모순된 당파의 욕구가 어느 정도 조정될 때까지는 정체의 결정이나 헌법의 제정과 같은 중대한 일을 실현할 수가 없었다. 이리하여 1871년의 국민의회는 헌법의 제정을 비롯한 중대한 일을 하나도 처리하지 못한 채 2년 동안 프랑스를 지배했던 것이다.

(가) 공화국 헌법 제정

1875년 우여곡절 끝에 통과된 제3공화국 헌법은 겨우 1표의 차이로 의회에서 가결되었다. 이 헌법의 특색은 삼권분립의 기초 위에서 대통령과 내각의 권한을 약화시키고 의회의 권한을 최대한으로 확대한데 있었다.

입법기관은 상원과 하원으로 구성되어 하원은 20세 이상의 남자에 의한 보통선거로 선출되는 임기 4년의 의원으로 구성되며 모든 법률안은 하원을 통과해야 하지만 특히 과세에 관한 법안은 모두 하원에서 제안하도록 규정되어 있었다. 상원은 각 현의 유권자 단체에 의해 선출되는 임기 9년의 의원으로 구성되며 처음에는 그 3분지 1이 종신 의원이었으나 그후 의원 전체의 3분지 1씩을 3년마다 개선하도록 하였다.

대통령은 상원과 하원의 전체 회의에서 선출하며 그 임기는 7년이었다.

다만 대통령은 당파나 계급을 대표하는 것이 아니라 국민과 국가 전체를 대표하는 것으로서 행정부의 장관으로서는 그 성격이 매우 희박하였다.

(나) 헌법의 특성

이 헌법의 특성을 요약하면 대통령의 직무상 행위는 모든 대신의 부서(副署)가 필요했으며 그 대신들은 모두 양원에 대해 책임을 지고 있었다. 따라서 대신들은 의회의 승인을 얻지 못하면 직무를 수행할 수 없었으며 또 대통령은 의회에서 다수의 지지를 얻는 사람만을 대신으로 지명해야만 하였다. 제3공화국 헌법의 이러한 규정은 행정부의 권한이 입법부의 권한에 비해 대단히 약화되어 있음을 말해주고 있다.

물론 헌법상 정부에 의회를 해산할 권리를 부여하고 있었으나 그것이 실시된 것은 제3공화국의 전 기간을 통해 한 번뿐이었으며 뒤에는 대통령이 의회를 해산하지 않는다는 것이 관례가 되어버렸다.

(다) 국력의 향상

1879년 새로운 헌법에 의한 최초의 대통령으로 공화파인 그레비가 상하 양원에서 선출되었다. 공화파는 승리를 축하하며 수도를 베르사이유에서 파리로 옮기고 또 혁명기념일인 7월 14일을 국경일로 정하는 등 대혁명의 전통을 잇는 제3공화국 체제를 차례차례로 정비해 나갔다.

비록 내각이 자주 바뀌었다 하더라도 전 내각의 각료가 신 내각에 다수 유임하는 일이 많아 기본 정책은 대체로 전처럼 유지되었으며 더우기 고도로 중앙 집권화된 관료기구가 내각의 경질과 관계없이 행정을 집행했기 때문에 실제적인 지장은 그리 많지가 않았다.

또한 패전후 프랑스의 국력은 상상하기보다도 훨씬 빠르게 회복되어 갔다. 기한이 되기도 전에 독일에 대한 전쟁 배상금을 완불했으며 전쟁이 끝난 이듬해에는 벌써 병역 제도를 의무화하여 군비 재건에 착수했다. 그리고 1880년에는 학교령을 제정하고 이에 따라 학교에서 교회의 세력을 몰아내고 교육 시설의 충실을 기하였다.

그밖에도 정부는 토목 공사를 일으키거나 극빈자에 대한 구호기관을 마련하는 등 여러가지 증세를 단행하는 활동을 보였다. 물론 이 때문에 정부의 지출이 증대하여 가끔 증세를 단행하는 등 정부 재정이 몇 번이나 난관에 처했으나 국민의 근면과 정부에 대한 신뢰는 이 위기를 극복할 수 있었다.

1880년 대에는 축적된 잉여 자본으로 해외의 금융시장이나 식민지 기업에 적극적으로 투자하게 되어 19세기 말 경에는 가장 대표적인 자본 수출국으로 성장하였다.

4) 황제 반동정치의 러시아

1860년 대에 자유주의적 개혁을 단행한 알렉산드르 2세는 1881년 3월 1일 수도 페테르스부르크에서 한 테러리스트의 폭탄에 맞아 암살당했다. 그 후계자는 둘째 아들 알렉산드르 3세였다. 아버지가 암살된 사실이 그 아들에게 준 인상은 전 생애를 통해 결정적인 것이 되었다.
　알렉산드르 2세는「대의제도 심의위원회」의 소집을 명하는 칙령에 서명한 바로 그날에 암살되었는데 새 황제는 그 칙령의 공포를 보류하였다. 그는 모든 국민 운동에 대해 불신을 하고 있었으며 전제정치의 원리에 대한 굳은 신념을 갖고 있었던 것이다.
　알렉산드르 3세가 즉위한지 3년 째 되는 해 또다시 황제 암살의 음모가 발각되었다. 이 계획에 관련된 자는 모두 사형에 처해졌다.
　그 가운데는 후에 러시아 혁명의 지도자가 된 레닌의 맏형 윌리아노프도 끼어 있었다. 그 역시 사형을 면치 못했거니와 이 사실을 안 당시 14세의 소년 레닌은 복수를 맹세했다.
　이 사건을 계기로 지식인에 대한 정부의 탄압에 박차를 가했다. 사건 이후 러시아의 모든 대학은 자치권을 잃고 교육에 관한 제반 사항은 중앙 정부가 직접 지배하게 되었다. 그리고 출판물의 단속도 강화되어 신문이나 잡지의 대부분은 사전에 정부의 검열을 받아야만 하였다.
　알렉산드르 3세의 이같은 탄압 정책은 학문이나 사상, 교육 부분에만 가해진 것이 아니었다. 그로부터 몇년 뒤에는 지방행정이나 지방자치에도 정부의 직접적인 지배력이 강화되었다.
　1889년에는 귀족 가운데서 임명된「지방부장」(地方部長)이 농민에 대한 재판권이나 행정권을 쥐는 새로운 제도가 마련되었다. 그리고 이듬해에는 지방자치에 관한 법률이 개정되어 농민들은 지방의회의 의원을 선출할 권리를 상실하고 그 의원은 지사(知事)가 임명하도록 하였다.
　이같은 시대 역행적인 정책은 알렉산드르 3세의 뒤를 이은 니콜라이 2세의 시대에도 그대로 유지되었다. 즉 19세기 후반의 3분의 1이란 기간을 통해 러시아 제국은 반동정치의 지배를 받았던 것이다.

　(가) 이론투쟁의 산물, 정당
　알렉산드르 2세가 1860년 대에 행한 자유주의적 개혁은 러시아의 전진을 가져왔다. 특히 농노해방과 토지의 동산화(動産化)는 자본주의적 생산 조직을 발생케 하는 계기를 만들어 알렉산드르 3세 시대에는 자본주의적 대경영이 급속도로 발전하였다.

1880년 대에서 90년 대에 이르는 동안 공업 생산고는 2배로 증대하였고 이에 따라 공장노동자의 수도 50%나 증가하였다. 러시아는 자본주의의 후진국이었으므로 그 성장 속도는 아주 빨랐고 그 성장률은 더욱 컸던 것이다.

그런데 이같은 경제 생활의 변화는 한편으로는 자본가 계급과 자유주의 사상을, 다른 한편으로는 노동자 계급과 사회주의 사상을 낳게 하였다. 그리고 이같은 현실의 움직임을 배경으로 하여 차차 근대적 정당이 형성되어 갔다.

1898년에 조직된 사회민주노동당이 그 한 예이거니와 이것은 1903년 런던에서 열렸던 제2회 전당대회에서 분열하여 레닌의 볼셰비키파와 마르토프의 멘셰비키파로 분리되었다.

또한 이보다 좀 늦게 러시아에는 사회혁명당, 입헌민주당 등의 근대적 정당이 탄생했다. 그러나 이들 정당은 대중이 원하는 바를 이해하여 이를 표현하고 대변하기보다는 소수의 간부들 간의 이론 투쟁에서 결정된 자기 당의 강령을 실현하기 위해 대중을 동원한다는 성격을 띠고 있었다.

의회가 개설되기에 앞서 먼저 정당이 결성되고 말았던 것이다. 의회정치 성립 이전의 정당은 정치적 표현의 자유를 갖지 못하고 있어서 어차피 지하조직으로 형성되지 않을 수 없었고 따라서 당의 세포 조직이 중요한 의미를 지니게 된다. 그러므로 정당이 일반 민중으로부터 유리된 존재가 될 수밖에 없었던 것은 당연한 일이었다.

(나) 혁명의 전주곡 「피의 일요일」

19세기 말, 20세기 초의 러시아 제국은 극단적인 정치의 위기에 빠져 들었고, 따라서 혁명의 요소가 꿈틀거리게 되었다. 그리고 이같은 위기가 현실로서 폭발하게 된 것이 1904년 2월부터 이듬해 9월까지 계속된 노일 전쟁이었다.

난공불락을 자랑하던 뤼순(旅順)의 요새가 일본군에 의해 함락된

지 약 반달 뒤, 즉 1905년 1월 16일 수도 페테르스부르크의 어느 공장에서 스트라익이 발생하였다. 이것이 당시의 사회적 불안에 편승하여 다른 공장으로 재빨리 비화하였다.

그무렵 「공장노동자협회」를 지도하고 있던 가폰 주교는 이 정세를 보고 시위 행진을 할 것을 계획하였다.

1월 22일, 이 계획은 드디어 실천에 옮겨졌다. 수십만의 군중이 시위 행진을 전개한 것이다.

이때 갑자기 군대가 그 행렬에 대해 발포를 하여 죄없는 민중 1천여 명이 살해되고 2천 명의 군중이 중상을 입었다. 전혀 예기치 않았던 비극이 일어난 것이다.

이 날은 러시아 혁명사상 「피의 일요일」이라 불리며 정부에 대한 반항 운동의 한 에포크를 그은 것으로 여겨지고 있다. 어쨌든 이 사건이 발생한지 9일 째 되는 날, 황제는 발포 책임자에 대하여 「그들의 범행을 용서한다」고 선언함으로써 민중을 더욱 격분시켰다.

더구나 당시 진행 중이던 노일 전쟁의 결과는 러시아 국민들에게 비상한 충격을 주었다. 1905년 3월의 선양 전투에서 러시아군이 대패하고 5월 말에는 동해에서 무적을 자랑하던 발트 함대가 섬멸을 당한 것이다. 이제 러시아 국민은 온건한 자유주의자나 극단적인 혁명분자에 이르기까지 공공연히 반정부 운동에 발벗고 나섰다.

(다) 전함 포촘킨호 반란

그해 메이데이에는 각지의 민중이 경찰이나 군대와 충돌을 일으켰고 많은 공장들이 파업을 단행하였다. 이러한 정세는 7월에 접어들어 무장봉기로 연결되었다.

또 이무렵에는 군대 내부에도 혁명적 기풍이 스며들어 육군이나 해군에서 장교에 대한 병사들의 반항이 끊임없이 전개되었다.

그 가장 대표적인 사건이 「전함 포촘킨호의 반란」이었다. 1905년 6월 27일, 오데사 항에 정박 중이던 흑해 함대 소속 전함인 포촘킨호의 수병들은 식량에 대한 불평을 토로하면서 돌연 반란을 일으켜 군함의 마스트에 붉은 기를 올렸다. 이때 오데사 각지에서는 스트라익이 한창이어서 반란 수병들은 이들과 호응하면서 완강히 저항하였다. 그러나 결국 그들은 육지와의 연결이 끊겨 루마니아의 콘스탄쯔 항구로 도망쳐 항복하고 말았다.

이 사건은 군대 내부에서 일어난 최초의 혁명적 행위였다. 이것이 계기가 되어 군대와 노동자 간의 유대가 형성되었다. 이런 의미에서 이 반란은 혁명사상 중대한 사건의 하나로 간주되고 있다.

이러한 사태에 직면한 러시아 정부는 마침내 일본과의 강화를 결정하고 1905년 8월부터 그 교섭을 시작하였다. 그리하여 9월 5일 소위 포오츠머드 조약을 성립시켰다.

(라) 소비에트 조직의 1차 혁명

9월에 접어들자 먼저 모스크바에서 스트라익이 발생하고 계속해서 각지에서 노동자의 집회가 빈번히 개최되었다. 그리고 9월에는 마침내 총파업이 강행되었다.

10월 말까지 전국의 교통, 통신의 기능은 완전히 마비되고 대도시에서는 전기와 수도의 공급이 중단되었다.

이무렵 특히 주의를 끈 것은 수도 페테르스부르크에서 조직된「노동자 대표 소비에트」란 특별한 위원회였다. 이 조직은 그후 모스크바나 오데사로 확대되어 갔다. 이 소비에트 조직이 1919년의 제2차 러시아 혁명에서 결정적 역할을 한 것은 후의 역사가 증명하고 있다.

볼셰비키는 이무렵 망명지에서 돌아온 레닌을 지도자로 하여 완강하게 반정부 운동을 계속했던 것이다.

11월 2일, 페테르스부르크의「소비에트」는 제2차의 정치적 총파업을 지령했다. 그러나 이때 이미 농민들은 도시의 혁명 운동에는 무관심한 태도를 보였고 자유주의적 입장에 있는 각종 집단도 점차 혁명운동에서 멀어져가고 있었다. 그 반면 정부측은 차차 그 세력을 회복해 갔다.「소비에트」의 지령은 이렇게 하여 그 힘을 발휘하지 못했다.

정부는 그 기회를 이용하여「소비에트」에 해산명령을 내림과 동시에 11월 하순부터는 그 위원들을 체포하기 시작했다.

이리하여 정부는 12월 하순 모스크바의 노동자 반란의 진압을 최후로 혁명 운동을 완전히 거세하는데 성공했다. 마침내 치안은 회복되고 혁명의 풍조는 급속히 가라앉았다. 제1차 혁명은 여기서 종막을 고한 것이다.

(마) 의회구성과 독재헌법 제정

1905년 10월 30일에 공포된 칙령은 근대적인 의회의 개설을 약속하고 있었다. 이에 기초하여 정부는 12월 24일, 선거 절차에 관한 칙령을 발포하고 이어 다음해 3월 상순 국회 조직에 관한 고시를 발포했다.

여기에 의하면 러시아 국회는 제국 참의원과 제국의회의 양원으로 구성되며 참의원은 반수가 칙선(勅選)의원, 반수가 귀족, 지방 의회, 대학 평의회, 교회 등에서 선출된 의원으로 구성되고 제국의회는 국민의 선거에 의해 선출된 의원으로 구성하도록 되었다.

이 선거법에서는 평등선거나 직접선거를 보장하지 않았다. 즉 노동자와 농민은 각각 별도로 선거인을 선거하고 또한 이 선거인을 지주 계급이 선거한 선거인과 함께 하나의 선거 모체를 구성하여 이들 선거 모체가 의회의 의원을 선출하도록 되어 있었다. 어쨌든 이러한 방법으로 제1회 총선거가 실시된 것이 1906년 3월의 일이었다.

제헌국회는 5월 10일에 소집되어 러시아 제국의 헌법을 제정했다. 이 헌법에 의하면 행정권은 황제 한 사람에게 귀속되었고 황제는 선전포고, 강화조약, 통수권 등의 권한을 독점적으로 보유하게 되어 있었다.

또한 법률의 발의권은 황제만이 갖고 있었으며 예산심의권에 있어서도 의회가 그것을 승인하지 않을 경우에는 전년도의 예산안이 그대로 효력을 갖게 함으로써 의회는 사실상 예산심의권 조차 완전히 행사할 수가 없었다. 그리고 내각은 황제내각으로서 오직 황제에 대해서만 책임을 졌지 의회에 대해서 책임을 지는 정당내각이 아니었다.

(2) 식민지 분할통치 시대

1) 검은 대륙 아프리카

19세기 말기에 들어서부터 식민 정책을 추진하는 나라가 수없이 등장하여 영토 획득의 기회만 있으면 이리떼처럼 달려들어 서로 경쟁하며 분할했다. 아프리카 대륙이 바로 그 대상이었다. 아프리카의 식민사는 바로 유럽 제국주의 열강에 의한 분할사(分割史)라 해도 좋을 것이다.

그러나 아프리카 분할의 역사는 극히 남성적인 모험을 즐기는 개인의 활약에서 시작된다. 물론 유럽과 이슬람 문명이 예로부터 접촉되어 있던 북아프리카의 지중해 연안은 전부터 상당히 알려져 있다. 또 신항로가 발견될 무렵부터 대서양에 면한 아프리카 연안이나 인도양 연안에 대해서도 유럽인의 지식은 전혀 백지는 아니었다. 그러나 암흑 대륙으로 불리던 아프리카 대륙의 오지 사정에 대해서는 19세기 후반기에 들어서면서 일단의 용감한 유럽의 탐험가에 의해 밝혀지게 되었다.

이같이 하여 아프리카 오지의 문은 탐험의 영웅들에 의해 하나하나 열리기 시작했고 또한 그들의 뒤를 이은 의사나 기독교 선교사들은 이 오지에 문명의 빛을 갖다 주었다. 여기까지는 비록 비난이 없지 않았다 하더라도 인도주의와 문명의 혜택을 어느 정도 원주민에게 부여했다는 점에서 긍정적인 면을 가졌다 할 것이다. 그러나 이후부터가 문제였다. 오늘날 식민주의라는 말이 악의 대명사가 되었을 정도로 온갖 박해와 수탈이 상인들에 의해 자행되었던 것이다.

(가) 수탈의 상징 수에즈운하

수에즈운하는 1869년에 완성되었다. 이 운하 개통으로 유럽과 아시아의 교통이 얼마나 편리하게 되었는가는 새삼 거론할 필요도 없다.

이 수에즈운하 개통의 공적은 프랑스였다. 1854년 프랑스인 레셉스가 이집트왕의 특허를 얻어 1858년 「국제 수에즈운하 주식회사」를 만들고 이듬해 5월에 착공하여 7년만에 완성을 시켰다. 지역 사정으로 대단히 어려운 공사였으나 이를 완공시킨 레셉스의 정신은 높이 칭송되었다. 그러나 이 공사 완공은 곧 이집트인 수탈의 도구가 되고 말았다.

최초에 레셉스가 설립한 「국제 수에즈운하 주식회사」는 본사가 파리에 있고 회사 운영의 실권을 쥔 이사회에도 프랑스인 이사가 과반수를 차지하고 있었다.

이 회사의 주식은 40만 주로서 그중 20만 이상을 프랑스인이 소유하였으며 이집트의 왕은 17만 6천여 주를 가지고 있었으나 1875년 영국 정부에 의해 매수되고 말았다. 또한 이익 배당의 15%는 이집트 정부에 돌아가게 되어 있었는데 이것도 1880년에 이르러 프랑스의 금융단체가 매수해버렸다.

수에즈운하는 결국 프랑스와 영국의 소유물이 되고 말았던 것이다.

(나) 영국 보호국이 된 이집트

영국은 운하가 개발되고 있는 동안 여러가지 압력을 레셉스에 가해 그 사업을 방해하였다. 그런데 운하가 개통되고 보니 그 중요성은 경제, 운수의 문제에 국한된 것이 아니라 군사적으로 또는 영국의 외교 정책 전반에 결정적인 이해 관계를 내포하고 있었다. 운하의 주권을 이집트로부터 사들인 것도 그러한 배려에서였다.

다시 영국은 이집트의 재정이 파탄하여 25억 프랑의 차관에 대한 이자 지불조차 불가능하게 되자 영국, 프랑스, 이탈리아, 오스트리아의 대표로 구성되는 이집트 채무 관리 위원회를 설치하고 이를 주재하여 이집트의 재정을 장악하고 있었다. 또한 1882년 아라비 파샤가 지도하는 민족주의적 배외 운동이 발생하자 영국은 프랑스를 제쳐놓고 이를 무력으로 진압하고 수에즈운하 지대를 점령했다.

이집트는 이로부터 30년 간 영국의 군사적 지배를 받았으며 제1차 세계대전 중에 그 보호국이 되고 말았다.

(다) 아프리카 점유 경쟁

아프리카 서해안 일대는 15세기 이래 인도항로의 기항지로서 유럽인들이 건너와 포르투갈, 네덜란드인들이 주로 점유하고 있었다. 상아해안이라든지 황금해안이란 지명이 가리키는 바와 같이 유럽에 진귀한 보물을 보내고 있던 것이 이 지역이거니와 특히 아메리카 대륙의 개척이 진전됨에 따라 노예의 공급지로서 유명해진 곳이었다. 18세기 말에는 여기에서 해마다 8만에 가까운 흑인 노예들이 신대륙에 건너갔다고 한다. 확실히 유럽인들은 식인종이나 다름없었다. 아마도 노예해안이란 이 지방의 오명은 영원히 씻어지지 않을 것이다. 겨우 미국에서 해방되어 돌아온 흑인들이 세운 나라가 리베리아 공화국이다.

이 지역에서도 분할 경쟁의 주역은 역시 영국과 프랑스였다. 가령 두 나라는 나이지리아 영유를 위해 다투다가 1877년 영국이 승리하자 프랑스는 곧 그 서쪽의 다호메이 경영에 착수했고, 1885년에는 포르투갈의 보호권 주장을 억누르고 무력으로 원주민을 탄압하여 1894년에는 그곳을 보호령으로 삼았다.

이리하여 영국령 나이지리아와 프랑스령 다오메이 사이에 국경 분쟁이 일어나 그것이 후에 양국 관계를 국교 단절의 위기에까지 몰아넣게 하였다.

(라) 독일의 진출

서아프리카로부터 동아프리카에 걸친 분할 경쟁에는 유럽 열강으로 새로 등장한 독일이 끼어들었다.

비스마르크는 1884년 베를린 회의를 열어 아프리카 식민지의 분할 협정을 지도했다. 그 결과 독일은 프랑스와 접근하고 영국을 밀어내어 앙골라, 페케나, 카메룬, 토고란드의 영유를 달성했다.

이 회의는 동시에 벨기에왕 레오폴드 2세가 설립한 「콩고협회」에게 콩고를 영유케 하고 영국은 베추아나와 월피스시만을 보유하는데 그치게 하였다.

그러나 이 회의에서 비스마르크가 주장한 원칙, 즉 실력 여하로 영토의 확장이 승인된다는 원칙은 그후 영국, 프랑스의 식민지 침투에 박차를 가하게 하였다. 프랑스는 세네갈, 적도 아프리카에 지배 체제를 강화하여 방대한 식민지를 구축했던 것이다.

독일은 동아프리카의 분할에도 개입하였다. 즉 1884년 카일 페에 타스 등이 잰지바르섬의 해안에 상륙하여 오지에 들어가 원주민과 보호 조약을 맺음으로써 그 단서가 열리기 시작하였다.

이듬해 독일 정부는 「독일 동아프리카 회사」에게 특허권을 승인하고 다시 잰지바르의 술탄으로부터 권리를 매수하여 독일령 동아프리카를 건설했다. 이때에도 분할 경쟁은 독일과 영국, 그리고 프랑스의 세 나라 사이에 일어났던 것이다.

2) 아시아의 무력화

찬란한 고대문화권을 형성하여 17세기 중엽까지 유럽에 뒤떨어지지 않았던 동양은 18세기 이후 그 세력이 몰락하기 시작한다.

그 원인은 자연과학의 지식부족과 기술문명의 낙후, 그리고 산업의 후진성을 들 수 있고 근대적 국가 형태를 갖추지 못한 것 등이 유럽의 침투를 유발시켰던 것이다.

19세기 말기에 접어들면서 동양의 여러 나라는 유럽의 열강에 비해 낙후돼 있음을 자각하고 국가 체제를 개편하여 근대적 개혁을 단행하고 국력을 회복하려 했는데 그것이 곧 유럽 제국주의가 침투할 계기를 만들어준 원인이 되었던 것이다.

(가) 터어키의 몰락

18세기 말, 나폴레옹 전쟁이 진행되던 시기부터 세계를 주름잡던 터어키는 몰락하기 시작한다. 흑해에서 카프가즈에 이르는 터어키의 광대한 영토가 러시아에 강탈당하고 19세기에는 그리이스가 독립하며 동방에서는 이집트를 양보해야만 했고, 알제리아의 종주권마저 상실한다.

강대했던 오스만 터어키의 비극적 시대가 도래한 것이다.

몰락한 터어키에서 경쟁한 유럽의 열강은 영국, 프랑스, 러시아, 오스트리아, 이탈리아 등이었고 나중에는 독일이 나타나 각축을 벌이면서 터어키 주권은 나날이 무력해진 것이다.

이와같이 모든 열강이 빈사상태에 있는 터어키를 둘러싸고 그 유산 분배를 위해 서로 싸우고 있는 모습, 바로 이것이 제국주의의 가장 전형적인 각축전이었다.

이처럼 터어키를 둘러싼 유럽 열강들의 이해가 겹쳐져 발칸이 제1차 세계대전의 도화선이 되었던 것이다.

(나) 페르시아의 유럽 종속화

이슬람문화의 기초를 이루었고 오아시스의 찬란한 문명을 이어받은 페르시아도 19세기에 접어들면서는 이미 유럽 열강에 대항할 힘을 잃고 있었다.

러시아와 조르지아에서 패하여 카프카즈를 상실하고 토코만차이조약(1828년)을 맺어 치외법권을 인정한 다음부터는 열강의 페르시아 침범이 더욱 치열해졌다. 침략의 경쟁자는 영국과 러시아였다. 영국은 인도의 경영을 위해, 러시아는 중앙 아시아로 진출하기 위해 페르시아를 필요로 했던 것이다.

그리하여 페르시아 경제가 유럽 제국주의에 말려들자 농업은 차차 면화나 담배, 아편 등 수출 상품 생산에 치중하게 되고 이 때문에 대토지를 소유하는 지주가 늘어나 농민은 더욱 부역과 소작 노동의 고된 일로 고통을 받게 되었다.

한편 국가 기구의 근대적 개혁 역시 권력과 권위를 장악하고 있던 상류 계급, 특히 이슬람 신학자나 법학자들의 반대에 부딪쳐 별로 효과를 거두지 못했다. 이러한 사정속에서 페르시아의 근대화 작업은 부진할 수밖에 없었다.

이러한 영국과 러시아의 경쟁속에 독일이 끼여들었다. 여기서도 제국주의 열강의 분할 경쟁이 확실히 나타났다. 페르시아의 자유 의사는 완전히 무시되고 열강의 희생물이 되었다.

그후 페르시아는 제1차 세계대전이 끝날 때까지 국내의 정치적 불안과 이를 틈탄 열강, 특히 영국과 러시아의 침략으로 거의 종속국의 성격을 띠게 되었다.

(다) 인도의 영국 지배

영국은 새로 세계제국의 재편성을 서두르게 되었는데 이때 그 제국정책의 핵심을 이룬 것이 인도라는 식민지였다. 토후(土侯)들의 내분을 틈탄 영국의 동인도회사는 군대를 가지고 침략을 강화하여 19세기 전반기에는 인도의 거의 전부가 영국의 정복을 감수하게 되었다.

영국 공업 제품의 시장으로서 식량과 공업 원료의 공급지로서 또는 값싼 노동 시장으로서 인도는 영국의 번영을 보장하는 최대의 식민지였다. 영국인이 인도에서 본국으로 가져가는 부(富)는 인도인의 총수입을 훨씬 능가하는 것이었다. 영국이 다른 제국주의 열강의 추적을 당하면서도 세계의 제국이란 위치를 계속 확보할 수 있었던 것도 바로 인도의 덕택이었다.

사실 영국은 인도의 확보에 온갖 힘을 다 기울였다. 수에즈운하의 주권 매수, 이집트의 점령, 터어키의 보전정책, 키프러스섬의 영유, 페르시아만의 우선권, 아프가니스탄의 보호화 등 모든 영국의 중근동, 북아프리카 정책은 결국 인도의 안전을 궁극적 목표로 한 것이다.

또한 1886년에는 아덴만의 동쪽에 위치하는 소코트라섬을 획득하여 아프리카 동해안에도 진출함으로써 소위 아프리카 종단 정책과 인도를 결합하는 케이프, 카이로, 캘커타의 3C정책을 형성하였다. 이리하여 인도양은 영국 식민지 제국의 내해(內海)가 되어 제2차 대영제국의 완성을 본 것이다.

(라) 침탈당하는 중국

19세기 중엽, 아편 전쟁, 애로우호 사건, 태평천국의 난 등 내우외환이 그칠줄 모르는 가운데 청나라 지배하의 중국은 유럽 열강의 침략에 유린되고 있었다. 싱가포르를 건너 남쪽에서 침입한 영국은 홍콩(1842년), 쥬룽 반도(1860년)를 차지했고, 프랑스는 안남에서 코우친차이나(1862년)를 획득하여 영국에 대항했다.

러시아는 북쪽에서부터 시베리아 개척을 진행하면서 헤이룽강 이북의 지역(1858년), 우수리강 이동의 연해주를 중국으로부터 할애받았다.

그 동안 열강 여러 나라는 상하이, 꽝뚱 등 많은 항만을 개방하게 하고 양쯔강의 운행권, 영사재판권(치외법권)과 관세자 주권 등의 권리를 획득하였다.

1881년의 이리 조약으로 러시아는 신쟝성의 이리 지방 일부를 병합하고 프랑스는 청불 전쟁에 이김으로써(1884~85년) 안남과 통킹의 보호권을 획득했으며, 1887년에는 불령 인도차이나를 형성함과 동시에 통킹에서 윈난에 이르는 철도 부설권을 얻었다. 영국도 그 동안에 양쯔강 유역에서 독점적인 권익을 착실히 부식시켰다.

1894년의 청일 전쟁으로 대국을 자랑하던 청나라가 작은 섬나라 일본에 패하여 약체성이 드러나자 열강은 중국의 분할에 더욱 열을 올리게 되었던 것이다.

12. 제1차 세계대전

(1) 대전의 발단

1) 사라예보 사건

1914년 6월 28일, 보스니아의 수도 사라예보에서는 육군의 훈련 예행연습이 준비되고 있었다.

이날 대훈련을 관람하기 위해서 오스트리아의 황태자 페르디난트 부처가 사라예보를 방문했다가 훈련장으로 가던 도중 뜻밖에도 괴한의 총탄을 맞고 황태자 부처가 함께 쓰러지는 사건이 발생한다.

범인은 프린치프라는 19세의 학생으로서 오스트리아 국적을 가진 세르비아인이었다. 이 학생은 오스트리아의 보스니아와 헤르체고비나 병합으로 세르비아의 건설이 방해되었다 하여 원한을 품은 세르비아 민족주의 비밀결사인 「검은 손」의 멤버였다. 이날 암살 요원은 이 젊은이 말고도 다섯 사람이 배치되어 있었다.

이것이 이른바 제1차 세계대전의 발단이 된 「사라예보 사건」이다.

(가) 사건의 성격

오스트리아 정부는 사건이 발생하자 이는 세르비아 정부의 선동에 의해 행해진 직접적인 결과로 보고 곧 외무성으로 하여금 범행을 조사하도록 명령했다.

2주일에 걸친 조사결과 폭탄은 세르비아 육군이 소장하고 있던 것이며 나도드나 오드부라나란 비밀결사가 반 오스트리아 선전의 중심조직이라는 사실을 밝혀 냈다. 오스트리아 정부는 이 증거만 가지고도 사건의 배후에 세르비아 정부가 개입했다는 확신을 갖고 모든 책임을 그들에게 전가시키려 하였다.

사실 이 암살 사건의 배후에는 당시 오스트리아가 공식으로 조사한 내용보다 훨씬 더 깊은 뿌리가 있었다. 오스트리아는 1872년 베를린 조약의 결과 그 관할하에 속하게 된 보스니아, 헤르체고비나를 1908년에 병합하고 말았다. 이 지방은 원래 세르비아가 대세르비아국 건설에 포함시키려 했던 곳이기에 그들의 분노는 더욱 컸다.

(나) 사건의 배후

1912년 제1차 발칸 전쟁으로 세르비아는 불가리아, 몬테니그로와 함께 터어키와 싸워 이겨 빼앗긴 영토를 다시 찾고 이어 제2차 발칸 전쟁 때는 불가리아를 격파하여 상당한 영토를 확보했다. 그러나 세르비아는 역시 불만이었다. 세르비아는 알바니아를 탐내어 이곳에 진출했으나 오스트리아의 최후통첩으로 철수하지 않을 수 없었고 또한 몬테니그로와 통합하려 했으나 역시 오스트리아의 반대로 실현시키지 못했던 것이다. 따라서 세르비아는 오스트리아에 대한 원한을 잊을 수가 없었다.

이러한 세르비아에 나도드나 오드부라나 같은 단체가 생겨 반 오스트리아 운동을 지도한 것은 결코 무리가 아니었다. 물론 이 단체는 정부와 직접 관련된 것은 아니지만 그 단원에는 각료를 지낸 유력한 지도자가 있었던 것이며 또한 정부도 그것을 지원하지 못할지언정 탄압할 까닭은 없었다. 그리고 이 단체의 청년 장교들이 1911년, 보다 직접적인 행동에 들어가기 위해 조직한 것이「검은 손」이란 비밀 단체였다.

(다) 오스트리아의 보복계획

오스트리아 정부는 이를 계기로 세르비아에 군사적 행동을 가할 결심을 하였다. 그러나 세르비아의 배후에는 러시아가 있어 개입할 가능성이 많으므로 오스트리아는 우선 맹방인 독일의 의사를 타진키로 하였다.

이리하여 1914년 7월 오스트리아 외상 베르히톨트는 요세프 1세의 친서에 발칸 정세에 관한 장문의 각서를 첨부하여 특사로 하여금 독일 황제 빌헬름 2세를 방문케 하였다. 요세프 1세의 친서는「불운한 내 조카의 암살은 오스트리아 제국 및 세르비아의 범슬라브주의자가 행한 선동의 직접적 결과」라 밝혔으며 범슬라브주의를 삼국동맹의 적으로 보고 독일이 발칸 문제에 특별한 주의를 환기할 것을 요망하고 있었다.

독일의 참모본부는 독일과 오스트리아가 결속한다면 러시아와 프랑스를 격파할 수 있으리라 믿었다. 언젠가는 러시아나 프랑스와 싸워야 하는 것이 불가피한 운명이라면 그들의 군사적 재편성이 완료되는 1917년 이전에 전쟁을 하는 것이 오히려 승리하기 쉽다고 생각했다. 그리고 만일 영국이 참전한다 해도 지원병 제도를 채택하고 있는 영국의 약한 육군을 제압하기란 손쉬울 것이라 여겼다.

어쨌든 오스트리아 정부는 베를린으로부터 빌헬름 2세의 지지 통고를 받은 후 활기가 넘쳤다. 그리하여 오스트리아 정부는 7월 7일, 각의를 열고 보스니아에서의 반 오스트리아 운동에 대한 진압책과 세르비아에 대한 응징책을 협의하였다.

(라) 최후통첩 10개항

오스트리아가 세르비아에 요구사항을 내놓고 수락을 통고하는 최후통첩은 지극히 가혹한 것이었다.

그것을 요약하면 반 오스트리아적 출판물의 금지, 반 오스트리아적 선전의 금지, 반 오스트리아적 선전을 행한 관리의 파면, 사라예보 사건의 심리와 재판에 대한 오스트리아의 참가, 사건 관계 관리의 체포, 세르비아 정부의 사과 등 10개 항목이었다.

이 가운데서 특히 재판에 오스트리아가 참가한다는 것은 독립국의 주권을 침해한다는 의미가 포함돼 있어 세르비아 자존심에 큰 충격을 준 것이었다.

독일 정부는 이 내용을 보고 당황했다. 재상 호올베크나 외상 야고오는 똑같이 「이것은 너무 지나치다」고 말했다. 그러나 오스트리아는 이미 다음날 그것을 세르비아 정부에 교부할 수배가 끝나 있었으므로 정정할 여지가 없었다.

최후통첩은 7월 23일 오후 6시, 베오그라드 주재 오스트리아 공사에 의해 세르비아 정부에 수교되었다.

한편 세르비아 수상 파시치는 오스트리아의 요구를 최대한 승낙하기를 주장했기 때문에 최후통첩의 내용은 거의 그대로 승인하기로 했으나 범죄의 심리에 오스트리아 관헌이 참가한다는 것은 헌법에 위배되기 때문에 그것만은 거절하기로 했다.

이렇게 하여 25일 오후 1시, 회답문은 완성되었으나 동시에 왕실과 정부는 오후 3시, 국경에 가까운 베오그라드를 떠나 남쪽으로 향했다. 그리고 나서 6시가 조금 못되어 파시치 수상은 도보로 오스트리아 공사관을 방문하고 회답문을 전달했다. 무조건 승낙이 아닌 회답은 거절로 간주하라는 훈령을 받았던 오스트리아 공사는 그 회답문을 보자 미리 준비했던 통고문을 전하고 즉시 6시 30분발 기차를 탔다. 그로부터 35분 후, 오스트리아 공사가 탄 열차는 이미 국경을 넘고 있었다. 이리하여 두 나라의 국교는 단절된 것이다.

(마) 전쟁 억제를 위한 국제적 노력

전쟁 방지에 대해서 독일, 오스트리아 측이나 러시아, 프랑스 측이 가장 기대를 건 것은 영국 외상 그레이였다. 사실 그레이는 오스트리아의 최후통첩 전문을 받아들고 「독립국에 보내진 가장 두려운 문서」란 평을 내리고 중재에 나설 결심을 했다.

이리하여 그레이는 단절이 현실화하자 열강에 대해 사건에 직접 관계가 없는 영국, 프랑스, 독일, 이탈리아 등 4개국이 런던에서 대사 회의를 열고 그 협의 중에는 군사 행동을 하지 말도록 오스트리아와 세르비아 및 러시아에 요청하자는 제의를 했다. 동시에 그는 독일에 대해서 오스트리아가 이 협의에서 결정된 사항을 수락하도록 권고하라고 요청했다.

독일은 정세의 악화를 겁내어 오스트리아에게 태도를 완화하라고 권고했으나 이미 독일의 무조건 지지를 확약받은 오스트리아는 이를 수락하지 않았다.

한편 프랑스와 러시아는 그레이의 제안을 전적으로 찬성했다. 그리고 양국은 그레이에 대해 만일 유럽에서 전쟁이 발발했을 경우 영국은 러시아와 프랑스의 편에 설 것을 보장하라고 요구했다.

그레이는 러시아와 프랑스가 참전했을 경우 영국이 중립을 지키기가 어렵다는 것을 알고 있었으나 막상 참전하게 되면 영국 내각에서도 참전 반대론이 일어날 것이고 또한 국내의 여론을 참전으로 돌리게 하는 일도 어렵다고 생각했기 때문에 신중한 태도를 취했다. 그러나 결국 의회의 지지를 얻어 전쟁 개입의 의사를 밝히고 만다.

(바) 최초의 포격

러시아는 이보다 앞서 외상 사조노프의 이름으로 오스트리아가 세르비아에 공격을 가하지 않는다는 것을 전제로 최후통첩의 내용을 약간 수정하는 선에서 오스트리아와 담판할 용기가 있다고 제안하였다.

그러나 오스트리아의 베르히톨트 외상은 오스트리아가 자위에 필요한 조처를 취하려는 것 뿐이지 세르비아에 대한 영토적 야심이 있는 것은 아니라고 성명했다.

이리하여 외교적 교섭은 아무 타결책도 마련하지 못했다. 마침내 7월 27일 프랑스 함대는 전투 태세에 돌입했고 같은 날 영국 함대도 연습 태세를 완화하지 말라는 명령을 내렸다. 또한 그레이 외상은 러시아에 대한 외교적 지지를 약속했으며 러시아가 군사상의 적극적 행동을 취하는데 반대하지 않았다.

드디어 1914년 7월 28일 오전 11시, 오스트리아는 전보로 세르비아에 선전을 포고하고 이튿날 베오그라드에 포격을 개시했다. 동시에 오스트리아는 러시아가 세르비아에 대한 오스트리아의 군사 행동을 방해하지 않는다는 조건으로 러시아와 교섭할 용의가 있다고 성명했다.

2) 국제 전쟁으로 확대

(가) 러시아군 총동원령

7월 30일, 베오그라드 포격의 보도를 접하자 러시아의 사조노프 외상과 참모총장은 총동원의 필요성을 역설하며 황제를 설득했다. 마침내 황제도 총동원령을 재가했다. 그리고 이 총동원령은 오후 6시 전보로 전국에 하달되었다.

러시아의 총동원령은 독일의 참전을 불가피하게 만들었다. 이보다 앞서 독일은 사건의 확대를 방지하기 위해 오스트리아의 행동에는 전혀 관계하지 않겠다는 태도를 밝혔고, 28일에는 하나의 조정안을 작성하여 오스트리아의 태도를 완화시키려 하였다.

또한 29일, 영국 외상 그레이로부터 독일과 프랑스가 전쟁에 개입하면 영국은 프랑스를 원조하겠다는 통고를 받고 오스트리아에 대해 열강의 조정안을 고려하라는 권고를 하고, 동시에 독일은 오스트리아의 무책임한 전쟁을 지지하지 않겠다고 통고했으나 이 모든 노력은 이제 수포로 돌아갔다. 러시아의 총동원령으로 사태가 일변한 까닭이었다.

(나) 독일과 프랑스군의 총동원령

7월 3일 독일에는 「임시위험상태」가 포고되었다. 그리고 이튿날 밤 러시아 주재 독일 대사는 최후통첩을 러시아 외상 사조노프에게 전하고 러시아가 12시간 이내에 독일 및 오스트리아에 대한 동원을 중지하지 않으면 독일은 전 육군을 동원하겠다고 통고했다. 또 한편 독일은 이날 프랑스 정부에 대해서 독일과 러시아가 전쟁하는 경우 프랑스는 중립을 지킬 것인가를 문의했다.

이러는 가운데 프랑스는 8월 1일 오후 3시 55분, 총동원령을 내렸다. 그리고 오후 4시에는 독일도 총동원령을 발포하고 영국에 대해서는 만일 영국이 프랑스의 중립을 보증한다면 독일도 프랑스를 공격하지 않겠다고 제안했다. 그러나 독일은 러시아에 대해서는 최후통첩에 대한 회답을 접수하지 못한 채 오후 7시, 선전을 포고했다.

(다) 영국의 중재노력

한편 영국 외상 그레이는 러시아가 총동원령을 내리고 독일이 「임시위험상태」를 선포하겠다는 정보를 입수하자 미리 구상했던대로 독일과 프랑스에 대해 타국이 벨기에의 중립을 침해하지 않는 한 양국은 벨기에 중립을 존중할 것인가를 질문하고 아울러 벨기에 정부에게는 벨기에가 전력을 다해 중립을 유지할 것을 기대하며 타국도 이를 존중하고 보전할 것을 원하고 또 기대한다고 전보를 쳤다.

벨기에 외상은 영국 공사에게 독일이 만약 자국 영토에 침입해 온다면 벨기에는 전력을 다해 대항할 것이라고 확답했던 것이다. 사실 벨기에는 이미 6개 사단 가운데서 2개 사단의 동원 준비를 명했으며 8월 1일에는 총동원령을 내렸던 것이다.

한편 프랑스 정부는 그레이의 질문에 대해서 8월 1일「프랑스는 벨기에의 중립을 존중할 결의를 하고 있다. 타국이 벨기에의 중립을 침해하는 경우에 한해서 프랑스는 자국의 안전과 방위를 확보하기 위해 별개의 행동을 취할 것이다」라고 회답하고, 독일의 질문에 대해서는「프랑스는 그 이익이 명하는 바에 따라 행동할 것이다」라고 회답했다.

물론 독일은 그레이의 질문에 회답하지 않았다. 벨기에의 중립을 지킬 의도가 없을 뿐만 아니라 어떤 회답을 보낸다면 독일의 작전 계획을 추정할 힌트를 제공하게 되기 때문이었다.

(라) 독일군 출동

이와 때를 같이하여 독일군은 행동을 개시하여 벨기에 국경을 돌파했다. 오전 11시, 이 보고를 받은 벨기에 국회는 침략에 저항할 것이라는 정부의 방침을 열광속에 가결시켰다.

그러나 독일은 중립 벨기에가 항의에 그칠 뿐 저항하지 않으리라 믿고 있었다. 그리하여 독일은 어떤 타협을 제기할 양으로「리에쥬를 독일군의 통과를 위해 개방하고 철도, 교량 및 건축물의 파괴를 중지하라」고 요구했으나 벨기에는 이를 즉각 거부하고 독일 공사에게 퇴거 명령을 내렸다.

(마) 영국 참전 결정

독일이 러시아에 선전하고 프랑스와도 전투를 개시한 이 마당에서 유럽이 대전쟁에 휩쓸린 것은 기정사실이 되었다. 이제는 영국도 확고한 태도를 밝히지 않으면 안될 때가 온 것이다. 사실 영국은 벨기에의 중립을 침범했다는 문제를 가지고 국론을 통일하여 전쟁에 임하려는 생각을 오래 전부터 가지고 있었다.

8월 3일, 영국 내각에서는 즉각 동원령을 가결했다. 이에 대해 불만을 토로하는 각료도 있었으나 당분간은 사직하지 않기로 하였다. 그리고 각의는 오후에 이르러 그레이 외상이 행할 성명서에 동의하고 벨기에의 중립을 개전 이유로 할 것에 합의를 보았다.

8월 4일 오전 8시 반, 그레이는 독일 주재 영국 대사에게 훈령을 보내어 벨기에의 중립에 관한 독일의 의향을 최종적으로 확인하고 만일 밤까지 만족할만한 회답이 없으면 곧 여권을 청구하라고 명령했다. 이 훈령에 따라 이날 오후 영국 대사는 독일 외상을 방문했다.

그러나 독일 외상, 독일 정부는 이미 후퇴를 할 수 없으며 그것은 독일의 사활 문제에 관한 것이라고 답변했다. 영국 대사는 하오 7시, 최후 통첩을 가지고 다시 독일 외상을 방문했다. 그러나 대답은 역시 부정적이었다.

3) 불타는 전장

독일군의 벨기에 침공으로 전쟁은 시작되었다. 1814년 8월 4일에 터진 포성이었다.

그런데 쉽게 손을 들리라 믿었던 작은 나라 벨기에는 우세한 독일군에 대해서 거족적인 저항을 계속했다. 심지어는 벨기에 특유의 군견(軍犬)까지 동원되어 기관총을 끌면서 조국방위에 나섰다.

특히 리에쥬에는 근대적인 요새가 구축되어 있어서 이 요새에서 발사되는 포화에 의해 독일군은 다수의 희생자를 냈다.

그러나 독일군은 보다 더 강력한 화력을 가지고 있었다. 그것은 철도로 운반되는 420밀리 포로서 8월 2일, 시급히 완성하라는 긴급 명령을 받은 크루프회사가 밤을 새워 만든 중무기였다.

이에 비해 리에쥬 요새의 최대 화력은 구경 210밀리의 유탄포에 불과하였다. 420밀리의 거포는 포차까지 합하면 7.2미터, 무게 98톤, 사정거리 14킬로로, 이를 조작하기 위해서는 2백 명의 인원이 필요한 거대한 무기였다.

8월 17일 난공불락을 자랑하던 리에쥬 요새도 이 거대한 화력을 앞세운 루덴돌프의 저돌적인 공격 앞에 무릎을 꿇고 말았다.

(가) 서부전선

벨기에를 돌파한 독일군은 프랑스 국내에 돌입하여 남으로 남으로 진격을 계속했다. 조프르가 지휘하는 프랑스군은 계획적으로 후퇴를 거듭했고 프랑스군 서쪽에 있던 영국 파견군 4개 군단도 함께 퇴각을 계속했다. 그러나 후퇴하는 동안에도 영불군의 후미는 추격하는 독일군에 포화를 퍼부어 상당한 손해를 주고 있었다.

독일군의 우익은 파리를 향하여 하루 40킬로라는 강행군을 계속하고 있었으나 보급이 이를 따르지 못하고 병사들도 휴식을 취하지 못해 마르느강변에 도착했을 때는 완전히 지쳐버리고 말았다.

독일군의 최우익은 클루크가 이끄는 제1군으로서 그 동쪽에는 빌로우가 거느린 제2군이 있었다. 그런데 파리를 목표로 진격하고 있던 클루크의 제1군은 8월 3일, 파리 돌입을 중지하고 눈앞에 있는 프랑스의 제5군을 포위하기 위해 돌연 노아이용과 콩피에느 방향으로 진로를 바꾸었다. 그리하여 제1군은 제2군과 함께 파리의 동쪽을 흐르는 마르느강을 건넜다.

한편 프랑스 정부는 9월 2일 파리를 버리고 발트로 이전했으며 프랑스군은 파리에서 전투를 벌일 각오하에 파리 방위군 사령관 갈리에니 휘하에서 전투태세를 갖추었다. 그러나 독일군이 방향을 바꾸었으므로 파리는 끝내 파괴를 면하였다.

그런데 9월 7일, 프랑스군 사령관 조프르는 이때까지의 철수를 중지하고 돌연 공세를 취하기 시작하였다. 프렌치가 인솔하는 영국군도 이에 합세하였다.

영불군이 계속 후퇴하리라 믿었던 독일군은 당황하기 시작하였다. 영불군의 총반격을 받은 독일의 제1군과 제2군은 병력 부족으로 연락이 끊겨 그 간격이 50킬로나 벌어지고 말았다.

사실 제2군은 이날 정오에 퇴각했다. 그것은 적의 보병 부대가 대규모로 그 공간을 향해 돌입해 온다는 정찰기로부터의 보고를 받았기 때문이었다.

제1군과 제2군의 퇴각은 제3·제4·제5군의 퇴각을 불가피하게 했고, 이리하여 9월 11일 서부전선의 독일군 7개 군단 중 우익의 5개 군단은 에에느강까지 철수하고 말았다.

　이 싸움에서 프랑스군도 결정적인 승리를 거둔 것은 아니었다. 에에느까지 후퇴한 독일군은 그로부터 5년간 프랑스땅에서 물러가지 않았다. 전선 전체에 걸쳐 참호가 구축되어 5년 동안 참호전이 계속되었다. 서부전선의 참호전에서는 격전이 벌어진 적은 없었으나 적어도 하루 5천 명 이상의 병력이 소모되어 단기 결전의 꿈은 사라졌던 것이다. 그리고 이 지구전은 결국 독일의 작전 계획이 처음부터 좌절된 것을 증명하는 것으로서 독일에게 전쟁의 결과에 대한 불안을 안겨주게 되었다.

　(나) 동부전선
　동부전선에서도 격전이 벌어졌다. 8월 1일, 선전포고 이래 러시아는 독일의 예상을 뒤엎고 스피디한 행동으로 동원을 끝낸 뒤 2주일 후인 17일에는 독일 국경을 넘어 들어왔다.
　독일과 러시아의 국경 방면을 방위하기 위해 동프로이센에 배치되었던 독일군은 제8군으로서 그 병력을 군단 4개반, 1개 기병사단, 케니스부르크 수비대, 수 개의 지방군 여단이었다.
　이에 독일군 참모총장 몰트케는 퇴역 장성 힌덴부르크를 기용하고 참모장에는 루덴돌프를 임명했다. 그러나 이 인사의 목적은 사령관인 힌덴부르크가 아니라 그 휘하의 참모장이 된 루덴돌프에 있었다. 서부전선의 리에쥬 공략에 빛나는 전과를 올린 루덴돌프는 러시아군을 섬멸시킬 작전자로서 동부전선에 기용된 것이다.
　이 인사계획은 성공적이었다. 러시아군이 큰 손실을 입고 패퇴한 것이다.
　이 전투에서 독일군이 대승을 거두게 한 최대의 공적은 신임 사령관과 참모장이 특별열차로 임지에 오는 동안 참모인 호프만이 자기만의 판단으로 작전 계획을 세워 이것을 실행에 옮겼던 것인데 이것이 독일군의 승리를 갖다준 것이다.
　호프만 중령은 독일 참모본부의 러시아 문제 전문가였다. 그는 육군대학을 졸업한 후 통역으로 6개월 간 러시아에서 근무했으며 이어 참모본부의 러시아국에서 5년을 일했고, 노일 전쟁 때는 독일군의 무관으로 일본군에 종군한 적이 있었다.

그러나 이 싸움의 참된 승리자가 독일이라고 단정할 수가 없었다.

물론 독일군은 동부전선에서 승리를 거둔 것은 사실이다. 하지만 이 전투를 돕기 위해 파견된 2개 군단은 이미 전투가 끝난 다음에야 현지에 도착했던 것이며 서부전선 우익에 커다란 구멍이 뚫리게 한 결과를 낳았다. 독일군은 동부전선의 전투에는 이겼지만 전체적인 전쟁에는 결정타를 얻지 못했고 서부전선의 병력에 큰 차이를 가져오게 한 것이다.

(다) 터어키 참전

터어키에 대한 독일의 영향력은 절대적이었으며 이미 독일과 터어키는 동맹이 맺어져 있었다. 그러니까 독일의 참전에 터어키가 방관만 하고 있을 수 없는 것이었다.

터어키의 참전으로 러시아의 병력이 남쪽으로 분산되고, 또 인도군을 유럽에 수송하려는 영국의 계획도 크게 위협받는 것은 당연한 이치였다. 협상국 영국, 프랑스, 러시아는 당황하지 않을 수 없었다.

더구나 터어키의 참전은 독일, 오스트리아 측에 동남쪽으로의 통로를 열어주는 것이므로 삼국 협상 측의 외교는 터어키 중립 유지에 모든 노력을 기울이고 있었다.

또한 터어키 국내에서도 독일과의 동맹을 반대하는 세력이 있어서 독일, 터어키 동맹은 3개월이나 효력을 발생시키지 못하고 있었는데 갑자기 터어키를 끌어들이게 되는 사건이 발생했다.

그것은 터어키인의 눈 앞에 나타난 2척의 독일 군함 게에벤과 프레스로우였다. 이 순양함은 성능이 대단해서 이에 필적할만한 군함은 영국에 3척 밖에 없었다.

터어키 정부는 8월 13일 이 2척의 독일 군함이 터어키가 구입한 것이라 공시하고 이를 터어키 흑해함대에 편입한다고 발표했다. 물론 승무원은 모두 독일 해군이었다.

뿐만 아니라 8월 27일에는 독일의 장군 잔델스가 터어키군의 총사령관에 임명되기까지 하였다.

9월 말, 게에벤과 프레스로우의 활동 무대는 흑해에 미치고 터어키 함대는 독일군 제독의 휘하에 들어가 터어키 해군도 육군과 마찬가지로 완전히 독일의 지휘를 받게 되었다. 10월에 이르러서는 다수의 독일 장병, 무기, 군수품, 식량 등이 터어키에 공급되었다. 터어키의 참전은 시간 문제라 생각되었는데 이제 독일 세력의 터어키 유입은 노골화된 것이다.

터어키 정부는 군비의 정돈과 전국의 진전을 더 살피기 위해 신중한 태도를 취하려 했으나 오스트리아가 러시아와 세르비아의 협공을 받아 전쟁이 정체되자 독일의 압력에 못견디어 터어키 정부도 전쟁 개입을 결심하게 되었던 것이다.

마침내 10월 29일, 게에벤과 프레스로우는 러시아의 흑해 연안에 나타나 오데사, 세바스토폴리 등에 포격을 가하고 러시아 함대에 손해를 입혔다.

이리하여 터어키는 교전 상태에 들어갔거니와 11월 5일에 이르러서는 영국이 정식으로 터어키에 선전을 포고하고 아울러 사이프러스 섬의 병합을 선언했다.

(라) 일본의 참여

1914년 8월 7일 영국 외상 그레이가 일본 정부에 대해 협력을 요청한 것이 그 계기가 되었다. 즉 그레이는 동남아시아에서 영국 상선에 위협을 주고 있는 독일의 위장 순양함을 격파해 줄 것을 요청한 것이다. 이때 일본 외무대신 카토오는 이 요구를 기회로 독일에 선전을 포고하여 중국에 있는 독일의 식민지와 남양의 독일령 도서들을 영유할 욕심으로 정부에 참전을 제안하였다.

그러면 일본의 목적은 무엇이었는가. 그것은 이제까지 중국에 진출했던 영국, 프랑스, 독일 등의 유럽 열강이 전쟁으로 여념이 없는 사이에 중국에서의 이권을 독차지해 보겠다는 것이 목적이었던 것이다.

그 단적인 행동이 1925년 1월 18일, 중화민국 대총통 위안스카이에게 제출한 소위 「21개조」의 요구라 할 것이다. 그 요구 중 가장 기본적인 것은 칭따오 점령 후 사실상 일본이 관리하고 있는 산뚱의 권익 처분 문제와 남만주에서의 권익을 99년간으로 연장하려는 것이다.

나아가서 중국의 재정, 정치, 군사 고문으로 유력한 일본인을 초빙할 것이며 필요한 지방에는 일본과 중국의 경찰을 합동하고 일본으로부터 일정한 무기를 공급받으며 또한 중국과 일본이 합동하여 무기공장을 설립한다는 내용이 포함되어 있었다.

(마) 중국의 참전

연합국 측은 전쟁이 장기화함에 따라 독일에 경제적 압력을 가하기 위해 중국의 참전을 권고하기에 이른다.

1917년에 접어들자 중국에는 새로운 국면이 전개되기 시작하였다.

중국 남쪽에서는 전쟁으로 인해 열강의 정치적, 경제적 압력이 해이해진 틈을 타서 자주적 산업 발전을 위한 중립정책이 제창되기에 이르렀고, 한편 북양군벌(北洋軍閥)에 기초를 둔 뻬이징의 중앙 정부는 혁명의 위험과 재정적 위기를 해소하기 위해 참전을 댓가로 한 차관을 얻으려 하였다. 이리하여 그해 2월 미국이 독일과 단교를 권고하자 딴치루이의 뻬이징 정부는 재빨리 참전을 들고 나왔다. 물론 딴치루이도 국민적 요구를 제출하기에 인색치 않았다.

중국 정부는 곧 연합국에 대해 배상금의 지불 연기, 관세의 인상, 그밖의 재정적 원조를 참전의 댓가로 교섭하기 시작하였다.

이리하여 중국 정부는 열강의 묵인하에 1917년 8월 14일, 독일과 전쟁을 시작하게 된다.

(바) 이탈리아의 선전포고

유럽에서는 일찍부터 전선이 교착되어 소모전에 의한 전쟁 장기화의 가능성이 커지자 중립국의 동태가 크게 문제시되었다. 그러던 중 1915년 5월 이때까지 중립을 지켜오던 이탈리아가 삼국협상 측에 가담하여 참전하게 되었다.

원래 이탈리아는 형식상 독일, 오스트리아와 함께 삼국 동맹의 일원이었으나 결코 믿음직스런 존재는 되지 못하였다.

 더구나 지중해에 장화처럼 돌출한 이 나라는 동쪽에 스위스, 서쪽에 지브로올터와 면했으며, 남쪽에는 말타섬을 해군 근거지로 삼고 있는 영국과 접하고 있어 이들을 적으로 돌린다면 그야말로 이탈리아의 운명은 경각에 달린 것이나 마찬가지가 된다.

 그런데 당시 서부전선은 마르느 전투 이래 교착 상태가 계속되어 이탈리아의 태도여하는 독일에 직접적으로 큰 영향을 주게 되어 있었다. 그리하여 독일은 은퇴한 전재상 뷜로우를 특파사절로 임명하고 적어도 이탈리아가 중립만은 지키도록 교섭하라고 하였다. 또한 1915년에 들어서자 독일은 다시 제2의 사절로서 중앙당의 간부인 에르츠베르가를 로마에 파견했다.

 이처럼 이탈리아의 협상국 접근을 막으려고 독일은 필사의 노력을 다하였다. 그러나 이미 강경해진 이탈리아의 태도는 오스트리아의 이해와 융합되지 않았다. 두 사람의 특파사절도 대세를 돌이키지는 못했던 것이다.

 이탈리아는 1915년 초, 영토 확장의 보상을 조건으로 이탈리아의 협상국 측 참전을 영국 외상 그레이에게 제안하였다. 이 제안에 따라 양국은 협상을 계속한 결과 약간의 수정을 가한 끝에 4월 26일, 소위 「런던 협정」이라 하는 비밀협약을 성립시켰다.

 그리하여 5월 23일, 이탈리아는 우선 오스트리아에 선전을 포고하고 이어 터어키 및 독일과도 국교를 단절했다.

4) 전쟁의 장기화

 수개월 내에 전쟁을 마무리한다는 독일의 작전은 마르느전투에서 패배를 당한 후 상황이 달라졌다. 이 전투 이후 양측은 상대에 결정적 타격을 주지 못하고 장기전으로 돌입하게 되었던 것이다.

 1914년 가을에 접어들면서 전투는 예측을 불허하는 가운데 대치국면에 접어들고 있었다.

 서부전선에서는 영국 해협에서 바젤에 가까운 알사스의 스웨즈 국경에 이르는 300마일 이상에 걸친 전선에 수만 명의 군대가 맞서게 되었다. 양측은 참호를 파고 요새만을 구축하고 있었던 것이다.

동부전선의 전투는 서부전선에 비해 기동성이 있었으나 겨울철에 접어들면서 교착상태가 계속되어 서부전선처럼 긴 전선에 참호와 요새가 구축되고 있었다.

이리하여 각국은 국내 체제를 정비하여 전시에 대비하고 있었다. 무기와 탄약의 소비량을 충당하기 위하여, 또 식량을 비축하기 위하여 통제경제를 실시하게 되었다. 그런 가운데에서 국지적인 전투는 끊임없이 계속되고 있었다.

(가) 갈리시아 싸움

러시아는 오스트리아가 지배하는 폴란드의 갈리시아에서 오스트리아군을 격파하여 렘베르크, 프세미슬의 두 도시를 점령했다.

이 도시는 오스트리아로서 갈리시아를 다스리기 위한 요새였지만 러시아 측에서 보면 오스트리아의 심장 부다페스트로 통하는 직선 관문이었다. 러시아군은 프세미슬을 함락하고 곧장 부다페스트로 진격할 심산이었다.

프세미슬을 둘러싼 공방전은 그야말로 치열한 백병전이었는데 오스트리아군이 결국 패하고 러시아 수중에 들어간 것이다. 1914년 늦은 가을의 전투결과였다.

(나) 바르샤바 함락

갈리시아에서 패배한 오스트리아군은 독일군에게 구원을 요청했고 독일군은 갈리시아 탈환을 서두르게 된다. 이리하여 1915년 8월에 독일군은 마침내 바르샤바를 점령하고 폴란드를 모두 수중에 넣었다.

폴란드의 전 영역은 독일 전토와 비견될만한 광대한 면적과 2천만의 인구를 가지고 있었다. 폴란드를 군사적으로 제압한 것은 좋았으나 이 광대한 폴란드를 어떻게 요리할 것인가에 대해서는 독일과 오스트리아 사이에 의견이 엇갈렸다.

독일은 폴란드를 경제적으로 지배하기 위해 사실상 독일에 병합하기를 희망했고, 오스트리아는 오스트리아대로 수백 년간 슬라브계의 이 민족을 지배해 본 경험을 내세워 그 병합을 주장했다.

이리하여 1915년 8월부터 이듬해 11월까지 절충을 계속한 결과 이를 어느 나라에서도 병합하지 않고 괴뢰 정부를 세워 전쟁 목적에 동원하기로 결정을 보았다.

이같은 합의에 따라 1916년 11월 5일, 폴란드는 형식상 독립하게 되었으며 동맹국은 이 괴뢰 정권으로 하여금 군대를 모집시켜 전쟁에 필요한 인적 자원을 확보하려 하였다. 그러나 폴란드인들은 아무도 모병에 응하려 하지 않아 응소한 사람은 폴란드에 거주하는 수백 명의 유다인들 뿐이라는 아이러니칼한 결과를 낳았다.

(다) 남부전선의 소강전

오스트리아와 이탈리아 경계선에 따른 아드리아해 상부의 전선은 대부분이 산악지대이기 때문에 작전을 수행하기가 어려워 전투가 소강상태에 있었다.

물론 이 지역에서 전투가 없었던 것은 아니지만 1917년, 독일의 힌덴부르크가 6개 사단을 동원하여 전투를 치르기까지 이 지역의 전투는 겨우 수십 만의 오스트리아군을 묶어둘 정도의 소규모 전투로 일관하였다.

그러나 1917년, 늦가을에 있었던 이손조 전투로 독일군과 오스트리아군은 카포레토까지 진출했고, 여기서 패한 이탈리아군은 베네치아 평야 넘어로 후퇴하게 되었다. 이 전투는 이탈리아에게는 치명적인 것이었다. 프랑스와 영국은 황급히 증원군을 알프스 산맥을 넘어 투입시켰으나 독일군과 오스트리아군의 남하를 저지시키는 것만도 힘에 겨운 일이 아닐 수 없었다. 이리하여 이탈리아군은 결국 포강에 거의 인접한 피아베강 연안에서 겨우 전선을 유지할 수밖에 없었다.

한편 협상국 측은 다아다넬즈 해협의 전투에서도 큰 실패를 맛보았다.

이 전투는 1915년 3월, 영국과 프랑스의 함대가 다아다넬즈 해협에 압력을 가하려 한데서 발단되었다. 그러나 이미 독일과 터어키는 이 해협에 수뢰(水雷)를 가설하였기 때문에 협상국의 선박은 이 수뢰로 인해 적지 않은 피해를 입고 곧 철수하지 않으면 안 되었던 것이다. 그후 영국은 다시 공격을 시도하여 오스트레일리아, 뉴우지일랜드, 프랑스 등과 연합, 다아다넬즈 해협 양측의 육지에 상륙을 감행하였다. 그러나 이번에도 젊은 터어키 장교 무스타파 케말이 지휘하는 터어키군의 과감한 저항에 부딪쳐 소기의 목적을 달성하지 못한 채 패배하고 말았다.

(라) 승산없는 소모전

독일군은 동부와 남부전선에서 상당한 승리를 거두었으나 대세는 역시 서부전선에서 판가름나는 것이었다. 그러나 이때까지도 서부전선에는 교착상태가 계속되어 아무 진전이 없었고 게다가 영국의 해상 봉쇄는 독일을 더욱 초조하게 만들었다. 이에 몰트케의 후임으로 참모 총장이 된 팔켄하인은 프랑스 최강의 요새인 베르덩을 총공격함으로써 전국을 타개하려 하였다.

1916년 2월 21일, 팔켄하인은 마침내 이때까지 보지 못하던 대대적인 공격을 전군에 명하였다. 이에 대해 프랑스에서는 페탕을 총사령관에 임명하고 독일군의 보급을 끊음으로써 그들의 전세를 약화시키려는 전술로 맞서게 하였다.

전투는 2월 21일에 시작되어 6월 말까지 무려 4개월이란 긴 시일을 두고 공방전이 계속되었다. 겨우 5평방 킬로에 지나지 않는 이 좁은 지역에서 독일은 그동안 50만의 희생자를 내었다. 그중에서도 「죽음의 언덕」이라 불려진 고지의 전투는 그야말로 처참하기가 이를데 없었다. 특히 이 전투에서 독일군은 처음으로 독가스를 사용하여 서부전선에 있어서의 독가스 전투의 시초를 이루게 하였다.

그러나 이처럼 총공격을 했음에도 불구하고 독일군은 이 전투에서 승리를 거두지 못했다. 그러던 중 6월에 접어들면서 러시아가 동부전선에서 「부루실로프 공격」이라 일컫는 공격을 개시하고, 한편 영국과 프랑스군도 송므강 방면에서 공격을 시작했으므로 할 수 없이 베르덩 공격을 중단하게 되었다. 독일군 참모총장 팔켄하인은 이 전투의 패전을 책임지고 사퇴하였으며 그 후임에는 힌덴부르크가 새로 취임했다.

(마) 탱크와 전투비행기 등장

전쟁이 장기화 되면서 참전국들은 신무기 개발에 골몰하더니 그해 9월에는 마침내 영국에서 새로 개발한 전차가 등장하여 영국군의 사기를 크게 북돋우웠다.

이 전차를 가리켜 탱크라 부르게 되었는데 이는 영국이 제조한 전차를 적군에 속이기 위하여 처음에 물을 넣어두는 탱크라고 설명했기 때문이다.

이 전차의 등장은 영국군의 전투 수행을 훨씬 수월하게 만들었다. 그러나 독일군도 나포한 영국군 전차를 모방하여 곧 전차를 등장시킴으로써 이로부터 전선에는 전차가 새로운 병기로서 각광을 받기 시작하였다.

이같이 신병기가 등장하고 전투 기간이 길어지자 전쟁 물자의 소모는 비약적으로 증대하였다. 그리고 이때에 이르러 독가스, 전차 외에 비행기의 진보도 현저해졌다. 전쟁 발발 당시 비행기는 겨우 정찰용으로 사용될 뿐으로 서로 비행기가 스치게 되면 조종사들은 손수건을 흔들며 인사하는 것이 전쟁 초기의 광경이었다. 당시는 나르는 것만으로도 힘이 벅찼던 것이다. 그러나 비행기의 제작은 시일이 지남에 따라 발달되어 마침내 비향기에 기관총을 장치하기에 이르렀고 공중전으로까지 확대되었다. 마침내는 도시의 공습도 시작하게 되었다.

(바) 유틀란트 해전

독일은 해군을 동원한 바다에서의 결전을 시도했으나 영국은 함대를 출격시키지 않고 북해의 출구만을 봉쇄하여 독일에 대한 물자 수송을 차단하고 있었다. 영국이 이같은 작전에 시달리던 독일은 마침내 영국 해군을 대양으로 유도하여 해상결전으로 영국의 기상을 꺾으려는 작전을 세우게 된다.

1916년 5월 말 유틀란드 앞 바다에 독일 함대가 출동하여 영국 함대와 부딪치게 된다. 이때 독일 함대는 거함이 총동원 되었고 영국 함대는 순양함으로 구성된 함대였다.

이 해전은 영국으로서는 고전이었다. 전투가 시작된지 1시간 반 만에 영국이 자랑하던 순양함 인디파디칼호가 격침되고 그보다 훨씬 규모가 큰 대형 순양함 퀸 매리호도 12인치 포에 맞아 격침되었다.

그러나 이날 오후 영국 주력 함대가 이 해전에 참여하여 독일 함대는 큰 타격을 입게 되었다.

마침내 독일 함대는 구축함의 연기를 연막으로 필사의 도주를 했다. 유틀란트 해전은 결국 양군이 막심한 피해를 입었지만 영국의 제해권 장악은 흔들리지 않았고 독일 함대는 그후 출항할 기회를 갖지 못했다.

그 이후의 해상은 모두 봉쇄작전으로 일관하여 큰 해전은 없었다.

(사) 미국의 참전

영국의 해상 봉쇄작전으로 물자 수송에 어려움이 가중되자 독일은 잠수함에 의한 소위「통상파괴전」을 가지고 대항하기 시작하였다.

1915년 5월, 영국의 루시타니아호가 독일 잠수함에 의해 격침됨으로서 그 배에 탔던 128명의 미국인이 희생되었다.

이에 대해 미국은 독일에 엄중한 항의를 보냈다. 이를 계기로 하여 미국은 연합국 측에 참전할 것을 통고하게 된다.

그리하여 1917년 독일이 무제한 잠수함전을 선언하자 마침내 미국은 2월에 들어서면서 독일과 국교를 단절하고, 여론의 통일이 가능해지자 4월 6일 독일과 전쟁을 시작하게 되었다.

말할 것도 없이 미국의 참전이 세계 전쟁에 끼친 영향은 서부전선에 대한 병력 파견보다 연합국에 대한 경제 원조에서 결정적으로 나타났던 것이다.

(2) 전쟁중의 러시아 혁명

1) 혁명 분위기 성숙

전쟁은 러시아의 불안한 정정(政情)을 일단 안정시키는 구실이 되었다. 국민은 상하를 막론하고 전쟁에 임하여 애국심을 불러 일으켰던 것이다.

혁명 분위기에 젖어있던 노동자들도 파업을 중지하고 군대에 들어 갔으며 오히려 황제를 보호하라는 노래를 부르기도 했다.

그러나 이 흥분은 전쟁이 진행되는 동안 러시아 체제의 결함이 그대로 들어났고 군의 장비도 형편 없었다. 이러한 조건인데도 장군들이 공을 다투어 조급히 출전한 결과 번번히 패배만 당했다.

초기에 유리하게 전개되던 오스트리아 전선도 독일군의 공격에 커다란 타격을 입었다.

그럼에도 불구하고 정계 지도층의 문란과 황제 니콜라이 2세의 무능, 또 황후가 설치는 정치에 민심은 등을 돌리고 말았다. 또 식량과 연료 부족에 허덕이는 노동자들의 파업이 빈발하였고 정부도 이를 저지할 힘이 없게 되었다.

거기에다 귀족, 또는 군주주의자들의 우익이 설치고 있었으며 니콜라이 2세는 국회를 해산할 칙령까지 준비하고 있었다.

이에 대하여 진보적인 세력은 민중을 선동하여 혁명을 일으킬 음모를 꾸미게 된다.

(가) 2월 혁명
1917년 3월 8일은 러시아「부인의 날」이었다. 이날 부인들은 부인 노동자의 대우 개선을 위한 데모가 있었다. 몇 군데 섬유노동자가 파업을 단행하고 금속 노동자들과 함께 거리를 행진했다.

이날 파업을 한 노동자는 약 9만에 이르렀고 그들은 빵을 달라고 외치면서 시청을 향해 행진했는데 별다른 방해나 충돌도 없이 평온하게 데모를 마치고 해산했다.

이튿날도 데모가 계속되었는데 군중의 수는 전날보다 더 많았다. 이날은 빵을 달라고 외치던 구호가 전제정치 타도라는 구호로 바뀌고 또 전쟁 반대를 외치는 소리도 들렸다.

이에 대하여 정부는 경찰과 군대를 출동시켰는데 거리에 진압 나온 카자흐 기병대는 오히려 민중편을 지원하는 듯한 느낌이었다. 물론 수비군 사령관 하바로프 장군도 병사들에게 발포를 못하게 했다.

그러나 26일이 되자 일부 진압군이 군중에 발포를 하여 60여 명의 사망자와 다수의 부상자를 내는 사건이 발생했다.

분노한 군중들은 곧 경찰서를 습격하여 파괴하고 감옥에 갇힌 죄인들을 석방했다. 뿐만 아니라 군대 내에서 한 연대가 반란을 일으켜 연대장을 살해하는 사건까지 발생했다.

그때 니콜라이 2세는 군 총사령관의 자격으로 사령부에 머물러 전쟁을 지휘하며 수도의 혼란도 강력히 다스리라는 명령만을 하바로프 장군에게 내리고 있었다.

그런데 3월 12일이 되자 군대의 반란이 확대되어 병정들이 무기를 든 채 노동자들과 합세한 것이다.

이미 경찰력은 기능이 마비되어 있었고 네바강가의 황제의 동궁과 해군성에 있던 대신들과 군사령관은 반란군에 체포되었고 그 일부는 도주해버리는 사태에 이르렀다. 이른바「2월 혁명」으로 불리는 사태였다.

(나) 10월 혁명의 서막

이 혼란을 수습하기 위해 다우리체스키 궁전에 있는 국회가 입헌민주당을 중심으로「국회 비상위원회」를 조직하고 3월 1일에는 국회의원은 아니었으나 자유주의적 귀족으로 명망이 높던 르보프 공작을 수반으로 하는 임시 정부를 수립했다.

이 정부는 입헌민주당과 시월당으로 구성되었으며 그밖에 사회혁명당에 속하는 케렌스키가 개인 자격으로 입각했다.

이렇게 해서 임시 정부는 수립되었으나 그것이 사태를 수습할 능력을 갖고 있지는 못했다. 왜냐하면 이 혁명은 국회가 일으킨 것이 아니라 오로지 노동자와 병사의 반란으로 일어난 것이기 때문이었다.

「국회 비상위원회」가 성립된 3월 28일, 같은 다우리체스키 궁전의 다른 방에서는 「소비에트 집행위원회」라는 것이 조직되었다. 이것은 혁명을 일으킨 공장이나 병영의 대표자가 선출한 것인데, 그들은 곧 민병(民兵)의 설립, 수도에의 식량 보급, 철도 운수의 재개 등의 사업을 시작하기로 결정하고 실질적인 정부의 기능을 발휘할 결의를 나타냈다. 1905년에 생겼다가 소멸된 소비에트가 다시 모습을 나타내었던 것이다.

이렇게 하여 10월 혁명이 일어나기까지 이 임시 정부와 소비에트 집행 위원회는 두 개의 정부로 존속하게 되었다.

(다) 러시아 왕조의 종말

군사령부에 있던 황제에게는 이같은 급속한 사태의 진전이 전혀 상상 외의 것이었다. 이에 그는 남부 전선의 사령관 이바노프에게 명하여 곧 수도에 달려가 수습하라고 명령했다. 그러나 이바노프가 황후의 체재지인 하르스코에 도착했을 때는 이미 혁명군으로 전향한 수비대가 황후를 감금하고 있었다.

이 보고를 받은 황제는 스스로 페트로그라드에 가려했으나 이번에는 그가 탄 열차가 철도 노동자에게 저지되었다. 그리하여 황제는 할 수 없이 예정을 변경하여 북부 전선의 사령부가 있는 프스코프로 갔다.

페트로그라드에서는 임시 정부가 성립된 후 곧 사자를 황제에게 보내 퇴위를 종용했다. 그러나 그들은 황제 제도를 폐지하는 것이 아니라 제위를 황태자인 알렉세이에게 양위하기를 요구했다. 프스코프에서 사자를 맞은 황제는 퇴위를 승인했으나 제위를 어린 아들에게가 아니라 동생인 미하일 대공에게 물려줄 것을 원했다. 하지만 이같은 선택은 아무 의미가 없었다.

페트로그라드의 소비에트는 이미 공화제 이외의 것은 생각도 하지 않았다. 또한 미하일 대공도 제위에 오르기를 거부했다. 임시 정부는 결국 다음에 열릴 입헌 국민 의회에서 정체(政體)의 결정을 하였거니와 이로써 3백 년간을 계속한 로마노프 왕조도 러시아의 황제 제도와 함께 영원히 지상에서 사라져 버렸던 것이다.

(라) 레닌의 귀국과 4월 테제
 2월 혁명으로 탄생한 두 정권은 모두 국민의 혁명적 의사를 대표하는 기관이 못된 것은 말할 것도 없거니와 소비에트 정권의 성격 역시 확실하지가 않았다. 그것은 공장이나 병영에서 자주적으로 탄생했기 때문에 선출된 대표자들의 당파적 색채가 강하지 못하였다. 그리고 집행 위원회에서는 각파의 사회주의자가 모여 있었으나 각당의 입장은 아직 명확하지가 않았다.
 더구나 뒤에 있을 10월 혁명의 주역을 담당할 볼셰비키는 당시는 소수파였으며 그 지도자도 이때 혁명에는 직접 참가하지 못하고 있었다. 레닌은 지노베프와 함께 스위스의 쮜리히에서 망명생활을 보내고 있었으며 아직 볼셰비키는 아니었으나 10월 혁명에 큰 역할을 담당한 트로츠키는 부하린과 함께 뉴요크에 망명하고 있었다.
 이러한 가운데 레닌이 귀국하였다. 귀국한 레닌은 곧 볼셰비키의 본부에 달려가 2시간에 걸친 연설을 행하였다. 그의 연설은 「현재 진행되고 있는 혁명에 있어서의 프롤레타리아의 임무」라는 것이었는데 이것이 소위 「4월 테제」로서 그후 볼셰비키의 강령이 되었다.
 그것은 결국 혁명적 조국 방위주의를 반대하고 그 영향하에 있는 선의의 대중을 설득하여 전쟁과 임시 정부를 반대하도록 이끌어야 한다는 것이었다.
 그리고 「현정세의 특징은 프롤레타리아의 의식과 조직이 불충분했기 때문에 권력을 부르조아에 넘겨 주었던 혁명의 제1단계에서, 프롤레타리아와 빈농의 손에 권력을 넘겨 줄 제2단계에로 전환되는 점에 있다」고 말한 다음 「의회주의적 공화국」이 아니라 전국의 모든 노동자, 농민, 농업 노동자 대표에 의한 소비에트 공화국의 수립을 제창하고 「모든 권력을 소비에트에!」란 슬로우건을 내세웠다.

(마) 레닌의 2차 망명

이런 사태 속에서 정부는 연합국에 전쟁 승리를 쟁취하기 위해 러시아의 책임을 다하겠다는 각서를 보냈다. 이에 대하여 노동자, 병사들은 전쟁 반대를 외치며 대대적인 시위를 벌였으며 일부 군인들은 무장을 하고 이에 참가했다.

사태가 이렇게 되자 정부는 곧 외무대신 밀류코프 등 강경론자의 사표를 수리하고 10명의 자유주의자와 3명의 멘셰비키, 3명의 사회혁명당원으로 구성되는 연립내각을 구성하여 사태를 수습하려 하였다.

멘셰비키와 사회혁명당이 연립내각에 가담함으로써 이들 정당과 볼셰비키의 대립은 점점 더 격화되었다. 그러나 6월 중순 페트로그라드에서 전 러시아 소비에트 대회가 열렸을 때에는 볼셰비키 대의원은 약 1백 명에 지나지 않았고 7~8백 명은 멘셰비키와 사회혁명당의 대의원이었다. 따라서 이 대회에서는 임시 정부와 전쟁 계속을 지지하는 세력이 강했던 것이다.

그런데도 불구하고 7월 1일 40만의 노동자와 병사가 벌인 데모대의 플래카아드에는 그 90%가 「전쟁 반대」, 「모든 권력을 소비에트로!」라는 볼셰비키의 슬로우건이 씌어져 있었다. 동시에 7월 1일 정부는 연합국의 요청에 따라 전선에 새로운 공격을 계획하여 그 성공에 의해 정부의 위신을 회복하려 했으나 이것 역시 실패로 돌아갔다.

마침내 전쟁 반대의 데모는 절정에 달하였다. 7월 16일, 17일 양일간에 약 50만의 노동자가 가두에 진출하여 임시 정부에 대한 공격을 가하였다. 이에 정부는 극한 투쟁으로 맞섰다. 군인들은 발포를 시작했고 전선에서 불러들인 군대들이 데모의 해산에 대대적으로 가담했다.

이리하여 데모는 완전히 진압되고 볼셰비키에 대한 탄압은 한층 더 가혹해졌다. 그 지도자들은 속속 검거되고 레닌은 기관차의 화부를 가장하여 핀란드로 다시 망명의 길을 떠났다.

(바) 반혁명의 실패

　이 사건으로 내각은 다시 경질되어 케렌스키가 스스로 수상의 지위에 올랐다. 그것은 7월 봉기의 진압으로 케렌스키의 지위가 상승된 것을 의미한다. 그러나 이 케렌스키의 지위는 오래 지속되지 못하였다. 「실패한 혁명」에 뒤이어 「실패한 반혁명」이 일어났기 때문이었다.

　볼셰비키의 혁명 기도 실패는 군인들의 자신을 일깨웠다. 이 봉기가 진압된 후 케렌스키에 의해 군의 총사령관에 임명된 코르닐로프 장군은 이 기회에 소비에트를 폐지하고 군인에 의한 독재 정권을 수립하려 하였다.

　이리하여 그는 모기리요프의 총사령부에 돌아가 7월 7일 강력한 카자흐 연대에게 페트로그라드로의 진격을 명령했다. 이에 대해 케렌스키는 코르닐로프를 반역자로 규정하여 파면하고 소비에트와 볼셰비키에 원조를 청했다.

　노동자와 병사들에 침투된 볼셰비키의 세력은 강했다. 코르닐로프의 군대에서도 사령관의 명령을 거역하는 군인이 속출하였다. 그리하여 반혁명은 실패로 돌아가고 코르닐로프는 9월 12일 체포당했다.

2) 10월 혁명의 봉화

　코르닐로프의 반란을 진압하는데 공을 세운 볼셰비키의 당세가 이때를 계기로 크게 신장된 것은 당연한 일이다. 그리하여 페트로그라드와 모스크바의 소비에트 선거에서는 볼셰비키가 압도적인 다수를 점하게 되었다. 그리고 이같은 정세에서 볼셰비키는 또다시 「모든 권력을 소비에트로!」라는 슬로우건을 내세우기 시작하였다.

　이에 반하여 케렌스키의 입장은 상대적으로 약화되었다. 코르닐로프가 행동을 개시하자 입헌민주당의 각료는 사임하고 멘셰비키와 사회혁명당은 이 사건에 대한 케렌스키의 책임을 물으며 내각에서 떠나갔다. 그리하여 연립 내각은 와해되고 약 한 달 가량 정규적인 내각이 성립되지 못했다.

그동안 케렌스키는 5명으로 구성되는「집정제」를 만들어 지배권을 쥐고, 9월 하순에는「민주회의」를 열어 그 결과 헌법 제정 의회가 선거될 때까지 잠정 기관으로「예비 의회」를 두기로 하였다. 이리하여 겨우 그는 제3의 연립 내각을 구성하고 또 얼마 되지 않아「예비 의회」도 열었으나 이들이 아무 일도 하기 전에 10월 혁명의 큰 파도를 만나게 되었다.

볼셰비키 이외의 당파는 이들과 대항할 필요를 느끼지 않고 있었으나 케렌스키 일파는 최후까지 볼셰비키와 대항하여 의견의 일치를 보지 못하였다.

1917년 가을이 되자 케렌스키가 속한 사회혁명당의 강력한 지반인 농촌에서는 농민의 토지 탈취가 성행하기 시작하였다. 케렌스키는 이것을 금지하도록 명령했으나 실천할 능력이 없어 오히려 케렌스키의 지반을 침식당하는 결과만을 낳았다.

그리고 케렌스키는 자당내에서도 소수의 우파로부터만 지지를 받고 있을 뿐 다수의 중간파는 그를 멀리하고 있었으며 더구나 좌파는 볼셰비키에 접근하여 그 세력을 증가시키고 있었다.

(가) 레닌의 잠입과 트로츠키 활약

핀란드에 망명해 있던 레닌이 이 형세를 보고 지금이야말로 혁명을 일으킬 시기라고 판단하였다. 그는 볼셰비키 중앙 위원회에 편지를 보내 곧 무장 봉기를 시도하라는 지시를 내렸다. 그러나 국내에 남아 있던 중앙 위원회의 가장 유력한 멤버였던 지노비예프와 카메네프는 레닌의 생각이 지나치게 모험적이라 생각하였다. 그들은 이같은 시도를 하지 말고 앞으로 열릴 헌법 제정 의회에 대비해야 한다고 주장하였다.

이에 초조해진 레닌은 10월 23일 변장을 하고 페트로그라드에 잠입하여 중앙 위원회에 출석했다. 그리고 이 회의에서 지노비예프, 카메네프의 반대를 물리치고 무장 봉기의 결행이 결정되었던 것이다.

이 과정에서 가장 열성적으로 레닌을 지지한 것은 트로츠키였다. 트로츠키의 사상은 멘셰비키나 레닌의 그것과는 다른 독자적인 것이었으나 즉시 정권을 탈취해야 한다는 그의 주장이 레닌과 일치했기 때문에 그는 볼셰비키에 가담하여 유력한 지도자가 된 것이다.

이리하여 그는 1917년 9월, 페트로그라드 소비에트의 의장에 선출되었고 무장 봉기의 방침이 결정되자 다시 지하에 숨어든 레닌을 대신하여 혁명의 실제적 지휘를 담당하게 되었던 것이다.

(나) 무혈혁명, 정권장악

1917년 11월 7일은 제2회 전 러시아 소비에트 대회가 열리기로 되어 있었는데 레닌은 그 전날 무장 궐기를 하라는 명령을 내리고 이에 따라 중앙 위원회는 6일 그 최종 결정을 승인하였다. 그날밤 레닌은 붕대로 얼굴을 가리고 페트로그라드에 나타나 당시 볼셰비키의 본부로 쓰고 있던 스몰리누이 학원에 들어갔다.

밤 사이에 볼셰비키 지도하의 군대는 정거장, 우체국, 전화국, 국립 은행, 발전소와 그밖의 중요한 전략 지점을 신속하게 점령했다.

이튿날 낮에는 임시 정부가 있던 동궁(冬宮)이 포위되고 네바강에 정박하고 있던 순양함「오올로라」가 위협 포격을 가했다. 케렌스키는 이날 아침 도망쳤으나 그밖의 관료는 이날 저녁 때까지 모두 체포되었다.

이리하여 10월 혁명은 하룻만에 거의 피를 보지 않고 성공을 거두었다.

7일 밤 전 러시아 소비에트 대회는 예정대로 개최되었다. 649명의 대의원 중 390명이 볼셰비키였다. 그 위에 사회혁명당의 좌파가 볼셰비키를 지지했기 때문에 대회는 완전히 볼셰비키가 지배하게 되었다.

멘셰비키는 이에 대항하여 싸웠으나 마침내 우파, 중간파의 사회혁명당과 함께 대회에서 탈퇴하고 말았다.

이튿날 레닌은 7월 이후 처음으로 공중 앞에 모습을 나타내어 연설을 했다. 그리고 전체 교전국에 대한 무병합, 무배상의 평화를 제의하고 지주의 토지를 무상 몰수한다는 결의를 한 다음 곧 레닌을 수반으로 하는 신 정부의 수립을 선포하였다.

(다) 최초·최후의 자유선거

10월 혁명은 볼셰비키가 예상한 것보다 훨씬 손쉽게 성공을 거두었다. 그러나 이 혁명이 결코 국민 다수의 의사에 의해 성취된 것이라고는 할 수 없다. 그리고 국민 전체 가운데서 볼셰비키가 다수의 지지를 받고 있는 것도 아니었다. 그것은 11월 12일에 행해진 헌법 제정 의회의 선거 결과가 말해 주고 있다.

원래 2월 혁명 이후의 정부가 임시 정부라 불린 것은 그것이 헌법 제정 의회의 승인을 거친 것이 아니기 때문이며 또한 정부가 이 의회의 선거를 연기한 것이 비난의 적이 되기도 했다.

그리고 볼셰비키가 정부를 비난한 것의 하나가 바로 이 의회 선거의 연기에 있었으며 따라서 볼셰비키는 정권을 잡으면 곧 의회를 구성하겠다고 약속했던 것이다. 그런데 그 선거 결과는 사회혁명당이 압도적 다수를 차지하고 볼셰비키는 25%의 지지를 얻는데 불과했다.

의석 분포는 전 717석 중 사회혁명당이 370석, 볼셰비키가 175석, 레닌파의 좌익적 사회혁명당이 40석, 입헌민주당이 17석, 멘셰비키가 16석, 그밖의 정당이 99석이었다.

(라) 볼셰비키 독재

「자유 선거」에서 볼셰비키가 이처럼 참패한 것은 앞으로의 혁명 진행 과정의 큰 장애가 되었다. 그러나 레닌은 이러한 결과에 개의치 않았다. 원래 레닌은 서부 유럽에서와 같은 의회 제도를 염두에 두지 않았던 것이다.

따라서 레닌은 의회가 열리기 전부터 반대파의 체포와 숙청을 시작했고 의회가 열린 후 사회혁명당의 의원이 볼셰비키에 반대하는 태도를 취하자 그는 전 러시아 소비에트 회의의 이름으로 이를 공격하면서 의회를 「부르조아적인 반혁명의 도구」로 몰아 의회를 폐쇄하고 볼셰비키 이외의 모든 정당을 금지하고 말았다.

여기서 비로소 「프롤레타리아의 독재」라 칭하는 일당 독재 제도가 성립된 것이다.

그러나 러시아 혁명이 당시 많은 러시아 민중의 열망에 부응한 요소를 갖고 있었던 것만은 부정할 수가 없다. 그들은 전쟁을 싫어하고 평화를 바라고 있었다. 그리고 무엇보다도 다수의 농민이 자기 토지를 갖고 싶어했다. 이 두 가지 요구를 확실히 해결해 주겠다고 약속한 것은 레닌의 볼셰비키 외에는 없었던 것이다.

여기에 여러가지 차질이 있었음에도 불구하고 볼셰비키가 결정적 순간에 혁명을 성공시킨 비결이 있는 것이다. 그러나 이것은 어디까지나 러시아라는 사회와 세계 대전이라는 시대를 떠나서는 생각할 수 없는 일이었다.

(마) 소비에트 단독 강화 조약

소비에트 정부는 이해 11월 9일 그들의 강화 정신에 따라 교전국에 대해서 무전으로 강화를 호소하고, 21일에는 페트로그라드 주재 연합국 대사를 통해 정식으로 강화 각서를 전달했다. 그 이튿날에는 독일과의 정전 교섭을 거부한 총사령관 드호닌 장군을 파면하고 육·해군 인민 위원부의 크리렝코 중위가 새로 총사령관에 임명되었다.

한편 28일 소비에트 정부는 전 교전국의 국민에게 호소하여 연합국 정부가 강화 제안에 응하지 않음을 비난하고 다시 30일에 이르러서는 연합국에 통첩을 보내어 연합국이 브레스틀리토프스크에서 강화 회의를 열 것에 동의할 것인가 아닌가에 대한 최종적 회답을 촉구했다.

그러나 연합국이 소비에트 정부의 요구에 성의를 보이지 않자 그들은 12월 22일부터 독일, 오스트리아, 불가리아를 상대로 브레스틀리토프스크에서 단독 강화 회의를 개최하였다. 이때 소비에트 정부가 제안한 것은 무병합, 무배상, 민족 자결주의 3대 원칙이었으나 독일 등 동맹국 측은 이를 전면적으로 거부하였다.

이후 전쟁 배상 문제에 대한 이견으로 우여곡절을 거친 끝에 3월 3일 마침내 역사적인 브레스틀리토프스크 강화 조약이 조인되었다. 이 조약에 따라 소비에트 러시아는 러시아 제국 영토였던 핀란드, 폴란드, 발트 지방을 잃은 외에 우크라이나로부터의 철병을 승인하게 되었고 다시 60억 마르크의 배상금을 지불하게 되었다.

3) 1차 대전의 종결

이 강화로 러시아는 독·이에 항복을 했고 또한 5월 7일에는 부쿠레시티 강화 회의로 루마니아가 동맹국 측에 무릎을 꿇었다. 이에 반해 동맹국 측의 네 나라는 가을이 되기까지 아직 이러한 이탈자가 생기지 않았다. 특히 러시아의 항복은 독일을 동부전선의 압력으로부터 해방시켜 주어 그 방면에 배치되었던 병력의 대부분을 서부전선에 전용시킬 수가 있었다.

그리하여 독일은 미국군이 도착하기 전에 유럽 전선에 종지부를 찍고자 3월 하순부터 서부전선 전면에 걸쳐 대대적인 공격을 시작하였다.

전투는 3월 21일 아침 북부 프랑스의 영국군에 대한 독일군의 공격으로 시작되었다. 독일군은 영국군의 전선을 돌파하고 격전장이었던 군사적 요지 아미앵으로 전진했다.

그러나 4월 4일 아미앵 전방 10마일 지점에서 독일군의 진격은 중지되었다. 독일군은 이미 보급의 두절과 휴식없는 전진으로 싸울 기력을 상실했던 것이다.

연합군은 이때 처음으로 통일사령부를 설치하고 그 사령관이 된 프랑스의 포슈의 지휘하에 반격의 태세를 취하여 파리를 눈 앞에 둔 독일군은 「암흑의 날」이라 불린 8월 8일부터 전 전선에서 후퇴를 하기 시작하였다.

연합군의 승리는 프랑스에서 뿐만이 아니었다. 시리아, 팔레스티나, 마케도니아, 이탈리아의 각 전선에서도 동맹국은 여지없이 패배를 당했고, 9월 27일에는 불가리아가 조건부 휴전을 요구하여 전선에서 이탈했다. 그리하여 독일과 오스트리아의 사기는 크게 전락되고 국내의 반전여론도 최고조에 달했다. 마침내 군부 독재를 하던 힌덴부르크와 루덴돌프도 동맹국의 패배를 시인하고 강화를 추진할 각오를 하게 되었다.

(가) 독일의 휴전제의

8월의 대공세가 실패로 돌아가자 패배를 자인한 독일은 강화에 나설 의사를 표명하고 있었다. 8월 14일에 열린 어전 회의에서 외무대신은 「이미 군사적으로는 승산이 없다. 그러므로 외교적 방법으로 전쟁을 종결시킬 도리밖에 없다」는 의견을 말했고 이에 대해 황제도 패배를 자인하지 않을 수 없었다.

더구나 불가리아의 항복으로 구멍이 뚫린 발칸전선을 메울 힘이 이미 독일이나 오스트리아에게는 남아 있지 않았다. 그리하여 마침내 9월 28일 힌덴부르크와 루덴돌프는 재상에게 평화 교섭을 제의하였다.

마침내 독일은 1918년 10월 3일 밤 휴전과 강화를 동시에 요청하는 제안을 미국 대통령 윌슨에게 보냈다. 사실상 무조건 항복이었다.

(나) 독일 혁명의 시작

독일의 혁명은 1918년 10월 28일, 키일군항에서 발생한 수병들의 반란으로 시작되었다. 해군 수뇌부가 영국에 대한 최후의 결전을 위해 내린 출항 명령을 수병들이 거부하고 배에 불을 지른 것이다. 이 때문에 6백 명의 수병이 체포되었으나 그의 동료들은 체포된 수병의 석방을 강력히 요구하고 11월 3일에는 키일시의 노동자와 합세하여 대대적인 시위 행렬을 벌였다.

해산 권고를 거부한 이들에게 육군장교가 발포를 시작하자 데모대들도 총칼로써 이에 대항하였다.

반란은 11월 5일부터 급속히 북부 독일의 항구로 전파되고 이어 서부 독일과 남부 독일 대도시가 노동자 병사의 지배하에 들어갔다.

7일에는 뮌헨에서도 혁명이 일어났다. 많은 노동자, 병사들은 다수파 사회민주당과 독립사회민주당과 제휴하고 있었으며 관헌이나 군대도 혁명 운동에 거의 간섭하지 않았다.

8일에 이르러서는 베를린을 제외한 중부 독일과 서부 독일의 도시 대부분을 혁명파가 장악하였다.

(다) 독일 공화국 선언

황제가 퇴위하지 않는 한 혁명은 불가피하게 되었다. 10월 6일에는 루덴돌프의 후임으로 참모총장이 된 그레너가 다수파 사회민주당 지도자와 회담을 가졌는데 이때 그 지도자 에베르트는「혁명을 방지하려 한다면 황제의 퇴위가 절대적으로 필요하다」고 역설했다. 그레너 자신도 이 주장을 충분히 이해했으나 스스로 황제의 퇴위를 요구하는데는 반대했다.

11월 9일이 되었다. 이날 오전 9시 다수파 사회민주당 출신의 각료는 사표를 내고 혁명 운동에 가담했다.

같은 시간에 베를린에서는 총파업을 단행하고 무장한 노동자들의 대열은 시가의 중심을 향하여 모여들기 시작하였다.

경찰은 이에 대항할 실력이 전혀 없었고 또 대항하려고도 하지 않았다. 혁명을 진압하기 위해 중무장한 근위 연대가 시내에 진주하고 있었으나 이들도 무장한 노동자의 대열을 진압하려 하지는 않았고 오히려 데모 대열에 합세하는 병사도 있었다.

오후 2시 사회민주당의 샤이데만이 제국 의회 의사당 식당에서 점심을 먹고 있을 때 50명 가량 되는 노동자와 병사가 몰려와 지금 혁명파 지도자가 왕궁 발코니에서 연설을 하고 있다는 말을 전했다.

이것은 잘못된 뉴스였으나 샤이데만은 만일 그들이 왕궁 발코니에서 소비에트 공화국이라도 선언하는 경우에는 큰 일이라 생각하고 곧 제국 의회 도서관의 창가에 올라서서 수많은 관중에게 연설을 하였다.

그 요지는 사회주의 정당에 의한 노동자 정부의 수립, 군주제의 폐지, 독일 공화국의 수립 등이었다.

그의 연설이 끝나자 우뢰같은 박수와 함성이 터져나오고 이어 가두의 군중은 왕궁을 향하여 승리의 행진을 시작하였다. 그의 개인적인 연설이 공식 포고와 같은 결과를 낳게 한 것이었다.

이리하여 샤이데만의 독단으로 에베르트나 다수파 사회민주당의 의지에 반하여 독일 공화국이 선언된 것이다.

(라) 독일 황제의 최후

1918년 11월 8일 정오 혁명 운동이 각처에서 성공을 거두었다는 뉴스를 듣자 황제는 스스로 군대를 이끌고 진격하여 이를 진압하겠다고 고집하였다. 그러나 참모차장 그레너는 이날 오후 작전을 검토한 결과 그것이 전혀 불가능하다는 결론을 내렸다.

실제로 황제의 명령에 따라 혁명대열을 진압시킬 군대 내의 장교는 아무도 없었다.

이제 독일에서는 민주공화제냐 아니면 프롤레타리아 독재냐 하는 두 길을 놓고 투쟁이 벌어질 뿐이었다. 마침내 황제는 네덜란드를 망명지로 정하고 11월 9일 밤 특별 열차를 탔다. 이리하여 독일 제국은 역사상 그 자취를 감추었다. 카이저라 통칭되던 빌헬름 2세도 두 번 다시 독일땅을 밟지 못했다.

이어서 독일은 연합국 측의 가혹한 휴전 조건을 받아들여 11월 11일, 파리 근교의 콘피에뉴 숲에서 휴전 조약을 체결했다.

그 결과 독일은 방대한 서부전선의 병력을 15일 내로 본국으로 철수시키고 휴전 후 31일 내에 라인강 동쪽 10킬로까지 전군을 후퇴시켜야 했으며 서부 독일 일대를 전승국에 점령당하지 않으면 안 되었다. 또한 대부분의 무기와 막대한 물자도 전승국에 인도해야만 하였다.

4) 국제 평화운동

독일이 항복하기 이전 이미 동맹국인 터어키, 불가리아도 10월에 이르러 항복을 했고, 11월 3일에는 오스트리아도 연합국과 단독 강화를 맺음으로써 제1차 세계대전은 종말을 고했다. 그러나 단지 전투의 종식을 규정하는 휴전 조약에서 전후의 사태를 확정짓는 평화 조약에 이르기까지는 상당한 시일이 소요되었다.

(가) 미국의 역할

이번 전쟁에서는 전승국이 여럿이었기 때문에 전승국 사이에는 이익 관계와 견해의 차이가 많아 그것이 평화 조약의 체결을 늦추는 요인이 되었다. 그리고 이번 전쟁에는 미국 대통령 윌슨이란 개인의 성격이 크게 작용하여 전승국의 입장을 복잡하게 만들었다.

미국은 원래 먼로주의를 국시로 하여 미 대륙에 대한 유럽의 간섭을 배격함과 동시에 미국도 또한 유럽에 간섭하지 않는다는 정책을 취하여 왔다. 따라서 유럽에서 전쟁이 일어나자 미국은 중립을 선언했던 것이며 1916년의 대통령 선거에서도 미국은 전쟁에 가담하지 않겠다는 공약으로 인해 윌슨이 승리했던 것이다.

그러나 아이러니칼하게도 이로부터 반년이 못되어 미국도 전쟁에 개입하게 되었다. 이것은 1917년 2월 독일이 무모하게 시작한 무제한 잠수함 작전 때문이었다.

미국은 중립을 지키면서도 많은 군수품과 식량을 영국에 공급했고 또 미국인의 영국 도항도 많았다. 그것은 영국이 압도적인 해군력을 가지고 독일을 해상 봉쇄한 데서 오는 필연적인 결과이기도 하겠으나 한편으로는 「전제주의와 민주주의의 대결」이라 할 이 전쟁에서 민주주의의 열렬한 신봉자인 윌슨이 연합국의 패배를 원치 않았던 데도 그 한 원인이 있었을 것이다.

(나) 전쟁목적 14개 항

참전 후의 윌슨은 전쟁 수행에 열의를 다했고 반전 운동을 단속하기까지 하였다. 그러나 윌슨은 전쟁 중에도 그의 이상주의적 정열을 조금도 후퇴시키지 않았다. 그것은 1918년 1월 8일 윌슨이 교서(敎書) 형식으로 의회에서 발표한 전쟁 목적에 관한 「14개항」에도 잘 나타나 있다. 「14개조항」의 내용은 대략 다음과 같다.

1. 평화 조약은 공개되지 않으면 안 된다. 규약이 정해진 다음에는 여하한 국제적 비밀 협약도 존재해서는 안 된다.
2. 평시나 전시를 막론하고 공해에 있어서는 항해의 자유가 확립되어야 한다.
3. 모든 경제적 장벽은 가능한 한 제거되어야 한다.

4. 국가의 군비는 국가의 안전에 필요할 정도에 그치도록 감축하는 상호 보장이 필요하다.
5. 모든 식민지의 요구에 대해서 자유롭고 또 편견없는, 절대적으로 공평한 조정이 필요하다.
6. 모든 외국 군대는 러시아에서 철수해야 한다.
7. 벨기에는 회복되어야 한다.
8. 알사스, 로렌을 프랑스에게 환부하여야 한다.
9. 민족성에 입각한 이탈리아, 오스트리아의 국경은 조정되어야 한다.
10. 오스트리아 제국내의 여러 민족에게는 자치적 발전의 기회를 주어야 한다.
11. 루마니아, 세르비아, 몬테니그로에서는 철병해야 하고 피점령 지역은 원상으로 복귀해야 한다.
12. 터어키 제국 안의 이민족에게는 생명의 보장과 자유로운 자치적 발전의 기회가 주어져야 한다.
13. 폴란드는 독립해야 하며 바다에의 출구가 보장되어야 한다.
14. 강대국과 약소국을 막론하고 정치적 독립과 영토의 상호 보장을 목적으로한 국가간의 연합 조직이 특별한 규약 밑에 형성되어야 한다.

이 14개 조항은 윌슨이 일방적으로 발표한 것이며 연합국의 양해를 미리 얻은 것은 아니었다. 또한 그것은 종래의 유럽적 관례를 타파한 혁신적인 내용이었기 때문에 이것을 그대로 실행에 옮기게 된다면 상당한 논의의 여지가 생기게 되는 것이었다.

그러나 윌슨은 이 14개 조항을 후퇴시키려고는 하지 않았다. 그리하여 영국이나 프랑스도 이 14개 조항을 평화 조약의 기초로 삼을 것을 승인하지 않을 수 없었다. 하지만 그들은 차후의 구체적인 절충에 의해 어디까지나 그들의 입장을 관철시키려고 생각했다.

이상과 같은 사정하에서 윌슨은 평화 회의에 참석하기 위해 파리를 향하여 먼 여행의 길에 올랐다.

(다) 윌슨의 평화중재 노력

윌슨이 파리에 도착한 것은 12월 14일 오전 10시였다. 이때의 환영 퍼레이드는 마치 구세주를 맞는 것과 같았다. 파리의 시민들은 외국 원수를 맞는 일에 익숙해 있었으나 이처럼 많은 사람이 스스로 동원되기는 파리 역사상 처음 있는 일이었다. 상제리제의 한 길에는 노획한 독일군의 대포가 진열되었고 하늘을 나는 비행기 아래서는 공화국 친위대 이하의 모든 병사들이 갖가지 복장을 하고 받들어총을 하였다. 그러나 무엇보다도 윌슨의 가슴을 찌른 것은 파도처럼 밀려든 군중의 환영 인파였다. 그가 지나는 곳마다 군중들은 미친듯이 손을 흔들었고 그가 탄 마차 안은 처녀들이 던진 꽃송이로 가득찼다. 그 처녀들의 뺨에는 감사의 눈물이 흐르고 있었다.

윌슨에 대한 프랑스 국민의 환영은 이처럼 열광적이었다. 그러나 파리에서 그를 기다리고 있는 정치적 현실은 결코 용이한 것은 아니었다. 그는 지금 여기서 개최될 평화 회담에 참석하기 위해 파리에 온 것이다. 그러나 묘하게도 그와 더불어 회합을 가질 영국이나 프랑스는 아직 회의의 대표도 정하지 않았고 또한 그 회의가 언제 열릴지 조차 전혀 알 수가 없었다.

평화 회의의 개최가 결정되지 않은 이상 파리에 온 윌슨은 그저 의례적인 일정을 보내는 수밖에 도리가 없었다. 그는 아카데미를 방문하고 소르본느에서 강연을 했으며 그곳에 주둔한 미군을 위문하고 각국 정치가들과 개별적인 회담을 갖는 등 며칠을 지체하다가 이번에는 아무 예정도 없이 영국을 방문했다. 이 여행 도중 윌슨은 몇 번의 연설을 했는데 그것이 파리에 있는 프랑스 수상 클레망소와 치열한 논쟁을 벌일 계기가 되었다.

(라) 파리 평화 회의

그동안 영국과 프랑스는 국제 연맹의 설립이 불가피하다는데 의견의 일치를 보아 각각 독자적으로 연맹의 초안을 작성하는 한편, 또 한편으로는 전쟁 중에 맺어진 몇 개의 밀약을 기초로 하여 구체적인 전후 처리의 방법을 강구하기 시작했다. 그리고 언제까지나 이같은 상태를 지속할 수가 없어 1월 12일 「최고 평의회」라는 것을 구성했다. 그런데 이것은 이미 전쟁 중에 구성된 「최고 전쟁 지도 회의」의 발전체인 것으로서 처음에는 미국, 영국, 프랑스의 3개국 수뇌로 구성되고 그후 이탈리아와 일본이 가담하여 「빅 파이브」, 또는 「10인 위원회」라 불리었던 것이다. 이 최고 평의회는 1월 18일부터 평화 회의를 시작하기로 결정하고 이날 프랑스 외무성의 「평화의 방」에서 제1회 평화 회의 총회를 열었다.

이 회의의 대부분은 주로 파리의 외무성에서 행해지고 조약에 독일이 조인할 때에만 베르사이유 궁전이 사용되었다. 그러므로 평화 회의는 파리 강화 회의라 일컬어지고 조약을 말할 때는 베루사이유 조약이라 부르는 것이다.

베르사이유 조약은 15부 4백 40조라는 방대한 내용으로 구성되었다. 그 첫 부분인 제1부가 국제 연맹의 규약으로서 이것은 윌슨의 주장이 관철된 것을 의미한다.

(마) 국제 연맹 탄생

국제 연맹은 1919년 1월에 시작된 파리 강화 회의에서 국제 연맹 규약안 작성을 위한 특별 위원회가 설치되어 윌슨 자신이 그 의장이 됨으로써 추진되기 시작하였다. 또한 이 문제를 논의하기 위해 세계 대전 중 중립을 지킨 13개국의 대표까지 파리에 초청되어 비공식적인 회담에 참여시켰다. 이같은 과정을 거쳐 마련된 국제 연맹 규약안은 4월 28일 제5회 총회에 보고되고 원안대로 채택됨으로써 그 성립을 보았다.

그 결과 이 국제 연맹 규약은 베르사이유 조약을 비롯한 다섯 개의 전후 처리 강화 조약의 모두에 게재되게 되었고 강화 조약 그것과 불가분의 관계를 맺게 되었다. 따라서 1920년 1월 10일, 베르사이유 조약이 발효되자 그와 동시에 국제 연맹 규약도 그 효력을 발생하여 비로소 국제 연맹의 탄생을 보게 된 것이다.

이 국제 연맹은 세계 평화의 확립과 인류 문화의 향상을 목적으로 하는 역사상 최초의 국제적 상설 기구로서 그 중요한 사업은 군비의 축소, 각국의 독립과 영토의 보전, 국제적 분쟁의 평화적 해결, 사회적·인도적 사업의 협조 등이었다.

13. 전후 세계의 변동

(1) 바이마르 공화국

1) 나찌당의 부상

제1차 세계대전 이후 독일에서 히틀러라는 인물이 등장하여 반민주, 반공산, 반유대주의를 내세우며 나찌스의 집단을 만들고 정권을 장악하게 되었다.

이처럼 독재자가 등장하기 이전의 독일 내외의 정세는 여러가지 변화가 일어나고 있었다.

전쟁 패배 후 독일에서는 1918년 11월 키일 공항의 수병(水兵)의 반란과 베를린 폭동을 거쳐서, 제정(帝政)을 폐지하고 공화제와 사회주의를 주장하는 인민 정부가 수립되었다.

그러나 급진파의 폭동이 실패하고 온건파가 주도권을 장악하게 되자 혁명세력이 분열하고 평화와 민주주의를 내세우는 평화민주당이 승리하여 1919년 2월 바이마르에서 에베르트를 대통령으로 하는 독일 공화국이 수립된다. 이것을 통칭 바이마르 공화국이라고 부른다.

(가) 바이마르 헌법

1919년 8월 「역사상 가장 민주적」이라는 바이마르 헌법을 제정했다. 이 헌법을 기초하는데 중심 역할을 한 인물은 베를린 상과대학의 후고 프로이스 교수로서 일찍부터 자유주의적인 법학자로 알려져 있었다. 그는 전쟁 중에 독일 제국의 민주화를 구상하고 있었으며 전후 민주당에 입당하고 새 정부의 내상(內相)으로 취임했다.

바이마르 헌법은 「국가의 구성과 과제」, 「독일인의 기본권과 기본의무」의 두 부분으로 나뉘어져 있는데 그 구성에 관한 부분에서 공화제와 인민주권, 그리고 비밀, 보통 선거에 의한 비례대표제 등을 규정하고 있었다. 특히 입법권의 우월이 바이마르 헌법의 커다란 특징이었다. 정부는 의회에 종속하며 의회가 국정의 주요한 권능을 지니는 것으로 되어 있었다.

한편으로는 대통령에게도 커다란 권력을 부여하고 있었다. 대통령의 임기는 7년이고 직접 인민투표에 의해서 선출된다. 평상시에는 국회의 결정을 재가할 뿐이지만 공공의 안녕질서가 위태로워지는 비상시에는 긴급령을 발표하여 법률을 제정할 수도 있고 헌법이 보장하는 기본적 인권을 정지할 수도 있다.

이 헌법의 새로운 특징은 복지국가의 사상이 뚜렷하게 나타나 있는 점이다. 즉 소유권을 보호하는 동시에 공공의 복지를 위해서 그 제한을 고려하고 경제생활의 자유와 함께 노동자의 권리를 보호하는 방법을 세밀하게 규정하고 있다.

(나) 내정의 혼란

1919년 전반기에는 좌익의 행동이 활발했다. 각지에서 스트라이크가 발생하여 그것이 반란에 가까운 양상을 나타내기도 했으므로 정부는 군대를 파견해서 진압하지 않으면 안 되었다.

이와 같은 정부와 좌익 세력과의 마찰 과정이 정부를 강화하기 보다는 오히려 정부에 반대하는 우익세력을 강화했으므로 19년 후반기에는 우익의 대두가 두드러졌다.

그해 11월, 독일이 전쟁에 패배한 원인을 구명하기 위한 의회의 조사위원회에 출두한 힌덴부르크 원수는「독일은 전쟁에 패배한 게 아니고, 배후에서 비수로 찔린 것이다」라는 말을 했다. 힌덴부르크가 말한「비수」라는 것은「혁명」을 가리킨 말이다. 실제에 있어서 패전의 결과로 혁명이 일어난게 사실이며 혁명 때문에 패전한 건 결코 아니다.

그러나 독일의 군대가 최후까지 전선의 질서를 유지한 것도 또한 사실이었으므로「혁명이 일어나지 않았더라면 전쟁에 이길 수도 있었다」는 논리가 가능할 수도 있었다.

이러한 풍조를 배경으로 해서 1920년 3월 13일 아침, 베를린교외에 주둔하고 있던 2개 여단이 베를린 시내에 진격하여 카프라는 우익 정치가를 떠받들어 새로운 정권의 수립을 선언했다.

그러나 카프정권도 대중의 지지를 얻지 못하고 불과 4일만에 카프 자신이 사퇴하고 말았다.

카프정권이 이렇게 끝났지만 독일 공화국의 전도는 평탄치 못했다.

6월 6일엔 총선거를 실시했는데 뜻밖에도 정부 여당인「바이마르 연합」이 과반수를 얻지 못하여 정권을 담당할 능력을 상실하고 말았다.

이후부터 독일 내각은 단명내각으로 자주 교체되는 과정을 거듭한다.

(다) 대통령 선거

1925년 2월 28일, 독일 공화국의 초대 대통령 에베르트가 죽었다. 그는 국민의회에서 선출되어, 그 후 정식 대통령으로 인정되었지만 직접 인민선거를 거친 대통령은 아니었다. 따라서 바이마르 헌법에 의한 최초의 대통령 선거를 실시하게 된 것이다.

투표의 결과는 힌덴부르크 1465만 표, 마르크스 1375만 표, 텔만 193만 표였다. 제2회 투표에서는 단순 다수로 당선이 결정되므로 77세된 노장군 힌덴부르크의 대통령 당선이 확정되었다.

힌덴부르크의 승리가 이루어진 원인으로는 바이에른 인민당이 우당(友黨)에서 나온 마르크스를 밀지 않고 힌덴부르크를 지지한 것과 공산당이 통일전선에 가담하지 않고 자기당의 후보를 고집한 때문이었다.

바이마르 공화국이 발족한지 6년 만에, 제정파(帝政派)의 군인이 대통령으로 뽑힌 사실은 세계를 놀라게 했다.

힌덴부르크는 극히 보수적인 인물이었지만 그 자신이 독특한 포부나 경륜을 지닌 사람은 아니었다.

힌덴부르크 대통령 치하에서 경제호황이 계속되었다. 1928년의 총선거에서는 바이마르 연합이 다시 과반수를 차지하여 제1당인 사회민주당의 헤르만 뮐러를 수반으로 하는 내각이 성립되었다. 공화국을 옹호하는 세력이 승리하여 독일은 차차 안정되어 가는 것처럼 보였다.

그러나 세계를 휩쓴 대공황의 폭풍은 바로 그 이듬해에 불어닥쳐,

모든 사태에 변화를 일으킨다.

(라) 재정 타격과 바이마르 위기

미국의 대공황으로 가장 큰 타격을 받은 나라는 당연히 독일이었다. 독일은 1924년 이래 기적적이라 할 정도로 번영을 누려왔는데 그 번영은 전적으로 미국 자본의 도입에 의한 것이었다. 더구나 그 자본 도입은 단기 신용에 의한 것이 많았기 때문에 미국 자본이 회수되면 독일 경제는 큰 타격을 받지 않을 수 없었던 것이다.

이해 겨울 실업자가 3백 50만을 넘자 정부에서는 각출금을 다시 4%로 인상할 계획을 세웠다. 이것은 인민당의 반대로 3.7%로 머물렀으나 이에 대해서 사회주의당은 맹렬히 반대했다. 그리하여 사회 민주당의 의원총회에서 이 안을 거부하기로 결의하자 뮐러는 1930년 3월, 내각을 총사직하게 했다. 이로써 바이마르 공화국 가운데서 가장 안정된 것으로 보였던 이 내각도 최후를 맞게 된 것이다.

이무렵 독일에서는 눈에 띄지 않게 정계 개편의 기운이 싹트고 있었다.

경제공황이 점점 심각해져서 국가재정의 적자가 중대한 문제로 등장했기 때문이었다.

이에 브뤼닝 내각은 재정균형의 회복을 증세와 관리의 감봉으로 메우려 했으나 그같은 정책이 국민의 인기를 획득할 수 없었다. 그는 그가 제출한 법안이 의회에서 부결되자 헌법에 규정한 대통령의 긴급명령으로 이를 성립시키고 그것이 다시 의회의 결의로 무효화되자 곧 의회를 해산시키고 새로 긴급령을 발휘하여 법안을 부활시켰다.

이것은 물론 헌법 위반은 아니었으나 그 남용이었던 것은 확실했다. 브뤼닝은 국가의 위기를 구할 유일한 방법이라 생각하여 그 같은 극단적 수단을 강구했으나 그것은 오히려 바이마르 공화국을 약화시키는 결과를 낳았다.

(마) 나찌당의 부상

1930년 9월에 실시된 선거는 불과 12명의 소수당이었던 나찌스가 일약 107명을 당선시켜 제2당이 되는 이변이 일어났다. 그리고 이 선거에서 공산당도 괄목할 만한 진출을 보여 54명에서 77명을 당선시킴으로써 제3당의 지위를 굳혔다. 물론 사회민주당은 여전히 제1당의 지위를 유지했으나 그런데도 불구하고 독일의 정국은 좌우의 분극화라는 위험한 징조를 나타냈던 것이다. 이러한 결과가 발생한 것은 광범하게 분포된 독일 중산층의 심리가 크게 작용한 때문이었다.

나찌스는 중산계급에 기초를 둔 대중정당이었으나 그것이 정권을 획득하는 과정에서는, 당시 독일의 2대 세력이었던 동부 독일의 융커와 라인·루우르 지방의 중공업 자본가의 힘을 크게 입었다.

대공업가들의 나찌스 원조는 1930년 여름부터 급속히 확대되었다. 히틀러는 정권을 잡기 위해서는 자본가와의 제휴가 불가피하다는 것을 깨닫고 이 무렵부터 정열적으로 유력한 산업계 인사들을 찾아다니며 공산주의의 위협을 설명하여 큰 성과를 거두었던 것이다.

2) 히틀러의 등장

1933년 1월 30일, 베를린에서는 새로 지명된 수상 히틀러의 선서식이 개최되고 있었다.

새 수상 히틀러는 바이마르 시대의 관례에 따라 힌덴부르크 대통령 앞에서 오른손을 치켜들고 다음과 같이 선서했다.

『나는 독일 국민의 복지를 위해 노력하고, 독일 국민의 헌법과 법률을 지키며, 나에게 부과된 의무를 성실하게 이행할 것입니다.』

히틀러에 이어 다른 각료들도 그대로 뒤따랐다. 그때 나이 85세의 고령인 힌덴부르크 대통령은 새 수상과 각료들의 선서에 귀기울이고 있다가 마지막에 단 한 마디를 이렇게 말했다.

『그러면 여러분, 하나님을 따라서 나아가기를!』

선서식은 이로써 끝났다. 아돌프 히틀러를 수반으로 하는 새로운 독일 정부가 정식으로 탄생한 것이다.

(가) 경축 분위기

　그날 밤의 베를린은 브란덴부르크 문을 중심으로 밤새도록 소란했다. 제복차림을 한 나찌스의 돌격대, 친위대, 히틀러 유겐트, 그리고 남녀노소가 뒤섞인 일반 시민들의 횃불 행렬이 꼬리를 물고 브란덴부르크 문을 통과하여 수상 관저 쪽으로 뻗어 나갔다. 노래를 부르고 손에손에 나찌스 깃발을 흔들면서 저녁 7시 쯤 시작된 이 흥분의 행렬은 이미 밤중을 지났는데도 끊어지지 않았다.
　등불을 밝힌 수상관저의 창가에서는 힌덴부르크 대통령이 손에 단장을 들고서 말없이 거리의 광경을 내다보고 있었다. 거기에서 조금 떨어진 다른 창에는 히틀러가 그 독특하고 과장된 몸짓으로 행렬에 응하고 있었다.
　히틀러의 새 정부가 탄생했다는 보도에 의해서 흥분의 도가니가 된 것은 수도 베를린뿐만이 아니었다. 베를린의 광경은 그때그때 라디오를 통해서 독일 전체에 방송되고 있었다. 다른 여러 도시에서는 베를린을 모방한 축하 행렬이 나찌스의 당원을 선두로 전개되었다.
　1933년 1월 30일이라는 그 시점에서는 나찌스당원뿐 아니라 시타우펜베르크처럼 뒤에 가서 히틀러의 정체를 간파하여 저항 운동을 일으킨 사람들을 포함한 상당수의 독일 사람들도 새 정부의 성립을 열광적인 흥분으로 환영했던 것이다.

(나) 히틀러의 이력

　나이 불과 43세의 젊은 나이에 수상에 오른 히틀러의 경력은 독일 수상의 자격요건으로는 어울리지 않았다. 그 이유를 든다면 첫째, 히틀러는 우선 독일 사람이 아니다. 그가 태어난 고향은 오스트리아의 브라우나우라는 지방 도시였다. 거기에서 태어난 히틀러가 정식으로 독일 국적에 오른 것은 그가 수상이 되기 불과 1년 전의 일이다.
　둘째, 그는 중등교육조차 제대로 마치지 못한 인물이라는 사실이다. 그의 아버지 알로이스 히틀러는 일생동안 오스트리아의 세관리로서 근무하여 만년의 생활이 상당한 여유가 있었다고 한다. 실제로 그의 아버지는 아돌프 히틀러를 관리가 되게 하기 위해서 실업학교에 보냈다. 그런데 히틀러는 학교생활에 적응하지 못하여 낙제를 하였고, 다른 학교에 전학을 했으나 거기에서도 실패를 하여 마침내 학업을 단념하지 않으면 안 되었다.

 그리고 또 히틀러의 경력에서 가장 기이한 느낌을 주는 것은 18세부터 24세에 이르는 청춘시대를 보낸 비인 시대의 생활이다. 히틀러가 고향을 떠나 학문과 예술의 도시 비인으로 간 것은 화가가 되고 싶어서였으나 미술학교의 입학 시험에 두 번이나 낙방을 했다.

 젊은 히틀러는 거리를 방황하는 신세가 되었다. 부모가 남겨준 돈이 다 없어진 다음에도 일정한 직업을 구해서 일을 하려고는 하지 않았으므로 그는 화려한 대도회의 저변을 헤매게 되었다. 공원의 벤치에서 밤을 새울 때도 있었고 부랑자 수용소에서 이슬을 피하는 때도 있었다.

 목덜미에 늘어진 기다란 머리, 텁수룩한 수염, 낡아빠진 모자, 어떤 유대인에게 얻어 입은 치렁치렁한 외투, 기록에 의하면 이것이 비인의 거리를 방황하는 히틀러의 모습이었다.

 때로는 그림 엽서를 그려 부랑자로 하여금 선술집 같은 데에 팔게도 하고, 때로는 공사장에서 보조 노동자 노릇으로 끼니를 잇기도 했다 한다.

 (다) 노동자당 입당

 전쟁이 끝난 뒤 군대에 머물러 있던 어느날(1919년 9월) 히틀러는 독일 노동자당이라는 정치 단체를 조사해 오라는 명령을 받았다. 군대에서는 그들의 정치 목표에 이용할 수 있는 정당을 물색하는 중이었다.

 독일 노동자당은 바로 그 해에 뮌헨에 사는 두렉스러라는 금속 기술자에 의해서 창설된 극히 규모가 작은 국수주의자의 정당이었다.

 히틀러가 그 당을 조사하기 위해 처음으로 집회에 참석했을 때, 거기에는 50명도 못되는 수공업자, 병사, 학생들이 모였을 뿐이었다. 히틀러가 받은 인상도 대수로운 것은 아니었다.

 그러나 히틀러는 이 집회에서 오스트리아 문제에 관해서 발언을 한 것이 계기가 되어 당수인 두렉스러와 서로 알게 되었다. 그리하여 며칠 후에는 두렉스러의 권유로 정식으로 입당하여 그 당의 일곱 번째 위원인 선전부장이 되었다. 반유대주의, 반볼셰비즘, 노동자들을 중산계급으로 만들자는 것, 이런 주장을 내세우는 조그만 지방 단체의 선전부장, 이것이 히틀러의 정치가로서의 첫출발이었다.

(라) 쿠데타 실패

노동자당에 입당한 히틀러는 당원들의 비밀집회를 대중 연설회로 확대할 것을 주장하고 참호의 전우들에게도 입당을 권유했다.

이듬해(1920년)에는 국민사회주의 독일노동자당으로 이름을 바꾸었다(이른바 나찌라는 명칭은 국민사회주의자의 약칭으로 처음에는 정적(政敵)이 경멸의 뜻으로 부른 이름이다).

그리고 당원의 수도, 처음에는 몇 십명에 지나지 않았던 것이 1923년 가을에는 5만 명으로 늘어나고 있었다.

나찌스는 또한 1920년에 25개 조로 된 당 강령을 발표했다. 거기에는 모든 독일 사람을 모아서 대독일을 건설할 것, 베르사이유 조약을 파기할 것, 유대인을 배척할 것, 불로소득을 폐지할 것, 트러스트를 국유로 할 것, 건전한 중산계급을 육성할 것 등의 주장이 들어 있었다.

당세의 발전을 토대로 하여 나찌스는 드디어 행동을 시작했다. 1923년 11월에 일어난 뮌헨 폭동이 그것이다. 23년은 전후의 혼란이 극에 다다른 해였다.

배상의 의무를 약속대로 이행하지 않았다는 구실로 프랑스의 군대가 루우르 지방(독일의 중공업 지대)에 침입해 들어왔으며 그와 동시에 인플레이션이 끝없이 위세를 더해가고 있었다. 히틀러는 이 혼란을 틈타서 그해 11월 8일 밤, 뮌헨의 뷔르거 브로이케라 라는 비어홀을 무대로 쿠데타를 시도했다.

거기엔 정계나 군부의 실력자들이 모두 모여 있었다. 거기에 기관총으로 무장한 나찌스의 돌격대원을 거느린 히틀러가 들이닥쳐 권총으로 위협을 하면서 카알 총독을 비롯하여 바이에른주의 국방군 총사령관, 경찰부장 같은 거물들을 한 방에 가두었다.

그리고 그들로 하여금 자기가 주장하는 「국민 혁명」의 계획을 강제로 찬성하게 했다.

히틀러가 말하는 「국민 혁명」이란 뮌헨의 우익세력이 단합해서 베를린의 중앙 정부를 무너뜨리고 그 대신 히틀러 자신을 수반으로 하는 새로운 「국민 정부」를 수립하자는 것이었다.

그러나 이튿날 폭동은 실패로 끝나고 히틀러는 체포 구금되었다.

(마) 나찌스 급부상

1924년 말에 옥에서 풀려나온 히틀러는 합법전술을 따라 나찌스의 운동을 다시 전개하게 된다.

1930년 9월의 국회의원 선거에서 믿어지지 않을 만큼 놀라운 진출을 보였다. 득표수는 지난 번의 80만 표에서 6백 40만 표로, 의석수는 12석에서 107석으로 껑충 뛰어 올랐다. 실로 독일 의회의 역사를 통해서 보지 못한 일대 비약이었다.

어제까지는 군소정당의 하나에 지나지 않았던 나찌스가 하룻밤 사이에 사회민주당 다음으로 제2당의 위치에 올라간 것이다.

세상 사람들의 놀라움은 아직도 한 단계가 남아 있었다. 다시 2년이 지나 1932년 7월의 선거에서 나찌스는 득표수를 또다시 2배 이상으로 증가하여 1375만 표를 얻었다. 득표율로 따지면 37.4%, 나찌스는 이제 독일 국민의 3분지 1을 넘는 지지를 자랑하면서 국회에 230석을 차지하여 마침내 제1당의 지위에 오른 것이다.

(바) 보수세력과 제휴

히틀러는 국민의 지지에 한계가 있어 정권 장악이 쉽지 않음을 느끼고 마침내 보수세력과 제휴할 전략을 세웠다.

재계, 군부, 융커에 기반을 둔 보수세력은 전통적인 자부심을 가지고 있어 신흥세력인 나찌스와 제휴가 그렇게 간단하지는 않았다. 쌍방은 필요에 따라 제휴의 뜻을 가지고 있었지만 서로가 주도권을 가지려 했다.

그러나 1933년 좌익의 공산당 세력이 늘어나면서 보수파와 나찌스의 제휴 가능성은 높아졌다.

공황으로 인하여 실업자가 증가함에 따라 나찌스만은 못하지만 공산당의 의석도 1930년 이후 3회의 국회 선거에서 77, 79, 1백 석으로 늘어나고 있었기 때문이다. 이 불안 때문에 대통령의 측근자들 사이에서는 어쩔 수 없이 히틀러의 주장을 받아들여 그를 수상으로 임명하지 않고서는 달리 정국을 수습할 길이 없다는 생각이 들게 되었다. 한편 히틀러의 나찌스도 이 무렵에는 당세 확장의 한계에 다다른 것을 알고, 보수파에 대해 타협적인 태도를 취하게 되어 있었다.

이와같은 상황에서 대통령의 측근자들과 나찌스 지도자들 사이에 마침내는 히틀러를 수반으로 하는 나찌스와 보수파의 연립 정권이 탄생하게 되었다.

(2) 히틀러의 독일

1) 독재체제 강화

보수파와 연립하여 수상에 오른 히틀러는 처음 유연한 정책과 조심스런 자세로 수상의 자리를 지키고 있었다. 보수파에서도 히틀러를 고용했다고 생각하고 있었던 것이다.

이처럼 초기에 미약해 보이던 히틀러가 1년 반이 지난 1934년 여름에는 벌써 히틀러를 중심으로 하여 철통같은 독재 체제가 굳혀져 가고 있었다. 놀랄만한 변화였다.

그러면 어떻게 해서 그처럼 민첩하게 강력한 독재 체제를 수립할 수 있었던가.

(가) 좌익세력 타도

1933년 2월 27일, 베를린에 있는 국회의사당에 불길이 솟아 올랐다. 이 화재는 삽시간에 의사당 전관을 태웠다.

방화범인은 현장에서 체포되었는데 루베라는 청년으로 자기가 방화했음을 고백했고 네덜란드 공산당원이라고 했다.

베를린 경찰국은 이 방화사건의 배후에 독일 공산당이 관여돼 있다고 주장하고 독일 공산당 간부들을 비롯하여 좌익계 사상가, 작가 등 130명을 일망타진했다. 내무성에서도 이 사건 뒤에 공산당의 책동이 있었다고 발표했다.

실제로 그 사건이 루베라는 청년의 단독 범행이었는지 그렇지 않으면 루베는 만들어진 인물이고 나찌스가 계획적으로 조작한 것인지 제2차 세계대전 후의 설명에 의하면 사건이 발생한 그날 밤, 괴링의 지휘 밑에 나찌스의 돌격대원들이 난방시설의 지하도로 의사당 안에 들어가 발화물질을 미리 장치해 놓고서 며칠 전에 붙잡혀 있던 정신박약의 방화광인 루베를 사주해서 불을 지르게 한 것이라고 한다. 이 설명은 사건 전후의 상황에 잘 들어맞는 것처럼 보인다. 그런가 하면 역시 루베의 단독 범행이었다는 견해도 있다.

그로부터 2개월이 지난 5월 초에는 노동조합에 대해서도 공격을 취했다. 우선 5월 1일의 메이데이를 「국민적 노동의 경축일」이라는 새삼스러운 이름을 붙여 나찌스가 직접 주도하는 축하연을 베푼 다음, 축하 기분이 아직 식지도 않은 바로 그 이튿날, 일제히 전국의 노동조합을 습격하여 수많은 조합 간부를 체포하고 조합의 자산을 접수해 버렸다. 전통을 자랑하는 거대한 독일 노동조합의 조직은 이렇듯 간단하게 해체되고 말았다.

공산당과 노동조합에 이어 마지막엔 사회민주당의 차례가 기다리고 있었다. 여기서도 나찌스는 별다른 저항에 부딪치는 일없이 목적을 달성할 수 있었다. 노동조합의 경우와 마찬가지로 간부를 체포하고 당의 건물을 접수한 뒤에 6월 22일, 「사회민주당은 독일의 합법적 정권에 대해서 반역을 기도할 염려가 있다」는 까닭으로 불법화하고 말았다.

(나) 일당지배 국가

좌익세력을 모조리 탄압한 히틀러는 이제야 보수파나 다른 세력에 대해서도 저자세를 취할 필요가 없어졌다. 사회민주당이 금지된 뒤에는 국가인민당, 국가당, 인민당, 중앙당 같은 우익이나 중간적인 정당들도 잇따라「자발적 해산」이라는 명목으로 허물어졌다.

이와같이 하여 각 정당이 강제로 금지되거나 자발적이라는 명목으로 해산한 결과 나찌스만이 독일에 있어서 오직 하나의 정당으로 남게 되었다. 7월 14일에는「정당의 신설을 금지하는 법률」이 공포됨으로 해서 드디어 명실공히「일당 국가」가 이루어졌다. 나찌스만이 국가 지배 정당으로 존재하게 된 것이다.

(다) 총통 히틀러

1934년 8월 쯤에는 국내에서 히틀러에 반대하는 세력은 완전히 사라져버렸다. 그 달(8월) 2일, 상징적 존재이던 힌덴부르크 대통령은 노령으로 세상을 떠났다. 그 기회에 히틀러가 대통령과 수상의 지위를 겸하는 총통이라는 칭호를 붙이게 되어도 이에 항의하는 움직임은 볼 수가 없었다. 항의는 커녕, 같은 날 국방군의 장교와 병사들이 총통 히틀러에 대하여 굳은 충성을 맹세해 보였다. 역사는 이로써 히틀러의 독재 체제가 확립된 것으로 본다.

9월에 열린 나찌스의 당대회에서 히틀러는 다음과 같이 당당한 선언을 했다.

『나찌스의 혁명은 완료되었다. 앞으로 천 년 동안 독일에는 어떤 혁명도 일어나지 않을 것이다.』

(라) 해괴한 인종정책

히틀러가 취한 국내 정책 가운데서도 가장 악랄한 것이 그 인구정책과 인종정책이다.

독일 민족의「생물학적인 번영」을 도모하기 위해 히틀러는 20세기의 문명사회에서는 믿어지지 않을 만큼 괴이한 정책을 실행했다.

이를테면 1938년의 우생법(優生法)이나 35년의 혼인 건전법(婚姻健全法)의 제정이 그것이다.

이러한 법률은 남녀가 결혼할 때, 의학적 및 우생학적인 신체검사를 거쳐서 허가를 받도록 하는 것이다. 그리고 생물학적인 견지에서 건전하지 못한 사람들, 정신병이나 농아의 유전 경향이 있는 사람, 또는 상습적인 범죄자에 대해서는 그들의 생식을 저지하기 위해 강제적으로 단종(斷種)을 하게 했다.

개별적인 경우에 단종을 하는데 적합한지 어떤지를 판정하는 우생재판소라는 우스꽝스러운 기관이 실제로 설치되었다.

건강한 독일 부인에 대해서는 기혼이나 미혼이나를 불문하고 아이를 많이 낳으라고 장려했으며 병약한 사람이나 노인에 대해서는 민족 전체의 부담이 된다고 해서 냉혹하게 대우했다.

이와같은 정책은 상상을 절한 비인도적인 것이었으나 거기에 무슨 과학적인 이유가 있는 것처럼 실시되었다. 정책의 시중을 드는 일부 과학자들이 이에 봉사하기도 했다.

이 비인도적인 정책은 제2차 세계대전 중에는 「안락사 계획」(安樂死計劃)이라는 무서운 유태인의 대량학살 계획의 착상으로까지 발전한다.

(마) 유태인 박해

나찌스의 정책에서 가장 추악하고도 잔인한 것은 유태인에 대한 박해였다. 히틀러가 정권을 획득한지 얼마 안 되는 무렵부터, 유태인이 경영하는 상점을 보이콧트하는 운동이 일어났으며 동시에 유태인 관리를 추방하는 법률이 제정되었다.

유태인에 대한 박해가 본격적으로 심해지기 시작한 것은, 1935년 9월 이른바 「뉘른베르크법」이 제정되면서부터였다.

이 법률에 의하여 유태인은 독일 국적에서 축출되고 아리아 인종과의 결혼이 금지되었다. 그리고 이 시기에 와서는 이미 유태인은 모든 직업에서 쫓겨나고 말았다. 오직 경제적인 활동만이 그들에게 남겨진 마지막 분야였으나 1938년에 가서는 그 분야에도 엄중한 제한을 가했다.

이와같이 나찌스 정권의 통치 밑에서 유태인의 수난은 어디에서 그치는지를 알 수 없었다. 이 수난은 마침내 유태인 6백만 학살이라는 인류 역사상 가장 큰 죄악으로 연결되었다.

(바) 히틀러 친위대

친위대는 나찌스 운동의 초기에 히틀러의 보디가드로 만들어진 조직이 발전한 것이다. 한때는 「히틀러 돌격대」라는 명칭으로 부른 일도 있었다.

친위대는 1920년 대에는 대수로운 것이 못되었으며 조직에 있어서도 SA(돌격대)에 종속되어 있었다. 그러다가 1929년, 히틀러가 그 지도자로 임명된 무렵부터 차차 독자적인 힘을 양성, 34년, 「6월 30일 사건」으로 돌격대의 세력이 쇠퇴한 후 히틀러 독재의 중추적인 기능을 발휘하면서 급속히 강대해졌다.

친위대는 정치경찰의 기구를 장악했을 뿐 아니라 강제 수용소도 관리하고 나아가서는 친위대 전투부대라는 이름으로 국방군과는 별도로 독자적인 군대 조직을 만들었다.

이 친위대 전투부대의 규모는 제2차 세계대전이 끝날 무렵에는 60만 가까운 방대한 것이었다. 그리고 친위대는 그 방대한 인원을 거느리기 위해서 스스로 기업조직을 가지고 있었으며 혹은 광산을 경영하기도 하고 의류나 무기를 제조하는 사업을 경영하기도 했다.

(사) 전쟁준비 경제계획

히틀러의 국내 정책은 궁극적으로는 전쟁을 준비하기 위한 군사적인 목적에 관련되어 있었다. 일단 전쟁이 일어나면 군사용으로 즉시 변모할 수 있는 것이었다. 실제로 노동자를 위해서 만들어졌던 유람선은 군대를 수송하는데 사용되고 각지의 보양시설은 위술 병원으로 바뀌었으며 폴크스바겐 공장은 그대로 전차를 만들어 냈다.

히틀러는 군사 목적에 종속시키는 경제 계획을 치밀하게 작성하고 있었다. 나찌스의 당 강령에 삽입되어 있는 표면상 사회주의처럼 보이는 주장은 정권에 접근을 하고 대중의 심리를 조종하기 위한 선동적 구호에 지나지 않았다.

일단 정권을 손아귀에 넣은 히틀러는 경제의 자본주의 구조에는 손을 대지 않고 오로지 전쟁이 일어난 경우를 예상하는 통제만을 추진했다.

초기에는 실업문제의 해결과 공황을 극복하는 것이 당면한 급선무였지만 그것이 어느 정도 수습된 다음에는 점차로 군수 생산의 촉진을 주안으로 하는 통제의 강화가 전면으로 나오게 된 것이다.

2) 히틀러의 세계정책

독재자 히틀러의 궁극적 정책은 세계 제패에 대한 설계였다고 할 수 있다. 그는 우선 동쪽의 소련을 타도하여 동유럽에 대 독일을 건설하는 것이고 같은 독일 민족인 오스트리아와 체코슬로바키아를 침략하여 독일에 병합시킨다는 계획이었다.

더 나아가서는 제2단계로 아프리카에 식민지를 다수 수립하고 대서양에 독일 함대를 진출시켜 세계 강국으로 군림하겠다는 원대한 꿈이었다.

이 꿈은 국내의 독재 체제가 견고해짐에 따라 적극적으로 외교에 치중하여 1933년에는 중대한 노선변경을 단행한다.

(가) 국제연맹 탈퇴

1933년 10월, 세계를 놀라게 한 히틀러의 선언이 있었다. 그것은 독일이 국제연맹과 군축회의에서 탈퇴한다는 것이었다.

탈퇴의 이유로 내세운 것은 군축회의에서 독일이 불평등한 취급을 받고 있다는 것이었다.

그러나 탈퇴는 이미 예정된 것이었다. 국제연맹을 비롯하여 종래의 집단 안전보장의 체제는 독일의 발전을 억압하는 것이므로 우선 낡은 체제를 타파하는 것이 히틀러의 당면과제와 외교방침이었기 때문이다. 그리고 군축에 관한 교섭에 얽매여서 재군비를 진행시키는 데 제약을 받는 것도 불편한 일이었다.

히틀러 외교의 제2탄은 1934년 1월, 독일과 폴란드 사이에 맺은 불가침 조약이었다.

이 조약은 언뜻 보기에는 동쪽에 인접한 이웃 나라에 대한 히틀러의 평화적인 정책을 표현하는 것처럼 보이기도 한다. 그러나 그 이면엔 역시 본래의 계획을 위해서 포석을 펴는 의도가 숨겨져 있었다.

히틀러는 이 조약을 체결함으로써 폴란드를 안심시키는 한편 폴란드와 프랑스의 동맹 관계를 끊어버리려고 한 것이었다.

(나) 오스트리아 병합 시도

오스트리아를 독일에 합병시킨다는 것은 히틀러의 꾸준한 염원이며 동쪽으로 진출하는 계획을 추진함에 있어 제일 먼저 처리해 놓아야 할 과제였다. 따라서 오스트리아 문제에 관해서는 정권을 장악한 초기부터 그 의도를 공공연히 표시했으며 오스트리아 국내에 나찌스 운동을 일으키는데 힘썼다.

1934년 7월 25일에는 오스트리아 나찌스의 봉기를 조종하여 일시에 그 나라 정권을 탈취시키려고 시도했다.

그날 7월 2일 정오, 오스트리아의 육군의 제복으로 변장한 오스트리아 나찌스의 일대가 트럭으로 수상 관저에 들이닥쳐 때마침 각의를 끝마친 돌푸스 수상에게 2발의 총탄을 쏘았다. 돌푸스 수상은 나찌스가 영도하는 독일과의 합병에 반대하고 국내에서도 오스트리아 나찌스의 활동에 엄중한 탄압 정책을 취하고 있는 인물이었다.

같은 시간에 오스트리아 나찌스의 다른 행동대는 비인 방송국을 점령하는데 성공했다. 하지만 쿠데타 계획이 제대로 진행된 것은 거기까지였다. 위기일발의 순간을 모면한 정부 각료들은 민속한 대항 조치를 취하여 나찌스의 행동을 진압하고 말았다.

쿠데타는 수포로 돌아갔다. 그와 동시에 유럽 열강의 강력한 비난이 히틀러에게 집중되었다.

이와같이 비인에서 쿠데타 계획이 실패하고 이탈리아를 비롯한 열국의 강력한 반대에 부딪쳤으므로 히틀러도 어쩔 수 없이 오스트리아 정책을 후퇴시키지 않을 수 없었다. 합병을 실현하기 위해서는 국제 정세가 좀더 유리해질 때까지 기다리지 않으면 안 되었다.

(다) 자아르 흡수와 군비 선언

1935년 독일과 프랑스 사이에 끼어 있는 자아르 지방에서 주민 투표를 실시한 결과 그동안 베르사이유 조약에 의해서 국제 연맹의 관리 밑에 놓여 있던 이 지역이 주민의 압도적 다수의 지지를 얻어 독일에 복귀하게 된 것이다. 물론 나찌스의 활발한 선전 활동이 효과를 거둔 것이다.

3월에는 국제적 정세에 커다란 변동을 초래하는 폭탄 선언이 발표되었다.

히틀러가 라디오 방송을 통하여 독일이 다시 징병제를 부활시킨다는 것과 독일 군대를 36개 사단, 약 50만으로 증강할 계획을 발표했다. 제1차 세계대전에 패배한 후, 베르사이유 조약은 독일에 대해서 공군과 징병제를 금지하고 있었다. 이제야 히틀러는 이 속박에서 벗어날 것을 선언한 것이다.

이미 히틀러는 베르사이유 조약에 규정된 선을 넘는 병력의 확장도 실시하고 있었다. 그러한 사실은 국외에도 어느 정도 알려지고 있었다. 나찌스의 움직임에 신경을 곤두세우고 있는 나라들이 그것을 모르고 있을 리는 없다. 그러나 이제야 그 사실이 전 세계에 공개되고 징병제의 실시까지 단행하게 되고 보니 새삼스러운 파문이 일어나지 않을 수 없었다.

(라) 영·불·이 공동선언

히틀러의 재군비 선언에 특히 충격을 받은 것은 영국, 프랑스, 그리고 이탈리아 같은 나라들이었다. 이 세 나라의 정부 수뇌들은 4월 11일부터 북부 이탈리아의 스트레자에 모여 뭇솔리니를 의장으로 하는 회의를 개최하고 독일의 재군비 선언에 대한 대책을 협의했다. 여기서 독일이 조약을 침해하는 행동으로 나온데 대해서 온갖 수단으로 대항한다는 성명을 발표했다. 이 세 나라의 제휴를 「스트레자 전선」이라고 부른다.

「스트레자 전선」이 결성됨으로써 독일은 국제적 고립에 빠진 것처럼 보였다. 또한 얼마 후에는 소련과 프랑스 사이에 동맹 관계가 성립되어 독일의 고립된 양상은 더욱 짙어졌다.

　소련과 프랑스의 접근은 그 전부터 추진되고 있었다. 그것을 보여주는 최초의 징후는 1934년 9월, 소련이 독일이 탈퇴한 국제 연맹에 가입한 사실이었다.

　1935년 봄, 히틀러의 재군비 선언은 두 나라의 접근에 더욱 박차를 가했다. 그 결과 5월 2일에는 파리에서 프랑스의 외상 라발과 소련의 대사 포촘킨 사이에 상호 원조 조약이 서명되었다. 그리고 다시 2주일 뒤에는 같은 조약이 소련과 체코슬로바키아 사이에도 맺어졌다.

　(마) 영·독 해군협정
　「스트레자 전선」이 결성된지 불과 2개월 후인 1935년 6월 18일, 런던에서 영국과 독일 사이에 해군 협정이 조인되었다. 그 내용은 독일이 영국 함대의 35%에 해당하는 함선을 보유하는 것을 인정하는 협정이었다. 그리고 잠수함만은 60%까지, 비상시의 경우에는 영국과 동등한 수의 잠수함을 보유할 수 있다는 것을 인정하고 있었다.

　히틀러는 단순히 국제적 고립 상태를 벗어나기 위한 일시적인 수단으로서만 이 협정을 바란 것은 아니다. 그 밑바닥에는 히틀러의 영국에 대한 근본적인 태도가 있었던 것이다.

　즉 방향을 동쪽으로 향하는 전제조건으로 영국과 동맹을 맺어 두어야 한다는 구상인 것이다.

　소련을 타도한 다음에는 정복 계획의 제2단계에서 영국을 상대로 싸우게 될지도 모른다는 생각이 그의 구상 속에 들어 있었던 것이다.

(3) 국제연맹의 분열과 재편성

1) 히틀러·뭇솔리니 접근

　(가) 뭇솔리니의 이디오피아 침공
　이탈리아에서 독재적 권력을 장악한 뭇솔리니는 야망이 큰 인물로 고대 로마제국의 위대한 영광을 누리고 싶어했다. 그 첫 작업이 이디오피아 침공이었다.

이처럼 이탈리아가 새로운 영토를 얻기 위해 밖을 향해 침략의 손길을 뻗치는 첫 작업으로 이디오피아를 택한 것은 우선 유럽 열강의 저항이 적은 아프리카 지역이었기 때문이다..

이디오피아 제국은 북쪽으로 이탈리아령 에리트리아와 경계를 이루고 동남쪽으로도 역시 이탈리아령 소말린란드와 인접하고 있는 곳으로 19세기 이후 유럽 열강이 아프리카 대륙을 분할하는 과정에서 침략을 모면한 나라였다.

이탈리아는 이 나라에 오랫동안 경제적 영향력을 행사해 오고 있었는데 영국이나 프랑스도 그것을 인정하고 있었다.

이러한 서방 제국의 태도에 자신을 얻은 뭇솔리니는 1935년 10월 30일 병력을 동원하여 이디오피아 침공을 개시했다.

(나) 국제연맹의 제재

이디오피아 침공 사실이 알려지자 영국이나 프랑스는 방관만 할 수가 없었다. 그것은 분명히 국제연맹의 규약을 위반한 침략행위였기 때문이다.

10월 7일, 국제연맹 이사회는 곧 이탈리아의 침략행위를 비난하는 결의를 채택했다.

이어서 10월 18일에는 이탈리아에 대해서 경제적 제재를 가하기로 하고 이탈리아에 무기나 기타 중요한 물자의 수출을 금지했다. 이것은 국제연맹이 창설된 후 동맹국에 대한 제재조치로는 최초의 일이었다.

그러나 이탈리아는 국제연맹의 제재에 굴하지 않고 1936년 5월 5일엔 이디오피아 수도 아디스 아바바를 점령하기에 이른다.

5월 9일, 뭇솔리니는 로마의 베네치아 궁전의 발코니에서 승리를 자축하는 군중을 향하여 이디오피아를 이탈리아에 병합하고 황제는 곧 이디오피아를 지배한다고 선언했다.

(다) 독·이의 화해 분위기

독일의 재군비 선언에 대항해서 결성된 영국, 프랑스, 이탈리아의 연합전선은 이로 인하여 허물어졌다.

따라서 고립화에 직면해 있던 독일의 히틀러와 마찬가지로 뭇솔리니도 고립되는 사태에 이르렀다.

이리하여 두 독재자는 서로 제휴할 필요를 느끼게 되었다. 종래 적대관계에 있던 독일과 이탈리아는 마침내 서로 화해의 악수를 갖게 된 것이다.

또한 히틀러는 여기서 국제연맹의 무기력을 실감할 수 있었다. 그것은 분명 회원국 이탈리아가 연맹 규약을 위반하고 침략하였는데 그 제재조치가 미흡했다는 데서 얻은 결론이었다.

다시 말하면 히틀러는 국제연맹의 권위에 도전하는 뭇솔리니의 대담한 용기에 매력을 느끼고 자신도 대담한 모험을 취할 결심을 하게 된 것이다.

그것이 1936년 3월 나찌스의 라인란트 진주이다. 이 지역은 독일과 프랑스의 국경지대로 군대를 주둔시키지 않는다는 조약이 이미 성립되어 있었던 곳이다.

(라) 스페인 내란

1936년 스페인에서는 프랑코장군이 반란을 일으켰다. 프랑코는 스페인의 공정(公正)과 평등과 평화를 위하여 군대가 일어난 것이라고 방송하여 이에 호응하는 군대가 각지에서 봉기하기에 이른다.

인민전선 정부는 중대한 위험에 직면하자 반란군과 타협을 시도했으나 실패로 돌아갔다. 이리하여 정부는 정부 지지 시민에게 무기를 주어 반란군에 대한 무력투쟁을 하게 했다.

이때 독일과 이탈리아는 무기와 병사를 반란군에 보내어 지원했고 소련은 인민전선 정부를 지지했다.

그리고 파시즘에 반대하는 자유세계의 지식인들도 정부와 시민군에게 성원을 보내고 있었다.

그러나 영국과 프랑스는 이 내란으로 인하여 세계전쟁이 일어날 것을 두려워 했으며, 또한 인민전선파의 승리로 인하여 스페인이 공산화되는 것을 염려하여 독일과 이탈리아가 반란군과 적극적인 원조를 제공하는 것도 냉정하게 관망하고 있었다.

독일과 이탈리아의 원조를 받은 프랑코장군은 군사적으로 우세한 입장에서 싸워 수도 마드리드를 함락시키고 3년 간에 걸친 내란을 끝냈다.

마침내 프랑코 독재정권이 수립되었던 것이다.

독일과 이탈리아는 마드리드가 함락되기 전부터 이미 프랑코 정권을 승인하고 있었다.

2) 스탈린 체제의 소련

소련의 10월 혁명을 주도하여 성공시킨 레닌이 1924년 세상을 떠난 뒤 주도권을 장악한 것은 스탈린이었다.

레닌 사망 후 스탈린은 혁명의 공로자였던 트로츠키를 몰아내고 독자적인 세력을 구축하여 제1인자가 된 것이다.

정권을 장악한 스탈린은 1928년 제1차 5개년 계획을 수립하고 농업위주에서 공업화를 시도했으며 통제력을 강화하여 안정을 이루었다.

이리하여 경제 성장율을 높였고 중공업 부문에서도 눈부신 발전을 이룩했다.

(가) 키로프 암살

키로프는 소련 공산당의 최고기관인 정치국의 일원이며 동시에 조직국원인 인물이다. 그리고 레닌그라드의 책임자로서 레닌그라드 지방의 서기장으로 있었다.

크레믈린에 스탈린이 있고 모스크바에 카카노비치가 있으며 레닌그라드에 키로프가 있는 동안은 공산당 정권은 안전하다고 할만큼 널리 스탈린의 후계자로 지목되고 있었다.

그런 키로프가 레닌그라드 당 본부에서 저격을 당하여 죽은 것이다.
 범인은 곧 체포되었는데 백계 러시아인도 아니고 반공주의자도 아닌 레닌그라드 노동감찰부에 근무하는 젊은 직원이었다.
 키로프의 암살 사건의 진상은 끝내 정확히 알려지지 않았으나 그가 암살된 후 소련엔 대숙청의 선풍이 불기 시작했던 것이다.
 우선 스탈린에 반대한 지노비에프, 카메네프를 비롯한 인물들이 속속 체포되어 비밀재판에 붙여진 것이다. 그것은 키로프 암살사건에 연루되었다는 이유였다.

 (나) 정적 대숙청
 1935년 2월에는 키로프의 뒤를 이어 스탈린파에 속하는 에조프가 중앙 위원으로 임명되었으며 그 후 또 당의 통제 위원장으로 임명되었다. 그리고 스탈린파인 흐루시초프를 모스크바의 제1서기로 임명하는 조치도 취해졌다. 이것은 대숙청을 실행하기 위한 스탈린의 인적 체제(人的體制)가 갖추어진 것을 의미한다.
 세계를 놀라게 한 스탈린의 대숙청은 1936~38년 사이에 절정에 다다랐다. 36년에는 지노비에프와 카메네프를 포함한 16명의 지도자가, 37년에는 피아타코프를 비롯한 17명이, 그리고 1938년에는 부하린과 루이코프를 포함한 21명이 모두 다 트로츠키와 연락을 했다든지 반혁명을 음모했다든지 하는 까닭으로 재판에 회부되어 그 대부분이 사형 선고를 받고 처형되었다.
 그 동안에 거물급 인물들 뿐 아니라 낮은 수준에서도 선풍이 휩쓸었다. 제2회 당대회에서 흐루시초프가 보고한 바에 의하면 1934년의 제17회 당대회에서 선출된 139명의 중앙 위원과 중앙 위원 후보 중에서 그간에 체포되어 형에 처해진 수가 90명 이상에 달했다고 한다. 또한 같은 제17회 당대회에 출석한 1966명의 대의원 가운데 1108명, 그러니까 반수 이상이 반혁명이라는 이유로 체포되었다.
 이어서 군대에도 숙청의 선풍이 불어 많은 장성들이 체포 총살되었다.

(다) 철저한 개인숭배

1930년 대 말기에 이르러서는 소련의 당과 군대는 구석구석까지 스탈린에 추종하는 새로운 체제로 변모하고 있었다.

고참 볼셰비키들은 당의 지도적 지위에서 쫓겨나고 이제 혁명이니 내전이니 하는 것은 전설로만 알고 있는 세대, 그리고 스탈린의 지도권을 의문의 여지없이 받아들이는 사람들이 당의 지도적 지위에 올라온 것이다. 최고 기관인 정치국도 미코얀, 즈다노프, 흐루시초프 같은 얼굴이 참가하여 대체로 스탈린의 의향에 따라서 움직이는 기관이 되었다.

그와 동시에 국민들의 스탈린에 대한 개인 숭배도 대단히 높아졌다.

소련의 병사들도「조국을 위해서, 스탈린을 위해서」라는 슬로우건 밑에 혼연히 사지(死地)를 향해서 나아가게 된다.

이와같은 스탈린에 대한 국민의 숭배열은 스탈린 자신의 카리스마적 매력에 의하는 것이라기 보다는 조직적인 선전의 결과였다.

(라) 스탈린의 외교정책

소련의 외교정책은 순수한 소련정부의 외교정책과 코민테른(국제공산당)의 정책 사이에 2원성이 있다는 점이다. 말하자면 한편으로 소련 정부는 자기 나라의 국가적 안전을 도모하기 위해 현존하는 자본주의 정부들과의 관계를 회피할 수 없었으며, 그와 동시에 다른 한편으로는 코민테른을 통해서 그 본래의 목표인 세계혁명을 계속 추구했다는 것이다. 그러니까 모스크바의 대외 정책에는 상반되는 두 개의 방향이 병존하고 있었던 셈이다.

그 당시 스탈린이 관심을 집중하고 있었던 것은 어디까지나 국내의 공업화를 추진하는 문제였다. 왜냐하면 공업 생산을 증대시키는 것은 그대로 소련의 군사력을 강화시키는 기반이 되며 따라서 이 나라의 안전을 도모하는 가장 확실한 방법이라는 것이 스탈린의 생각이었기 때문이다. 그러므로 스탈린은 소련의 공업화가 달성되기까지는 국외에 어떤 정권이 나타났다 하더라도 그것과의 공존을 모색하여 다만 얼마 동안이라도 전쟁에 말려드는 위험을 연기시키려고 했다. 이것은 상대가 나찌스 독일인 경우에도 예외가 아니었다.

3) 동맹, 합병의 소용돌이

(가) 오스트리아, 독일에 합방

독일과 오스트리아 사이에는 1936년에 협정이 맺어지고 있었으며 그 협정에 따라 히틀러는 오스트리아에 대한 압력을 강화시키고 있었다.

오스트리아 슈시닉수상은 히틀러의 압력을 피해 보려고 노력했지만 강자의 침략의도를 막을 길이 없었다.

1936년 3월 11일, 견디지 못한 오스트리아 미크러스 대통령은 독일이 거부하던 수상 슈시닉을 해임하고 자이스 인크바르트를 수상으로 임명하여 마침내 히틀러의 위협에 굴복했다.

이리하여 그 이튿날(12일) 새벽에 독일군은 새 수상이 요청했다는 명목으로 무혈 진주가 이루어졌다. 마침내 오스트리아는 독일에 합병된 것이다.

(나) 히틀러, 체코영토 지배

오스트리아를 합병시킨 독일은 아무런 저항도 받지 않은 가운데 군대를 체코의 프라하로 진군시켰다. 그리고 히틀러는 즉시 체코를 독일의 지배 아래 둔다고 선언했다.

결국 오스트리아에 이어 체코슬로바키아도 히틀러의 군화발에 짓밟히고 만 것이다.

어쨌든 이 나라의 운명은 반년 전 독일의 침략을 방위하기 위하여 가장 중요한 수데텐란트를 넘겨준 후 사실상 군사적으로 저항할 수 없이 무력해져 있었던 것이다.

(다) 독·이·일 3국 동맹 구상

히틀러는 오래 전부터 폴란드 침략을 계획하고 있었으나 영국, 프랑스가 개입하는 사태 때문에 미루고 있었다. 그것은 곧 폴란드를 국제적으로 고립시키고 침략전쟁 자체를 국지전으로 축소시킬 계략이었다.

그 작전으로 히틀러는 독일, 이탈리아, 일본의 세 나라가 군사동맹을 결성한다는 것이다.

이 구상이 실현되는 경우에는 영국이 유럽에서 독일과 대치하고, 지중해에서는 이탈리아와 대치하고 극동에서는 일본과 대치하는 식으로 세 지역에서 세 강국과 동시에 대치하는 상태가 된다.

그렇게 되면 영국은 유럽에서 독일이 어떤 침략행위로 나가든 간단히 참견을 하기가 어려운 것이다.

그리고 영국이 움직이지 않는 한 프랑스도 섣불리 움직이지 못할 것이라는 것이 히틀러의 계산이었다. 그리고 이 구상은 머지 않아 실현을 보게 된다.

(라) 독·소 불가침 조약

1939년 8월 23일, 모스크바에서는 독일 외상 리벤트롭과 소련 간에 불가침 조인이 이루어졌다.

여기에서 조인된 조약은 다음과 같은 내용이었다.

1. 체약국(締約國)은 서로 상대방을 공격하지 않는다.
2. 체약국의 한 쪽이 제3국의「전쟁 행위의 대상」이 되는 경우에는 다른 쪽 체약국은 그 제3국을 어떤 형태로도 지지하지 않는다.
3. 체약국은 서로 직접으로나 간접으로나 상대방을 대상으로 하는 어떤 국제 집단에도 참가하지 않는다.

그리고 이 불가침 조약과 함께 거기에 부속된 비밀 의정서도 조인되었다. 그것은 동유럽에 있어서 독일과 소련의 이익 범위를 서로 의논해서 정한 것으로 특히 폴란드에 관해서는 다음과 같이 정하고 있었다.

「폴란드에 속하는 지역이 영토적, 정치적으로 변경되는 경우에는 독일과 소련의 이익 범위는 대체로 나레프, 비스툴라, 산강의 선에 따라서 경계를 긋는다.」이와같이 하여 히틀러는 폴란드에 대한 공격을 실행할 수 있게 되었다. 이제는 독일의 침략 행위에 대해서 서방제국과 소련이 제휴하는 것을 두려워할 필요가 없어진 것이다.

14. 제2차 세계대전

(1) 독일의 전격작전 성공

1) 히틀러의 폴란드 침공

1939년 9월 1일 새벽, 독일에 인접한 폴란드 국경에서 울리는 포격소리가 고히 잠든 사람들을 깨웠다.

이처럼 독일의 폴란드 진격은 선전포고도 없이 개시되었다. 히틀러는 이날 포격을 폴란드에서 먼저 시작했다고 발표했지만 이것은 전쟁을 합리화시키려는 연극에 불과했다.

폴란드에 대한 진격을 결행함에 있어 히틀러는 영국과 프랑스가 결국은 폴란드의 운명을 방관할 것이라는 기대를 갖고 있었다. 히틀러의 짐작은 일단은 들어맞는 것처럼 보였다. 왜냐하면 공격이 개시된 후 상당한 시간이 경과하는 동안 영국과 프랑스가 독일에 대해서 비난하는 기색은 보이지 않았기 때문이다.

이날 영국의 체임벌린 정부와 프랑스의 달라디에 정부는 히틀러의 폴란드 침공을 평화적으로 처리해야 한다는 생각을 가지고 있었다.

그러나 영국 의회와 내각의 강경한 응징 요구에 이끌려 체임벌린은 독일에 선전포고 절차를 준비했고, 같은 날인 9월 3일 프랑스도 영국의 뒤를 따랐다.

제1차 대전이 막을 내리고 20년이 지난 뒤에 유럽은 다시 새로운 전운에 휩싸인 것이다.

(가) 소련의 개입

히틀러는 소련과 맺은 비밀의정서에 따라 폴란드를 분할하자는 제의와 함께 소련군의 진격을 요구했다.

소련도 이 요구에 따라 폴란드 안에 있는 우크라이나인과 러시아인의 권익 보호를 위한다는 명목으로 9월 17일, 군대를 폴란드에 파견했다.

이리하여 서쪽에서 독일, 그리고 동쪽에서 소련의 침략을 받아 폴란드는 쉽게 소멸되고 말았다.

이 침략으로 독일은 폴란드 영토를 거의 차지하고 소련도 에스토니아, 리트비아 외에 리투아니아의 거의 전부를 차지하게 된다.

소련은 여기에 만족하지 않고 보트니아만에 있는 공화국 핀란드에 대하여 강압적인 요구로 영토의 일부를 내놓으라고 주장하며 공격을 개시했다. 소련·핀란드 전쟁이 일어난 것이다.

그러자 세계의 동정은 이 조그만 공화국에 쏠렸다. 주위에 있는 스칸디나비아 제국들은 의용병을 모집하여 핀란드를 도왔고 영국, 프랑스, 이탈리아, 헝가리 등에서도 핀란드에 무기를 보냈다.

그러나 1940년 3월 12일 소련과 핀란드는 강화 조약을 맺고 카렐리아 지협 등 약 10분지 1쯤 되는 핀란드 영토를 소련에 넘겨 주었다.

(나) 독일의 노르웨이 점령

영·불이 선전포고를 했으나 군대 출동은 미루고 있는 가운데 히틀러는 폴란드 침공을 서방이 승인해 줄 것을 전제로 하여 강화를 요구했으나 영·불은 오히려 독일이 평화를 원한다면 폴란드에서 철수할 것을 요구했다.

히틀러는 계획이 빗나갔음을 알고 전격적인 작전으로 덴마크 및 노르웨이에 육·해·공군을 총동원하여 공격을 개시했다.

덴마크와 노르웨이에 대한 작전은 짧은 기간에 성공을 거두었다. 먼저 노르웨이 병력이 항복하고 말았던 것이다.

(다) 독일군, 파리 점령

서부공격에서 승리를 거둔 독일군은 중립국인 네덜란드와 벨기에를 침공하게 된다. 이는 프랑스 공격을 목표로 한 히틀러의 작전이었다. 벨기에로 진격한 독일군은 나일강에 따르는 진지에서 이미 출동한 영·불군의 완강한 저항에 부딪친다.

독일군 B군이 네덜란드와 벨기에로 진격하는 동안 A군은 룩셈부르크와 아르덴 숲을 통과하여 쏜살같이 프랑스로 뛰어 들었다.

벨기에의 덩케르크에서 독일 B군과 싸우고 있던 영·불 연합군은 독일 A군의 프랑스 진격이 이루어지자 서둘러 후퇴하지 않을 수 없었다. 남아있던 벨기에군은 독일에 항복했음은 물론이다.

프랑스에 진격한 독일군은 즉시 파리를 향한 작전을 세웠고 불과 며칠 사이에 파리도 독일군에 함락되고 말았다.

(라) 처어칠의 결전 결의

히틀러의 구상은 프랑스를 항복시킴으로 해서 영국의 전의를 상실케 하고 항거를 단념하게 하여 전쟁을 조기에 끝마친다는 작전이었다.

그러나 히틀러의 구상은 영국의 체임벌린이 물러나고 처어칠이 수상에 오르면서 빗나가기 시작한다.

전시내각의 책임을 맡고 등장한 처어칠은 히틀러가 아무리 강화를 하자고 되풀이 해도 흔들리지 않았다. 오히려 의회의 연단에서 전쟁 수행을 독려하는 연설을 했다.

히틀러는 강화를 단념하고 마침내 영국본토에 대한 상륙작전인 소위「물개작전」을 명령하게 된다.

물개작전은 먼저 영국 상공의 제공권을 장악한다는 작전으로 시작된다. 독일 공군은 영국의 공군력을 파괴하기 위해 8월에 들어서면서 대규모 공습을 전개했다.

영국에 대한 독일의 공습은 9월 중순까지 계속되었으나 영국 본토의 제공권을 장악한다는 목적을 이루지 못했다. 따라서 영국 본토에 대한 상륙작전도 실행하지 못했다.

2) 히틀러의 장기포석

영국을 단기간에 꺾어놓겠다는 독일의 구상이 사실상 실패로 돌아가고 전쟁이 장기화 될 조짐이 보이자 히틀러는 새로운 작전을 구상하게 된다.

그것은 미국으로 하여금 영국에 대한 군사원조는 물론 앞으로 단행될지도 모르는 미국의 참전을 사전에 막는 길이었다.

그 구상의 하나로 전에 시도했던 독일, 이탈리아, 일본 3국의 군사

동맹을 다시 추진하자는 것이었다. 그것은 일본으로 하여금 태평양 방면에서 미국을 견제하도록 하는 것이다. 그것은 곧 미국을 중립적 위치에 묶어두고 영국을 고립화시키는 작전이다. 이리하여 히틀러는 1940년 9월 7일, 독일의 특사 스타아마를 일본의 도오쿄오에 보낸다.

(가) 3국 동맹 성립

일본에 간 스타아마와 일본 외상 마쓰오카 사이에 비밀교섭이 이루어진 후 9월 27일, 베를린에서 독일 외상 리벤트롭, 이탈리아 외상 치아노, 일본 쿠르스 주독대사 사이에 마침내 3국 동맹조약이 이루어지게 되었다.

이 조약의 제1조에서는 일본이 독일과 이탈리아에 대하여 유럽의 새로운 질서를 건설하는 그들의 지도적 지위를 인정했으며, 제2조에서는 독일과 이탈리아가 일본에 대하여 아시아의 새로운 질서를 건설하는 그 지도적 지위를 인정했다. 그리고 제3조에서는 체약국(締約國)의 어느 한 나라가 지금 현재 유럽 전쟁이나 중·일 전쟁에 참여하고 있지 않는 어떤 나라에 의해서 공격을 받을 때에는 세 나라가 온갖 수단을 다해서 서로 원조할 것을 약속했다.

(나) 히틀러의 소련공격 계획

1940년 5월 10일, 독일의 서방공격이 시작된지 불과 6주만에 프랑스가 점령당하게 되자 갑자기 소련은 불안이 싹트기 시작했다.

서방에서 승리를 거둔 히틀러가 다음에는 소련을 향해 진격해 오는게 아닌가 하는 걱정에서였다. 자본주의 국가 상호간의 소모전인 줄 생각한 것은 잠시 동안이고 다음 순간에는 자기가 히틀러의 공격목표가 되는 경우를 예상하지 않을 수 없게 된 것이다.

소련이 염려했던 것처럼 나찌스의 초창기인 1920년 대부터 히틀러의 정복계획의 가장 중요한 목표는 소련을 타도하는 데에 있었다. 어떤 의미에서는 영국 및 프랑스와의 전쟁도 소련을 상대로 하는 전쟁을 위해서 그 전략적인 전제를 만들어 내기 위한 것에 지나지 않았다.

그런데 1940년 6월, 프랑스가 점령된 뒤에도 영국은 여전히 항전의 자세를 굽히지 않았다.

여기에서 히틀러는 소련에 대한 전략을 종전과 다른 관점에서 고려하지 않을 수 없게 되었다. 7월 중순, 히틀러는 군부 수뇌를 향하여 「영국이 항전을 계속하고 있는 것은 소련의 대독정책의 변화에 기대를 걸고 있기 때문이다」라는 견해를 표시했다.

(다) 대소 전쟁 개시

1941년 6월 22일, 하늘의 어둠이 아직도 다 밝지 않은 이른 새벽, 독일의 모스크바 주재 시렌부르크 대사는 베를린에서 온 훈령에 따라 소련 외상 몰로토프를 만나러 갔다. 그는 몰로토프 앞에서 다음과 같은 전문을 낭독했다.

『……소련 정부는 점점 더 독일에 반대하는 정책을 취하며 전 병력을 독일 국경에 집중 대기시키고 있다.……이렇게 해서 소련 정부는 독일과 맺은 조약을 파기하고 존망을 건 전쟁을 수행하고 있는 독일을 배후에서 공격하려 하고 있다. 그러므로 총통은 그 수중에 들어있는 모든 수단을 다하여 이 위험에 대항할 것을 독일 국방군에 명령했다.……』

이것은 사실상의 선전포고였다. 그리고 그보다 반 시간 전에 이미 독일군은 소련 국경을 넘어서 진격을 개시하고 있었다. 그 병력은 153개 사단(3백만, 독일 육군의 75%), 전차 3580대, 항공기 2740대 (독일 공군의 61%)였다.

거기에다 소련에 대한 공격에 있어서는 루마니아, 핀란드, 헝가리, 체코슬로바키아, 이탈리아 등의 군대가 참가했다. 또한 이 전쟁은 볼셰비즘을 타도하는 전쟁이라는 깃발 밑에 스페인이나 프랑스 같은 나라에서 온 소수의 의용병도 독일의 전열에 참가하고 있었다.

(라) 소련의 반격

독일의 선제공격에 소련은 패퇴했지만 곧 반격을 시작했다. 스탈린은 7월 3일, 국민에게 호소하여 「우리 육·해군이나 모든 소련 국민은 국토의 마지막 1센티까지 지켜야 하며 우리 도시나 마을을 위해서 마지막 피의 한 방울까지 흘릴 각오로 싸우지 않으면 안 된다」고 말했다.

그와 동시에 철퇴할 때에는 귀중한 물자가 적의 손에 들어가지 않도록 모두 파괴하라는 「초토」 지령과 피점령 지역에서 빨치산 부대를 편성하여 항전하게 한 「빨치산 전투」의 지령도 내렸다.

7월 10일에는 스탈린, 몰로토프, 참모장 주코프 등으로 구성된 「최고사령부 본영」이 설치되고, 8월 7일에는 스탈린 자신이 최고사령관으로 취임했다.

독일군은 아직도 개별적인 전투에서는 자랑스러운 전과를 올리고 있었으나 그것도 10월로 접어들면서부터는 천후가 고르지 못하여 커다란 제약을 받게 되었다.

그래도 독일군은 전진을 계속했다. 11월 중순, 모스크바를 북쪽에서 포위하는 방향으로 전진한 두 개의 전차군은 모스크바와 볼가강을 잇는 운하를 건너서 수도의 30킬로 지점까지 나아갔다. 그런데 여기서 예상보다도 빨리 영하 30도나 되는 소련의 겨울이 엄습해 왔다. 독일군은 겨울 전투를 위한 장비가 충분하지 못했다. 동상에 걸린 탈락자가 속출하여 그 수효가 전투에 의한 손실을 능가할 정도였다.

(마) 일본의 진주만 기습

같은 무렵 일본은 독일 및 이탈리아와 3국 동맹을 체결한 그 위력을 배경으로 해서 동아시아의 패권을 주장했으나 미국은 중국에 대한 차관을 증대시키는 등 오히려 일본의 계획에 압박을 가했다.

더구나 7월 말, 일본군이 불령 인도차이나 남부로 진주하자 미국은 미국에 있는 일본 자산의 동결과, 일본에 대한 석유 수출을 전면적으로 금지한다는 강경한 보복 조치를 취하였으므로 두 나라의 관계는 더욱 험악해졌다. 그리하여 일본은 1941년 12월 7일(일본 날짜 8일), 면밀한 작전 계획에 의한 것이기는 하지만 도박이나 다름없는 진주만 기습을 감행한 것이다.

(바) 미국의 참전

일본의 진주만 기습은 결과적으로 독일의 미국에 대한 선전포고를 가져왔다. 따라서 미국으로 하여금 태평양과 유럽에서 동시에 전쟁으로 뛰어들게 한 것이다.

히틀러 자신은 그 시점에서 미국을 상대로 하는 전쟁 상태로까지 확대시키고 싶지는 않았다. 그는 미국의 참전이 유럽의 정세에 중대한 변화를 초래하리라는 것을 잘 알고 있었으므로 설사 불가피하다 하더라도 될 수 있는 선전포고를 연기하고 싶은 생각을 가지고 있었다. 그런데 극동의 맹방인 일본이 사전에 아무런 연락도 없이 진주만 기습을 감행하여 그를 놀라게 한 것이다. 히틀러의 입장은 난처하기만 했다.

히틀러는 본의가 아니면서도 일본의 뒤를 쫓아서 미국에 대해 선전포고를 했다.

히틀러의 미국에 대한 선전포고는 자신도 없고 준비도 없이 형세에 이끌린 결단에 지나지 않았다.

여기에서 제2차 세계대전은 지구의 표면 전체를 덮는 세계전쟁으로 확대되었다. 큰 나라로 전쟁에 참가하지 않은 나라는 이제 하나도 없었으며 모든 열강이 추축국과 연합국이라는 양대 진영으로 갈라져서 세계의 운명을 판가름하는 전쟁이 폭발하고 만 것이다.

(2) 히틀러의 패퇴

1) 전투의 반전

1942년 여름, 히틀러와 뭇솔리니가 군사적으로 제압한 지역 북쪽은 노르웨이에서 남쪽은 아프리카에 이르고 서쪽은 대서양 기슭에서 레닌그라드와 스탈린그라드를 연결하는 선에 이르기까지 광범한 지역이었다.

유럽대륙에다 독일의 대제국을 건설한다는 히틀러의 구상은 엄청난 것이었다.
 실제로 나찌스 독일의 점령지역에 들어간 유럽의 여러 민족들은 말할 수 없는 고난을 겪어야 했다.

(가) 유대인 대량 학살

 히틀러의 지배 밑에 놓인 유럽의 비극에서 가장 참혹했던 것은 유대인에 대한 대량 학살이다.
 독일의 점령지역에 거주하는 유대인은 이미 그 이전부터 여러 가지 가혹한 차별대우를 받고 있었다. 식량의 배급도 일반에 비해서 훨씬 적었으며 외출시간이 극도로 제한되어 일상생활에 필요한 물건을 구입하기도 어려운 형편이었다. 거기에다 1941년 9월부터 유대인은 표지를 달도록 했다.
 그러나 이제는 그러한 고난의 생활도 끝날 때가 왔다. 독일의 지배가 미치는 모든 지역에서 게시타포에 의한 유대인 색출이 시작되어 발견된 유대인은 모조리 동쪽으로 향하는 화물열차에 실리기 시작했다. 아우시비츠나 트레브린카 같은 수용소에서 그 잔인무도한 가스실의 대량 학살이 시작된 것이다.

(나) 점령지의 저항운동

 독일의 군사적 공격으로 최초의 희생을 당한 폴란드는 제1차 세계대전 당시까지 오랫동안 외국의 지배 밑에 곤욕을 당한 경험을 가지고 있었으므로 독일에 대한 저항운동의 조직도 신속하게 진행되어 수도 바르샤바가 함락한 그날 벌써 저항클럽이 조직되었다.
 이 조직은 삼림지대에서 게릴라 활동을 시도하고, 독·소전이 시작된 후로는 군사정보를 소련 측에 제공한다든지 사보타아지에 의해서 독일군 병참선을 교란한다든지 했다.
 나찌스 독일에 대한 레지스탕스는 그밖에 프랑스에서도, 벨기에에서도, 노르웨이에서도, 소련에서도, 체코슬로바키아에서도, 독일의 군화에 짓밟힌 모든 나라에서도 일어나고 있었다. 특히 런던에 있는 「자유 프랑스 국민위원회」와 서로 호응하면서 전개된 프랑스의 레지

스탕스 운동은 전설적이라고 할만큼 널리 알려지고 있다.

(다) 독일,스탈린그라드 패배

히틀러에 대한 반격은 동쪽은 소련에 의해서 서쪽은 미국과 영국의 공동작전에 의해서 감행되었다. 그 두 방향의 반격가운데 전국의 전환점을 이루었다는 의미에서 어떤 특정의 전투를 지적한다면 동부전선의 스탈린그라드 전투야말로 제1차 세계대전의「베르덩 전투」에 필적하는 것이었다.

9월부터 11월 중순에 걸쳐 주택지구, 공장지대, 철도시설 등을 에워싼 치열한 시가전이 전개되어 스탈린그라드는 폐허가 되고 말았으며 독일군은 그 대부분을 점령했다.

그러는 동안 11월 19일 이후, 스탈린그라드의 주변에서 세 개의 새로운 병단으로 편성된 소련군이 드디어 반격을 하기 시작했다. 이 반격에 의해서 22만이나 되는 독일군과 루마니아군이 스탈린그라드 분지에 포위를 당하는 형태가 되었다.

보급은 자주 끊어지고 추위는 점점 심해지며 전투에 의한 손실은 날로 늘어났으므로 스탈린그라드에 갇힌 독일군의 전력은 급속히 쇠퇴해 갔다. 이듬해 43년 1월 14일과 22일에는 스탈린그라드 분지에서 독일군이 확보하고 있던 두 개의 비행장도 소련군에게 넘어갔다.

2월 2일, 파울스 장군은 드디어 항복을 했다. 독일군이 손에서 무기를 놓았을 때 처음에 25만이었던 병력은 9만으로 줄어 있었다.

이것으로 독일군의 소련에 대한 최후의 대공세는 무참한 실패로 끝났다. 이리하여 동부전선에서 여태까지 수세에 몰리기만 하던 소련군이 공세를 취하게 된다.

(라) 사막의 여우 롬멜의 패퇴

북아프리카에서는 1941년 봄부터 롬멜 장군이 독일군과 이탈리아군을 거느리고 눈부신 활약을 전개하고 있었다. 독일의 명장 에르빈 롬멜, 그는 이미 프랑스 전선에서 공훈을 세워 그가 이끄는 제7 전차사단은 요괴사단(妖怪師團)이라는 이름으로 불릴만큼 연합군 측이 두려워했다.

「사막의 여우」라는 별명은 아프리카의 사막에서 신출귀몰하는 그의 행동에 대해 영국 병사들이 선사한 이름이다.

이처럼 영국군이 두려워한 롬멜도 보급로가 확보되지 못하고서는 그 전투에서 최후의 승리를 거둘 수는 없었다.

1941년 봄에 시작된 공세에서 일단은 이집트 국경에까지 도달했지만 지중해를 경유하는 보급로가 영국 공군의 활약에 의해서 위협을 받게 되자「사막의 여우」도 일단 후퇴하지 않을 수 없었다.

거기에다 11월 7~8일에는 롬멜의 배후에서 미·영 연합군이 모로코와 알제리에 상륙하였으므로 북아프리카에 있는 독일군은 동쪽과 서쪽에서 협공을 당하는 궁지에 빠지게 되었다.

(마) 대세의 역전

태평양 방면에서도 일본군의 진격이 그 한계에 부딪쳐 전쟁의 주도권이 미국 측으로 넘어가고 있었다. 일본군도 그 선전은 히틀러의 전격전처럼 화려한 바 있었다.

1941년 12월 8일, 진주만에 대한 기습으로 막을 연 일본군은 말레이지아, 필리핀, 보르네오, 자바, 스마트라, 버어마 등 각 방면으로 향해서 전선을 확대하였으며 해군은 영국의 극동함대를 좇아 인도양으로 진출하고 있었다.

그러나 1942년 6월에는 일본도 그 해군의 주력을 집중한 미드웨이 작전에서 패퇴하여 항공모함 4척을 포함한 최강의 기동함대를 상실함으로써 태평양의 주도권을 미국 측으로 넘겨주었다.

2개월 후인 1942년 8월 7일에는 미군이 구아들카낼섬에 상륙하여 이로부터 승승장구하던 일본의 후퇴가 시작된다.

이상과 같이 동부전선에서는 스탈린그라드, 서부전선에서는 엘알라메인, 태평양에서는 미드웨이, 이 세 전투가 제2차 세계대전의 추세를 역전시킨 전기가 되었다.

2) 동맹군의 활약

영국은 독·소전이 개시된지 1개월도 되지 않은 1941년 7월 12일, 소련과 협정을 맺어 나찌스에 대한 투쟁에 있어서 상호간 온갖 종류의 원조를 아끼지 않는다는 것을 약속했다. 그리하여 고무나 전투기 같은 군사 물자를 소련으로 공급하기 시작했다.

미국은 아직 유럽의 전쟁에 직접 참가하지 않고 국내에만 비상사태를 선포하고 있을 뿐이다. 그러나 루우즈벨트 대통령은 홉킨즈 특사를 모스크바에 파견하여 군사 정세와 물자에 관해서 스탈린의 의사를 타진하게 했다. 그리하여 스탈린의 항전 태도를 확인한 루우즈벨트는 그해 가을, 무기대여법을 소련에도 적용하여 대규모의 원조를 추진했다.

제2차 세계대전은 물량의 전쟁이었다는 말을 하지만 그 물량을 제공한 점에서 미국이 맡은 역할은 지극히 큰 것이었다.

대전 기간을 통하여 미국의 무기대여법에 의해서 영국이 받은 원조액은 3백억 달러나 되며 소련이 받은 원조도 1백억 달러나 되었다.

(가) 「국제연합」 기구

이 기간에 무엇보다 중요한 결실은 미국, 영국, 소련이 전쟁 수행에 관한 협력과 방법을 공동으로 모색했다는 사실이다.

1941년 8월14일 루우즈벨트와 처어칠이 공동으로 「대서양 헌장」을 발표했는데 그 내용은 영토를 확대하지 말 것, 군비를 축소할 것, 평화기구를 재건할 것 등 전후의 몇 가지 원칙을 확인했었다.

그리고 1942년 1월 1일에는 미국, 영국, 소련 등 3개국을 비롯해서 그 당시 독·이 등을 상대로 해서 교전(交戰)에 들어가 있던 26개국 대표가 워싱턴에 모여 「국제연합 성명」이라는 공동선언에 서명했다.

이 공동선언에서 추축국(독·이 등 전쟁을 일으킨 나라)을 상대로 싸우는 나라들을 「국제연합」이라고 부를 것을 루우즈벨트가 제의한 바 있었는데 전후에 이것을 그대로 평화를 유지하기 위한 국제 기구의 명칭으로 사용되게 된다.

(나) 연합군 아프리카 상륙

1942년 11월 7~8일 북아프리카에 대한 상륙작전(이른바 토오치 작전)을 감행했다. 아이젠하워 장군의 지휘 밑에 10만의 미·영 연합군이 카사블랑카, 오란, 알제이 같은 지역에 상륙한 것이다.

이 상륙군은 이집트 방면에서 서쪽으로 진격하고 있던 몽고메리 장군의 영국군과 호응하여 롬멜이 지휘하는 독·이군을 동쪽과 서쪽에서 협공했다.

장기간에 걸친 치열한 전투 끝에, 처음에는 3천킬로나 떨어져 있던 아이젠하워와 몽고메리의 양군은 이듬해 4월 7일 드디어 합류했다.

바다의 보급로도 끊어지고 하늘의 보급로도 제압당한 추축군은 점점 세력을 잃어 남북으로 분단되는 상황에 놓였으며 마지막 저항력을 다한 끝에 5월 13일, 아르님 장군과 15만의 병사가 연합군 앞에 굴복했다.

용명을 떨치던 「사막의 여우」 롬멜은 이때 벌써 북아프리카의 지휘를 아르님에게 넘기고 독일로 돌아간다.

(다) 뭇솔리니 실각과 이탈리아전선 이탈

미·영의 연합군은 카사블랑카 회담에서 결정된 계획에 따라 시칠리아섬에 대한 상륙작전을 실행으로 옮겼다. 1943년 7월 10일, 몽고메리 장군이 거느리는 영국 제8군과 패튼 장군이 이끄는 미 제7군은 각각 다른 지점에서 시칠리아섬에 상륙하여 38일간에 걸친 전투 끝에 이 섬을 점령하는데 성공했다.

북아프리카에서 추축군이 패퇴하고 이탈리아의 각 도시가 연합군의 공습을 받게 되자 전쟁에 싫증이 난 이탈리아 국민들 사이에서는 뭇솔리니에 반대하는 여론이 급속히 팽창하고 있었다.

불만은 파시스트 자신의 전열에도 확대되었다. 그리하여 7월 24일, 파시스트 대평의회는 격렬한 토론 끝에 국왕이 다시 이탈리아 군대의 최고 지휘권을 장악할 것과 정부나 의회를 비롯한 모든 국가기관은 헌법으로 정해진 기능을 회복할 것을 결의했다. 그것은 곧 뭇솔리니에 대한 불신임 결의와 다름이 없었다.

뭇솔리니가 실각한 뒤를 이어서 등장한 바돌리오 정권은 8월 4일, 리스본을 중개해서 연합국 측에 휴전을 제의했다.

그 교섭은 약 1개월 동안 곡절을 거친 뒤에, 9월 3일에 이르러 휴전협정이 조인되었다. 여기에서 추축국의 중요한 일각이 무너진 것이다.

(라) 카이로 선언

연합군에 유리한 전황이 전개되고 있던 1943년 11월 말부터 12월 초에 미·영·소 3국의 테헤란 회담이 개최되었다. 3거두, 미국의 루우즈벨트 대통령, 영국의 처어칠 수상, 소련의 스탈린 수상이 한 자리에 모이는 것은 이번이 처음이었다. 회담 장소가 이란의 수도 테헤란으로 정해진 것은 스탈린의 제안을 받아들인 것이었다.

이 테헤란 회담으로 가기 전에 루우즈벨트와 처어칠은 이집트의 카이로에서 중국의 장개석 총통과 더불어 주로 동남아시아 방면에 있어서의 대일작전을 논의한 바 있었다.

카이로 회담은 일본의 무조건 항복을 요구하는 동시에 항복 후에 일본을 취급할 기본 방침을 정하여 12월 1일에 이를 발표했다.

이것이 「카이로 선언」이다.

그 내용을 보면 ① 일본은 만주, 대만, 평후도 등을 중국에 반환할 것, ② 일본은 1914년 이후에 획득한 모든 태평양의 섬을 내 놓을 것, ③ 일본이 1910년에 강제로 합병한 한국은 적당한 시기에 독립시킬 것 등을 밝히고 있다.

3) 히틀러의 최후

(가) 노르망디 상륙작전

1944년 6월 6일 새벽, 북프랑스 노르망디 앞 바다에 5134척으로 구성된 역사상 최대의 함대가 모습을 나타냈다. 연합군의 상륙작전이 개시된 것이다.

연합군은 제일 먼저 새벽 1시의 어둠 속에서 공정부대의 낙하를 시작했다. 다음에는 여명과 더불어 오른강 하구에서 코탕탱 반도 동쪽에 걸친 연안 일대에 폭탄과 함포사격의 포화를 퍼부었다.

이 포화의 엄호 아래 오전 6시 30분, 5개의 지점에서 지상군의 대대적인 상륙이 개시되었다. 모두 5134척의 선박이 동원된 가운데 해안에 접근한 선박이 1천 척이나 되었다.

연합군의 상륙작전은 성공했다. 그날 저녁 나절에는 미군은 서로 고립된 두 개의 조그만 교두보를 구축하고 영국군은 폭 30킬로, 깊이 10킬로에 걸친 한 줄기의 커다란 교두보를 구축하는데 성공한 것이다.

(나) 파리 해방

8월 15일에는 미국과 프랑스의 연합군이 남프랑스의 툴롱 근방에 상륙했다. 패치 중장이 지휘하는 연합군은 이미 노르망디 방면으로 병력을 나누어서 전의를 상실한 이 방면의 독일군을 추격하여 로온강을 따라 북진해 올라갔다. 이로써 프랑스의 남부와 중부에 주둔하는 독일군이 소탕되기 시작한 것이다.

8월 20일이 지나 미군이 파리의 위쪽과 아래쪽에서 센 강을 건넜다. 아이젠하워 장군은 최초의 예정을 바꾸어 르크렐 장군이 지휘하는 프랑스의 전차 사단을 파리에 들여 보내기로 했다.

프랑스군의 전차는 8월 24일, 시민의 열광적인 환영을 받으면서 파리에 들어가 독일군의 항복을 받아들였다. 이튿날 25일에는 드골 장군도 파리에 도착했다.

(다) 베를린 함락

4월 19일 낮, 미국 공군의 대편대가 베를린을 공습한 뒤를 이어 밤에는 소련 공군이 처음으로 야간폭격을 했다. 이것은 소련의 지상군이 접근하고 있는 것을 의미했다.

이때 베를린은 시 전체가 하나의 바리케이트가 되어 있었다. 베를린 지구의 방위를 맡은 제3군 사령관은 스탈린그라드에서 구사일생으로 생환한 하우엔실트 장군이 임명되었다.

18일에는 전기와 가스보급이 정지되었다. 소련군이 진격하는 도중에 발전소를 점령한 것이다. 도시의 기능이 마비상태에 빠졌다.

21일에는 시가지에 포탄이 떨어지기 시작했다. 오후 4시, 괴벨스 선전상은 베를린이 「전장도시」임을 선언하고 국민돌격대가 부서에 가서 임무를 맡을 것을 명령했다.

베르나우 교외의 독일군이 저항하고 있을 때, 베를린 동교(東郊)에 전면적으로 접근한 소련 중앙군은 자동차 도로의 베를린 환상선(環狀線)을 돌파하여 23일 그 선봉은 린덴베르크에 다다랐다. 이 방면의 독일군 저항은 쉽게 붕괴되어 이날부터 시가전이 전개되었다. 린덴베르크에서 알렉산더 광장까지 5킬로, 알렉산더 광장 뒤는 베를린의 중심 지구이다.

그와 동시에 소련군의 우익부대는 동북쪽에서, 좌익부대는 남쪽으로부터 도심지로 향하고 있었다.

(라) 히틀러의 자살

25일에는 3방면에서 성벽을 돌파한 소련군에 의해서 베를린은 말굽형으로 포위되었다.

26일에는 총통관저를 중심으로 직경 8킬로의 원형만이 남겨졌다. 일진일퇴하면서 처절한 시가전이 계속 전개되었다.

4월 29일 아침, 총통관저의 지하호에서는 히틀러와 그의 애인 에바 브라운의 결혼식이 거행되었다, 그리고 정권을 되니츠 제독에게 넘기는 유서와 개인적 유서를 작성했다. 그날 오후에는 뭇솔리니의 비참한 최후가 히틀러에게 전달되었다.

이튿날 1945년 4월 30일 오후 3시 30분, 히틀러와 에바 히틀러는 각각 피스톨과 극약으로 스스로 생명을 끊었다(일설에 의하면 히틀러의 죽음도 독약에 의한 것이고 탄알은 사후에 발사된 것이라고 한다).

히틀러는 두 개의 유서를 남겼는데 그 정치적 유서에서는 전쟁의 책임은 자기에게 있는게 아니라 국제적 유대인과 거기에 가담한 자들에게 있다는 것을 진술하고 있었다.

사적인 유서에서는 에바 브라운과의 결혼을 선언하고 유산의 처리를 지시하고 있으며 마지막에는 자기와 에바의 시체를 즉시 소각할 것을 부탁하고 있었다.

이것이 1933년 독일의 권력을 나찌스가 장악한 후, 지난 12년 동안 세계를 뒤흔든 인물의 최후였다.

(마) 독일의 항복

5월 1일 밤 10시, 함부르크 방송은 총통 히틀러의 전사를 발표했다. 그리고 총통 후계자로서 되니츠 제독이 지명되었음을 알렸다. 베를린은 그 이튿날 5월 2일, 오후 9시, 소련군에게 굴복했다.

되니츠 제독은 독일군의 저항력이 종말에 다다른 것을 알고 있었다. 이탈리아 지역에 있는 독일군은 이미 4월 29일에 항복하고 있었다. 5월 4일에는 북서 독일, 덴마크, 네덜란드 지역에 있는 독일군이 항복했다.

5일에는 알프스 산맥 북쪽에 있는 G병단이 항복했다. 드디어 되니츠 총통은 플렌스부르크 방송을 통해서 전군에 대하여 무조건 항복의 명령을 발표했다.

그 시간은 1945년 5월 7일 정오였다. 되니츠 총통이 전권을 부여해서 파견한 요들 장군은 그날 오전 2시 41분, 아이젠하워 장군이 본영으로 하고 있는 랭스의 소학교에서 무조건 항복 문서에 조인했다. 나찌스 독일의 최후였다.

4) 일본의 패망

독일의 패망보다 일본의 패망이 조금 더 늦었다. 1945년 4월 미군의 손에 오키나와가 넘어가자 일본의 수상 고이소가 물러나고 스즈키 간타로가 신임 수상이 되었다.

그해 6월 초, 일본 군부 내의 갈등이 표출되면서 더욱 어지러운 정세가 세계 제2차대전 말기의 기운을 뿜어내고 있었다. 미국의 무조건 항복 요구에 대해, 평화적인 해결의 실마리를 찾는 것이 현명하다는 강화파와 미군에 마지막 타격을 가해보자는 강경파의 치열한 논쟁이 바로 그것이었다.

(가) 가공할 신무기 원자폭탄의 투하

1945년 7월, 미국의 트루먼 대통령과 영국의 처칠 수상, 소련의 스탈린은 베를린 교외의 포츠담 회담을 통하여 「일본의 무조건 항복」을 권고하였다.

한편 일본 내부는 강화파보다 강경파의 입김이 거세어 결국 스즈키 내각은 미국을 비롯한 연합군의 무조건 항복에 대한 권고를 받아들이지 않고, 마지막 결전을 준비하였다.

이리하여 미국은 결국 인류의 비극을 예고하는 가공할 신무기 원자폭탄을 일본에 투하할 계획을 세우기에 이르렀다. 일본은 계속 최후까지의 천황의 지배체제 유지를 위한 항전을 고집하였다.

1945년 8월 6일, 미국은 마침내 히로시마에 원자탄을 투하하고, 9일에는 나가사키에도 투하하였다. 이 일은 일본 역사상 최대의 비극이 되었다. 두 도시에 원자탄을 투하하는 순간에 78,000여 명의 인명이 즉시 살상되고 도시 전체가 파괴되었으며, 수십만 명이 그 후유증으로 비극적인 인생을 맞이할 수 밖에 없는 상황이 빚어졌다. 전 세계가 일본에 투하된 원자폭탄의 위력에 전율하였던 것이다.

(나) 일본의 무조건 항복

1945년 8월 8일에는 소련이 일본에 대하여 선전포고를 하고, 만주 북부를 공격하기 시작하였다. 이러한 전황 속에서도 일본은 「천황이 지배하는 일본」을 고집하며, 끝까지 버티었다. 원자탄 투하로 전운이 어두워진 일본에 대하여 미국은 계속 목을 죄어 들어왔다.

1945년 8월 15일, 일본 천황은 마침내 「무조건 항복」을 발표하고 스스로 그 책임을 지었다. 이로써 5년 동안에 걸쳐 계속된 제2차 세계대전은 막을 내렸다.

일본의 무조건 항복으로 대한민국은 36년 간의 끔찍한 일제 치하에서 벗어나 온 국민이 감격어린 해방의 날을 맞았다.

15. 현대의 세계

(1) 재편성되는 세계

1) 동서의 냉전체제

(가) 독일의 분할

2차 대전이 끝나기 직전 미·영·소 3국 연합국은 패전 독일에 대하여 연합국 통제 아래에 두며 하나의 단위로서 존재하게 한다는 계획을 세웠다. 그러나 이 계획은 지켜지지 못했다.

독일의 정치구조, 즉 독일이 정치적으로 어느 진영에 속해야 하는가 하는 문제에 대한 전승국 간의 의견충돌이 있었다. 특히 미국과 소련의 의견은 날카로웠다.

소련의 관심은 동부 독일에서 그들의 위치를 확고하게 유지시킨다는 전략이었다. 이것은 소련이 끝까지 고수했던 전략이었다.

그후 트루만 독트린과 마아샬 플랜이 나오게 되었던 해인 1947년 1월 미국 점령지역과 영국 점령지역이 합병하고 5월에는 이 지역에 54명으로 된 경제이사회가 구성되었다.

그리고 다음 해에 미국과 영국은 그들의 합동 점령지역을 자율적인 의회민주주의 국가로 만드는 방향으로 이끌어 나간다.

이리하여 동독을 지배하는 소련과 서독이 갈라지게 된 것이다.

(나) 나토창설

나토(북대서양 조약기구)의 창설은 2차 대전 중 서구 및 미국과 소련의 동맹이 깨지면서 시작된 것이다. 이는 자유진영의 국가들이 보인 방어적인 기구인데 이는 곧 소련의 침략에 대한 두려움, 동유럽을 지배하는 소련의 과격한 반동과 그 적대감에서 오는 방어의 필요성 때문에 출발한 것이다.

냉전의 산물인 서구동맹은 베를린 봉쇄가 계속되던 1949년 4월 4일 나토 조약의 조인으로 이루어졌다. 그 2년 전만 하더라도 미국과 유럽의 여러 나라에서는 프랑스와 이탈리아의 공산당 세력이 강했기 때문에 그러한 동맹은 가능할 수 없었다.

그러나 1947년 프랑스와 이탈리아의 공산당이 정부에 참여하지 못한 가운데 정부가 성립되었기 때문에 자국의 안전의 필요성에서 공감대가 이루어졌다.

이 조약의 대상 지역은 유럽 및 북아메리카의 조약 조인국과 그들 국가의 관할 아래 있는 도서지방과 알제리, 북회귀선 이북의 대서양 상에 있는 조약국의 선박 및 항공기에 적용된다.

또한 조약국의 유럽 내의 점령군에 대한 공격이 발생한 경우에 공동 대처한다는 것이 내용이었다.

1952년에는 그리이스와 터어키가 이 조약에 가입하고, 1955년에는 독일연방공화국(서독)이 가맹했다.

(다) 바르샤바 조약기구

소련 공산당 지배하에 있는 동구 제국, 곧 소련의 위성국가의 군대 장교들 중에는 소련에서 훈련을 받고 돌아가 자국 정부의 통제와 감독을 행하고 있었다.

이것은 곧 소련 공산당의 군사적 지배가 전 동구권에 미친다는 것을 의미하는 것이다.

이 기구는 1955년 5월 서독이 나토에 가입할 무렵 체결되었다.

소련과 위성국들로 이루어진 이 조약은 유엔 헌장 제52조의「자위를 위한 지역적 협약」에 근거를 둔 것으로서 1955년 5월 14일 소련과 동구 7개국이 바르샤바에서 만든 것이다.

코니에프 원수를 사령관으로 하는 합동기구, 즉 바르샤바 조약기구는 모스크바에 본부를 두게 되었다. 이 조약에 따라 위성국에 소련 군대의 주둔이 정당화된 것이다.

(라) 미·소 양국의 군비경쟁

냉전체제가 구체화되고 양 진영을 대표하는 미국과 소련이 군사적 경쟁관계에 들어서자 자연히 군비경쟁은 시간이 갈수록 극심해지고 있었다.

1950년 대에는 미·소 양국이 수소폭탄이라고 하는 열핵(熱核)폭탄을 보유하게 되었다. 1952년 11월 11일, 수소폭탄 실험에 성공하였으며, 1949년에야 원자폭탄을 보유하게 되었던 소련도 미국의 수소폭탄 실험 발표 후 9개월 만에 자기들도 수소폭탄을 보유하게 되었다는 성명을 발표했다.

소련이 이처럼 맹렬히 추격해 오고 있었지만 1953년에 이르기까지 미국은 비행기, 로케트에 의한 핵무기 운반수단의 우세로 소련을 누르고 있었다.

그러나 곧 소련도 핵무기 운반수단을 개발해 미국과 겨루게 되었으며, 1957년 8월에는 소련이 대륙간 탄도탄 T-3 실험의 성공을 발표하여 미국을 앞지르기 시작했다.

그러나 미국은 핵무기 보유량에서 소련을 앞서고 있었고 이듬해(1958년) 11월에는 미국도 대륙간 탄도탄 아틀라스의 발사에 성공함으로써 미·소의 군비경쟁, 핵무기 개발경쟁은 불꽃 튀는 양상을 보였다.

2) 중공의 등장과 한국 전쟁

청 왕조의 몰락은 1911년의 혁명으로 시작되었다. 그 이후 혼란이 계속될 때 모든 혁명단체 중에서 가장 유명했던 민족주의자이며 사회주의자였던 손문이 이끄는 국민당이 어느 정도 질서와 안정을 이루워 낼 수 있었으나 아직도 중국을 완벽하게 지배하는 세력은 아니었다.

또한 중국 남부지방에 소수 그룹으로 구성되어 있던 공산당은 국민당의 장개석 지휘 아래 일부 세력으로 편입되어 있었다.

그러나 국민당과 공산당 사이의 갈등, 그리고 비공산 세력에서도 좌익과 우익 사이에 갈등이 심했고 공산당 자체내에서도 혼선이 빚어지고 있었는데 모택동이 서서히 실력자로 등장하게 되었다.

특히 모택동은 고전적 마르크스주의 전력에서 벗어나 농민들을 끌어들이고 농민군을 창설해 무장화시키는 등 국민의 인기를 확대해가고 있었다.

공산당과 결별한 국민당은 사실상 중국을 지배하는 세력으로 성장했지만 모택동이 지휘하는 공산당과의 싸움에서 결국 패하고 대만으로 쫓겨가게 된다.

모택동의 공산당은 1950년 1월 티베트를 제외한 중국의 전국토를 지배하게 되었다.

(가) 국민당 패퇴와 공산정권 수립

청 왕조의 몰락과 함께 회오리치기 시작한 중국의 내전은 그야말로 겉잡을 수 없는 혼돈과 불확실의 연속이었다.

그러다가 1941년 일본이 진주만을 기습하여 극동전쟁이 세계 전쟁으로 확대됨으로써 중국 내전이 한 때 은폐되기도 했다.

그러나 정권을 잡은 국민당은 중국 경제를 일으켜 세우지 못했고 지도층은 각자의 이해와 파벌의 범주에서 벗어나지 못했다. 더구나 국민당 행정부는 부패가 극에 이르렀고 그것을 비밀경찰에 의존해 유지하고 있었다.

그러는 동안 국민당의 군대는 무너지기 시작했다.

반면에 공산당은 국민의 인기를 얻어가고 있었다. 따라서 공산당의 조직과 공산군의 지휘질서는 국민당의 군대보다 뛰어났기 때문에 일본군에 대항하여 전과를 얻는다는 평판이 따르고 있었다.

이리하여 전쟁이 끝났을 때 공산당은 중국의 외곽지대에서 중심부를 장악할 수 있는 힘을 가지고 있었다.

그리고 수년 후 중국 본토는 공산당 지배하에 들어가게 되었고 장개석의 국민당은 대만으로 쫓겨가는 사태에 이른 것이다.

(나) 한국의 분단

1945년 8월 15일, 일본이 항복하자 8월 22일에 벌써 평양을 점령한 소련군은 치스차코프 대장을 사령관으로 하는 38선 이북의 주둔군 사령부를 설치했다.

이에 비해 8월 15일, 오키나와 최전선으로 하던 미군은 남한 진주가 늦어 9월 7일에야 그 선발대가 인천에 상륙하고, 9일 서울에 진주,

미군 사령관 하아지 중장이 일본 총독의 항복문서를 받고 비로소 미국 태평양 지구 육군 총사령부 포고 제1호로서 38선 이남에 미군정 실시를 밝혔다.

미국 태평양지구 육군 총사령관 맥아더의 이름으로 된 포고 제1호에는 북위 38선 이남의 조선에 대하여 군사적 관리를 미군 주둔군이 행사한다는 내용이었다.

이것은 1945년 8월 11일, 미국 전쟁성(후에 국무성)이 일본 항복 후 발표한 조치에서 나온「일반 명령 제1호」에 근거한 것이었다.

미국 정부의 이러한 조치에 의해 38선 이북의 일본군은 소련군에게 투항하고, 38선 이남의 일본군은 미군에게 투항하라는 명령을 현지 일본군에게 내렸던 것이다.

따라서 38선은 미국 정부의「일반 명령 제1호」에 의해 이미 확정되어 있었던 것이다.

1947년엔 한국 문제가 유엔에 상정되고 유엔총회는 그해 11월 14일에 즉시 독립과 유엔 한국 임시위원단 파견을 결의한다.

1948년 9월엔 소련이 북한에서 군대를 철수시키겠다는 성명을 발표했고 다음날 미국은 당분간 남한에 군대를 주둔시킨다는 성명을 발표했다.

그리고 1948년 말, 소련이 북한에서 완전히 물러났다는 성명이 나왔고 다음 해인 1949년 6월, 미군도 남한에서 철수한다는 발표와 함께 철수를 완료했다.

(다) 북한의 남침

1950년 남한에서 제2대 국회의원 선거를 마치고 난 후인 6월 25일, 북한은 남한을 침공했다. 북한군은 파죽지세로 남한 땅을 초토화시키며 남진하여 낙동강 전선에서 대치하게 된다.

이때 유엔에서는 안전보장 이사회가 즉시 소집되었고, 소련이 불참한 가운데 북한의 공격을 침략으로 단정, 모든 유엔 회원국은 한국을 지원할 것을 요청하게 된다.

이에 따라 트루만 미국 대통령은 동경에 있는 맥아더장군에게 한국 지원을 훈령하고 미 7함대를 대만 해협에 파견하였다.
 유엔군 총사령관으로 임명된 맥아더 장군은 곧 인천 상륙작전을 단행하고 과감한 반격을 하여 한·만 국경에까지 육박해 들어감으로써 전쟁의 종결이 보이는듯 했다.
 그러나 11월 26일, 예측하지 못했던 중공군이 공격을 개시, 한 달 후 중공군과 북한군은 38선을 넘어 다시 남진하게 된다.

(라) 중공군 참전과 휴전

중공군의 참전으로 해서 한국 전쟁은 이제 미국과 중공의 대결 양상으로 발전되고 있었다.
 한국 전쟁이 세계 전쟁으로 확대될 것을 우려한 인도의 네루수상은 1950년 7월, 스탈린과 미국무장관 애치슨에게 휴전을 요청했고 중립국들도 양측이 38선을 넘지 말 것을 요청했지만 받아들여지지 않았다.
 그러나 1951년 4월, 중공군의 반격은 중지되고 양측은 휴전의 방법을 모색하게 된다. 6월 말엔 유엔 안전보장이사회의 소련 대표 말리크가 휴전제의를 방송했고, 이에 따라 7월 개성에서 정전 예비회담이 개시되었다.
 한국 정부는 이같은 휴전 회담을 결사 반대했지만 1953년 7월 27일, 마침내 판문점에서 유엔군과 북한군 간에 휴전협정이 조인되었다.
 그리하여 38선을 중심으로 한 남북의 대치는 전쟁으로 하여 인명 손실과 파괴만을 남긴 채 다시 분단되는 결과를 낳고 오늘에 이른 것이다.

3) 제3세력 형성

아시아에서 반식민주의 투쟁의 승리는 인도에서 영국이 철수하고 인도차이나에서 프랑스가 패배하면서 시작되었다.
 냉전체제의 돌입과 함께 식민지배에서 벗어난 아시아는 중립주의와 비동맹주의의 성격을 띠게 되었다.
　이 과정이 진행되는 동안 인도의 네루수상이 결정적인 역할을 맡게 된다. 네루는 인도의 수상으로서만이 아니라 세계적 지도자로 부상하게 되었다.
　그는 서구의 자유주의적이며 민주적인 가치체계속에서 성장하여 이를 숭배했으나 동시에 공산주의의 경제성장 구조에도 관심을 가지고 있었다. 그러나 공산주의와 비공산주의의 극단적 대립에서 분명 중립을 지킨 지도자다.
　그뿐만 아니라 신생국들이 냉전구조에 말려들지 않고 자체적으로 국가 경제를 이룩할 수 있도록 단결되어야 한다는 생각을 가지고 있었다.
　또한 신생국들이 외부의 침략으로부터 보호되기 위하여 또 국가간의 분쟁에 말려들지 않기 위하여 단결과 중립을 지켜야 한다고 주장했고 그것이 곧 세계평화를 유지하는 수단이라고 생각했다.
　이것은 곧 비동맹 정책으로 불리게 되었다. 비동맹 정책은, 중립이란 어떠한 전쟁에서도 초연한 입장을 지킨다는 일방적 선언이기도 했다.
　이 정책은 첫째 동서 양 진영에 대한 평등한 관계 유지이고, 둘째는 강국간의 분쟁을 조정 완화시키는 것을 그 내용으로 하고 있었다.
　이리하여 냉전을 비난하며 양대진영 중 어느 한 쪽이 옳다는 판단을 내리기를 거부했다.
　그러면서 세계 정치에서 제외되지 않기 위한 자구책으로 나중에는 기구를 통한 중립세력을 형성하기에 이른다.

　(가) 뉴우델리 회담
　2차 대전 후인 1947년 3월, 처음으로 뉴우델리에서 아시아인만으로 구성된 아시아 관계 회담이 열리게 되었는데 이 회담에는 28개 지역 대표가 모였다. 그 중에 8개 지역 대표만이 독립국가를 대표하고 있었다.
　1949년 1월, 또 다른 아시아 회담이 뉴우델리에서 열렸다. 이 회담에서는 1947년에 참석했던 소련 위성국들은 초청되지 않았고 터어키는 초청을 거부했다. 그밖에 중동지역을 포함한 아시아 각국이 거의 참석했다.

이 회담에서는 인도네시아의 네덜란드로부터의 독립을 강력히 요구했다. 이때에 상설기구를 설치하고 반식민주의 색채를 강하게 표출했지만 그 후 참가국들이 서방 측과 중립진영으로 나뉘게 되었는데 중공의 등장과 한국 전쟁의 발발로 더욱 뜻이 달라 당초의 목적을 이루지 못했다.

더구나 파키스탄, 타이, 필리핀이 미국과 군사협정을 맺고 아프가니스탄이 소련의 원조를 받으며 이탈의 기미가 보였으며 인도네시아가 소련에 외교 경제적 접근을 갖게 되어 아시아 국가들이 공동적인 보조를 취하거나 순수한 중립주의는 지속하기가 어려웠다.

(나) 반둥 회의

1954년 4월, 인도, 파키스탄, 실론, 버어마 및 인도네시아의 5개국은 회담을 가지고 핵실험 금지가 바람직하다는 데에 합의를 보았으나, 인도차이나 개입 문제에 대해서는 아무런 합의도 보지 못했다.

같은 해 2월, 5개국 수뇌는 다시 보고르에서 모임을 갖고 다음 해 반둥에서 개최할 회의에의 참가국을 결정했는데 약간의 논란 끝에 아랍 측의 여론을 감안 이스라엘을 제외하고 아시아의 비공산주의 국가에 호의를 보였던 중공을 초청하기로 했다.

1955년 4월에 열린 「반둥 회의」(아시아, 아프리카 회의)에는 29개국이 참가했는데 여기에는 이집트, 리비아, 수단, 리베리아, 이디오피아, 가나 등 아프리카 6개국이 참가하게 되어 반둥 회의는 아시아의 범위를 넘어선 아시아, 아프리카 회의의 전형이 되었다.

반둥 회의를 아시아의 중립진영 측에서 볼 때, 성과는 대단한 것이었다. 우선 손꼽을 수 있는 성과로는 그들이 서로를 알게 되었다는 점이라 하겠으며, 이밖에도 유엔에서 공동 보조를 취하기로 한 점, 단결을 통해 그들의 안전보장, 지위, 외교적 위치를 높이게 된 점, 낫세르와 같은 새로운 지도자를 끌어들이게 된 점, 강대국들이 그들 진영을 신중히 대하고 그들의 정책을 상당히 중요하게 받아들이게 된 점, 그리고 끝으로 강력한 중공을 그들 진영에 끌어들이게 된 점을 들 수 있다.

(다) 반 서방 성격의 비동맹

비동맹은 사실상 반 서방적인 비동맹으로 변했다. 이러한 경향은 1950년 대 후반, 아시아, 아프리카 민족단결운동의 주관 아래 열린 여러 차례의 회합에서 특히 두드러지게 나타났다.

1961년 9월, 유고슬라비아의 베오그라드에서 비동맹국 회담이 열렸는데 여기에는 아시아, 아프리카의 여러 국가를 비롯해서 유고슬라비아, 키프로스, 쿠바 등도 참가했으나 스웨덴이나 스위스 같은 유럽의 주요 중립국은 참가하지 않았다.

이 회담에서 네루는 식민주의 문제보다는 평화 문제를 회담의 핵심 의제로 삼으려 했으나 이에 실패했고, 또 대다수의 대표들은 회담 직전에 소련이 발표한 핵실험에 대해서 편파적인 무관심을 나타냈다.

(라) 비동맹 정신의 쇠퇴

1962년 10월, 중공은 인도의 북동부 국경에서 맥마흔선을 침범하고 부탄을 서쪽으로 우회하여 인도로 침공했다. 이에 네루는 국경을 재조정할 필요성은 인정했지만, 침입한 중공군이 맥마흔선으로까지 후퇴하지 않으면 국경협상을 거부하겠다고 선언하고 북동부의 국경에 인도군을 증강했다. 그러나 중공군은 다시 공격, 인도군은 굴욕적인 패배를 맛보았다.

중공의 뜻밖의 공격에 수세에 몰리게 된 인도는 과거에 멀리했던 강대국에 원조를 청하게 되었고, 이에 중공은 일방적으로 휴전을 선언, 군대를 철수함으로써 국경분쟁은 일단락되었다.

이로 말미암아 인도는 과거의 초연한 입장과 비동맹 정책에 큰 타격을 입게 되었다. 반면 중공은 인도 측에 가담하게 된 미국과 소련에 맞서게 되어 인도보다 더 초연할 수밖에 없었다.

(2) 다원화 되는 세계

1) 냉전의 해빙무드

소련의 철권주의자 스탈린이 죽고 흐루시초프가 등장하면서 권력 내부에 변화의 조짐이 일어나고 있었다.

그것은 먼저 스탈린과 스탈린주의에 대한 광범위한 비난이 격렬하게 일어나면서 시작된다. 스탈린 개인숭배와 그것이 미치는 해악에 대한 논의와 함께 흐루시초프는 크레믈린궁에서 열린 제20차 공산당 전당대회에서 다음과 같은 연설을 했다.

장장 2만 6천 단어에 달하는 비밀 연설에서 흐루시초프는 스탈린 시대의 개인 숭배에 관해 조목조목 비판을 가해 나갔다. 흐루시초프는 스탈린이「그림자만 보면 누구나 적으로 생각했고 무슨 일이 있더라도 그것을 처치해버리고야 마는 신경 과민증에 걸린 백정 같은 자였다」고 혹평하며 스탈린은 1937년 및 1938년에 제1차 전당 대회에서 선출된 공산당 중앙위원회의 위원 및 후보자 139명 가운데 98명을 체포, 처형하도록 명령한 바 있다고 비난했다.

그리고 스탈린은 자기의 처 나데스타 아릭루에바를 사살했다는 사실도 폭로되었고, 스탈린의 제거를 종용한 레닌의 유서가 제시되기도 했다.

이러한 스탈린 격하 운동으로 공산권에서 가는 곳마다 크게 걸려 있던 스탈린의 초상화는 제거되고, 또 스탈린주의자들이 숙청됨으로 해서 공산 세계에 일대 혼란을 야기시켰다.

이로 말미암아 소련의 인접 위성국 내부에서는 소련과의 관계를 개정하려는 움직임이 시작되었고 위성국 내부에 반소감정을 불러 일으켰으며, 폴란드와 헝가리에서의 폭동을 야기시켰다.

(가) 폴란드 폭동

1956년 6월 폴란드의 공업 도시 포즈나니에서「빵과 자유를 달라」고 궐기한 3만 노동자들은 비밀경찰 본부에 휘날리던 붉은 기를 끌어

내려 불태우고 형무소를 습격하여 수감자들을 석방, 수감자 명부를 불살라버린 폭동이 발생했다. 동시에 폴란드 공산당 내부에서도 갈등이 일어나 1956년 초에 사망한 비루트가 이끌던 비루트파와 1949년 이후 투옥되었다가 석방된 고물카가 이끄는 보다 민족주의적인 또는 티토주의파 사이에 권력 투쟁이 발생했다.

이에 대하여 그 해 7월, 흐루시초프와 불가닌을 위시한 소련 지도자들이 갑자기 바르샤바를 방문, 폴란드 공산당 중앙위원회의 토론에 관여하는 등 강경한 압력을 가했다.

그러나 그들의 압력도 고물카파의 승리를 저지할 수는 없었다. 고물카는 폴란드 공산당의 제1서기로 임명되었으며 이에 소련은 고물카의 정부를 인정하고 폴란드 정권의 변경을 인정하며 2차 대전 후부터 폴란드 국방상으로 있던 소련의 장군 로코소프키의 해임을 받아들여야만 했다.

(나) 헝가리 반공폭동

헝가리에서는 1956년 10월 자유와 임금 인상을 요구하는 시위가 벌어졌고 이어 수천 명의 학생들이 10월 22일 자유와 생활 개선을 요구하는 최후통첩을 정부에 전달한 것을 도화선으로 하여 반소 봉기가 폭발되었다.

헝가리 경찰과 소련의 군대는 이를 저지시키지 못했다. 이에 티토주의자로 숙청되었던 나지가 수상으로 복귀하여 시위 군중들과의 협상을 여러 차례에 걸쳐 제의하였으나 거부당했다.

한편 모스크바 측에서는 미코얀과 수슬로프를 부다페스트로 파견하여 사태를 수습하려 했다. 그사이 폭동의 물결은 거세게 파급되어 26일에는 남부 헝가리에 혁명 정부가 새로 수립되어 수도 부다페스트를 향해 진격하게 되었다.

헝가리 수상 나지의 중립 선언에 자극을 받은 소련군은 1956년 11월 드디어 총공격을 개시, 부다페스트와 데브레첸의 두 공항을 포위하고, 2일에는 2개 전차 사단을 부다페스트시에 투입하여 무자비한 살육과 탄압을 자행했다.

부다페스트시를 장악한 소련군 사령부는 4일, 명령 제1호를 발표, 14시간의 통행금지 시간을 실시하고, 5일 후 오후 6시까지 무기를 버리고 항복하지 않는 모든 헝가리인은 소련 군법 회의에 의해 처벌할 것을 공포했다.

헝가리인들은 5일부터 그들의 자유를 위한 투쟁을 유격전으로 전개했다. 노인, 부녀자까지도 무기를 들고 피에 굶주린 살인귀와도 같은 소련군에 항전하고 육탄 공격까지 감행했다.

이러한 헝가리 자유인들의 완강한 항쟁은 20만의 보병과 5천 대의 전차를 동원한 소련의 무력으로서도 좀처럼 진압할 수 없었다.

(다) 흐루시초프 미국 방문

당시 미국 부통령이던 닉슨이 모스크바를 방문한데 이어, 흐루시초프는 미국을 방문하고 캠프 데이비드에서 아이젠하워 대통령과 회담을 가졌다. 또 흐루시초프는 유엔총회에서 4년 이내에 완전한 군비 축소를 행해야 한다는 것을 골자로 하는 군비 축소안을 제시했고 소련군의 대규모적인 인원 감축을 발표했다.

1959년에서 1960년에 걸친 이러한 동서 간의 화해 무우드는 1960년 5월, 파리에서 열리기로 예정된 미·소 양국 수뇌의 정상 회담으로 그 절정에 도달하게 되어 있었다. 그러나 예정된 정상회담은 1960년 5월 1일, 미국의 정찰기가 소련의 영공에서 격추됨으로써 유산되고 말았다.

노르웨이와 파키스탄에 기지를 둔 미국의 U-2기가 소련 영공을 비행하다 소련군에 의해 격추된 사건이다.

U-2기 사건으로 파리 정상 회담이 유산되었지만 유산된 뒤에도 흐루시초프는 동서간의 화해 정책에 대한 그의 신념을 되풀이하여 표명했다.

그러나 1956년의 헝가리 반공 의거로 국제적인 긴장 완화의 움직임이 저지당했던 것과 마찬가지로 U-2기 사건으로 이러한 정책의 추진은 또다시 당분간 저지당하게 되었다.

(라) 미·소 평화공존 모색

미국에서는 1960년 11월, 대통령 선거에서 민주당의 케네디 후보가 공화당의 닉슨 후보를 누르고 대통령에 당선됨으로써 아이젠하워의 시대가 가고 케네디의 시대가 도래했다.

미국 역사상 가장 젊은 대통령으로「뉴 프론티어」라는 새 이념의 깃발을 들고 나온 지성과 정력의 대통령 케네디는 소련의 후루시초프와 함께 1960년대 초반의 국제 정치 무대에서 주역을 맡게 되었던 것이다.

이들 두 지도자는 현실주의적인 안목에서 국제정치를 다루고 동서 평화 공존의 가능성을 현실적으로 실증하려고 노력했다는 점에서 일치, 미·소 간에 어느 정도나마 상호 신뢰감을 조성하였고, 다시 그것을 행동으로 구현시키는데 성공함으로써 이른바「K·K시대」를 출현시켰다.

2) 공산권의 다원화

미·소의 화해무드가 점진적으로 무르익어 갈 기미를 보이자 중공은 소련과 관계를 멀리하고 자립을 위한 길을 모색하게 되었다.

그것은 곧 흐루시초프와 모택동의 충돌로 나타나기 시작했다. 그러나 한 동안은 공산주의의 두 강대국 사이의 관계는 평온을 유지하고 있었다.

중공은 아직 소련의 경제, 기술 원조를 필요로 했으며, 또 한국 전쟁 이후로는 소련의 군사 원조까지도 필요로 하는 지경에 이르러 있었기 때문이다.

중공은 국공내전(國共內戰)에서 국민당 군대를 패전시킨 주력 부대였으며, 또 한국 전쟁에도 참전했던 제4야전군을 비롯한 그들의 군대를 현대적 장비로 무장시키기를 갈망했고, 소련은 이에 대한 원조를 계속했다.

그러나 중공이 국민당 정부와 투쟁을 계속하고 있는 동안 소련이 아무런 원조도 하지 않았다는 사실에 대한 분개심 같은 것이 중·소

관계의 배후에 깔려 있었다.

 이 무렵 아시아, 아프리카 및 라틴 아메리카에는 공산주의 국가, 특히 중공의 도움으로 자본주의와 제국주의에서 벗어나고자 하는 혁명 운동이 일고 있었다. 중공은 1922년에서 1949년까지의 경험을 통해 빈곤하고 후진적인 농업 국가에서의 혁명 전략을, 다른 어느 국가보다도 더 잘 알고 있으리라고 믿어졌기 때문에 중공은 공산주의 내부에서나 아시아 문제에 있어서 그 존재를 뚜렷이 드러내게 되었다.

(가) 중·소 분쟁

 1959년 8월, 흐루시초프가 미국을 방문하고 캠프 데이비드에서 아이젠하워와 회담을 하리라는 것이 알려졌을 때, 중공은「소련이 협상보다는 힘을 내세워야 된다」는 뻬이핑 측의 명제를 흐루시초프가 거부했다는 결론을 내렸다.

 1960년 1월, 로마에서 열린 공산주의 조직인 세계평화 위원회의 상임 간부회에서 소련 대표는 중공을 비난했다. 또 2월, 바르샤바에서 열린 공산주의자들의 회담에서는 외몽고와 북한조차 정회원이었는데 비해 중공은 업저버로 참석했다. 이어서 4월에는 레닌 탄생 90주년을 기념하여 중공과 소련 양측은 각각 상충되는 견해를 표명하기에 이르렀고, 중공은 프로파간다를 강화함으로써 중·소 간의 이념 논쟁을 노출시켰다.

 1958년 이후 정치의 일선에서 물러나 있던 모택동은 중공의 입장을 밝히는 다섯 개의 성명을 발표하고, 미국을 믿는 소련의 어리석음에 비난을 퍼부었다.

 같은 해 1960년 6월, 루마니아의 수도 부쿠레시티에서 열린 공산당 비밀 회의에서 흐루시초프가 직접 중공을 비난하였고, 1960년 8월에는 중공에 있던 약 1만 2천 명의 소련인 기술자들이 본국으로 송환당함과 동시에 중공에 대한 소련의 기술 원조가 철회되었다.

 이처럼 극단적인 비 우호적 행위는 수년 동안 중공에 찾아든 기근과 겹쳐 중공 측에서 볼 때에는 미국이 중국 본토를 침입하고, 또 대만의 장개석 정부로 하여금 공산주의에 대한 봉기를 촉발시키는 것을 조장하는 것으로 생각되었다.

　중공의 입장이야 어떻든 상호 비난하는 프로파간다는 점점 도를 더해 가면서 계속되었고, 1960년 11월에는 81개국의 공산당 대표들이 중·소의 불화를 수습할 목적으로 모스크바에서 비밀리에 회담을 가졌다.

　여기서 각 대표들은 험구와 악담이 곁들인 논란을 거듭한 끝에 코뮤니케를 발표하였으나 중·소 간에 벌어진 간격을 좁히는 데에는 아무런 역할도 못했다.

(나) 독자노선 천명

　1964년 흐루시초프의 소련 공산당은 국제 공산주의 운동에 있어 중공의 파문과 이에 따르는 국제공산주의 운동의 양분도 불사하겠다는 결의 아래, 1965년에 세계 공산당 대회를 열기로 하고, 1964년 12월 15일로 세계 공산당 대회 준비회의 날짜가 정해졌다.

　이에 세계 공산당 대회와 준비 회의라는 중·소의 결정적인 대결을 눈 앞에 두고 서로가 자기 편에 보다 많은 동맹국을 끌어 들이기 위해 적극적인 선전 공작이 불꽃을 튀기며 전개되었다.

　이러한 와중에서 1964년 8월 31일, 이탈리아 공산당의 서기장인 톨리아티가 소련의 크리미아 반도에 있는 얄타로 여행갔다가 그 곳에서 급사했다는 소식이 전해지고 그가 죽기 직전에 작성했다는 중·소 양국과 각국 공산당, 나아가 중·소 분쟁을 주시하고 있던 서방 측에까지도 선풍적인 반향을 불러 일으켰다.

　톨리아티의 유서는 이제까지 중·소 분쟁이 「이데올로기 논쟁과 선전」에 불과하다고 지적하고 사회주의의 기본적인 문제에까지 비판을 가했다.

　또한 사회주의 국가에서 민족주의가 되살아나고 있음을 지적, 이러한 민족주의의 감정이란 「노동 운동과 사회주의 운동이 권력을 장악한 다음에도 장기간에 걸쳐 불변하는 감정이며, 경제적인 발전은 이같은 감정을 해소시키는 것이 아니라 오히려 길러 주는 것」이라고 규정했다.

중・소 분쟁으로 공산주의 진영의 해체와 다원화 경향이 표면화되어 가고 있던 상황 아래서 각국 사회주의 정당의「독자적인 노선」을 강조한 톨리아티의 유서는 비단 중・소 분쟁에 의해서 뿐 아니라 서구에서도 드골의 등장으로 다원화되어 가고 있던 1960년대의 세계를 규정한 역사적인 의미를 갖고 있었다.

(다) 중공의 핵 보유

중공은 1964년 10월 16일, 신쟝성에서 최초의 원자탄 실험에 성공함으로써 프랑스에 이어 세계에서 다섯 번째의 핵보유국이 되었다. 중공의 핵실험에 대한 서방측 전문가들의 견해에 따르면 중공의 핵실험이야말로 대체로 히로시마에 투하된 세계 최초의 원자탄보다 좀 더 큰 위력을 가지고 있지만 그러나 이것으로 운반이 가능한 핵폭탄으로 만들려면 적어도 3~4년의 기간이 더 걸리리라고 예측했다.

그러나 중공의 원자탄이 비록 핵무기에 있어서는 초보적인 폭탄이며 전술적 활용 가치가 별로 없다는 전문가들의 견해에도 불구하고 이 사실이 세계의 약소국에 준 심리적 영향은 큰 것이었다. 중공의 핵실험이 노린 효과는 군사적인 면보다는 바로 정치・심리적인 면에 있었다. 그렇기 때문에 중공은 굶주리고 있는 수억 인구의 희생 위에 원자탄을 제조했던 것이다.

이런 중공의 등장은 미국과 소련을 극으로 하는 냉전 체제의 해체를 가속화시켜 나가게 되었다.

3) 서방의 다원화

1954년, 인도차이나에서 물러선 프랑스 식민주의는 북아프리카의 식민지에서 거센 민족주의의 물결에 부딪치게 되었다.

이 지역의 옛 식민지 중 튀니시아, 모로코는 이미 독립국의 지위를 획득했으나 프랑스는 알제리에 대해서만은 1세기 전부터「프랑스의 일부」라는 선언을 해 왔고, 또 여러 대를 살아온 프랑스의 이민 백만 여 명이 알제리 독립을 반대하고 있어서 이를 독립시킬 의도를 갖고 있지 않았다.

반면 독립을 요구하는 모슬렘계 토착 민족의 독립 운동은 매년 치열의 도를 더해갔다. 즉 이슬람 원칙 밑의 주권적 민주 알제리, 인종의 차별 없이 모든 인권을 존중하는 독립 달성 등을 정강으로 내세우고, 1954년 11월 탄생한 알제리 혁명 단체인 민족해방전선은 프랑스와의 식민지 해방 투쟁을 계속해 왔던 것이다.

이렇게 알제리의 독립 운동이 고조되어 가는 가운데 1958년 5월 13일, 알제리에서 발생한 시위 사태는 알제리 문제를 급변시켰다.

프랑스계 시민들이 일으킨 이 시위는 현지민에 대한 백인의 우위를 고수하려는 욕망의 표현이었으며 동시에 현지민의 폭력 혁명 운동에 대한 군사적 진압의 지연, 알제리 문제의 정치적 해결에 관한 무능 등 역대 프랑스 내각의 무능에 항의한 것이기도 했다.

이처럼 정치적 혼란에 빠져있을 때, 2차 대전의 영웅 드골장군이 정계로 복귀하리라는 소문에 들떠 있었다.

(가) 드골의 등장

1958년 6월 1일, 수상으로 의회의 신임을 얻은 드골은 다음 날 긴급 특권법의 통과를 국민 의회에 요구, 350대 161이라는 압도적인 다수표 승인을 받고 알제리 사태의 수습에 나섰다. 이어서 10월에는 프랑스의 신헌법을 제시 국민 투표를 통해 이 헌법이 승인되자 10월 5일, 프랑스의 제5공화국이 성립되어 드골은 대통령으로 취임했다.

알제리 문제의 해결을 모색해 오던 드골은 1959년 9월, 알제리 민족자결원칙을 천명했다. 이는 곧 프랑스 국민의 압도적인 지지와 함께 알제리 민족해방전선의 지지를 얻게 되어 알제리 문제는 해결의 길로 들어섰다.

알제리 문제의 해결 등 내치에서 자신을 얻은 드골은 외교 정책에 있어서도 위대한 프랑스의 영광을 되찾고, 「유럽인의 유럽」을 건설한다는 슬로우건 아래 미국, 영국을 중심으로 한 대서양 공동체의 기존 질서에 도전, 고자세로 시종하게 되었다.

그는 프랑스의 독자적인 핵무장을 추진하여 미국, 소련, 영국에 이어 프랑스를 세계 제4의 핵 보유국으로 등장시키고 케네디 대통령의 구상으로 된 나토의 핵무장 계획에 반대하여 서방측의 방위 체제에 혼선을 빚게 했다.

그는 또 1963년 1월, 1961년 11월부터 계속되어온 영국의 EEC(유럽공동시장) 가입에 대하여서 반대하는 발언을 하여 이를 결렬시킴으로써 서방 진영 자체에 커다란 충격을 주었다.

(나) 유럽인의 유럽건설 정책

드골은 EEC의 착실한 전진을 배경으로 서구 공동체의 중핵을 이룬다고 자처하는 프랑스와 서독 양국의 제휴를 적극 추진, 아데나워 서독 수상과의 긴밀한 협조를 함으로써 오랫동안 반목, 항쟁의 역사를 지녀왔던 양국을 독·불 조약으로 묶어 이른바 파리·본 추축을 실현시켰다.

드골의 고자세는 또한 미국과의 관계에서도 불화를 일으켜 냉전과도 같은 냉랭한 분위기가 양국 관계를 지배하게 되었다.

또 드골은 1964년 중공을 승인, 1966년에는 나토를 탈퇴하는 등, 1969년 5월 그가 정계를 물러나기까지「유럽인의 유럽 건설」이라는 기본적인 입장 위에서 독자적인 외교 정책을 추구해 나갔다.

(다) 독·불 관계 개선

독·불 양국 간의 화해에 주된 역할을 한 사람들은 프랑스의 로베르쉬망, 쟝 모네와 독일의 아데나워 등이었다.

아데나워는 1950년 독·불 연합을 제안했는데 그는 이 연합이 이탈리아와 베네룩스 3국, 그리고 아마도 영국까지에도 확대시킬 수 있을 것으로 보았다.

독·불 관계의 호전 낌새는 드골의 등장으로 더욱 가속화되었다.

1960년 7월의 랭뷔에 회담, 1962년 7월의 파리 회담에서 아데나워와 드골간의 독·불 관계 협상에 이어, 1962년 9월에는 드골이 서독을 방문하는 등 양국은 급속도로 가까워졌다.

그 결과 1963년 1월, 아데나워는 드골과 함께 파리·본 추축을 공식화하는 조약을 체결함으로써 1950년대의 나토·EEC 및 영·미 협조 체제를 대신하여 독일과 프랑스 양국을 유럽 정치의 핵심으로 등장시킨 정책을 추구했다.

이 조약은 드골 외교의 초반의 승리가 되었고, 이를 기반으로 그는 계속 그의 유럽 정책을 전개시켜 나갔다.

(라) EEC와 프랑스

EEC의 영국 가입에 거부권을 행사한 드골은 그 이유가 영국은 유럽의 국가가 아니고 경제적, 군사적으로 미국에 속해 있기 때문이라는 것이다.

1960년 대에 들어서서 유럽 정치의 핵심으로 등장한 EEC에 있어서 이와같은 드골의 독주는 많은 논란을 불러 일으켰다. 영국의 EEC 가입에 대한 드골의 일방적인 거부권 행사는 EEC 회원국의 분노를 일으키기도 했으나 이는 곧 사라졌고, 예정보다 3년이나 앞당겨 1967년 초부터 시행하게 될 EEC의 관세 동맹 작업의 추진에 아무런 지장도 초래하지 않았다.

그러나 관세 동맹 다음으로 큰 비중을 차지하고 있던 공동적인 농업 정책의 추진, 특히 EEC내에서의 균등한 곡물 가격 설정에 있어서는 각 회원국 사이에 이견이 빚어졌고 특히 프랑스와 독일의 알력을 초래했다.

프랑스는 1970년까지는 EEC 헌장의 어떠한 수정에도 반대한다고 밝히고, 드골은 1965년 7월 1일, 브뤼셀에서 행해지고 있던 EEC 농업 기금에 관한 토의를 보이코트했다. 이어서 드골은 그 후 6개월 동안 모든 EEC 기구에서의 프랑스의 활동을 거부했다.

프랑스가 EEC에 복귀하게 된 것은 프랑스 측에서 EEC가 해체될까 우려한 것과 1965년 말의 대통령 선거에서 드골이 압승한 것이 그 계기가 되었다.

(마) 프랑스의 중공 승인

EEC에서 독주를 하던 드골은 1964년 초 중공을 승인함으로써 세계정치에 있어서도 주도권을 잡으려 했다.

프랑스가 중공을 승인하게 된 근본 동기에 관해서 드골 대통령은 기자 회견에서 다음과 같이 밝혔다. 즉 프랑스의 중공 승인은 장래의 세계가 현재의 날카로운 대립 상태가 지양되고, 자유·평등·박애라는 프랑스 혁명의 이념을 바탕으로 하는 공동의 광장으로 되돌아 오게 되리라는 세계관 내지 역사관에 입각한 것이며 또한 아시아에 있어서 전쟁이냐 평화냐 하는 문제는 중공을 제외하고는 생각할 수 없다는 현실주의적인 안목에서 취해진 조치라는 것이었다.

그러나 드골이 중공 승인으로 노린 것은 세계 무대에 있어서 제3세력으로서의 프랑스와 중공의 이미지를 크게 부각시키고 미·소를 중심으로 한 냉전 체제의 붕괴를 촉진시키자는 데에 있었던 것으로 해석되었다.

이와같은 드골의 독자적인 외교정책의 추구는 1966년의 나토 탈퇴에서 다시 나타나게 된다.

(바) 프랑스의 나토 탈퇴

1958년 8월에 드골은 집권하면 나토에서 탈퇴하겠다고 언명하며 나토는 프랑스의 주권과 이익에 반대된다고 천명했다.

드골의 이러한 민족주의적인 주장은 프랑스의 정치적인 안정, 경제 성장과 더불어 더욱 굳어져 갔다.

1963년 10월 리용지방 시찰 연설에서 드골은 「우리 자신의 방위 책임을 나토가 대신맡게 되기를 원치 않는다」고 발언, 독자적인 핵군(核軍)과 프랑스를 주축으로 하는 방위체의 창설을 강조하는 기본 이념을 제시했다.

프랑스의 독자적인 핵방위력에 대한 욕망과 프랑스 중심의 나토 개편에 대한 욕구는 집단 안전보장 체제를 주장하는 미국과 서독으로부터의 결별 가능성을 굳혀갔다. 그리하여 1965년 12월 13일의 나토 각료이사회는 집단 안전보장주의와 국가주의 간의 대립을 솔직히 노정시켰다.

한편 1966년 2월 21일, 제5공화국 제2대 대통령 취임 기자 회견에서 드골은 유럽에 대한 미국의 지배권을 거부하며 나토 조약의 만료 기일인 1969년 4월 4일까지「프랑스에 주둔하고 있는 미군이 프랑스에서 물러가든지 프랑스군의 지휘권 아래로 들어오든지 택일하라」고 요구했다.

또 드골은「프랑스내에 있는 나토군과 기지에 대해서 프랑스가 전면적인 주권 행사를 못하게 되면 나토사령부를 옮기도록 할 것이며 나토 군사 기구로부터 탈퇴하겠다」고 미국에 서한을 보냈다.

1967년 5월 3일, 드골은 나토 군용기의 프랑스 영공 통과를 제한했고, 6월 1일 이후에는 나토 군용기의 프랑스 영공 통과와 프랑스 영토 착륙은 안 된다고 나토 각국에 통고했다. 드디어 나토는 6월 7~8일 양일에 걸쳐 브뤼셀에서 각료 이사회를 열고, 나토 본부를 벨기에로 옮길 것과 서독에 주둔하고 있는 프랑스군 철수 문제등을 결정했다.

마침내 1966년 7월 1일을 기해 프랑스는 나토 종합 군사 기구에서 탈퇴하고 말았다.

1966년의 세계는 바로 드골의 시대에 들어가고 있었다. 나토 탈퇴에 뒤이어 드골은 소련을 방문하고 동남 아시아를 순방, 프랑스의 위력을 부각시켰다. 이른바「골리즘」이라고 불리는 드골의 이러한 정책은 유럽인에 의한 유럽건설이라는 본래의 목적을 담은 것이었고 동서 양극의 냉전구조가 무너지는 계기가 되었다.

판권본사소유

이야기 세계사

2012년 1월 20일 인쇄
2012년 1월 30일 발행

지은이 | 신한국사연구회
펴낸이 | 최 상 일

펴낸곳 | 태 을 출 판 사
서울특별시 중구 신당6동 52-107(동아빌딩내)
등 록 | 1973 1.10(제4-10호)

ⓒ2009. TAE-EUL publishing Co.,printed in Korea
※잘못된 책은 구입하신 곳에서 교환해 드립니다

■ 주문 및 연락처
우편번호 100-456
서울 특별시 중구 신당 6동 제52-107호(동아빌딩내)
전화: 2237-5577 팩스: 2233-6166

ISBN 89-493-0385-X   13810